신고송 문학전집 1

엮은이 김봉희(金鳳姬, Kim, Bong-Hui)는 1969년 경남 마산에서 태어났다. 경남대학교 국어국문학과를 거쳐 같은 대학원에서 「신고송 문학연구」로 박사학위를 받았다. 1995년 『예술세계』 희곡 신인상을 받고 문단에 나왔으며, 1997년 대산문화재단에서 희곡부문 문학인으로 수혜를 받았다. 주요 논문으로는 「신고송 문학연구」, 「광복기 단막희곡 연구」, 「이일래 동요연구」 등이 있고, 함께 낸 책으로 『한국문학과 성』(불휘, 1999)이 있다. 창작 희곡집으로는 『저녁 전 계단 오르기』(평민사, 1998), 『너울너울 나비야』(예니, 2004)가 있다. 희곡 여러 편이 연극으로 공연되었으며, 현재 경남대학교에서 인문학부 강의전담교수로 있다.

신고송 문학전집 1

초판 인쇄 2008년 12월 15일 **초판 발행** 2008년 12월 20일
엮은이 김봉희 **펴낸이** 박성모 **펴낸곳** 소명출판 **출판등록** 제13-522호
주소 서울시 서초구 서초동 1621-18 란빌딩 1층
전화 02-585-7840 **팩스** 02-585-7848 **전자우편** somyong@korea.com

값 40,000원

ISBN 978-89-5626-356-4 03810
ISBN 978-89-5626-355-7 (전2권)

이 저작물은 울산광역시의 2008년도 예술진흥기금의 도움을 받아 제작되었습니다.

1958년 희곡집 『선구자들』의 신고송 사진

신고송 생가터

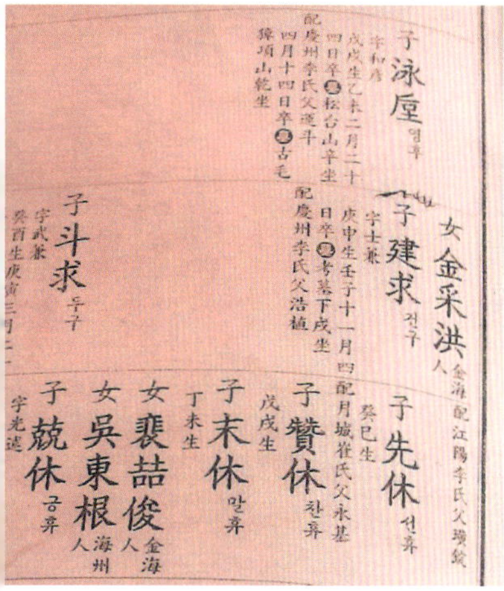

고령신씨 족보. 말휴가 신고송이다.

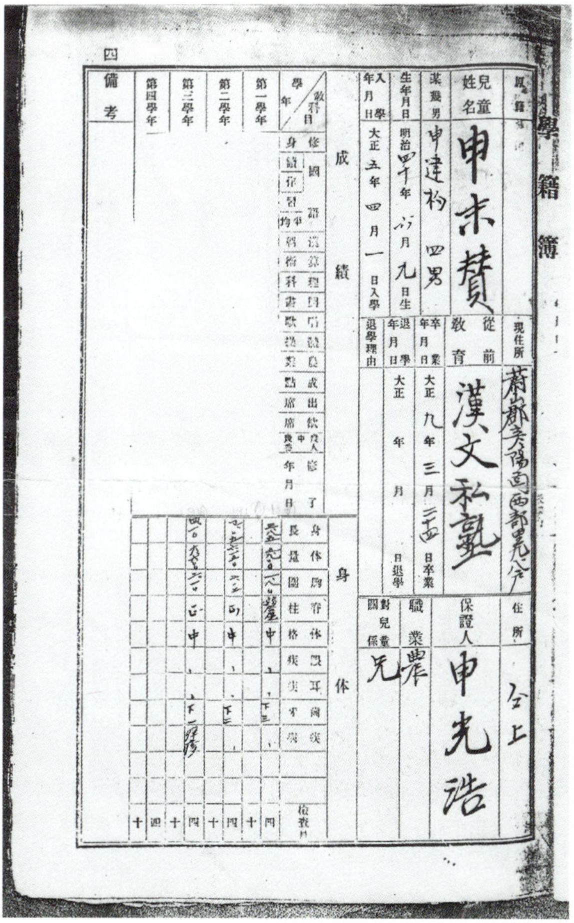

신고송의 언양 공립보통학교 학적부

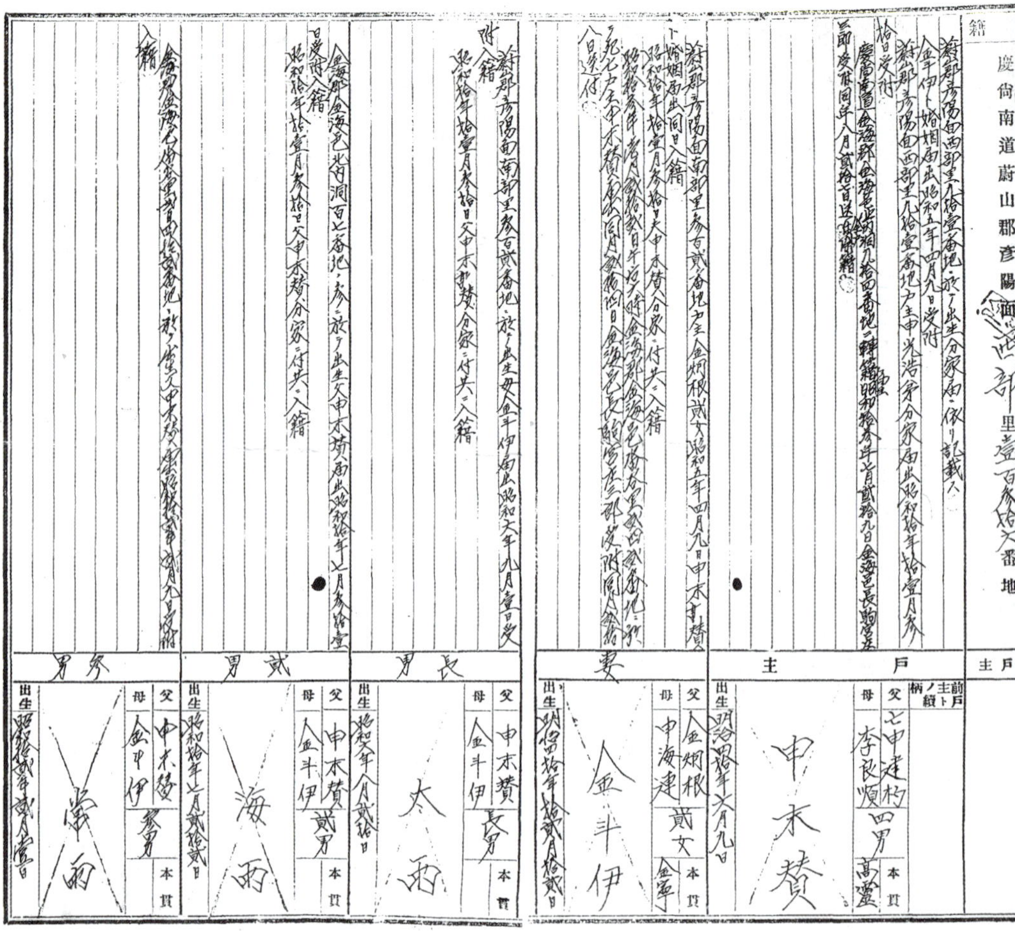

慶尙南道蔚山郡彦陽面 里壹百参拾六番地

戶主 申末贊 — 父 申建杓, 母 李良順, 四男, 本貫 高靈

妻 金斗伊 — 父 金炯根, 母 申海建, 貳女, 本貫 金寧

長男 太雨 — 父 申末贊, 母 金斗伊

貳男 海雨 — 父 申末贊, 母 金斗伊

参男 — 父 申末贊, 母 金斗伊

신고송의 제적등본

언양면 평대리에 있는 신고송의 할아버지와 아버지 묘소

1928년 8월 서덕출 집에서

1930년 8월 『신소년』 여름방학 지상좌담회

신고송 작품 『백설공주』의 표지

신고송 작품 『연극이란 무엇인가』의 표지

신고송 문학전집

1

아동문학 · 희곡

김봉희 편저

소명출판

머리말

분단이라는 냉전 구도는 한국 근대문학사 연구에서 많은 작가들을 배제시키기에 이르렀다. 그 대표적인 사람 가운데 한 명이 월북 연극인 신고송이다. 그는 나라 잃은 시기 프로연극인으로서 아동문학・희곡・연출・문학비평 등 문학 전반에 걸쳐 활발한 활동을 했다. 1946년 월북 뒤에는 북한연극의 토대를 마련하고 당 정책에 부합하는 창작 활동을 하면서 꾸준한 작품활동과 왕성한 정치력을 과시했다. 그럼에도 불구하고 그는 이데올로기의 그늘에 가려져 제대로 된 문학적 이해와 평가를 받지 못했다. 게다가 그에 대한 기초 문헌 확보의 어려움은 그를 더욱 학계의 관심 저편으로 물러나 있게 했다. 하지만 신고송은 우리 격동의 역사 속에서 문학이론과 창작, 실천 전반에 걸쳐 꾸준하고도 활발한 활동을 보여준 역량 있는 작가 가운데 한 명이다.

특히 그의 문학 활동은 문학 전반에 고루 걸쳤으며, 희곡과 연극운동을 연계하는 대중계몽에 앞장섰다. 아동문학 활동을 통한 진정한 아동문학가로서의 됨됨이를 보여주었다. 게다가 문학이론을 구체적으로 형상화한 문학인, 실천하는 연극인의 모습을 보여주었다. 그는 그러한 의도를 활발한 비평 활동으로 구현하고자 했다. 또한 비평문학 활동을 통해 작품 창작의 활성화, 북한연극과 희곡이론의 토대를 마련했던 작가였다.

드디어 신고송에 대한 자료를 한데 묶어 전집을 엮게 되었다. 오랜 첫 사랑을 떠나보내듯 마음 한편이 아려온다. 멋모르고 학문에 대한 열정만으로 대학원의 문을 두드렸던 시절부터 '신고송'이란 이름은 나를 설레게 했다. 극작가라는 같은 직업을 가진 동료의식도 작용했고, 굴곡진 그의 삶에 대한 연민도 있었던 것 같다. 지금 생각해 보면 그 설레임과 연민들이 그를 끝까지 붙잡고 싶었던 건 아닐까 한다.

『신고송 문학전집』은 모두 여섯 매듭으로 구성되어 있다. 그 첫 매듭으로 아동문학이 자리잡았다. 아동문학은 그가 처음 문단활동을 시작한 갈래이며 가장 많은 작품을 남긴 갈래이기도 하다. 그 속에는 동시 39편, 동화 6편, 아동극 8편, 아동평론 8편이 엮어져 있다. 그리고 그의 동시가 악보에 옮겨진 것이 19편, 그가 직접 작곡한 악보도 2편 실려 있다. 두 번째 매듭은 그의 창작 활동의 중심 갈래였던 희곡부분이다. 모두 10편을 옮겨 놓았는데, 그 가운데 「결실」과 「강 건너 마을에 새노래 들려온다」는 새로이 발굴된 자료이다. 세 번째 매듭은 문학평론이다. 그 속에는 연극평론뿐만 아니라 음악평론, 시단 평론들이 모두 45편이 수록되어 있는데, 아직 남한의 이데올로기로 수용될 수 없는 내용을 담고 있는 몇 편을 제외하였다. 네 번째 매듭은 시, 소설 각 1편씩 엮어 놓았다. 다섯 번째 매듭은 신고송의 출판·서적물 3편을 옮겨 놓았다. 여기서 두 권의 출판물인 아동극집 『백설공주』(을유문화사, 1946)과 희곡집 『선구자들』(조선작가동맹출판사, 1958)에 실린 아동극과 희곡들은 각각 갈래부문에 옮겨 놓은 점을 밝혀둔다. 여섯 번째 매듭은 그가 남긴 기타 산문들을 엮어 놓았다. 수필과 수기 13편, 일기문과 편지 2편, 강좌 2편이 그것이다. 마지막으로 글쓴이의 학위 논문의 일부분인 「신고송의 삶과 문학관」을 해설로 수록하여 그의 삶을 복원하여 문학 활동을 소개하고 있다.

늘 책상 위를 뒤덮었던 신문자료를 정리하면서 신고송의 자료발굴을 위해서 동분서주했던 지난 일들이 떠올려 보았다. 기차를 타고, 버스를 몇 번 갈아타고 발품을 팔았던 기억, 추운 겨울 제보자 집 앞에서 몇 시간을 오들오들 떨며 기다렸던 시간. 이 모든 기억들이 학문이라는 멀고도 험한 길에 겨우 한걸음을 뗀 나의 모습이었다. 하지만 이 책을 빌미로 한층 학문에 대한 심도가 한층 깊어지리라 믿는다. 또한 우리 문학사에서 신고송에 대한 온당한 자리매김을 할 수 있는 기회가 되길 바란다.

이런저런 핑계로 계획된 날짜보다 훨씬 늦게 『신고송 문학전집』을 세상에 내놓게 되었다. 모두 나 자신과의 약속을 지키지 못한 부족함 때문이다. 산만하고 부지런하지 못한 제자에게 늘 따듯한 격려를 아끼지 않은 선생님께 고마움을 전한다. 힘들 때마다 휴식 같은 위로의 말을 건네준 정호 선배와 창우 선배께도 늘 감사하다. 그리고 무엇보다 『신고송 문학전집』을 더욱 결실하게 엮을 수 있도록 소장된 자료들 내어주신 오영식 선생님께도 머리 숙여 감사함을 전한다.

잔소리와 짜증도 마다하지 않고 다 들어준 남편, 엄마와 함께 동거동락한 뱃속에서 꿈틀대고 있는 우리 아기에게도 미안하고, 고맙다. 이제 제법 피아노 반주를 칠 줄 아는 딸아이에게 신고송의 동요를 들려주고 따라 부르는 시간이 즐거워진다. 항상 세상 살아가는 힘을 주는 어린 딸 은지와 친정 부모님께 이 책을 바친다.

2008년 가을 자락에서

차 례

제1부 아동문학

❶ 동시

❷ 동화

❸ 아동극

❹ 아동평론

❺ 악보

제2부 희곡

제1부
아동문학 ❶

동시

우테통

길가에 쌁안동이
옷독 우테통

六十이 넘어도
맘이 어려서

쌁안상투 쌁안바지
쌁안저고리

얼골까지 쌁앗케
차리고 서서

작은편지 큰편지
가리지안코

주는대로 삼키고
웃득서잇네.

『어린이』, 1925.11

동화시

옵바를 차저서

녯날도 녯날녯적 아주녯날에
순이는 어머니를 일허버리고
무서운 계모를 마젓습니다
날마다 그어미는 어린순이를
함부로 짜리면서 못살게해요

차듸찬 겨울날이 닷치와서
풀들과 나무들은 고라젓고요
새들은 하나업시 숨엇습니다
어미는 풋나물이 먹고십다고
순이를 캐오라고 쏘차냄니다

순이는 벌벌썰며 쫏겨나가서
바구니 엽헤끼고 나섯습니다
겨울에 풋나물이 잇겟습닛가
들판에 해컴도록 해매이여도
나물은 한줌도 못캣습니다

어느듯 해는저서 어두어오고
차듸찬 저녁바람 몸을싯치고
나물을 못캔순이 가이업서요
한곳에 이르르니 집하나잇서
닷친문 두다리며 「문좀열어요」

안에서 글을읽든 정에정대롱
나와서 문을열고 내여다보니
어엽분 순이가 서서잇서요
순이는 왼갖말을 모다햇드니
들어와 하로밤만 쉬고가라요
순이는 정대롱이 하라는대로

주는쌀 싯처서 쓰물바다서
마당에 고이고이 부어두드니
자고나 마당으로 나가보닛가
나물이 왼마당에 갓득합니다

순이는 그나물을 모드여담고
고마운 치하하고 써낫습니다
「나종에 어머니가 쏘가라거든
정대롱 순이왓소 문열어주오」
부르며 정대롱을 차저주세요

어머니 그나물을 쌂아먹고서
순이가 겨울날에 어듸를가서
나물을 캐오는지 알아보랴고
쏘다시 나물을 캐오랍니다
어미는 쥐가되어 싸러감니다

「정대롱 순이왓소 문열어주오」
글소리 끗치드니 정대롱나와
반기며 순이를 마저줌니다
쥐가된 어머니는 안에들어가
모든 것 보고서는 도라갓세요

이튼날 어머니는 제나나서서
나물캣 오마하고 나갓습니다
정대롱 집에가서 문을치면서
「정대롱 순이왓소 문열어주오」

정대롱 뛰어나와 열엇습니다
정대롱 어머니를 처다보고는
순이가 아니니가 뛰여들어가
흰말을 타고나와 다라낫서요
어미는 나물도 캐지못하고
맨손에 집으로 도라갓세요

어미는 순이를 꼬이면서요
「나물을 나는나는 못캐왓스니
또다시 네가가서 캐 오렴무나」
순이는 그런줄도 알지못하고
밧그로 나물캐러 나섯습니다

「정대롱 순이왓소 문열어주오」
순이는 몃번이나 불너봣스나

안에서는 아모도 안나옴니다
안으로 담을넘어 들어가닛가
정대롱 책을끼고 어뒷갓는지

순이는 슯허서 울럿습니다
순이는 신중가치 차리고나서
정대롱 차즈려고 나섯습니다
몃해나 이곳저곳 헤매엿스나
아차차 정대롱은 못차젓세요

한곳에 니르르니 새쫏는아해
「후우여 후여후이 이놈새들아
오날만 짜먹고서 내일날에는
정에야 정대롱이 장가드는데
묵어더 먹고서 오질마러라」

순이는 그말듯고 반겨하여서
「이애야 너그소리 한번더해라
그리면 은가락지 너에게주마」
「이애야 정대롱집 어틧잇느냐
알려줌 옥가락지 너에게주마」

순이는 정대롱의 집을차저서
「신중이 동량왓소 시주하세요
우리절 부처님은 쌀콩도말고
좁쌀을 조하하니 그것주세요
길가는 신중에게 시주하셋요」

일부러 어든좁쌀 업허버리고
제로서 줍다가는 해가젓서요
「어듸에 빈곳에다 오날하로밤
쉬어야하겟다」고 줄나밧드니
헛간에 자고서는 가라합니다

정대롱 밤가운데 달이밝아서
넷날의 순이가 보고십허서
뜰압헤 나와서 달을보면서
「저달아 밝은달아 너는아는가
순이가 잇든곳을 너는아는가」

헛간에 누어잇든 순이가듯고
올마나반갑고 질거울가요
「정대롱정대롱 설어마려요
당신이 그리워서 바라는순이
이곳에 누엇는줄 몰으심닛가」

「순이야 정말인가 순인가보다」
「옵바야 순이가 여긔잇세요」
「순이야 그리면은 이리나와요」
어니야 옵바야 반겨하면서
두리는 달밋헤서 눈물지워요

—舊作 未贊 童劇集에서— 끗

『동아일보』, 1926.11.3

진달네

산빗탈양달에도
봄이왓다고

진달네보라꼿이
픠여납니다.

나무꾼점심밥도
양지쪽에서

진달네향내밋헤
열리입니다.

『어린이』, 1927.4
『조선동요백곡집』, 1933, 삼문당서점(홍난파 작곡)
『어린이신문』, 1947.2.22(김순남 작곡)

자장노래

눈썹 우에 숨은 잠아 나러 가거라
우리 아기 잠잘때가 되엿다구나
손에 쥐인 노리개도 헐너 버리고
물고 잇든 젓꼭지도 노아 버렷네

『별나라』, 1927.10(신말찬 이름으로 게재)

늙은 버들개지

봄바람에 굽이치는 물결에
그다지 놉흐다만은
보리피리 장단에
흥겨운듯이 널어난다.

강가에 늙은버들개아지
닙히풀어저 슬허하나
보리피리 들어아올네
쏘물고랑엔 보리키가 한자인데

『조선일보』, 1928.5.8

귀ㅅ속임

해지려는 저녁때
아희 셋이
길가 모혀서
귀ㅅ 속입니다
래일도 여긔서
모히자고요

깃으로 도라가는
참새 세 마리
아희들의 하든말
모다 엿듯고
활개치고 놉아써선
다라납니다

『조선일보』, 1929.11.5
『조선동요백곡집』, 1933, 삼문당서점(신고송 작곡)

동무

한울에 불부텃네
웃마을 숲속에서
억개동무
골목골목

팔것고 뛰어가자
에엇차줄댕기려
억개동무
보리가나도록

웃마을한울에
우리동무가는길
적으나크나
아츰저녁으로

밝아케타네
징소리나네
내동무
나오너라

징소리따라
웃마을로가
시동무
살어라

불이비치네
불이비치네
동무다
나오너라

『조선일보』, 1929.11.23

그들의 힘

同志의 하나는
地下에서 石炭을 집어넛는다
쏘 하나는
三百尺 굴쑥우에서 일을한다

그리고 쏘 하나는
八百馬力의 發動機를 돌리고잇다
그들의힘은 偉大하여라
五十棟의 工場에 피가돌고
八百馬力의『모-터』가 도는것이
그들의힘이 아닌가
굴둑은 如前히煙氣를 吐한다.
『모-터』는 加速度 로도라간다
샛빨간 火筒압헤는
싯컴은 同志의얼골이뵈인다

(一 一, 一八 一習作)

『조선일보』, 1929.12.3

굴밤

굴밤이 데굴데굴 써러짐니다
한알두알 저절로 써러짐니다
독기소래 울려서 써러짐니다

굴밤이 데굴데굴 써러짐니다
자죽마다 한알두알 써러짐니다
산꼭지 선짝새가 짝짝웁니다.

『조선일보』, 1929.12.3

욕을 먹고서

긔차탄 아희에게 욕어더먹고
왼종일 철쑥밋헤 긔다렷다네
그에탄 오두록 긔다렷다네

사차미 차다가고 밤차가와도
날욕한애 탄차는 오지도안해
쥔주먹도 두눗코 도라를가네

(慶北 淸道 流川)

『조선일보』, 1929.12.4

골목대장

어머니
날보고
쑤지람 마소
옷고름 쎈것이
그리죄되오

이리뵈도
골목에선
힘이 세다고
골목대장!
골목대장!
불러줍니다

『조선일보』, 1929.12.11
『어린이』, 1930.9(홍난파 작곡)
『조선동요백곡집』, 1933(서문당서점, 홍난파 작곡)
『아이생활』, 1933.12(박태준 작곡)

작년 봄

작년봄
일즉이
다녀서가신

바눌장수
할머니는
웨안오실가

벽에다
이리저리
그려두고간

바눌갑
그림은
검정지는대

『조선일보』, 1930.2.2

닷돈 준 장갑

두달이나 별르다산 장갑이란다.
울아버지 닷돈주고 사주섯단다

날마다 밤새우며 봉투바르는
피오닐 내손쑤락 포근하단다.

김주사네 셋재아들 비단장갑이
새ㅅ빨간 내장갑에 대일수잇나

찬바람이 제아모리 몹시불어도
새ㅅ빨간 내장갑은 포근하단다

『조선일보』, 1930.2.4

석양준 내 닭

석양준 내닭이 알을나엇네.
내주먹에 들고남는 알을나엇네.

요놈을 먹을가 모두어둘가
노랑이알 마시고 곤밤을 굴가

만지면 부서질나 두면먹을가
아버지께 인낭밧고 말아버리자

『조선일보』, 1930.4.3

오냐!

어머니!
어머니!
나 왔습니다

학교갓다
쒸여나와
불러봤더니

코쓰모쓰
곱게 핀
장독 싼에서
오냐! 하는
어머니
소리납니다

『조선일보』, 1930.4.4

상여ㅅ집

심부름길멀어서 날이어뒀네
공터압상여집을 어이지낼가

신버서손에쥐고 돌하나쥐고
단숨에상여집압 쒸여지낫네

숨길을 허덕이며 뒤도라보니
저길에사람하나 이리로오네

『조선일보』, 1930.4.6

우는꼴 보기실혀

미운놈 아들놈이
조흔옷입고
지개진 나를 보고
욕하고 가네

처주자니 우는꼴
보기도실코
욕하자니 내입이
더러워지네

엣다그놈 가다가
소똥을밟아
밋그러저 개똥에
코나다쳐라

『별나라』, 1930.6
『불별』, 1931.9

검은얼골

내얼골이 검다고 웃는놈봐라
내얼골이 웨이리 검은줄아나
우리들은 업스니 일해야먹지
등과얼골 타두록 일해야먹지
너의가치 언제나 노란얼골로
방구석에 누어서 알키나하고

『신소년』, 1930.7

바다의 노래

이배ㅅ전에 철석!
저바위에 철석!

이나라의 아들아
이소리를 들어라
좁다란 가슴싹이
펴어질대로 펴지네

이리봐도 물!
저리봐도 물!

이나라의 아들아
이짜짓걸 넓다말아
우리의 터전이
이뿐이라야 엇저나

뒷바다도 천길!
압바다도 천길!

이나라의 아들아
두팔을 그저라
천길만길 그미테
살길을 차저내자

집체가튼 물결!
호랑이가튼 물결!

이나라의 아들아
이위에다 배저라
파도가 두려워?
호랑인들 두려워?
힘나는 바다!

우리맘가튼 바다!
바다를 뒤집허서
살길을 찻자!
바다를 짜대여서살길을 찻자!

『별나라』, 1930.7

잠자는 거지

새벽거리 돌가루길
별도 자는데
헌구두신고 더복더복
공장에 가네.

구두소리 내지말구
삽푼 지나자
은행집의 쇠문압헤
안자서 자는.

한울안에 집도업고
형제도 업는
가이업는 어린거지
괴론잠 깰나.

『신소년』, 1930.8

고초장

항아리속 고초장 맛을보다가
발보당이치면서 우는꼴봐라
와아와 먹엇누
배가곱하 먹엇듸

마님눈살피하며 맛을보다가
혀긋이짜갑다고 뛰는꼴봐라
와아와 먹엇누
배가 곱하 먹엇듸

손쑤락에꼭찍어 맛을보다가
호호쨍쨍매워서 도는꼴봐라
와아와 먹엇누
배가곱하 먹엇듸

『음악과 시』, 1930.8

도야지

도야지가 꿀꿀
뱃대기가 뚱뚱
배가 불너도
작구만 먹네

콧구멍이 킬킬
눈짜리가 실눅
제 만 먹으면
되는줄 아네

네다리가 벨벨
뱃대기가 뚱뚱
빼딱 거리며
가는꼴 봐라

(九·三)

『신소년』, 1930.10
『불별』, 1931.9

아버지의 편지

공장에서

공장에서 아버지가 보낸 편지를
엄마하고 머리대고 닑었습니다.

◇……◇
아들아 노동자인 나의 아들아
시골의 겨울밤이 몹이차운데
뚤어진 창틈으로 바람부는데
이밤도 어미하고 주리고잇나

오늘도 일마치고 뷘벤또차고
맥없이 별을보며 도라를간다
싹전이 오늘붙어 또나렷단다
너이들 생각하니 기만막이네
◇……◇

문풍지가 뜨는데 아버지편지
엄마하고 울면서 닑었습니다.

『조선일보』, 1931.1.24.

껍질먹는 신세

깍거서 버리는 외껍질이야
주어서 먹기도 예사일텐데

외껍질 줏는다고 우리를보고
함부로 욕해주는 저심술봐라

껍질먹는 신세는 엇전신센고
알속먹는 신세는 엇전신센고

동무야 껍질을 주서모아서
욕하는 그놈의 빰을처주자.

『불별』, 1931.9

기다림

집보는 내마음이 웨이리설나
두주먹 꼭쥐고 용기를내자

아버지는 오늘도 쌈난공장에
배부른 그놈들과 쌈하러갓네

어머니도 싸홈한 여공과가치
이집저집 차즈며 장사나갓네

불켜두고 오기만 바라고잇자
조흔소식 가지고 도라오겟지

『불별』, 1931.9

미륵과 장승

눈코잇고 네팔다리 다성한데도
일안하고 배부른놈 미럭이라오.

눈코잇고 네팔다리 다성한데도
일안하고 노는놈은 장승이라오.

일안하고 배부른놈 말도못하오.
일안하고 노는놈은 먹도못하오.

미럭장승 낫작에다 똥칠해줘도
제가어뒨 끽소린들 감히 할라고

우리땅에 미럭장승 얼마나잇노
그놈들의 낫짝에다 똥칠해주자

『불별』, 1931.9(이석봉 작곡)

우리는 대장장이

폭지스토이니 번역시

우리는 대장쟁이 망치가 동무
행복의 열쇠를 두다린다
무거운망치 가볍게 들고
쉴사이업시 두다린다

(二 節 略)

우리는 대장쟁이 우리의세상
행복의 열쇠를 두다린다
세상의동무야 우리는 손잡고
쉴사이업시 두다려라두다려

『별나라』, 1932.4(악보 수록).

우리들

신고송 역

휘둘러라 우리×발
하늘높이 둘러라
고함소리 지르면서
높이높이 둘러라

우리들의 고함소린
비바람에 불려서
왼세상의 동무에게
널리널리 울려라

공장에서 들판에서
바다에서 산에서
우리동무 고함소린
높이높이 들린다.

『신소년』, 1932.8(악보 수록)

아츰

장독위에는
싸락눈이 한줌
수탉은 꼬꼬
암탉은 쿨쿨

암소는 외양간에
송아지는 메메
닭장을 열자
쇠죽을 쑤자

『아이생활』, 1932.9
『어린이신문』, 1947.2.8(김순남 작곡)

돌다리

다리걸에 아해셋이 돌다리 뛰네
하나두울 열두번을 뛰고또뛰네
나는열살 너는열두살 분이는세살
우리집 한아버지 예순다섯살

둘만뛰면 내나이것 다뛰것만은
예순다섯 한아버지 대신못뛸세
팔작팔작 아해셋이 돌다리뛰네
하늘에는 조각달이 웃고또웃네

『조선동요백곡집』, 1933, 서문당서점(홍난파 작곡)

쪼각빗

행길가에 쩌러진 쪼각빗하나
어느색시 머리에 쏫치던걸가
길가는 사람마다 발길로찰때
녯님자 그색시가 그리웁겟네

찬바람에 구즌비 홋날닐제면
낫닉은 고흔경대 더그릴것을
이길가 저길가로 채여만다녀
쪼각빗의 신세가 가엽슴니다

『조선동요백곡집』, 1933, 서문당서점(홍난파 작곡)

잠자는 방아

더운날점도록 보리를씻고
고닯흔두다리 달빗헤뻣고
방아는고요히 잠을잡니다.
방아는고요히 잠을잡니다.

울밋헨반디불 파랑춤추고
뒷논엔맹꽁이 합창하것만
달밤에방아는 잠을잡니다.
달밤에방아는 잠을잡니다.

『조선일보』, 1933.11.14(악보와 함께 율동강습도 실림)
『조선동요 백곡집』, 1933, 삼문당서점(홍난파 곡)
『별나라』, 1934.9－기념식순의 '합창곡' 자료(조광호 작곡)

가을의 저녁

뷘논들을 걸어가는 내그림자가
길다랗게 길다랗게 빠저갑니다.

산넘에서 날너는 갈가마귀 떼
저멀니로 저멀니로 날너갑니다.

집집마다 올너오는 저녁연기가
뽀이얗게 뽀이얗게 퍼저갑니다.

등에 엎인 우리아기 잠을 깨여서
젓달라고 젓달라고 울음웁니다.

『아동가요곡선 삼백곡』, 1938(신고송 작사 · 작곡)

J. O. D. K

쩨오띠케. 제오띠케
나나니나 나니나나
나나니나 나니나나

울색시 불으는 자장노래가
곱다랗게 곱다랗게 들려옵니다.

별나라를 지나왔는가
은하수를 건너왔는가

우리 아기는 잠을 잡니다.
우리 아기는 꿈을 꿉니다.

나나니나 나니나나
나나니나 나니나나
쩨오띠케. 제오띠케

『아동가요곡선 삼백곡』, 1938(박태준 작곡)

아버지

눈바람이 사납든 겨울밤중에
아버지는 오셧다 또 떠나셨지
십년동안 못뵈온 아버지 얼골
자나깨나 그리며 살아 왔었지

거리마다 태극기 쏟아지든날
아버지는 오셨다 또 떠나셨지
아버지가 주고간 붉은기폭을
높이높리 달고서 또 기다리지

인젠인젠 하더니만
태극기는 꽂쳤는데

아지머니 아자씨는
라일은 제처놓고

왜놈물건만 사너라고
갈팡질팡 정신없네

된다된다 하더니만
해방독립된다는데

울어머니 아버지는
옷밥걱정 웨하시오

왜놈들이 쫒겨갈제
가난만은 두고 갔나요

『새동무』, 1946.4.1

우리집 감나무

우리집 감나무
할아버지때 심은 감나무

한 가지 올라 가면
순이집 마당이 보이고,

또 한 가지 올라 가면
언니네 학교가 보이고,

또 한 가지 올라 가면
버들네 물방아ㅅ간이 보이고,

또 한 가지 올라 가면
우리 동네 다 보이고,

또 한 가지 올라 가면
아찔아찔 다리가 떨리네.

『주간소학생』, 1946.4.15

굴렁쇠

굴렁쇠 굴러 간다 하나, 둘, 셋
돌멩이가 있으면 도라가고,
또랑이 있으면 뛰어 넘는다

굴렁쇠 굴러 간다 하나, 둘, 셋
굴렁쇠 굴러가는 논두렁ㅅ길은
꼴을 진 지게도 피해간다.

『주간소학생』, 1946.10

고개

不기不기 不고개 나××고개
언제나 하늘빨간 저녁때여럼
××실은 심마니가 걸어갑니다.

빨간빨간 ××× 不기不고개
작은집 문에앉은 개가 짓을때
짐华거운 마차가 달여옵니다.

『어린이신문』, 1947.2.8(김순남 작곡)

소년 행진곡

손에 손을 잡고
발을 맞춰서
애기 애기 흥이 나서
즐거운 동무들이
학교엘 간다

아침 햇빛 해죽
참새들은 재재 재재
집집마다 태극기가
춤을춘다. 휘날린다.

선생님이 히죽
바라보고 해죽
우리 나라 우리글로
즐거운 동무들이
공부를 한다.

물찬 햇빛 쨍쨍
눈동자가 반짝인다.
옆방에선 국가소리
신이나게 들려온다.

『어린이신문』, 1947.11.22

제1부
아동문학 ❷

동화

두더쥐와 아가씨

어느 날 두더쥐는 뒤적뒤적 땅을 파며 제 집짓기에 밥볏슴니다. 해볏도 못보고 어둠캉캄한 땅밋헤서 뒤적뒤적 뒤지기만하는 두더쥐의 신세이엿슴니다. 두더쥐는 성급한 팔팔이엇슴니다. 익숙하지 못한 솜씨로 빠르게 땅을 파고 잇노라니 잘 못해서 그만 구녁이 땅박그로 나와 버렷슴니다.

그것은 바로 어늬 부자집 쏫밧치 엿슴니다. 그래서 그 집 옷 잘 입는 주인 아가씨는 두더쥐를 보앗슴니다.

"너는 왜 그리도 못 생겻늬? 상파대기며 손발을 엇재 그 모양이냐? 눈쌀은 왜 그리도 찝푸리고 잇늬?"

갑자기 땅박그로 나온 두더쥐가 눈이 부시여서 엇절줄을 몰으고 우물주물하고 잇는 것을 보고 이러이러케 놀여주엇슴니다. 두더쥐는 성을 버럭내며

"그러쿠 말구 우리갓튼 일만하는 것과 당신갓튼 놀고만 잇는 사람과는 사정이 다르닛가요. 당신이 그러케 놀고만 잇는 동안에 우리들은 이 못생긴 발로라도 땅덩이를 파뒤집허놋켓스 니 어듸견듸여봐요."
하면서 구녁으로 들어가서 다시 땅을 파기 시작햇슴니다.

『별나라』, 1931.1,2월 합월호

모기와 미륵

지금 세상에는 우리들 노동자 농민의 피를 X는 모기갓흔 X들이 펵은 만습니다. 우리들은 돌미륵갓치 구더저 우리의 귀한 피를 쌜리지 안케 하여야 합니다.

어느 날 시골 모기가 서울 모기를 맛나 "서울 사람들의 맛잇는 피만 쌜아먹고 사는 당신을 부러워 합니다. 나는 보리밥만 먹는 농부의 피만 쌜고 살자니 이러캐여윗슴니다."

하로에 산 끼의 밥도 잘 어더먹지 못하는 노동자들의 피만 쌜든 서울 모기는 그 소리를 듯고 시침이를 쑥 쩨고 하는 말이 "아무럼! 나는 맛잇는 피만 쌜아서 이제는 실증이 낫소 먹고 십다면 다려다 들이지."

서울 모기는 시골 모기를 각황사절 미륵님에게 다려다 주엇슴니다. 시골모기는 조와서 하로종일 쌜아 보왓습니다 만은 피한방울 나오지 안햇슴니다. 셔울모기를 보고 "셔울 사람들은 참 힘센 사람들입니다." 하엿슴니다. 미륵님은 돌로 맨든 것이엿슴니다.

『별나라』, 1931년 4월호

잉어

한달 동안이나 비가 안왓습니다. 시굴서는 비가 안와서 농사를 질수업다고 야단들이 낫습니다. 신작로로 자동차가 한 번 지나가면 먼지가 안개처럼 되어서 길가든 사람들은 멍멍이 서 잇셧습니다. 그러나 어느 날은 구름이 저 쪽 산 넘어로부터 몰여오며 비방울이 쩌러젓습니다. 그저 쏴쏴 오는 비는 죽어가는 짱을 살니는 것 갓햇습니다.

그러자 개고리는 왁왁들 귀가 압흐게 울엇습니다. 그리고 시내서 흘너내리는 물 쏘랑에서 모여드는 물로 시내는 금방에 물이 늘엇습니다. 사람들은 넓적대리를 것고 건너다니며 쏘 업고 건느게 되엿습니다. 잇흔 날 아츰 까지 비가 왓슬 째엔 새ㅅ빨건 물이 무섭게도 흘너흘너서 조그만 강처럼 되얏습니다.

물이 이러케 만히 흘너 내려가 닛가 밤낫 쩝질한 강물에서만 살든 온갓 물고기들은 시원한 강도 실코 다만 단물 냄새가 나는 시내로 시내로 모두 올나왓습니다. 팔쑥가튼 메기 징그러운 뱀장어 손바닥가튼 붕어 큰 잉어와 큰 감을치들이 서로 다투워가며 새 물맛을 보려고 올나왓습니다. 이 물고기들은 그저 정신업시 쏘리치고 올나왓습니다. 잇흔 날은 비도 개고, 냇물도 헐신 주럿습니다. 그러나 다른 물고기들은 물이 주는 것을 알고 겁들이 나서 도루 강으로 다러낫습니다.

그러치만 잉어들은 긔운차게 쏘랑을 지나고 그만 올챵이 송사리를 잡어먹는 맛에 엇던 커다란 논에 짜지 갓습니다. 그리고 혼자 외첫습니다.

"그 싸진 강엔 가 무엇 해. 강에 가면 첫재 일하기가 실치 이 곳에선 놀고도 잘 먹을터인데 그리고 내가 왕노릇을 할 터인데" 이리면서 송사리 올챵이를 다 잡어 먹엇습니다. 잉어는 쏘 소리쳣습니다.

"송사리 올챵이들아! 너이들은 엇텃튼지 내 밥이 될것이닛가 다라나지 말고 진작 내 입으로 드러들 오너라. 나는 쏜작하기도 실타."

그 잇흔 날이 되엿습니다. 논물은 맑앗케 가러안젓습니다. 그리고 여기셔 저기셔 사람들의 쩌드는 소리가 들여왓습니다. 그러자마자 잉어는 큰 용수 속에셔 퍼덕퍼덕 쒸기만 하엿습니다.

『별나라』, 1931년 6월호

원숭이와 곰

어느 깁픈 산골에 원숭이와 곰이 산양꾼에게 쪼기여 달아나다가 한 곳에서 맛낫습니다.

"여보게. 곰선달 이게 왼일이요"

"여보게 잔나븨 자넨 왼 일인가"

이러케 인사를 하고 서로 살아나갈 궁리를 하엿습니다.

그러나 능청마진 곰은 그저 다라나는 것이 제일이라고 쏜살가치 숩사이로 다라낫습니다. 원숭이도 곰의 뒤를 짜러서 정신업시 다라낫습니다.

그리하야 인전는 산양개소리도 들니지안는 아조 깁흔 산중으로 달아낫습니다. 조곰 잇드니 이제는 소리만드러도 무서운 호랑이가 나타나는 것이엿습니다.

원숭이와 곰은 엇절줄을 모르고 쏘 다라낫습니다. 호랑이는 어슬렁어슬렁 곰의 뒤를 따라가다가 인제는 막 쏘차가랴는 것이엿습니다. 맛침 이때 원숭이는 닝큼 큰나무로긔여올느며 곰을 쏘처가려는 호랑이를 야웅야웅 막 놀니고 샛밝안 제 볼기작을 탁탁 치며 더할 수 업시 골을 올엿습니다. 곰을 쏘치랴는 호랑이는 원숭이가 하도 깻심해서 오늘은 큰 곰보다 조놈의 작고 알미여 빠진 원숭이를 잡아 먹어야 하겟다고 산이 써나가려가고 "어흥" 소리를 한 번 첫습니다.

원숭이와 곰을 놋친 산양꾼은 이 호랑이 소리를 듯고 벌서 차저단이엿습니다.

나뭇가지에 안젓든 원숭이는 하도 무서워서 더욱 더 놉흔 가지로 올나가서 똥그란 눈깔로 호랑이를 쏘고 보는 것이엿습니다. 호랑이는 성이 슷가지 나서 두길세길 식썽충 식썽충 쒸여올느며 악을 썻습니다. 호랑이는 참다못하야 나무로 기여올나가려고 하엿습니다.

그리하야 거진나무 중 특까지 올나갓슬 즈음에 별안간에 탕—하는 총소리와 함께 호랑이는 짱에 써러젓습니다.

겨우 살어난 원숭이는 이 나뭇가지 저 나뭇가지로 옴겨 다니며 다라나 버렷습니다.

어느 날 산양꾼들은 원숭이들을 잡으러왓습니다. 사람들은 술병을 갓다노코 술을 먹고 쓰러진 척 햇습니다. 숭내 잘내는 이 원숭이는 사람이 무엇을 먹고 쓰러지는 것을 보고 저도 몰내 내려와서 그 술을 마섯습니다. 그리고 쏘 마시랴 할때 난데업는 곰이 나타나드니 고만 원숭이를 업고 다라낫습니다.

자는 척하든 사람들은 큰일 낫다고 벌덕 이러나서 총을 노며 곰을 쪼처갓습니다. 곰은 다라나다가 엇던 큰나무 압헤서 픽 쓰러지자 등에 업혓든 원숭이는 놉흔 나무로 기여 올나갓습니다. 원숭이는 나무 꼭댁이 구멍 속에서 내다보고 눈물을 흘엿습니다. "저 곰은 저번에 내가 살여주든 곰이라고" 생각하면서.

『별나라』, 1931년 12월호

피켓의 日記中에서

一月 十日

마을은 고요하다.

바람만 휙휙 불어오고 양버드나무에서 잇다금 까치가 푸드덕거리고 짝짝할 뿐이엿다.

그러나 지금은 겨울 한나절이나 되엿다. 지금 내가 상봉이와 나와 슨지도 벌서 한 시간이나 되엿다. 그러나 오신다는 아저씨는 왜 아니오는가 저 움물압 담모퉁이에서는 각금 긔봉아저씨가 팔장을 끼고 얼신거리며 우리의 행동을 살피고 잇섯다.

"아주 강감임니다."

나는 이러케 소리를 외쳣다 그리드니 또 사라진다.

저―멀니서 들닐듯말듯한 우르르소리는 함흥으로 올나가는 긔차소린게다.

그러나 얼마 안잇다가 양복쟁이 두 사람이 오는 것이엿다. 그들은 마을의 좌우를 둘너보며 유심이 이 곳을 향하야 오는 것이다. 상봉이는 번개갓치 아저시들이 잇는 방으로 갓다.

조금 잇드니 상봉이는 다시왓다 그러자 두 양복쟁이도 왓다. 하나는 '쓰메에리'양복이엿고 또 하나는 신사복에 안경을 썻다.

나의 마음은 아조 냉정해젓다.

그들 중에서 안경잽이가

"이 곳에 ××조합이 어데잇소."

"모름니다." 나는 이러케 대답햇다.

그의 행동이 아조 수상해서 나는 딱잡아 뗏다 그리든이 또다시 그는 뭇는 것이다.

"아니, 여기가 중하리가 안이오?"

"중하리요."

나는 쏘다시 재처 무럿다.

"농민조합이니 뭐니무러서 뭐ㅅ하오."

그는 다소 태도를 변하면서

"우리는 일부러 이 곳까지 차저왓소이다. 실상은 오늘 이 곳에 오기로 햇는데요."

이 말을 드르니 그는 우리가 기다리든 그이인 것같다.

그러나 나는 의심이 나서

"그러면 뭐을 하랴고 오섯소."

그러닛가 그는 가마니 무어라고 그래는거다. 그래서 우리 둘은 안심을 하고 이 두 분을 인도햇다. 아마도 나의 눈은 너무나 번적이엿고 그를 노리고 본 것인가 보다.

그이들은 우리들의 머리를 쓰다드므면서

"내 잇다 조흔 노래도 해주시고 사진도 그리고 이약이도 해줏게! 참 긔특한 소년이다" 하고 그는 어슬렁 어슬렁 뒤를 짜러 오는 것이다. 그리드니 조곰 잇다가 여기저기서 하나식 둘식 모이기 시작햇든 것이다. 지금은 무슨 이약이를 할 지 아주 궁금해 죽겟구나!

『별나라』, 1933년 2월호.

平 세와 平 숙이

一, 소개말

평세(平世)와 평숙(平淑)이는 사촌 오누이간입니다. 올해에 평세는 열 세 살나고 평숙이는 열두 살입니다.

평세의 아버지 조명제(趙明濟) 씨와 평숙이의 아버지 조민제(趙民濟) 씨는 형제간입니다.

명제 씨와 민제 씨는 경상도 마산(馬山) 사람으로 두 분이 다같이 지금으로부터 십 삼년 전에 농민조합(農民組合) 사건으로 경찰서에 잡히어 아우인 민제 씨는 삼년간 형님인 명제씨는 이년동안 감옥사리를 치르고 나왓습니다. 반 해를 먼저 나온 민제씨는 감옥에서 나온 지 두 달만에 또 경찰서에 잡피어 거듭 감옥사리 삼년을 하고 나왓습니다. 이 두 분은 무슨 나뿐짓을 해서 감옥사리를 한 것이 아니고 생활이 곤난한 농민들을 잘 살게하랴다가 일본 관헌(官憲)에게 잡핀 것입니다. 농민들이 잘 되는 것은 일본 사람들이 조선을 빨아먹는데 방해가 되며 일본 사람들의 충실한 손발이 되어잇는 지주(地主)에게 해롭기 때문에 일본관헌이 잡어다 욕을 보이는 것입니다.

평세와 평숙이가 첨 몰으고 자라든 시절에 아버지는 이렇게 해서 고생을 햇습니다.

명제 씨는 평세가 열 살되든 때에 식구들 모두 다리고 함경도 청진으로 이사를 갔습니다. 거기에서 명제 씨는 운송업(運送業)을 경영하시고 평세는 그 곳 소학교에 입학을 햇습니다. 민제씨는 그대로 고향인 마산에 남어 어업조합(漁業組合) 사무를 보고 있엇습니다. 금년에 평세는 육학년이고 평숙이는 오학년입니다.

금년 팔월오일 이 날은 삼십육년 동안 우리 조선 사람이 일본 사람에게 눌려 살아오는 비참한 생활의 마즈막 날이엿습니다.

이날부터 우리 조선 사람들은 정말 자유스러운 살림을 할 수 있게 되엇습니다. 조선사람의 대부분을 차지하고있는 노동자 농민은 이날로부터 행복을 얻을 수 있게 되엇습니다.

그 뽐내고 우리를 박대하고 못살게하든 일본도 드듸어 전쟁에 지고 말엇습니다. 우리 힘으로 독립을 할 수 있을 때까지 련합군이 우리 조선에 와서 있게 되엇습니다. 북위(北緯) 삼십팔도를 가온데로해서 북 쪽은 싸베트동맹(러시아)의 붉은 병정이 들어오고 그 남 쪽은 미국병정이 들어오게 되엇습니다.

평세와 평숙이는 이렇게 돼서 남북이 갈라있으면서 조선독립을 마지햇습니다. 그러나 이 남쪽과 북쪽을 알아보면 각각생활이 퍽으나 달은데가 있습니다. 웨그러냐하면 북쪽은 사회주의(社會主義)국가인 싸베트동맹이 백성을 도와주고, 남쪽은 민주주의(民主主義)인 미국이 다스리기 때문입니다.

나는 매달 북쪽에 사는 평세와 남쪽에 사는 평숙이가 사촌간에 서로 주고받는 편지와 또는 일긔(日記를 여러분께 소개해 둘이서 삼십팔도를 가온데두고 남쪽과 북족의 소년들이 어떤 생활을 하는가를 알려 들이랴 합니다.)

一, 평세의 첫재 편지

사랑하는 누이 平淑에게

오래동안 남쪽과 북쪽이 서로 통하지못하야 서로 안부와 소식을 몰나 궁금햇엇다. 우리 조선이 독립이 되어 우리들 어린 가슴에도 기쁨이 넘처흘럿다. 너도 나와 달음이－없는 감동을 느꼈슬 것이다. 그러나 우리 조선이 독립은 되엿으나 북족에는 싸베트 러시아의 붉은 군대가 들어와 있고 남쪽은 미국군대가 들어와 있어 서로 달은 방법으로 보호들하고 있다. 그러하기 때문에 우리들의 살림살이에도 남북이 각각 형편이 달으다

한다. 나는 남쪽에 사는 네가 어떻게 살고있는지를 알고싶다. 이와맛찬가지로 너는 내가 어떻게 살고있는지 이곳의 형편이 어떠한지 궁금할것이다. 그래서 나는 이렇게 생각하였다. 우리 사촌 오누가 서로 편지를 주고받으며 남쪽과 북쪽 사정을 서로 알렷스면 좋겠다는 것이다. 너도 내가 생각한 이것을 찬성할줄안다. 나는(오늘 첫 번째 편지를 너에게 보낸다. 八월 十五일을 지난 뒤, 벌서 두 달이 지낫다. 그러므로 그동안 이야기를 다 쓰자면 대단히 긴 편지가 될 것이고 또 내 힘으로는 저저히 다 적을 수 없다. 그래서 이번에는 내일긔(日記)책에서 멧구절을 적어 그동안 소식을 알려 주도록 하겠다).

八월 五일

학교에서 늣게 도라오니 아버지가 기다리고 계시엿다. 아버지는 왼 식구를 밤에 모아 놓고 퍽도 엄하고 긴장한 표정으로 이런 말을 하시엿다. "나는 너이들 곁을 얼마동안을 떠나야 할 일이 생겻다. 여러 가지 사정을 보면 일본이 이 전쟁을 더해나갈 수 없시되엿다. 아마 멀지아니해서 우리 조선사람도 어려운 생활을 면할 것 같다. 내가 더나가는 일을 뭇지말어라. 결코 멀지 아니해서 아버지는 도라올 것이다. 그동안 좀 어려운 고초가 너이들에게 있을지 몰은다. 그러나 꾹 참고 있거라."

아버지는 밤여덜시쯤 간단한 행장을 차리고 떠나시엇다.

八월 九일

새벽에 공습경보(空襲警報)가 내렷다. 요사이 날마다 B二九가 찾어오기는 하나 그 시간은 날마다 오후에 일정했는데, 오늘에는 새벽부터 비행기가 왓다. 경보가 난 얼마 뒤에 비행긔 소리가 낫다. B二九가 아니다. 이제까지 못 본 비행기가 수 십대다. 부두쪽에 폭탄 터지는 소리가 높엇다.

八월 十일

싸베트・로시아가 일본에게 선전(宣傳)을 포고했다한다. 어제온 비행긔는 로시아 비행기였다.

경찰서에서 형사가 다섯 명이나 우리집에 왔다. 아버지를 잡어가려는 것이다. 아버지 가신데를 몰은다 하니 어머니를 여러 가지로 얼르대고 위협을 하고 갔다. 로시아군이 처들어온다는 소식이 왔다. 피란 가는 사람이 많다. 우리는 아버지의 말슴을 지키고 그대로 여기서 버틔기로 했다.

八월 十二일

바다에 로시아의 군함이 시꺼멓게 들어왔다. 우리 집은 높은데 있기 때문에 잘 보인다. 총소리 대포소리가 요란했다. 우리는 무서운 것을 참고 구경을 했다.

로시아군함은 얼마 뒤에 물러갔다. 들으니 상륙을 하랴다가 실패를 했다한다.

八월 十三일

새벽에 다시 로시아군함이 들어왔다. 크게 싸홈이 벌어진 모양이다. 총알이 슷처가기도 했다. 우리는 문을 닫고 집에 들어앉었다.

나종에 들으니 로시아군이 상륙을 했다한다.

八월 十四일

학교 선생이 세상에서 제일 강한 것은 일본군대라고 하시었다. 제일 강한 일본군을 뭇질르고 쏘련군이 상륙을 했으니 쏘련군은 아마 일본군보다 더 신병정인가 보다. 시내에 있든 일본군은 어데론지 퇴각해갔다. 쏘련군의 일부는 일본군을 뒤쫓아 남쪽으로 진격해 갔다.

八월 十五일

아! 얼마나 기쁜 날이야 삼십륙년 동안 일본놈들한테 눌니고 눕려서 살아오는 우리 조선도 인제는 해방이 되었다.

평숙아 너무도 감격이 많어서 이 날의 일기는 이것으로 끝이 났다. 이 날의 기쁨은 여기나 거기나 맛찬가질게다. 아니 여기가 멫갑절 더 했을 테지. 어제날로 벌서 이곳에서는 일본놈들은 하나도 없시 쪼겨나고 아모 거치는데 없이 마음것 뛰며 노래하고 만세를 불렀다. 전승군(戰勝軍)인 소련군이 우리를 마음것 축복해주었다.

평숙아 소련군이라니 러시아 사람만 있는 줄 알지마라. 나는 처음에는 그렇게만 생각했드니 들어온 소련군 중에는 우리 조선 사람이 많이 있었다.

이 조선사람 붉은 군대는 일즉이 조선 안에 일본 놈들의 압박 밑에서 살기를 꺼려해서 시베리아로 연해주로 또는 북만으로 흘러갔다가 소련에서 행복한 생활을 하고 있는 사람들의 아들이다. 이 사람들은 서부전선(西部戰線)에서 독립군을 뭇질러 큰 공을 세우고 이번에는 다시 일본을 뭇질르기 위해서 동쪽으로 온 젊은 영웅(英雄)들이다.

이 사람들은 대개가 소련에서 태어나서 거기서 자란 사람이라 고국(故國)인 조선은 출생 후에 처음이고 조선말도 퍽 서투른 사람도 있었다.

이 사람들은 조선안에 있든 우리들 보다 조선이 해방된 것을 더 좋아한다. 평숙아 그럴 것이 아니겟나. 지금은 소련 안에서 행복된 생활을 하고있다해도 그들의 부모가 조선을 떠날대 그 서름 그 원한이 얼마나 했겠느냐. 또 시베리아로 흘러 다니며 황제(皇帝)시대의 러시아의 학정(虐政) 밑에 시달리기도 했을테지. 그들이 지난 날이나 지금이나 자나 깨나 잊지 못하는 것은 고국 조선이 아니겟나. 이렇든 조선에를 제손으로 일본놈을 뭇질르고 들어왔으니 얼마나 기쁘겠느냐. 어떤 이는 우리들을 껴안고 말도 못하고 울기만 하고 어떤 이는 우리들 빰에다 입을 열 번 스무 번 맞춰주드라.

러시아 사람 병정들도 친절하고 자미있는 사람들이 많었다. 노래도 잘하고, 춤도 잘 추었다. "일본놈들 압박 알에 얼마나 굶주렸다" 하며 우리들의 지난 날을 동정하고 일본군의 창고를 헐어 쌀을 나눠 주었다.

붉은 군대 참 씩씩하고 훌륭한 병정이다. 이 사람들은 우리 조선의 노동자 농민을 구하기 위해서 우리 조선을 해방해준 고마운 사람들이다.

평숙아. 나는 벌서 러시아 말을 멫가지나 뱃다 "꼬리안 스키"란 조선 사람이란 말이고 "야폰스키"란 일본사람이란 말이다. 물을 "워다-" 신을 "거라" 붉은 군대를 "끄라스나야 알미야"라고 한다.

『별나라』, 1945년 12월 15일(해방 속간1호)~1946년 2월 10일(해방 속간2호)

제1부

아동문학 ❸

아동극

설날에 할 童話劇
꾀바른 톡기

나올사람

호랑이

톡기

나무꾼

산골ㅅ작이 왼편에 솔보둑이 잇다

나무꾼 (오른편에서 지게지고 낫을 들고나오며)

산에는 나무도 만타만은

웨그리 해갈것이 업단말인가

아모거나 비여가면 그만일것을

웨그리못해가게 한단말인가

(곡됴부처 노래하며 지게를 벗어세우고 저고리를벗어 지게에 걸처놋코)

나: 오늘은 좀만히해가지고가서 아버지마음을 편하게하여 드려야겟다

나: (낫을들고 솔보둑이압헤서 나무를 비기시작한다) 야 — 여긔는 그래도 할것이만코나 오날이야 을동이보담 만히해가겟다 그러면 아버지께 층찬을 들을터이지 ……

나: (솔보둑이 점점 갓가히가며) 야 — 오늘 참 재수가잇고나

호: (이때에 솔보둑이뒤에서 호랑이가 슬그머니나온다)

나: (모르고 나무만작구하고 잇스면)

호: (나무꾼의 멱살을잡으며) 요놈아 무어라구 써드는소리냐 내가너오기를 엇더케기대렷는데 그러늬어홍! 요놈잡아먹자 어홍!

나: (쌔리치며) 호랑님! 나를잡어잡숫다니 그거야될말임닛가 우리집엔 늙으신 아버지어머니와 나어린 누나아우가 나오기를 눈이빠지게 기다리고잇슬것임니다 그러니 만일내가 호랑님에게 잡혀죽으면 우리집에는 큰야단이남니다. 살려줍시오

톡: (톡기가 오른편으로 뛰여나오다가 이갓을보고 다시 뛰어나간다)

나: (두눈에 눈물이 그렁그렁해지며 힘업는소리로) 호랑님 제발살려주서요. 저산만넘어가면 다른즘생들도만흘것이 아님닛가

호: (큰입을버리고 나무꾼에게 달려가며) 잠말말아 나는꼭너를잡어 먹어야겟다

나: (큰소리로) 아이구머니! 사람살녀주! 사람살녀주!

톡: (텬사의복색을 차리고나오다) 여보아라 거기잇는 나무꾼아 나는한울에서 나려온천사인데 한울님의명을바더 인간세상으로 (소리를놉혀) 호랑이를잡으러나려왓스니 혹시 호랑이를 보지못햇나

호: (이말을듯고 깜작놀나며 멱살을놋코 짱에업듸려) 여보게 나무꾼! 자네를잡아먹지 안을 터이니 제발내가여기잇다고 가르켜주지말게!

나: 네! 여기는 호랑이가업습니다

톡: 그런데 거기업드려잇는 알숭달숭한게 무언가

호: (벌벌썰며) 이것은 나무토막이라고해라 나무토막이라고 해!

나: 이것말슴임닛가 이것은저 …… 저 …… 나무토막이올시다

톡: 나무토막이면 왜 줄로묵거놋치를 안가엇나

호: 얼는지게에잇는 줄로묵게묵거 ……

나: (지게끈으로 호랑이를잔득 묵는다) 네! 묵겟슴니다

톡: 묵거노앗스면 왜 낫으로 쪼개지를 안나!

호: 낫으로패라 힘들이지말고 살살쪼개라

나: (힘드리지안코 낫으로한번 콱 찍고나서) 네. 쪼갯습니다

톡: 웨 쪼개는소리가 그러냐 나무토막이면 쪼개는소리도 콱!하고 쐐클터인데 ……

호: 콱! 소리가나도록 힘썻패

나: (힘것내리패며) 이럿케말입니까

호: (“어흥” 하고 네다리를 뻿고 죽어버린다.)

나: 그놈 잘죽엇다. 이제는죽엇스니잡어가시오

톡: (갓가히와서 옷을벗고) 여보게 나무꾼! 쌋닥햇드면 죽을번햇구려!

나: 아—나는 누구라구 (톡기의손을잡으며) 톡기님일세 그려. 참자네가아니엿드면 나는 꼭 호랑이에게 잡혀먹힐번햇네! 이은혜는 죽기까지닛지안켓네.

톡: 무어 은혜랄것잇나 호랑이놈쯤 속히기야 어렵지안치 ……

나: 참고마운말을 이로다할수업네. 우리집에 가티가서설떡이나 논하먹세 ……

톡: 그러세. 그러나 나무는만히해가지고가야지! 나도해줄가

나: 그래 그럼나무도가티하고 우리집에도가티간다고 응.

톡: 그래! 그래

—조용히 幕—

『어린이』, 1927.2

저녁밥갓다주고

때 : 저녁

곳 : 공장압

사람 :

호용이 공장의 직공
싼돌이 호용의 아우 九歲
모난이 호용이의 누이 七歲
짬동이 호용의 개
福吉 공장주의 아들 九歲
직공 五六人

양회로 먼든 큰담장이 잇고 대문은 쇠로만들엇다. 놉흔굴둑이 담위로 뵈인다.

막이 열리면 三四人의 직공이 공장에서나와 집으로 간다. 조금잇스면 싼돌이와 못난이 호용이의 저녁밥을 가지고와서 대문압헤서 호용이나오기를 기다리고잇다.

못 : 작은옵바! 큰옵바 나올때가 되엿지

싼 : (다시 대문안을 들여다보며) 그래하마나올때가 되엿는데!

못 : 다른 사람들은모두 집으로가는데 우리큰옵바는 웨밤에도나오지안코 일만하고잇서

싼 : 밤일을해야 삭전을 만히밧는단다. 나제일한 삭전만바더가지고는 우리집 일곱식구가 엇지살아갈수잇니 또 요즈음은 아버

지도알코누어게시는데 약도써야지!

못: 나는 큰옵바가집에 오지안흐니 퍽도보고십허 이놈공장은 우리옵바를 맛날붓잡아노코 안노아주네

싼: 우리도어서커서 공장일이라도해서 우리형님을 좀 편케해들여야지

이때 직공한사람이 나온다

싼: (그직공을보고) 아저씨 우리형님안와요

직공: 지금저긔나오는걸 보앗다 (가버린다)

싼: (다시공장안을 들어다며) 못난아 저긔형님이 나오신다

못: 정말 (들어온다)

호: (노동복닙고 나온다) 만히기다렷지

못: 큰옵바! (달겨들며)

호: 날이이러케 치운대고생햇지 그런데 아버지는 좀주무시엇나

싼: 네! 오늘은 편히주무섯습니다. 형님삭전은 언제나찻습니까 아버지약을 다자시엇는데

호: 응 래일모래는밧는다 그날은 약지어가지고가마.

못: 옵바모래는 꼭집에와요.

호: 못난이 너보고십흐니 꼭가지 오늘은웨 쌈동이는안다리고왓니

싼: 저까지따러오드니 중간에서 다른개들하고 놀고잇는지요

호: 자! 그러면치운데 어서집으로가거라. 나는시간이밧부니 들어간다 (공장으로 들어간다)

못: 옵바 래일쏘봐요 응!

싼: 못난아 쌈동이아즉안온다 엇덕하니

못: 작은옵바 기다리고잇서 우리만가버리고 쌈동이혼자길을 일허버리면 엇지해.

이때에 공장주의 아들 복길이가 조흔옷닙고 공장안에서나와 쌈동이형제를보드니

福： 에이 오늘참재수업고나 이놈자식웨 남의공장압헤 우득커니 섯늬 (짠돌이압으로닥아서며) 이자식이옷쏘락선이 봐라. 거지한가지안인가? 이걸엇덧케닙고다녀 에이재수업서 우리아버지하고가치 자동차타고왓드라면 이런거지색기도 안봐슬썰. 이자식 남의공장압헤 섯지 말고 가거라.

짠： 우리개가 어듸가고업서 올때까지 기다리고잇단다.

福： 가거라 가거라 다른데가서기다려라 웨우리공장압헤서 기다리늬 (못난이를 쿡수시며) 가거라

못： (넘어저운다)

짠： 이애 그리말라 지금갈터이니 때리지말라

福： 이자식아! 이자식아 (짠돌이의 뺨을 함부로 싸려주고다려나려한다. 그때 쌈동이가와서 다려나려는 복길이압헤 멍멍짓고 달려든다)

福： (깜작놀나) 아이고 어머니!

쌈동이： 멍! 멍! (福吉이에게 뛰여덤빈다)

福： (뒤로넘머지며) 아이고 사람살려주! (짠돌이 못난이 쌈동이 셋이합처서 함부로 福吉이를 싸려주고 차수고 갈겨준뒤에 그만가버린다)

福： (혼차서 소리처운다)

그 때 직공두사람이 공장에서나온다

職一： 福吉이너웨우니

福： ……

職二： (이리켜주며) 아이구얼골에서 피가나네 웨 이랫늬?

福： (울기만한다)

職一： 울지마라 자—집으로가자 아마 쏘까불다가 마젓지

福 : (소리처운다)

職二 : 그래 길에다니며 남의애들 짜리기만하면 이러케맛기도해 자 —가자—

꾸짓는듯이 달내며다리고간다 공장에서는 쒸! 쒸! 저녁닐시작하는 고동소리가 들린다

『별나라』, 1931.3

삼조애비는 어듸갓서(一幕)

◇사람

鐵植
銅浩
石潤
게름뱅이 朴주사
金서방 박주사의 일보는 사람
鐵植이 아버지
石潤이 아버지

◇때

가을

◇곳

베논ㅅ가

벼가 누러케닉어잇다. 바른편에서왼편으로 통하는 길이잇고 논에는 허수아비가 서잇다.

막이 열리면 세아해가 손을잡고나온다.

銅浩: 우리논에는 아모리만히 나도 열두섬박게는 나지안는다는데 금년에는 곡수를 닐곱섬이나 메엿단다. 우리 아버지가 게섯드면 그보다는 점낫슬텐데

鐵植: 우리논은 작년보다 잘되엿다고 올개는 작년보다 닷말을올렷

다나

石潤: 우리논은작년에는 닷섬난것모조리 가저가드니 금년은 엿섬을 내라고 하더라.

鐵植: 웨 우리들이 애써지어노면 박주사집에서 다가저가노

銅浩: 박주사의 논을우리가 지여주니 그러하지.

石潤: 아모리 박주사가 제논이기로 애쓰지은 우리들의 먹을썻까지도 가저가는것은 너무도심하지안나

銅浩: 박주사라는 그냥반이 원악 욕심이만흔양반이다 우리들갓흔 논부치는사람들이 굼는것쯤은 꿈결에도생각지안는 사람이란다.

石潤: 우리들의 아버지는 웨먹을것도 남기지안코 아모말도업시 갓다바치기만하노.

銅浩: 쌕소리만해보아 그만논을 쑥쎼여 다른사람을 갓다준다네.

鐵植: 박주사배만 불려주고 우리들은 못살게하는것이 안닌가

石潤: 우리 아버지 빗갑흘 한숨쉬는것보니 나는 눈물이나네

鐵植: 금년은 풍년, 풍년 하지만은 논임자나 풍년이지 우리는 더욱 졸리기만 하네.

銅浩: 이애들! 조금잇스면 박주사가 관평을다하고 이길로 터인데 우리좀 놀녀줄까

鐵植: 그것재미나겟다

石潤: 엇재스면조켓나

銅浩: 내말만들어라 석윤이너는 이길위에다 깁다란 구녁을파서 물을너허구마. 그리헤놋코는 버들가지를 이구녁위에 덥고 흙으로무더노흐면 박주사가 도라오는길에 여기를밟아 픅 빠지는 꼴을 보자.

鐵植: 그재미난다.

石潤: 그재미난다. 나는버들가지를 썩거올터이니 너들은 구녁을파라(나간다)

銅浩 : 자! 우리는여긔를파자. (파기시작한다)

(이때 김서방이바른편에서 나오드니 두아해를 보고)

金서방 : 이애들 무엇을그리 작구파노?

(두아해는 깜작놀난다)

銅浩 : (구녁위에 올나안즈며) 아니요. 금시 이미트로 뒤직이란놈이 들어갓서요. 그놈을 잡아내럼니다.

金서방 : 아 ― 그래 너이들 부치는 삼조아버지못밧나

鐵植 : 못밧슴니다.

金서방 : 그레 어듸를갓서 지금끗 박주사영감이 이리로오실터인데 (나간다. 두아해는 뒤를보고주먹질입질 을한다)

石潤 : (버들가지를 가지고) 자! 다팟나! 저긔지금 박주사가온다. 빨리해야지.

銅浩 : (버들가지를다놋코 흙을무드며) 자다되엿다 우리는 저논에들어가숨어서 박주사가 빠지는 꼴좀보자! (세아해는숨는다. 박주사는 김서방을 압세우고나온다. 철식이 아버지와 석윤이아버지가 달어온다)

김서방 : 저것이 삼조애비가 붓치는논임니다. (아해들이 판구녁것흘밟고 탈업시지난다)

박주사 : 삼조애비는 어듸갓서 (이때 구녁위를밟아 한다리가 푹 빠젓다) 엑! 이게웬일인가! 이것이 누구의 짓인가

김서방 : 네!! 네!! 아 ― 앗가 그놈들! 그놈들!!

벳논에서 아해셋이 얼골을 내놋코 손벽을치며 웃는다. 철식이아버지와 석윤이아버지는 눈이 둥그럿다

……(幕)……

『별나라』, 1931.9

해가 지는 까닭 (한막)

◇동리어구(또는 교회)에 있는 조그만 언덕위에서 일어난 이야기입니다. 동리아이들이 놀다가 해가 질무렵에 이 언덕을 지나며, 지금 막 서쪽 산 위에 지려는 해을 두고 이 연극이 시작됩니다.

◇ 나오는 아이들

용수(아홉살) 노마(여들살) 장대(아홉살) 고니(열 살) 간난(여들살) 용녀(일곱살)

노래를 부르며 아이들이 집으로 도라가는 길입니다

해지는 저녁때 아이 셋이 내일도 여기서 모이자고 길ㅅ가에서 서로 귀ㅅ속말을 엿듣고 활개를 치면서 나라갑니다.

용녀 : 아유! 저봐 …… 해ㅅ님이 새빨강군.

간난 : 대낮에는 눈이 부셔서 쳐다볼수없던 해도, 질때는 눈이 부시지 않아.

노마 : 오늘 우리들 들노리는 정말 재미 있었지?

장대 : 응. 그랬어. 해만 지지않으면 더 놀다 올텐데 ……

고니 : 그렇지만 해지는 걸 우리들 마음대로 할수 있어야지.

간난 : 해는 왜 저녁때마다 지는거야? 한번 떴으면 지지 말고 언제까지든지 하늘 한가운데 머무르고 있으면 좋지 않아!

용녀 : 그걸 누가 알아.

용수 : 봐, 그걸 몰라. 우리집 아버지 때문에 그런거지 뭐야.

노마 : 왜?

용수 : 우리 아버지가 회사에서 도라오시는 시간을 알려 주려고 날마다 저녁때면 해ㅅ님이 지는 거야.

아이들 : 하하하 ……

용수 : 왜 웃어! 정말이야. 아침에도 회사가는 시간을 알려주려고 해가 돋는거야.

장대 : 그런게 아니야. 해ㅅ님의 어머니가 서쪽 산 넘어에 있대. 그래서 날마다 어머니 품에 안겨 잘려고 간대.

노마 : 나는 해가 지는 까닭을 알아. 해ㅅ님하고 달님하고 숨바꼭질을 하는데, 달님이 한번도 찾아내지를 못해. 밤낮 해ㅅ님만 숨는 거야.

고니 : 모두 틀렸어. 해가 지는 까닭을 우리 언니가 선생님한테 밴걸 나는 들었어.

간난 : 왜 진대?

고니 : 땅이 돌기 때문이래.

용수 : 그건 샛빨간 거짓말야. 땅이 돌면 우리는 어지러워서 있지도 못하게 ……

아이들 : 맞았어 …… 맞았어 …… 거짓말야.

고니 : 거짓말 아냐. 선생님이 거짓말을 해?

장대 : 그럼 너는 땅이 도는걸 봤니?

고니 : 못 보았어.

노마 : 보지도 못하고 그래.

용수 : 자, 그럼 좋은 수가 있다. 높은 곳에 올라가서 땅을 내려다보면 땅을 도는지 알수 있겠지.

간난 : 그래 그래!

장대 : 그럼 어디 올라가볼가

노마 : 고목나무에 올라 가서 보자.

용녀 : 애 난 나무엔 못올라가

고니 : 나무보다 더 높은 곳에 올라가야 돼.

장대 : 그럼 공장 굴뚝에 올라가 보자.

고니 : 거길 누가 올라가 이봐 그럼 내일 우리들 다 같이 뒤ㅅ산 꼭대기에 올라가보자!

아이들 : 그러자. 그게 좋다!

(아이들 노래 부르며 도라갑니다)

해가 지는 까닭을 누가 알아,
땅이 돌기 때문에 해가 진다고,
그것도 그것도 고지 안들려,
내일은 뒤ㅅ산에 올라가보자.

(막)

『주간소학생』,1946.3.18

요술모자(1막)

어떤 숲 속 좌우로 한 아름씩 되는 나무들이 꽉 차있고 가운데는 잔디밭입니다.

바른편 나무ㅅ가지에는 산비둘기 집이 있고 왼편 나무 등지에 다람쥐 사는 굴이 있습니다.

잔디밭에 엄청나게 큰 실크햇(山高帽)이 놓여 있는데 모자안이 하늘로 향해 있고 모자 높이는 거의 아이 키나 됩니다.

나올사람

토끼 한 마리
비둘기 한 마리
다람쥐 한 마리
요술쟁이 한 마리

막이 열리자 숲이 한낮이고 숲의 새들의 재잘거리는 소리가 들립니다.
토끼가 바른편에서 나옵니다.

토끼 : (모자를 보고 놀라며) 이게 뭘까 (한바퀴 모자를 돌아보고) 아주 재미나게 생긴것이 하나 떨어졌군. (두들겨보고) 아주 단단한데. (발을 뻗고 안을 들여다보고) 속은 텅 비었는데. 이게 어디서 굴러온 물건일까 …… (비둘기집 있는곳을 쳐다보고) 여보게 비둘기 사촌, 집에 있는가.

비둘기 : (나무 위에서) 누구야.

토끼 : 날세. 나야. 등 넘어 토서방일세.

비둘기 : 아아 난 누구라구. 토끼형님이로군. (나려옵니다)

토끼 : 이사람 어서 오게. 아주 훌륭한 것이 하나 떨어졌네. (모자를 가르키며)이것 보아. 자네 이런것 어디서 보았나.

비둘기 : (놀라며) 아니 이것이 뭘까 (곁에 가가이 가지도 못합니다) 아주 어마어마 한 걸!

토끼 : 이사람 겁낼것 없어. (두들겨 보이며) 이것 봐. 두들겨봐도 아모렇지 않어.

비둘기 : (그래도 미덥지 못하여) 대관절 이게 무엇일까. 우리 오늘 이걸 가지고 좀 재미있게 놀아보세. (다람쥐사는 굴을 향하여) 다람쥐야!

다람쥐 : (대답이 없습니다)

토끼 : 다람쥐야.

다람쥐 : ……

비둘기 : (다람쥐 굴을 들여다봅니다) 아니 낮잠을 자는구먼! 여보게 다람쥐. 웬 낮잠은 자. 어서 이리 나오게 아주 이상야릇한것이 하늘에서 떨어졌네.

다람쥐 : (눈을 부비며 나옵니다) 성님들 벌서 왔고나 (하품을 하고 기지개를 폅니다)

토끼 : 이사람 하품하지 말고 이것좀 보게.

다람쥐 : (모자를 보고 이상해합니다) 이것 재미있다. (재빠르게 모자속으로 뛰어 들어갑니다) 안은 텅 비었네. 이속은 아주 폭은 폭은한게 좋다.

비둘기 : 다람쥐 너는 겁도 나지 않니 나는 곁에도 못가겠다.

다람쥐 : 아이구 비둘기형님은 망녕이지 이게 뭐이 무서워서.

토끼 : 너는 그럼 그게 무언줄아니

다람쥐 : 이거? 뭐야. 군함이지

비둘기 : 이것이 군함이라고

토끼 : 이따위 군함이 어디 있어. 어디 군함이 갈 곳이 없기로 이 산중 숲속에 올라고.

토끼 : 다람쥐 말이 맞아.

비둘기 : 그럼, 무엇일가?

다람쥐 : (생각을 합니다) 올치. 이것이 술ㅅ잔이야. 여기다 막걸리를 그득 쏫아서 마시는건가 보아.

다람쥐 : 토끼형님은 뭔줄 알아?

토끼 : 이것이 다른게 아니라 사람들 목간통이야.

비둘기 : 그렇지, 그렇지 토끼형님 말이 맞았어.

다람쥐 : 그럴까 그럴상두 싶어.

요술쟁이가 "하하하"웃으며 나옵니다.

요술쟁이 : 하하하. 그것은 군함이 아니다. 도토리껍질도 아니다. 술ㅅ잔도 아니다. 그렇다고 목간통도 아니야. 이게 내 모자야. 모자. 하하하.

모두 이런 엄청난 모자가 어디있나 하듯이 놀랍니다.

다람쥐 : 여보, 당신은 누구기로 이렇게 큰모자를 쓰고 다니오.

토끼 : 흥흥! 모자는 모잔덴 이렇게 크고보니 목간통이지 누가 모잔줄 알어.

비둘기 : 나는 곧장 토끼형님말만 믿었지.

요술쟁이 : 모자는 모잔데 그저 아무나 쓰고다니는 모자가 아냐. 이게 요술모자란게야.

토끼 : 그럼 당신이 요술쟁이여요.

요술쟁이 : 그렇지.

다람쥐 : 정말요.

요술쟁이 : 누가 거짓말을 해 아까 다람쥐 네가 이 안에 들어가보니 아무 것도 없었지!

다람쥐 : 네.

요술쟁이 : 그럼 이걸봐. 하나, 둘, 셋 (모자속에서 달걀을 여라문개나 꺼냅니다)

다람쥐 : 거 재밌다.

토끼 : 거 좋다.

비둘기 : 이상한걸!

요술쟁이 : 자! 이번에는 이모자를 내가 쓰고 하나, 둘, 셋을 불를테니 모자를 들고보아. (모자를 쓰고 호령을 합니다)

토끼, 다람쥐 비둘기들이 모자를 들고보니 요술쟁이가 간곳이 없습니다. 모두 놀랍니다.

비둘기 : 어디 갔슬까!

다람쥐 : 참, 용한걸!

요술쟁이 : (바른편에서 들어오며) 하하하. 나 여기 있어.

토끼 : 어디 갔다 왔어요.

다람쥐 : 우리는 땅 속에 숨었나 했지요.

요술쟁이 : 자! 이제는 모자를 첨대루 놓고 내가 이속에 들어가 앉을테니 (모자속으로 들어가며) 너이들이 호령을 해보아.

셋이 : 하나! 둘! 셋!

요술쟁이 : (모자를 탄채로 공중에 둥둥 떠 천정으로 천천이 올라가며 오색 종이쪽과 테에프를 던집니다)

셋이 : (이것을 보고 손벽을 칩니다)

『주간소학생』 1946.7.8

백설공주(白雪公主)(세막 일곱 장)

◇ 오랜 옛날 어느 나라에 일어난 일

◇ 나오는 이들

백설공주 — 왕의 예쁜 따님
선연 — 공주를 섬기는 시녀
왕비 — 공주의 계모
사냥군
작은이 1
작은이 2
작은이 3
작은이 4 숲속에 살며 옥을 캐는 이들
작은이 5
작은이 6
작은이 7
올빼미
비둘기
산토끼
왕자
신하 1
신하 2

첫째막

백설공주의 어머니인왕비가 살아 계실 때 공주와 같이 계시던 훌륭한 대궐 안에 있는 한 방이다. 굵은 기둥, 높다란 천정, 벽에는 아름다운 그림이 그려져 있고 구석구석에 반짝반짝하는 금가루 은가루가 뿌려져 있다.

앞으로 넓은 창이 있어 아름다운 꽃들이 만발한 뜰이 내려다보인다. 이 창은 검은 박달나무로 테두리를 했다. 이 창 앞에 걸상을 놓고 백설공주와 시녀 선연이 마주앉아 이야기하는 데에서 막이 열린다.

공주: 어머니 얼굴이 늘 꿈에 보는 어머니의 얼굴 같은지 ……

선연: 어머니의 얼굴은 공주님의 얼굴같이 예뻤어요. 어머니는 얼굴만 예쁘실 뿐 아니라 공 주님 같이 마음씨도 예쁘신 어른이었어요.

공주: 아! 어머니가 보고 싶어! 어머니 어머니! 어머니는 어디 계셔요 ……

선연: 어머니는 천당에 계시며 늘 공주님을 살필 실 거예요.

공주: 어머니가 내 이름을 백설공주라고 지으셨다는 그 이야기를 또 한 번 들려다오. 나는 어머니 생각이 날 때마다 그 이야기를 듣고 싶더라.

선연: 네. 몇 번이라도 들려 드리겠어요. 자, 내 이야기를 할께 들어보세요. 어머니께서 어느날 눈이 펄펄 내리시는데, 이 창 앞에 앉아 바느질을 하시었습니다. 그때 어머니는 잘못 하시어서 바늘에 손가락을 찔리었습니다. 손가락에서는 새빨간 피가 솟아났습니다.

공주: 아이고 저런!

선연: 어머니는 혼자 하시는 말로 "저 눈같이 얼굴이 희고 박달나무같이 머리가 검고 이 피같이 마음이 새빨간 아이를 가져 봤으면 ……" 하시었습니다. 그 뒤 얼마 안 되어 공주님을 낳으시었습니다. 그래서 이름을 백설공주라 지었었지요. 이렇게 공주님이 예쁘시니까 어머니께서는 몹시도 사랑하시었습니다.

공주: 어머니도 나를 두고 돌아가시기가 얼마나 싫으셨겠나.

선연: 그렇고 말고요. 갑자기 무서운 병이 드시었습니다. 공주님을 두고 가실 대 마음을 놓지 못하시어 눈도 감지 못하시었습니다.

공주: 아 어머니가 그리워라!

선연: 공주님 오늘은 공주님께 새로운 어머니가 생기는 날입니다. 임금님께서 오늘 새로운 왕비님을 맞이하시는 날입니다.

공주: 새로 오시는 어머니는 어떤 어머니실가?

선연: 예쁘시기로 천하에서 첫째라는 소문이랍니다.

공주: 돌아가신 어머니만큼 나를 사랑해 주실가?

선연: 그야 돌아가신 어머니는 공주님을 낳으신 어머니신데, 새로 오시는 어머니가 아무리 한들 참 어머니 같으실라구요.

공주: 그럼, 나를 미워하실가?

선연: 왜, 이렇게 예쁘신 공주님을 미워 할라구요. 아무리 마음이 궂은이라도 예쁘신 공주님을 한 번 보시면 귀여운 마음이 생기실 것이예요. 더구나 새로 오시는 왕비님은 얼굴이 예쁘시다니까 얼굴이 예쁘시면 마음도 아름다우시니까요.

공주: 그렇다면야 얼마나 좋겠니.

이때에 왕비님이 대궐에 드시는 행진 음악이 들려옵니다.

선연: 아 왕비님의 행차가 다달은 모양입니다. 공주님께서도 새 어머니를 마중 나가야지요.

공주: 그럼 가 보자.

백설공주와 선연 왼편으로 나갑니다. 조금 뒤에 시비 두 사람이 들어와서 왕비가 계실 이 방을 말갛게 칩니다.

시비1 : 새 왕비님의 얼굴은 정말 아름다우시더라.

시비2 : 소문이 하도 높기에 얼마나 아름다우시기에 그렇게 야단들일가 했더니 이제 잠깐 뵈 와도 정말 사방이 환하도록 아름다우신데……

시비1 : 아무리 아름답다 해도 우리 백설공주한테는 못 비길거야.

시비2 : 아무렴. 공주임한테 대일라고.

시비1 : 그래도 공주님이 늘 어머니를 그리워하시더니 인제는 새 어머니를 맞이해서 기뻐하시겠네.

시비2 : 자기가 낳은 자식이 아니라서 어디 사랑해 줄는지 아니.

시비1 : 그야 친어머니한테 대일라고.

시비2 : 그만 지꺼리고 왕비님을 모시러 가자.

시비1 : 그러자.

시비들 나가 곧 왕비를 모셔 들인다.

시비1 : 이 방이 왕비님께서 계시올 방입니다.

왕비 : (좀 거만하게 방을 휘둘러본다.) 응, 훌륭한 방이로군. 천정도 높고, 그림도 아름답고 (창에 가까이 와서 밖을 내다보며) 오! 뜰이 내다보이고…… 이만하면 내가 살기에 그 다지 모자라지는 않겠다.

선연이 백설공주를 데리고 들어온다.

선연 : 왕비님 공주님께서 왕비님께 인사드립니다.

공주 : (절하며) 어머니 안녕히 오세요.

왕비 : 아이고, 예뻐라. (가까이 가서 머리를 쓰다듬고 어루만져 주며) 백설공주라 그랬지?

공주 : 네.

왕비 : 오늘부터 내가 너의 어머니가 되였다.

공주 : 어머니 저를 사랑해 주세요.

왕비 : 호호 …… 아무렴, 사랑해주고 말고, 내 딸을 내가 어련히 사랑해 줄라고.

공주 : 어머니 고마워요.

왕비 : 자 그럼 오늘은 이만하고 네 방에 가서 놀아라. 어머니는 먼 길을 마차에 흔들리어 오느라고 몹시 고단해서 좀 쉬어야겠다.

공주 : 네. 그럼 어머니 편히 쉬세요.

왕비 : 오냐.

공주와 선연 절하고 나간다.

시비1 : 저희들도 물러 가오리가?

왕비 : 물러가기 전에 내 행장가운데 파란 상자가 있다. 그걸 좀 가져 오너라.

시비1 : 네. (나간다)

왕비 : 공주가 몇살이랬지?

시비2 : 열 다섯살이예요.

왕비 : 응, 열 다섯살!

시비1 : (파란 상자를 들고 들어온다) 이것이 오니까?

왕비 : 그것이다. 거기다 놓고 너희들은 다시 부를 때까지 물러가거라.

시비들 대답하고 물러간다.

왕비 : 백설공주, 백설공주, 정말 아름답다. 어쩐지 백설공주를 이 눈으로 본 뒤부터 내 마음이 몹시 설랜다. 이 세상에 나보다 더 아름다운 사람은 없을 줄 알았는데, 백설공주를 만나보니 왜 마음이 놓이지 아니한다. 오냐. 내 요술 거울을 꺼내서

물어보자.

파란 상자에서 커다란 거울을 꺼내서 벽에 건다.

왕비 : 내가 가장 사랑하는 요술 거울, 어제까지 내가 이 세상에서 제일 아름답다고 일러준 거울, 거울한테 물어보면 알겠지. (거울에게)

거울아 거울아 요술 거울아
누가 제일 예쁘냐 이 하늘 아래
바른대로 일러라 숨기지 말고.

벽에 걸린 거울 속에서 대답이 나옵니다. (마이크로 폰에 대고 확성기를 통해)

왕비님 왕비님 이 세상에서
왕비님이 제일로 예쁘답니다.

왕비 : (이 소리를 듣고 안심이 되어) 암! 그렇지, 내가 제일이겠지. 백설공주가 뭐야. 괜히 마 음을 태웠겠지.

거울이 또 말한다.

왕비님 그러나 백설공주가
예쁘긴 세상에서 제일이라오.

왕비 : (얼굴이 새파랗게 질린다) 뭐? 백설공주가 제일이라고 …… 아, 그게 정말이야? 백설공 주가 나보다 더 아름답다고 …… 어제까지 이 세상에서 내가 가장 예쁜 줄 알았는데, 오늘부터 나보다 더 아름다운 사람이 나타나다니 …… 안되지, 안되지, 그것이

될 말인가. 이 세상에 나보다 더 아름다운 여자가 있다면 나는 하루도 살 수가 없어 …… 만약 그런 여자가 있다면 그것은 공주든 누구든 살려 두어서는 안돼! 죽여 버려야 해 …… 암 죽이고 말고 …… (밖을 향해서) 이 애들아 누가 없느냐?

시비1 : 들어온다.

시비1 : 부르시었어요.

왕비 : 어서 오늘 우리 나라에서 따라온 사냥꾼이 있으니 빨리 불러 오너라.

시비1 : 네. (나갑니다)

왕비 : 안되지. 안되고 말고 …… 그러나 거울이 거짓말 할 리는 없지. 다시 한 번 물어 보자 …… . 아마 나보다 더 아름다운 사람이 있다는 그 소리만 들으면 나는 치가 떨려 견딜 수가 없어 …… 그래도 거울인들 실수를 안 할라고 ……
거울아 거울아 요술 거울아
누가 제일 예쁘냐 이 하늘 아래
바른대로 일러라 숨기지 말고.

왕비님 왕비님 이 세상에서
왕비님이 제일로 예쁘답니다.

왕비님 그러나 백설공주가
예쁘긴 세상에서 제일이라오.

왕비 : (쓰러질듯이) 아! 역시 ……

시비1 : (사냥군을 데리고 들어온다.)

시비1 : 데리고 왔습니다.

사냥군 : 부르시었습니까.

왕비 : 응, (시비에게) 너는 물러 가거라.

시비1 : 네. (물러간다)

왕비 : 여기로 좀 가까이 오너라.

사냥군 : 네. (가까이 간다)

왕비 : 거기 앉아 내 말을 꼭 하나 들어 다오.

사냥군 : (앉으며) 무슨 말씀이오니까.

왕비 : 임자는 언제든지 내 말을 잘 들어주지. 이번에도 들어주면 그 값은 크게 줄테야.

사냥군 : 네. 어서 말씀 하세요.

왕비 : 이 대궐에 공주 하나 있지.

사냥군 : 네, 그 예쁜 백설공주 말이지요.

왕비 : 그렇다. 그것을 산속에 데리고 가서 죽여다오.

사냥군 : 네? (놀란다)

왕비 : 꼭 죽여야 될 일이 있다. 그것이 살아 있는 동안은 나는 하루도 살 수가 없다.

사냥군 : 그렇지만……

왕비 : 임자는 내 말을……

사냥군 : 천만에요. 네…… 무엇이든지 다 듣지오.

왕비 : 그래야지. 그렇게만 해주면 내가 얼마든지 아끼지 않고 돈을 많이 줄테다.

사냥군 : 네. 고맙습니다.

왕비 : 죽인 뒤에 그 표적을 나한테 가지고 와서 뵈어야 해. 알았지.

사냥군 : 네.

왕비는 목에 달고 있던 보석을 떼어 사냥군에게 줍니다. 이 때에 막이 내립니다.

둘째막
첫째장

그 다음 날 대궐에서 멀리 떨어진 깊은 산속.

무대 바른 쪽으로 치우쳐 조그맣고 앙징스러운 집이 있다. 왼편에 드나드는 문이 있고 문 밖에는 숲으로 뚫린 길이 있고 산에 피는 꽃들이 아름답다. 방안에 있는 모든 것이 보통 것보다는 조그맣고 예쁘다. 방 가운데 테이블 그 가에 일곱의 의자가 놓여져 있습니다. 바른편으로 또한 조그만 일곱 개의 침대(잠자리)가 나란이 놓여져 있는데, 깨끗이 씻은 이부자리들이 잘 정돈되어 있습니다. 테이블 위에는 일곱 사람어치의 끼니가 준비되어 있습니다.

막이 열리면 놀이 새빨간 저녁때이다. 이름 모르는 산새들의 소리가 요란히 들려온다. 이윽고 백설공주가 혼자서 허둥거리며 나타난다. 오랫동안 산속에 헤매다가 외딴집을 발견하고 퍽도 기뻐한다. 문 앞에 와서 문을 두드리나 대답이 없으니까 문을 열고 임자 없는 집에 들어간다.

공주 : 아 아무도 없는 예쁜 집이다. 집주인은 어데로 갔을가. 여보세요, 여보세요 아무 대답 없네. (테이블 위를 보고) 아이그머니, 밥상이 차려져 있네. 밥상 임자는 다 어디 갔을가. 여보세요, 여보세요. 정말 아무도 없는가 보아. 저녁밥 준비를 다 해놓고 다 어디 갔을가. 하나 …… 둘 …… 모두 일곱 식군가 보아 …… 아이그머니나. 밥그릇도 접시도 어쩌면 요렇게 적을가. 숟가락 보아. (숟가락을 들어본다) 모두 어린 아이 숟가락 같애! 이 집 사는 사람들은 모두 어린 아이들인가봐 …… 밥이랑, 반찬이랑 정말 맛나 보이네. 다 어디 갔을가 (사방을 살피며) 여보세요, 여보세요! 정녕 아무도 없는가봐. 저녁밥은 차려만 두고 먹기도 전에 어디 갔을가. 가뜩이나 배고픈데 이걸 보니 못 견디겠어 …… 좀 얻어 먹을가. 그렇지만 임자도 없는 걸

마음대로 먹어서 될가. 한군데 조금씩 표나지 않게 얻어먹으면 어떨라고…… 여기는 밥 한 숟가락 더 먹고 (차례로 먹습니다)…… 여기는 나물 한가락 집어 먹고…… 여기는 김치를 좀 먹고…… 여기는 고추장 좀 찍어 먹고…… 아, 매와…… 여기도 밥 한 숟가락 떠먹고…… 여기도 나물…… 여기도 김치…… 아, 이만하면 배가 불러…… 인제 배는 부른데, 하루 종일 산속을 헤맸더니 다리가 아파……, 저기 잠자리가 있군. (세어보며) 잠자리도 일곱이네. 임자들이 돌아오기 전에 한숨 자야지. (첫째 잠자리에 누어본다) 아이고 여기는 이불이 적어! (다음에 누어보며) 여기도 맞지 않군. (이렇게 다 들어 누어보고는 맨 끝에 것이 겨우 키에 자란다) 아, 여기가 꼭 알맞다!

백설공주는 곧 잠이 든다. 조금 있다가 이 집 임자들 작은이 일곱 사람 산에서 돌아온다. 키는 어린이만 해도 모두 수염 난 어른들이다. 각각 제 밥상 앞에 앉는다.

작은이1 : 아, 고단하군.
작은이2 : 오늘은 좀 늦었지.
작은이3 : 그럼 오늘은 일을 많이 했으니까.
작은이4 : 일을 많이 하고 오는 날은 밥맛이 더 나거든……
작은이5 : 애그? 누가 내 밥을 먹었네.
작은이6 : 정말 누가 내 나물을 먹었네.
작은이7 : 아니 이것 봐. 내 김치를 집어 먹었어.
작은이1 : 내 밥도 먹었는걸.
작은이2 : 내 나물도 먹었어.
작은이3 : 내 것은 김치를 먹었군.
작은이4 : 아이고 고추장도 먹었어.
작은이5 : 누가 먹었을가?

작은이6 : 누가 왔었나 보다.

작은이7 : 누가 먹었는지는 몰라도 한 사람 몫을 다 먹지 않고 한군데 조금씩 조금씩 먹었는데 ……

작은이1 : 남의 것을 먹어도 이렇게 얌전스레 먹는다면야 성도 나지 않는 걸.

작은이2 : 자, 먹자.

모두 : 그러자.

맛나게 모두들 먹는다.

작은이2 : 밥을 먹었으니 자야지.

작은이3 : 편히 쉬어야 내일도 일을 많이 하지.

모두 잠자리 있는 쪽으로 간다.

작은이1 : 누가 내 이불을 건디렸어.

작은이2 : 누군지. 내 잠자리에도 손을 댔는걸.

작은이3 : 이상해. 내 자리도 누가 건디렸나 보다.

작은이4 : 누가 건디렸을가 내 것도 처음대로 있지 않은데 ……

작은이5 : 내 이불도 구겨져 있는데.

작은이6 : 누가 왔었기에 우리 잠자리에 모조리 손을 대었을가.

작은이7 : 앗! 이거 뭐냐. 내 자리에 누가 자네. (놀란다)

모두 모여든다.

작은이7 : (조심스럽게 이불을 벗겨 얼굴을 들여다본다) 아! 예쁜 아이로군.

작은이1 : 어쩌면 이렇게 아름다운 얼굴을 가졌을까.

작은이2 : 어디서 예쁜 아이가 이런 깊은 산속에를 왔을가.

작은이3 : 쉬! 너무 떠들지 마라. 달게 자는 잠을 깨우지 말자.

모두 : 그러자.

작은이4 : 그럼 우리도 자자.

작은이5 : 나는 어디서 자나?

작은이6 : 그렇지 너는 잘 데가 없지.

작은이1 : 그럼 이렇게 하자.

작은이7 : 어떻게.

작은이1 : 다들 잘 동안 한사람이 자지 말고 한 시간씩 앉아서 세우기로 하자.

작은이2 : 그게 좋겠다.

모두 : 좋겠다.

작은이7 : 그럼 먼저들 자거라. 내가 한 시간 동안 먼저 안 잘테다.

작은이3 : 자는 아이 잠을 깨우지 않도록 조심해라.

작은이7 : 걱정마라.

작은이 7만 남기고 잠자리에 들어갈 때에 무대 어두워간다.

둘쨋장

그 다음 날 아침입니다.

무대에 불이 커지면 작은이들 일어나서 어떤 사람은 집안을 치우고 어떤 사람은 밥상을 칩니다.

그 때에 백설공주 잠을 깹니다. 집안을 돌아보고 몹시 놀랍니다.

작은이1 : 잠을 깼다.

작은이2 : 잘 잤니?

공주 : 당신들이 이 집 임자들이세요?

작은이3 : 그렇다. 너는 어디서 왔니?

작은이4 : 어떻게 이런 깊은 산속에를 왔니?

공주 : 나는 저 산 아랫나라의 백설공주랍니다.

작은이5 : 백설공주!

작은이6 : 그러기에 얼굴이 귀엽드라니까.

공주 : 어머니는 일찌기 돌아가시고 이번에 새어머니를 맞아 들였어요.

작은이7 : 그래서.

공주 : 새 어머니는 나를 미워하고 사냥군을 시켜 나를 산속으로 끌고 와서 죽이려고 했어요.

모두 : 저런!

작은이1 : 나쁜 어머니로군.

공주 : 산속에 와서 사냥군은 나를 죽이려고 하는 걸 나는 울면서 살려 달라고 빌었어요. 그랬더니 그 사냥군이 마음이 좋은 이라 나를 놓아주며 다시는 대궐에는 돌아오지 말라고 그랬어요.

작은이2 : 응, 그래서 산속을 헤매다가 우리들이 사는 집을 찾았구나.

공주 : 네, 배가 어떻게 고픈지 당신들이 안 계시는데, 밥을 먹었어요. 용서해 주세요.

작은이3 : 잘했어. 염려마라.

공주 : 대궐에도 돌아갈 수 없으니 제발 나를 이 집에다 두어 주세요. 집도 치우고 밥도 하고 빨래도 하겠어요.

작은이4 : 그게 좋겠다.

모두 : 그렇다.

작은이5 : 백설공주, 아무 걱정말고 우리 집에 있거라.

공주 : 고맙습니다.

작은이6 : 우리는 저 산속에 들어가 옥을 캐다가 저녁이면 돌아온다. 혼자서 노래도 하고 공부도 하며 집을 지키고 있거라.

작은이7 : 그래, 그래.

작은이1 : 그런데 백설공주야, 저 대궐에 있는 나쁜 어머니는 곧 네가 여기에 있는 것을 알고말 것이다.

작은이2 : 그렇고 말고.

작은이1 : 무슨 꾀를 부려서라도 백설공주를 또 죽이려고 할 것이다. 그러니 조심하고 있어야해. 문을 잠그고 어떤 사람이 와도 방 안에는 넣지 말아라.

공주 : 네, 알았어요. 꼭 그렇게 하겠어요. 누가 오더라도 못 들어오게 할테예요.

작은이3 : 그래야지.

작은이4 : 그럼, 우리는 지금부터 일하러 갔다 올테니 여기 차려 둔 밥 먹고 집 잘 지켜라, 응.

공주 : 네, 다녀오세요.

작은이5 : 자. 가세.

모두 : 가세.

작은이들 나간다.

공주는 문 밖까지 나와 손을 흔들어 배웅합니다. 이때에 천천히 막이 내린다.

세쨋막

첫쨋장

몇날 뒤 대궐 왕비가 있는 방이다.

막이 열리면 방물장수로 꾸민 왕비가 산에서 돌아오는 길이다.

왕비 : 흥, 백설공주란년 이렇게 사람의 애를 태운단 말이야. 그렇지만 인제는 백설공주는 영영 죽고 말았지. (방물장수의 옷을 벗고

왕비의 옷으로 바꾸어 입습니다) 그놈 사냥군 놈이 죽인 줄만 알았더니 나를 속였지. 그렇지만 내가 방물장수가 되어 산속까지 찾아 가서 내 손으로 백설공주의 목을 노근으로 졸라 매였으니 다시는 못 살 걸.

시비1 : 들어온다.

시비1 : 왕비님 오늘은 저무도록 어디를 다녀오셨습니까.

왕비 : 그건 알아 뭘 할테야. 누가 네 따위 더러 그런 일에 참견을 하라고 그랬니.

시비1 : 네, 잘못되었습니다. 두 번 다시 그러지 않겠습니다. 심부름 시킬 일은 없습니까.

왕비 : 없다. 있으면 부를테니 물러 가거라.

시비1 : 네. (나갑니다)

왕비 : 백설공주가 죽었으니 인제는 누가 이 세상에서 가장 예쁜 여자지. 거울한테 한 번 물 어 볼가.

거울아 거울아 요술 거울아
누가 제일 예쁘냐 이 하늘 아래
바른대로 일러라 숨기지 말고.

거울이 대답한다.

왕비님 왕비님 이 세상에서
왕비님이 제일로 예쁘답니다.

왕비 : 그 다음에는 딴 말이 없을테지. 그렇지 거울아.

거울이 노래한다.

왕비님 그러나……

왕비 : (얼굴이 새파랗게 질리어) 뭐라고? 아니 또 누구란 말이야. 백설공주는 내 손으로 죽 이고 왔는데, 또 누가 나보다 더 예쁘단 말이야.

거울이 노래한다.

왕비님 그러나 백설공주가
작은이 집에 사는 백설공주가
예쁘긴 세상에서 제일입니다.

왕비 : (부들부들 떨면서) 백설공주가 내 손으로 죽인 백설공주가 어지 살아 있단 말야. 응. 이 번에는 내가 꼭 죽이고 올 테야. 이번에는 내가 빗에 무서운 독을 발라가지고 가서 머리 밑에 꽂아 줄 테야. 그런데도 제가 살아날 테야!

무섭게 발악을 할 때 불이 꺼진다.

둘쨋장

그 다음날 저녁 때 백설공주가 살고 있는 작은이들의 집입니다.
불이 커지면 백설공주 혼자 작은이들의 옷을 꿰매며 노래하고 잇다.

보일듯이 보일듯이 보이지 않는
당옥 당옥 당옥소리 구슬픈 소리.

다른 방물장수로 꾸민 왕비가 방물상자를 이고 나타난다.

왕비 : (밖에서) 방물 사려. 아름다운 방물들 사려! 금가락지 옥가락지 금빗 은빗 뭐든지 있다 오. 금빗 사려 은빗사려 (문까지 와서)

예쁜 빗들 안 사렵니까?

공주 : 안사요. 다른 데로 가세요.

왕비 : 그럼 구경이라도 하세요. 이렇게 아름다운 빗은 또 없습니다. 구경만 해도 좋아요. (빗을 손에 들고) 이걸 봐요. 이렇게 아름다운 빗을 봤습니까?

공주 : (아름답다는데 꼬이어 창으로 내다본다) 정말! 예쁜 빗이네 …… 값이 얼마예요?

왕비 : 값도 싸지요. 당신 같이 예쁜 사람에게는 열 냥 받을 것도 한 냥이면 팔지요.

공주 : 그게 정말이예요.

왕비 : 누가 거짓말을 할라고 ……

공주 : 그럼 들어 오세요. 좀 기다리세요. 내 문을 열어 드리께.

공주가 문을 열어주니 왕비는 들어온다.

공주 : 한 냥 드릴테니 그 빗을 주세요.

왕비 : (주며) 자, 받으세요.

공주 : (받아들고 뛸듯이 좋아하며) 아이고 예뻐라. 이렇게 예쁜 빗은 첨 봤어.

왕비 : 히히 …… 몹시 맘에 드는 모양이군요. 자 내가 그 빗으로 머리를 곱게 빗어 드릴께 이리줘요.

공주 : (주며) 좀 빗어 주세요.

왕비는 공주의 머리를 빗다가 그 빗을 공주의 머리 밑에 힘껏 꽂아 버린다. 공주는 "앗"소리를 지르고 쓰러진다.

왕비 : 히히 …… 이래도 네가 이 세상에서 가장 예쁜 여자냐. 인제는 못 살아 날 테지 …… 이 빗이 무슨 빗인 줄 알아. 무서운

독을 발라 두었어. 히히 ……

왕비는 좋아하며 돌아간다.

조금 뒤에 작은이들이 산에서 돌아온다. 공주가 죽은 것을 보고 놀라기도 하고 슬퍼도 한다.

작은이1 : 또 그 나쁜 왕비가 왔던가 보다.
작은이2 : 아무에게도 문을 열어주지 말라고 그렇게 일러뒀는데, 또 이렇게 됐지.
작은이3 : 빨리 몸을 찾아봐. 무엇 때문에 죽었는지.
작은이4 : (목을 찾아보고) 요전같이 목은 잘리지 아니 했는데 ……
작은이5 : 아무리 찾아봐도 모르겠는데 ……
작은이6 : (머리 밑을 만져보고) 앗 머리에 빗이 꽂혀있다.
작은이7 : 빨리 그걸 뽑아 봐라.

작은이6이 빗을 뽑으니까 공주는 한숨을 쉬고 눈을 뜬다.

작은이1 : 아 도로 살아났다.
작은이2 : 백설공주 아침에 산에 갈 때 그렇게 일러뒀는데 왜 또 문을 열어 주었어.
공주 : 방물장수가 어머닌 줄은 몰랐어요. 빗이 어떻게도 예쁘든지 빗에 끌려 나도 모르게 문을 열어 주었어요.
작은이3 : 그게 무서운 독을 발라둔 빗이야.
작은이4 : 이번에는 무사히 살아났으니 그만이지만 이 다음부터는 조심해야 해.
작은이5 : 그렇고 말고. 어떤 사람이 오더라도 문은 열어 주지 마라.
공주 : 네. 인제는 누가 와도 문은 안 열어 주겠어요. 걱정을 끼쳐 안됐어요.

작은이6 : 안됐긴 뭘 안돼. 백설공주가 그 나쁜 왕비에게 죽으면 우리 가 얼마나 슬퍼하겠니.

공주 : 네 고마워요.

작은이7 : 자, 그럼 저녁밥이나 먹자.

모두 : 그러자.

밥상에 모여들 때에 어두워진다.

세쨋장

몇 날 뒤 작은이들의 집입니다.

밝아지며 백설공주, 오늘도 혼자서 바느질을 하고 있다.

시골 할머니로 꾸민 왕비가 광주리에 새빨간 사과를 그뜩 담아 이고 나타난다.

왕비 : (창에 와서) 이 집에는 아무도 없나?

공주 : 누구세요

왕비 : 지나가던 사람이야. 집안 사람들은 다들 어디 가고 혼자 있니?

공주 : 모두 일하러 갔어요. 누가와도 문은 열어 주지 말라고 했어요.

왕비 : 좋아. 나는 지나가던 사람이니까 들어가지는 아니할 테야. 혼자서 집보느라고 외로울 텐데 사과나 하나 먹으련?

공주 : 아니예요. 누가 뭘 주더라도 받지 말라고 그랬어요.

왕비 : 응, 그래 뭐 먹고 죽을 것이나 줄 줄 알고? 괜찮아. 이걸 봐. (사과 하나를 골라서 먹어 보입니다) 내가 이렇게 먹어도 아무렇지도 않아. 자, 너도 하나 먹어라. 이 애야 (그 중 에도 빨간 것을 골라준다)

공주 : 그제야 맘을 놓고 그렇게 고맙게 구시니 하나 먹겠습니다. (받습니다)

왕비 : 빨리 먹어봐. 참 맛나.

공주가 사과를 한 번 베어 먹자 그 자리에 쓰러진다.

왕비 : 하하 …… 백설공주야 또 속았구나. 그렇지마는 이번에는 너도 영영 못 살아 날 것이다. 인제는 내가 이 세상에서 가장 예쁜 여자가 되고 말았지 하하 ……

왕비 돌아간다.

조금 뒤에 작은이들 돌아온다. 방에 들어가서 공주가 또 쓰러져 있는 것을 보고 놀란다.

작은이1 : 또 그 나쁜 왕비가 왔던 게로군.

작은이2 : 그렇게 일러뒀는데 왜 자꾸 문을 열어 줄가.

작은이3 : 워낙 백설공주가 마음이 착해서 남을 의심할 줄 몰라서 그런 게야.

작은이4 : 빨리 머리 밑을 찾아 봐.

작은이들 머리 밑을 찾아본다.

작은이5 : 아무 것도 없는데 ……

작은이6 : 목을 봐라.

작은이7 : 목에도 아무 것도 없어

작은이들 아무리 공주의 몸을 살펴보아도 찾아내지 못한다.

작은이1 : 이번에는 아무래도 알 수 없는데.
작은이2 : 왕비가 또다른 방법을 썼나봐.
작은이3 : 이 일을 어떻게 하나

작은이들은 공주를 흔들어도 보고 물도 먹여보나 다시 살아나지 아니한다. 작은이들 몹시 슬퍼한다.

작은이4 : (울며) 공주가 기어이 죽고 말았구나.
작은이5 : 마음씨 곱고, 얼굴이 예쁘고, 어머니도 없는 가엾은 공주가 영영 죽어 버렸어……
작은이6 : 아, 그 나쁜 왕비를 어떻게 원수를 갚나.
작은이7 : 아무리 보아도 아까운 주검이네.
작은이1 : 이 얼굴을 봐. 죽어서도 편안하게 어머니 품에 안기어 잠자는 것 같아……
작은이2 : 아무리 생각해도 그 왕비가 미워 죽겠네.
작은이3 : 이렇게 아름다운 공주를 아까워 어떻게 땅에다 묻을가.
작은이4 : 안되지. 땅에 묻으면 못써.
작은이5 : 그럼 어떻게 하니.
작은이6 : 좋은 수가 있다.
작은이7 : 뭐냐?
작은이6 : 우리들이 산에서 캐내는 옥으로 관을 만들자. 그래서 옥관 속에 공주를 넣고 밖에 햇볕이 잘 드는 곳에 모셔 놓고 우리들이 아침저녁으로 들여 다 보자.
작은이1 : 그게 좋다.
모두 : 좋다.
작은이2 : 그럼 빨리 옥으로 관을 만들자.
모두 : 그러자.

작은이들 일을 시작하려고 할 때 어두워진다.

네째장

몇 해 뒤 산속 햇님이 밝게 비춰고, 꽃들이 피어 있다. 백설공주가 누워 있는 옥으로 만든 관이 놓여져 있고 그 관 뚜껑에는 "백설공주"라고 쓰여져 있다.

무대가 밝아지면 올빼미가 나와 공주의 무덤에 문안드리러 나온다. 뒤이어 비둘기 산토끼들도 나온다. 노래로 문안을 드린다.

백설공주님 문안 드립니다.
언제까지나 잠만 자지 말고
예쁜 그 얼굴 웃어 보세요.

올빼미, 산토끼 비둘기 나간다.
이웃 나라의 왕자님이 신하 두 사람을 데리고 사냥하러 나온다.

왕자 : (관을 보고) 저것이 무엇이냐?
신하1 : (가까이 가 보고) 사람이 들어 있는 관입니다.
왕자 : 사람이 들어 있는 관이면 어째서 묻지 않고 여기다 두었을가?
신하1 : (가까이 가 보고) 예쁜 처녀가 자는 듯이 누워 있습니다.
왕자 : (가까이 가 보고) 아! 정말 구슬같이 예쁜 얼굴이다. 앗, 뚜껑에 글을 써 두었구나. (읽어본다) 백설공주! 백설공주! 어느 임금의 왕녀로구나. 어쩌다가 이런 아름다운 공주가 이렇게 죽었을까.
신하1 : 정말 아름다운 얼굴입니다.
신하2 : 죽은 얼굴이 아닌 듯합니다.

이 때에 작은이들 손에 꽃다발을 들고 나타난다. 가지고 온 꽃을 공주의 관 앞에 꽂아준다.

왕자 : 당신들은 이 공주를 아십니가?

작은이1 : 네, 가엾은 공주입니다.

왕자 : 왜 이렇게 죽었습니가

작은이1 : 어머니가 돌아가신 뒤 새로 어머니를 맞이하였습니다.

작은이2 : 그 계모가 아주 나쁜 여자입니다.

작은이3 : 그래서 여러 번 죽이려는 것을 우리가 살펴 드렸습니다.

작은이4 : 이번에는 그만 살리지 못하고 이렇게 영영 죽어 버렸습니다.

작은이5 : 자는 듯이 고요하고 아름다운 이 공주를 어찌 흙에 묻을 수 있겠습니까. 그래서 이렇게 옥으로 관을 만들어 햇볕이 잘 비취는 여기다 두었습니다.

왕자 : 잘 알았습니다. 그 계모는 죽여야 하겠군요…… 그런데 여러분께 청이 하나 있습니다.

작은이6 : 무슨 청입니까.

왕자 : 이 관을 나에게 파십시오.

작은이7 : 이 관을 팔아요? 안됩니다. 우리는 만냥을 줘도 돈을 받고는 팔 수가 없습니다.

작은이1 : 아무렴요. 그건 안 됩니다.

작은이들 : 그렇습니다.

왕자 : 여러분 그렇다면 돈을 내고 사지 아니 하겠습니다. 그러나 나는 백설공주의 얼굴을 한 번 보고는 잊을 수가 없습니다. 나는 이웃 나라의 왕자입니다. 여러분이 나에게 이 관을 주신다면 나는 여러분 대신에 이 공주를 잘 지키겠습니다. 나는 공주를 안 보고는 하루도 못 살 것 같습니다.

작은이2 : 당신이 정 그렇게 공주를 지켜주시겠다면 드리겠습니다. 다들 어떻게 생각하느냐.

모두 : 좋다.

왕자 : 아! 여러분 고맙습니다. 나는 이 관을 내가 사는 대궐로 옮겨가서 지키겠습니다. (신하에게) 너희들은 이 관을 들어라.

신하 두 사람 공주의 관을 메고 간다. 작은이들 손을 흔들며 관을 보낸다. 신하들은 몇 발자국 걸어 가다가 나무뿌리에 발이 걸려 관이 몹시 흔들려진다. 이 바람에 공주의 목구멍에 끼어 있던 독약으로 만든 사과가 툭 뛰어 나오고 공주가 살아난다. 왕자도 작은이들도 다 반가워한다.

왕자 : 앗! 공주가 눈을 떴다.

작은이1 : 공주!

작은이들 : 공주!

작은이들 관을 열어준다.

곤주 : 아! 내가 얼마나 잠을 잤을가.

작은이2 : 백설공주는 이탯동안 잠을 잤지.

왕자 : 백설공주, 나는 공주가 잠자던 이 관을 이분들에게 얻어 내가 사는 대궐로 가지고 가려던 중에 ……

공주 : 그러면 당신은?

왕자 : 나는 이웃 나라의 왕자입니다. 나는 공주를 우리 궁중으로 모시고 갈려고 합니다. 공주는 같이 가주시겠습니까.

공주 : 네 …… 그렇지만 여기 계시는 작은이 아저씨들을 ……

작은이3 : 백설공주, 우리 걱정은 말고 왕자님을 따라 가서 잘 살아라.

작은이들 : 그렇고 말고

왕자 : 이분들은 가라고 하십니다.

공주 : 그렇지마는 무서운 계모가 또 ……

왕자 : 그것은 걱정 마세요. 내가 돌아가 큰 잔치를 베풀어 놓고 그 나쁜 왕비를 청하겠습니 다. 왕비가 나타나면 불에 달군 무쇠 신을 신기어 춤을 추게 하겠습니다. 그런다면 아무리 나쁜 여자라도 다시는 공주에게 나쁜 마음을 못 가지실 것입니다.

작은이들 : 으아!

왕자 : 백설공주 떠나시렵니까.

공주 : 네!

왕자 : 여러분 안녕히 계십시오.

공주 : 아저씨들 잘 계서요.

작은이4 : 우리도 대궐로 찾아 갈께.

작은이들 두 손을 흔들어 보낸다.

왕자와 공주 앞서고 신하들 뒤에 따라 떠날 때 작은이들 만세를 부른다.

이 때에 막이 내린다.

『신고송 아동극집 白雪 公主』, 조선아동문화협회, 을유문화사, 1946.

흥부와 놀부(두막 넉장)

◇ 옛날
◇ 어느 시골

◇ 사람

흥부 착한 아우
고씨 흥부의 안해
장수 흥부의 아들
장순 흥부의 딸
놀부 욕심구러기 형
길씨 놀부의 안해
장근 놀부의 아들
제비새끼 1
제비새끼2
제비나라 선녀들
제비나라 귀신들
바두기 흥부집 개
개똥이 동네 사람
쇠똥이 동네 사람
이 밖에 동네 사람 여럿

첫째막

첫째장

흥부의 집

봄날 낮 가난한 흥부의 집이 바른 편에 있고 왼편은 마당이다.

막이 열리면 장수와 장순이 바두기를 데리고 마당에 앉아 아버지와 어머니가 돌아오기를 기다리고 있다.

장수 : 누나 배고프지 않아?

장순 : 왜 안 고파. 넌.

장수 : 나도 고파. 엄마가 왜 빨리 안 오실가.

장순 : 밭일을 많이 해 놓고 오려는 게지.

장수 : 우리 집은 왜 이렇게 가난하담. 큰아버지네 집 같이 잘 살지 못하고……

장순 : 너는 큰아버지네가 부럽니?

장수 : 그럼.

장순 : 나는 싫여. 암만 잘 잘 살아도 우리 집을 도와 주기만 하더라도 좋을텐데.

장수 : 큰아버지 집 식구들은 모두 욕심구러기들이야.

이 때에 장근이 한 손에 인절미를 쥐고 먹으면서 온다.

바두기 멍멍 짖는다.

장수 : 바둑아 짖지 마라.

바두기 꼬리를 치며 장수 곁에 온다.

장근 : 나도 같이 데리고 놀아줘.

장수 : 응. 여기와서 노라.
장순 : 웬 떡이냐?
장근 : 우리 엄마가 빚어 주었어.
장순 : 너 혼자만 먹니. (침을 삼킨다)
장근 : (혼자만 먹는다) 우리 엄마가 나 혼자 먹으랬어. (손윗 것을 다 먹고 호주머니에서 또 끄내 먹는다)

바두기가 그것을 보고 덤벼들어 떡을 빼앗는다. 장근이 울고 돌아간다.

장수 : 바둑아 왜 그런 짓을 하니.

바두기는 떡을 장순이 무릎에 두고 먹으라고 멍멍 짖는다.

장수 : 바두기가 왜 이럴가.
장순 : 바두기가 나더러 먹으라는 거야.
장수 : 그까짓 떡 안 먹어.

이 때에 흥부와 고씨 돌아온다.

고씨 : 장수야, 장순아, 얼마나 배 고프냐?
장수 : 아버지 밭 일 다 했어요.
흥부 : 다했다. 집 잘 보았지?
장수 : 응.
고씨 : 배고플텐데 지금 곧 저녁밥 지어 주마. 긴긴 날에 점심도 못 얻어먹고 오직 배가 고프 겠니.

이 때 놀부가 우는 장근이를 데리고 온다. 바두기 짖으며 놀부한테 덤빈다.

놀부 : 흥부야! (겁을 집어 먹는다)
흥부 : 바둑아 가만 있어.

바두기 낑낑거리며 그대로 둘 수 없다는 듯이 겨우 참는다.

놀부 : 그래 이 괘씸한 놈아. 나한테 무슨 원한이 있다고 저렇게 개를 시켜 덤비게 하느냐.
흥부 : 형님, 그건 무슨 말씀이세요. 제가 왜 형님을……
놀부 : 말마라. 그럼 왜 지금 우리 장근이가 또 바두기한테 욕을 당했니?
흥부 : 장수야, 바두기가 어찌했니.
장수 : 바두기가 장근이 손에 가진 떡을 빼앗었어요.
놀부 : 그 봐. 네가 개를 시켜 우리 집 식구한테는 일부러 그렇게 하는 거지.
흥부 : 참 형님도 별 소리를 다 하셔.
놀부 : 다 알아.

바두기 또 한번 맹렬히 덤빈다. 놀부 질겁을 하고 땅에 쓰러진다. 흥부는 바두기를 잡는다.

놀부 : 이놈아 그 개 좀 못 잡겠니! 아이구 나는 개가 제일 싫어.
흥부 : (쓰러진 놀부를 부축해서 일으킨다) 형님 미안합니다. 개란 놈이 길이 잘못 들어 그래요.
놀부 : (일어나며) 이 놈아 형한테 이래야 옳아?
흥부 : 네. 다시는 안 그렇도록 하겠어요.
놀부 : (가며) 응, 이 놈 두고 봐라. 장근아, 가자.
흥부 : 형님 제 말씀 좀 들어 주세요.
놀부 : 뭐냐, 또 돈 이야기냐. 그만둬라. 형을 이렇게 골려주고도 무

은 염치로 돈 이야기야?

흥부: 형님, 아이들이 하루 종일 밥을 못 얻어먹고 저 끌입니다. 쌀 되나 꾸어 주세요.

놀부: 쌀이라곤 한 톨도 없다. (간다)

흥부: 형님! (가는 뒤를 원망스레 바라본다) 할 수 없다. 내가 부지런히 일을 더 해야지. 부지런만하면 잘 살게 되느니라.

갑자기 하늘이 흐리고 뇌성 번개가 친다. 비가 온다.

흥부: 갑자기 날씨가 왜 이럴가.

모두 집 마루에서 비를 피한다.

비가 그치자 제비 새끼 한 마리가 처마에서 떨어진다. 식구들 제비 새끼한테로 모여든다.

장순: 아이고, 가엾어라. 발발 떨어.

흥부: 다리가 꺾어진 모양이다. 여보 마누라, 빨리 맬 것 좀 찾아와요. 약도……

고씨, 약과 헌겊을 가지고 온다. 흥부 그것을 받아 다리에 약칠을 하고 매어 도로 날려준다.

장수: 다리가 도루 날가.

장순: 병신되면 어떻거나?

흥부: 마누라, 빨리 죽이라도 한 술 끓여 아이들 먹여요.

고씨: 네. (부엌으로 가려고 한다)

장수: 앗! 아버지, 아까 그 제비 새끼가 도로 날라와요.

장순: 정말 그 제비 새기야.

장수 : 아 무엇을 입에서 떨어뜨리고 가네. (떨어진 것을 줏는다) 박씨야, 박씨!

흥부 : (받으며) 어디 보자, 응, 박씨로군.

고씨 : 어디다 심으세요.

흥부 : 어디 심을가.

장수 : 마당 앞에 심으세요.

흥부 : 그럴가.

박씨를 심을 때 무대 어두어진다.

둘쨋장

가을. 흥부의 집.

마당 앞에 심은 박씨가 자라서 박이 열리었다. 엄청나게 큰 아름드리 박이 둘이 나란히 울타리 앞에 열리었다.

박이 열리면 바두기가 박을 지키고 있다. 왼편에서 동네 젊은이, 개똥이, 쇠똥이 나타난다. 바두기, 두 사람을 보고 짖는다.

개똥 : 바둑아, 쉿.

쇠똥 : 흥부! 안에 있나.

흥부 안에서 나오며 바두기를 달랜다.

흥부 : 개똥이 쇠똥이 잘 오게. 웬 일이냐?

개똥 : 소문 들으니 자네 집 저 큰 박을 오늘 켠다더구나.

쇠똥 : 정말 켜나?

흥부 : 응, 오늘 켤 작정이다.

쇠똥 : 동네 사람들 말이 저 박 속에는 반드시 무엇이 들었을 것이라고 소문들이 야단이지.

개똥 : 그래 그 안에서 무엇이 나오는가 구경왔다네.

흥부 : 응, 그런가. 나도 박이 너무 엄청나게 크니 무엇이 들지나 아니랬나 하고 궁금하다네.

개똥 : 그럼 빨리 켜 보지.

흥부 : 자네들도 일부러 구경왔으니 그럼 시작해 볼가. (안으로 향해서) 장수야 빨리 나오너라.

고씨, 장수, 장순 나온다.

개똥 : 아주머니, 안녕하십니까.

고씨 : 어서 오세요.

쇠똥 : 박켜는 구경왔습니다.

흥부 : 장수야 톱을 가지고 나와야지.

장수 : (뛰어 들어가 톱을 가지고 나온다)

흥부 : 자, 그럼 자네들은 구경을 하게.

네 식구가 두 편으로 나누어 첫째 박을 켜기 시작한다.

슬근 슬적 톱질 하세.
슬근 슬적 톱질 하세.

이 바가지 복 바가지
슬근 슬적 톱질 하세.

박이 둘로 쪼개지자 좋은 음악 소리와 함께 예쁜 선녀 두 사람, 금은 보배를 그뜩 담은 자개소반을 두 손으로 받들고 나와, 흥부 앞에 절하고 바친다. 흥부와 그 식구들은 어리둥절해서 말은 못하고 입만 벙긋벙긋하고 웃고 개똥 쇠똥이도 눈이 동그래진다.

선녀1 : 흥부님께 올리나이다. 제비나라 임금님께서 다리 꺾어진 제비 새끼를 살려 보내주신 고마운 마음을 감사하는 뜻으로 이것을 보냈나이다.

선녀2 : 아무쪼록 받아 주소서.

흥부 : (어쩔줄을 모르다 겨우 받으며) 네!

선녀는 흥부와 고씨 앞에 한 상씩 놓고 도로 들어간다.

흥부 : (안해에게) 여보! 이게 정말이오.

고씨 : 꿈이 아닌가요?

개똥 : 흥부 꿈이 아니다.

쇠똥 : 흥부는 이제 수가 터졌네.

개똥 : 또 하나마저 켜 보게.

흥부 : 그렇다. 또 무엇이 나오나 빨리 켜보자. 여보게들 자네들도 서서 구경만 하지 말고 좀 거둘게.

개똥 : 오냐, 우리도 신이 나서 못 견디겠다.

쇠똥 : 자, 켜보자.

이번에는 여섯 사람이 신나게 톱질한다. 바두기도 그냥 있을 수 없다는 듯이 한 몫 낀다.

슬근 슬적 톱질 하세.
슬근 슬적 톱질 하세.

이번에는 뭐 나오나.

슬근 슬적 톱질 하세.

여러 사람들, 이번에는 무엇이 나올가 하고 기다리고 있는데, 아까 나왔던 선녀가 온갖 명주 비단 옷감을 가지고 나와 흥부네 식구 앞에 바친다. 흥부는 어안이 벙벙해 이것을 받는다. 선녀 도로 들어간다.

흥부 : 여보, 우리도 이만하면 부자가 됐네.
고씨 : 이것만 있으면 남부럽지 않게 살겠어요.
장수 : 아이고 좋아라. 우리도 인제는 부자야.
장순 : 아이고 좋아!
개똥 : 이 사람 흥부 정말 부러우이.
쇠똥 : 이게 다 흥부 마음시가 좋고 부지런하기 때문이야.
장순 : 엄마, 이걸로 나 저고리랑 치마랑 해주지.
고씨 : 해 주고 말고.

이때에 놀부 나타난다.

흥부 : 형님, 잘 오셨어요. 우리는 오늘 이렇게 부자가 됐어요.
놀부 : 아니 뭐야. 이게 다 뭐야? (눈이 둥그래진다) 금, 은, 산호, 비취, 비단, 명주! 이게 다 어디서 났니?
흥부 : 저 박 속에서 났어요.
놀부 : 뭐? 저 박 속에서! 음. 저 박 속에서. (욕심이 동한다)
흥부 : 형님께도 나눠드리겠어요.
놀부 : (보배담긴 소반 하나를 들고) 오! 이건 내 것이야!

이때에 막이 내린다.

둘째막

첫째장

이듬해 봄.

부자로 사는 놀부의 집이다. 바른편에 기와집이 보이고, 왼편에 대문이 있다.

막이 열리면 놀부가 마당에 나와 하늘을 쳐다보고 있다.

놀부 : 아, 어떻게 하면 나도 흥부 모양으로 제비새끼를 구해주고 박씨를 얻어 금은보배를 많이 가져보나. 흥부란 놈이 부자가 되는데, 나는 더 큰 부자가 못 될게 뭐냐. 아, 제비 야! 빨리 우리 집에도 와서 집을 지어라.

길씨 안에서 나온다.

길씨 : 여보, 안 오는 제비를 이러고 하늘만 쳐다보고 있다고 와요. 심뽀가 좋아야 제비도 찾아오지.

놀부 : 뭣이 어쩌고 어째? 심뽀가 나빠? 아니 놀부의 여편네 주둥이에서 그따위 소리가 나와?

길씨 : 사실인걸. 여북해야 세상 사람이 놀부의 심뽀라고 그리겠소.

놀부 : 잔소리 말고 들어가. 재수 없게 여편네가 웬 방정이야.

길씨 : 흥, 못 간대도 들어가겠소. 임자는 쓸데없이 그러다가 안 미칠 줄 아우! (들어가 버린다)

놀부 : 별 꼬락서니를 다 보아…… 아, 제비야 빨리 오너라! 앗 제비 한 마리가 온다. (하늘을 쳐다보고 제비가 날라오는 편을 따라 고개와 몸을 한 바퀴 돌린다) 제길! 그만 지나가 버렸다. 맥이 풀려 땅에 주저앉는다. 어떻게 하면 될가! (무릎을 치고) 옳지, 좋은 수가 있다. 안에 들어가서 기다란 장대를 하나 들고 나온다. 이걸로

제비란 놈이 지나가면 떨어뜨려야겠어 …… 옳지, 한 놈 온다.

장대로 후려갈긴다. 제비 새끼 한 마리 떨어져 굴러 나온다.

놀부 : (장대를 숨겨두고 나와) 옳지, 제비새끼가 떨어졌다. (제비새끼를 잡어 일부러 한 편 다리를 꺾는다. 그리고는 안을 향해) 여보! 여보! 이리 나와요.

길씨 : (나온다) 왜 그러서요.

놀부 : 뭘 우물거리고 있어. 빨리 약하고 헌겊을 가지고 와.

길씨 들어가서 가지고 나온다. 장근이도 따라 나온다. 놀부는 약과 헌겊을 받아서 제비새끼의 다리에 매준다. 제비는 절뚝거리며 나간다.

흥부 : 아, 인제는 됐다.

길씨 : 인제는 박씨를 물고 올 것 같애요?

흥부 : 암, 가지고 오고말고.

장근 : 아버지, 우리도 장수네 집 모양으로 큰 박이 열려요.

흥부 : 암. 열리고말고.

장근 : 그럼, 우리도 더 부자가 되겠네.

흥부 : 더 큰 부자 되고말고.

장근 : 아이고 좋아!

흥부 : (하늘을 쳐다보고) 아, 제비다. 박씨를 물고 왔나보다.

하늘에서 박씨가 떨어진다.

흥부 : 박씨다. 박씨야 (줍는다)

길씨 : 아이고 신통해라.

장근 : 빨리 심어요.

흥부 :　아이고 좋아라!

흥부 좋다고 춤을 너울너울 출 때 어두워진다.

둘째장

가을.

놀부의 집. 커다란 박이 열렸다.

막이 열리면 놀부가 톱을 들고 안에서 나와 대문 밖에 나가선다. 길씨, 장근도 나와 마당에 선다.

놀부 :　(동네를 향해) 구경들 오너라! 동네사람아 구경들 오너라. 금은 보배가 쏟아져 나오는 복바가지를 켠다. 구경들 나오너라!

동네 사람들 모여든다. 개똥이, 쇠똥이도 섞이어 있다.

개똥 :　놀부! 자네는 오늘부터 굉장한 부자가 되게 됐네.
쇠똥 :　빨리 켜보기나 해라.
놀부 :　그럼 켜볼가. 자, 자네들도 좀 거들게!

개똥이와 쇠똥이의 조력으로 톱질을 한다.

슬근 슬적 톱질 하세.
슬근 슬적 톱질 하세.

금덩어리 나오너라.
은덩어리 나오너라.

박이 쪼개지자 안에서 무서운 탈을 쓴 제비나라 귀신들이 여럿이 나온다. 모두 놀라서 물러난다. 귀신들은 들고 나온 방망이로 놀부를 잡아 곤장을 먹인다.

놀부 : 아야야! 살려주.

길씨, 장근이 겁이나 벌벌 떨며 운다.
귀신들이 실컨 때려 놓고 들어간다.

놀부 : 아이구, 죽겠다.
길씨 : 여보, 이게 무슨 일이요!
개똥 : 놀부. 겁내지 말고 또 하나마저 켜보게, 거기는 꼭 무엇이 들었겠지.
놀부 : 그렇다. 마저 켜보자. 설마 여기는 보배가 수두룩하겠지.
길씨 : 여보, 그만둬요.
장근 : 아버지. 또 그런 무서운 놈들이 나오면 어떻게 해요. 인제는 켜지 말아요.
놀부 : 괜찮다니까. 자 개똥이, 쇠똥이 좀 거들게.
개똥 : 아이고 나는 이번에는 구경만 하겠네.
쇠똥 : 나도 구경만 할테다.
놀부 : (할 수 없이) 그럼 우리끼리 켜자.
길씨 : 여보, 그만 둡시다.
놀부 : (호령한다) 켠다면 켜는 거야.

길씨와 장근이 할 수 없이 톱을 잡는다.

슬근 슬적 톱질이야.
슬근 슬적 톱질이야.

이번에는 금 나온다.
슬근 슬적 톱질이야

다 켜고 이번에는 또 무서운 것이 나올가 하고 멀찌기 물러선다. 박이 깨지자 안에서 더 무서운 탈을 쓴 귀신이 나온다.

귀신 : 이 놈 놀부야. 내 말 듣거라. 너는 욕심 많기로도 천하에 제일이고, 심뽀 나쁘기로도 천하에 제일이고, 형제간에 사랑 없기로도 천하에 제일이다. 이렇게 발칙한 놈이 우리 제비나라 백성을 잡아 일부러 다리를 꺾고도, 박에서 보배가 나오기를 기다렸지. 이런 나쁜 놈은 그대로 둘 수가 없어 우리 제비나라 임금님이 너한테 벌을 나리셨다. 이 놈 놀부야!

놀부 : (부들부들 떤다) 예, 살려주세요. 죽을 죄를 졌었습니다.

길씨 : 제발 살려주세요.

귀신 : 네가 가진 재산을 다 가지고 오너라.

놀부 : 제발 용서해 주십시오.

귀신 : 썩 못 가져 올가. (발을 구른다)

놀부 : (길씨에게) 빨리 내다 바쳐라.

길씨 들어가 돈과 옷감들을 가지고 나온다.

귀신 : (뺏는다) 이 놈 그래도 마음을 못 고칠가?

놀부 : (울며) 예, 고치겠습니다.

이때에 흥부의 식구가 나타난다.

흥부 : 형님 이게 웬 일입니까.

놀부 : 아이고 흥부야 날 좀 살려다오.

흥부 : (귀신에게) 우리 형님을 용서해 주십시오.

귀신 : 음, 이 놈, 놀부야 꼭 개심을 하겠지.

놀부 : 예, 인제는 아주 개심하겠습니다.

귀신 : 알았다. 흥부를 보아 용서를 해줄테니 두 번 다시 나쁜 짓을 하지 마라. 자 이걸 도로 받아라. (돈을 준다) 그리고 마지막 한 말 부탁이다. 형제간에 의좋게 살아라.

놀부 : 고맙습니다.

귀신 들어간다. 두 집 식구 귀신에게 절을 하며 보낸다.

놀부 : 흥부야, 네가 아니었더라면 재산을 다 빼앗길뻔 했구나.

흥부 : 걱정 마세요. 저한테 있는 것을 얼마든지 드리겠어요.

놀부 : 흥부야!

놀부 고마운 울음을 울며, 흥부의 손을 꽉 잡을 때 막이 내린다.

『신고송 아동극집 白雪 公主』, 조선아동문화협회, 을유문화사, 1946.

금 나거라 뚝딱 은 나거라 뚝딱(여섯 막)

◇옛날

◇어느 시골과 산속

◇나오는 사람들

박첨지 바른편 목에 혹이 달린 마음 착한 노인
보배네 박첨지의 안해
신통이 박첨지의 아들
보배 박첨지의 딸
홍첨지 왼편 목에 혹이 달린 욕심구러기 노인
이뿐네 홍첨지의 안해
잠동이 홍첨지의 아들
이뿐이 홍첨지의 딸
노마
악발이
똘똘이
귀동
개똥이 동네 아이들
학녀
오묵이
얌전이
귀분이
순이
도깨비 왕

도깨비 왕비
도깨비 왕자
도깨비 왕자의 신부
도깨비 장수

이 밖에 붉은 도깨비 누른 도깨비 아이 도깨비 여러 명.

첫째막

◇무대

담장을 사이에 두고 바른편에 가난한 박첨지의 집이 있고 외편에 훌륭한 홍첨징의 집이 있다. 홍첨지 집에 심은 나뭇가지가 담장을 넘어 박첨지 집으로 뻗어 있다.

막이 열리면 어느 날 저녁때인데, 한길에서 신통이와 이쁜이 노래하며 사방치기를 하며 놀고 있다.

한 발 뛰였다,
깜정 콩이 한 섬.

두 발 뛰였다,
빨간 팥이 한 섬.

세 발 뛰였다,
푸른 녹두가 한 섬.

네발 뛰였다,
한 섬.

깜정 콩은 한 냥,
엽체기에 넣고

빨간 팥은 두 냥,
설합 속에 넣고.

푸른 녹두는 석냥,
궤속에 넣고.

넉 냥,
농속에 다 넣자.

홍첨지는 술에 취해서 비틀걸음으로 왼편에서 들어오다가 이뿐이가 신통이와 같이 노는 것을 보고 꾸중을 한다.

홍첨지: 이뿐아! 너 신통이하고 놀지 말라고 그랬는데, 왜 또 같이 놀아?

이분이: 아버지는 괜히 그러시네. 난 신통이가 제일 좋은 동문데 ……

홍첨지: 안돼, 안돼, 저런 가난한 집 아이하고 놀면 못 써.

이뿐이: 집은 가난해도 마음씨도 곱고, 정답고……

홍첨지: 마음씨만 고와 뭘 해. 너같이 부잣집 애가 거지같이 더러운 옷을 입은 아이하고 놀아서야 되나.

이뿐이: 그래두……

홍첨지: 그래두가 뭐야. 이리 와!(이뿐이의 손목을 잡아 집안으로 끌고 간다)

신통이가 원망스러운 듯이 홍첨지의 뒤를 바라보고 서 있다가 아버지가 나무하러간 먼 산을 바라보고 노래한다.

홍첨지네 아저씨는 심술쟁이지
좋은 동무 이뿐이와 못 놀게 하지.
우리 집은 어째서 가난만 한가
산에 가신 아버지는 오시지 않나.

빨래하러 갔던 보배네와 보배를 데리고 돌아온다.

신통이 : 어머니 인제 와.
보배네 : 오냐, 집 잘 보았니? 아버지는……
신통이 : 아직 안 돌아 오셨어.
보배 : 오빠! 오빠는 배고프지 않아?
신통이 : 배?
보배 : 점심을 안 먹었으니까 배가 몹시 고파.
보배네 : 배가 고파도 참아야지 점심 해 먹을 양식이 있니. 곧 저녁 밥 해주께.

보배네는 집 안으로 들어가서 홍첨지 집에서 넘어온 나뭇가지에 빨래를 넌다.

신통이 : 어머니!
보배네 : 왜?
신통이 : 저 집 홍첨지 아저씨는 심술쟁이야. 나를 가난한 집 애라고 이뿐이더러 나하고 같이 놀지 말래여.
보배 : 참 미워.
신통이 : 우리를 가난하다고 업신여겨, 저는 우리 아버지같이 혹부리가 아니라고……
보배네 : 그런 소리하면 못 써.
보배 : 어머니 우리는 언제나 부자가 되는 거야.

보배네 : 오냐, 너희들이 말 잘 듣고 착하면 우리도 곧 부자가 된단다.

이때에 홍첨지 집 안에서 나와 박첨지 집으로 들어간다. 이뿐이도 뒤를 따라간다.

보배네 : 어서 오세요.

홍첨지 : 박첨지 아직 안 들어왔소?

보배네 : 네.

홍첨지 : 돌아 오거던 우리 집에 돈 갚을 것 내일 안으로 갚아야 한다고 그러시오.

보배네 : 네, 내일 안으로요? 홍첨지님 좀 더 참아 주세요. 어디 갑자기 돈이 있습니가.

홍첨지 : 안돼오. 인제는 더 참을 수가 없다고 그러시오. (제 집 나뭇가지에 빨래가 말린 것을 보고) 아니 이건 뭐요? 누가에게 허가를 맡고 이렇게 빨래를 마음대로 너는 거야. (빨래를 벗겨서 땅에 내던진다)

보배네 : 앗! (빨래를 줍는다)

홍첨지 : 고연 것들 같으니라고.

이뿐이 : 아버지는 심술구러기야.

홍첨지 : 요것 봐. 잔소리말고 가자. (이뿐이를 끌고 길에 나와) 엄마 마중이나 가보자. 가는길에 아버지는 한 잔 더 마셔야 하겠다…… (왼편으로 나간다)

이뿐이 : (아버지의 뒤 꼴 한참 보고 섰다가 집안으로 들어간다)

보배네 : 애써 빨아온 빨래를 이렇게 팽개쳐 버리지 않아도 좋을 걸…… (다 주워 담는다) 이걸 도로 빨아 올테니 너희들은 집 보고 있거라.

보배네 바른편으로 나가고 신통이와 보배는 풀없이 마당에 앉는다.

보배 : 오빠 우리도 빨리 자라서 돈 많이 벌어 가지고 부자로 살어, 응!

신통이 : 응, 나 돈 많이 벌테야.

동네 아이들의 노래소리가 가까와 온다.

동무 동무 어깨동무
한 이웃에 사는 동무.

동무 동무 어깨동무
한 하늘 밑에 사는 동무.

동무 동무 어깨동무
한 우물 먹고 사는 동무.

동무 동무 어깨동무
밤낮 같이 노는 동무.

이 노래가 차차 가까와져서 어깨동무 한 노마, 악발이, 똘똘이, 귀동이, 개똥이, 학녀, 오묵이, 얌전이, 귀분이, 순이들 나타난다.

노마 : 신통이도 보배도 부르자.

모도 : 그러자.

노마 : 신통아!

모도 : 신통아!

학녀 : 보배야!

모도 : 보배야!

신통이와 보배 나온다.

악발이 : 신통아, 같이 놀자.
오묵이 : 보배야, 같이 놀자.
신통이 : 어디서 놀다 오니.
똘똘이 : 들에서 놀았어.
얌전이 : 술래잡기하고 놀았어.
귀동이 : 잠동이도 부르자.
귀분이 : 이뿐이도 부르자.
순이 : 이뿐이는 아버지 따라 갔는데……
개똥이 : 잠동이도 어머니 따라 갔어.
노마 : 그럼, 우리들만 놀자.
악발이 : 인제는 뭘하고 노나.
똘똘이 : 또 술래잡기를 하자꾸나.
노마 : 이번에는 딴 걸 하자.
귀동이 : 저것 봐. (왼편을 가리키며 홍첨지가 곤드레 만드레 취해서 돌아온다)
모두 : (그쪽을 본다)
귀분이 : 이뿐이는 안 오네.
똘똘이 : 이 애들아, 욕심구러기 홍첨지 아저씨 한 번 혼내 줄가.
모두 : 그러자.
개똥이 : 그럼 모두 개구리를 잡아라.

아이들 개구리를 잡는다.

노마 : 개구리를 쥐고 노래를 불러라.

아이들 아까 부르던 어깨동무 노래를 부른다. 홍첨지 비틀거리고 돌아온다. 아이들 홍첨지를 둘러싼 다음 비틀거리는 홍첨지 발 밑에 개구리를 집어 던진다. 개구리를 싫여하는 홍첨지 놀라서 개구리를 밟고 미끄러진다. 아이들 웃는다.

홍첨지 : (성이 몹시 났다) 이놈들! 이게 무슨 짓들이냐. 어느 놈이 내가 제일 싫여하는 개구리를 잡아 나한테 던졌느냐 (일어나서 아이들을 잡으려 한다)

아이들 다라나고 신통이와 보배만 남는다.

홍첨지 : (남아있는 신통이를 보고) 오라! 이놈 신통이 네가 그랬지?

신통이 : 아니예요. 나는 안 그랬어요.

보배 : 우리 오빠는 그러지 않았어요.

홍첨지 : 거짓말 말아라. 내가 못 본 줄 알아. 요것들 두고 보아라.

신통이와 보배는 집으로 들어간다. 해가 저문다. 이뿐이네 잠동이 이뿐이와 같이 돌아온다.

이뿐네 : 또 술이 억병같이 취했군.

홍첨지 : 왜 내 돈 주고 내 술 먹는데 누가 상관이야.

이뿐네 : 글세 말이오. 아무리 당신 돈으로 먹는 것이기로서니 진종일 술만 자시고 있지, 뭐요.

홍첨지 : 듣기 싫다. (일어선다)

이뿐네 : 또 어디를 가요.

홍첨지 : 나야 어디를 가던 웬 참견이야. (비틀거리며 길거리로 나온다)

잠동이 : 아버지는 밤낮 술이나 자시고 주정이나 피우지.

이뿐이 : 아까는 신통이하고 같이 논다고 야단났었어.

이뿐네 : 아버지 말씀이 옳아. 가난뱅이 아이들과 같이 놀면 못 써.

이뿐이 : 엄마도 아버지도 마찬가지야.

이뿐네 : 들어가 저녁이나 먹자.

이뿐네 아이들 데리고 안으로 들어간다.

홍첨지 : (박첨지 집으로 들어가며) 박첨지 왔어!
신통이 : 아버지는 아직 안 돌아왔어요.
홍첨지 : 어머니는?
보배 : 어머니 빨래 갔어요.
홍첨지 : 밤낮 빨래야.

홍첨지, 나오다가 빨래를 고쳐해 오는 보배네를 만난다.

홍첨지 : 응, 마침 잘 돌아왔군. 박첨지가 돌아올 때까지 참으려 했더니 이제는 더 못 참겠다. 그 놈 신통이란 놈이 아주 괘씸한 놈이야.
보배네 : 왜 그러서요. 우리 신통이가 뭘 잘못했습니까.
홍첨지 : 버르장머리가 고약해. 개구를 잡아 가지고 내 발 밑에 던졌지. 응, 그래 빚을 내란다구 아이를 시켜 그런 짓을 해.
보배네 : 아이구, 무슨 그런 짓을 우리가 하겠습니까.
홍첨지 : 다 알아. 지금 당장 돈을 갚아라.
보배네 : 없는 돈을 어떻게 당장 냅니까. 며칠만 더 참아 주십시오.
홍첨지 : 안돼, 안돼, 당장 내 놔.
보배네 : 글쎄 있으면야 어련히 드리겠어요.
홍첨지 : 돈이 없으면 세간이라도 내놔. (집으로 들어간다)
보배네 : (따라 들어가며) 세간이라야 뭐 돈 값 나는 것이 있습니까.
홍첨지 : (부엌으로 가서 솥을 떼어들고 나온다) 위선 이거라도 가져 갈테다.
보배네 : 아이구머니나 그걸 가져가시면 당장 밥을 어디 끓여 먹습니까.

홍첨지 : 그걸 내가 알아. (솥을 가지고 제 집 안으로 들어가 버린다)

보배네 : 저런 인정없는 사람은 첨 봤어.

신통이 : 어머니, 오늘 저녁부터 어디다 질테예요.

보배 : 난 배가 고파 죽겠어.

보배네 : 어디 진들 밥 못 짓겠니, 걱정마라. 내 빨리 밥 지어 주께 …… 그런데 아버지는 왜이렇게 늦으실가.

신통이 : 벌써 달이 돋아 오는데 ……

보배 : 무슨 탈이나 나지 아니 했을가.

잠동이와 이뿐이 아버지가 빼았아간 솥을 아버지 몰래 들고 나와 신통이네 집으로 들어간다.

이뿐이 : 아주머니!

보배네 : 이뿐이냐.

잠동이 : 솥이예요. 받으세요.

이뿐이 : 아버지 몰래 가지고 왔어요. 빨리 저녁밥을 지으세요.

보배네 : 오냐, 고맙다. (받아 들고 부엌으로 들어간다)

이뿐이 : 신통아, 우리 아버지가 너희 집을 못살게군다고 성내지 말아 응!

신통이 : 괜찮다. 우리는 아무렇게도 생각지 않아.

잠동이 : 우리 아버지는 욕심구러기야.

보배 : 아니야, 우리가 돈을 갚아 드리지 못해 그런 거야.

이때 홍첨지가 "이뿐아! 잠동아!" 하고 고래고래 지르며 헐레벌덕 거리며 나온다.

홍첨지 : 이분아! 잠동아! 요 녀석들 솥 못 보았니

신통이 : 너희 아버지 야단났다.

이쁜이 : 괜찮아.

홍첨지 : 솥은 어디로 가지고 갔나. 오라, 내가 모를 줄 알아. (박첨지 집으로 가려고 나오다 가 술이 몹시 떠오른다) 어 취해, 어어. (땅에 주저앉아 코를 덜덜 골기 시작한다)

막이 천천히 내린다.

둘째막

그날 밤 산속이다.

사방에 숲이 우거져 있고 조그마한 허무러져가는 초가집 하나가 있다.

무시무시한 음악소리가 들려온다. 한참만에 도깨비들이 하나 둘씩 사방에 모여든다. 손에 손에 방망이를 들었다. 도깨비들은 다 모인 다음에 무섭게 우렁찬 소리로 합창한다.

우리들은 도깨비
밤중마다 나오네.

온갖 만물 다 자고
우리들만 나오네.
오늘 밤은 좋은 밤
우리 왕자 잔칫날.

술마시고 춤추고
노래하며 잘 노세.

도깨비1 : 자 다들 모였나.

모두 : 다 모였다.
도깨비1 : 그럼 번호를 대 봐야지 번호!

도깨비들 "하나" "둘" 하고 번호를 부른다.

도깨비1 : 하나 모자란다. 누가 없느냐.

도깨비들 서로 쳐다보며 "누가 없어" 하고 찾는다.

도깨비2 : 다 있는데.
도깨비3 : 틀림없어.
도깨비1 : 아니야, 하나 모자란다.
도깨비4 : 하하하……
도깨비1 : 웃긴 왜 웃어?
도깨비4 : 모자랄 밖에 …… 호령 부르는 너는 수효에 넣지 않았으니 ……
도깨비1 : 오라!
모두 : (깔깔거리고 크게 웃는다)
도깨비1 : 그럼 우리 대궐로 들어가자. 오늘 밤은 왕자님이 장가드시어 큰 잔치가 벌어진다. 우리도 오늘 밤은 허리끈 풀어 놓고 먹어야지.
모두 : 이어! (좋아한다)
도깨비1 : 그런데 사방은 고요하지?
모두 : 그렇다.
도깨비1 : 사람 놈 한 놈 나타나지 않겠지?
모두 : 그렇다.
도깨비1 : 그럼, 들어가자!

도깨비들, 오막사리 집 속으로 하나씩 하나씩 들어간다.

한참만에 바른 편에 혹이 달린 박첨지 나뭇지게를 지고 허둥지둥 들어온다.

박첨지 : 아! 그여히 길을 잃어버리고 말았구나. 욕심이 많으면 되레 미찐다는 옛말이 옳거든, 늘 다니던 산에서 제대로 나무를 했으면 이런 탈은 없었지 …… 오늘은 나무를 좀더 많이 해 가져 가서 식구들을 더 기쁘게 하려 한 것이 잘못이지. 아, 집에서 모두들 얼마나 걱정하며 기다리고 있을가. 그러나 오늘 밤은 어디서 밤을 새나. 풀숲에서 자나. 나무 밑에 자나. (사방을 살피다가 오막사리가 눈에 뜨인다) 아! 집이 있구나. 이런 깊은 산 속에 웬 집일가. 저 집에 하룻밤을 재워 달랄 수 밖에 ……(집 앞에 가서) 여보세요, 여보세요, 밤이 깊었으니 잠이 깊이 든 모양이지. 여보세요, 아니 이건 빈집이 아닌가. 올치 빈집이로구나. 빈 집에 대고 아무리 불러본 들 대답이 있을라고 …… 하기냐 이런 깊은 산속에 살 사람도 없겠지. 그럼, 이 빈 집에라도 하룻밤 자고 가자.

박첨지가 지게를 내려놓고 빈 집 속으로 들어갈 때 막이 내린다. 여기서는 막을 내리지 않고 암전(暗轉)으로 빠르게 다음 장면으로 옮기는 것이 좋다.

세째막

앞막에서 곧 뒤.

도깨비 왕이 사는 대궐이다. 대체로 음침하나 화려하게 차려져 있다. 높은 곳에 도깨비 왕 내외의 용상이 있고 좀 낮은 한 편에 도깨비 왕자

신랑 신부가 앉는 의자가 있다.

웅장하고 이상한 음악으로 막이 열리면 도깨비 왕 이하 왕자 내외, 대장, 병장, 시비(侍婢)들, 각각 제자리에서 성대한 잔치가 벌어지려 하고 있다.

도깨비들 합창한다.

라라 라라 노래하세.
라라 라라 춤을 추세.
왕자님이 장가드신 기쁜 이 날을.

라라 라라 축하하세.
라라 라라 복을 빌세.
왕자님이 장가드신 기쁜 이 날을.

라라 라라 밤새도록
라라 라라 뛰놀아도
아무 것도 거침없는 도깨비 세상.

라라 라라 노래하세.
라라 라라 춤을 추세.
왕자님이 장가드신 기쁜 이 날을.

노래에 맞추어 한 패의 도깨비들은 유쾌한 춤을 춘다.

도깨비 : 왕 오늘같이 기쁜 날은 평생에도 몇 번 없다. 왕자의 앞날을 빌어 마음껏 놀아라.

모두 : 으아!

도깨비 : 왕자 아바마마, 저를 따뜻한 사랑 속에서 기르어 오늘을 맞게 해주시어 기쁘기 한량없나이다. 저는 아바마마의 뒤를

이어 우리 도깨비 세상을 훌륭하게 다스리겠나이다.

도깨비 : 왕 오냐, 그 말을 들으니 나는 또 한번 기쁘고나. 자, 오늘 밤을 축하하고 마음껏 놀기 위해서 도깨비 방망이를 두드려 맛난 술과 음식을 나오게 하여라.

모두 : 으아!

도깨비들 방망이를 두드리며 노래 부른다.

금나거라 뚝딱
은나거라 뚝딱

금나거라 뚝딱
은나거라 뚝딱

가운데 있던 높다란 판에 금덩어리 은덩어리가 수북이 솟아난다.

도깨비 왕 : 이 금은보배는 왕자가 오늘 장가든 선물로 주노라.

도깨비 왕자 : 왕자 (신부와 같이 일어서며) 감사하나이다.

또 노래를 한다.

술 나거라 뚝딱 뚝딱
술 나거라 뚝딱 뚝딱

금로주 불로주 뚝딱 뚝딱
다 나거라 뚝딱 뚝딱

떡 나거라 뚝딱 뚝딱

과일 나거라 뚝딱 뚝딱

라라 라라 신기하다.
빈 술잔에 맛난 술이 그뜩이 찼네.
(합창)
라라 라라 밤새도록
라라 라라 뛰놀아도
아무 것도 거침없는 도깨비 세상.

도깨비 왕 : 아, 유쾌한 밤이다. 박첨지 임자의 덕택으로 오늘의 잔치는 더욱 성대하게 되었다. 그런데 박첨지에게 하나 청이 있는데, 들어 주겠는가.

박첨지 : 청이라고요 무엇인지는 몰라도 내 힘으로 되는 것이라면 무엇이든지 하겠습니다.

도깨비 왕 : 고마우이. 그럼, 그 노래가 나온다는 혹을 우리에게 줄 수 없는가. 그렇게만 해주이면 그 값으로 무엇이든지 마음대로 내주는 도깨비 방망이를 하나 주겠다.

박첨지 : 고맙습니다. 그렇지마는 이 혹은 날 때부터 이 목에 붙어 있는 것인데 어떻게 ……

도깨비 왕 : 응, 그것은 걱정마라. 감쪽같이 아프지 않게 땔테니까.

박첨지 : 예!

도깨비 왕 : 그럼, 들어 주겠는가?

박첨지 : 마음대로 해 주십시오.

도깨비 왕 : 대장! 그럼 박첨지의 혹을 떼라.

도깨비 대장 감쪽같이 박첨지의 혹을 뗀다.
이때에 멀리서 닭소리가 들려온다.

도깨비 왕 : 아, 벌써 날이 새는 모양이다. 박첨지, 우리는 날이 밝기 전에 이 잔치를 마쳐야한다. 혹 대신에 이 방망이를 받아라. (방망이를 준다)

박첨지 : 고맙습니다. (받는다)

도깨비들 마지막 노래를 부른다. 보기 싫던 혹을 떼고 그 대신 보배 방망이를 얻은 박첨지도 무한히 좋아하며 노래한다.

라라 라라 기쁜 잔치
즐겁게 치뤘네.

라라 라라 춤을 추고
노래하며 보내네.

도깨비 나라의
하룻밤 세상도,

닭소리 들리면
마지막 다 가네.

라라 라라 기쁜 이 밤
재미나게 보냈네.

천천히 막이 내린다.

넷째막

그 다음 날 일 막과 같은 박첨지와 홍첨지의 집

막이 열리면 박첨지 집 마루에는 혹을 떼고 온 박첨지, 보배네, 신통이 보배 기쁜 얼굴로 둘러앉았다.

신통이 : (아버지의 혹 붙어있던 자리를 만지며) 인제는 동네 사람들도 아버지를 혹부리라고 하지 않게 되었네.

보배 : 아주 훌륭한 아버지가 되셨네.

신통이 : 도깨비 무섭지 않았어요.

박첨지 : 도깨비가 무서운 줄만 알았더니 아주 재미있고 친절하더구나.

보배 : 우리도 한 번 봤으면……

박첨지 : 자! (방망이를 가리키며) 이것이 뭔 줄 알겠니. 우리도 인제는 가난뱅이를 면하고 부자가 되게 됐어.

보배네 : 어떻게요.

박첨지 : 가만 있거라. 신통아, 보배야, 너희들은 뭣을 가지고 싶으냐.

보배 : 빨리 부자가 되고 싶어!

신통이 : 나도!

박첨지 : 그럼 무엇이 나오는지 잘 보아.
금나거라 뚝딱
은나거라 뚝딱

금과 은이 수북이 나온다. 모두 놀란다.

보배네 : 아이고 신기해라!

보배 : 이 방망이는 아주 우리 것이예요?

박첨지 : 그럼.

신통이 : 아이고 좋아라. 이게 다 어디서 나오는 걸가.

박첨지 : 이 방망이 속에서 나오지 뭐야. 보배야, 너 떡 먹고 싶으니?

보배 : 응.

박첨지 : 떡 나거라 뚝딱!

떡이 나온다.

보배 : (손벽을 치며 좋아한다)

신통이 : 아버지, 난 사과 하나 내 주세요.

박첨지 : 사과 나거라. 뚝딱 뚝딱!

사과가 나온다.

신통이 : 야, 재미난다.

보배네 : 여보, 이걸로 곧 홍첨지네 빚을 갚아 버리세요. 어저께는 얼마나 빚을 졸랐는지 모른다오.

박첨지 : 올치, 그렇게 하자. 빚은 빨리 갚아야 해. 그럼 나는 홍첨지를 찾아가서 빚을 갚고 올테니 너희들은 이 방망이와 돈들을 안방에 갖다 치워둬라.

보배네 : 네!

박첨지는 밖으로 나오고 다른 식구들은 안으로 들어간다.

박첨지 : (홍첨지 집에 들어와서) 홍첨지! 홍첨지 집에 있나?

홍첨지 : (안에서 나오며) 누구요?

박첨지 : 나야.

홍첨지 : (얼굴을 자세보며) 나라니 누구야.

박첨지 : 허허. 이 사람 사람을 그렇게 못 알아본담. 옆집에 사는 박

첨질세.

홍첨지 : 아니, 박첨지라니? 오 박첨지는 박첨진데 그 목에 달려있던 흉한 혹이 어디 갔나.

박첨지 : 그 몹시 보기 흉하고 거치던 혹도 아주 영영 없어졌지.

홍첨지 : 대관절 어떻게 된 일이야.

박첨지 : 어제 산에 나무하러 갔다가 그만 길을 잃어버리고 산속을 헤매다가 빈 집에서 밤을 새우려 했더니 잠이 오지 아니해서 노래를 불렀지.

홍첨지 : 그래서.

박첨지 : 그랬더니 어디선지 도깨비가 나타난 나를 끌고 가데. 가보니 거기는 도깨비 왕의 대궐인데 마침 굉장한 잔치가 벌어졌더구나. 도깨비 왕이 내 노래가 어디서 나오는 거냐하고 묻기에 나는 얼핏 대답한다는 것이 이 혹에서 나온다고 대답을 아니 했겠나.

홍첨지 : 그래서 도깨비가 그 혹을 떼어 갔단 말이지.

박첨지 : 혹은 아프지도 않게 감쪽같이 떼어가고 그 대신에 무엇이든지 뜻대로 나오는 도깨비 방망이를 얻었다네.

홍첨지 : 그게 정말이냐. 그럼 박첨지는 혹을 떼고 부자가 되었게.

박첨지 : 그렇다. (돈을 내놓으며) 자! 내게 받을 빚을 받게.

홍첨지 : 음! 정말이구나. 그 산이 어디지. 나도 찾아가서 혹을 떼어주고 방망이를 얻어와야 하겠다.

박첨지 : 저기 보이는 저 산봉우리를 돌아서 한참가면 높은 가얌나무가 하나 있지.

홍첨지 : 그래.

박첨지 : 거기서 조금 더 서쪽으로 가면 아까 말한 그 빈 집이 있어.

홍첨지 : 오냐, 나도 지금 당장 갈테야. (서두른다)

빨리 막이 내린다.

다섯째막

그날 밤 셋째막과 같은 도깨비의 대궐 안.

막이 열리면 전날대로 도깨비 왕 이하 모두 모여 있다. 높은 책상 위에는 박첨지에게 데어 얻은 혹이 놓여져 있다.

도깨비 왕 : 우리는 사람 놈에게 감쪽같이 속았다. 노래가 나오는 혹이라기에 우리들이 가장 소중히 역이는 방망이를 주고 바꿨는데, 저 혹에서는 노래커녕 바람소리도 나오지 아니한다.

도깨비 대장 : 그 박첨지란 놈에게서 방망이를 찾아와야 하겠나이다.

도깨비 왕 : 내가 알아보니 그 박첨지란 자는 비록 어저께 밤에게 우리에게 거짓말을 하기는했으나 본심이 나쁜 사람이 아니고 정직하며 부지런한 사람이다. 그런 사람을 위해 나는 그 방망이를 애써 찾아오지 않겠다.

도깨비 대장 : 우리 왕님의 인자하신 덕인가 하나이다.

도깨비 왕 : 그러면 오늘 밤도 또 주연을 배풀도록 하여라.

도깨비 대장 : (노래)

술 나거라 뚝딱 뚝딱!

(합창) 술 나거라 뚝딱 뚝딱!

술이 나온다. 멀리서 노랫소리가 들려온다.

도깨비 대장 : 상감마마, 또 사람의 노래가 들려오나이다.

도깨비 왕 : 응, 그렇구나. 오늘 밤에는 속지 아니 할 걸 누가 가서 데리고 오너라!

도깨비 대장 : (왼편에 있는 병정들에게) 너희들이 가서 데리고 오너라.

병정들이 나간다. 이윽고 홍첨지를 데리고 들어온다.

도깨비 왕 : 너는 어떤 사람이냐?
홍첨지 : 난 저 산 아랫동네에 사는 홍첨지라 하는 사람입니다.
도깨비 왕 : 너도 노래를 잘 하느냐.
홍첨지 : 예, 나는 노래를 썩 잘 부릅니다. 한 번 들어 보시렵니까?
도깨비 왕 : 오냐, 한 번 들려다오.

홍첨지 노래한다. 그러나 아름다운 노래가 아니다.

혹 사려 혹 사려
방망이로 혹 사려.

신나는 내 노래가
어디서 나오는가

노래 나는 신기한
혹 사려 혹 사려.

도깨비들 크게 웃는다.

홍첨지 : 예. 노래가 정말로 아름답습니까. 이 훌륭한 노래가 어디서 나오는지 아십니까?
도깨비 왕 : 응, 그 훌륭한 노래가 목에 달린 혹에서 나오는가?
홍첨지 : 예, 그렇습니다. 바로 이 혹에서 나옵니다. 정말로 신기하지 않습니까. 이 혹만 있으면 언제든지 재미나고 아름다운 노래를 들을 수 있습니다. 이 혹을 가지시려면 지금 당장 드리겠습니다.

도깨비 왕 : 오, 정말이냐. 그 혹을 우리에게 주겠느냐.

홍첨지 : 드리고말고요. 이 혹을 드릴테니 그 대신 내 청도 하나 들어 주셔야 합니다.

도깨비 왕 : 무슨 청이든지 들어 주고말고. 무엇이 소용되나 말해 보아라.

홍첨지 : 예, 저 나에게도 도깨비 방망이를 하나 주십시오.

도깨비 왕 : 방망이를? 오냐 주고말고? 그까짓 방망이쯤야 주고말고. 그럼 혹을 뗄 테다.

홍첨지 : 예, 마음대로 하십시오.

도깨비 왕 : 대장! (눈짓으로 가까이 오게 하고 소곤소곤 귓속말을 한다)

도깨비 대장 : 예, 알았나이다. 여보아라, 홍첨지 혹을 떼 줄테니 이리 오너라.

홍첨지 : 예. (가까이 간다)

도깨비 대장 : (박첨지에게 떼어둔 혹을 홍첨지의 한 편 목에 붙이어 주며) 자 됐다.

도깨비들 손벽을 치며 크게 웃는다. 홍첨지 당황한다.

홍첨지 : 이게 웬일입니까. (울듯이)

도깨비 왕 : 이 놈 홍첨지 잘 듣거라. 들으니 너는 동네에서도 욕심 많고 심술 있기로 이름이 높더구나. 이 놈 여기가 어딘 줄 알고 또 거짓말을 늘어놓고 그 더러운 욕심을 채우려고 하는 거냐.

홍첨지 : 예! 이놈이 잘못했습니다. 제발 살려주십시오. 인제는 방망이도 아무 것도 싫습니다. 혹 하나가 붙어 있어도 귀차노고 보기 싫은데 두 개가 웬일입니까.

도깨비 왕 : 한 편에만 혹이 달려있고 한 편에는 없어 섭섭할 테니 욕심 많고 심술궂은 상으로 한 편에 마자 붙이어 준 게다. 어 아주 보기 좋고 훌륭하군. 하하……

홍첨지 : (울며) 아이구, 살려주십시오. 두 번 다시 욕심피지 않겠습니다. 제발 하나만이라도 떼어 주십시오.

도깨비 왕 : 안돼, 안돼.

홍첨지 : 아이구 아이구 (주저앉아 땅을 치며 운다) 혹 떼러 갔다가 혹 붙이고 왔다더니 바로 이게로구나. 아이고, 아이고!

도깨비들의 웃음소리 터져 나오는 듯한 가운데 막이 내린다.

여섯째 막

다음날 아침 홍첨지와 박첨지의 집.

막이 열리면 양편 목에 혹이 달린 홍첨지 풀이 죽고 울상이 되어 돌아온다.

홍첨지 : 여보 마누라! (마루에 앉는다)

이뿐네, 잠동이, 이뿐이 안에서 나온다.

홍첨지 : 여보! (우는 소리로) 그만 이렇게 되고 말았소.

이뿐네 : 아이고, 이게 웬일이오.

잠동이 : 아버지, 사랑스럽고 훌륭한 혹이 또 하나 생겼네!

이뿐이 : 인젠 쌍 혹부리가 됐네!

홍첨지 : 요녀석들 남의 속도 모르고 무슨 소리야. 아이고 마누라 이 일을 어떻게 하면 좋단 말이요.

이뿐네 : 어쩌다 이 모양이 됐소?

홍첨지 : 노래가 이 혹 속에서 나온다고 했더니 그 도깨비란 놈들이 요 모양을 만들어 놓지않겠나.

이뿐네 : 그것 보세요. 너무 허욕이 많기 때문이지요.

홍첨지 : 이걸 어떻게 하면 좋겠소?

이뿐이 : 아버지 어때요. 하나 있는 것보다는 쌍으로 있으니 더 보기 좋아요.

홍첨지 : (주먹으로 때리려하며) 요 년!

이뿐네 : 여보 어떻게 하겠소. 이왕 받은 게니 도리가 있소. 팔짜소관으로 믿고 단념합시다. 먹을 것 있고, 돈 있으면 그만 아니오.

홍첨지 : 응! 마누라 말이 옳소. 여보 들어가서 우리 돈궤를 내오시오. 돈이나 들여다 보고 마음을 진정합시다.

이뿐네, 안으로 들어가 돈궤를 가지고 나올 동안 이뿐이는 홍첨지의 쌍혹을 두 손으로 어루만진다. 홍첨지의 뿌리침을 받는다.

이뿐네 : 여기 있어요. (궤를 준다)

홍첨지 : (받아들고 궤문을 열어본다. 얼굴이 샛파랗게 질린다) 아이고 이게 웬 일이냐!

이뿐네 : 왜요?

홍첨지 : 돈은 다 어디로 가고 돌멩이가 그득하게 들었구나.

이뿐네 : (궷 속을 들여다보며) 정말 이 일을 어떻게 하나!

홍첨지 : 아이고 쌍 혹부리가 되고 설상가상으로 거지가 됐구나! 아이고! (큰소리로 운다)

이뿐네 : 아이구 거지가 웬 말이오. (같이 운다)

요란한 울음 소리에 박첨지 집 식구들 놀라서 홍첨지 집으로 온다.

박첨지 : 홍첨지 무슨 일이 났나?

홍첨지 : (박첨지를 잡고 운다) 여보게 내 얼굴 좀 보게. 혹 떼러 갔다가 혹 붙이어 왔네.

박첨지 : (놀라며) 아, 혹이 또 생겼어. 어쩌다가 이렇게 됐나.

홍첨지 : 박첨지, 이게 다 내 죄야. 내가 이때까지 마음이 바르지 못했기 때문이야. 그뿐 아닐 세. 우리는 거지가 되고 말았네. 이 궤 속에 수북이 넣어 두었던 □돌이 모조리 돌멩이가 되고 말았네.

박첨지 : 정말!

홍첨지 : 내가 나쁜 놈이었기 때문에 도깨비들이 벌을 내린 거야. 그렇지마는 인제부터 뭘 먹고 살겠나.

박첨지 : 홍첨지. 마음을 놓게 자네가 마음으로 개심을 했다면 돈이 뭐냐. 돈은 내가 얼마든지 나눠 줄 테니.

홍첨지 : 응, 정말 내가 잘못했다는 것을 이제 똑똑이 알았다.

박첨지 : (보배네에게) 여보, 집에 가서 도깨비 방망이 가지고 오시오.

보배네 : 네. (간다)

박첨지 : 자! 일어나게. 이 방망이로 돈을 만들어 주께. 언제든지 돈 소용이 있을 때면 마음대로 방망이를 가져다 쓰게.

홍첨지 : (박첨지의 손을 잡고) 고마우이. 자네가 이렇게 훌륭한 사람인 줄 이제 처음 알았네.

보배네 : (방망이를 주며) 여기 있어요.

홍첨지 : (받으며) 자 이걸로 돈을 만들자.

이뿐이 : 아버지 인제는 나 신통이하고 놀아도 되지.

홍첨지 : 오냐. 마음대로 놀아라.

아이들 좋아라고 손목을 잡고 얼사 안는다.
두 집 식구 방망이를 두드리며 논다.

> 금 나거라 뚝딱 뚝딱
> 은 나거라 뚝딱 뚝딱!

천천히 막이 내린다.

끝

『신고송 아동극집 白雪 公主』, 조선아동문화협회, 을유문화사, 1946

제1부

아동문학 ❹

아동평론

童心에서부터

◇旣成童謠의 錯誤點 童謠詩人에게 주는 몃말

一. 序言

朝鮮에 新童謠運動이 닐어나고 童謠壇이라는 것이 漠然하나마 形成된것은 已久의 事實이다. 그리는 동안에 童謠詩人도 百出하엿스며 作品도 絶代的 大量産出을 하야 謠壇의 形成에 童謠의 民衆化에 힘써든 것이다. 짤하서 거긔에 만흔 公憲을 奉한것도 否定할수업는 事實일 것이다.

그러나 우리가 여긔에 批判眼을 括開하야 冷淸하게 反省한다면 얼마나 撞着된 作品行動을 해왓스며 얼마나 曖昧한 理論을 支持하고 왓다 것을 自覺할 것이며 그 自體가 얼마만치 畸形的으로 發育되엿다는 것까지도 認識할 것이다. 또 一般大衆에게 童謠는 이러하다는 것을 誤傳하야 大衆을 잘못 指導한 重한 犯罪까지 하엿다는 것을 깨달을 것이다. 筆者는 이 모든

現狀을 痛嘆하고 마지안는 者의 하나이다. 一例를 들어보자. 어린이에게 가장 平易하고 喜悅을 줄 童謠가 至極히도 難澁의 律句가 되어바리엇스며 六七才의 幼童이라도 能히 童謠를 製作할 수 잇는대도 그 能力을 剝奪해 버리고 말앗다. 그밧게도 多數의 例가 잇스나 그는 後項에서 論할 것이니여 긔서는 잠간두자. 이와가티 謠壇에는 一大低 氣壓의 ◇◇을 밧고잇다. 이 低氣壓이 얼마나 ◇◇될 것이냐 未久에는 이 低氣壓을 뚤코 光明의 해빨이 새어 나올 것은 當然의 일이다. 그러나 우리에게는 時日의 不待로 이 低氣壓을 뚤코하로 밥비 光明을 보게할 勇士를

時急히 要求하는 바이다. 쌰리를 잘못 박은 謠壇을 ◇◇하고 잘못 指導된 大衆을 바른길로 引導할 理論이 出現할 것을 企待하는 것이다.

우리의 理論은 事實로 曖昧한 것이엇다. 過多의 理論도 나오지 안혓지만은 ◇三發表되엇의 幸福한 이일 것이다. 그러나 絶對로 어룬은 童謠를 짓지말라는 것은 아니다. 純眞한 童心에 完全히 醉化치 못하는 이는 童謠創作을 念頭에도 두지말고 兒童의 世界에 가서 그들이 戱遊하는 것을 注視하고 觀察하는 것이 조흘가 한다.

童謠는童心의 노래이기에 그릇된 童心으로 불르는 째는 그릇된 童謠의 出現을 볼 것이다. 巡査가 長劍을 차고 大路를 지난다. 이것을 본 어린이가 소리업시 쒸다러가서 그 칼을 쏍어보고 십흘 것이며 쓸에 졸고 잇는 고양이의 긴수염을 하나씀 쏍아보고 십은것이 眞正한 童心의 通路가 아니고 무엇이냐. 兒童은 絶對로 夕陽에 田園을 漫步하야 林樹 사이로 隱隱히 흘러오는 寺院의 ◇◇◇에 귀들기 우리는 自然을 ◇탄하는 自然詩人輩가 아니며 夜半에 잠을 안자고 기럭의 소리와 遠犬한 소리에 孤獨을 노래하는 센치멘탈리스트가 아님을 말하고 십다. 어린이는 靜的物體가 아니고 적어도 躍動하는 動的存在이다. 그들이 夕陽에 鐘소리를 듯고 잇슬 것인가 아니면 해볏에 쏘이는 고초쌩아를 잡고 쒈 것인가는 ◇言할 餘地조차 업다. 數三實例를 들어 말하자.

들국화

李久月

갈곳나는느진가을 쓸쓸한들에
늣게피인들국화 외로운나무
지나가는찰바람에 연약한몸을
이리굽성저리굽성 몸짓합니다.
밤이면갈닙소리 잠못니루어
한울에벌세기에 잠못니루고
나제는차자주는 사람이업시

한을만바라보고 눈물이래요

남모르게고이고이 자란들국화
이밤새면찬서리에 씃닙시들고
쏘한밤에나무닙 풀닙과함께
남몰으게이들에서 말라진대요.

얼마나 漠然한 同情이냐 사람에게는—어린이에게도 同情이 잇다. 悲哀는 悲哀를 ◇起하고 恐怖는 恐怖를 ◇起하는 것이다. 다른 어린이가 우는 것을 보고 한 가지 울며 가여운 사람이 잇다면 마음 한편에 悲哀의 情을 니를 킬것이다. 그러나 廣漠한들 가운대 더욱이나 밤에 한이 들국화의 피고난 남어지가 찬 서리에 썰고 잇는 것을 想像하야 이에 同情하고 早熟하고 沈鬱한 兒童은 업슬 것이다. 이것으로 보아 作家가 얼마나 兒童에 對한 硏究가 업다는 것을 알것이며 自然에 對하야 低劣한 嘆詞를 던지는이란 것을 알 것이다.

二. 그룻된 童心(續)

풀배(梁雨庭)

시내가에욱어진 풀을쩌더서
곱게곱게적은배 쑴여가지고
굶주리고헐버선이 모다살고서
눈물입는그나라들 차저서가자

어기어차노저어라 삿대저어라
부러오는갈바람에 돗을올려라
은남아너도가자 수동이너도

설움을입은그나라를 차저서가자

作家는 무엇을 어린이에게 가라치려고 햇는가 비록 이짱의 百姓이 굼주리고 헐벗고 눈물과 설음으로 산다해도 어린이에게 이것을 教示한다는 것이 父母된 自體가 얼마나 붓그러운 말이냐 얼마나 矛盾됨을 가라침이냐

敗北! 敗北하는 어린이보다 우리의 어린이는 意氣잇게 싸홀 어린이로 指導하여야 할 것이 아닌가 그뿐아니라 長成할 그들에게 現實을 알릴 沒落과 幼滅을 알릴 必要가 무엇이냐 이것을 아울러 이 童謠가 何等의 實◇이 업고 얼마나 그릇된 童心을그 리엇는지 一見에 알 것이다. 이것을 童謠라고 내여놋코 ◇인◇하고 主養者 ◇하는 小兒들은 좀더 自◇하야 우리의 어린이에게 教導할 바가 무엇이며 어린이란 얼마나 넉고 좁고 크고 적은 것이란 것을 硏究하는 것이 조흘가 한다.

잠자는 미럭님(尹福鎭)

쏘불쏘불읍내가는 곱은길가에
천년만년미럭님은 잠을잡니다.
간들간들낡은마차 소리질러도
콩밧가의미럭님은 잠을잡니다

가을해빗짜스한 잠든얼골에
고초쨍아모여안저 놀려봅니다
수수밧헤외눈쌀이 허쟁이봐라
쌀가벗고춤추는꼴 우숩지안나

쏘박쏘박콩밧가의 잠든미럭님
천년만년자는잠은 언제깨려오

에라에라어사삿도 달리는길에
낫서투른자동차가 지나갑니다.

兒童은 思想이 單純하고 生活은 限업시 端的이다. 複雜한 思慮와 聯想作用은 하지 못한다. 複雜한 事件일지라도 兒童은 單純化해 버리고 마는 것이다. 이미럭님을 싸고도는 事件이 얼마나 만흔가 낡은마차 콩밧고초짱아 수수밭 허잽이 어사삿도 자동차의 多數가 잇다. 참으로 兒童이 콩밧가의 이미럭님을 보고 이러한 複雜한 聯想을 할 수 잇슬것인가도 疑問이고 어사삿도지나치든 傳統的인 녯일을 追想할 能力도 업슬 가한다. 作家가 나이만흠으로 이 짜위 생각이 나는것이지 兒童은 敢히 이런 追想 쏘는 聯想을 못할 것이다. 여긔에 純心無垕한 어린이다운 어린이가잇서 콩밧가의 미럭님을 보고 純眞한 童心의 流露가 여긔에 잇서 다면 그미럭님의 쏙지를 잡고 쒸여 줄 것이며 말타주고 얼골에 풀칠흙칠을 해주엇을 것이다.

이런 類의 童謠를 例擧하랴면 限이 업슬것이니 그만두고 그 因됨이 作家가 넘우나 兒童에 對한 硏究가 업고 認識이 不鮮明한 忠想을 가젓 슴에 잇슬 것이다. 좀더 어린이의 眞實한 生活을 注視하여 그들의 生活이 如斯히도 端的이고 單純하다는 것을 쌔달을 것이고 童謠라는 것은 絶對로 低劣한 嘆司를 羅列해서 되는 것이 아니고 未熟拙劣한 點이 잇더라도 眞實味가 잇고 어린이다운 生活相이 表現되어 잇서야 되는 것을 짐작하라는 것이다.

파리(文福永)

검은옷을닙은 파리쎄들은
살랑살랑영감처럼 잘도것는다
밤낫업시손비비는 파리쎄들은
내생일밥상우에 올라안저서

어머니와마주서 손을비빈다
나는나는손비비는 파리를보고
조하락춤추고 노래하얏네

生日날 아츰이다. 喜悅과 滿足으로 이날을 맛는 그의마음이 뵈인다. 파리를 通하야 그의 生日을 찻는 질거움이 完全히 表現되엇다. 실증이 날듯이 달려들든 파리조차 "어머니와가티 손을비빈다"라고 善意로 解하며 조하라 춤추고 노래하얏네. 그는 ◇溢하는 깁봄을 다 말하엿다. 이作者는 小學生이다. 童心다운 童心으로 노래하엿다.

博覽會(尹元求)

촌한아버지 싀골한머니
서울박람회 구경하려고
오신게지요 촌한아버지
시골한머니 고향사투리
듯고서보니 부모님생각
문득납니다

서울에서는 博覽會◇動이 낫다. 시골서는 날마다 數萬의 구경꾼이 모인다. 學校가든 어린이 作者는 시골 한아버지쏠이 하도 우습길래 뒤짜러가다가 시골 사투리를 들은 것이다. 作者는 일즉 시골서 살다가 父母를 여읜 것이다. 갈바업시된 作者는 서울 일가ㅅ집에서 다려다 길리운바되여 서울生活 數年에 시골 사투리 다 니저버리고 서울말이 되어버렷다가 博覽會 구경온 한아버지 한어머니의 하는 말에 利邦的으로 도라가신 어머니 아버지 얼골이 그리워진 것이다. 愚劣하고 委折한 筆致로 달밤에 강가를 거닐며 天國에 계신 父母님을 생각하는 實在 以上의 哲學化한 센치멘탈이스트 類의 童謠와 이 童謠를 比較해 보아라. 비록 말은

"부모님생각 문득납니다"의 十字에 限해 잇스나 어린이로써는 父母를 生覺하는 悲絶한 嘆司라 할지라도 이박게 업슬 것이다. 만약 이보다도 더 低劣한 虛飾을 햇드라면 이 童謠에는 普敎四年生이라는 作者의 生命을 차저볼 수 업슬 것이다.

三. 그릇된 童謠 멧가지

詩는 槪念이 아닐것이다. 짤아서 童謠는 槪念이 아닐것이다. 新聞雜誌에 發表되는 童謠를 쏠때 그것이 擧皆가 개념을 노래한것이다. 그 原因을 차즈니 그는 '첫제' 童謠는 짓는 것으로 아는 짜닭이다. '둘제' 童心에 도라가서 노래하지 안는 짜닭이다. '셋제' 作者가 어린이가 아니고 어른인 짜닭이다. 童謠로 노래할 아모 '쇽크'와 實感이 업는대도 不願하고 나도 童謠를 하나 짓겟다는 虛慾으로 된 말 안된 말 집어쓰고 보니 어린이로서는 아모 興味를 갓지못할 槪念에 지나지 못하는 것이 되고 만다. 童謠는 아모 말이나 格調만 마즈면 되는 것으로 알어서는 아니될 것이다. 봄은 짯듯하다 꼿이 핀다 새가 운다. 三月삼질날은 제비가 江南서 온다 九月 九日날은 江南으로 간다. 가을엔 落葉진다. 귀쓰람이가 운다. 이것들이 무슨 實感을 노래한 것인가 그것은 봄을 說明하고 제비는 江南에서 三月삼일날 와서 九月九日날 江南으로 간다는 것을 說明하고 가을을 說明하고 限定햇슬 다름이다.

가을(金永一)

비나리든한울은 가을바람에
깨끗이도개이어 날은조흔데
강남에서차저온 제비동무는
날이추워갓는지 보이지안코
북국나라찬나라 기럭이들만

구슯흐게울면서 날너다녀요

무성하든나무닙 락엽지구요
찬서리만나리어 츱게맨드니
매암이의노래는 어대로가고
귓드램이배쌩이 노래소리만
가을쏫밧화려히 피인속에서
쓸쓸히된가을을 위로합니다.

江南서 오고가는 제비 北國서 오고가는 기럭이 가을바람에 지는 落葉 귓드램이 배쌩이 이 모든 것이 詩趣를 가졋는지는 몰으지만은 비록 詩趣가 잇다해도 童謠는 詩趣를 노래하는 것이 아님으로 漠然한 아모 實感입는 것에 지나지 안는다. 가을에 對한 完全한 槪念이다. 어느 句節에 어린이다운 生命이 숨어잇는가 나는 차저볼 수 업다. 아모리 美辭麗句로써 自然을 讚嘆한다 해도 동요로서는 完全히 落第이다. 이것이 아니더라도 純眞한 어린이다운 가을노래가 잇지 안흘 것인가 남의 밧콩대를 썝아다가 콩사리하는 쏠 밤짜라 손톱 밋헤 가시든 이야기가튼 어린이다운 것이 잇지아니한가

槪念을 노래한 童謠의 例는 至極히만타 더 말할 것도 업다.

藥지어오는 밤(李元壽)

약지어러갓다가 길이멀어서
혼자오는산길에 해가저무네
아즉도길은멀고 날은어둔데
죽어가든어린누의 엇지되엿다

고개를넘어서니 달이소삿네

멀—리우리집에 불이보이네
洞口에어머님이 불너시누나
누이의약을매고 다름질칠세

作者의 體驗이다. 집에는 最愛의 누의가 알코잇다. ◇중에서 날은 저물고 길은 아즉멀고 발은 제자리에서 발버둥질치고 길이 줄지를 안는다. 고개를 넘어서니 달이 썻다. 집의 불이 뵈인다. 어머니가 불은다. 여긔 어린이다운 歎呼가 잇다. 이제는 발자욱이 빨리 쩨여진다. 어느 句節에 느릿한 槪念을 볼 수 잇는가

꿀꿀돼지(尹石重)

부뚜막에글거논 누룽쟁이를
들낙날럭다먹고 도망가지요

요심쟁이우리옵바
꿀 꿀—돼지

설탕봉지일부러 쏫씰르고선
엉금엉금기면서

울기쟁이우리옵바
꿀—꿀—꿀돼지

보글보글잘끌는 찌개국물을
찡긋찡긋열번식 맛을보지요

심술짝지우리옵바

쑬—쑬—쑬돼지

表現 方法이 妙하고 自由롭다는 것은 뒤두고라도 욕심꾸럭이 옵바에 對한 누이의 어린이다운 批判이 조타. 거긔에 곳 살아질망정 엿든 嫉妬가 잇는 것도 ◇◇이입서조타.

詩는 語句의 羅列이 아니고 情緖의 躍動일 것이다. 童謠도 美辭麗句의 羅列이 아니고 어린이다운 衝動과 情緖의 躍動이 잇서야 될 것이다.

가을바람(고긴벗)

쌍짜라당 쌍짜라당
바람이불어오드니
몰도로룸몰도로돌
밤송이굴러가고요
ㅇㅇㅅㅅㅇㅇㅅㅅ
갈닙이 썰어집니다

쌍짜라딍 쌍짜라딍
바람이건너오드니
붕쌔라붕붕쌔라붕
갈닙이나라쓰고요
늴나라리닐라라리
갈닙이춤을춥니다

한울나라먼곳사는
가을의선들바람
무궁화의 가을날이
쏫다워그리웁다고

갈닙들을그더차며
쌀쌀히지나갑니다.

쌍짜라당 돌도로돌 으으스스 쌍다라딩 붕바라붕 닐나리리 이 무슨 미지근한 形容詞의 羅列이냐 作者는 이 말들에서 얼마나 자미난 어린이다운 感興이 잇서 童謠가티 羅列해 놧는지 몰으겟스나 듯고보는 사람은 귀에 거슬려 도모지 들을 수 업슬만치 聽感을 주며 內容에서도 概念에 지나지 안는 것이다. 童謠는 말의 連結羅列이 아니라는 것을 알어야 할 것 갓다.

제비(金思曄)

새로운제비님 고이길르자
흙으로동구란집 엽무게짓고
버들닙짜모으고 할미쏫썩고
개나리쏫진달내 쏫모다썩거
붉읏붉읏쏫문을 지여새우고
피리피리불면서 제비님맛자
(下略)

좀더 童謠는 簡단◇하게 쓸 것이며 率直하게 表現하여야 할 것이다. 이 童謠야말로 概念덩이요 虛飼의 標本이다. 이러한 美辭麗句 속에 童心이 致底히 깃들릴 수 업다는고나 그리고 쓸대업는 對句를 避하여야 할 것이다. 내가 躍動이 잇서야 한다고 하엿다. 그 躍動이 산을 그리든 어린이의 마음이 갑작히 바다를 그리며 한울을 그리든 마음이 갑작히 집압 내를 그리는 大飛行式活躍을 말하는 것이 아님을 짐작할 것이다.

돌맹이(尹福鎭)

산우의돌맹이는 묘한돌맹이
나무꾼이차저와 귀에하구요
바닷가돌맹이는 이쁜돌맹이
조개줍는색시가 반겨하구요
냇가의돌맹이는 귀연돌맹이
빨래하는아씨가 주어가구요
길가의돌맹이는 가연돌맹이
오는이가는이가 차고간대요

한 어린이의 마음이 지금 飛行機를 타고 一週를 하는 셈이다. 산우에서 바닷가로 바닷가에서 냇가로 내ㅅ가가서 길가로이다지 委曲한 蓮想을 하지 안해도 "산우에 돌맹이는 묘한 돌맹이 나무꾼이 차저와 귀해줍니다"로서 完全한 童謠가 되지 안으냐 이 네가지의 比較가 넘우나 支루하며 羅列과 對句가 너무나 委細하다. 보리밧헤 종달새에 同情을 하다가 금시에 첨하ᄭᅳᆺ 鳥籠 속의 새를 同情하는 類는 博愛일는지 몰으나 어린이로써 넘우나 好事家이며 부지런하다고 하엿스면 조켓다.

童謠에는 單純한대 味와 美가 잇는 것이다. 이 單純이 童謠의 生命이다. 前項에서도 말햇지만은 兒童의 思想이 單純以上 더 單純한 것인대 大字典을 내노코 들먹어가며 읽어야할 童謠가 엇지 兒童心理에 適合한 것이라고 하겟는가.

尹福鎭氏 七月에 發表한 童謠中에는 늙은느틔나무라는 最大 長篇이 잇다. 節數는 五節이요 行數는 總四十行이며 語數는 無慮 二百五語十를 算하는 氏의 所謂 破格 自由詩體의 童謠이다. 內容은 쑥쑤다 잠고대하는 소리를 羅列해잇다. 이 무슨 어리석은 作亂이뇨 이러케 贒句를 展開해서 紙面을 占하지 아니하면 天才詩人이라고 해주지 안는단 말인가 좀더 體面이 잇스란 말이다. 이짜위 童謠를 發表하기 前에 長篇事 童謠에 對한 論文부터 發表해놋코 하는 것이 조흘 것 갓다.

이박게도 無數한 그릇된 童謠가 만흐나 致底히 全部에 손을 대일수

업서 後日에 밀우고 다음 格調 — 定型律에 對하야 檢射하자.

四. 定型律의 弊害

朝鮮에 처음 童謠 運動이 니러날 때 童謠라는 것은 格調와 句節이 마저야 된다는 것을 宣傳하얏든 까닭으로 지금은 極少數의 自由詩壇의 童謠 — 童詩를 내여노코는 어느 新聞紙 어느 雜誌 어느 누구가 짓든지 童謠라고 일홈한 것은 모두가 七五, 八五, 四四, 又는 四二等의 格調에 맛초어서 노래하얏스며 이것이 定型律이 되고 말엇다. 妙한 手法과 技巧로 格調를 맛초아 노래한 것은 詩想의 內容도 充分히 感受할 수 잇스며 거긔에 쌀으는 音樂的 氣分도 맛볼 수 잇는 것이다. 後日 童詩에 對한 小論을 쓰기로 하고 여긔서는 主로 定型律로 생기는 弊害를 檢射코저 한다.

格調類에 쌀아 거긔에 氣分이 달르다. 四四調는 傳統的 氣分이 잇스며 七五調는 輕快하며 八五調는 悲哀의 情을 자아내며 八五調는 ◇◇氣分이 잇는 것들이다. 이 固有의 氣分들을 善用하야씀에 그 以上 더 바랄 것이 업스나 形式보다 內容이 더 重한 童謠를 形式을 均齊하랴다가 內容의 想을 削減하는 弊가 생긴다는 것을 짐작할 것이다. 七五調로쓰다가 한字씀 모자라면 거긔에 얼토당토 안흔 요 字類의 充字를 하고보면 語感이라는 것이달라지는 것이며 四行一節로 맛초다가 一行의 不足을 늣길 때 거긔에 必要업는 贅句를 너어 本質 詩想에 험집을 너흐며 一行씀의 過剩이 잇스면 그를 削餘하고 想을 ◇◇함으로 詩想의 削減을 하게 될 것이다.

다음에 이보다도 더 重大한 弊害가 잇스니 그것은 압헤서 말한 바 童謠가 이로 말미암아 難澁의 律句가 되어버렷다는 것이다. 定型律에 맛초어 쓰랴면 技巧가 能하지 못한이는 致底히 잘되지 안은 것이며 熟達과 練習을 要하는 고로 技巧家가 아니고 詩人이 아닌 어린이들은 반다시 定型에서 一字一行이라도 剩餘가 잇스면 안 된다는 誤錯된 認識下

에 童謠 創作을 斷念하며 조흔 '쏙크'와 어린이다운 題材잇서도 定型의 苦澁에 興味를 喪失하며 倦怠가 생겨 致底히 童謠製作을 못하게 되는 것이다. 이를 原因하여 朝鮮에는 어린이의 — 十世未滿의 어린이의 創作童謠를 볼수 업스며 딸아서 新聞雜誌에 許多히 發表되는 童謠의 作者를 알어보면 모두가 수염이 가지가지벌고 魔醉된 意識의 所有者인 것이다. 이러고 보니 朝鮮의 童謠가 모다 그릇된 童心을 그린 것이며 實感이 업고 미직은 한 概念과 說明에 지나지 안하며 虛飼과 羅列又는 對句와 錯雜을 가지게 하는 것이다.

定型律에 對한 實例는 들지 안해도 新聞雜誌에 發表되는 것이實例이니 눈쓰고 批判해 보기를 바란다. 여긔에 한가지의 例를 들어보자.

코쓰모쓰(金月峰)

가을바람 살랑살랑
화단우에부러와
시드른요 코쓰모쓰
그가지 한들한들

힘업시도 숙인고개
요조리 흔더는양
봉오리에 이슬지든
그아츰 꿈꾸는가

作者는 八七調에 맛추노라고 無限히 애를쓴 痕迹이 잘 보인다. 詩는 一點集中을 爲하여 助詞의 削除와 用語의 緊◇을 한다. 그러나 이 童謠類의 助詞削外는 것이 아니다. 넷제줄에 "시드른요"의 "요"字를 보라 시드른의 다음에 요字를 써서 效果가 잇다면 모르거니와 이 "요』, 字의" 適用은 語感을 납부게 한다. 다섯제줄 "힘업시도"의 "도"字를 보라. 이

亦是 充數에 쓴 것이다. 둘제줄 "부러와"의 "와"字는 그 다음에 "서"가 들어야만 다음과 連結도 되고 語感도 조흘 것이다. 여섯제줄 "요조리"란 것을 보라. 이것이 "요리조리"란 말인데 요리조리라면 一字가 남어 七八의 定型에 들지 안홈으로 "요조리"라는 不具의 말을 쓴 것이다.

우리는 어린이 作家를 誘導하여 내기 위하여 이 定型律의 難澁을 一掃하여 버리고 童詩의 길로 들어가야 할 것이다. 筆者는 이 童詩에 對하여 後日 그 提唱하는 理由와 誘導의 方法을 論코저 한다.

五. 童語

童謠를 創作함에 當해서 用語 問題도 쉽사리 넉여서는 아니되는 것이다. 우리들의 말과 어린이들의 쓰는 童語와는 거기에 判然한 區別이 잇슬 것이다. 어룬의 말은 어려웁고 만홈에 對하여 어린이의 말은 쉽고 單純하며 語彙가 좁다. 어룬의 말은 맵시내고 修飾하고 浴되고 느릿하지만은 어린이의 말은 粗雜한 가운데도 無邪氣하며 逆出는 刹那的 言語이며 快活한 言語일 것이다. 어룬의 말 가운대 어린이가 解할 수 업는 것이잇는 것과 가티 어린이의 말에도 어룬들이 몰을 말이 잇슬 것 갓다 이런 意味에서 童謠에 반드시 標準語를 쓰지 아니하여도 될 것이다. 言語統一에는 矛盾이 될지 몰으나 어린이의 世界에 쓰는 말이 반드시 標準語라야된다는 것은 不自然한 것이다.

어린이의 感情을 어린이에게 알리기 위해서 불르자면 거긔에 쓰는 말은 어린이 말이라야 될 것은 重言할 必要도 업다. 그런데 現下에 잇서서 童謠作家들의 用語例를 보면 만은 誤錯이 잇고 硏究를 要하는 것이 만타 그들은 童謠를 말의 連結로 알고 말맵시를 내려고 無限히 애쓰고 잇다. 그 말이 어린이로써 쓸 말인가 아닌가는 뒤두고 제뜻에 만맛고 듯기조코 好感을 주면 곳 그 말을 童謠創作에 써보려 한다. 童謠는 言語의 結合이 아니다. 童謠는 感情의 表現이라야할 것이다.

나의 小論은 이것으로 긋치려고 한다. 써노코 보니 前後가 倒道된 것도 잇고 連結이 업는 것도 잇다. 이것은 모다 짐작해 닑어줄 것이고 나는 나의 이 論旨가 어듸까지든지 正堂한 길을가는 것이라고 自信한다. 그리고 이 小論 가운대 多數의 問題를 提出해 노핫다. 나는 그 어느 것도 完全히 解決 못한 것을 慚悔하며 뒤니어 硏究할 것을 約하야 둔다.(完)

『조선일보』, 1929.10.20～10.30

새해의 동요운동

童心純化와 作家誘導

第一, 二十九年의되푸리

빗업는 過去의 되푸리 — 이것은 차라리 ◇◇하는 것이 조치안켓나 우리가 二十九년(二九年 以前이든지)를 回顧하야 비록 한주먹에 들지 안흔 것이라도 일해 노흔 痕迹이 잇다면 그것이야 자랑이라고 稱頌도 하겟다만은 되푸리를 한대야 쓸데업는 한숨에 지나지 안는 것이니 그만두는 것이 도리어 낫지 안켓나 그럿타고 비록 적은 별두어개 떨어진셈 밧게 안 되는 것이라고 버려둔다면 그것은 또 歷史의 한페이지를 찌저버리는 것이다.

우리가 二九年 한 해를 두고 特筆할 만한 童謠運動을 햇다는 것은 아니로되 잠고대에 不過할 소리엇스나 理論과 作品이서다는 것만은 事實이 아닌가.

宋完淳(敬稱을畧한다)이 「童謠運動의 史的 考察」을 試驗해 보앗다만은 이것도 쓸대업는 過去의 되푸리엇고 압길에 對한 아모 方途와 暗示를 주지 안햇스며 金泰午의 「童謠斷想」은 벌서 케케묵은 十八世紀의 革命에 지나지 안 햇다.

이外에는 理論이라고는 업섯다.

세 新聞과 『어린이』, 『새벗』 『新少年』 『별나라』 『少年朝鮮』 『半島少年』 『아동畵報』 等의 雜誌에서 極히 多數로 發表되엿다.

그러나 새로운 傾向과 淸新味잇는 가상 天然스럽고 純然한 童心의 노래를 뵈어준이가 업섯다. 토막토막이 내어놋는 少年들의(嚴密한 意味에서는 少年이 아니고 靑年) 作品을 錯誤 又는 痲醉된 認識의 所産이니 볼만

한 것이 업섯슴은 말할 餘地조차업거 한동안 英雄이든 諸 童謠詩人들은 아즉도 純粹한 童心을 把握치 못하엿다.

韓晶東 高長煥 金泰午이들은 눈뜰 活動도 업섯지만은 우에서 말한 純粹한 童心의 把握을 아즉하지 못하엿다. 가장 活動한 이들은 누구나면 尹福鎭 尹石重 李貞九 宋完淳 南宮珉 韓泰泉 金銃들이엇다.

尹福鎭은 實로 多作이엇다. 新聞紙의 가장 큰 地面을 點하야 間斷업시 내어주엇다. 그러나 多作인만치 駄작—間或 快作도 잇지만—이만코 淸新한 낫을 차서볼 수업다. 원숭이 흉내처럼 요 傾向의 模型品을 내고는 조금 手法의 模型을 써보니 갑시싸고 軍量이업슴을 늣기게 된다.

尹石重은 그 手法에 잇서서나 그 取才에 잇서서나 가장 새로운 것을 試驗하엿스며 그리고 그것이 하나업시 다 成功을 하엿다. 그가 讀者들 尊敬하고 新聞紙를 所重히 생각하야 한번이라도 自信업는 것을 내어주지 안헛음을 感謝한다.

李貞求의 努力도 큰 것이엇다. 그의 沈着한 態度와 洗練된 手法과 純粹化된 取才 等은 實로 謝할 만하다.

宋完淳은 新少年을 들고 나섯스나 그 詩的 取才와 表現手法이 端的인 兒童의 心理性을 써나 支離하고 迂遠하다.

鄭詳奎 李元壽 이들은 가장 敬康한 態度의 純然한 童謠를 뵈어 주엇다.

南宮珉은 昨年後期에 出現하야 多作이면서도 또 駄作업시조흔 取才를 뵈어주엇스며 韓泰泉 嚴興燮 金炳昊들도 極少數엇스나 버릴 수 업는 異彩나는 童謠를 뵈어주엇다.

이 外에도 梁雨庭 李久月 金思燁 玄東炎 南洋草 等이 잇섯스나 모두가 이러타고 指摘할 만한 傾向도 업시 誤錯된 童心의 槪念 虛飼 難解 無實한 노래를 내여노핫슬 쌴이다. 이러고 보니 지난 한 해에는 이러타고 指摘할 만한 傾向도 理論도 업섯다.

第二. 三十年과 새로운 問題

三十年을 마저 우리는 ◇◇을 잡고 第二期 的作品을 내어노아야 한다. 우리는 가장 時急한 問題로 다음의 몃가지를 提起한다.

첫재 過去의 童謠는 初期의 自然生成속에 제멋대로 자라난 病的 所産으로 清算해 버리자는 것이며 둘재로 純粹한 童心의 노래를 불으자는 童心의 純粹化 運動과 셋재 幼年作家를 誘導하자는 것들이다.

(A) 非童謠의 清算

過去에 잇서 우리가 錯誤된 作品을 내어노핫다는 것을 自覺하여야 한다. 自覺한 다음에는 이것이 誤診임을 알앗슴에 潔白히 清算해 버릴 것이다. 그런다면 純粹한 童心의 把握과 定型律에 잡히지 아니하고 自由律의 發現 等은 제절로 쌀홈이 아닌가

새로운 ◇設은 過去의 모든 것을 앗김업시 破壞하는대 잇다. 우리는 조금도 愛着함이 업시 錯誤된 過去의 作品을 버리자. 그리하야 第二期에 들어간 우리의 童謠 ◇◇을 爲하야 努力하자. 開拓하자.

童謠를 製作하는 이는 新聞이나 雜誌를 좀더 所重이 생각하여서 第二期의 童謠로써 붓그러운 것은 내지 말어라.

新聞과 雜誌에서 童謠를 考選하는 이는 童謠에 對한 正當한 理解를 가질 것이다. 그리고 한페이지의 紙面이라도 濫用치말어야 하리라고 생각한다. 過去에 잇서서는 生成을 助長하는 意味로 아무 것이나 들어오는 대로 揭載해 주엇지만은 이제부터는 眞正한 童心의 노래가 아니고 力量이 뵈이지 안는 것은 내여주지말 둘 바란다. 個體를 위하는 것 보담도 우리 童謠 運動의 全體를 爲하야 考選에도 硏究할 必要가 잇지 안켓나.

(B) 童心의 純粹化

童謠라고 일홈가진 것이면 반드시 一白퍼센트의 童心실은 것이야 한다. 完全한 童心에로 歸還하고 純然한 童心을 把握하여야만 眞實한 童謠라고할 수 잇슬 것이다.

童謠는 端的인 兒童 生活狀態의 反映이라야 한다. 決코 迂遠한 愚意를 주지말 것이며 自流의 心境의 노래는 兒童에게 뵈어주지 말고 오즉 純粹한 童心의 노래만을 어린이에게 뵈어주어야 한다.

童心의 純粹化는 곳 端的인 兒童의 生活把握에 잇고 心理性을 理解하는데 잇다. 그리자면 兒童을 硏究하며 兒童과 接觸하여서 完全한 童心에로 歸還을 圖謀할 것이다.

이에 對하야는 筆者의 「童心에서부터」라는 小論에서 言及하엿스니 여긔에는 略한다.

(C) 幼年 作家誘導

우리가 過去에 七八歲의 幼童의 童謠를 보앗느냐 가장 純然한 童謠라고 할 수 잇는 이 幼童의 童謠를 우리는 보지 못하엿다.

어룬의 童謠는 일즉 제가 가젓든 童心의 追求歸還 又는 把握에 잇슬 것이며 어린이(特히 幼童)의 製作한 童謠는 어린이의 가진 童心의 全體(追求이니 歸還이니 把握이니 하는 어려운 拘束이 업시)를 그대로만 吐露한 것이겟다.

그러면 가장 自然한 이 類의 童謠를 — 外國에도 잇는대도 — 우리에게만 업스니 여긔는 반드시 原因이 잇지 안켓나 그 原因 몃가지를 들어 보자.

첫제 우리의 家庭의 生活 相態가 어린이의 詩的 運動을 詩形으로 發表하도록 誘導치 못함에도 잇겟고 둘재 우리의 이 七八歲의 幼童으로써 能히 綴語못한나는대도 잇겟지만은 가장 큰 原因은 童謠란 것을 一部 沒理解한 이들의 宣傳 乃 至運動으로 아주 難澁한 律句로 만들어 어린이로써는 至極히 손도대일 수 업는 哲學으로 만들어 버린 것에 잇슬 것이다.

어린이에게 잇서서 自由를 制限해 버리는 것마치 큰 苦痛이 업슬 것이며 生活力의 妨害物이 되는 것은 업슬 것이다.

自由러워도 조흘 表現法을 制限하야 難澁한 定型的 表現法을 課하엿스니 어이 어린이로써 이런 童謠를 敢히 制作하엿겟다.

(D) 童謠 提唱

前項에서 말한 理由아래 나는 幼年 作家誘導의 方途로 童詩를 提唱한다.

그리면 童謠와 童詩의 ◇◇을 지어노하야 할 것이 아닌가. 먼저 우리가 童詩를 엇더케 解釋해 왓나를 알어보자. 아즉 여긔에 對한 아모 理論은 업섯지만은 雜誌 新聞이나 쏘는 制作하는 當者들의 見解를 보건대 다음의 몃가지가 잇다.

첫재 童詩는 所謂 詩임으로 自由詩와 가티 自由러운 表現이되 거긔에 取才되는 內容도 시에 갓가운것(?)이라는 것과 둘재 自由律이면서 말슴이 어린이의 말이 아니고 어룬의 말에 갓가운 것이라는 것과 셋재 童謠와 童詩는 異名同體이라는 見解들이다. 그러나 筆者는 이것들을 取코저 아니한다. 다음 定義를 가장 正當한 見解임을 말한다.

一. 童心의 노래
二. 童語로 부를것
三. 定型律
四. 詩的 獨創性

이라고 하면 童詩도

一. 童心의 노래
二. 童語로 부를것
三. 自由律
四. 獨創性

들이 定義라는것이다.

兒童의 詩이고 謠인 以上 童心과 童謠로써된 詩이고 謠일 것이야 云云할 餘地가 잇나

그러면 何必 童詩를 提唱하느냐 그것은 말 할 것 업시 童謠는 定型律이란 것이 兒童의 自由를 制限하엿슴으로 心理的 不合理라는데 必要한 技巧와 熟練 等을 가지지 못햇다는 데도 잇다.

우에서 말한 理由로 나는 童詩를 提唱하는 바이다.

그러면 다음엔 幼年 作家의 誘導에 들어가기 전에 이제까지 兒童이 가지고 잇는 錯誤된 童謠觀(廣義의 童謠) ― 童謠는 不可回作이요 可◇賞可吟味之物이라는 ― 을 바로잡어 童謠(廣義)라는 것은 兒童이 制作하여야만 가장 純然한 것이라는 것을 說示하여야 할 것이다. 이러케 해서 童詩의 誤錯된 認識이 바로 잡히면 一便에서는 가장 純하고 兒童의 心理性에 適合한 童詩를 制作하는 이의 出現이 잇서야할 것이다. 그리하 야 指導的 見□서 兒童에서 鑑賞 乃 至吟味를 적혀 ◇◇至創作을 衝動식혀야할 것이다. 이러고 보니 指導◇가 나와야 한다. 兒童의 指導에 ◇한 이를(父母 職師 其他)은 童謠運動에 充分히 理解를 가지고 兒童의 心的에 ◇在 하는 詩的 躍動의 流◇를 發現誘導하야 純眞한 詩人을 내어놋치 안해서는 안될 것이다.

筆者는 아즉 이外에도 論코저하는 바이 만흐나 여긔서는 爲先 이 몃 가지만 提出하고 나머지는 뒷날로 밀우어둔다.

(一九二九. 一二. 二五)

『조선일보』, 1930.1.1~1.3

李君에게答함

童謠壇을 爲하야서는 조흔 意見을 提出해 주엇스며 나◇人에게는 고마운 忠告와◇◇를 준 李病基 君에게 實任上◇多한 중이나마 一言을 請하고 李君에 論旨에 對한 檢射라 할가 補充이라 할가 李君의 아즉 認識치 못한 點 또는 未及한 點을 揷◇하야 君에게 客커저한다.

李君에 생각하는 바와 가치 童謠 곳 詩이며 童詩 곳 詩이다. 이것은 李君이 이제 새삼스러히 發現한 것도 아니고 童謠의 發生되는 當時부터 그 詩自體가 이것을 ◇伴하는 엿든 것이다. 李君은 童謠 곳 詩인 以上 童謠와 童詩를 分離한다는것은 誤錯이라고 하엿스나 李君은 ◇帆한 意味에서 則 詩의 本質로써의 '포에지'를 말한 것이지 自由詩이니 散文詩이니 또는 新體詩이니 하는 槪念에 包含된 詩를 말한 것은 아니다. 自由詩이나 散文詩이나 또 ◇詩이나 童謠이나 童詩이나 詩의 本質로서는 그 原流가 同一한 것이다. 그러나 現象으로써 表現된 '포엠'인 自由詩 散文詩 童謠 童詩는 그 사이에 謳謝線이 明瞭치 안흐면 안 될 것이다. 그럼으로 童謠나 童詩 다 가트 詩임은 틀림업는 것이로되 여긔 말한 이 詩는 所謂 '포에지'로써의 詩이요 더 狹意한 名詞的 槪念에 制限된 '포엠'으로써의 童詩와 童謠는 嚴然히 現象的으로 區分되어 잇다.

그리고 이 詩의 本質 또는 作品으로 實際化된 詩 等으로 論치 안코라도 童謠, 童詩라는 單純한 名詞로써 본다 해도 이들은 嚴然히 달 것이다. 名詞內至 言語는 社會의 한 拘束에 지나지 안은 것이다. 개(犬)라는 名詞가 太初에 '말』'라고 拘束되엇다면 우리가 말이라고 하면 개(犬)인줄 알 것이다. 童謠와 童詩란 名詞도 한 拘束에 지나지 안흔 것이라면 謠는 比較的(本質的?) 韻律的인 것임으로 定型的으로 表現된 것을 所

謂 童謠(過去에 잇서서 우리는 그러케 解釋하야 오지 아니하엿는가)이고 ― 이러케 拘束해 놋코 ― 詩는 謠보다 比較的 ◇當한 內包를 가젓스니 所謂 自由詩니 散文詩하는 意味에서 自由律로 表現된 것을 童詩라고 하자는 것이다.

實際에 잇서서 定型的 表現과 自由律 表現의 柑異된 두 가지의 表現 傾向이 잇는 以上 槪念으로써 또는 區分하기 위해서 별다른 일홈 卽 童謠와 童詩라는 名詞가 잇서야 될 것은 賢明한 李君이니 是認할 줄 밋는다.

以上 말한 것을 李君이 읽어 준다면 李君 自身이 童謠와 童謠, 童詩가다 包含된 '포에지'로써의(童謠)에 對한 認識이 不足하다는 것을 깨달을 것이다.

그럼으로 더 말할 必要가 업스나 우리의 童謠에 어느 際限까지 正當한 理解를 가지고 잇스며 自由律 表現을 是認하는 李君에게 再三感謝하고 ◇◇하자.

一. 一九

『조선일보』, 1930.2.7

童心의 階級性

◇組織化와 提携함◇

一, 前言

우리가 最近에 論議 해 온 童謠에 對한 諸問題는 一次段洛을 지우고 第二段的 當面問題에 들어가고 잇다. 金成容 君의 「동심의 조직화」는 그것의 實로 첫 烽火이엿다. 金君의 그 一論은 ◇疑의 出現이라 하기보다도 우리에게는 너무나 時期가 느저진 感이 잇다. 金君의 이 힘잇는 提起로 말미암아 우리 童謠運動(全少年文學運動)은 '올간나이즈'의 健全한 첫 出現에 들어갓다고할 수 잇슬 것이다. 金君의 論에 不義의 路이 잇다 하여도 우리는 그것을 論辯할 것이 아니요. 그 意論全體와 그 論據全體를 보는 것임으로 그 健全한 出發◇◇ 반겨하고 말지안는 바이다.

金君의 提論이 筆者의 過去의 諸論과 尖悅對立한다는 것도 筆者는 拒逆치 안는다. 그러나 對立은 되엿스되 이제 必然性으로 出現한 新興蓮論 胎發이 되엿다는 것만은 自認하고 諸論치 안는다. 웨그러냐하면 다음과 갓흔 몃 가지를 ◇◇하고 清算하야 混沌된 氣分을 現實的으로 도라오게 햇스며 ◇◇을 ◇◇케 하엿다.

一, 童心의 單純性을 提示하엿슴.

二, 童心의 現實性을 維出하엿슴.

三, 童心의 純粹化를 提唱하엿슴.

四, 童謠運動의 全體를 歸還에서 正路로 ◇出하엿슴.

五, 童謠의 形式的 定型律 破하엿슴. (童詩 提唱)

六, 幼年作家 誘引을 論하엿슴.

七, 非童謠를 淸算 하엿合.

이러케하야 質的으로 無限한 虛無를 가진 우리의 童謠運動으로 하여금 外效과 內部에 志力을 주어 엇더한 二段的 血汝을 注入하여도 無妨하도록 論出하여 놋코 오늘 金君의 出現을 긔다렷든 것이다. 그럼으로 하야 筆者는 初期的 不可發로 小부르的 態度의 悲難을 바덧스나 모든 것을 轉性하고 一◇的 任務를 다하엿다.

이러케 問題가 解決된 다음 筆者의 取할바 態度는 말할 것도 업시 「詩壇漫評」에서 뵈여준 그것으로 도라가는 것이다.(金君이 이것을 發遠해 주엇기로 感謝한다) 그것을 實證하기 爲하야 當面的 先決問題도 (註,◇童謠와 對立하는대) 金君의 「童心의 組織化」와 提携하기 爲하야 이 一文를 抄하는 것이다.

本論에 들어가기 前에 우리는 一言을 ◇할 것이잇스니 곳 그것은 임의 解決된 問題를 두고 아즉도 一部 律城에서 未決을 가지고 잇는 것이다. 宋完淳君이 「批判者를 批判」(朝鮮)에서 뵈여주는 實로 早劣하고 口逆하고 無條理한 자기 辨解는 뒤도라볼 必要도 늣기지 안는 것이다. 長遑히 ◇◇하는 解◇온 童謠理論의 새로운 啓示도 아니오.(末尾에 無産童謠 云云하엿스되 ◇◇가 不鮮明 할뿐 아니라 우리의 先決 例題인 階級的 對立을 理論的으로 하지 나이한 以上 無産兒童의 空相이니 自然描寫이니 하고 '템포'를 ◇◇하엿스되 헛된 砂上의 建築 밧게 안 된다) 내 童謠가 決作이고 傑作이니 評價를 만히 해달나는 아니꼬운 哀願에 지나지 안흐며 尹石重君을 童謠界 堵一者가 될 것을 設定해 놋코 自身의 作品이 尹君의 作品보다 優越함으로 내가 第一者란 것을 隱然히 表示하고 잇다. 祲折할 可辨이 아닌가?

위에서 말한 바와 가치 우리의 童謠運動은 小부르的 曖昧性이 잇섯스나 問題는 임의 淸算되엿슴으로 우리는 새로운 ◇◇알에 ◇的 轉換을 하는 것이다.

二, 童心의 現實性

'純潔無垢한 것이다.'

'兒童은 天眞爛漫하다.' '兒童은 天使이다.' '兒童은 柳取하다.' '兒은 하나님의 아들이다.' '兒童은 어른의 아버지이다.'

이것들은 모다 쑤르조아的 模昧업는 童心觀이요 兒童觀이다. 그들은 이러케 兒童의 存在를 實在 以上으로 偶像化 神秘化해 노앗다. 童心이란 絶對로 純潔無垢(純粹化와 달르다)한 것도 아니고 天眞爛漫한 것도 아니다. 첫재 그들 兒童은 先天的으로 遺傳이라는 것이 그 氣質을 作成하며 둘재 長成道程에서 無意識的으로나 意識的으로나(改化와 模倣에 依하야) 現實的 情勢에 右格化되는 것이며 셋재 더 나아가 社會的 政治的 經濟的 關係에 依하야 階級화 되는 것이다.

'兒童은 天使이다.' '兒童은 神聖하다.' '兒童은 하나님의 아들이다.' '兒童은 어른의 아버지' 이러케 그들은 兒童을 神秘化하야 隔離코저 하고 兒童을 偶像化하야 虛空的 存在로 하려는 것이다. 이것은(中略) ◇◇이다. 그리고 그들의 이 敢行은 兒童을 社會文化에서 隔離케 하야 一種의 玩實的 無意識物로 造成하는 것이요. 現代에 對한 辨證的 考察을 忘却한 것이다. 이제 우리는 '童心은 現實的 社會 情勢의 反映'이라는 것을 銘心하자.

三. 童心의 階級性

前項에서 우리는 童心이 現實生活과 社會的 諸條件에서 隔離한 神秘的 存在기 아니라는 것을 究明헷다 거긔 쌀하 童心의 階級性이란 것이 容認될 것은 너무나 쉬운 일이 아닌가. 우리의 兒童이 지금 社會保護 以外에서 存在하지 안는 以上 그들의 童心은 우리의 政治的 經濟的 特殊 情勢의 反映이 아니라 할 수 업다. 地主에게 不當한 小作料를 빼앗긴 作人의 아들이 地主의 아들에게 好意를 가질 것은 萬無한 것이며 실 工場 女職工의 아우는 그 工場의 고동소리에 無意識的으로 무슨 勇氣와 쏘 ××을 가지게 되는 것이며 아버지나 형님이 靑年會나 農民組

合에 가는 것을 우리의 兒童은 無意識的으로 거긔에 對한 措能과 任務를 認識하게 되는 것이며 설날이나 秋夕에(平素에라도) 뿌르조아의 아들이 갓흔 고흔 옷을 못님어도 우리의 兒童은 漠然한 悲哀도 늣기지안코 거긔에 對한 無意識的 辨證的 考察을 하게 되는 것이다. 그리하야 ××意識이 생기고 푸로的 道◇觀念이 생겨서 特殊한 社會意識과 階級意識이 造成되는 것이다. 더 손쉽게 우리의 童謠에서 이 階級意識과 階級意識의 破壞를 차저보자.

설날아츰(鄭祥奎)

(前略 四行)
작년 가을추수째 농사못햇다
아버님의 쌈치든 나젊은面長

눈나리는겨울날 面長집산에
나무한다지개 쌔슨 나젊은面長

아버님아버님 세배못가요.
이러한面長에겐 세배못가요.
××階級에서 밧는 ◇◇!(中略)

그것은 兒童의 感情에서라도 참을 수 업는 忿怒를 提起하고 正義感을 喚起케 한다. 아버지의 쌤을진 倨慢한 面長 나 어린 우리 피오닐의 나무지게를 쌔아서간 無慈悲한 面長에게 歲拜를 가는 것은 兒童 自身에 잇서서도 더업는 自意識의 ◇演 이요. 欺瞞인 것을 明確하기 認識할 수 잇슴에야 어이하랴! 이것이 歌化와 圓練으로 因하야 생긴 正義感도 아니요. 兒童의 숨길 수 업는 正當한 社會的 批判이다. 이러케 ××階級의 不道德으로하야 兒童의 머리에 이러한 이대오로기가 自然發生又

는 附植되는 것이다. 다음 描作 한 篇을 들어 말해 보려한다.

닷돈 준 장갑

두달이나 별르다 산 장갑이란다.
울아버지 닷돈주고 사주섯단다.

날마다 밤새도록 봉투바러는
피오닐낸 손꾸락 포근하단다.

김주사네 셋재아들 비단장갑이
새빩안 내장갑에 대일수잇나.

찬바람이 제아모리 몹시불어도
새빩안 내장갑은 포근하단다.

어느 階級의 兒童이든지 조흔 것을 실허하지 안을 것이다.

◇◇의 兒童이라도 브나도 조흔 것을 要求하고마지안치만은 自然發生的으로 생긴 ◇◇◇◇과 生活狀態의 把握과 生産關係의 認識 等은 ◇◇와 ◇用의 範圍까지도 規定하며 짤하서 不足한 것에도 滿足이 생기며 光榮과 敬喜까지 생기는 것이다. 닷돈 짜리 무명장갑을 사려고 별럿다 아버지의 하로의 收入은 食口모두가 살어가기에도 너무나 不足하든 것이다. 닷돈이란 큰돈이 아니건만은 이 닷돈을 엇기에 두달을 ◇◇◇◇◇◇ 헤매엿든 것이다. 우리의 兒童은 이 事實을 잘 앎으로 이 닷돈의 價値가 如何히 크다는 것을 잘 짐작하고 그 닷돈준 장갑의 價値와 任務(봉투 바르는 손을 포근하게 하는)를 짐작하고 닷냥짜리 김주사네 셋재아들의 비단장갑보다도 훨신 낫다는 것을 自認하는 것이다.

우리는 以上 더 漸漸할 必要도 업시 童心의 階級性이란 것을 容認할 것이다. 全文學에 잇서서는 階級的 對立이 아주 오랜 過去에 되엿것만은 少年文學에 잇서서는 一部에 이러한 傾向의 作品 行動이 업지 안햇스나 混頓되여 階級的 對立이 되지 못하엿다. 이것의 必要를 意識하고도 오날까지 等閑해진 것은 무엇보다 違◇이라 아니할 수 업다.

四, 우리가 要求하는 童謠

以上의 二項에서 現實性과 階級性을 究明하야 旣成 뿌르조아 少年文學과 對立을 訓策하엿다. 그리면 以後의 우리가 製作産出할 童謠는 우리의 이 提携와 合溫식히지 아니하면 아니될것임으로 이제 우리는 이러한 童謠를 作家에게 요구한다.(이것은 넓히 全兒童文學에 ◇當할 것이다.)

一, 正確한 社會意識과 時代意識을 가진 兒童을 造成하는대 有意한 童謠

二, 現實의 生活 또는 社會에 對批한 批判의 眼目을 열어 줄 童謠

三, (삭제)

四, 타오르는 正義感을 鼓吹할 童謠.

五, 닥치는 날의 建設의 指針이 될 것.

六, 짤하서 가장 ◇◇할것.

七, 짤하서 安値한 偶像을 除去할 童謠.

八, 歡喜와 光榮과 光明과 ◇◇과 希望을 주고 새로운 祝福을 줄 童謠.

九, (삭제)

十, (삭제)

一一, 새로운 뜻 알에의 相互扶助의 觀念을 養成할 童謠.

一二, 不純을 ◇逐하고 새로운 氣風을 가질 것.

一三, 現實逃避的 ◇◇氣分을 除去한 童謠.

一四, 單純한 基本的 ◇◇로써 以上의 모든 것을 노래한 童謠.

一五, 極히 技巧를 單純化한 童謠.

以外 實로 多角的인 우리 詩歌의 任務임에 廣汎한 內包와 外延이 잇슬것이나 筆者의 愚鈍한 頭腦로써는 아즉 이밧게 더 指摘, ◇◇, 考吹 못하는 것을 遺◇으로 생각한다.

論調가 混沌感이 잇스나 諒解해 줄 것이며 이 小論이 조곰이라도 ◇態 잇기를 바라며 金成容君의 提携를 바라며 끗을 놋는다.

『중외일보』, 1930.3.7~3.9

公正한 批判을 바란다

「批判者를 批判」을 보고

一個人에게 對한 論評과 反駁으로 貴重한 紙面을 汚損하지는 안켓다고 어느 同志와 私信에서 말한 일이 잇다. 그리면서도 나는 그말을 背反하고 지금 이 反駁文을 쓰고 잇스니 庸劣한 者이며 違約한 者가 되어 가면서라도 그대로 默過 할수 업기 때문이다.

讀者諸氏는 本紙 本欄에 二十回를 거듭하야 「批判者를 批判」한 判宋完淳君의 實로 緘細하고 親切한 高評을 보앗슬것이다. 그러나 그 結果 나는 餘地업시 盲目이 되고 눈도 코도 못 쓰게 되엿스며 나의 「童心에서부터」와 「새해의 童謠運動」이란 두 論文도 아주 無用의 잠ㅅ고대가 되고 말앗다

宋 君이여 君의 글을 본 사람은 抱腹絶倒하엿슬 것이다. 君이여 알지어다. 世上은 大衆은 君보다 좀더 賢明타 못할까? 내가 君을 惠評하야 君의 입에서 悲鳴의 소리가 나오는 것처럼 君의 推想罵倒가 容易하게 大衆에게 容認되지 안는 것은 알것이다. 君이여 날업는 長劍을 빼들고 아모리 휘둘러도 그것은 蠻勇박게 안되엿다. 君이 過信하는 自力의 位置을 不肯함이 엇덜까

君이여 나의 過去의 모든 論評이 모다 盲目的이고 錯覺의 所產이고 欺瞞策이고 權威업는 虛說이라고 하자. 그리면 君의 卓說에는 얼마한 妥當性을 가졋스며 權威를 가졋는가를 물어보자. 또 君의 論의 全體的 '모티브'가 中傷을 爲한 虛構가 아니고 自力을 過信한 英雄主義的 蠻

勇이 아니라는 것을 容認하자. 그리면 君의 그 基本的 態度는 얼마나 公定한 것이엿든가

나의 論評이 정말로 君의 말가티 盲目으엿든가 조금도 社會的 機能을 못가진 쑷싸지의 잠ㅅ고대엿든가 君이여 '쑷싸지 正當하다'라고는 누가 한 말이며 '이제까지 넘우나 童謠를 童心的에서 迂遠한 것을 써왓섯다' '非童心的인 것이 더 만핫슴' 이것은 누구가 누구를 말한 것인가 君은 事實을 正視하면서도 曲論不正論을 敢行한 것이 어듸 原因하느냐 말할 것 업시 그것은 君이 自力을 過하고 名譽慾의 衝動에 못익닌 自滿이며 傲慢하고 輕率함에서 나온 것일 것이다.

나의 論評은 君의 말과가티 정말로 公定을 일헛다고 생각지 안는다. 우리는 비록 손바닥만한 小論일지라도 그 끼치는바 社會的 機能을 잘 앎으로 小主觀的 偏見과 隻眼的 狹見으로 내어 놋치는 아니햇다 그 重點의 所在를 如實히 把握하고 그 中心體系를 統括하야 큰덩어리를 解剖하엿든 것이다. 적어도 그러한 用心이 잇섯든 것이다.

그럼으로하야 우리는 例外를 取치 아니하엿다. 例外라는 것은 絕對로 全人格의 反映이 아니며 全意識의 所作이 안임으로 이것은 所謂例外로 偶然에 몰닐것이지 이것을 들고 云爲의 中心으로 잡을 수 업는 것이다. 내가 宋君을 "그 詩的 取材와 表現手法이 端的인 兒童의 心理를 떠나 至難하고 迂遠하다"라고 評 하얏다고 宋君은 몸부림을 치며 "全部를 非童謠라고는 못할 것이다"라고 抗拒한다. 事實 그러하다. 그러나 그것은 一般性을 떠나 例外로 君에게도 「달님」 「쌀」과 가튼 快作이 업다는 것이 아니다. 數三種의 快作이 잇슴으로 君의 全體作品도 모다 成功한 것이라고는 할 수 업다. 다시 말하면 우리는 小數의 例外를 들어 그것을 全體로 보지 안는다. 내가 諸童謠作家를 評한 것도 이 全體的 契擭를 가지고 嚴◇한 中心點을 말한 것이지 極少數의 例外를 들고 발치는 아니하엿다.

如此히 ◇廣되는 우리의 論駁에 私的 感情을 發見하엿다니 實로 生色스럽지 못한 發見이다. 이것을 發見하엿다고 身盲하는 宋君이야말로 私感을 품지 안는가 하는 杞憂를 가지게 한다.

누구를 勿論하고 나의 尹石重君 評을 盲目的 過評이라고 하지는 안흘것이다. 그럼에도 不拘하고 宋君 혼자가 이것을 보고 激憤하야 나를 評하는 論文의 折半을 尹君 昧說에 ◇하엿다. 이것으로 推測하건대 나를 私感에 솔려잇다고 하는 宋君이 가장 더 私感에 움직이고 잇지 안는가 우리는 잘 안다 宋君의 根本的 心理인 第一人者가 되지안코는 안되겟다는 名譽感이 尹君의 무척무척 추겨지는 것을 猜忌업시 보고 잇슬理가 업슬것이다. 金炳昊君을 自重하라고 命令한 宋君이여 그 사이에는 私的感情이 업섯든가 君은 念慮말 일이다 君과는 一面識一文交도 업지 안흔가.

그런데 君이 말하는 '權威'잇는 評이니 '權威'업는 評이니 하는 그 '權威'라는 것은 大體 누구가 復興하는 것이냐 君의 小主觀이 認定하는 '權威'와 世上의 輿論이나 決意로 생기는 '權威'는 좀 그 質에서 달르다. 君이 이것은 '權威'잇다고 獨斷한 것도 意外로 世上은 손톱낫치의 權威도 認定치 안흘지 몰으며 그와 反對로 君이 손톱마치의 '權威'도 업다고 認定한 것이라도 意外로 大絶의 權威가 생길지는 몰은다.

君이여 "過去를 모르는 同時에 未來는 더욱히 모른다 (中略) 過去나 未來를 回想하고 想像하지 못한다"고 한 君의 兒童觀과

누나가나를업고 노래불을때
장대로쟁반가튼 달짜달라고
울으면서억척을 부리든때는
내나희가세살이 되는해래요

그러니까내나희 열 살된올엔

저달님도열살이 되얏겟지요
그짜닭에저달은 내동무지요
쪽가티열살먹은 동갑네지요

이러한 君이 自認하는 代表的 傑作을 等式으로 作成할 勇氣가 잇느냐 이러고도 無智아닌 척하는 宋君은 이에 무엇으로 答辯하려하나. 이것은 尹石重君의 '굽 써러진 나막신'과 比較하라고 하엿스나 내가 말할 必要도 업시 君自身이 明確한 答을 써노코 잇스니 보아라.

또 宋君이 無産童謠로써 上乘의 作이라고 自認하며 現實에 立脚한 空想을 取材하엿다는 童謠라고 惡黨한 尹君의 「굽 써러진 나막신」을 對照해보자.

그러커든나태여다 간난하여도
학교갈수잇는곳에 태여다나오

이것을 現實에 立脚한 空想이라면

굽써러진나막신신고 또랑을넘다
덩어리채솔개에게 빼겻습니다

이것은 웨구박밧는 부엉덕이의 現實에 立脚한 空想이 안된다는 말이냐. 더욱히 이것은 事實에 갓가운 것임에 엇시하랴(宋君은 서울 어느 雜誌社에 게실째 서울의 한울위에 솔개가 써도는 것을 보지못햇는가 보다. 서울은 都會地이나 一◇을 뿐아니라一큰 산이 周圍에 잇슴으로 솔개가 써도는 것을 흔히 볼 것이다)

다음 南宮琅의 「밤에 부르는 노래」를 駄作으로 내어노핫다. 그러나 階級的 見地에서 보아 주 取할 곳 업는 것이다. 宋君이 云謂하는 空想 그것으로 보아서는 『비행긔』에 對等할 作品안는 본다.

君은 「童謠는 무엇이냐」하는 대서 空想을 力說하엿다. 無産兒童도 空想을 할 수 잇다는 것이다. 그러나 空想은 兒童의 生活의 全體라고도 하여왓다. 그러나 宋君이 그러케 空想을 力說하는 것은(또하나 自然을 말한 것도) 君의 過去의 作品을 버리기 실흔 愛着心과 作品을 살리기 爲한 榮譽心의 所作이 아니고 무엇이냐.

그리면 우리 無産階級의 兒童과 空想은 엇더한 關係가 잇느냐. 우리가 階級的 見地에서 童話의 現實과 非現實을 말할때 現實에 立脚한 非現實은 조타고 한다. 나무가 말을 하고 돌이 말을 하고 소가 말을 한다해도 이것으로 우리 運動의 公利的 目的을 達할수 잇는것이면 얼마든지 非現實이 있어도 조타고 한다. 그러하나 이것은 絶對로 現實을 逃避하는 敗北을 말하는 것이 아니요 어듸까지든지 挑戰的이며 ××的이라야 할 것이다. 그럼으로 主觀的 描寫에 나오는 空想은 所謂 主觀的 空想的 空想이기 쉬우며 頭廢를 招到하고 現實逃避를 말하는 것이요. 客觀的 描寫에서 나오는 非現實은 所謂 擬人法에 依하야 奔放하게 功利的任務를 다할 수 잇는 것이다. 이 意味에서 우리는 「童心의 階級性」(中外報)에서 '우리의 要求하는 童謠'를 制限하얏다. 멋업시 空想에 흘으는 노래는 우리가 요구치 안햇다.

宋君이 말하는 '目的意識性'을 注入식히고자 한다면 "이는 童謠 그것을 죽이자는 것이다"라는 것도 異說이며 우리가 要求하는 대서는 멀리 써러진 小브르的 見解이다. 우리 童謠 功利的 目的을 否認하는 者가 잇다면 그는 藝術至上主義로 自滅할 者이다.

다음 童詩와 形式律에에 對해 서 나의 無智가 되기 실흠으로 別矯「童詩의 展開」라는대서 詳論하기로 하고 이에는 畧한다.

'그릇된 童謠를 쓰는 者'와 '指導者問題'에 對하야는 나의 論旨를 宋君이 批判解剖하는 척하엿스나 그 實 나의 論旨의 敷衍을 힘쓴 것이 되엇슴으로 나는 더 할말 업시 宋君에게 感謝한다.("童謠는 짓는 것이 아니냐"하는 대는 우리의 童謠가 功利的 意義를 가젓슴으로 이것만은 宋君의 말을 是認하고 나의 過誤를 淸算한다.)

宋君이여 더 말 할말은 잇지만은 人身攻擊에 갓가운 辱說은 하기 실흠으로 그만둔다. 좀 더 自力을 省察하고 自尊心과 自信이 過多하면은 失敗하기 쉽다는 것을 알고 傲慢을 버리라. 君이 추켜준다고 一時에 天才가 되는 것이 아니고 君이 命令하엿다고 權威를 失케 되는 것이 아니다. '童謠의 階級性의 具體的 理論 硏究'의 發表가 잇기를 우리는 苦待한다. (完)

『조선일보』, 1930.3.30~4.2(전3회)

童謠運動의 당면문제는? (一)

宋完淳 君이여!

우리 童謠運動의 當面한 問題가 個人과 個人의 感情的 論爭이 안임으로 君의 '個人으로 個人에게'에 對한 이 客辯도 즐겨서 쓰는 것이 안음을 前言해 둔다.

그러면 웨 君의 나에게 對한 設辨이나 나의 君에게 對한 答辯이 當面한 問題가 明晳한 君은 잘 알것이다. 君이 個人을 尊重하는 意味에서 씃까지 나에게 反駁하나마 우리는 新興 童謠運動이 아즉 理論樹立의 道程에 잇슴으로 長久히 個人과 個人 사이의 小부르的 言爭을 꺼리는 것이다. 그러면서도 答辯을 쓰는 理由는 君이 나를 克限됨을 ◇◇하야 論爭을 回避하는 者라고 曲解할까 하는 것이다. 쏘 우리의 論爭이 小부르的이란 것을 내가 알면서 冥白히 默하여 버리지 안는 것을 나는 限업시 不快히 생각한다.

나는 '童心의 階級性'에 잇서 나의 過去의 諸論의 態度가 小부르的이엿슴으로 批判을 바닷다고 明言하엿다. 이 理由로 아즉까지 나의 論을 批判하는 이가 잇다면 나는 그것을 모다 忘却하여 버릴 것을 서슴치 안는다. 그러치만은 宋君의 批判의 基準이 그것이 안이엿슴으로 하야 宋君에게는 몹시 喪心이 될는지 몰으나 씃까지 나는 나를 正當하엿다고 立言하겟다.

宋君이여!

君의 再反駁에 나는 ◇◇히 答辯을 試하겟는대 그 먼저 付託은 君이나 나나 우리의 當面的 任務가 이러한 個人과 個人의 私的에 갓가운 論爭이 아닌 것을 ◇實이 늣기자! 겨우 胎生한 '푸로 童謠運動의 基準을 提起하고 發展을 圖謀치 안흐면 안될 것을 늣기자! 그린다면 明白히

이 『好事輩는 自滅하리!' 하는 題目을 삭 望하고 同志로서 손을 잡겟다. 나는 君이 이것을 言치 안허리라고 미드면서 나의 本意가 아닌 君에게는 귀거슬리는 辱說이 될 答辯에 들어가자!

宋君이여!

내가 一個人에게 對한 論爭을 回避한 理由는 우리의 當面의 問題가 안임으로써 쑨만 안이라 君一派의 自己 辨解法을 交◇하야 辨解하자면 君의 小主觀의 偏見과 自慢無知한 自尊心과 輕慢한 名譽感과 莩當한 曲解에는 ◇◇한 우리로서는 敢히 相對할 써리가 되지 안헛다는 것이다. 個人을 相對하는대도 그 意義論과 思想을 살펴야 하는 것이며 相對치 안해도 自滅할 것인가도 생각하며 相對해야 侵犯치 안해도 別◇◇을 주지 안흐리라고 보이면 敢히 長廣舌을 云云할 必要도 업는 것이다. 이것을 省察하지 안코 멋업시 個人 個人을 보다 相對한다면 그는 好事輩이며 ◇明見에 지나지 안는다. 쑨 아니라 지금의 新聞紙와 雜誌의 紙面이 不足할 것이다. 君이 지닌 나에게 對한 批判的 態度 君은 '不正에 對한 辛辯한 鬪爭'이라고 보는 模樣이나 나로서는 그러케만 人定할 수 업다.

君은 越見的 天品으로 '맑스와 엔겔스대 바구닌' '프루톤'의 論爭 分離와 '진정 맑시스트'인 '레닌' 대 '정통파 맑시스트'인 카우츠키' '수정파 맑시스트'인 '벨룬수타인' '反쌀웨뷔키'인 '프레하놉'의 論爭을 君과 나 사이의 論爭에 比較하였다. 個人 對個人의 意◇에서 君은 다갓치 볼 것이나 (形態만으로) 그 動機와 心理와 態度로 보아 나는 個人 對個人의 論評을 回避하는 바이다. 君이여 보라! '레닌'이 名譽感에 ◇事使 되엿든가 '카우츠키'나 '벨룬슈타인'이 好事輩엿든가.

"우리는 엇더한 個人의 조고만 잘못이라도 그것이 不正한 것이고 쏘 自己 생각과 맞지 안흐면 어뒷가지든지 싸와서 自己가 익이든지 지든지 하여야 한다"(個人으로 個人에게)고 君은 說破하시엇다. 그리면 나의 不正을 指摘한 君의 正當하다는 君의 主觀은 누구가 正이라고 證明햇든가.

“비록 나종에 克復되는 論이 잇슬지라도” 君은 어듸까지 싸후다. 君이여! 克讓되지 안흘것을 알고 싸왓다면 奇特하려니와 克復된 것을 알고 싸혼다면 그것은 好事輩의 할 일이요. 名警虫의 할 일이다.

君은 君의 「批判者를 批判」에서 한 말은 어듸까지 正當하다고 보니 多幸이다. 君의 것을 君이 人定해주지 안흐면 어느 뉘가 그것을 人定하고 感歎하랴! 君이여 君의 心臟이 破裂할지 몰으나 나는 君의 그 批判에 不肯하는 것이 만타.

나의 論이라면 어느 것이든지 感情的 辱說로 보는 君은 넘우나 親切하다. 나의 工夫에 까지 用心하고 나의 今後의 行動엣가지 關心하시는 君의 넘우나 好事輩이다.(君의 이 意圖로 나는 善良한 百姓이 되는 줄 알어라) 君은 지극히 研究하고 麼瓚한 結果 나의 將來까지 憂慮해주시니 眞心으로 感謝를 마지 안는다. 나는 君이 잘 알다십이 辱說을 研究하야 지금은 辱에 아주 能爛하다. 君과 가티 一流의 學說을 研究하지 못햇슴으로 ‘遇의 極致’(君의 學說인가를 演出하고 悒事가티 『認識의 錯誤』(요것도 君의 學說이다)를 犯하야 ‘트롯키이’갓흔 이의 일흠도 ‘트로츠키’라고 보앗는가 보다.

나의 말이라면 모다 辱說로 아는 君이여! 나는 君의 다음과 갓흔 몇말을 學說이라고 理論이라고 볼 수 업다.

“‘돈키호－테’流의 妄想이다”(批判者를 批判) “너무나 甚한 無知의 自己暴露가 아니고 무엇이냐”(批判者를 批判)

나의 論은 무엇이든지 妄想으로 보고 無知의 睡語로 보는 君이여! 우리 陣營內에 君과 갓흔 好事輩 名譽虫이 잇서서 自說을 식히 成立기 爲해 虛構의 험집을 지으며 무조건 抹殺을 圖함으로 波等에게서 批判니 생기는 것인줄 알아라 내가 童詩와 童謠를 區別햇다고 ‘遇의 標榜’ ‘認識의 錯誤’라고 虛構 反駁하엿다. 君의 이 斷定으로 하야 前이나 以後에나 우리 運動에 遇의 極致가 無數히 생길 것을 君은 期待하고 잇겟지. 君과 갓흔 高尙한 이를 辱說한 나의 罪目은 至重至大하야 虛河의 날을 긔다리고 잇스나 아모 理由업시 군은 侮辱한 것이 안인 것을 君은 잘 알것이다.

내가 君의 態度를 評한 것을 君은 "事實을 故意로 歪曲 巧妙한 善辯으로서 攻擊 하엿다"고 하며 「批判者를 批判」을 再論하라고 하엿다. 君이여! 再論하야 그리고 (三續, 四續)하야 나는 다시 다음 몃가지를 어덧다. 致지한 自尊心과 傍若無人의 態度와 好事輩의 虛構와 過信한 自力 土◇로 하야 間或잇는 首肯할 點도 君의 이 태도로써는 살리기 어렵다, 錯雜한 移設이 重複되여 잇는것 박게는 차즐 것이 업다.

'解決된 問題'(云云로) 君一流의 自己辨解를 빈다면 絶對로 하게 解決되엿다는 것이 아니라 지금의 現狀의 推移를 보아 解決에 갓갑고 거의 殿樂된 것이라고 본다. 이념에도 불구하고 이것만 가지고 論爭하는 것이 當面한 問題라고 볼 수 업다.

君이여! 군이 具體的 言事로 "나의 童謠가 快作이니 第一認者로 認定해주십사" 하고 哀願하엿다는 것이 아니라 君의 態度로 밀우어보건대그러하다는 것이다.

君은 尹石重에게는 故意로 攻擊한 것이 아니고 私感에 拘泥된 것이 아니며 金炳昊氏에게는 問志로서 敬愛히 對하고 잇다는 것을 君의 再反駁에서 알엇다. 그러면 내가 "公定한 批判을 바란다"에서 말한 것은 私感에 拘泥된 나의 根性을 ◇◇하는 方厭이 든 模樣이다. 君은 나를 君에게도 私感이 잇는가 보다하고 「批判者를 批判」에서 말했다. 一雨眼識 一文交도 업섯스며 論交조차 업섯든 사이에 어이 私感 잇슬가 보냐-하는 뜻 아래 『公定한 批判을 바란다』에서 "一面識 一文交" 云云하엿든 것임을 君은 相對曲解拆로 長廣舌을 表하엿다.

내가 다시 辱說로 答辯한다면 君은 高尙함으로 卑徐한 나와 相對치 안하리라고 짐작하는 同時에 나도 君과의 이 論爭이 決코 相面한 問題가 안임으로 다시 云謂치는 안겟다.

君이여! 君은 넘우나 卑劣한대까지 遠慮하고 잇고나 우리는 絶對로 君이 생각하는 만치의 卑劣한 人間이 아니다. 君이 정말로 正當하고 勇

氣잇다면 "尹氏나 金氏와 公同全線을 치고 나를 攻擊한다해도"까지는 憂慮하지는 안햇슬 것이나 尹氏나 金氏가 君과 가튼 庸劣한 者이엿드면 지금까지 默過하지는 안햇슬 것이다. 그러나 그들은 名譽虫아니요 好事輩가 아니고 따로히 當面한 急先務가 잇슴을 알음으로 當事者인 나에게만 맛겨 두는 것이다. 萬若 그들이 君을 自滅치 안흘 것을 보고 더 以上 消瀆이 發憲할 것이라고 보앗다면 그들은 지금까지 아모 말업시 잇지는 안햇슬 것이다. 宋完淳君 쯤이야 問題ㅅ거리가 되지 안흠으로 될 대로 傍觀하고 잇는 것이다.

君의 問題된 兒童觀 "兒童은 過去를 回想하지 못하고 未來를 想像하지 못한다." 不備한 곳이 잇섯슴을 自省하엿다고 하니 다시 더 할 말 업시 「달님」이란 君의 童謠도 優秀의 作이라고 認定한다. 그리고 尹氏의 最大의 細作인 「굽 써러진 나막신」과 君의 「달님」과는 登爾한 相異가 잇슴을 容認한다.

君이여!

君이 人定한 '君'을 君은 良心으로써 人定한 것인가? 一時의 方便策인가? 勿論 君은 正當한 良心의 道程이라 하겟지.

"나는 平素에도 스스로 自己를 낫低보는 버릇이 잇슬 뿐 아니라" "自誇나 自慢告를 미워한다." 요러케 君은 君 自身을 禮讚하며 一時를 方面한 것이니라. 君이 나에게 주는 兩論에 取한 態度로 보아 나는 至極히 이것을 容認치 못하겟다. 요러케 自己를 끗까지 辨解하려는 것이 곳 自利요 自廣告이다. 愚鈍한 나의 頭腦로는 더 以上 善意로 解釋할 수 업다.

君이여!

더 길게 하는 것은 徒勞이다. 莫說하는 것이 君으로써 속 싀원하리라. 過去에 잇서 나는 나를 批判한 사람에게는 敬意를 表하지 아니 한 적은 업다. (梁雨庭 君의 反駁에 對한 答, 李炳昊 君에 對한 答, 金成容 君에 對한 態度를 보라) 그러나 未安하지마는 君答에게는 웬일인지 敬意를 表할 수 업다. 그것을 어듸 練油되는가를 君이여 아는가. 그들의 評的 態度는 絶對로 彼愎한 自尊心의 ◇作이 아니 잇든 것이다.

君이여!

好事輩가 할 作亂은 이것으로 끗막자! 君이나 나이나 우리의 當面的 任務가 어듸 잇느냐는 것을 알자! 이제 겨우 樹立된 푸로 童謠運動의 展開를 爲하야 힘을 써야 될 것을 늣기자! 君이 다시 나를 非難하랴거든 나의 過去의 諸論은 小부르的 態度가 만헛다고 나 非難해라 그러치 안코 다시 好事輩의 할 일을 손된다면 나는 君의 그 本能的 慾望을 充足해주는 意義 알에서 다시 反駁도 答辯도 하지 안켓다.

그러나 君이여! 君은 싸흘것을 슬기지는 안흘것이라고 나는 밋으며 붓을 놋는다.

『중외일보』, 1930년 5월 14일, 5월 18일

聯合大學藝會의 兒童劇을 보고

'우리들은 에노구도업시 그림을 그렷고 풍금도 업시 노래를 배왓다.'

이것은 사립 강습소나 야학에서 다니는 동무들이 늘 하는 말입니다. 이러한 동무들이 요번에 별나라사 주최로 한 집에 모이어 련합학예회를 열어 제각긔의 재조를 경쟁적으로 뵈여주엇다는 것은 여간 뜻깁흔 것이 안이엇습니다. 나는 그 가온대의 아동극에 대한 것만을 본대로 감상을 쓰려하는데 첫제 야학이나 강습소라면 교실도 넓지 못하고 구들방에 멍석을 펴놋코 하로에 두 끼니도 겨우 어더먹은 동무들이 그다지도 열잇게 열연(熱演)을 뵈여주엇다는 것에 대하야 깁흔 경의(敬意)를 표하는 바입니다.

대체로 늣긴 바는 어린 아해를 넘우나 넘치는데 까지 무리한 요구를 한 것이 만엇습니다. 물론 그것은 각본에도 결함이 잇슬 줄 압니다만은 지도하는 사람이나 각본을 쓰는 사람이 아동극에 대한 충분한 리해가 업기 때문인가 합니다.

또 하나는 연극이라는 것은 어룬이 하는 연극이나 어린 사람의 연극이나 일정한 관객(觀客)이 잇서 그 관객을 대상으로 하야 연극을 하게 됩니다. 그럼으로 그 대상인 관객이 자미를 늣기는 것은 성공한 것이라고 할 것이며 보는 사람이 하폄을 하거나 졸거나 중도에 도라가게 한다면 그것은 실패한 것이라고 할 것입니다. 이러한 의미에서 끗까지 보는 사람을 긴장케 하고, 씁고 간 연극이 만치 못하였다는 것입니다.

그리고 아모것이나 여러 사람이 모이여 하게 되면 그 중에서 잘하고 못하는 사람이 잇습니다만은 연극을 하는대 잇서 그 중의 어느 한 사람만이 잘하고 다른 모든 사람은 볼것이 업섯다고 한다면 그 연극은 성공한 것이 안입니다. 연극이란 그림이나 습자지와 갓치 한 사람의 각긔 제

재조를 발휘하는 것이 안이고 두 사람이 하는 것이면 두 사람. 열 사람이 하는 것이면 열 사람이 다 잘하여야만 되는 것입니다. 그럼으로 요번에는 한 사람 개인(個人)으로써는 엄청나게 잘하는 사람이 만헛습니다만은 연극에 나오는 사람의 전체가 동일적으로 잘하는 학교는 적엇습니다.

마즈막의 하나는 아동극인 맛치 노래가 만히 들엇고 또는 동요극도 잇섯습니다만은 노래의 곡조가 그 연극의 긔분에 맛초어 새로 작곡한 것이 안임으로 극의 내용 또는 노래의 내용이 곡조와 맛지 안이하야 극의 긔분이 이상한 것이 만핫습니다. 그럼으로 새로 작곡을 하거나 선곡(選曲)을 하더라도 여간 잘하지 안으면 긔분을 맛게 할 수 업는 것입니다.

이만하고 각 학교의 것을 순서로 이약이하겟습니다.

第一日

서극(序劇)으로 앵봉회(鶯峰會)의 슈프레히콜(이것은 여러 사람이 한 써번에 연설하는 것임니다)은 자미잇섯습니다만은 본대 어린 사람에게는 이러한 형식적(形式的)인 것은 자미업슬 쓴안이라 적당하게 못합니다. 어린 사람에게는 될 수만 잇스면 어린 사람의 육체적 조근과 심리에 적합하는 것이 조흘것입니다.

수영학원(秀英學院)의 「토씨나라」는 그 전체적 통제에 잇서서 나 개인 개인의 연긔(演技)에 잇서서나 세련된 것이엇습니다. 그러나 이 연극이 대체로 동요와 춤으로 구성된 만치 노래가 생명이라고 할 수 잇는대 합창에 잇서서 전연 실패 햇다고 볼 수 잇습니다. 노래만 잘햇드라면 조곰도 험이 업는 훌융한 것이엿겟는대요. 나오는 사람들의 연긔가 압헤서도 말햇지만은 몃사람만이 특별이 잘 하는 사람이 업고 특별히 써러지는 사람이 업다는 것이 이 학교의 자랑이라 하겟지요.

秀英學院을 뒷니여 月星學院의 출연이 잇섯는데 이 학원은 동요극 「외로운 명옥이」라는 두 막을 뵈여주엇습니다. 연극에 들어가기 전에 이 학원은 七八가지의 노래와 춤을 추엇는데 그 모든 것이 너무나 통속적(通

俗的)이고 지루하엿슬 쑨안이라 춤추는데 잇서서는 어린 사람의 마음과 몸에 맛지 안는 것인 위에다 야비(野卑)한 것까지 뵈여주엇습니다. 이 학원의 선생님은 좀더 생각해 보실 필요가 잇는가 합니다. 이러한 지리한 노래와 춤 끗에 하게 된 이 연극도 모든 사람에게 지리한 감을 주엇스미 쏘한 통속적인 인상을 주엇는 것은 피할 수 업는 일입니다. 「외로운 명옥이」이란 동요극은 간난한 아버지가 홧김에 술을 먹고 집을 써난 뒤 어머니가 병들어 죽게 되어 외짤 명옥이는 외로운 가온대 남겨진다는 것인데 전체가 노래로 되어잇다. 그러나 처음부터 끗까지 그 노래의 곡조가 쪽 갓흔 것이어서 단조한 감이 만엇습니다.

노래에 잇서서는 오랜 전통(傳統)과 력사를 가지고 잇는 가나다회의 야학부인만치 노래에 잇서서는 다른 학교를 한 거름도 압세우지안코 훌융하게 해내엿섯습니다. 지도하시는 선생님의 쑤준한 노력이 뵈입니다.

그러나 이러한 가나다회의 동요극으로써 「쏫파는 어린이」는 그다지 성공한 것이 안입니다. 그리고 그 내용에 잇서서 조곰도 진보성도 업는 예술적에 넘치는 것이 첫재 보는 사람을 끌어 댕기지 안는 리유이겟지요 가나다회의 전진을 위하야 지도하시는 분은 좀 더 무산 아동의 예술로써 그 내용에 잇서서나 형식에 잇서서나 뒤써러지지 안흘맛치 해나가시기를 부탁합니다.

첫날 저녁은 대체로 자미잇는 출발을 하야 어느 학교에 책임인지는 알 수 업스나 중간에 나려와서 몹시도 지리한 늣김을 보는 사람애게 주엇습니다만은 맨끗회 湧興學院의 「地境을 닷는 날」에 잇서서 참으로 훌융한 끗흘 매젓습니다. 이 학원이 업섯드라면 연합학예회의 첫날은 완전히 실패하엿슬 것인데 실패와 지리에서 건저내게 한 이 학원의 선생님께 감사를 마지 안습니다. 제일일 제이일을 통하야 「地境을 닷는 날」이 가장 우수한 것일 쑨안이라 연극으로서도 완성에 갓가운 것이라 하겟습니다. 그 내용을 대략 이약이하면 간난한 아해들을 위하야 새로 동리 사람들이 학교를 만들게 되엿는데 동리에서 가장 부자라는 사람은 단돈 이십전 박게 내여놋치 안엇습니다. 그러나 그러한 사람의 도움이 업서도 동리 사람들의 노력과 학교 선생님과 학생들의 피 땀 흘린 노력으로 기어코 학교를 세우게 되어 그 터를 닥는 질거운 날을 마지하엿다는 것입니다. 이 연극은 그 내용에 잇서 우리 학교의(야학이나 강습소) 현실성을 잘 그렷스며 우리 학교는 우리의 손이 안이면 될 수 업다는 것을 잘 말해잇고 그 형상에 잇서서도 연극으로써 구비하엿슬 쑨안이라 우리의 연극의 집단성(集團性)을 잘 낫타내엿습니다. 개개인의 연긔도 통일되여 잇슬 쑨안이라 전체의 율동적인 진행이 조곰의 험 집 업는 것이엇습니다.

더욱 놀날 것은 관객이 열중하야 박수와 성원을 보낼 째는 하든 말을 중단하고 그것이 끈어지고 난 뒤에 다시 게속하는 것입니다. 하여튼 요번 학예회의 최대의 수혝이라 할 것이며 이것을 지도한 선생님들에게 경의를 표합니다.

第二日

첫재에 興仁學院에서 아동극 「쏫파리」를 뵈여주엇습니다. 쏫파는 소녀에게 선녀가 금관을 빌려주어 쏫츨 잘 팔게 하엿다는 것인대 대체로 험이 업는 연극이엿습니다.

普光學院에서도 상당히 만흔 노래와 춤을 가저왓는데 합창과 정말(丁抹)체조는 모두가 갈채를 밧엇습니다. 대체로 이 학교 선생님들은 규률이 잇고 열심히 만흐시고 준비가 충분하엿습니다. 이 학교가 뵈여준 아동극 「아버지를 위하야」는 심청전을 곳친것인대 아동극의 령역(領域)을 버서나 너무나 통속적인 신파연극에 갓가운 것이 되지 안엇나 하는 감이 잇습니다. 물론 그 준비의 충실함에는 감사합니다만은 아동의 하는 것은 언제던지 아동의 특질을 잘 나타내는 것이라야만 될 것입니다.

彰義學校의 「반지」는 지난 달(五, 六月合號) 『별나라』에 실이엇스니

十七에서 …… 낡어보시면 알겟지만은 각본의 내용으로서는 조흔 것입니다. 그러나 상연한 결과는 그다지 성공한 것은 못되엿습니다. 정순이라는 간난한 집의 아해를 하는 학생의 연긔는 정말로 훌융한 것이엇스나

긴장된 맛이 적고 최후에 흥미를 놉흔 때까지 끌고 가지 안는 것은 원인이 어대잇는지요.

맨 끗호로 신설(新設)학원(學院)의 「골목대장」은 작년엔가 『동아일보』에 실린 윤(尹)석(石)중(重) 씨의 「울지마라 간난아」라는 동요극의 속편입니다. 우리가 이것을 글로 읽을 때는 만흔 흥미를 끌엇습니다만은 이 학교가 실연한 결과는 그대지 성공하지 못하엿습니다. 그 원인은 각본에 잇는지 지도한 선생님에게 잇는지는 알 수 업스나 이러한 형식의 동요극이 엇더케 하면 본래 그 가진바의 흥미를 다 표현할 수 잇슬가는 연구해 볼 여지가 잇슬가 합니다. 그러나 이 학교의 선생님의 잘못이라고 할 두어가지는 동요에 대한 충분한 리해가 적다는 것 거기에 딸아 이 동요극이 가진 동요로서의 독특한 맛 또는 곡조가 잇는 동요가 안이고 곡조 업시 불르는 동요에 대한 리해가 적은 것일가 합니다.

대게로 극에 대한 평은 간단하나마 이만하고 두겟습니다.

(끗)

『별나라』

兒童文學復興論

兒童文學의 르네쌍쓰를 위하야

一.

兒童文學理論의 缺如—이것은 近者 朝鮮에 있어서 痛切히 느끼어지는 問題이다. 이 理論의 缺如가 있는 곰에 오늘과 같이 兒童文學의 創造的 實踐의 不振이 있는 것은 當然한 일이다. 實踐은 理論이 있는 곧에서 內容이 豊富해지고 理論은 實踐으로 말미암아 潤澤해지는 것이다. 이 兒童文學의 寂寞을 깨트리고 兒童文學의 豊年을 다시 마지할 수는 없을까? 兒童文學의 '르네쌍쓰'를 朝鮮의 文壇에다 일으킬 수는 없을까? 이것이 筆者가 여기서 생각해보랴는 主眼點이다. 이 兒童文學의 不振은 最近의 特殊한 事情의 推移에도 있으리라. 朝鮮文壇의 薄弱한 性格, 卽 그 早老性에 말미암도 많으리라. 筆者는 이 모든 點을 過去를 回想하면서 成人文壇과 關聯하여 가며 또다시는 지금의 兒童敎育問題에도 다우어가며 追究해보려 한다. 朝鮮의 兒童文學의 文藝復興을 養起하자는 크고도 機微에 맞은 野心을 가지면서 더 묵은 初創時代에까지는 올라가지 않으리라. 朝鮮의 兒童文學에도 新興이라는 一語로 表現할 수 있는 새로운 潮流가 생긴뒤에부터 最近의 閑散해진대까지를 回顧하여 보련다. 어느 나라를 不問하고 兒童의 生活形態가 成人의 生活에 種屬되어있는 資本主義的 形態에 있어서는 兒童文學이라는 것은 언제나 獨立的體系가 서기 前에 그 나라의 成人文壇의 直接動向의 反影을 받으며 그 社會의 兒童敎育 理論에서 功利的인 養分을 汲取하는 것이다.

朝鮮에 있어서도 兒童의 生活에 두 가지의 形態가 있는 것은 그들의 生活이 成人의 社會生活에 種屬되어 있다는 것으로 能히 짐작할 수 있는 것이오. 兒童은 現實生活에서 隔離된 天眞가 存在가 아닌 것을 말하는 新興兒童文學運動이 일렀건 늦건 그대에 일어난 것은 極히 自然한 일이었다.

이 社會에 있어서는 獨立的인 兒童文學理論의 體系가 서는 것이 아니고 指導的 道標가 서는 것이 아니라 그러기 때문에 一九二八, 九年을 前後하야 新興氣分의 兒童文學이 朝鮮에도 發生된 것이 ××의 文學的 活動의 反影이오. 더 朝鮮의 社會運動의 推移의 反影이었든 것이다. 그리고 또 지금이 그로하다. 新興文學의 陣營 崩壞된 以後로 宗教的 兒童文學과 教育的 兒童文學 그리고 新聞紙에 실리는 小市民兒童의 生活을 그린 文學만이 盛行되고 있는 것을 보아도 짐작될 것이다.

過去의 兒童文學 作品을 『불별』(童謠集) 『少年小說七人集』 그리고 『별나라』 『신소년』 等에서 더듬어보건대 過去의 新興文學이 政治主義적 深淵으로 기어 들어갓다는 後期의 一面보다도 아즉도 自由主義와 人道主義의 境界를 完全히 넘지못하고 氣分的 戲述에 머물러있는 乞人文學이라고나 惡名을 붙일 수 있는 初期의 一面을 많이 본받고 있었다는 것을 알 수가 있다. 勿論 兒童文學과 組合少年部와 結付시키자는 政治的 性格의 ◇現도 뵈이었으나 그것은 極히 稀少하였다. 大體로 보아 初期的 不完全 粗雜 隔榭的으로 아즉 洗練되지 못한 이러한 形容詞로 ◇現할 수 있는 作品물이라고 볼 수 있었다.

兒童文學의 內容이란 成人文學의 그것과 달라서 兒童心理學이 가르치는 思考의 能力이라던가 心身의 發育程度라던가에서 어느 程度의 製材 받는 것이기 때문에 兒童은 成人의 未完成品이라는 事實에서 兒童文學은 成人文學의 未完成品 乃至 文學者로써 成長期에 있는 사람의 述作이라고 決코 볼 수 없는 것이오. 兒童文學 그 自體로써 人格完成과 特殊性을 要求하게 되는 것이다. 그러기 때문에 兒童文學의 製作에 있어서는 成人文學과는 다른 制限이 있다. 또 童謠라는 一形式을 들고 보아도 成人의 詩에 있어서와 같이 言語의 技巧化 思索의 粗雜을 담을 수 없고 思想의 露出도 담을 수 없다. 兒童의 世界觀의 限界속에서 童謠라는 凝縮된 詩의 形態속에 兒童의 生活을 그리는대는 相當한 困難이 績在하고 있는 것이다.

이러한 兒童文學의 非容易性에서 얼마즘 過去의 兒童文學의 非優秀性을 辯護할 수도 있다.

二.

最近의 兒童文學을 살펴보건대 極히 그 寂寞을 알 수 있다. 過去에 發行되든 雜誌『신소년』『별나라』가 自由한 立場에서 中間的인 色滯를 가젓든『어린이』가 不振하며『소년중앙』이 休刊하고 말었다. 基督教에서 京營하는『아희생활』이 宗教的 安全地帶에서 下等의 ◇◇雨에도 回覽하지 않고『아동세계』에서『신아동』으로 올머간 朝鮮 民謠 吟遊詩人 金商盛氏의 編輯인 것이 普通學校 兒童을 揥客으로 하고 常局의 搖動로하야 그대로 ◇命을 延長하고 있다. 그리고 日刊 各 新聞의 一般蘭 乃至 家庭蘭을 ◇興하여내는 兒童蘭이 比較的 前日보다는 ◇選◇作品을 실리고 있다. 이 定期的出版物 以外는 傳記『아이생활』에서 낸 基督教◇奊나는 田槧禪氏의 ◇◇集을 除外하고는 單行本의 比重을 보지 못하였다.

最近에 와서 깊이깊이 兒童에게 親密의 度를 取하고 있는 重大한 國家的 文化機關인『라듸오』의 어린이 時間을 보건대 今年 正月 以降 十一月末까지 九十二回가 나오지 못함은 큰 損失이고 兒童文學의 創作的 分野가 挾少하야 진 것만은 事實이나 이러한 兒童出版物의 稀少가 兒童文學 理論의 缺乏과 ◇◇하는 것은 아니다. 그리면서도 兒童文學에 對한 理論的 方面은 最近 全然 돌보지 않고 있으니, 이 ◇因 救命은 곧 兒童文學의 文藝復興을 招致하는데 도움이 된다.

蘇聯에 있어서는 兒童文學의 理論的 方面만이 내버려져 있는 것이 아니고 創作方面에 있어서도 돌보아지지 않고 있다. 成人文壇에 있어서 一家를 形成하고 있는 사람으로써 兒童文學의 創作을 하고 있는 이가 얼마나 있느냐 손쉽게 兒童雜誌를 들고 보아도 文壇的 地位를 높은 곳에 가진 사람은 傳記나 童畵 隨筆 같은 것이나 編輯者의 請託을 괄시할 수 없어 몃줄스는 사람이 있지 創作蘭은 모두가 文學少年으로부터 兒童文學에서 자라 文壇으로 발을 옴겨 오랴는 사람들이 찾이를 하고 있다.

成人文壇에 進出하려는 野心으로 이제까지 從事하던 兒童文學을 내던지는 것은 朝鮮文壇의 弱한 一面인 早老症을 完全히 傳承하고 있는 것이오. 雜誌 編輯者가 讀者를 過大히 優待하는 것은 早老症을 促成하는 것이오. 文壇의 作家가 兒童文學을 돌보지 안는 것도 早老症의 一微候이라고 할 것이다.

李無影 氏의 所謂 「아기네 小說」이라는 것을 日曜마다 『東亞日報』에 내고 있었는대 그 內容에 있어서는 다른 項에서 이야기하기로 하고 中堅作家로서 李氏의 그 兒童文學의 力作은 아주 意義 깊은 것이라고 할 수 있는 것으로 李氏의 이 發事가 永續하기를 바라며 또 朝鮮日報 學藝部의 計劃인 世界童話集을 各外國語의 專門研究家와 作家諸氏의 動員으로 刊行되는 것도 좋은 企圖라고 하겠다.

兒童文學을 全然 文學少年의 손에서 剝奪하여서는 않된다. 이것을 培養해가면서 旣成作家가 兒童文學에 손을 대이자 이것이 兒童文學을 質的으로 向上하는 좋은 방법의 하나이다. 兒童文學의 貧困과 缺弱을 건지기 위하야 旣成作家의 눈은 兒童文學의 世界로 돌리어저야 할 것이다. '디겐스' '스티븐슨' '와일드' '스드린벨크' '톨스토이' '르나르' 等等 枚擧할 수 없이 모다 大少의 不朽의 兒童讀物을 쓰지 않었는가.

三.

朝鮮에 있어서는 極히 小數인 멧 割을 除하고는 大部分이 貧農과 勞

動者의 子弟가 兒童이란 部分을 構成하고 있다. 李無影氏가 그리고 있는 「아기네 소설」의 '경재'란 아이의 생활을 中心으로 하고 나오는 이야기라던가 요즈음 흔히 各 新聞紙의 兒童蘭에 三號內地 四號 活字로 실여지는 童謠와 스케취 같은 것이 가진 內容은 一般 朝鮮兒童의 生活에서는 極히 經驗할 수 없는 幸福한 스페-스에 屬하는 것이다. 決코 朝鮮兒童의 一般의 雰圍氣에서는 그러한 明朗한 風景이라던가 터저나오는 듯한 따뜻한 幸福感에 저지어 있는 生活이라던가 來日에 對한 樂觀的인 展視라던가 許與되여었지않다. 날로 어두어저가는 오늘의 空氣아레 따뜻한 人間味와 肉親의 사랑에 까지도 굼주릴 때가 많은 오로지 光明의 배푸림을 받지 못하는 오늘의 農村의 少年이 아닌가. 그들은 學校에를 가도 거기에는 그들의 머리위에 눌려있는 어떠한 힘의 德澤으로 날때부터 지저귀어오는 그들의 조상에게서 받은 오즉 하나인 ×××의 使用까지 ××기고 있지 안은가. 그분인가 納入하지 못한 ××× 때문에 날로 몇 번이나 울며 校門을 나오지 안는가. 집에를 돌아가봐도 거기에 家庭的인 아모 光明도 없고 生活에서 困憊된 肉親의 사랑도 그들에게는 가물에 비갈이밖에는 쏘다지지 안는다. 이것은 決코 空想的인 이야기의 가운데 나오는 場景도 아니고 이것이 現實이고 그들의 生活이다.

朝鮮兒童의 生活的 現實의 救命은 오늘 筆者가 비로소 試하는 것이 아니다. 朝鮮의 少年運動이 여기의 歷史的 提示를 하고있다. 그러나 往往히 兒童의 文學에 있어서는 兒童에게 空想的인 空間을 許할수없는 것같이 생각되여 兒童의 空想을 現實에서 遊離시키려한다. 兒童의 空想은 그것이 荒唐無稽한대로 다리고 갈 것이 아니라 創造的 現實에로 導引하여야 할 것이다. 이 空想이 兒童을 現實이란 진흙가운대서 遊離하야 第二의 世界에다 隱蔽하려는 文學이야말로 反動的인 兒童文學이다. 脚色된 幻像으로 『스크린』에서 兒童의 生活을 볼 것이 아니라 '프리즘'을 通하야 分光된 속에서 兒童의 現實生活을 보아야 할 것이다.

社會組織이 다른 나라에 있어서는 兒童의 生活의 形態가 成人의 生

活 形態에 種屬됨이 없이 새로운 組織과 形態를 가지고 있다.

그리하야 새로운 兒童的 現實이 全開되며 여기에서 마니 兒童의 空想力이 合理的으로 創造的 生活에로 轉導되여가고 있다. 그러나 우리가 사는 社會組織에 있어서는 正히 그 反對로 成人의 生活은 그대로 兒童의 生活에 反影되며 暗墨한 오늘의 朝鮮의 一般的 兒童文學家들이다. 그들운 家庭의 雰圍氣는 兒童의 氣質위에 絶對의 影響을 주어 沈鬱한 氣質이 形成되여간다.

兒童文學에 있어서 兒童生活의 取扱을 어떻게 하여야 할것인가 이것은 일즉이 우리가 多少論안바이고 兒童을 天眞爛漫하다는 높은 壇우에 모시어 올려 兒童文學을 獨立한 體系우에 세우랴는 兒童文學論은 批判되여 兒童世界에도 두 가지의 다른 生活形態가 分立되어 있다는 것을 말하여왔다.

兒童文學은 어디까지든지 그 兒童文學이라는 形式 가운데서 오늘의 成人文壇에서 뵈이고 있는 모든 動向 그대로 받어간다. 오늘의 朝鮮의 進步派文學의 動勢가 그 組織體를 잃어버리고 自由한 立場에서 文學的活動을 하게 되어 兒童文學에 있어서도 이것의 反映이 必然으로 나타날 것이다. 이것은 社會的 情勢의 趨移의 反影을 반겨하지 않는 이들이 오늘의 反進步的 宗教的 兒童文學家들이다. 그들은 兒童의 超現實化만을 圖謀하면서 얼마나 兒童教育과 兒童文學 上에 社會問題와 政治問題의 變動을 反影시키고 있는가를 보지 못하고 있다.

筆者의 여기에서 말하려는 要點은 兒童文學의 取才를 現實에서 하라는대 있다. 一般的인 朝鮮的 現實은 무엇인가 富俗層 乃至 小市民層의 兒童生活의 그것이 아니고 農村의 貧農兒童의 生活 都市의 下層에 있는 勞動者의 兒童의 生活이 朝鮮兒童 總數의 八割을 占하고 있다는 數字的 인데서 보아도 朝鮮兒童의 一般生活이라고 보아야한다. 여기에 朝鮮兒童의 現實生活이 있다. 오늘의 成人文壇에 있어서 進步的 寫實主義가 文學的 方法으로써 새로운 文學創造의 가장 優秀한 道標가 되어있어 이 進步的 레알리슴이 方法으로 決定된 뒤로 文學에 있어서 創

造的 情神이 높아저 文學의 內容이 豊富해지고 取材가 廣汎하여서 世界的으로 進步的 文學의 飛躍的 勝利를 보아있다. 兒童文學에 있어서도 이 進步的 레알리슴을 方法으로 하므로 하야 兒童文學의 文藝復興은 正當하게 일으켜질 것이다.

四.

以上에 있어서 筆者는 위선 本論을 끄치려하는대 다음 機會에 또 再論하기로 하고 兒童文學의 文藝復興을 招致하기 위하야 두 가지의 方法으로 첫재 既成作家의 兒童文學에의 參加에 의하야 兒童文學의 質的 向上을 圖謀할 것과 다음 文學의 內容을 豊富하게 하기 위하야 兒童의 現實生活에서 取材할 것을 말하였다.

끝으로 兒童文學作家를 諸氏에게 待望의 弊言을 쓰려한다.

恒常 유모러스하고 諷刺的인 兒童文學을 得意로 하던 宋影氏 兒童文學에서 자라 兒童文學을 지키던 李東珪氏 또 金旭 洪九의 諸氏는 오래동안 流配生活에서 버서 나왔으니 새로운 意氣로 우리의 兒童文學運動에 參加할 것이다.

늘 꾸준히 童謠에 精進하던 朴世永氏 多角的인 才質을 가진 李周洪氏 南國的 情熱을 가지고 노래하는 梁昌俊氏 새해부터는 다시 兒童文學에로 그 創造的 力量을 傾注하여 주기 바란다.

十年一日같이 童謠에 精進하여 朝鮮의 兒童壇에 크다란 足跡을 남기고 그리고 끝없는 才質을 뵈여주고 있는 尹石重氏 또 氏와 好一對로 한결같이 童謠創作에 努力하는 尹福鎭氏는 언제나 小市民的 兒童의 詩歌를 制作하지만 말고 卽 現實한 童謠를 내여놓아 이 兒童文學의 르내쌍스에 參加하기를 期待한다.

李無影氏는 그 좋은 着意를 '경재'와 그 周圍의 사람들에서만 取하지 말고 廣汎한 取材의 對象을 視野에 놓는다면 氏 의 지금의 良心的 態度는 一層 더 明白히 表示될 것이 아닌가.

그外 지금 盛히 創作을 하고 있는 분은 一一히 그 일흠을 들지않어도 새해의 文藝復興運動에 그대로 參加한 것으로 볼 수 있다.

海外文學派의 諸氏는 海外의 兒童文學을 飜譯 紹介하는 것으로 이 새로운 機運에 參加해주어야 할 것이다.

過去에 兒童文學의 理論을 쓰든 이들도 다시 默默한 蟄居에서 일어나 兒童文學理論의 再建設을 努力하자. 筆者도 新年부터는 그동안 中斷하였던 童謠와 兒童劇의 創作을 繼續하는 同時에 兒童文學의 理論을 研究하련다.

兒童文學의 文藝復興을 위하야 우리는 새해에 많은 期待와 野心을 가지고 諸氏에게 부르짖는 바이다. 이 運動을 積極的으로 살리기 위하야 興論을 일으키어 줌을 極히 바라는 바이며 새로운 方法을 提唱해주어야 할 것이며 이 運動의 가장 큰 母胎가 될 出版物의 參加 있어야 될 것이다.

『조선중앙일보』, 1936.1.1~2.9

제1부

아동문학 ❺

악보

진달내

申孤松謠
洪蘭坡曲

진달내

申孤松 謠
姜信明 曲

귓속임

申孤松 謠曲

골목대장

申孤松謠

洪蘭坡曲

골목대장

申孤松謠

朴泰俊曲

미력과장승

申孤松 謠
李錫風 曲

눈코잇고 네팔다리 다성한데도
일안하고 배부른놈 미력이라오

눈코잇고 네팔다리 다성한데도
일안하고 노는놈은 장승이라오

일안하고 배부른놈 말도못하오
일안하고 노는놈은 먹도못하오

미력장승 낫작에다 똥칠해줘도
제가어듸 끽소린들 감히할나고

우리땅에 미력장승 얼마나잇노
그놈들의 낫작에다 똥칠해주자

고 초 장

놀려주는모양으로
항아리속 고초장 맛을보라 가 발보등에
마침눈산 피하며 혀끝에
손구락에 푹찍어 호호빼빼
치면서 뛰눈꼴봐 라 와와 먹엇누
따잡다고
매워서 토눈
배가픞아 먹엇지 와와 먹엇누 배가픞아 먹엇지

우리는대장쟁이

『폴지스토이―니』에서

신고송 譯

우리는 대장쟁이 망치가동무
행복의 열쇠를 두다린다
무거운망치 가볍게들고
쉴사이업시 두다려라 두다려

(二節略)

우리는 대장쟁이 우리의세상
행복의 열쇠를 두다린다
세상의동무야 우리는손잡고
쉴사이업시 두다려라두다려

아 침

(신 고송 · 노래)

-힘차게-
조금 빠르게
장 독 위 에는 싸락눈이 한 줌 수 탉은 꼬꼬— 암 탉은
장독 위 에 는 싸락 눈이 한 줌 수 탉은
암소 는 외 양간 에 송 아 지 는 매매—
닭 장 은 열 자 쇠 죽을 쑤 자 쇠 죽을 쑤 자
송아 지 는 매매— 닭 장은 열 자 쇠 죽을 쑤 자

아 침
쾌활하게
申孤松謠 朴泰復曲
장 독 위에는
f
ped
쌀 알이 한 줌 숫 닭은 고게요 암 닭은 꾸묵굴 암 소는
파구에 송아지는 매 매 닭 통을 열-자 소 죽을 쑤 자
ped

돌다리

申孤松 謠
洪蘭坡 曲

쪼각빛

申孤松 謠
洪蘭坡 曲

民謠風으로

쪼각빗

- 동정하는맘으로 -

申弧松 謠
朴泰復 曲

우리들

우리들

申孤松 譯

一、

휘둘러라 우리×발
하늘높이 둘러라
고함소리 질르면서
높이높이 둘러라

二、

우리들의 고함소린
비바람에 불려서
왼세상의 동무에게
널리널리 울려라

三、

공장에서 들판에서
바다에서 산에서
우리동무 고함소린
높이높이 들넨다。

紀念式順의「合唱用」資料

예전의지은노래

지금에는 어룬들이되여서 「글」도잘짓고 「생각」도 커갓지만 그이들도 예전에는 이런노래를지엿답니다

퍽—아름답기때문에 여기에모와노왓는데 더욱히 紀念式때에불늘 「合唱」의재료로써 趙光鎬先生의作曲아지여노왓습니다 형편때문에 略譜를 실어서미안합니다

잠자는방아

바調 (b) 3/4
고요히

申孤松謠
趙光鎬曲

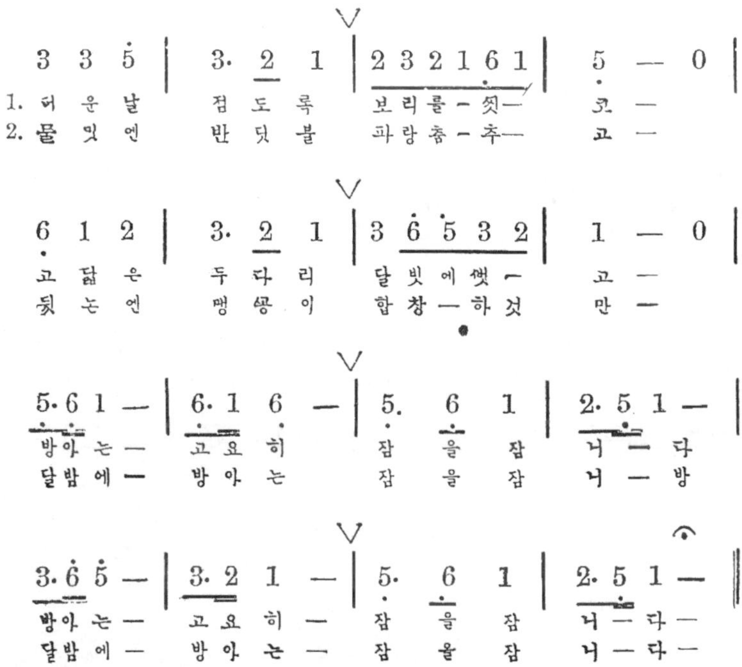

—(紀念式順의合唱用資料)—

잠자는 방아

더운날 점도록
물볕에 반디불
보리를 찌고 고달픈 두다리 달빛에 뻗
파란춤추고 뒷논의 맹작이 노래하것
고 달밤에 방아가 잠을잡니다
던 달밤에 방아는 잠을잡니다
ped * ped * ped * ped * ped * ped * ped *
ped. * ped
ped

잠 자 는 방 아
申孤松謠
allegretto

가을의 저녁
申孤松 謠曲
뷘논들을 걸어가는 내그림자 가 길다랗게
집집마다 붚어오는 저녁연기 가 뽀이얗게
길다랗게 삐저갑니 다 신념에서 달려온
뽀이얗게 퍼저갑니 다 등에업인 우리아기
갈가마귀 떼 저멀니로 저멀니로 날너갑니 다
잠을깨여 서 젖달나고 젖달나고 울음웁니 다

JODK
쩨 오 띠 케
곱게
애기 재우듯이
申孤松 謠
朴泰復 曲
쩨 오 띠 케 쩨 오 띠 케 나 나 니 나 나 니 나 나
나 나 나 나 나 나 나 나 울 색시 불으는 자장노래 가
곱다랗게 곱다랗게 들려옵니다 별나라를 지나 왔든 가

은하수를 건너 왔든가 우리 아 기 는 잠을잡니
다 우리 아 기 는 꿈을꿉 니 다 나 나니나 나니나나
나나니나 나 니나 나 째 오 띠 게 째 오 띠 게

가을날의 시내

尹福鎭 謠

申孤松 曲

닥근콩고서

申孤松 曲

張孝燮 謠

제2부

희곡

결실(結實) (一 幕)

(禁無斷上演 · 上演時는 民聲社 혹은 朝鮮프로聯盟에 連絡을 要함)

一九四五年 十月 어느 날 美軍의 軍政은 한가지식 한가지식 三十八度 以南에 浸透되여가고 人民政治를 要望하는 朝鮮民衆의 부르지즘은 자못 높은 가운데도 一部의 反動勢力은 自己權益을 옹호하기 爲하야 陣營을 가다듬는 等 자못 混亂한 가운데에 빠저 잇으나 進步的 傾向은 공연히 坊坊谷谷에 이러나고 잇다. 이리하야 京畿道 어느 農村 서울서도 그리 멀지 아니한 곳인 大成洞에도 自主的으로 이러나는 農村運動은 農民에게 새로운 覺醒과 結束을 자아내게 하엿다. 이 大成洞이라는 洞里는 五十餘 戶에 三百名이 넘지 아니한 적은 人口가 사는 곳이다. 이 洞里에 君臨하고 사는 李大監은 貴族앗치로 王族李氏의 一派로서 이 大成洞의 田地의 全部와 家屋의 大部分을 所有하고 잇다. 李大監이 이 洞里에 土着한 지는 벌서 四十年來의 일임으로 이 洞里의 住民 大部分은 李大監의 作人이며 前日 婢僕으로 살던 緣故者들이다. 그럼으로 自然히 이 洞里 住民과 李大監의 關係는 主從의 關係가 隱然이 있어 封建的인 殘滓는 쑤렷이 나타나 잇다.

그러나 八月 十五日이란 大變革은 自然發生的으로 이 大成洞의 進步的 靑年으로 하여금 모든 封建的 殘滓에 대하야 敢然히 爭鬪가 이러낫다. 이 戲曲은 大成洞의 農民運動의 一端을 記錄한 것이다. 專門的인 劇團에서 上演되는 것도 좋겟으나 自立的으로 이러나는 農村靑年들의 素人劇用으로 利用되기 爲하야 밧치는 바이다.

나올 사람들

柳寬浩 貧農(三十二歲)
次浩 寬浩의 아우(二十五歲)
車 氏 그들의 어머니(六十五歲)
鄭 氏 寬浩의 안해(二十八歲)
李大監 土地主人(王族)(六十歲)
朴祥振 洞里靑年(二十六歲)
崔淳用 洞里靑年(二十三歲)
李貴子 洞里處女(十九歲)
李慶鍾 그의 오빠(二十八歲)

舞臺는 柳寬浩의 집이다. 바른편으로 삼간 집의 一部가 잇고 왼편에 좁은 마당. 마당에는 붉은 감 몃개 달린 감나무가 잇고 울타리에는 희고 붉은 코스모스가 피여잇다. 十月中旬 맑게 개인 날. 正午때 닭소리가 이웃에서 들려온다. 美軍 飛行機의 編隊로 날러가는 爆音이 들려온다. 방에서 암息으로 누어 잇는 車氏의 기침소리가 때때로 들려온다. 코스모스 핀 울타리가에 파마넨트한 李貴子와 次浩의 두 사람이 이야기를 하는데서 幕이 열린다.

次浩 : 너 요새 모양만 내고 도라다니는 걸 보니 바람낫구나!
貴子 : 남의 뭇는 말에는 대답도 하지 않고 딴청만 피여!
次浩 : 사내 대장부가 뭘하고 다니든 게집애가 참견할 것이 아냐!
貴子 : 압다 대단하시군 그래. 갑자기 무슨 사내 대장부가 되엇다고 남을 업신 역인담. 순용이 허구 상진이 허구 얼려다니면서 요새 무슨 공론들 하구 있어.
次浩 : 너같이 몸치장이나 하고 돌아다니는 게집애를 잡어다 미국병정한테 팔아먹을 공론을 헌다네.
貴子 : (샐쭉해지며) 누가 어듸 농지거리 하자나 뭐 ……

次浩 : 하하하. 쏘 토라젓다. 토라지면 어느 놈이 쩔쩔맬 줄 알고 …… 이 애 정말 너 요새 몸 치장이 심한 것 같애. 바람이나 나지 않엇나 시퍼 나는 걱정이야.

貴子 : 주제에 샘이야. 어지간하군 ……

次浩 : 그래. 생각을 해봐. 이러케 이뿌게 꿈여가지고 사흘에 한번식은 서울 출입을 하니 웨 내가 맘을 노켓서

貴子 : 누가 서울을 다니면 뭐 할 일도 업시 다니는 줄 알어. 앗가도 내가 그러지 않앗서 오늘은 회사에서 잠간 나와 달나구 기별이 왓다고 ……

次浩 : 그 놈의 회사에선 웨 작구 나오라니 들어가라 허는 거야. 한번 사직하고 퇴직금까지 타 먹었으면 이제는 남이 아니야. 나오래도 안가면 그만이지

貴子 : 임때까지 다니든 정리를 보아 어찌 안나가 볼 수 있어야지.

次浩 : 나오란다구 번번이 나가지말구 오늘은 가서 마즈막으로 딱 잘러 버리고 와요.

貴子 : 압다 남의 일에 참견은 웨 참견이야. 저는 저하는 일에 입도 뗴지 말나면서

次浩 : 하하하. 그러케 나오면 내가 할 말이 업군. 이 봐! 그러면 내 아리켜주지. 우리가 요새 의론하고 잇는건 말야 …… 우리 동리에도 농민조합을 맨들자는 것이여

貴子 : 농민조합?

次浩 : 응. 농민조합을 맨들고 잇서.

貴子 : 농민조합이 뭐야. 노동조합 같은 것 아니야. 그런 건 공산주의자가 하는 것 아니여. 너 요새 공산주의자가 됐니

次浩 : 이건 밋첫나 누가 공산주의자가 됐다고 그랬어? 나는 그런 걸 몰나. 너는 노동조합이니 공산주의자니 하는 걸다 어듸서 듯고 알엇나 제법이군.

貴子 : 누구는 귀도 업고 눈도 업는 줄 아남.

次浩 : 그러기에 제법이라 그러지 않았서.

貴子 : 내가 다니든 회사에도 요새 노동조합이란 것이 됐대여.

次浩 : 너도 그 까짓 타이피스트 같은 걸 배호지 말고 여직공이나 될 거지. 그랬으면 노동조합에나 들게.

貴子 : 이 애. 난 실혀. 우리 회사 지배인의 이야기를 들으니 노동조합이란 공산주의자가 맨들어낸 것이래여 …… 멀정한 직공들을 공산당들이 추추겨서 그럴걸 맨들어 내엿다나 ……

次浩 : 그래. 그 노동조합에서는 뭣들을 한다든 ……

貴子 : 뭐. 노동시간을 여들시간으로 하라는 등 공장시설을 더 좃케 하라는 등 별것이 다 많어 ……

次浩 : 그럼 너는 그 사람들이 요구하는 걸 어떻케 생각하니?

貴子 : 입때까지 하로 열두시간식 일을 시켯는데 일하다가 넘어지는 사람이 더러 잇는걸 보니 노동시간이 좀 긴것 같애 …… 일하다 긔계에 치고 윗층에서 떠러진 일도 있엇는데 그런 걸 설비를 곳처 서야 될 것 같애 ……

次浩 : 그 봐. 그러니 너도 노동자들의 요구가 무리한 것은 아닌 것은 알겟지. 그러니 공산 주의자가 노동자들을 추추겨서 맨들엇다니 뭐니 하는 것은 회사 사람들이 괜이 그리는 소리야. 그런 요구는 노동자로서 당연히 할 소리가 아니야 오늘날까지 죽도록 일을 하는 노동자들은 생활이 조곰도 조와지지 아니하고 가만이 책상머리에 안저잇는 공장주의 생활은 날로 부해가지를 아니하나 그것이 틀린 일이거든 ……

貴子 : 그러치만은 공장주는 만흔 돈을 드려서 공장을 짓고 긔게를 채렷스니 그만한 이익을 봐야 옳지 안켓서?

次浩 : 그게 틀린 일이거든. 한 사람의 배를 불리기 위해서 여러 사람을 못살게 하는 것은 불 공평한 일이야. 우리 조선이 독립되엿으니 그런 잘못된 데를 곳처서 다같이 잘 살아야지.

貴子 : 그래서 너이들은 요새 농민조합을 맨드는 것이로구나.

次浩 : 그렇치. 나는 공산주의자가 뭔지 그런 것도 몰나. 그러치만은 우리가 입때까지 못 살아왓고 아모리 잘살랴고 애를 써도 점점 더 군색해지기만 햇어. 일본놈들이 잇을 동안은 우리는 다 할 수 업시 그러케 마련이라고 단념하고 살아왓지만은 인제 큰 도적놈이든 일본놈들이 물러갓스니 우리는 무서울 것이 하나도 업서. 우리 손으로 잘못된 데를 곳치고 바로 잡어야지.

貴子 : 그러치만은 우리 동리는 당이고 집이고 모두 李대감 댁 것이고 이대감 덕으로 살아왓는데 곳칠 것이 잇서야지.

次浩 : 웨 곳칠 것이 업단 말이야. 우리가 농사진 것 절반은 대감이 빼앗어 가지 않었나. 그러고 대감집에서 무슨 일이 있으면 우리 소작인들을 불러다 마음대로 부려 먹엇지. 이런 걸 다 곳처야 해?

貴子 : 잘못하다간 이 동리에 살지도 못하고 쪼겨나고 말 걸. 이 동리에서 대감한테 거역하고는 한 사람도 백여난 사람이 없엇는 걸.

次浩 : 그건 다—어제 일이야. 조선이 독립되기 전 일이야. 인제는 우리들에게 자유가 차저왓는 걸 …… 조선이 독립되어서도 그 전 같은 살림을 해야한다면 우리는 독립이 된 보람이 어듸 잇겟서. 어제와 오늘이 달은게 뭐 잇는야 말이야. 우리는 어제보다는 더 조흔 생활을 해야 해 ……

貴子 : 흥! 네가 증용을 갓다오드니 생각하는 것이 만히 달러젓서

次浩 : 그런지도 몰나. 증용이란 것이 나를 만히 달으게 해주엇는지도 몰나. 일본서 조선(造船) 공장에 있을 때 나는 그 곳 노동자들한테 듯고 배혼데가 만혀. 일본 사람들이면 누구나 업시 나라를 위하고 전쟁을 이기기 위해서 일하는 줄 알엇드니 그러치가 안트군. 일본 젊은이들 가온데는 전쟁에 반대하는 사람도 많고 정치와 제도에 대해서 불만을 갖진 사람들이 만트군.

그 사람들한테서 나는 배혼데가 만헛는지 몰나. 그러치만은 나는 조선독립이란 것이 그 중 만히 개처 주엇서. 나쁜 아닐 테야. 조선 사람이면 다 그럴테야. 이때에 깨치지 못한 사람이 잇다면 그는 조선 사람이 아닐거야.

貴子： 난 그런 어려운 건 몰나.

次浩： 그럴테지. 너야 뭐. 그런 걸 생각이나 허나. 퇴직금 받은 걸로 요새 잘 쓰고 다니노라 고…… 제발 좀 쏘도라다니지만 말고 그런거나 좀 생각해봐.

貴子： 게집애가 그런 걸 생각하면 뭘 해.

次浩： 게집애는 밥만 먹고 아이나 낳고 살림이나 살라는 긔게가 아녀. 여자도 좀 깨닷고 여자의 권리와 평등을 부르짓고 나설 때가 왓서.

貴子： 난 몰으겟서.

次浩： 그래 갑자기 그런 걸 너한테 요구하는 내가 좀 조급한 짓이야. 그러치만은 좀 노력을 해봐.

貴子： 넌 재조도 잇구. 아는 것도 많으니 아모 것도 몰으는 나를 버릴지도 몰나. 버림을 받으면 나는 죽을테야.

次浩： 미첫나 누가 버린다구 그랬어.

貴子： 지금 버린다고 안해도 버림을 받을 날이 올 지 누가 알어.

次浩： 내가 너를 버리겟니 내가 그러케 천박한 사나힌줄 알어. 한 번 언약한 건 나는 죽는 날까지 지킬테야. 걱정말어. 내가 너를 버릴리 잇나.

貴子： 그럼 몰나도.

次浩： 그 대신 너도 요새 모양으로 들떠서 몸치장만 하고 쏘도라다니지만 말고 세상이 어떠케 도라가는 것이나 좀 알랴고 애를 써 보아.

貴子： 응! 나도 오늘만 갓다와서 회사도 딱 잘러버리고 너헌테 배홀 테야.

次浩： 그래야지. 그럼 다녀와.

貴子： 내 오늘 서울갓다 선물 사다주께.

次浩： 선물도 나는 실흐니 돈 좀 애껴써.

貴子： 압다. 걱정도 만혀. 그럼 난 가요.

次浩： 저 아래까지 같이 가지. 나도 상진이 집에 가는 길이여.

두 사람 나란이 퇴장(退場)한다. 잠간사이 방에서 車氏의 기침 소리 또 들려온다. 寬浩가 손에 탕약(湯藥) 첩을 들고 들어온다.

寬浩： (집안을 휘둘러보고 방안의 동정도 살펴본 뒤에 부엌을 향해서) 여보 여보 어듸갓나

車氏： (소리만) 관호 들어왓니

寬浩： 네!

車氏： (방문을 열고 마루로 나온다)

寬浩： 웨 나오서요. 그냥 두어게서요.

車氏： 괜찬어. 좀 기동을 해봐야겟다. 인제는 추수때도 가까워젓는데 어지 늘누어 잇겟니

寬浩： (마루에 안즈며) 어머니는 누어게서도 괜찬어요. 찬호가 도라와 있으니 우리들 손으로 바쁠것 없어요. 날이 차젓는데 잘못하시다 병이 덧나면 큰일나요.

車氏： 내가 아모래도 금년 가을을 넴기기 어려울 것 같다. 죽기 전에 독립이 된 것을 보앗스니 원한은 업다만은 찬호 장가 드는 걸 보고 죽어얄텐데……

寬浩： 웨 그런 소리를 하서요? 찬호 장가 드는 것도 보시고 손주 나는 것도 보서야지오. (부엌을 보며) 어듸갓나요. 약을 지여왓는데 다려 들여야지.

車氏： 내 먹을 약이냐.

寬浩： 네.

車氏： 괜스런 일이지. 돈만 갓다 버리는 거지 …… 이 모양에 약이 소용잇나. 인제는 죽을 날 이나 기다리는 수박게 …… (또 한바탕 콜눅거린다)

寬浩： (어머니를 부축하며) 그것 보세요. 괜이 이러나세서 또 기침이 심해지지 안헛서요.

寬浩는 어머니를 자리에 도루 누이고 문을 닫는다. 鄭氏 둥지리에 쌀 찐 것을 담어 이고 들어온다.

鄭氏： 벌서 다녀왓군.

寬浩： 어듸 갓다오는거요.

鄭氏： (둥지리를 내리며) 복순네 집 절구에 쌀을 찌어 오는 길이우.

寬浩： (들어다보며) 어이쿠 꽤 만히 쌀이 낫군. 한 말은 되겟군 그래 …… 저 빨리 숫불을 피여 저 약을 다려들이오.

鄭氏는 둥지리를 마루 구석에 옴겨노코 거긔 잇는 약을 들고 안으로 들어간다. 李 대감이 점잔은 기침을 한 번하고 들어온다. 寬浩는 뛰여 나려가서 공손히 절하고 마지한다.

대감： 관호잇나

寬浩： 나려오십니까 마루에라도 좀 안즈시지오. (굽신굽신한다)

대감： (마루에 안즈며) 오늘은 자네에게 할 이야기가 좀 잇서왓네.

寬浩： 네! 일부러 누추한데까지 차저오시다니 심부름을 보내시면 제가 올러가서 뵈일텐데 ……

대감： (주머니에서 권연을 끄낸다)

寬浩： (재빠르게 석냥을 주머니에서 끄내서 불을 붓처 올린다)

대감： 자네 모친 병환은 좀 어떻하냐.

寬浩： 네. 늘 한 모양입니다.

대감 : 빨리 이러나야지. 조흔 세상을 맛낫는데 늘 방구석에 누엇서야 되겟나.

寬浩 : 걱정을 해주셔서 황송합니다. 늘 신세를 지고 제 집 일은 누구보다도 걱정해주셔서 흔감합니다.

대감 : 허허. 신세랄 것 잇나! 자네로 말하면 우리 동리에서는 제일 똑똑할분더러 내 집과는 별 인연이 없어도 내 작인이 되어 내일을 잘 보아 주기에 그런게지 뭐야 다-오는 것 이 잇스면 가는 것도 잇는 법이지.

寬浩 : 감사합니다.

대감 : 그런데 …… 자네한테 오늘 긴히 물어 볼 말이 잇네.

寬浩 : 무슨 말슴이신지오.

대감 : 자네 동생 차호란 놈이 요지음 거동이 어떻드냐.

寬浩 : 네? 거동이라뇨

대감 : 좀 수상스런데가 업드냐 말이다.

寬浩 : 글세요. 별로 그런 걸 몰으겟는뎁쇼.

대감 : 자네는 눈치를 채지 못한 모양이로구나.

寬浩 : 그 놈이 무슨 일을 저질럿슴니까?

대감 : 오늘 새벽에 나한테 와서 일러주는 말을 들으니 그게 정말이라면 자네 동생놈이 아주 발치스러운 짓을 저질르고 잇는 모양이야.

寬浩 : 네? 무슨 일을 그 놈이 잘못햇슴니까

대감 : 차호란 놈하고 상진이 놈하고 순용이란 놈이 농민조합을 만들어 나한테 거역을 할 작정이라는 구나.

寬浩 : 그게 정말 오니까

대감 : 정말이니까 내 귀에 들어왓지

寬浩 : 저런 죽일 놈이 어듸 잇겟서요. 그 놈이 정신이 뒤박겻나바요.

대감 : 고약한 놈들이지. 내가 누구라구. 내한테 거역을 꾀하다니 …… 더구나 스놈 순용이란 놈은 제 할애비부터 내 집 종으로

내 밥먹고 자란 놈이 아니냐. 아모리 세상이 뒤박엿기로서니 비천한 놈이 상전한테 감이 거역을 하다니 그 놈들을 발발이 찌저죽여야 올지 ……

寬浩 : 황송합니다. 제 동생놈이 정말 그런 짓을 저질럿스면 제 손으로 그 놈을 죽여 노켓습니다. 대관절 농민조합을 맨들어 어떻게 하자는 거야.

대감 : 도대체 총독이란자가 잘못해서 독립이 되면 됐지 웨 그 못된 놈들 공산당을 감옥에서 풀어 내놓는단 말야. 그 놈들이 나와서 멀정한 젊은놈들을 추추겨서 공산세상을 만들랴는 거지 …… 아마 차호란 놈과 순용이란놈들이 그놈들에게 괴여 넘어간 모양이지. 글세 농민조합을 맨들어 소작료를 나추고자 한다는고나.

寬浩 : 네! 죽일놈들이로군요.

대감 : 이 동리가 어떤 동리인줄 알어. 그놈들이 오늘까지 누구 덕에 살아온 줄 알어. 내 땅을 지어먹고 살고 내가 지어준 집에 살아오지 않엇나. 이런 은혜를 이저바리고 소작료를 낮추어 고연놈들 같으니 …… 어듸 …… 내가 그리 쉽게 낫춰줄 줄 알고 …… 논을 떼고 내 집에서 쫓처내고 말걸 ……

寬浩 : 대감 분부에 거역하는 놈이 있으면 마당이 그래야지요.

대감 : 그래. 자네 동생 차호란놈은 설마 그럴리야 업겠지만은 …… . 순용이니 상진이니하는 못된 놈들에게 꼬여서 그런 생각을 햇슬는지 몰나 …… 자네가 잘 타일러서 그런 당돌한 생각은 아예 말나고 하게.

寬浩 : 네! 더 말슴않하서도 그놈을 두 번 다시 그런 생각 못하게 하겟습니다. 그놈이 혼이 뒤바겻나 봅니다.

대감 : (소리를 낮추어) 이 사람 관호. 그런데 나는 자네만은 철석같이 밋네.

寬浩 : 황송합니다.

대감 : 믿기 때문에 자네에게만 하는 이야길세. 꼭 명심해서 들어주게 실인즉 요새 신문을 보거나 소문을 들어봐도 왼 조선 천지가 공산당의 세상이 되는 것 같구나. 이 놈들 세력이 붓적 늘어가는 걸 보니 안심할 수가 업네. 들으니 우리 면만해도 동리마다 농민조합 이러는 것이 조직이 되고 단결이 되어 잇는 모양이야. 뭐. 우리 동리야 땅이 모조리 내 땅이니 내가 버틔면 꼼작 못한 일이지만……

寬浩 : 그야 그러치요.

대감 : 그러치만 일이 그러케 용이하게 되지 않엇네. 이 동리로 말하자면 내가 부리는 비종들이 많어 나한테 눌려온 놈들 중에 젊은 놈으로는 나한테 반감을 가진 놈이 만타고 나는 보고 잇네. 그러니 이놈들이 만약 결속을 하고 일어나면 내가 좀 곤난한 형편일세. 모조리 한덩어리가 되어 버틔고 이러나면 여러 힘에는 내 힘이 아모리 강해도 당적을 할 수 잇겟나. 이 점을 자네가 잘 생각해 보게.

寬浩 : 잘 알겠습니다.

대감 : 이놈들이 이러나는 것을 미리 막어야 하고 만약 이러나더라도 이놈들의 단결을 깨트려야 하는데 그리는데는 누구보다도 이 동리사람들에게서 신용이 두터운 자네 힘을 빌지 아니하면 안되겠네. 그러니 첫째 차호를 잘 타일러 농민조합 맨드는데 가담치 말게 하게. 한편 자네가 농민조합을 반대하고 기어코 버틔는 놈이 잇으면 그런 놈은 돈을 멕여서 매수를 해달란 말일세. 어떻겠나. 자네는 내 생각을 거역치는 않겠지.

寬浩 : 네! 대감한테 밧은 은혜를 갑자면 이 놈의 적은 힘이라도 짜내야 하겠어요.

대감 : 응! 고마웨! 나는 자네만 밋네. 그리고 이 집은 오늘부터 자네 소유로 해주겠네.

寬浩 : 네? 이 집을 제 것으로 주신다구요. 그러케 안하서도 어련히

대감을 위해 노력하겠습 니다.

대감 : 아니야. 이건 벌서부터 내가 생각해오든 일일세. 그리고 차호란 놈을 하로라도 빨리 결혼을 식히게 비용은 내가 감당을 함세. 차호가 장가를 들면 신혼생활에 자미를 붙여 그런 당돌한 생각을 내버리게 될는지도 모르니까……

寬浩 : 차호놈 혼인은 대감께서 비용을 내시지 않어도 이 가을에 치루겠습니다.

대감 : (이러나며) 다― 나한테 맛기게 (주머니에서 百원짜리 한뭉치를 내주며) 자 이걸 밧어 두엇다가 아까 말한대로 쓰게.

寬浩 : (받으며) 네. 그럼 안녕히 가세요.

대감 退場. 寬浩는 배웅을 해주고 들어온다. 뒤이어 次浩가 도라온다.

次浩 : 성, 대감이 우리 집에 뭣 하러 왓서.

寬浩 : 차호야! 이리 좀 오너라. 그러지 않어도 지금 너를 찻으러 갈랴고 햇섯다. (먼저 마루에 앉은다) 너 요지음 뭘 하고 도라단니나

次浩 : (안즈며) 뭘 하다니……

寬浩 : 상진이란 순용이란 놈들허구 얼려 다니면서 무슨 일을 꾸미고 도라단니는 거야.

次浩 : 무슨 일을 꾸미단니……

寬浩 : 시침이를 데면 내가 몰을 줄 아나. 너 요새 농민조합을 만들고 잇다는구나.

次浩 : 아! 농민조합 말이어. 그러지 않어도 그 일에 대해서 성허구 오늘 이야기 좀 할랴고 햇서.

寬浩 : 이놈아. 입구덕으로 밥알이 제대로 들어 가거든 잠자코 들어안저 잇서 뭣이 어쩌고 어찌해. 누가 너더러 그따우 농민조합이니 하는 불한당을 맨들나고 햇어.

次浩 : 뭐? 농민조합이 불한당이라고? 어째서 불한당이라는 말이야.

성은 그래 농민으로 지금 처지보다 좀 잘 살어보자고는 생각지 못해.

寬浩: 글세. 이 뺀뺀스러운 놈아. 불한당이 아니고 뭐야. 뭐 소작료를 감하자 밧치지 말자! 도적놈의 소리도 유분수지. 그래. 우리가 이 동리에서 누구 덕으로 살아왓다고 그따우 끔직한 생각을 하는거냐.

次浩: 성은 그러케도 쑥인줄 나는 몰낫서.

寬浩: 뭐 이라구! 너는 이놈아 정신이 뒤바뀐게로 구나. 우리가 짓고 잇는 땅이 누구의 땅이고 우리가 살고 잇는 이 집이 누구의 집인줄 아느냐.

次浩: 모두 대감 집 것이란 말이지. 그래 성은 이 날 입때까지 우리가 대감한테 빨아 먹히고 살아온 줄은 몰으고 대감집 덕택으로 살아왓다고 생각하는 게지. 그런 생각 그런 날근 생각을 내던지지 아니하고는 우리는 언제까지든지 이런 군색한 생활에서 버서날 수가 업서.

寬浩: 우리가 대감의 땅을 지어먹고 사는 바에야 땅값으로 소작료를 밧치고 대감의 집에서 살고잇는 한 집세를 내는 것이 당연한 일이지 뭐야.

次浩: 대감이란 도대체 뭐란 말이야. 우리와 같은 사람이 아니야. 다같은 사람인바에는 우리는 일년 삼백육십일 죽자사자 일을 해도 먹을 것도 제대로 못 먹고 입을 것도 제대로 입지 못하는데 대감이란 한 사람은 아모것도 않고 가만이 안저서 우리가 지은 벼를 절반이나 빼아서 가고 잘 먹고 잘 입고 사니 그런 불공평한 짓이 어데 잇서 우리는 인제부터는 좀 사람같이 살아 보아야 할 것 아니야.

寬浩: 그러치만 답답한 것은 아모것도 업는 우리 아니냐. 남의 논을 갈고 남의 집에 사는 한 어찌한단 말야. 그것이 실타면 논을 내놋코 집을 내노와야지.

次浩： 누가 소작료를 안 내자는 거야. 집세를 안 내겟다는 거야. 입때까지 지주 한 사람만 잘 살자는 생각으로 맨 소작료를 소작인도 좀 잘 살 수 잇도록 새로 매자는 것이 아니야. 대관절 이 동리에 잇는 집까지 모두 대감의 집 소유란 것이 무어야. 웨 마음대로 집까지 못 짓게 하다나 말이야. 제 땅이니까 마음대로 짓지 말라고 해놋코 제가 돈을 듸려 집을 지어 들어오고 십흔 사람은 세주고 들어오라니 그게 다 우리를 빨아먹자는 교묘한 수단이야. 오늘까지 우리는 개닷지 못해서 그대로 속아왓지 아니야. 속는 줄도 알기는 알앗지만 잇는 놈들을 편들어주고 업는 놈을 다 못살게 하든 일본놈들이 무력으로 눌러왓기에 아모 말도 못하고 벙어리가 되어 살아왓지. 그러치만은 인제야 우리가 꺼릴 것이 뭐야.

寬浩： 너 암만해도 요새 큰일 낫구나. 너도 요새 공산당 물이 들엇는 모양이로구나. 웨 그따우 짓을 본을 보랴는 거냐. 그짓 안하면 먹을 것이 입으로 안들어 간다든? 너도 철이 좀 나거라. 어머님 생전에 내가 변변치 못해 집 한간 작만 못햇스니 나는 큰소리는 못 하겟다만은 그래고 대감 덕택으로 넉넉지는 못하나 배골치 않고 지붕 밑에서 살 수 잇는 것만 해도 고마운 일이 아니냐. 그런 의리를 저바리고 되려 대감님한테 화살을 겨눈다는 것은 배은망덕도 심하다 할 것이야.

次浩： 흥! 성은 나를 큰일 낫다고 그러지. 내 생각에는 성이 큰일 낫다고 십흐이. 아마 성은 대감한테 얌전이 약을 엇어 먹은게로 구나!

寬浩： (좀 뚝끔해서) 그건 쏘 무슨 소리야.

次浩： 내가 몰을 줄 아나 아까 대감이 여긔 왔다간 속을 나도 대강 짐작할 수 잇서. 성은 대감의 꼬임수에 빠진게지. 다시 말하면 대감한테 매수 당했는지도 몰나.

寬浩： 뭐 어쩌구 어째. 내가 매수를 당해.

次浩: 그렇치 않고야 무엇 때문에 성이 그러케 대감편을 들어대낸 말이야. 뻔한 속이지 …… 더러운 짓을 말어요.

寬浩: (벌컥 이러서며) 더러운 짓이라니 이놈아 뭐이 더러운 짓이냐.

次浩: (도라 안즈며) 그게 더러운 짓이지 뭐야. 다같은 소작인인 성이 웨 지주를 옹호하고 우리가 당연이 해야 할 일을 막을라는 거야.

寬浩: 아는 사람이라면 그런 짓을 못한다고 말햇지.

次浩: 내가 다 알어요. 대감이 무엇 때문에 제발로 여기까지 왓슬나고 …… 우리 하는 일을 대감한테 고자질한 놈이 잇스니까 …… 우리는 그런 것까지 다 알어요. 우리 하는 일을 일일이 염탐을 해서 대감한테 고자질 하는 놈이 잇서 그러닛까 대감이 제발로 걸어와서 대감한테 제일 순종하고 동리에 제일 얌전한 축이라는 성을 매수하랴 햇지.

寬浩: 그래. 내가 매수를 당햇단 말이야.

次浩: 성이야 훌륭히 매수 당햇을테지 매수당하지 않고야 그따우 ……

寬浩: (次浩의 멱살을 잡으며) 이놈아! 주둥아리 좀 닥처

次浩: 웨 이러는 거야. 이런다고 내가 할 말을 못할 줄 알어 …… 성이 대감놈의 복심이 될테면 되어보아 나는 끝까지 싸홀테니 ……

寬浩: (동생의 따귀를 한 대 갈긴다) 이놈이 죽고 십퍼 이래.

次浩: 웨 때려?

車氏 문을 열고 나와서 싸홈을 말리려고 한다. 鄭氏도 뛰여 나온다.

車氏: 이애들아. 이게 무슨 짓이냐.

寬浩: (어머니 出現에 무색해서 물러슨다)

次浩: 대감놈에게 매수되여 더러운 짓을 한다면 성보다 더한 사람

이라도 나는 얼골에다 침을 뱃고 싸홀테야.

寬浩 : 이놈아 그래도 지껄이고 잇서.

車氏 : 차호야 성한테 그 말버릇이 뭐냐

次浩 : 우리 농민들이 잘 살아가기 위해서 한다는 일에 방해를 하는 놈이 잇스면 그놈은 우리 농민의 적이야.

寬浩 : (마루에 노여잇는 빨내방망이를 들고 때리려 한다) 이걸 당장 죽여 놀테다.

車氏 : (둘을 중재하랴고 애를 쓴다) 이게 웬일이냐. 그만둬라.

鄭氏 : (남편을 말리며) 여보 이게 무슨 짓이오. 어머니 앞에 이게 무슨 꼴이여요.

이때에 祥振과 淳用이 뛰여 들어온다. 두 사람의 仲裁로 寬浩 자리에 안고 次浩는 마당으로 내려슨다.

寬浩 : 너이들 마침 잘 왓다. 젊은 것들이 모여 철업는 짓을 작작하고 다녀 …… 농민조합은 무어 말라죽은 농민조합이여.

淳用 : 관호 형님 우리가 농민조합을 맨들랴는 것이 누구 때문인 줄 아세요.

寬浩 : 헛튼 수작 말아.

祥振 : 우리가 오늘날까지 못 살아온 원인이 뭣이란 말이에요. 당신은 그런 생각 하실줄 몰으세요.

寬浩 : 제가 못나서 그런거고 제가 가진게 없어 못 살아왓지 뭐야.

淳用 : 무엇 대문에 못나게 되고 아모것도 가지지 못햇나요.

寬浩 : 대관절 그래. 너이들 하랴는대로 농민조합을 맨들어 놓고 소작료를 내리자하면 대감이 그래라하고 선선히 대답할 줄 아느냐.

祥振 : 선선히 대답 안하면 싸호지 별 수 잇서요.

寬浩 : 싸호다니 논이 다 떨어지고 집에서 쪼겨나도 싸홀 재주가 잇

나.

淳用: 우리 농민이 다같이 단결만 해보십시오. 대감이 배겨낼 수 잇는가.

寬浩: 그런 어리석은 수작하지 말고 입에 들어오는 밥이나 노치지 말고 바더먹고 살어.

祥振: 그래 당신은 지금 생활에 만족하신단 말이에요. 이 생활보다 좀 더 잘살아보자는 욕망 은 없으세요.

次浩: 남이야 잘살든 못살든 제 하나만 대감놈한테 매수당한 돈으로 잘 살면 그만이겟지.

寬浩: (쏘 뎀비며) 이놈이 쏘 주둥아리를 놀려.

祥振: (관호를 막으며) 그만 두세요.

寬浩: 너이들 두 놈도 여긔에 오지 말라.

次浩: 흥! 웨 량심에 걸리는 모양인가 대관절 얼마나 받어먹고 매수를 당한거야.

車氏: 차호야 너 웨 작구 형의 분긔를 돗구는 거냐. 이리 오너라. 관호야 너도 여긔와서 좀 안저라 내 말 좀 들어 보아라.

寬浩: (안는다)

車氏: (그대로 서잇는 차호한테) 차호야. 이리온. 이 어미의 말을 좀 들어바라.

次浩: (마루에 가서 안는다)

車氏: 관호야. 너는 네 아우가 하는 일을 뭇대고 나물하지만 말어라. 쏘 차호는 형한테 버릇 이 그 무엇이냐. 모두 내 이야기를 들어봐라. 늙은 내가 …… 언제 죽을지 몰으는 내가 너이들을 늘 이 가난한 살림에다가 매달어놓고 누었으니 이 에미의 마음이 비할데가 업다. 그러나 우리 농삿군은 늘 가난한 것을 면치 못햇다. 한 째는 웨 우리가 이러케 못사나하고 생가도 해봣고 어떤 때는 이것도 팔자라고 단념도 해봣다. 그러나 우리들 밤낫업시 이를 악물고 먹을 것 입을 것 제대로 찻지 못

하고 농사를 지어 가는데도 잘 살기는커녕 갈스록 더 못살아 가니 대관절 이것은 어떻게된 일이냐. 무슨 까닭이 있을 듯도 하다. 차호와 거긔 잇는 저 사람들이 우리들이 좀 더 잘 살아 보겟다고 하는 일을 웨 눌러 막을랴고만 하느냐. 잘못된 것을 곳치고 잘 되도록 해보겟다는 것은 부축을 해주고 도아주지는 못할지언정 웨 막아 없앨 수가 잇느냐. 늙은 내가 알겟나 만은 저 애들의 생각하는 짓이 남 앞에 내세워 칭찬을 바들지 몰라도 욕 들을 일은 아닌듯 하 구나. 관호야! 아까 대감이 여긔와서 너한테 하는 이야기는 내가 방에 누어 대강은 들엇다. 네가 마음이 순하고 겸손해서 그 능글능글한 대감의 꼬임수에 빠저 넣다는 줄을 너는 몰랏다. 대감은 이 집을 주겟다 햇지. 차호 장가 밋천을 내겟다햇지. 그런 것은 불의의 재물이다. 천만금을 주어도 불의의 재물은 탐내지 말아. 그런 집에는 나는 하로도 살 수가 없다. 관호야. 네가 물욕에 탐을 내서 대감의 말에 꾀인 것이 아닌줄 나는 잘 안다. 네가 마음이 조아 그러케 된 줄은 안다. 너는 대감한테 대한 조고만한 의리를 갚을랴고 젊은 여러 사람의 크게 뻗어 나랴는 의긔를 잘 드지말어라. 내가 너 이들이 고대광실에 잘 사는 것을 못보고 죽어도 원한이 없다. 그러나 형제간에 을흔 의리를 위해서 손을 잡지 못하고 서로 상격하는 것을 보고 어찌 내가 눈을 감고 죽겟느냐.

寬浩 : (조곰전부터 울고 잇섯다) 어머니! 용서해 주세요. 제가 못낫드랬어요.

次浩 : (눈물을 씻는다) 어머니는 정말 훌륭하서요.

祥振・淳用 : (두 사람도 感激에 운다)

車氏 : 관호야. 이 에미의 마음을 알아주엇느냐. 고맙다. 네 손을 이리 내놔라. 차호야. 너도 손을 내놔라. (두 사람이 내민 손을 서로 쥐게 해주며) 내가 살면 얼마나 살겟니 내가 살아 잇는 동안에

야 말 할 것도 업지만 내가 죽고난 뒤라도 너이 형제는 의조캐 살아 가거라. 올흔 일에 손을 잡고 나아 가거라. 글흔 일에는 눈도 쓰지 말어라. 이것만이 늙은 에미의 소원이다.

모두 한동안 感激의 눈물에 젓는다.

淳用 : 아즈머니 정말 훌륭하세요.

祥振 : 하호! 자네는 참 훌륭한 어머니를 가지섯네. 나는 부러워이.

寬浩 : 이 사람들 나는 뵈일 낫치 없네. 용서하게.

淳用 : 별 말슴을 다하세요. 형님만 우리 일을 알어주신다면 우리 조합은 절대로 익인거야요.

祥振 : 지금 우리는 누리 농민조합 결의서를 대감한테 내밀어 놋코서 왓서요.

淳用 : 대감이 새팔아케 질려서 말을 못하드군요. 대감이 들어주든 안들어주든 우리는 우리 결의대로 하겟다는 말만해두고 도라왓어요.

寬浩 : 음!

이때, 李대감이 헬레벌덕거리고 온다.

대감 : 이놈들 다 여기 잇고나. 독기로 목을 베여도 션치가 아니할 것 같다. 이놈들아! 제 주제를 생각지 못하고 비천한 너이놈들이 감이 대감 앞에다 이런 당돌한 짓을 할 수가 잇나. 이놈들이 호랑이 무서운 줄 몰으느냐. 그래 배은망덕도 유분수지. 너이놈들이 뭣을 먹고 누구 덕으로 자라난 줄 아느냐. 이놈. 순용아. 네 집은 너의 할애비때부터 내 집 종놈의 신분이 아니냐. 그래 상전한테 이게 감히 할 짓이냐.

淳用 : 대감은 지금이 어느 시절인줄 아세요. 대감집 종이면 세세손

손이 종으로 잇스란 법은 어듸 잇서요. 우리 할아버지와 아버지는 당신을 상전으로 모셧는지는 몰으나 나는 당신을 상전으로는 생각지 아니하오. 당신이나 나나 다같은 사람이오.

대감 : (펄펄 뛰며) 이런 발칙한 놈 봐라. 이놈을 능지처참을 해도 시언치가 않겟다. 이 사람 관호 그래 이런 불한당 같은 놈들을 집안에 붓처두는 거냐.

寬浩 : 대감 아까 대감허구 저하구 한 이야기는 없었든 걸로 알아주세요.

대감 : 그건 또 무슨 소리냐.

寬浩 : 대감 분부대로는 저는 못 딸으겟서요. (돈을 도로 내주며) 이걸 도루 받으세요.

대감 : 그럼! 그럼 이놈 너도 농민조합에 가담하겟단 말이냐.

寬浩 : 그야 말할 것도 없지요.

대감 : 아! 이놈들이 모주리 환장을 햇군그래. 이놈들아. 논을 다 떼여도 상관말어라. 그리고 추수가 끝나는대로 집을 다 비여내고 이 동리에서 한 놈도 남지말고 물너가라. 너이 놈들 같은 불한당놈들의 요구는 하나도 들어줄 수가 업다.

淳用 : 그것은 요구가 아니고 우리 농민조합에서 결의한 것을 통첩해 들엿슴에 지나지 안습니다. 대감이 들어주고 안들어주고 간에 우리는 그대로 실행할테니 그러케 아세요.

대감 : (분이 머리 끝까지 치밀엇다) 응! 이놈들 내가 그대로 두고 볼 줄 알어! 이놈 관호야. 난 네 놈 하나는 사람다운 줄 알엇드니 독같은 불한당이엿고나.

寬浩 : 대감님 분부에 거역해서 죄송합니다. 대세는 벌서 틀렷서요. 농민조합 결의를 승낙해 주는 것이 어떻해요.

대감 : 흥! 이놈이 아까는 가장 내 편이 되겟다든 놈이엿는데 이제와서는 나를 도루 설복하라는 수작이군. 너이놈들 맘대로 해봐라. 나종 불상하기는 너이놈들 뿐일테니

寬浩 : 대감님은 웨 그리 쓸데업시 버틔세요. 아까 저더러 하신 말슴을 잊으섯세요. 소작인이 모두가 단결이 되어 일어나면 그 힘에 당적을 할 수가 없다고 하섯지요. 당신 입으로 그런 말슴을 하섯스니 일이 어떻게 될 것쯤이야 잘 아시고 하신 말이겟지요. 그러니 괘니 동리만 소란케 하시지 말고 한 말에 조합결의를 좋다고 해주시면 대감 명성이 한번 더 높아지지 않겟습니까

대감 : 듣기 싫여. 내가 죽든 너이놈들이 죽든 싸화볼테다. 에이 도적놈들! (분해서 떨며 나간다)

一同 : 하하하.

淳用 : 대감 꼴 묘하게 됐다.

寬浩 : 인제는 농민조합이 절대로 승리야. 대감이 아모리 것흐론 뻐틔여도 대세가 기우러진 줄은 저도 잘 알고 잇네.

이때에 貴子와 慶鍾이 들어온다.

慶鍾 : 이 사람들 어떻게 됐나.

淳用 : 자넨 벌서 다녀오나.

慶鍾 : 우리 농민조합 일이 궁금해서 빨리 도라왓네. 대관절 어떻게 됐나.

次浩 : 대감 집에 결의서를 갓다 내밀엇지.

祥振 : 그랬드니 대감이 노발대발해서 지금 여기와서 발악을 하고 갓섯지.

慶鍾 : 내가 저기서 만낫는데 가는 꼴이 심상치가 않기에 대강 짐작은 햇지. 발악만 햇지 승낙은 않했어.

淳用 : 승낙여부가 잇나

慶鍾 : 그야 물논 그러치만 대감 꼴이 어떻드냐 말이다.

淳用 : 히비극이지 뭐야.

寬浩 : 걱정 말게. 승리는 절대로 우리 손에 잇네.

次浩 : 귀자 넌. 그동안 벌서 서울 갓다왓나.

慶鍾 : 내가 중간에서 잡아왓네. 차호, 갑작스런 말일세만은 자네 내 누의를 사랑하느냐.

次浩 : (얼골이 붉어진다) 뭐 ……

慶鍾 : 뭐. 부끄러울 것 잇나. 나도 아는 일이지만은 서로 연애만하고 지낼게 아니라 결혼해 버리도록 하세. 내가 오는 도중에서 맛나 서울 가는 걸 못 가게 하고 다리고 왓네. 요지음 회사를 그만두엇는데도 불구하고 괘니 서울 출입을 하며 몸치장에나 힘을 쓰니 못쓰겟네. 바람나기 전에 자네가 맛터주게.

貴子 : 오바는 밋첫나봐. 괘니 슬데업는 소리야.

慶鍾 : 웨 슬데업는 소리야. 차호, 어떻게 하겟니 래일이라도 결혼을 해서 아주 잡어두게.

次浩 : 글세 뭐 그리 빨리 서둘를게 업네. 래년에나 하지.

慶鍾 : 그게 무슨 소리야 래년까지 두엇다간 큰일나네.

次浩 : 그러치만 아무 준비도 업시 어떻게.

慶鍾 : 준비가 무슨 준비야. 비용 걱정이야? 걱정말어 저 애가 밧아나온 퇴직금이 아즉도 몇 천원 남아잇서. 그만하면 훌륭하지 않어. 아주머니 어떻세요. 제 누의를 변변치 못하지만 며누리로 맛허주시겟어요.

車氏 : 아이구 이 사람아. 우리한테는 너무도 과만해서 ……

慶鍾 : 그럼 빨리 날자를 택해서 혼인식을 하기로 하지오.

淳用 : 그러케 하지. 그래야 우리도 빨리 국수 한그릇 으더 먹지.

祥振 : 그러치. 그러치.

慶鍾 : 그럼 택일이고 뭐고 지금 여기에서 작정합세다. 조흔 일은 서둘러해야 해요. 모래쯤 어떻겟어요.

車氏 : 허허허. 그 사람은 성급하기도 하지. 래일모레라니 어떻게 그리 빨리되나.

寬浩: 모래는 너무 급박하겟네. 준비할 날자는 갖어야지.

慶鍾: 준비가 무슨 준비에요. 입은 옷에 술이나 좀 사오고 먹을 것이나 좀 맨들어 한잔 잘—난 화먹으면 안되겠어. 순용이 자네 집에서는 인절미나 좀 부조하게.

淳用: 오냐 그리함세.

慶鍾: 상진이 자네 집에서는 시루떡이나 좀 쩌 오게.

祥振: 그러게.

慶鍾: 자! 이만하면 준비는 다 됐지오. 아주머니 모래로 절합시다.

車氏: 압다. 그 사람은! 맘대로 허게!

慶鍾: 자! 어머니 승낙은 받엇다. 차호 그러케 하겠네. 귀자 너도 딴 말은 없겠지.

車氏: 내가 차호 장가 드는 걸 보고 죽겠다는 것이 소원이였는데 이 소원도 인제는 풀게 되엿고나. 애들아. 저 감나무를 좀 봐라. 저게 우리 차호 낳은 해 심은 게다. 저 애 아버지가 서울서 사다가 심은게다. 저 감나무가 자라서 결실하는 것도 우리 차호가 장가 드는 것도 못보고 그이는 도라가시엿다. 땅 속에서 이 소식을 듯고 오작 기뻐하겠나!

車氏는 눈물을 씻는다. 여러 사람들 말업는 가온데 서서히 幕이 나린다. (幕)

(1945.10.12)

『신건설』, 1945.11 수록

誦劇

鐵鎖는 끊어젓다

舞臺中央에 좀 높은 壇이 잇고 그 壇위에 鐵鎖로 두 팔이 묶여있는 젊은 사나이.

그 前面 舞臺左右로 "유니폼"을 입고 나란이 선 男女의 群으로 行進된다.

A

"백라이트"로 壇上의 젊은이의 氣盡해 쓸어진 "실루엣트"를 그려낸다. 全面의 사람들은 좀 어두운 照明으로 始作한다. 低聲에 依한 合唱이 沈울한 "아트모스풰어"로 흘러 나오는 동안 鐵鎖의 젊은 動作으로 呻吟에 몸부림친다.

合唱　가진것이란 모조리 빼앗겼고
　　　얻은 것이란 무거운 쇠사슬뿐
　　　오래이든 搾取와 抑壓이여!
　　　지루하든 忍從과 屈辱이여!
　　　어둠은 드듸어 살아졌다.
　　　자유와 解放위에 새날이 왔다.

("모노톤" 하고 徐緩한 行進曲)

소리 一 : 여긔에 쇠사슬에 매달린 청년이 있다.

뭇소리 : 그것은 누구냐

소리 二: 그것은 조선 사람들의 모습이다.

소리 三: 그것은 노動者다.

소리 四: 그것은 農民이다.

소리 五: 그것은 解放戰士다.

소리 六: 그것은 革命鬪士이다.

소리 七: 그것은 나의 아버지다.

소리 八: 그것은 나의 아들이다.

소리 九: 그것은 나의 형님이다.

소리 十: 그것은 나의 오빠다.

뭇소리: 그것은 조선사람이다.

소리 一: 묶은 놈은 누구냐

소리 二: 日本놈이다.

소리 三: 日本帝國主義다.

소리 四: 資本家다.

소리 五: 거기 묶여 있는 젊은 사람아

뭇소리: 젊은 사람아!

소리 一: 呻吟을 끝이고

소리 二: 몸부림을 끝여라.

소리 三: 그리고 쇠사슬을 끊어라.

뭇소리: 쇠사슬을 끊어라.

소리 四: 그리고 이러나라.

뭇소리: 이러나라!

소리 五: 그리고 고함을 처라.

사나히: 오! 오! (이러나서 고함을 친다) 그렇다 나는 조선사람이다. 나는 너의 아버지 너의 형이다. 일즉이 나는 人民으로써의 權利를 빼앗기고 政治를 빼앗기고……

소리 一: 自由를 빼앗기고……

뭇소리: 自由를 빼앗기고……

소리 一 :　먹을 것을 빼앗기고……

소리 二 :　言語와 文字까지 빼앗기고

소리 三 :　마즈막은 姓名三字까지 빼앗기고……

사나히 :　이리하야 나에게는 아름다운 꿈도 사라지고 太陽은 나에게 빛을 주지 않었다.

소리 六 :　이리하야 너에게는 搾取가 오고

소리 七 :　이리하야 너에게는 학待가 오고

소리 八 :　이리하야 너에게는 抑壓이 오고

소리 九 :　이리하야 너에게는 煉獄이 오고

소리 十 :　이리하야 너에게는 鐵鎖가 왓다.

소리 一 :　搾取!

뭇소리 :　搾取!

소리 二 :　학待!

뭇소리 :　학待!

소리 三 :　抑壓!

뭇소리 :　抑壓!

소리 四 :　煉獄!

뭇소리 :　煉獄!

소리 五 :　鐵鎖!

뭇소리 :　鐵鎖!

사나히 :　長久한 屈辱에 나는 뼈를 깎였다. 지리한 忍從에 나는 살이 말넜다.

소리 一 :　그러나 너는 하나만을 最後까지 지켰다.

소리 二 :　너는 하나만을 빼앗기지 않었다.

사나히 :　그렇다. 나는 내 목숨보다 더 애끼고 所重히 역인 것이 있다.

소리 三 :　그것이 무엇이냐

사나히 :　그것은 志操다.

소리 四 : 志操!

사나히 : 오! 志操!

뭇소리 : 오! 志操!

소리 五 : 너에게는 무쇠같은 志操만이 最後까지 남아 있었다.

소리 七 : 自由가 왓다.

소리 八 : 악착스러운 强盜日本은 물너갔다.

소리 九 : 野蠻日本은 거꾸러졌다.

소리 十 : 누구의 힘으로!

뭇소리 : 누구의 힘으로!

소리 一 : 搾取와 抑壓의 代價로

소리 二 : 鐵鎖와 煉獄의 代價로

소리 三 : 그 鐵鎖보다 이 굳은 志操의 값으로

소리 四 : 鐵鎖를 끊어라.

뭇소리 : 鐵鎖를 끊어라.

사나히 : 오!

소리 五 : 이러나라.

뭇소리 : 이러나라.

사나히 : 오! 오!

소리 六 : 고함을 처라

뭇소리 : 고함을 처라.

사나히 : 오! 오! 오! (咆哮와 같이 두 팔을 높이 들어 鐵鎖를 끊는다.)

B

사람들은 壇위에 올러가 사나히를 억개팔에 태워서 추켜들고 나려온다. 맛치 戰勝將軍으을 마지해오듯이 喚呼와 高함으로 步調를 맛춘다. 몇 번을 높이 추켜든 뒤에 사나히를 舞臺中央에 내려 놓는다. 群衆은 背後에 羅列해 스고 低聲인 "혁명"으로 "붉은 旗"의 曲을 伴唱하는 가운데 사나히 獨白이 始作된다.

사나히 : 強要된 沈默은 나를 習慣的으로 입을 닫게 한다. 鐵鎖에 묶엿든 나의 두 팔은 反射的으로 앞으로 내밀어진다. 내 팔뚝에는 인두로 지저낸 뒤자리가 싯검은 박쥐같이남아있다. 내가 일즉이 民衆을 속인 일이 있드냐. 내가 하루두 階級을 저바린 날이 있드냐. 洪水진 黃河를 건느면서도 눈덮힌 "쓴도라"에 野宿을 하면서도 나는 朝鮮을 잊은 날이 없었다. 한 잔에 "웟카"에 얼어붙은 창자를 노키면서도 나는 하로도 故鄕을 잊은 날이 없었다. 나의 同志가 이 쇠사슬을 끊을 줄도 나는 잘 안다. 나의 志操가 오늘의 解放에 빛날 것인 줄도 나는 잘 안다. 그러나 나는 소리처 喚呼치 못한다. 기뻐도 못한다. 나의 앞길에는 아즉도 싸홈이 長城같이 남아 있기 때문이다. 아직도 나의 아버지 나의 동생들 그리고 그들이 屬한 階級은 完全히 解放되지 못했기 때문이다. 나의 싸홈터에는 아즉도 敵의 聲域이 頑强히 남아있다.

人民의 것이 되어야 할 勸力을 통斷하고 專橫하려는 野心을 갖인 敵은 아직 退治 못 되고 그대로 남아있다. 이놈들은 저이들의 배를 채우기 爲하야 日本帝國主義의 忠實한 走狗이든 놈들이다.

이제 다시 새로운 勢力이 밀려들어오자 놈들은 다시 그 野卑한 根性은 새로운 陰謀와 凶計로 搾取의 毒牙를 갈고 있다. 나는 이 敵을 물니처야 할 큰 싸홈을 시작하였다. 놈들의 發惡은 나의 목숨을 겨누고 있는 줄도 나는 잘 안다.

階級解放을 爲하야 내던진 나의 목숨이거니 나는 목숨의 代價로 權利를 民衆에게 約束한다.

아! 아! 높이 높이 처들어라. 우리들의 깃발을 붉은 旗를!

여러 사람의 "힘빙"은 漸次로 높아저서 드듸의 "卑怯한 자는 갈랴면 가라. 우리들은 붉은 旗를 지킨다"로 마친다.

C

사나히 혼자만 全面에 남기고 엽사람은 檀의 左右 全面에 있는 階段 우에 羅列해 슨다.

사나히 : 내가 사랑하는 人民아!
뭇소리 : 오!
사나히 : 人民의 要求를 부르짖자.
소리 一 : 모든 勸力은 人民에로!
소리 二 : 政治는 人民의 손에!
소리 三 : 人民委員會를 支持한다.
뭇소리 : 絶對로 支持한다.
소리 四 : 八時間 勞動制를 設施하자!
소리 五 : 勞動者들을 爲한 社會福祉制를 實施하자!
소리 六 : 土地는 農民에게 分配하라!
소리 七 : 土地革命을 完成하자!
소리 八 : 모든 反動勢力의 대頭를 막자
소리 九 : 우리의 곁에 敵을 길르지 말자.
소리 十 : 政治는 人民의 손으로!
뭇소리 : 政治는 人民의 손으로!
사나히 : 내가 사랑하는 勞動者 農民아
뭇소리 : 오!
사나히 : 勞動者 農民의 完全한 解放은 멀지않다
뭇소리 : 萬歲!
사나히 : 朝鮮革命 만세!

뭇소리 : 朝鮮革命 만세!

(幕)

『예술』, 1945.12 수록

서울갔든 아버지 (一 幕)

(京紡爭議의 勝利를 爲하야 職工 동무들에게 보내는 선물)

곳 : 忠淸南道 永同郡 靑山

때 : 一九四五年 十月

李貴鳳 : 京紡職工 玉粉의 아버지

崔 氏 : 그 안해

德洙 : 그 아들

玉粉 : 京紡職工

張致道 : 洞里靑年

朴老人 : 이웃사람

職工 A

職工 B

女工 A

女工 B

女工 C

靑山洞 두메에 있는 小作農 李貴鳳의 집 가난한 살림살이 아모런 치장도 없이 여유와 윤택이란 찾을래야 찾을 수 없는 貧農의 집이다. 幕이 열리면 아들 德洙가 밭에서 풋콩 한 단을 낫으로 배여들고 들어와 마루에 놓고 마루에 걸터앉어 썬 담배를 호주머니에서 끄내서 담뱃대에 넣어 석냥을 그어 불을 부처 피인다. 이윽고 어머니 崔氏가 함지에 햇쌀 찐 것을 머리에 이고 들어온다.

德洙: 찌었어유 몇되나 돼유.

崔氏: (함지를 마루에 내려놓으며) 몇되나 될 지 서너되나 될까

德洙: 서너되나 돼유! 퍽 많이 낫군유 큰단으로 한 단 배여온 것이 서너되나 쌀이 났군유. 어허 참 풍년든 베는 쌀이 많이 나는 군유.

崔氏: 콩은 베왔니? 웬 걸 이렇게 많이도 베어 왔담. 두어끼니 먹을 맛치나 베여올꺼지. 네가 증용에 갔다가 一年 가까이 농사 손을 떼드니 손이 헤퍼졌구나.

德洙: 조곰만 벤다는 것이 낫질 두어번에 이렇게 베여 버리고 말었지유 뭐. 어떼유. 서울서 玉粉이도 올꺼고하니 그 애가 오면 햇콩밥을 실건 먹이쥬.

崔氏: 글세 …… 네 아버지는 웬일인지 입때 도라오시지 않구나. 떠나실 때는 네닷새면 다녀 오신다고 했는데 ……

德洙: 서투른 서울 길에 더더구나 차 타기가 힘드는데 어듸 그리 작정되로 도라오실나구유.

崔氏: 무사히 가기는 갔는지 그리고 玉粉이를 맛나 보기나 했는지

德洙: 어련히 맛났을나구유.

崔氏: 독립도 되고 너도 증용에서 도라왔고 玉粉이는 三年德만에 아버지와 같이 쉬 돌아올 것인데 네 형 龍洙만 돌아오면 이제는 우리 다섯 식구가 한 집에 모여 살게 되겠구나.

德洙: 형님도 쉬 도라오겠지유.

崔氏: 글세 어듸서 배를 주리고 있는지 혹시나 죽지는 않었는지 궁금하다.

德洙: 죽기는 웨 죽어유.

崔氏: 사람 일을 누가 아니 일본놈들이 무슨 짓을 저질러낼지 믿을 수 있담. 들려오는 소식 이 모두 험상스런 소리뿐이니 한신들 맘을 놀 수 있겠니

德洙: 일본에 있는 우리 조선사람이 七崔百氏만명이나 된다는데

하로에 겨우 三千名 밖에 실어 내오지를 못한다니 다 나올 때까지 멧해가 걸릴걸유.

崔氏: 제발 죽지나 않고 살아만 와주었으면 …… 그 죽일놈들 일본놈들이 자식들을 모조리 증용으로 떼가다니 생각만해도 치가 떨리는구나. 생각만해도 그저 그놈들을 잡아 갈갈이 찢어 버리고 싶구나. 그 애만 오면 무슨 걱정이 있겠니. 하로에 죽 두끼라도 왼 식구가 한집에 모여 살면 무슨 고생이라도 참겠다.

德洙: 걱정 마서유. 우리도 언제까지든지 죽만 먹고 살란 법은 없으니깐유. 우리 농사꾼도 인제는 하로에 밥 세끼식 먹고 살아봐야지유.

崔氏: 애야. 어듸 그렇게 편한 살림살이가 우리들에게 있을 수 있겠니

德洙: 조선이 독립되였으니 우리 농사꾼도 좀 잘살게 돼야쥬. 이에 더 우리가 고생사리를 한다면 독립이 돼도 거즛 독립이지 뭐유.

崔氏: 地主가 땅을 가지고 있는 한은 어듸 잘살 길이 있을라구.

德洙: 우리가 좀 더 잘살자고 地主한테 덜 빼앗기자구 지금 우리들이 농민조합을 맨들고 있지 아니해유.

이때에 이웃 老人 朴이 들어온다.

德洙: 朴老人 내려오셔유.

崔氏: 어서 오세유.

朴: (마루에 앉으며) 李첨지는 안직 안도라왔나

德洙: 네. 오실 날이 넘었는데유.

朴: 그 사람이 서울가서 길을 잊었나. 서울 이야기 좀 들을랴니 어지간이도 사람을 기달리게 하는군.

崔氏: 딸 아이를 대리고 내려오자니 아마 날 수가 걸리는 모양이여

유.

朴 : 싀골뚜기가 종로 인정 구경 하누라고 세월 가는 줄 몰으겠군. 그 나두 긔미년 만세판과 이태왕 인산때 올러가 본 뒤엔 아주 서울 길이 맥히었겠지. 그동안 서울도 많이 달라젔을게다 …… 내가 자네 아버지에게 서울 길 속을 잘 이야기는 해주었지만 워낙 장안 천지이 넓기 때문에 어루산이 李첨지는 아마 갈피를 케지 못할게다 …… 허허허.

德洙 : 인산때 가 보신 서울길과 지금 서울 길은 아주 딴판일텐데 ……

朴 : 뭐 달라졌으면 얼마나 다라졌을나구 남대문 정거장에 나려 북쪽으로 조곰만 가면 남대 문이 있고 거긔서 한참가면 종로 네거리가 있지. 북에는 북악산이 있고 북악산 밑에 경복궁 터가 있고 동에는 동대문이 있고 서에는 서대문 ……

德洙 : 하하 ……

朴 : 웃긴 웨 우서?

德洙 : 그렇지오. 동에는 동대문, 서에는 서대문 그리고 북에는 북대문이 있쥬.

朴 : 북대문이라는 것은 없네.

德洙 : 네 북대문이 없어유? 그렇지유. 저도 북대문이란 소리는 못 들었세유.

朴 : 긔미년 때 불으든 그 독립만세소리가 八月 十五日 날 서울 장안에 또 터저 나가두록 일어났을 테지 …… 인제는 죽기 전에 정말 우리 國都가 된 서울구경을 한 번 하구 죽어야지 …… 그레 자네 형헌테서는 소식이 통이 없나

德洙 : 네.

崔氏 : 오는 날이 소식 날이쥬.

이때에 서울갔든 李貴鳳 영감이 괴나리보찜을 매고 들어온다.

李： 어험! 별 일은 없었나.

德洙와 崔氏 마당으로 뛰여가 맞는다.

德洙： 아버지 다녀오셔유.

崔氏： 웨 이렇게 늦어셨우.

朴： 이첨지 인제 오는가.

李： 어이구. 朴老人 나려오셨군. 그래 그동안 별일 없으시구.

崔氏： 옥분이는 어쩌구 혼자 오셨우.

아아： 이 사람이 서울서 길을 잃어 버리고 헤매이다가 딸자식도 못 맛나보고 온 모양이로구나.

李： 흥! 나를 두메 싀꼴쑤기라고 없우히보는 모양이로군. 알장같은 내 달년을 이 두눈으로 보고 왔다네.

崔氏： 그럼 웨 같이 다리고 오지않구 혼자만 오셨우.

李： 그 냉수나 한그릇 내오너라. 숨이나 좀 내쉬고나서 이야기하지.

崔氏 물 한그릇 가저온다.

李： 옥분이 공장에서는 지금 파업이 이러났거든…… 파업이 끝날 때 까지는 다리고 올 수가 없드구나.

德洙： 파업을 했어유.

崔氏： 파업이 뭣이유.

李： 직공들이 한 덩어리가 되어 일을 하지 아니하고 회사측 즉 공장주인과 싸홈을 하는 중이라네.

朴： 그건 또 웬 싸홈이냐

李： 글세. 내 말을 좀 들어보우. 싸호기 됐는가 안됐는가…… 아 그놈들이 우리 옥분이를 대리고 갈 때 비단같은 소리허든 걸

들었었지. 잘 먹이고 잘 잎이고 글공부도 시켜서 기한만 채우면 싀집 갈 밋천은 훌릉이 작만해서 보낸다는 걸 …… 朴老人도 아시다싶이 우리 옥분이로 말하면 어여뿌게 낳지는 못했지만은 길우어서 남의 집 메누리감으로 내놓아 그닥지 부끄러울 데는 없으리라. 내남없이 그랬지 …… 그랬든 우리 옥분이가 서울방직 공장에를 가서 그때 모집쟁이 말데로 잘 먹고 잘 입고 한창 자라날 철이니까 응당 활작 피여났을 것이라 짐작했드니 면회장에 나온 우리 옥분이를 보고 나는 놀라 뒤로 넘어질번 했구려.

崔氏: 웨 무슨 병을 앓었나유.

李: 병을 앓다니 이 천명되는 여직공이 병도 앓지않고 모조리 이렇게 되었드구나. 잘 먹인다든 그놈들이 콩밥 수수밥 감옥사리 밥보다 더러운 밥을 먹이고 잘 잎인다든 그놈들은 두텁게 잎으면 긔게에 위험하다는 구실로 치운 겨울에도 홋옷을 잎이고 맨발로 공장에 내조찼드구나. 이러구 하로에 스무 네 시간이나 노동을 시켰으니 강철인들 당할 리이 있나. 이천명 녀직공 중에 절반이 병이 들어 콜눅거리고 일년에 삼사십명 식이나 저승객이 되어간다는구나. 내가 찾어간 날만해도 경긔도 파주서 온 게집아이 하나가 죽어서 장사를 치루더라.

崔氏: 그놈들한테 속았구나!

李: 속기만 했나. 빼앗기고 피를 빨렸지. 이렇게 나 어린 아이들의 기름을 짜서 그놈들은 무었을 한 줄 아나 대궐같은 집을 짓고 밥상 날르는 종, 신발 닥는 종, 잠자리 챙기는종, 외투 잎이는 종 심지어 뒤쑤시게 해밧치는 종까지 두고 산해진미는 다 갖다먹고 살았구나. 한 발자죽만 나가도 자동차를 타고 다니고 하로 저녁에 나가는 요리값만 해도 수천원이 된다는구나.

朴: 죽일놈들이로군.

李: 내가 묵든 여관집 옆방에 있는 학생한테 들으니 회사 사장놈은 일본놈들이 저를 보호해주는 값으로 멧백만원을 국민총력 련맹에다 긔부하고 후생부장이라는 벼슬을 얻었다드구나. 이렇든 악착한 놈이 八月 十五日 날 독립이 되어 일본놈들이 물러가고 또 새로운 손님 미국군에게 알낭데고 이 가여운 게집아이들을 더 빨아먹을 수작을 하겠지.

朴 : 그건 안 될 일이지.

李 : 그렇구말구 그러니까 직공들이 모주리 떠들고 일어나서 동맹파업을 햇단 말이다. 八月 十五日 前에 많이 번 돈에서 직공들에게 위로금을 내놔라! 공장에서 인제는 손을 떼라. 우리 손으로 공장을 관리 할테다. 노동시간은 여들시간으로 하자! 이렇게 부르짓고 싸호이고 있단 말이다.

崔氏 : 우리 옥분이도 같이 싸호고 잇우.

李 : 암. 싸호고 말고. 파업을 익일때 까지 한사람도 떨어지지 말고 싸화야지. 그래서 대리고오지 못하고 나혼자 먼저 내려왔지.

德洙 : 致道가 좀 섭섭하게 되었어유.

崔氏 : 정말 그 사람이 섭섭히 생각하지 않을까.

李 : 한사람 섭섭한 건 참아야지. 파업에는 한사람이라도 떠러저 나오면 파업을 망치는 거야. 익일때 가지 같이 싸화야 해.

朴 : 암! 그렇구말구. 파업을 익인 뒤에 위로금이나 담뿍찾어 나오거든 그때에 致道하고 혼인을 시키이면 되지 뭐. 바부게 서둘를 것 없어.

이때에 張致道가 들어온다.

張 : 아저씨 잘 다녀오셨서유.

李 : 응. 자네 잘 내려오게.

崔氏 : 옥분이를 못 대리고 왔구나.

張 : 네? 웨 어듸가 아프다든가유.

李 : 이 사람 섭섭히 생각말게. 그 애 공장에는 지금 파업이 이러났다네.

張 : 네. 경성방직 회사에 파업이유?

李 : 파업을 이길때 가지 옥분이를 대리고 올 수 없었네.

張 : 네. 그렇지유.

李 : 朴老人 …… 그래 내가 내 눈으로 내 자식의 어굴한 꼴을 보고 나니 도모지 분통이 터저 견딀 수 있어야지. 우리 조선사람이면 어느 누구없이 경성방직 공장의 직공을 동정해주고 그 파업을 익이게해 줄 줄 알고 나는 맛침 노자도 떨어지고 해서 아가 이야기 한 그 학생 손을 빌어 서울 사는 사람에게 호소하는 광고를 써 가지고 종로 네거리 화신 앞정면 철문에 다 한 장 붙이고 동대문 돌 담벼락에 한 장 붙이고 또 한 장은 경성역 대합실에다 붙이놓고 나려왔네! 그 광고 초 잡은 것을 내가 가지고 왔는데 한 번 들어보우. 그 학생 글 솜씨가 아주 구수하고 문틀이 여간 잘 되지 아니했어 …… (편지를 읽는다)

"서울 사는 여러분 이 사람은 충청남도 영동에서도 자동차를 타고 다섯 時間을 더 가는 靑山이라는 곳에 사는 사람입니다. 지금부터 三年 전에 나는 고명 딸 옥분이를 서울 영등포에 있는 경성방직회사에 여직공으로 보냈습니다. 그대 모집온 사람의 말을 들으면밥도 잘 먹이고 고기도 때때로 주며 옷감도 제 하나 잎고는 남을 맛치 준다기에 우리 시골에는 먹을 것도 없고 부황이 나고 고생사리가 심하고 아들 둘 있든 것 증용으로 빼앗기고 딸자식 하나 남은 것 호광이나 시키려니 하는 생각으로 승낙햇습니다. 서울로 올러 가서 고생사리가 되면 도루 오겠지하고 기다렷드니 잘 있다는 편지가 오구 맷 달만에 한 번식 돈도 十圓 二十圓 보내기에 안심하고 오늘날까지 지내왓겠지오. 그러다가 이번에 독립이 되고 시대도 밖였으니 인제는 내딸을 다려다 출가나 시키겟다고 이 사람은 서울까 지 딸 찾으러 올러왔습니다. 공장에를 찾어 가서 문직이를 보고 딸년을 맞나려 왔노라고 이약이를 했드니 문직이란 놈은 이말저말 문초리를 하고 난 뒤에 뒷간 옆에다 세워두고 저녁때나 되됐서야 내 딸년을 맞나게 해줍니다그려. 내 딸이라고 그리고 내놓고 또 그것이 나를 보고 아버지하고 내 옷자락에 매달려을기에 내 딸인 줄 알었지. 그렇지 않고는도저히 알 수가 없을만치 얼골은 누르고 살은 빠지고 뼉다귀만 남아 잇었습니다. 말을 물어도 대답도 않고 울기만 하니 도모지 애비된 심사가 어쩔줄을 모르겠드군요. 아즉 긔한 이 안되였다고 하면서 다리고 내려가러는 내 딸자식을 내놓지 않는군요. 남의 성한 딸자식을 대려다가 요모양 요꼴로 맨들어 논 공장주인놈을 지저 발겨도 시원치가 않겠습니다. 여러분, 경성방직공장에는 요사이 파업이 이러났다지요. 암. 이러나구 말구요. 일본놈 들한테 온갖 충성을 하든 그놈들을 내쫒아야 합니다. 나는 그동안 노자도 떨어지고 이 파업이 이기는 것도 보지 못하고 시골로 내려갑니다만은 서울 사는 여러분은 다같은 조선사람이면 이 파업을 익이게 해주시오. 이 사람은 여관 옆방에 하숙하고 있는 학생에게 이 편지를 써서 서울 사는 여러분께 호소하고 갑니다만은 내 딸년의 파업을 꼭 익이게 해주시기를 믿고 갑니다. 충청남도 영동군 청산리 이 貴 鳳 上書"

(다 읽고 나서) 어대요. 편지 잘셨지요.

朴 : 그 참 알기좋게 구수하게 셨는데

李 : 이 놈을 커다란 백노지에 써서 화신 앞에 붓처 놓고 도라스니 쭉 뫃였든 서울 사람들이 내 손목을 덥석 잡고 당신이 정말 옥분이라는 여직공의 아버지냐고 묻지 않겠나. 그래서 내가 밋친 사람이 아닌담에야 웨 거즛말 하겠오. 했드니 그러냐

고 그러면 안심하고 시골로 내려가시오. 이 파업은 우리 서울 사람이 조선사람이란 량심에서 꼭 이기두록 하이겠다고 하지 않겠나. 이렇게 돼서 옥분이를 파업이 이길때 까지 매껴두고 내려왔네. 이사람 致道 자네네겐 좀 섭섭하게 됐네만 좀 더 기다리게.

致道 : 아니여유. 저이들 혼인이 그리 바븝니가유.

李 : 그렇구말구. 그러나 그 파업이 한 달이 걸릴지 두 달이 걸릴지 몰으다드는구나. 공장 주인놈이 좀처럼 직공들의 요구를 들어주지 안는다는구나. 그러니 금년 가을에 성례를 못하면 래년 봄으로 밀리릴 작정하고 허리끈 늦우고 기다리게. 하하하.

致道 : 네. 염려 마세유. 저야 언제가지든지 기다리겠어유.

崔氏 : 그렇게 고생하는 줄도 몰으고 우리는 그 애가 보내주는 돈을 넙적넙적 받아 먹었구나. 빨리 대려다 시집보내기 前에 보신이라도 시키고 약첩이라도 멕여야지.

李 : 괜찬어. 빨아 맥힌 것이 우리 옥분이 뿐인가 二千名직공이 모두 영양부족이 되어 다 죽어가지 안나. 八月 十五日 以後는 식량배급조차 제데로 나오지 않고 근 두 달을 호박국만 먹고 싸호고 있단다. 그리면서도 기어코 이기겠다고 버틔면서 한사람도 떨어지는 사람이 없으니 나는 그 이야기를 듯고 어떻게 반가운지 눈물이 흘러서 견딜 수가 없구 나……

잠간 沈默이 흐른다.

李 : 그래. 이 사람 致道 그동안 농민조합 맨들든 것은 다 되어가나.

張 : 네. 아저씨가 올러가신 뒤 새로 일곱부락에 조합이 되고 그저게 농민조합협의회까지 맨들었습니다.

李 : 응. 그래 수고했네. 그런데 내 편지 써준 학생의 이야기를 들

으니 우리 농민은 정말 잘살게 되었드구나.

張: 어떻게 돼서요.

李: 인민공화국 정부에서 발표한 것인데 소작료는 삼할로 하게 되었다나.

朴: 아니 소작료를 삼할만 밧친단 말인가.

李: 그럼 소작인이 칠활을 가지고 지주는 삼활만 먹게 하잔거라네.

朴: 그게 정말인가

李: 정말이 아니고……

朴: 그렇게 된다면야 얼마나 좋겠는가 그런 걸 우리는 꿈엔들 생각해 보았나 어듸.

張: 그러니 우리는 인민공화국 정부를 절대로 지지하지 아니하면 우리 농민은 다시 가난한 생활을 거듭하게 됩니다.

李: 암! 그렇구말구!

照明으로 잠긴 舞臺轉換의 氣分을 낸 뒤 한편에 옥분이를 中心으로 職工郡이 나와슨다 (다음부터는 슈프렛히·콜 形式으로)

玉粉: 좋은 옷 고기반찬 넉넉한 옷! 많은 버리 이것은 모두 꿈에 지나지 않었어요. 좋은 밥 대신에 썩은 콩밥을 먹이고 고기반찬 대신에 욱어지국을 주었고 넉넉한 옷 대신에 삼동에도 홋옷을 잎이고 많은 버리 대신에 챗죽질을 했어요.

職工A: 勞動者를 解放하라!

모두: 勞動者를 解放하라!

玉粉: 아침 일곱시에 공장에 들어가면 다음날 아침 일곱시에라야 기숙사에 도라감니다. 하로에 스물 네시간 긔게 앞에 서 있는 우리들의 간열핀 다리는 저리고 아펐으며 두 눈은 보이지가 아니하고 정신은 어지러워집니다. 이리고서 우리들의 몸둥아리는 살이 빠지고 피가 말나갔고 어린 가슴에는 무서운 병이 좀먹어 들었습니다.

職工B : 二十四 時間 勞動絶對 反對!

모두 : 二十四 時間 勞動絶對 反對!

職工A : 八時間 勞動制를 實施하라!

모두 : 八時間 勞動制를 實施하라!

玉粉 : 철창같은 기숙사에서 우리는 고향의 하늘을 꿈꾸고 아버지 어머니를 생각합니다. 우리 집 장독대에는 금년 여름에도 새빩안 봉선화가 피였겠지오. 우리 마당 높다란 감나무엔 주먹같은 반시감이 주룽주룽 열렸겠지오. 한 때는 그리운 고향도 생각하고 눈물도 흘렀습니다. 인제는 이 지긋지긋한 감옥사리같은 생활과 노동에 지처서 아름다웁든 고향의 꿈도 살아지고 말었습니다.

女工A : 우리들의 아름다운 꿈을 도루 찾자!

모두 : 우리들의 아름다운 꿈을 도루 찾자!

玉粉 : 그저께도 또 한사람 우리 동무가 고향도 못 가보고 아버지 어머니도 못 보고 어둠컴컴 한 긔숙사의 쓸쓸한 방에서 아까운 청춘을 열여덟 살을 마지막으로 세상을 떠났습니다. 어굴한 이 원한은 누가 갚아줍니까.

職工B : 우리가 우리 손으로 갚자!

모두 : 우리가 우리 손으로 갚자!

崔氏 : 옥분아! 너는 죽어간 너의 동무의 령 앞에 맹서코 너이들의 파업을 이겨라! 너이들의 청춘을 빼아서 가고 너이들의 꿈을 빼아서 간 즘생같은 자본가를 너이들 손으로 쪼처내라.

致道 : 勝利를 위하야 英雄的인 싸흠을 게속하고 있는 노동자제군 나는 君들에게 農民으로써 最大의 인사를 보낸다. 옥분이는 나의 約婚한 여자다! 今年 가을에는 결혼식을 거행할 예정이었다. 그러나 君들의 파업이 이기기 前에는 나는 옥분이를

찾지 않겠다. 그리고 勞動者諸君! 우리들 농민은 지금 小作料는 三七制로! 土地는 농민에게로!하는 슬로간을 내걸고 싸호고 있다.

職工A : 勞動者 農民 解放 萬歲!

모두 : 勞動者 農民 解放 萬歲!

職工B : 全國의 勞動者 農民 여러분 오늘 날까지 日本帝國主義의 총칼을 우리 위에 눌르고 그들의 가장 충실한 종이되여 우리를 搾取하는 資本家는 日本帝國主義가 물러가자 이제는 다시 미국 헌병의 총칼의 보호를 믿고 搾取를 계속하랴 가진 술책을 다한다. 工場은 우리 손으로 관리하자!

모두 : 그렇다 공장은 우리 손으로 관리하자!

職工A : 우리의 敵은 資本家뿐 아니다. 資本家에게 왼갖 아첨을 팔든 놈도 우리들의 敵이다. 敵은 또 있다. 外面으로는 우리들의 가장 믿을 수 있는 편인듯하면서도 內面으로는 私利私腹을 채우려는 타락한 幹部이들도 우리의 敵이다. 우리 곁에서 모든 敵을 물리치자!

모두 : 모든 敵을 물리치자!

職工B : 우리는 파업을 익이고 敵을 물리치고 우리의 生活을 改善하고 우리의 主張을 永久히 貫徹하기 위해 우리는 굳게 團結하자!

모두 : 勞動組合의 긔빨알에로!

李 : 옥분아, 이겨라. 이기고 말게다. 서울 市民은 모두가 너이편을 들어주겠다고 종로 화신앞에서 내 손을 잡고 약속하더라. 너이들이 이겼다는 소식만 들리면 이 아버지는 햇벼를찌어 인절미를 치고 감과 밤 대추를 넣고 시루떡을 쩌서 서울 영등포로 너를 맞나러 가마!

玉粉 : 아버지! 고맙습니다. 그러나 저는 아직 고향에를 갈 수 없어요. 노동자는 직장을 직혀야 합니다. 우리가 직장을 직히고

일을 해가야 우리 조선이 빨리 완전이 해방이 되고 독립이 됩니다.

李 : 암. 그리고말구. 경방 노동자 만세!

모두 : 만세!

이 : 노동자 농민 단결 만세

모두 : 노동자 농민 단결 만세

—幕—

『우리문학』, 1946.1

고개ㅅ길 (一幕)

(素人劇用 脚本)
오토 · 뮤러 原作
申鼓頌 飜案

때 : 해방 이후
곳 : 어느 도시 교외
나올 사람

박대곤—젊은 노동자
송춘수—노동 조합원
김채순—여직공
중학생
귀부인
중
대학교수
순사
농민

시외로 나가는 고갯길 산등성이로 쌓아 올라간 빈민굴이 보이고 푸린 하늘도 보인다.

막이 열리면 열여섯 살쯤 된 박대곤이 제 힘에는 몹시 벅찬 짐수레를 끌고 고개를 올라 갈려고 하나 힘이 모자람으로 수래는 땅에 딱 붙은체 아모리 애를 써도 떨어지지 아니한다.

박대곤 : (짐차의 방향을 틀면서) 어였차 …… 엠병할 놈의 구루마 무겁기는 지독히도 무거워! (고개를 쳐다보며) 제길 …… 때려죽여도 여긴 못 올라가겠네. (짐차를 세우고 체위에 앉는다) 날더러 이렇게 많은 짐을 실고 가두록 하는게 애당초 틀렷지. 이 고갯길을넘는 줄 뻔히 알면서도 그 주인놈이 이렇게 실어 주지 않았어 …… 제길 …… (또 버 티어보나 소용없다) 아유 난 몰으겠다. (또 앉는다) 서너푼 받는 월급에 매달려 이렇게 고생을 해야 옳담. (고개 밑을 내려다 본다) 힝 …… 좀 밀어줄만한 놈은 한 놈도 않오는구나! (수래를 발길로 찬다) 빌어먹을 놈의 것 ……

훌륭하게 꾸민 부인이 나온다.

귀부인 : (무관심한체 지나랴다가) 아이고 젊은이가 짐을 너무 많이 실었군 그래!

박대곤 : 웨요! 그러면 어젓테요.

귀부인 : 젊은 사람이 말버릇이 웨 그 모양일까

박대곤 : 남의 속도 몰으고 짐이 많고 적은 것을 상관할게 뭐여?

귀부인 : 저런 말 보아! 이건 아주 상사것이로군그래.

박대곤 : 그렇다! 그러지말고 이거나 밀어주지?

귀부인 : 이런 뻔뻔스러운 녀석봐. 버르장머리가 그래서야 짐차가 이 자리에서 꼼작이나 할줄아나 양반집 주인이 골사납게 미쳤다구 그걸 밀어줘!

박대곤 : 홍! 나같은 대장부님이 못끌어 올린 것을 밥먹고 똥이나 살줄 아는 예편네가 어림도 없지.

귀부인 : (분이 머치끝까지 치밀었다)이런 불한당 같은 놈이 어딋나 해방이 됐다니 아이놈들까지 요 모양이야 …… 어듸 순사가 없나? 이런 건 그대로 둬서는 안돼! 그래 내가 누군줄 알고 무례한 말버릇이냐. 군정청 고문 황기수씨의 부인을 몰라보고 ……

순사를 불러 이런 놈은 버릇을 곳처야 해……

박대곤: (방성대소를 한다)

귀부인: ……입때까지 눌려살든 노동자놈들이 제 세상이나 맞난듯이 이러난단 말이야. 그건 안될 일이지……(순사를 찾으랴고 근처를 살핀다. 노랑 목소리로) 여보 순사님. 巡査 이리 좀 오세요.

巡査: (뛰여온다) 웨 그러쇠오.

귀부인: 나는 군정청 고문 황기수씨의 부인이오.

巡査: 무었 때문에 불렀습니까. 아 이 짐차에 다쳤단 말슴이지요.

귀부인: 누가 다처요. 아닙니다. 여기 있는 젊은애한테서 모욕을 당했습니다.

巡査: 어떻게요.

귀부인: 이런 품파리꾼 아이한테서 나같은 귀부인이 입에 못담을 욕을 얻어먹었습니다.

巡査: 그래요. 어떤 욕을 먹어섰단 말입니까. 이야기해 주십시오.

귀부인: 어떤 욕을 했는지 그건 이애더러 물어주세요.

巡査: 이봐. 네가 이분한테 정말 입에도 담지 못할 욕을 했느냐.

박대곤: 욕 좀 했어요……욕 먹을 짓을 했으니까요……

순사: 어떻게?

박대곤: 나는 이 짐차를 글고 이 고개 씰을 넘으랴 지금 땀을 뺄뺄 흘리고 있는데 저 여자는 나를 조롱을 했어요. 남의 죽을 고생하는 것을 보고 도아줄 줄은 몰으고 되려 조롱을 해야 옳단 말이오. 그래 부화가 나서 욕 좀 했어요. 어쩔테요.

순사: 그러는 게 아녀……(귀부인한테 가가히 가서) 이런 아이들하고 길거리에서 시비를 하시면 창피만 당하실테니 군정청 고문 부인께서는 댁으로 도라가시오. 이 아이는 내가 엄중히 처벌하겠습니다.

귀부인: 그럼 나는 믿고 가요.(간다)

巡査: 여기 머물고 잇지말고 빨랑빨랑 끌고 가!

박대곤: 그렇지만 딱 들어붙은 채 떨어질 생각을 않는걸 어쩨요.

巡査 : 안돼. 안돼. 노상에 대놓고 있는 것은 교통방해가 되는 거야.

박대곤 : 그럼. 나리 미안하지만 저 고개 위까지만 밀어주세요.

순사 : 뭐? 경관은 그런 일을 하기 위해서 있는 것이 아니야. 국가의 안녕 질서를 유지하기 위해서 국록을 먹고 사는 사람이야.

박대곤 : 그럼 하는 수 없어요. 누가 밀어줄만한 사람이 올때가지 여기서 기대리지오.

巡査 : 만약 장시간을 두고 이 도로를 사용해야 할 경우에는 경찰서에다가 도로사용 허가를 얻어야 해.

박대곤 : 네. 하하하……

巡査 : 웃기는 웨 우서……

박대곤 : (여전히 웃는다)

巡査 : 경관을 조롱하는 거야. 이건 일본시대 경찰같으면 당장 따귀를 올려부치고 본서로 안치할 거지만 민주주이 경찰이라 그러지도 못하고 젊잔케 대해주니 경관을 조롱을 해. 이 애…… 오분동안 여유를 줄테니 옴겨가. 만약 오분 이내로 옴겨가지 아니할 때는 엄벌에 처할테야. (배내고 간다)

박대곤 : (짐차 뒤로 가서 짐실은 모양을 살피며) 체…… 민주주의 국가…… 대관절 독립은 언제되는 거야. 민주주이는 뭐고 공산주이는 뭐야……(길아래 편을 바라보며) 아…… 인제는 밀어줄 사람이 오는 모양이다. 뭐야. 중이로군. 중이면 부처님 은덕으로 좀 밀어줄테지.

중 : (나온다. 가사를 입고 목탁을 들고 염불하며)

박대곤 : (반기며) 여보세요. 스님……

중 : 네…… 당신은 나를 아오.

박대곤 : 네. 알구말구요. 그 언젠가 우리 집에 동냥 얻으러 오시지 않었어요.

중 : 응…… 집이 어던데.

박대곤 : 웨 저 북문 밖 개천ㅅ가에 사는 박첨지네 집 말요.

중 : 응!! 알았어. 그래 요새 어때.

박대곤 : 이 짐이 좀 무거워서요.

중 : 그래. 짐이 무거워서!!

박대곤 : 네. 스님. 누가 좀 밀어줄가 해서요.

중 : 그렇겠지.

박대곤 : (밀어줄 줄 알고) 저 ……

중 : 그래 아버지는 어떻신가.

박대곤 : 아버지요. 아버지뿐 아니라 우리 어머니는 내가 이른 무거운 짐을 실고 다니며 고생을 하다가 탈나지 않기를 바래고 있어요.

중 : …… 응!! 소년시의 고생은 돈을 주고도 못 사느니라. 자네와 같은 나히의 젊은 사람은 이만한 단련을 해야돼!! 이까진 일로 몸에 탈이 날리는 없으니까 석가님은 실달왕자로 게실 때 농부가 진종일 논밭에서 노동하는 것을 보시고 자비하신 마음으로 드디어 출가를 하시었나니라. 석가여래님의 이 자비하신 법광은 늘 자네들 위에서 살피고 게시지. 나무아미타불! 나를 봐. 나도 젊은 때는 많은 고생도 했지. 다 부처님 은덕으로 이렇게 살아 있다가 극락왕생을 하게 됐어. 아무렇든 꾸준히 일을 하게. 나무아미타불 (나간다)

박대곤 : 저런 중은 또 첨 봣네 좀 밀어줄 줄 몰으고 염불만하고 제까짓게 주지라. 흥! 어 느 절 불목한인지 누가 알어. (노래를 불으며 앉는다. 교수가 오는 것도 몰으고)

교수 : (점차 옆에와서 머즌다) 흥. 군은 지금 로상방가를 하고 있군. 호, 봐룸 지 피로조피–렌 잇히빈젤 인테레스트 필 자인 운트 덴케 쫄 디제스 베콤멘 운트 엘헤이븐 인뎀 포지치 온델 자이네 이데아.

박대곤 : 여보세요. 어떤 어룬이신진 몰라도 조선말 아니 국어를 해주세요. 전 영어를 몰라요.

교수 : 오! 그렇지. 그렇지. 내가 자기 소개할 것을 잇었군. (절을 하고) 이 사람은 철학박사 장석진올시다. 대학에서 심리학을 가리

키고 있습니다. 지금 내가 말한 것은 영어가 아니라 독일말입니다. 그러나 그것은 당신에게는 하등의 흥미가 없겠지요.

박대곤 : 네. 그렇구말구요. 대학선상님즘 되시면 바보가 아닌 담에야 독일말, 영국말 다하시겠지오.

교수 : 하! 젊은 친구 옳은 말슴이오. 그러소이다. 대학교수는 바보가 아닙니다.

박대곤 : 그런 선상님 저를 위해서 좋은 지혜를 좀 아리켜 주세요. 저는 이 짐차를 끌고 지금 이 고갯길을 넘어 가야해요. 이럴땐 선상님은 어떻게 저를 도와 주실 수가 있어요.

교수 : (짐차의 주위를 자상히 들어다보고 이모저모 관찰한다) 만약 내가 이 짐차를 그 내포 적인 것을 인식비판적으로 고찰해서 당신의 체력의 강약을 신체 발육에 관련시켜 또 당신의 연령으로서 당신의 리성이 어느 정도로 발달해 있는가를 심사숙고할 때 당신의 체력 내지 리성이 아즉 불충분한 발달을 수행하지 못한 것을 나는 명백히 알 수 있습니다.

박대곤 : (무슨 소리인지 영문을 몰으고 처다만 보고 있다)

교수 : 그리고 그것은 경험론적으로 다시 말하면 경험상에 서서 알 수 있다는 것이오. 그러나 엠필리 즉 경험론은 진실을 배반할 때가 있습니다. 사람이란 것은 당신도 하나의 사람에 지나지 않지만은 사람이란 것은 전체로 봐서 아무 것도 몰랐습니다. 위대한 철학자가 수백천년 전에 이렇게 말했습니다. "나는 알도다. 나는 아무 것도 몰으도다"라고……

박대곤 : 수백천년 전 옛날에는 그 양반이 이 짐차가 무거운 줄이지야 몰랐겠지만 지금은 어린아이라도 이게 무거운지를 알 수가 있을거요.

교수 : 물론 후천적으로나 선천적으로나 그런 결론에 도달 할 수가 있습니다.

박대론 : 그름 도대체 어떻거란 말여요.

교수 : 세 라 케숀!

박대곤 : 허, 참. 국어로 말해 주세요.

교수 : 이번에는 라젼어요. 그것은 의문이란 말이요.

박대곤 : 선상님! 저를 잡고 작란만 마시고 빨리 어지하면 이 고개를 넘을 수가 있는가를 아 리켜 주세요.

교수 : 그렇지. 그렇지. 당신은 이 짐을 움즉여야 할 것입니다. 그러나 나는 명백히 판단을 할 수 있습니다. 이 짐은 당신에게는 가능성의 범위 외에 있습니다. 간단하게 말하면 이 짐을 절반을 줄여야 할 것입니다.

박대곤 : 네! 그름 이 짐을 내려야 한단 말이지오.

교수 : 이 짐차를 움즉이는 데는 두 가지 방법이 있습니다. 당신의 체력을 높이거나 또는 짐을 적게 하는 것입니다. 그런데 당신의 체력을 현재 이상으로 확대하는 것은 단시간으로는 불가능한 일이니 결국 다른 방법인 짐을 적게 하는 길 이외는 방법이 없을 것입니다.

박대곤 : 짐을 내려란 말이지오.

교수 : 그렇지 적어도 절반은 내려야 합니다.

박대곤 : 흥! 그까짓 지혜라면 선상님헌테 되지 아니해도 되는 걸요.

교수 : (시계를 보며) 아! 교수 시간이 됐군. 나는 이런 돌발 사건 때문에 많은 시간을 소모했군. 잘 가시오. (간다)

박대곤 : 참. 기가 마켜 죽겠네. (앉는다. 잠간 있다가 휘파람을 분다)

중학생 : (지나가랴 한다)

박대곤 : 이 애 이걸 좀 밀어줘!

중학생 : (얼골을 찌푸리며) 여보세요. 좀 더 공손한 말을 쓰세요. 나는 당신이 나를 이 애라고 불러야 할 아무 이유가 없습니다.

박대곤 : 뭐라구! 학생아이가 좀 건방지군그래. 이걸 잠간 밀어 달랬는데 뭣이 나뿌단 말야.

중학생 : 날더러 이 애가 뭐요.

박대곤 : 이 애야. 너같은 학생더러 이 애란게 나뿔게 뭐란 말야.

중학생 : 나는 중학생이오. 나는 로동자가 아니오.

박대곤 : 우리는 시비는 말자. 잠간 밀어줄테냐. 안 밀어줄테냐.

중학생 : 나는 밀어줄 의무가 없소. 당신은 돈을 받고 이 일을 하지 않소.

박대곤 : 돈을 받고 않받고를 말성할게 아니다. 나는 이런 몹쓸 노동을 하고 있어.

중학생 : 아—당신도 돈을 많이 받으랴하고 일은 적게 하자는 패들이로군요. 노동자란 밤낮 동맹파업이나 하는 것을 젤로 좋아하니까.

박대곤 : 이 자식봐라. 해방이 됐다니 주둥아리까지 해방을 했나보다. 건방진 소리하면 그냥 안둘테다.

중학생 : 뭐라구요. 칠테요. 巡査를 대리고 와도 좋아요.

박대곤 : 巡査가 와 보아 내가 너를 못때리는가

중학생 : 붓자펴가도 좋아요?

박대곤 : 뭐 巡査는 너이들 건방진 놈들을 위해서 있는게 아니다.

중학생 : 어떨지 한 번 불너 볼까요.

박대곤 : 오냐. 내가 불너주지. 여보세요.

중학생 : 허, 참. 별자식 다 보겠네.

박대곤 : 이 애야. 巡査가 오기 전에 다라나라. 안 다라나면 (주먹을 들며) 이걸 멕일테다.

巡査 : (온다) 너는 아직도 그대로 있군.

중학생 : (모자를 벗고 절을 한다) 여보세요. 여기 있는 사람이 길가는 사람한테 무리한 짓을 합니다. 저를 보고……

巡査 : 너를 어떻게 했단 말이지. 이봐, 아가 내가 뭐랬어. 빨리 짐차를 끌고 가 (중학생한테) 이 애, 이 사람이 너더러 뭐랬나.

중학생 : (이 애라는 바람에 좀 속이 상한다) 날더러 댓자곳자로 이 애라고 했어요.

巡査 : 응. 그 말버릇이 고약하군. 그래 너더러 이 애라고 했단 말이지.

중학생 : 그래도 저는 이래도 열여섯 살이에요. 그러니 당신도 저더러 너니 이 애니 하지 말고 당신이라고 불러 주시기를 요구합니다.

巡査 : (비위가 틀린다) 뭐야. 너같은 아이 놈한테까지 당신이 당했어.

중학생 : 그러치오. 그게 민주주입니다.

巡査 : 오라. 그럿군. 민주주이 그래. 그래 민주주이닛까. 그럼 이 노동자는 당신더러 당신이라 해야 마땅할 것이오. 그리고 당신은 빨리 짐차를 끌고 가시오. 그러치 아니하면 나는 당신을 체포하겠소.

송춘수 : (나온다) 뭐예요. 무슨 일이 났어요.

巡査 : 당신은 아모 말도 마시오 (박대곤한테) 빨리 글고 가시오.

박대곤 : 그름 누가 이걸 좀 밀어 주세요.

송춘수 : 오냐 내가 밀어주지. (손으로 짐차를 떼민다)

박대곤 : 아! 인제야 왔군. 밀어줄 사람이 여기 이 자식은 이걸 좀 밀어달랜다고 巡査를 불르고 야단이야.

송춘수 : 그럴테지. 보아하니 어느 부자집 되련님이실텐데 어련히 일하기를 싫어 할게라구. 자, 내가 밀어주지.

巡査 : 여봐. 여기서 그런 불온한 선동 연설을 하면 못써. 본관은 그런 것을 금지한다.

송춘수 : 여보, 그릇치만 언론은 자유입니다. 당신은 민주주이를 몰으세요.

巡査 : 본관은 안녕 질서를 위해 그런 것은 처벌한다. 군정청에서 철패라고 발표없는 법률은 일본총독 정치시대와 같은 취제를 한다. 빨랑빨랑 끌고童갓!! (중학생에게) 당신께서도 빨리 가시오. (간다)

중학생 : (간다)

송춘수 : 나는 저기 뵈는 창에서 다 보고 있었어. 적어도 사오인의 사

람이 여기를 지났는데도 불구하고 거드러주는 사람은 하나 도 없었어.

김채순 : (한 편에서 나온다) 송동무 여기서 뭘 해요. 어데가요.

송춘수 : 아 …… 김동무요. 이 짐차를 잠간 밀어줄 작정이요.

김채순 : 그럼 나도 밀어 들이지.

농민 : (지게를 지고 나온다) 여보세요. 나도 좀 밀어 들이겠소.

송춘수 : 네. 좀 밀어주시오. 자! 가자!

박대곤 : 아이고 이번에는 이러케 많은 사람들이 밀어 주시는군.

송춘수 : 그러쿠말구 우리들 근로대중은 서로 돕고 단결해야 해. 우리이외에 누가 우리를 도와줄 줄 알아.

김채순 : 그럼요. 돈잇는 놈들은 다 그런거요. 우리는 우리끼리 뭉처야 해요.

농민 : 암 …… 우리들 노동자 농민이 손을 잡고 굳게 단결해야 우리는 이깁니다.

박대곤 : 여러분들! 나를 이러케 두말없이 도와주는 당신들은 대체 누구들이에요.

송춘수 : 다같은 노동자다!

김채순 : 우리는 노동조합원이오.

농민 : 나는 농민조합원이오.

박대곤 : 아! 그래요.

송춘수 : 자, 가요. 우리 자주독립도 이러케 근로대중이 단결하면 문제없소.

동네 사람 이럿차 소리도 힘차게 짐차를 밀고 쉽사리 고개를 넘어간다. (幕)

『전선』, 1946.3(창간호)

들숏 (三幕)

때 : 一九四六년 六월하순에서 九월까지 일어난 일
곳 : 三十八도선의 접경지인 강원도 어느 농촌

나오는 사람

조장곤—농민 (六十七세)
최씨—그안해 (六十五세)
갑선—그 딸 향선이라 부르던전작부 (二十세)
갑준—그아들 왜놈의 전쟁에 뽑혀갔다가 남방에서 돌아온 귀환병 (二十三세)
강진만—보안서장 갑선의 옛애인 (三十二세)
강상히—농민 (六十五六세)
필순—그의 딸 갑준의 약혼녀 (二十一세)
김광필—남선에서 침입한 테로단
보안서원—四五명
만주에서 돌아오는 귀환민 남녀동네 사람들

第一幕

◇무대

조장곤의 집이다. 왼편 뒤로 언덕길이 있고 언덕에서 낮은 경사진길이 마당으로 통해있다. 바른편에 삼간집이 좌경해있는데 농촌 반농가로서 판에 박은듯한 안방 건넌방과 마루 부엌이 제자리에 있다. 언덕넘어로 행로가 있란듯 마당에는 한여름을 맞인 뒷가지의 화초가 우거져있고 마당한편에 보리집이 쌓여져 있다.

유월하순의 한낮 더운 볕이 내려쪼인다 막이 열리면 언덕 넘에 행길로 달구지가 요란하게 지나 간다. 아직도 옷맵시라든가 얼골이 말쑥한 거라든가 작부질하던 흔적이 남아보이는 갑선이 마루에 앉아 권연을 피고 있다 이윽고 집뒤에서 최씨가 호미와 삼테기를 들고나온다.

최씨 : (딸이 권엽피는 것을 좀 못마땅해하면서) 이애야 아버지보는데서는 담배좀 피지말아라

갑선 : (연기만 뿜고 대답은 없다)

최씨 : 여태 피어 버릇한게니 당장 끊기야 힘이 들겠지만 어데 이란 시골바닥에서 새파란 젊은 여자가 담배피는 골이 그리보기 좋지는 않지 ……

갑선 : 담박에 끊어져요 어데 …… 아버지 서만 필테니 걱정 마세요!

최씨 : 이 에미야 네속을 다 알아 …… 아버진들 어데 몰라서 그러는 건가.

갑선 : 그럼 왜 내 얼골만 보면 역정을 내고 미워하는게요? 내가 누 때문에 칠년이나 긴세월을 작부 노릇을 했어요.

최씨 : 누가 그걸 모르나.

갑선 : 나는 팔려 가면서도 내 한몸 버리구라도 집안이 잘살기를 바랐어요.

최씨 : 글세 그걸 다 안다니까.

갑선 : 딸자식을 팔아 먹구두 집안이 잘되기는커녕 더 망해 가지않었어요.

최씨 : 딸자식을 팔아먹은 부모의 속언 어떠했겠니

갑선 : 딸을 팔아먹구두 조선사람은 못살게만 되두룩 마련인걸요 ……. 나도 하로 바삐 빗을 갚겠다고 이를 악물고 애들 썼지만은 빗은 더 늘어만 가게 마련일걸요 …….

최씨 : 일제 왜놈들이 다 물러갔으니 잘 살게 됐다지 않냐.

갑선 : 잘 살게 됐는데두……. 땅이라곤 한뽐도 없던 우리집에도 땅이 생겼는데두 아버지는 왜 ◇◇세요. 물러가지 아니했드래면 나는 일평생 진흙 속에 썩어지고 말 것이 아니었어요……

최씨 : 네 아버지가 저렇게 되신 것두 갑준이 때문이 아니냐. 아들 자식하나 있던 게 생사를 알 수 없으니……

갑선 : 베틀고 앉아서 트집만 부리면 안올 사람이 오는지요? 누구의 덕력인지는 몰라도 우리 조선 사람이 잘살게 된 것은 틀림없는데 왜 얻은 복을 아버지는 고마워할 줄 몰라요…… 이런 고마운 세상이 올 줄 우리가 언제 꿈엔들 생각해봤어요? 나는 서울서 북선에서는 땅 없는 농삿군들이 땅을 얻었다는 소문을 듣고 눈물을 흘리면서 좋아했어요! 해방이후 북선서는 나 같은 괄턴게집들이 다 풀려나갔다는데 남선에서는 아모 소식이 없어 얼마나 애를 태웠는지 몰라요! 그러다가 이번에 이렇게 플려오지 않았어요…… 이만하면 해방된 보람이 있지 뭐예요!

최씨 : 그렇구 말구 네 말이 저저히 다 옳다. ……

갑선 : 나두 인젠 그 더럽게 살아온 지긋지긋한 작부살이에서 풀려났으니 사람구실을 해 보겠다는 욕심이 나서 내딴은 기뻐서 돌아왔는데 아버지는 무엇이 못마땅해서 그러는 거예요!

최씨 : 아버지가 왜 너를 미워서 그러겠니. 그이가 본시 어데 말이나 잘 하는인가. 갑준이가 병정이 되어 남방으로 간 뒤부터 아주 딴사람이 됐지…… 그러니 너두깝게는 생각지 말아.

이때에 조장곤 들어온다.

최씨 : 비뇨 배급은 얼마나 준대유.

조장곤 : (퉁명스럽게) 몇 가마니 나올 줄 알았어 …… 그까짓것 나오나 마나 ……

최씨 : 얼마나 나왔기에 그러우.

조장곤 : 준다는 말뿐이지 고까짓걸 뿌리나 마나 반가마도 못되는걸 ……

최씨 : 여보 그만큼 나온 것두 고맙지 않수 왜놈의 때에는 삼년 동안 비로배급이라곤 통이 없었던 걸 반가마라두 나온 건 다 해방된 덕이지 뭐유.

조장곤 : 듣기실여! 여편네가 뭘 안다구 잔소리야

최씨 : 지금부터 가는 길이여유.

갑선이 수근쓰고 앞서 나가고 최씨 뒤딸아나간다. 조장곤 마루에 걸쳐 앉아 담배를 핀다. 조금 있다가 만주서 오는 귀환민 남녀 언덕길로 마당에 들어선다.

귀환민 : 남자 그 미안합니다만 물 한그릇만 얻어먹읍시다.

조장곤 : 부엌에 있으니 더 잡수시우.

귀환민 : 남자 네 고맙습니다. (안해에게) 여보 좀 쉬다갑시다.

귀환민 : 여자 그러지오 (이고 오던 짐을 내려 놓는다)

귀환민 : 남자 (짐을 내려놓고) 어! 더워!

귀환민 : 여자 (부엌에서 물을 떠내와서) 자 자시우.

귀환민 : 남자 (마신다) 어이구 시원하다 …… (조장곤에게) 여기서 삼십팔도선까지 몇이나 남았습니까.

조장곤 : 지름길로 가도 삼 십리는 된다우.

귀환민 : 남자 삼십리요 아이구 인제 다왔나보군! 그런데 경계선 넘기가 어렵다는데 …… 어떻게 가면 쉽게 넘을수있습니까.

조장곤 : …… 못넘어 봐 잘모르겠수 (좀 퉁명스럽다)

귀환민 : 남자 네 …… 만주서 농사하다가 빈털터리가 되어 고향엘

돌아갑니다 고향에 간들 별수도 없지만 댁에도 토지분배를 받았습니까.

조장곤 : 받았다우

귀환민 : 여자 아유 (부러워한다)

귀환민 : 남자 좋으시겠습니다.

조장곤 : 좋긴 뭘 좋단 말이유.

귀환민 : 남자 그럼 좋지않구요 땅없던 사람이 땅을 얻었는데……

조장곤 : 좋거던 당신들도 여기와서 사시유.

귀환민 : 남자 땅만 준다면 살구말구요 그렇지만 우리네야 얻을 권리가 있습니까.

조장곤 : 남선 나려 가거던 북조선농민들은 토지를 얻어 잘살게 되었드라는 이야기나 하시유 (비꼬는 소리다)

귀환민 : 남자 (이려나며) 잘 쉬고 갑니다. 저 길로 줄곳 가면 경계선이 나옵니까.

조장곤 : 가다가 나루를 건너서 물어 가시유.

귀환민 : 여자 (짐을 지고 나서며) 안녕히 계십시오.

조장곤 : (대답 없다)

귀환민 남녀 나가자 이와 스쳐 강상히 들어온다.

강상히 : 조첨지 있나.

조장곤 : 잘 오게 (냉정히)

강상히 : 이 바쁜데 더구나 손이 모자라면서 왜 집에만 들어 앉아있나 밭이나 매지 않구……

조장곤 : 알뜰히 하면 뭘 해……

강상히 : 이건 아직도 생각을 못 돌렸나.

조장곤 : 내 걱정말구 네나 알뜰히 하려무나.

강상히 : 그러지 말구 마음을 돌리게. 이런 좋은 세상이 또 다시 오겠

나 우리가 그 화적놈들 같은 왜놈들한테 눌려 안 살게 된 만해도 고마운데 꿈에도 생각지 아니한 땅 생겨 빼앗아 가는 지주놈이 없어져 …… .

조장곤 : 흥 지주가 안빼앗아 가면 빼앗길 때는 없는 줄 알아?

강상히 : 누가?

조장곤 : 이맹추. 괜히 덤벙대지말구 정신 차려 성출은 없는 줄 알아.

강상히 : 허 …… 이 사람은 땅을 얻었으니 성출은 내야 도리지.

조장곤 : 다 빼앗아 가도?

강상히 : 누가 다 빼앗아 간대여.

조장곤 : 당해 봐야 알지.

강상히 : 이건 괜히 지레짐작이야. 우리, 백성 옳지. 요새말로 우리인민을 위하는 정부가 북조선에 있는데 우리인민을 못살게 할 게라구.

조장곤 : 흥 …… 너두 땅바닥을 준다니까 허패가 좀 늘어난 모양이로구나. 허풍 떨지 말고 정신 차려라.

강상히 : 자네나 정신을 바꾸어 넣지 넣게. 네가 오늘날까지 어떻게 살아왔나 생각을 좀해봐 자네집 할애비때부터 정참봉댁 작연으로 얼마나 쪼들리고 살아왔나. 그 진저리 나던 지난 일을 생각해 봐라. 그런 무거운 고리에서 버서난 것만도 고맙지 않나.

조장곤 : 꿀 바른 떡인 줄 알고! 넘적넘적 주서 먹다간 배탈 나지 배탈 나.

강상히 : 허허 이 사람의 속은 내 도무지 모르겠다니까 토지증명서까지 나왔는데 무얼 더 못믿어워할 게 있단말이야.

조장곤 : 토지 증명서를 백번 내주면 소용 있어 나종에 성출로 다 내노랄 때 못 내겠다고 버틸장사가 있어 ……

강상히 : 그렇지 않다니까 …… 그런 쓸데없는 걱정일랑 말고 우리인민위원회를 믿고 살아야지 …… 설령 성출을 내놓으라는 일

이 있드라도 설마 우리 먹을 것까지 남기지 않고 깡그리다 가져갈 리도 없겠지만 그 왜놈들 밑에서 살던 때를 생각해 보아 곡식공출…… 짚가마니 새끼 풀 피마자 나종에는 나무껍질까지 공출로 배껴대라지 않았나…… 그 시절의 그 악착스럽고 고되던 것을 생각해 본대면야 우리 나라를 위해 우리 다같은 동포를 위해 성출쯤 내놔도 나라를 찾고 권리를 찾고 땅을 찾은 고마움을 생각해서 좀 참아야지 그렇지만 성출이 나와도 그렇게 많지는 않을 겔세! 두고보아……

조장곤: 자네나 믿고 잘살게나.

강상히: 자네가 정 그렇게 못 믿어워 할 바엔야 얻은 땅을 도루 내놓고 남조선으로 가려무나.

이조곤: 구라장 둬런 말따위 봐라. 자네 언제부터 그렇게 큰소리 뱄니 그래.

강상히: 자네 병을 고처야 하네……. 그런데 그건 그것이고 오늘 자네를 만나려 온 것은 긴히 할 이야기가 있어왔네.

조장곤: 무슨 이야기가 있어?

강상히: 자네 내말 듣고 과히 섭섭하게는 생각지 말게.

조장곤: 뭘 말이야

강상히: 응 지금부터 이야기하겠네…… 저…… 자네 집 병정나간 갑준이하구……

조장곤: 갑준이가 어떻단 말이야?

강상히: …… 글세 내말을 듣게…… 갑준이 하구 내 딸년 필순이하구는 전자에 혼인을 약조하지 않았나.

조장곤: (말소리를 높여) 그래 내자식이 전쟁에 나가 죽고 안도라오니 파온을 하잔 말이로구나!

강상히: 허허 이 사람이 역정부터 내는군…… 내가 어데 갑준이를 죽었다고 그러나.

조장곤: 그럼 뭐란 말가 전쟁이 끝난 지 일년이 다 돼가두록 안라오

니 다 죽은걸로 치부하지 않나.

강상히 : 누가 그래 …… 자네가 그렇게 마음을 먹으니 어데 말을 내놀 수가 있어야지.

조장곤 : 그럼 뭐란 말가.

강상히 : 자네도 아다시피 내 딸년이 벌써 나이 스물아나 아닌가 게 집아이를 과년투록 집에두어 두기가 흉하단 말이야…….물론 자네하구 한번 언약한 것을 내가 먼저 깨트리는 것은 사내장부로서 더 부끄러운 일이 없네마는…….갑준이가 죽었다는 말이 아니라 지금 같아서는 언제 돌아올 줄 기약할 수 있어야지 …….

조장곤 : 누가 뭐래나 네 자식 네 맘대로 보낼 데 있거든 보내려 무나

강상히 : 글세 그러기에 자네한데 상의해 보는 게 아닌가……

조장곤 : 상의가 당했어 …… 하구픈데로 해.

강상히 : …… 자네가 섭섭하게 생각할 줄은 나도 알아 …… 그렇지만은 사정이 그렇지 않은가 처지를 바꾸어 생각을 해 보게나.

조장곤 : 이건 웬 성화야 맘대로 하라니까 ……

강상히 : …… 금년 가을이면 내 것이라구 곡식 섬이나 생기게 되었으니 이름에 딸년출가를 시켜야 하겠네 …… 그걸 자네가 양해를 해 달란 말일세.

조장곤 : …….

강상히 : 과히 섭섭하게는 생각지 말게.

조장곤 : ……. (한참동안 말이 없다가 몹시 뾰족한 소리로) 할말 다 했거던 가거라!

강상히 : 응! 자네와 나 사이에 이걸로 해서 틈이 벌어져서야 하겠나. 여보게 …… 자네 마음 섭섭할 줄 나도 잘 알아 지난 일은 다 시처 버리기로 하구 나하고 같이 가세 개똥이네 집에 좋은 소주가 들어왔다는구나 섭섭풀이로 우리 한잔 먹세.

조장곤 : ……

강상히 : 자 일어나게 ……

조장곤 : 좋거던 자네혼자 먹으려 무나! (서실이 퍼렇다)

강상히 : (위압을 느끼어) 음! 같이 갔으면 좋을텐데 …… 그럼 나는 가겠네 과히 섭섭하게 생각일랑 말게. 응.

조장곤 : ……

강상히는 안 떨어지는 발을 옮겨 겨우 나간다. 조장곤 혼자서 울분을 참지 못하고 이리 저리 설래다가 밖으로 휭 나가 버린다 한참 동안 무대는 빈다. 또 달구지가 지나간다 .

필순이 언덕위에 나타난다. 그리 멀지 아니한 곳에서 '필순아! 내갈테니 기다려!' 하는 갑선이 소리 들린다. 필순이 그 소리를 듣고 발을 멈추고 기다린다. 이윽고 갑선이 밭에서 돌아와 언덕위에 나타난다.

필순 : 언니 밭에 게셨어유.

갑선 : 필순이 오는 걸 보구 내 뛰어 왔지 ……

필순 : 밭일하는 줄 알았으면 밭으로 갈것을 …… .

갑선 : 아녀 잘됐어 …… 밭도 다 맷고 필순이하구 조용히 이야기 할 것두 있구 …… 자 집에 들어가잣구나 아버지가 게신지 …… .

두 사람 마당으로 들어선다.

갑선 : 마침 아버지도 안게시군 (마루에 앉으며) 이리앉아

필순 : 네 (앉는다)

갑선 : 오빠한테서는 소식 자주오니

필순 : 네 자주 와요 어저께도 편지가 왔드군유.

갑선 : 언제 마친다지?

필순 : 구월 달에 마친대유.

갑선 : 마침 농사철에 뽑혀가서 아버지가 힘이 고되겠군.

필순 : 오빠는 아주 나랏일로 나섰으니 아버지는 혼자서 다 해낸대유 땅도 전보다는 훨신 많아도 아버지는 인제야 우리 농삿군도 농사하는 보람이 있다구. 좋아하시며 어떻게 부즈런히 하시는지 보기에 애초러울 때가 많아유.

갑선 : 오빠는 멀지 아니해 보안서에 간부가 돼 올게구 아버지는 즐겁게 일 잘 하셔…….필 순이네 집은 정말 인제 자미니겠군…….

필순 : 어데 우리 집 뿐이라구유 우리 조선사람은 다 그런데유.

갑선 : 그렇구 말구…… 필순아 —

필순 : 네?

갑선 : 내 언제든지 필순이한테 한번 조용히 물어 볼랴구 했는데…….

필순 : 뭘요?

갑선 : 필순이하구 우리 집 갑준이하구 말이야……

필순 : (고개를 떠러뜨린다)

갑선 : …… 약혼을 했다는데 그건 아버지들끼리만 정한겐지 …… 너이들 사이두 서루 가끈히 지냈는지 ……

필순 : (얼골이 붉어진다)

갑선 : 한동네에서 가까이 자랐으니까 남같지야 않겠지마는…… 우리 갑준이가 필순이를 좋아했었니?

필순 : (가늘게) 네 ……

갑선 : 음 그래 필순이두 우리 갑준이를 좋아하구?

필순 : ……(얼골을 더욱 붉힌다)

갑선 : 부끄러워할게 뭐람 그만하면 다 알았어 …… 부모도 승낙할 테고 너이들도 서로 좋아하는 터이면 더 말할 나위 없지만 내 동생이라 그리는게 아니지만 우리 갑준이를 두고 말하면

남한테 빠지지 않는 청년이구 필순이두 얼굴이나 마음씨나 다 어여뿌니 훌륭한 배필이지 뭐야…… 그렇지만 생사를 모르니…… 필순이 심사도 안타까울거야……

필순 : (갑자기 갑선의 무릅에 얼골을 파묻고 느껴운다)

갑선 : (우는 것을 그대로 한참 두고 보다가 어깨를 어루만지며) 울지마. 갑준이가 아주 죽은 게 아니니까…… 아직두 남방에로 간 병정들이 다 돌아오지 아니했으니까 멀지 아니해 우리 갑준이는 돌아올게야…… 그애는 만만히 죽을 애가 아니야…… 자…… 그만 진정해라 응…… 마음을 굳게 먹구 갑준이 돌아오기를 기다리자!

필순 : (더욱 소스라치게 느낀다)

갑선 : …… 왜이래 …… 자 진정해라 응!

필순 : 언니…… 난 어떻게 하문 좋아유 (말을 더 잇지 못하고 울어버린다)

갑선 : 필순이 마음 하나에 달렸지 갑준이를 진정 사랑한다문……

필순 : 언니…… 우리집에서는 날 다른 데로 시집 보내겠다구…….

갑선 : 아니 다른 데로 시집을 보내……

필순 : 네…… 난 어떻게 하문 좋아요…… (또운다)

갑선 : …… 갑준이가 아주 안돌아 온다면……. 갑준이가 돌아왔다고 믿어지지 아니하면 다른 데로 시집을 가야지…… 필순이 마음 하나에 달렸어……. 필순이는 갑준이가 돌아올 것 이 믿어저?

필순 : 나는…… 나는 갑준이는 꼭 돌아올 사람이라고 믿어유.

갑선 : 음…… 그럼 돌아올 때까지 기다려야지——.

필순 : 기다리라니 아버지가 들어줘야지유……

갑선 : 아버지하구 싸희야 해…… 우리 아버지들이 시키는 일이 우리를 좋게 해주는 일이 별루 없드라…… 나를 보아 오늘

내가 이 꼴이 되고 만 것이 모두 아버지 때문이야…… 우리 부모는 오늘까지 저이들 좋은 데로만 해왔어 그러기 때문에 일생을 지내는 자식들이 얼마나 많으냐 내 마음에 좋은 길이라구 짐작되는 그 길이 바른 길이야 그 길이 잘사는 길이야……

필순 : 나 같은게 다 어떻게 무슨 힘으로 아버지를 거역해유……

갑선 : 필순아 싸우자! 나도 거들어 줄테야…… 진정 필순이가 갑준이를 사랑한대면 갑준이를 위해서 언약을 지켜야지…… 나두 내 동생한테 필순이 같은 좋은 안악을 마지두록 싸와야지 …… 필순아 싸우자 응. 내 도울테니 ……

필순 : 네 …… 언니만 믿겠어유.

갑선 : 그래 ……(손목을 쥐며)나를 보아 우리 집 아버지가 나를 술집에다 팔아먹을 때 …… 내가 좀 더 뭘 알았다면 싸왔을게다 …… 그러나 그때 우리집은 너무도 살림살이가 군색했기 때문에 어린 내 마음에도 내 몸 하나 버리고 집안 식구를 살리자 허고 아무말 없이 팔려갔었단다…… 그러나 나를 팔아먹구 우리집 형편이 피인 줄 아니…… 형편이 피기커녕 점점 더 어려워만 갔지 …… 나만 내 몸만 버리고 내 일생만 망쳤지 …… 지금 생각하면 왜 그때 내가 좀더 굳세게 싸우지 아니했나 몹시 뉘우처진다 ……. 그때 내가 좀더 싸왔던들 …… 이렇게 쓰라린 변은 안당하겠지 …….필순아 오새 내가 마음으로 얼마나 괴로워하는지 몰으지 …… 이렇게 괴로울 줄 알았으면 차라리 몸이 풀려나지 않구 맻 십년이던지 늙어 죽을 때까지 팔려다녔으면 싶다 …… 처음 흘려 올때는 장속에 가쳐 있던 내가 오래만에 노여저서 마음대로 하늘을 날러 다니는 것이 몹시 기뻤다만은 멫 날 안지나니 기쁨은 다 어데로 가고 쓰라림이 한 가지씩 한 가지씩 생겨나더라 …… 필순아 ……(한숨을 쉰다)

필순: 언니 …… 언니 마음을 나두 짐작해유 …… 참 언니 사촌 오빠가 언니 만나려 한번 오시겠대유 ……

갑선: (반가워하며) 아니 진만씨가?

필순: 네 …… 어저께 만났을 때 그래유.

갑선: 진만씨가 나를 찾아 오시겠다구 …… (쓸쓸하게) 필순아 …… 진만씨가 나를 찾아오시겠다니 무척 반갑기도 하다만은 나는 무슨 얼굴루 진만씨를 대하겠니 …… 나 같은게 …… 칠년 동안 작부노릇을 해온 더러운 게집이 어찌 진만씨 앞에서 얼골을 들 수 있겠니 …… 진만씨는 나 같은 게집에게선 너무도 먼 곳에 있는 사람이야 ……

필순: 그래두 내가 보기에는 언니두 무척 훌륭해진 것 같아유 …… 아는 것이 퍽두 많아유 ……

갑선: 흥 …… 내가 훌륭해 …… 내가 아는 것이 많아 …… 설령 그렇다 해두 …… 진만씨 앞에 어떠케 나설 수 있겠니 …… 나는 벌서 작부라는 더러운 물이 칠 년 동안을 두고 왼몸에저저 있지 않니 …….

이때에 강진만 언덕을 넘어 기침을 하고 마당에 들어선다.

필순: 언니! 사촌오빠가 오서수.

갑선: (저윽히 당황하며) 아니 …… 사촌 오빠가? (일어선다)

필순: (일어나 맞으며) 오빠 오셔유.

진만: 필순이 왔었니 …….갑선씨!

갑선: 진만씨 …… (고개를 숙인다)

진만: 돌아 오셨단 말을 듣고 한번 찾아오겠다면서 일에 휘몰려 늦었습니다.

갑선: 네 …… 좀 앉으세유.

진만: (마루에 앉으며) 필순아 너두 앉아라.

필순 : 네 (한편에 앉는다)

진만 : 정말 오래간만입니다 그동안 얼마나 고생하였습니까.

갑선 : ……

진만 : 몰라 보겠군요.

갑선 : (자격지심으로 고개가 몹시 숙어진다)

진만 : 칠 년 만이지오

갑선 : ……

진만 : 오래간만에 집에 돌아 오셔서 반가우시겠습니다. 아버지 어머니두 무척 좋아 하시겠군요

갑선 : 네……

진만 : 갑준군이 아직 안 돌아와서 좀 섭섭하실테지요

갑선 : 아버지가 제일 마음을 태우시고 계세요

진만 : 좀 하시겠습니까 늙막에 얻으신 외동아들인데 병정으로 잡혀나갈 때 만해도 얼마나 심통을 하는지…….집에서 보아낼 수가 없었답니다.

갑선 : 진만씨도 짐작하시는지 몰라도 이때까지 눌려만 살던 우리 농삿군도 북조선에서는 잘-게 되었는데두 아버지는 기뻐하시지두 앓구 날마다 역정만 네신답니다.

진만 : 네! 나두 잘 알고 있습니다 .그러나 걱정할건 없습니다……. 외아들의 생사를 몰으시니 그 답답한 마음에 모든 것에 귀천이 없어 그런 것입니다 아버진들 오래동안 종사리 같은 농삿군이 아니었습니까. 누구보다도 더 쓰라림을 많이 당해 온 사람입니다 맻 해로 농사를 해도……. 지주에게 빼앗기기만 했고 외아들은 왜놈 때문에 뜻 아닌 전장에 나갔고 딸은……(갑선의 얼골을 쳐다보고 말을 뛴다) 누구보다도 우리조선이 이렇게 붉은 군대의 힘으로 해방이 된것을 기뻐할 사람입니다 그런데도 아버지는 기뻐하실 줄 모르고 토지분배를 받아도 고마운 줄도 모르고 아들 생각에만 젖어있습니 다

그러나 갑준군만 돌아오면 다 풀어질 것입니다

갑선 : 그가 빨리 돌아와 될텐데 …… (필순의 얼골을 건너다본다)

필순 : (갑선의 시선에 부대치자 고개를 수긴다)

진만 : 아직 남방간 면 사람들이 다 돌아 오지 아니했으니 차차 돌아 오겠지오. 걱정마십시오.

갑선 : 갑선씨가 잘 위로해 드리십시오.

갑선 : 아버지는 저를 보기만 해도 역정을 내시며 못마땅해 해요

진만 : 네 ……

필순 : (이러서며) 오빠 이야기하구 계세유. 난 먼저 가겠어유. 언니 난 가유.

갑선 : 왜 더 놀다 가지않구.

진만 : 좀 더 놀다 나하구 같이 가지.

필순 : 저녁밥을 지어야 하겠어유.

진만 : 그럼 먼저가

필순 : 언니 또 오겠어유.

갑선 : 응 잘 가!

필순이 간다

갑선 : 소중한 일을 맡으시어 얼마나 바쁘세요.

진만 : 바쁘기야 조선 사람은 매일반이 아닙니까.

갑선 : 인제는 진만씨가 전부터 소망하시던 세상이 왔어요.

진만 : 아직도 길이 멉니다. 이제 겨우 우리 조선 사람이 잘 살 수 있는 길이 열렸을 뿐이지 그 길에는 발에 채이는 돌부리도 많고 잡초도 많이 우거져있습니다. 이 돌뿌리고 잡초를 뽑아버리는 싸움이 아직도 우리에게는 남아있습니다. 이 싸움은 하루 이틀에 끝나지 아니합니다.

갑선 : 그래요!

진만 : 갑선씨가 이번에 돌아와 보시기에 우리조선이 어떻습니까.

갑선 : 제가 뭘 압니까.

진만 : 보시기에 말입니다.

갑선 : 무식한 제 눈에 비치는 것만으로 봐서 북선은 정말 살기 좋게 되었어요. 땅 없던 농삿군이 땅도 있는 대신에 남선에는 아직두 왜놈시대보다 별 다른게 없어요.

진만 : 잘 보셨습니다.

갑선 : 서울서는 대낮에 작단을 해가지고 집을 부신다 사람을 죽인다 수라장판이 일어나요. 다 같은 동포가 동포를 죽이고 욕하고 찌저 발기고 야단들이예요. 오월 언젠가 제가 거리에 나갔다가 제 눈으로 보았어요. 뭐 독립전취 국민대회가를 서울운동장에서 마치고 수백 명이 작당을 해서 거리를 쓸고 다니며 때려 부셔고 치고 있단이드군 이런걸 순사는 보구도 못 본척 내버려두는데 …… 저는 떨려서 못 보겠도군요 ……

진만 : 그게 모두 이승만 김구가 조종을 하는 반동분자들의 파괴행진입니다.

갑선 : 네! 저도 그렇다는 이야기를 들었어요.

진만 : 갑선씨 세상을 바루 보실 줄 아십니다그려.

갑선 : 제가 뭘 알아요.

진만 : 그걸 바로 볼 줄 모르는 사람이 아직 많기 때문에 싸움이 필요하다는 겁니다.

갑선 : 그렇겠어요 …… 제가 팔자소관으로 술집에서 천한 생활을 하면서 해방이후에 달은 데서는 듣지 못하고 보지 못할 것도 많이 봤어요.

진만 : 그걸 좀 이야기 해 주십시오.

갑선 : 별일이 다 봤어요 차차 다 이야기해드리겠지만 지금 서울서 빠니—카페니 요리 집을 경영하는 건 모두 북선서 도망질처 온 민족반역자나 그 토지를 몰수당한 지주들이예요. 이런

반동분자를 김구나 이승만이가 매수해서 이런 영업을 경영합니다. 그런 집 드나드는 사람들을 감시하고 하는 말들을 엿듣는 답니다. 여급이나 기생들에게 술따르고 노래하는 틈에도 늘 손님들의 거동과 말에 주의를 하게해서 일러바치라구요…… 그래서 손님조차 정치이야기나 북선 이야기가 나와서 저희들 편이 아닌 것을 알면 그 자리에 나타나 때리기도 하고 뒤틀 따라가 잡아가기도 해요.

진만: 최후발악입니다.

갑선: 남조선은 어데던지 다 그렇겠지만은 더구나 서울장안은 살판 같아서 살수가 없어요.

진만: 갑선씨도 잘 돌아오셨습니다. 우리 북선은 정말로 인민의 나라가 되었습니다. 북선이 이렇게 농민 노동자를 위하는 정치가 실시되어가는 한편에 남선에서는 나라를 팔아 먹으랴는 이승만 김구 같은 반동분자들 때문에 혼란만 해지니 남선 있는 인민들이 불상합니다.

갑선: 그래요.

진만: 갑선씨도 인제는 고향에서 농사도 짓고 고향을 위해서 일도 좀 해주십시오.

갑선: 제 같은 것이 무슨 일을 할 자격이 있어요?

진만: 그런 것이 문제 아닙니다. 우리가 다 같이 잘살기 위해 누구나 일을 해야지오…… 갑선씨도 오랜 고생두하고 서름도 받았으니 그만큼 일을 할 권리도 있고 자격도 있습니다.

갑선: 저는 지난날이 더러워 얼골을 들고 다닐 수가 없어요.

진만: 그런 생각을 버립시다.

갑선: 저 같은 것을 상대해 줄 사람이 없어요.

진만: 아닙니다. 우리 고향사람이 아니 북조선 전인민이 쌍수를 내밀고 당신을 잡아줄 것입니다.

갑선: 곧이 들리지 않어요.

진만 : 그럼 그 증거로 내가 먼저 갑선씨의 손을 잡아 들이지오.

진만이 일어나서 덥석 갑선의 두 손을 잡는다. 갑선이 어쩔줄을 모르다가 감격과 추억에서 복잡한 감정이 복바친다. 가늘게 느껴운다.

진만 : (그대로 손을 잡고) 왜 우십니가. 울지 말고 내 이약기를 들어주십시오. 나는 지금 갑선씨의 손을 쥐고 칠 년 전 일을 생각합니다 .이 손을 통해 칠 년 전 갑선씨가 나에게 주던 그 애정이 다시금 더듬어집니다. 칠 년 전에 쥐어 보던 그때와 같이 지금도 갑선씨의 손은 따뜻하고 부드럽군요 …… 나는 이 변함없는 갑선씨의 손과 같이 마음도 변함없을 것이라고 믿습니다.

갑선은 참을 수 없다는 듯이 진만의 손을 뿌리치고 마당에 있는 나무에 기대어 흐느껴운다. 진만이 따라가서 우는 갑선의 어깨를 손으로 잡는다.

진만 : 갑선씨 왜 울기만 하십니까.

갑선 : 저는 더러운 게집이예요. 진만씨 같이 훌륭하신 분의 곁에도 있을 수 업슨 게집이예요.

진만 : 갑선씨 그런 말은 맙시다. 나는 갑선씨를 그렇게 만든 그때의 사회를 미워하고 왜놈을 미워할 뿐이지 갑선씨를 아무렇게도 생각지 않습니다

갑선 : 저는 진만씨를 먼발치에서 우러러 볼 수는 있어도 이렇게 가까이서는 대할 수 없는 게집이예요.

진만 : 갑선씨 우리는 순진하여집시다. 나는 칠 년 전에 갑선씨에게 대하던 애정을 지금 그대로 가지고 싶습니다. 모든 것은 새로워졌습니다. 낡은 것 때묻은 것은 차차 물러가고 있습

니다. 땅도 새롭고 사람도 새로워졌습니다. 이런 새로운 환경에서 우리도 새로운 도덕과 윤리관을 가지고 살아갑시다……. 갑선씨 과거는 조금도 생각지 말고 내 가슴 속으로 뛰어 들어오십시오

갑선 : 그래두 그래두.

진만 : (돌아선 갑선의 어깨를 두손으로 잡아 바로세우며) 자! 나를 믿어주십시오 칠 년동안 서로 멀리 떠러저 있었을 뿐이지 칠 년 전 마음은 항상 가까이 있었습니다. 칠 년전 우리들의 애정이 너무도 컸고 순진했기 때문에 거리와 시간의 힘으로는 우리들의 애정을 깨뜨리지 못햇습니다. 갑선씨 (갑선의 어깨를 잡고 있던 두손이 갑선을 가까이 끌어들인다.)

갑선 : (얼골을 진만의 가슴에 파묻고 다시 감동에 느낀다)

진만 : (한참동안 우는 것을 그대로 두고 보다가 어루만지며) 갑선씨의 울음의 뜻을 나는 잘 알겠습니다. 갑선씨의 나에게 대한 애정이 전과 같다는 존귀한 표적인줄 나는 잘 압니다……

갑선의 느끼는 소리가 고요하게 무대를 한동안 차지하다 별안간 언덕 위로 보안서원 한 사람이 뛰어 들어온다. 이 바람에 진만은 갑선을 잡았던 손을 놓고 갑선은 마루로 간다.

보안서원 : 서장동무…… 보고 선촌 분주소에서 긴급정보가 들어왔습니다.

진만 : 응.

보안서원 : 삼십팔도 이남에서 침입한 권총가진 테로단 일 명을 체포 방금 취조 중 이외에 일단 수명이 침입한 흔적이 있으므로 경계를 요한다고 합니다.

진만 : 응! 그럼 박동무 명령을 전달해 주시오 서원전원을 비상소집해주시오. 나도 곧 가겠습니다.

보안서원 : 네! (뛰어 돌아간다)

진만 : (갑선에게 가까이가선) 갑선씨 지금 들으신바와 같이 긴급합니다. 까다롭게 생각을 가지지 말고 단순해주십시오 자! 난 갑니다.

뒤도 안돌아보고 진만은 뛰어나간다 .갑선이 진만의 간곳을 바라보다가 다시 두 손으로 얼골을 가리고 마루에 쓰러져 어깨를 들먹거리고 운다. 한참 사이 …… 조장곤이 술이 취해 노래부르고 비틀거리며 언덕에 나타난다. 갑선이 이 소리를 듣고 방으로 들어가 버린다.

조장곤 : (노래) 세상사 쓸 곳 없다 이 뭐 뭐라구 잘 살 수 있는 세상이라구. 다른 놈들은 다잘살아보아 …… 내가 어찌 …… 뭘 바라고 …… 자식도 없는 …… 내가 …… (비틀거리고 마루에 가 앉는다) 자식도 없는 내가 뭘 바라고 잘 살 수가 …… 있어 …… (울며) 갑준아! 내자식갑준아! (마루를 치며) 너는 죽고 말았느냐! 으응 ……

조장곤의 울음과 방에서 다시 들리는 갑선의 느낌이 교착될 때 고요히 막이 나린다.

第二幕

무대는 일막과 같다

일 막에서 수일 뒤

막이 열리면 저녁때이다 최씨 혼자 부엌에서 일을 하고 있다 필순이 들어온다.

필순 : 아주머니 게서유.

최씨 : (부엌에서 얼굴만 내 놓구) 필순이 왔니?

필순 : 언니 집이 안게서유.

최씨 : 응 어델 갔는지 아까 나갔구나.

필순 : 언니가 무슨 말 안하서유.

최씨 : 무슨 말?

필순 : 서울로 도루 가겠다는……

최씨 : (놀라며 부엌에서 나온다) 뭐! 서울로 도루가다니

필순 : 못 들었어유?

최씨 : 아니 그 애가 서울로 도루간단 말이냐.

필순 : 네.

최씨 : 그건 또 금씨 초문이다.

필순 : 어저께 저더러 그러는데 …… 암만해두 집에서는 살수가 없으니 도루 서울루 가야겠다구 그래유.

최씨 : 그게 정말이냐?

필순 : 네.

최씨 : 음! 그애가 그여쿠 그런 맘이 들었구나. 제 아버지가 여북해야 집안에 정이 붙지 …… 부모를 잘 못 만난 탓으로 올은데 시집도 못가고 칠 년 동안이나 하지 못할 고역사리를 하다가 겨우 풀려서 집구석이라구 돌아오니 아버지가 저 모양이 아니냐. 그래 정말이라면 저걸 어떻거나.

필순 : 아즈머니가 잘 타일러 주서유.

최씨 : 글세 도루 보내서야 되겠니. 어떻게 하던 잡아야지 …… 그렇지만 한사하고 가겠다고 고집을 피우고 아무 말 없이 휭 가버리면 어쩌겠니. 말이 자식이지 칠년이나 서울바닥에서 술집사리를 하고 왔으니 맘속을 알아먹을 수도 없다니까 …… 후유 (한숨을쉰다)

필순 : 우리 사촌 오빠한테 이야기를 해서 못가두록 하레시유.

최씨 : 진만인들 별 수 있겠니.

필순 : 사춘오빠 이야기면 언니도 들을 것 같애유.

최씨 : 제 아버지가 바른 정신이 들어야지 그렇지 않구는 집구석에 정이 붙을 수 없어.

필순 : 내가 사춘 오빠한테 가서 이야기해 놀테니 나종에 아즈머니도 말해보서유.

최씨 : 오냐 좀 그래봐라 어떻게든지 잡아 두어야지 ……

필순 : 그럼 가유

최씨 : 오냐

필순 퇴장 최씨 혼자서 멍하니 섰다가 한숨 쉬고 부엌으로 들어간다. 조장곤 들에서 돌아온다.

최씨 : (부엌에서 나오며) 여보 임자는 갑선이가 가엽지도 않수.

조장곤 : 집구석에 들어서자마자 또 그 소리는 왜 하는거야

최씨 : 당신이 그애 보는데 못마땅히구니 그 애가 집구석에 붙어 있을 수 없어 서울로 도루 간대유.

조장곤 : (말없이 마루에 걸쳐 앉는다)

최씨 : 글세 우리가 그 애한테 부모 구실을 했수 …… 부모 구실은 커녕 자식을 팔아먹기까지 아니했수 우리가 그 애한테 얼골을 들고 대할 염치가 어디 있어유. 돈을 들여 그 애를 찾아 오기는커녕 어쩌다 물려온 그 애를 왜 그렇게 두오.

조장곤 : 부모를 잘못 만나 그런 게지.

최씨 : 오랜만에 돌아온 애를 당신이 마음을 말해 주지 아니 하니 그 애 마음이 오직이아 (누락) 수 지금부터 호광이야 못시켜 줄지언정 제 따는 집에 락을 붙이고 살아 볼까하구 논일 밭일 알뜰히 하는데 그것마저 정 붙기도 전에 내가 내좇아 버린대야 될 말이유.

조장곤 : 내가 언제 나가라 그랬나!

최씨 : 누가 임자를 나가라구 그랬다우. 말글는 나가라지 않더라두 임자가 자식을 정다히 대해 주지 않으니까 그 앤들 집안에 있기가 가시방석에 앉은것 같을 게 아니유.

조장곤 : 임자두 내 맘을 몰라!

최씨 : 왜 내가 임자의 맘을 몰을 줄 아우 다 알아유…… 갑준이 때문에 다 그런게지 뭐유. 그 애가 안돌아오니 임자가 그러는 겐 줄 나두 잘 알아유.

조장곤 : 알거든 잠자코 있어

최씨 : 여보 임자만 자식을 생각하는 줄 아우 밖앝 부모보다 안부모 맘이 더 하다우…… 아들자식이라 생사를 물으니 나는 하루 밤도 맘을 놓구 잠을 못 잔다우.

조장곤 : 부모 맘은 매일반이지

최씨 : 그렇지만 임자는 남자가 아니우 남자면 겉으루라도 좀 대범해지우. 그런다구 안돌아 올 자식이 당장 돌아오는 수가 있수 괜히 짜증만 내니까 갑선이까지 집구석에 붙어 있질 못하구 도루 서울로 간다지 않수. 칠년이란 긴 세월을 그 고생시킨것만 두 뻐가 결리는데 도루 보내다니 그게 될 말이유

조장곤 : 그래 임자더러 서울로 간다구 그래?

최씨 : 나두 몰랐드니 지금 막 필순이가와서 그러지 않겠우.

조장곤 : 그 필순이란 게집아이는 왜 우리집에 드나드는 게야

최씨 : 갑선이한테 오는 걸 어쩌겠우.

조장곤 : 못 오게 해라…… 우리 집에 무슨 상관이 있다구 왔다갔다 하는 게야.

최씨 : 그 애는 갑준이를 생각하구 오는 게 아니유.

조장곤 : 내 자식 죽은걸루 치고 딴데루 시집보내겠다는 게집애가 왜 우리 집에 드나들어…… 나는 간이 뒤집혀질 것같아 못보겠다…… 발을 끊두록 해!

최씨: 여보 필순이는 그래두 갸륵한 생각을 가졌대유. 강천지가 과년한 딸자식을 그대루 두고 우리 갑준이 돌아올 날을 무작정하고 기다릴 수 없으니 다른 데로 시집보내겠다지만 필순이는 갑준이 돌아올 때까지 죽어두 달은 데로는 시집을 안가겠다고 갑선이한테 그러더라우.

조장곤: 애비가 보내는데도 제 안가구 배겨 내

최씨: 아무리 부모기로서니 제가기 싫다는 걸 어떻게 하우.

조장곤: 다 쓸데없는 소리야 자식 없다구 난 없이 녀겨 그런 거야.

최씨: 그럼 갑준이를 아주 죽은 걸로치구 하는 소리유.

조장곤: 그럼 뭐야 강가가 그러기에 정혼을 깨뜨리자는 게 아닌가.

최씨: (쓸쓸하게) 설마 설마 갑준이가 죽었을라구.

조장곤: 왜놈들한테 어떻게 원수를 갚아야 한단 말야

한참 침묵이 흐른다.

최씨: 여보 갑선이를 못 가게 하시유.

조장곤: 베라먹을년! 가기는 어데로가!

최씨: 임자가 맘을 고쳐가지구 그 애 보는데 못마땅한 눈치를 뵈이지 말아유.

조장곤: 흥!

갑선 돌아온다.

최씨: 이 애야 어데로 갔다오니.

갑선: 밭에 가보구 와요. (방으로 들어간다)

잠간 침묵이 지나간다. 최씨는 남편의 눈치를 넌즛이 살핀다. 갑선이 손가방을 들고 방에서 나온다. 최씨 그것을 보고 쏘스라치게 놀란다.

최씨 : 이 애야!

갑선 : 전 서울루 도루 가겠어요.

최씨 : (눈물이 핑돈다) 그게 무슨 소리냐.

조장곤 : 서울은 왜 가는 거냐

갑선 : 저는 서울서나 살아야 할 인간이예요.

최씨 : 네가 그게 무슨 일이냐 아무리 집구석에 정이 안 붙는데두 돌라온 지 몇 날도 안되어 도루 간다면 부모 맘이 뭐이 좋겠나.

조장곤 : 이 년! 내가 귀천이 없어 네한테 좀 서운하게 했기로서니 이 애비맘을 몰라주고 오자마자 간다니.

최씨 : (가방을 빼앗으랴한다) 이 애야 못 간다 가기는 어데로 가!

갑선 : 아버지 맘을 저두 잘 알아요. 아버지가 그러신다고 갈랴는 게 아니예요. 저는 분바르고 담배피고 늦잠자기 버릇해온 더러운 몸이라 이런 시골에 들어 배겨서 살기는 힘이 들어 못 있겠어요. 장독은 장독대로 가고 오줌독은 뒷간으로 가야 해요 저같은 것은 기껀 가야 역시 술집밖에 갈 곳이 없어요.

최씨 : 이 애야 안된다 입때까지 겪어온 고생만 해도 원통한데 또 그 고생을 무엇 때문에 해야겠니. 안 된다 안 돼 죽여도 안 된다.

갑선 : 고생이 왜 고생이예요 인제는 빚도 없는 몸이라 맘대루 살 수 있어요 좋은 옷도 있고 돈 대주는 사랑도 얼마던지 있어요 하루밤에 우슴만 잘 팔면 몇 천원두 생긴답니다. 잘 입고 잘 먹구 잡놈들의 사랑에 얹히어 호탕스레 살던 내가 어떻게 이런 흙내 나구 빈대 오는 집에서 버리밥 먹구 살겠어요.

조장곤 : 이년이 애비 가슴에다 못을 처박는 거야!

최씨 : 아가 한 술밥이라두 같이 한집에서 나눠먹구 살자!

갑선 : (가방을 도루 빼앗으려한다) 이리줘요. 갈 사람은 가야 해요 바람

맞은 거릿개를 집안에 매달아둘 수 없어요.

최씨 : (가방을 빼앗기지 아니하고) 안돼 못가 …… 아이 이걸 어떠게나 여보 이 가방좀 받아유

조장곤 : (가방을 받는다) 못 간다.

갑선 : (우름 썩긴 소리로) 왜이래요 왜 막는 거요.

최씨 : 여보 가방을 주지 말아유. (급히 뛰어나간다)

갑선 : (마루에 엎디어 운다)

조장곤 : 이년아 네가 아직 철이 덜났구나 …… 진정 네가 있기 싫여 가랴는 거냐. 내가 너를 반가워하지 않는다고 가랴는 거야 응 ……

갑선 : ……

조장곤 : 내가 너를 미워 그러는 줄 알았는냐 내가 너를 미워하고 못마땅해 할 처지가 돼야지 …… 자식을 팔아먹고도 뻔뻔스레 고개를 들고 이날까지 살아 온 것이 신기하나 내가 줌생의 탈을 쓰지 아니했으니 칠 년만에 돌아온 너를 내가 무슨 까닭으로 미워하겠니 …… 딸자식도 자식은 자식이다마는 여느 때 가도 남의 집식구가 돼 갈 사람이 아니냐. 그러서 아들자식 하나 있던 것 아주 안 도라오면 이 애비는 뭘 의지하고 살아간단 말이냐 …… 이 애비의 속을 너는 왜 짐작 못하느냐 응.

갑선 : (일어나며) 아버지 나는 아버지 맘을 잘 알아요 …… 내가 내가 서울로 도루 가랴는 것을 내 마음이예요 나를 아버지는 벌서 팔아먹는 자식이 아니예요. 그러니 아무 말도 하시지 말고 내 하구 싶은 대로 버려두세요.

조장곤 : 그럼 그여히 서울로 가겠단 말이냐?

갑선 : 네 가겠어요.

조장곤 : (가방을 내밀며 소시를 좀 높이어) 네 맘대로 가거라.

갑선 : (절연히 가방을 쥐고 일어선다) 아버지 안녕히 게세요.

조장곤 : 인젠 이 집엔 아주 안 올작정으로 떠나느냐.

갑선 : 아버지 멀지 아니 해 다시 돌아오겠어요. 이집에서 부모를 모시고 살 수 있도록 나는 버리장머리를 다—어 버리고 오겠어요.

조장곤 : 오냐 갔다 오너라.

갑선 : 오기는 꼭 돌아와요. 너무 걱정을 마세요.

조장곤 : 음!

갑선 : 안녕히 게세요

갑선이 터질듯한 울음을 억지로 참고 나간다.

조장곤도 무한히 북바치는 감정을 억누른다. 무거운 순간이 잠간 지난다. 진만이 앞서고 최씨 뒤딸아 들어온다.

최씨 : 아니 갑선이가 어디 갔수.

조장곤 : ……

최씨 : 왜 말이 없어유 그애가 어딜 갔어유.

조장곤 : 갔다.

최씨 : (놀라며) 가다니?

조장곤 : 서울로 갔다.

최씨 : 여보 왜 잡지 않구 보냈어유.

진만 : 떠난 지 오랍니까.

조장곤 : 지금 막 갔다.

진만 : 그럼 내가 뛰어가 다리고 오겠습니다. (뛰어 나간다)

최씨 : 아유 이걸 어쩌나 (뒤따라 나간다)

조장곤 한동안 말없이 앉아 있드니 힘없이 언덕으로 올나가 사람들이 간 편을 바라보고 도리켜서 다른편 길로 퇴장한다. 조금 지난 뒤 진만이 손에 가방을 들고 갑선을 데리고 들어온다. 최씨 뒤로 따라온다. 갑선이 마루에 쓰러진다.

최씨 : 이 냥반 어디를 갔나. (혀를 차며) 또 술집에 간 게로구나.

진만 : 마음이 상하시니 술을 자시러 간 게지요.

최씨 : 아유 요새는 걸핏하면 술이지 이사람 진만이 이 애를 좀 알두록 잘 타일러 두게 나는 개똥이네 집에가서 영감을 데리고 와야겠다.

진만 : 네 염녀마십시오. 갑선씨는 내가 못 가게 할테니 아저씨가 너무 술취하기 전에 모시고 오십시오.

최씨 나간다. 잠간 어색한 순간이 지나간다.

진만 : 갑선씨 서울은 왜 도루가시랴고 했습니까.

갑선 : ……

진만 : 오래ㅅ만에 돌아와서 농사에 자미를 붙이고 알뜰히 일한다는 소문을 들었는데 왜 갑자기 서울로 가시라고 했습니가 …… 이번 시골집에는 있을 수가 없으니 도루 그전 생활을 하려 간다구 그런 말을 하셧나면요 …… 아모리 생각해도 갑선씨가 도루 서울로 가시겠다는 이유를 알 수 없습니다. 아버지가 갑준이 때문에 갑선씨한테 덜 정답게 하신다고 그 때문에 집에서 나가겠다고 마음먹을 갑선씨는 아니라고 나는 믿습니다. 갑선씨 무슨 특별한 이유가 있습니까.

갑선 : …… 너무 캐고 이유를 들어 주시지 마세요.

진만 : 저한테는 이야기 못해줄 그런 이유 입니가?

갑선 : ……

진만 : 어떠한 이유를 불문하고 서울로 도루 가는 것만은 잘못입니다 갑선씨가 겪어온 그 생활에 미련을 가질만치 갑선씨는 타락한 사람이 아니라고 나는 믿고 있습니다. 그렇다면 무

엇 때문에 한번 빠져나오기가 무서운 그런 진흙구뎅이 속에 다시 들어가야 합니까. 갑선씨 모든 것이 새로워지랴는 이 때에 그런 경솔할 자포자기는 삼갑시다.

갑선 : ……

진만 : 내가 아직 변변치는 못하나 갑선씨가 믿어 주고 의지를 해도 과히 실수는 없을 것입니다…… 갑선씨 오늘까지 제가 만주로 감옥으로 쫓겨 다니노라고 결혼이란 문제를 깊이 생각해 본 일이 없었습니다. 해방 이후에 고향에 돌아와 지금 보안서장이라는 중책을 지고 있기 때문에 그동안 몇 군데서 들어온 혼담도 돌볼만한 여가가 없이 그대로 팽개첫습니다. 그렇게 된 것을 저는 다행으로 생각합니다. 갑선씨가 돌아오고 나 갑선씨의 마음에는 칠 년 전과 조곰도 나름이 없는 순진함을 그대로 지니고 있는 것을 알았을 때 나는 잃었던 보배를 도루 찾은 것 같이 기뻣고 제가 맡은 일에 전보다 더 정력이 쏟아지는 것 같았습니다…… 이 마당에 갑선씨가 서울로 도루가 버리는 것은 제게 다 켜준 등불을 도루 꺼버리고 가는 것입니다.

갑선 : (또 한참 느낀다)

진만 : (갑선의 두손을 쥐고) 자! 갑선씨 오랜만에 켜진 이 등불을 지킵시다.

갑선 : …… 저는 …… 저는 …… 암만해도 가야 할 사람이예요.

진만 : 안 됩니다. 갑선씨 자신을 위하고 나를 위하여 가서는 안 됩니다.

갑선 : 진만씨를 위해서 저는 가야할 사람이예요.

진만 : 그건 무슨 말입니까…… 나를 위한다면 안가야 합니다.

갑선 : 아니예요. 진만씨를 위한다면 저 같은 더러운 게집은 가야해요.

진만 : (비로소 갑선이가 가겠다는 이유가 어데 있는지를 알아차리고 무한이 고상

한 애정을 느낀다) 갑선씨! 알았습니다 갑선씨가 그여히 가야겠다는 그 이유를 이제야 알았습니다. 갑선씨! 그것을 알면 알쑤록 나는 갑선씨를 못가게 하겠습니다. 갑선씨의 정신이 그렇게 고상한 줄을 나는 지금 더욱 깊이 알았습니다.

갑선 : 아니예요 진만씨가 그런 말씀을 해줄쑤록 제 마음은 더 괴로워지고 한시도 더 머므르고 있을 수 없어요.

진만 : 왜 자꾸 그렇게만 생각을 하십니까.

갑선 : 저를 좀 더 자서히 알아주세요. 저는 칠 년 동안 뭇사나이의 조롱을 받고 우슴을 팔아온 게집이예요. 진만씨 같은 그런 훌륭한 분의 사랑은 꿈에도 생각해 볼 수 없는 그런 더러운 게집이예요.

진만 : 그건 공연한 자격지심입니다. 갑선씨가 그 이상의 생활을 했다 하더라도 나는 갑선씨를 미워할 수 없습니다. 미워할 것는 그때의 환경과 제돕니다.

갑선 : 아니예요 아무 말도 말아주세요. 저를 이 위에 더 괴롭게 해주시지 말아주세요. 저 같은 것이 있어서 진만씨의 빛날 앞길에 더러운 물을 드린다면 저는 차라리 죽어버리는 것만 같지 못해요 (괴로워한다)

진만 : 갑선씨나 나나 다 같이 행복하게 살 수있는 길이 열렸는데 …… 왜 그 길을 안 걸어가시려고 고집을 합는까 자! (손을 더 힘드려 쥔다) 아모 말없이 나 따라만 오십시오.

이때에 땀에 젖인 병정옷을 입고 갑준이 언덕에서 나타난다. 집안 동정을 잠간 살피다가 인기척을 내고 마당에 들어선다. 두 사람 돌아본다.

진만 : 아! 이게 누구냐?

갑준 : 저예요 갑준이예요.

진만 : 갑준이냐

갑선 : (한참 쳐다보다가 덥석 껴안고) 아! 갑준아! (반가운 울음이 터진다)

갑준 : 누님 …… 누님이세요!

갑선 : 갑준아 네가 살아 돌아왔군!

갑준 : 누님! 누님은 언제 오셨어요.

갑선 : (대답을 못한다)

진만 : 보름 전에 돌아오셨다 …… 그래 얼마나 고생했나?

갑준 : 네! 형님두 잘 게셨어유.

갑선 : 갑준아 …… 이렇게 돌아올 줄 알았다 …… 아버지는 아버지는 …… (말을 못하고 운다)

갑준 : 아버지는 어데 가셨어요. 그리구 어머니두

진만 : 네가 안돌아오니 생사를 몰라 아버지는 늘 상심을 하시고 게신다.

이때에 언덕위에서 술 취한 조장곤을 최씨가 끌다싶이 데리고온다.

조장곤 : 예펜네가 왜이래 방정이야 …… 술 좀 먹거로 어때 왜 내가 술을 못먹는 단 말야 ……

진만 : (달려가며) 아저씨 갑준이가 돌아왔습니다.

조장곤 : 최씨 …… (놀란다)

조장곤 : 아니 갑준이라니.

갑준 : (아버지에게 뛰어간다) 아버지!

조장곤과 최씨 양편에서 갑준의 손을 각각 잡는다.

조장곤 : 갑준아! (목이메인다)

최씨 : 이 녀석이 살아 왔는냐 (울음으로 변한다)

조장곤 : (우는소리로) 이제 정말 내 자식 갑준이나 …… 이 자식아 …… 진정 살아 왔느냐 ……

아버지와 어머니 두 늙은이의 반가운 울음과 갑준의 어쩔줄 모르는 표정 마루에서 복잡한 감정에 또한 울고 있는 갑선이 모든 것을 배관하는 진만의 감정 …… 이렇게 착잡한 감정이 무대에 찼을 때 천천히 막이 나린다.

第三幕

무대는 전막과 같음

이막의 다음날 아침 「농업현물세」 절정의 발도가 실린 신문이 이 동네에 전해 오던 날.

막이 열리면 최씨는 부엌에서 아침 먹은 설거지를 하고 있고 조장곤은 아들이 살아 돌아온 기쁨이 어제까지의 우울을 일소하고 참지 못하겠니는 듯이 마루에서 마당으로 마당에서 언덕으로 설레이고 돌아다닌다.

조장곤 : (언덕에서서 아들과 딸의 간곳을 찾노라고 한참 바라보다가 마당으로 나려와서) 그 애들은 일찍이도 어데를 갔고나.

최씨 : (부엌에서) 갑준이가 제 누이를 끌고 들에 나간게지유.

조장곤 : 밭에는 없는데 ……

최씨 : 논에 있는게지유.

조장곤 : 들에는 뭣이 그리 바빠 그렇게 불이 나게 간담 ……

최씨 : 갑준이가 이번에 새로 얻은 논과 밭이 보구 싶다고 제 누이를 끌고 갔대유.

조장곤 : 차차 보면 못 봐서 …… 오자마자 쉴 새도 없이 그 야단이야 ……

최씨 : 토지 얻은 게 기쁘지 않겠수 …… 임자두 인제는 바로 말 해 봐유 토지 생긴 게 좋은지 나쁜지.

조장곤 : 똑 바루 말하면 나는 좋은 줄도 몰랐어 …… 늙은 내가 단지

하나 의지하고 살던 자식을 사지에 보내 놓구 금이면 내게 무슨 상관이며 옥이면 무슨 상관이랴 …… 그러나 갑준이가 살아서 돌아온 이 마당에 인제야 해방된 게 기쁘고 땅 생긴 게 기쁜 것 같다. 더구나 갑준이가 제 살아온 것보다도 토지 분배 받은걸 더 반가워하고 좋아 하는걸 보니 낸들 어찌 안 좋겠니 …… 그지 춤이라두 추고싶다 ……

최씨 : 추구 싶거던 춤을 추시구려 ……

조장곤 : 언제 출 때가 있겠지 …… 여보 그 설거지는 왜 그리 오래하우.

최씨 : 인제 다 했어유.

조장곤 : 그럼 빨리 달근네 집에 좀 건너갔다 오구료.

최씨 : 내가 닭마리나 기르자고 얼마나 그랬어유. 그때 길러 두었더라면 그 애를 좀 흠북 보신시키는걸 ……

조장곤 : 허어 지난일 지금 와서 말성하면 뭘 해 …… 몇 마리든지 임자 마음대로 사다가 맥이려무나.

최씨 : (부엌서 나오며) 그럼 나는 달근네 집엘 다녀오겠어유. (나간다)

조장곤 : 가는 길에 그 애들이 논에 있거던 곧 드려 보내오 ……

최씨와 스쳐 강상히 들어온다.

강상히 : 조첨지 있나.

조장곤 : (별로 못마땅해 한다)

강상히 : 갑준이가 돌아 왔다면서 ……

조장곤 : 살아서 돌아 왔으니 자네 배알이 틀리겠지.

강상히 : 이 사람이 그게 무슨 소린가.

조장곤 : 내 자식은 살아서는 못 올 줄 알았지.

강상히 : 하하하 이사람 …… 그때 내말을 그렇게 고깝게 들었나 …… 이사람 용서하게 …… 내가 벤벤치 못한 인간이래서 ……

조장곤: 듣기 싫여 …… 그렇게 도도하게두 날 괄세를 하드니 ……

강상히: 그때는 내가 망녕을 했어 …… 지난 일은 다 씻어 버리게 …… 갑준이가 돌아왔으니 만사는 바로 잡히지 아니했나 ……

조장곤: 왜이래 …… 사내가 한갓되지 못하구 …… 지금와서 알랑댄다고 내 자식은 자네 사위로는 못준다 ……

강상히: 허허 그저 할 말이 없네 그때 내가 망녕을 했다니까 그런 말을 해 놓고 내 딸년의 맘을 떠보니 죽어도 다른 데로는 시집을 안 가겠다는구나 그 말을 듣고 실상 말났던 혼처에도 별로 더 말을 주고받은 일이 없었네 ……

조장곤: 장부일언을 중천금이라 그랬다 자네는 말을 이리 팔아먹고 저리 팔아먹는 사람이니 나는 그런 사나이와는 상관하지 않겠네. 자네 딸은 따로 보내게.

강상히: 내가 망년이라고 그러지 않나 …… 다 …… 른데 (고개를 수기고)내가 이렇게 잘못을 사과하네 …… 용서하게 ……

조장곤: 몰라 ……

강상히: 네 소워아 자네에게 빰을 맞아도 나는 할 말이 없어 …… 그러나 자네나 나나 …… 우리 늙는 것들의 고집은 그만 두세 …… 젊은 그 애들의 마음을 우리는 쫓이세 …… 내 년은 죽어도 다른 데는 안 간다는 것을 들어도 자네 아들 마찬가질겔서 …… 저이들이 좋다는 걸 부모가 어떻게 하겠나.

조장곤: 인제 겨우 그것을 알았나.

강상히: 내가 벤벤하지 못해서 그렇다고 그러지 안했나 자 …… 내가 요전에 한말은 못 들은걸로 치고 갑준이한테는 아무 말 말게 전에 언약대로만 하세 …… 그래서 올 가을에는 성레를 해버리세 ……

조장곤: 내 자식은 그걸 모르는 줄 알아 ……

강상히: (몹시 낙담하며) 아니 …… 그게 정말이냐 …… 아 이를 어쩌나

……

조장곤: 제 누이가 다 이야기 했을 거야.

강상히: 내가 미쳤어…… 갑준이가 얼마나 섭섭하게 생각하구 날 원망하겠나…… 나 같은 건 죽어야 옳아……

조장곤: 늙은 게 너무 덤벙대기 때문이지 …… 사람이 체신머리없게 ……

강상이: …… 할 말이 없네. (풀이 죽는다)

갑준과 갑선이 돌아온다.

갑준: 아저씨 안녕하셨어유.

강상히: (좀 당황하다) 오냐 얼마나 고생을 했나……

갑준: 아니라두 지금부터 아저씨 댁엣 문안가랴던 참이예유.

강상히: 음…… 고맙다…… 이사람 나를 고연놈이라고 생각했겠지.

갑준: 그건 또 갑자기 무슨 소리세유.

강상히: 내가 필순이를 딴 데로 시집 보내겠다고 그래서 말일세.

갑준: 네! 그 말씀이세유…… 아저씨가 그렇게 생각하시게 한 것은 제가 빨리 돌아오지 못 해서 그린겐데 …… 제 잘못이지 아저씨께서야 무슨 잘못이 있어유.

강상히: (감동하다) 음! 정말훌륭하이 그 말을 들으니 나는 얼골이 더 수겨지는구나……

갑준: 아저씨께서 아모리 필순이를 다른 데로 시집을 보내시겠대도 필순이가 순순히 갈게라구유.

강상히: 음!

갑준: 필순이는 어떤 일이 있어두 제가 돌아올 때까지 기다리고 있겠다고 떠날 때 굳이 약속을 했어유. 이 약속은 아저씨가 아모리 해도 깨뜨리지는 못 하실걸유.

강상히: 오냐 내가 벤벤치 못했서를……

갑준 : 저는 왜놈들 때문에 전쟁에 불려 나갔어두 왜놈을 위해서는 개주검을 않겠다고 이를 악물고 살랴고 했어요. 고향에는 부모가 기다리고 게시고 필순이가 기다리고 있고 독립될 아름다운 조국이 있다고 생각될 때 개주검을 해서는 안 된다고 몇 번이나 맹서를 했어유.

강상히 : (감격한다) 여보게 조첨지 자네는 정말루 훌륭한 아들을 두었네.

조장곤 : 그게 어디 내게만 아들인가 자네에게도 사위가 아닌가.

강상히 : (조장곤의 손목을 쥐고) 그게 정말인가 그렇지 그렇구말구 내사위구 말구.

조장곤 : 내가 언제 일구이언을 하던가.

강상히 : 나는 그저 자네나 갑준이를 쳐다볼 면목이 없네.

조장곤 : 이애 갑준아.

갑준 : 네!

조장곤 : 강첨지가 필순이를 다른 데로 시집 보내겠다 한 건 망녕으로 한소리니까 한번 언약대루 네 안악으로 주겠다고 아까 그랬다

강상히 : 하하 그저 내가 한때 망녕을 부렸으니 너무 허물 말게.

갑준 : 아녀요 저는 아무렇게도 생각하지 아니해유. 누가 뭐래두 필순이는 저하고한 약속을 지킬 줄 믿고 있으니까유.

강상히 : 하하 …… 그러고 보니 나만 헛되히 굴었구나 …… 하하

조장곤 : (오래ㅅ만에 웃는다) …… 자네도 다시는 그런 망녕을 말게.

강상히 : 응! 두 번 다시 이런 망신은 안하겠다 …… 자! 자네는 오래ㅅ동안 무던히도 걱정과 상심으로 살았느니라. 인제는 만사가 바로 풀렸으니 우리 개똥이네 집에 가서 한잔 잔뜩 먹세.

조장곤 : 오냐 오늘은 애가 한 턱 쓰지.

강상히 : 안돼. 오늘은 내가 쓰겠네.

조장곤 : 아니야 죽은 줄 알았던 자식이 돌아 왔으니 내가 쓰지.

강상히 : 안돼 내가 망녕한 값으로 한 턱 쓰겠네
조장곤 : 압다. 그래라 아무가 쓰면 상관있나.
강상히 : 그렇구 말구 (데리고 나가려 한다)
갑준 : 그럼 다녀오세요.
강상히 : 오냐 그럼 나종에 집에 좀 오너라.
갑준 : 네!
강상히 : (나가며 조장곤에게) 그런데 자네는 지금도 토지 분배 받은데 대해서는 그닥지 달갑게 생각지 아니하느냐!
조장곤 : 그 말엔 또 내가 항복하겠네. 내가 어떻게 토지 때문에 구박을 받아온 사람이기에 나라에서 그저 땅을 준다는 걸 반가워하지 않겠나.
강상히 : 그럼 왜 여태까지는 좋지 않은 소리만 해왔나
조장곤 : 허허 …… 자식 소식을 몰라 만사에 귀천 없어 그랬지.

진만이 오다가 나가는 두 노인을 만나다 손에 신문을 들었다

진만 : 두분이 어데로 가시는 길입니까?
강상히 : 진만이 오느냐 우리 사둔끼리 술 한잔 하라가네.
진만 : 네? 도루 사돈이 되시었습니다 그려.
강상히 : 아니 네까지 그 일을 아느냐.
진만 : 알구 말구요 필순이한테 다 들었습니다 그 소리를 듣고 적은 아버지가 망녕하시는 줄 알고 아무 말도 아니했습니다.
강상히 : 그래 내가 망녕을 좀 했어. 그러나 인제는 망녕일랑 아주 그만 두었다네.
조장곤 : 자네는 놀다가게 우리는 한잔 하고 오겠네.
진만 : 그런데 잠간 제 이야기듣고 가세요 …… 아주 반가운 소식이 신문에 났습니다.
강상히 : 무슨 소식이냐?

진만 : 성출이 아주 없어졌습니다.

조장곤 · 강상히 : …… 아니 그게 정말이냐.

진만 : 네 북조선인민위원회서 법률로 발표했습니다.

강상히 : 법률로!

진만 : 네 이 신문에 있습니다. 이걸 지금 막 받아보고 이 소식을 전해 드릴랴고 왔습니다.

조장곤 : 어데 빨리 신문을 읽어봐라.

갑선과 갑준도 모여든다

진만 : (신문을 펴어 읽는다) 북조선임시인민위원회 결정서 제이십팔호 농업현물세에 관한 결정 …… 이 법률을 농업현물세라고 합니다.

조장곤 : 농업현물세!

진만 : 모두 열한 조목인데 첫째 조목만 보면 농업현물세가 뭣인지 알 수 있습니다.

강상히 : 이 애야 빨리 읽어봐라.

진만 : (읽는다) 제일 북조선농민들에 대하여 토지에 관한 세금 …… 을 면제하고 ……

조장곤 : 아니 면제하다니.

진만 : 안 받는단 말입니다.

강상히 : 다음을 읽어봐라.

진만 : 세금을 면제하고 다만 매농호로부터 각종곡물 …… 메 잡곡 콩, 감자등속을 수확고의 이십오 피세토지 해당한 농업현물세를 중수한다 일제 공출제는 폐지한다.

강상히 : 무슨 소리냐.

조장곤 : 이십오피세가 얼마냐.

진만 : 논이나 밭에서 나는 곡식을 얼마가 나던지 소출한 이십오퍼

센트…… 이십오퍼센트는 사분지일입니다 그러니 총수확에서 사분지일만 베면 베로 콩이면 콩으로 감자면 감자로 정부에다 바치면 된다 말입니다.

강상히 : 사분지일만 바치고 사분지삼은 농삿군이 먹는단 말이지.

진만 : 네 그렇습니다. 토지에 관계있는 세금은 지세던지 수익세던지 그밖에 왜놈시대에 맨드러 놓은 여러 가지 세금을 뭐던지 받지를 잃고 공출도 성출도 없어졌습니다.

조장곤 : 그게 정말이냐?

강상히 : 법률로 낸 것인데 정말일테지.

조장곤 : 나는 꿈같아서 곧이 들리지가 않는다.

강상히 : 사분지삼이나 우리가 차지하면 먹구두 남을텐데.

진만 : 네…… 먹구도 남구말구요 그런데 제삼조에 삼분지일을 완납하고 남은 것은 마음대로 팔 수가 있다고 했습니다.

강상히 : 토지를 공짜로 분배를 받지 아니했나 곡식은 사분지삼이나 우리가 가지다니 하나 이런 고마울 데가 어데있나.

진만 : 현물로 바치는 삼분지일은 도회지에 사는 로동자나 사무원들의 양식으로 내주는 것입니다.

조장곤 : 또 뭐라고 쓰여 있나?

진만 : 그 다음 것은 언제까지 어떻게 현물을 바치라는 규정들입니다.

강상히 : 과연 인민위원회가 우리 농민을 위하는 정부이기는 틀림 없구나 토지분배를 받고 과히 탐탁히 생각하지 않는 놈들이나 땅을 몰수당한 놈들이 이놈들아 토지를 얻었다고 마음을 놓지 말라 가을만 되면 성출로 모조리 다 빼앗아간다고 비방들을 하드이니 인제는 주둥이가 쑥 들어가고 말았겠구나.

진만 : 그렇습니다. 이 현물세의 발표실시로 말미암아 그런 반동분자들의 역선전이 거짓말이라는 것이 증명되었습니다.

조장곤 : 응…… 그렇게 되구말구 나도 한동안 그놈들의 말에 귀가

조곳해서 그런 소리를 믿이고 내입으로도 했지만은 인제야 어데서 감히 그런 소리가 나오겠느냐.

강상히 : 이래도 우리북조선이 살기 좋은 데가 아니고 뭐냐?

진만 : 네 농민들이 차지하는 사분지삼을 자유 판매하게 되면 그 (중략) 도시에서 생산되는 물건이 농민의 손에 잘 들어오게 됩니다 그러면 물가도 안정되고 농민들의 주머니도 불러집니다.

강상히 : 이거 기쁜 일이 한 두 가지가 아니고 꼬리를 달고 나타나니 어쩔 줄을 모르겠다.

조장곤 : 암만해도 꿈같다.

강상히 : 어떻게 좋은지 춤이라도 덩실덩실 추고싶구나

조장곤 : 자! 만 가지가 다 좋은 것뿐이다. 어서 가서 이판저판에 한 잔 먹자.

강상히 : 그러자!

진만 : 어서 다녀오십시요.

두 노인 나간다. 세 사람 집으로 들어온다.

갑준 : 진만형님! 우리 북조선은 정말로 살기 좋은 나라가 되었어유.

진만 : 그렇다! 그러나 북조선이 민주주의 건설이 이렇게 착착 진행되어 가는 한편에 남조선에서는 이승만 김구 같은 반동분자 매국노들 바람에 인민들은 도탄에 빠져있다.

갑준 : 제가 오는 길에 보아도 남조선의 농민들은 해방된 기쁨도 없어 보여유.

진만 : 갑준이! 우리북조선이 이렇게 민주주의적으로 발전해가면 반동분자들의 지위와 생명 이 위태하기 때문에 그놈들의 반동은 더 심해 갈 것이며 삼십팔도선을 뚫고 넘어와서 북조

선의 민주건설을 깨뜨리랴고 온갖 책동을 할 것이다. 그러니 경계선을 지키는 우리들의 임무는 더욱 커지고 중대 해진다 김구 이승만이가 보내는 (중략) 을 벌써 수없이 우리는 잡았다 너도 이 행복한 북조선을 지키고 우리조선의 완전한 민주주의화를 위해서 힘을 써야 하겠다.

갑준 : 저야 무얼 알아유. 형님이 시키는 대로 하겠습니다.

진만 : 갑준이도 누님도 돌아왔고 여러 가지 우리 농민을 위해 기쁜 일을 정부에서 만들어주었으니 이제는 정말 자미난 살림을 하겠다 아까 아버지가 무척 기뻐하는 것을 보니 나도 마음이 놓이더라. 아버지는 한동안 너 때문에 걱정을 많이 하시어 이런 좋은 세상을 기쁜 줄 모르고 지내왔다.

갑준 : 형님한테 많은 걱정을 끼쳤어유.

진만 : 인제는 갑준이도 필순이하고 결혼을 해야지

갑준 : 저 걱정은 말고 진만형님이나 빠릴 결혼을 하셔유.

진만 : 응 나 말이냐 나도 멀지 아니해서 결혼을 하게 될 것이다 (갑선을 뜻있게 바라본다)

갑선 : (고개를 수긴다)

진만 : 갑선씨 갑준이와 힘을 합쳐 저렇게 기뻐하시는 아버지를 도와드리시오.

갑선 : ……

진만 : 자! 또 나는 바빠서 가겠네.

갑준 : 더 노다 가시지유……

진만 : 또 놀러 오겠다 (나간다)

갑선 : (따라 나간다)

갑준은 진만을 따라 나가는 갑선을 유심히 바라본다. 마당을 거닐며 동해물과 백두산…… 을 불러본다. 진만과 갑선이가 나간 반대쪽으로 필순이 넘어선다. 마당에 있는 갑준을 발견하고 반갑기는 하나 수집어서 걸음을 머무르고 한참 서 있다.

갑준 : (한참 만에 필순을 발견하고) 아! 필순이 …… (뛰어간다)

필순 : (얼골을 붉히고 고개를 수긴다)

갑준 : (손목을 쥐고) 필순이! 잘 있었니 …… 자! 집에 들어 가 …… 아무두 없어 ……

(손목을 잡아끌고 마루로 간다) 아까 아버지가 다녀가셨어 우리집 아버지하고 개똥이네 집에 술먹으러 지금 막 가셨어 …… 정말 …… 반갑다 …… 아니라도 너이 집으로 지금 갈라고 했지.

필순 : 나두 왔다는 이야기를 듣고 몹씨 만나고는 싶어도 빠져 나올 수 있어야지 ……

갑준 : 날 몹씨도 기다렸지.

필순 : 응! 그래 얼마나 고생했니.

갑준 : 고생이야 말 할 것있나 …… 필순이도 내가 오래 안돌아오니 죽은 줄 알았을 테지?

필순 : 아녀 …… 난 꼭 돌아올 줄 믿었어 ……

갑준 : 그래 …… 나두 무슨 일이 있어두 살아 돌아가야 너를 만나겠다구 애를 썻지 왜놈들 때문에 가기 싫은 전쟁에 끌려나가 너두 못 보구 개주검을 죽어야 되겠던 …… 그래 아버지가 너를 다른데로 시집보내겠다고 그랬다면서 ……

필순 : 그랬어 …… 그런다고 누가 간다고 뭐 ……

갑준 : 그래 나한테 아니면 죽어두 안가겠다고 막 머티었다지 ……

필순 : 너를 두고 어떻게 다른 데로 시집을 가.

갑준 : (다시 필순의 손을 쥐고 가까워지며)올치나는 네 맘을 알기 때문에 꼭 나를 기다리 고 있을 것을 믿었지 …… 내가 돌아왔을 때 만약 네가 다른 데로 시집을 가버리고 없었다면 …… 그 때 내 맘이 어떻겠니?

필순: 아버지가 한동안 망녕을 하셨어……

갑준: 아까 나더러 그런 망녕한 것을 용서해달라고 하시면서 내가 돌아온 것을 무척 반가 워하시더라 두 늙은이가 지금 잔뜩 좋아서 술을 주고 받을게야

필순: 우리아버지가 날 다른 데로 시집보내겠다고 그랬기 때문에 너의 아버지는 한동안 몹씨 서운하게 생각하시어 서루 말도 안하고 지냈어.

갑준: 너의 오빠는 평양가서 훈련을 받고 있다면서

필순: 응

갑준: 훌륭한 일ㅅ군이 됐겠군……

필순: 언니 어데 갔어?

갑준: 지금 막 진만이 형님하구 같이 나갔어.

필순: 그래……

갑준: 필순아…… 진만이 형님하구 우리 누이하구 새가 어떼?

필순: 순 우리 사춘 오빠는 그 언니가 돌아온 것을 무척 반가워 그러더라. 사춘 오빠는 언니에게 장가를 드시겠다고 그러는 모양이야……

갑준: 응! 그게 정말일까. 그렇지만 진만이 형님은 오래ㅅ동안 왜놈하구도 싸왔고 지금 보안서장까지 마타보고 있는 훌륭한 사람인데 우리 누이는 칠년이나 작부질하다가 놓여온 여자가 아니야 그러니 두 사람이 어데 어울려야지……

필순: 그래두 사춘오 빠는 장가를 드시겠다는 걸.

갑준: 옛날부터 누이를 좋아하기는 했지만두……

갑선이 돌아오다가 두 사람이 정다히 이야기 하는 것을 보고 잠간 주저하다가 인기척을 하고 들어온다.

필순: (좀 놀라며 갑준이에게 쥐이었던 손을 뿌리치고 일어선다) 언니 어데 갈

이 오셔유.

갑선 : 둘이서 자미나게 이야기 하는걸 내가 들어와 홰방을 쳤구나

필순 : (얼골을 붉힌다)

갑준 : 누님이 있다고 우리가 자미난 이야기를 못 할게라구……

갑선 : 필순아! 우리 갑준이를 만나니 무척 반갑지

필순 : (수집어 말을 못한다)

갑선 : 올 가을에는 잔치를 하자고 아까 아버지들끼리 약조를 하더라. 너이들은 좋겠다.

갑준 : 누님도 시집을 가게 됐으면서……

갑선 : 내가 어데 시집갈 자질이 있어야지.

필순 : 난 가겠어유.

갑선 : 왜 더 놀다가지 않구 내가 괜히 들어와서 자미나게 노는 걸 깨뜨려놨구나.

필순 : 일하다가 왔어유.

갑선 : 그럼 나종에 또 놀러와 응

필순 : 네! (나가려 한다)

갑선 : 갑준아 너두 필순이 따라가서 그 집 아주머니를 뵙고 오너라.

갑준 : 네! 그러겠어유.

필순과 갑준이 나간다. 갑선은 두사 람의 가는 것을 바라보고 있다가 한숨을 쉬고 방에 들어가 권연을 피어 물고나와 마루에 앉는다. 침묵이 지나간다. 갑선은 담배 몇 모금을 빨다가 꺼버리고 마루에 들어눕는다. 조곰 뒤에 언덕에서 김광필이 나타난다. 의병들이 남기고간 군복에 지까다비를 신었다. 언덕에서 아래위를 살핀 뒤 마당에 들어선다.

김광필 : (나직한 소리로) 여보세요

필순 : (일어난다. 김광힐의 얼골을 보고 소리를 내어 놀란다)

김광필 : (역시 놀라며) 아니 …… .이게 향선이 아니야

갑선 : 아! 김선생이 아니에요.

김광필 : 향선이 고향이 여기었었나?

갑선 : 네 …… 그래 김선생이 북선에 웬일로 오셨어요?

김광필 : 나 말인가 응! 볼일이 좀 있어서 왔지

갑선 : 언제 건너 오셨어요?

김광필 : 지금 오는 길인데 배가고파 밥을 좀 지어달랄까하구 들어 왔드니 향선이를 만날 줄은 꿈에도 몰랐네 ……

갑선 : 저도 북선에서 김선생을 만날 줄은 꿈에도 생각지 못했어요

김광필 : 이렇게 만나게 되는 것두 무슨 인연인가보다 …… 그런데 향선이는 그래 남의 속을 그렇게 태여놓구 온다간다 말 한마디 없이 사라지고 말았니?

갑선 : 제가 김선생한테 무슨 상관이 있어야 말이지?

김광필 : 그런 섭섭한 소리를 또 해 ……

갑선 : 신사양복을 쪽 빼 입으시던 분이 웬 병정양복을 다 입고

김광필 : 길을 건자니 할 수 있나.

갑선 : 대관절 어데가지 가시는 길이예요?

김광필 : 그건 알아 무얼 해?

갑선 : 소용이 있어야 묻나요. 당신이 그렇게두 나를 알뜰히 생각한다니까 물어 보는 게 아니예요.

김광필 : 흥! 말이야! 철원까지 간다.

갑선 : 무슨 일로 가세요.

김광필 : 왜 그러케 캐고 묻는 거야?

갑선 : 그렇게두 북선 욕을 하기에 북선에는 평생 오지 앎을 줄 알았지.

김광필 : 욕은 해도 볼일은 봐야지.

갑선 : 볼 일요?

김광필 : 八一五전에 장사하던 나머지가 이어 그걸 ……

갑선 : 八一五전에 하던 거래가 지금 무슨 소용이 있어서

김광필 : 그런 건 몰라도 괜찮아 …… 배가 고프니 밥 좀 줘라.

갑선

김광필 (누락)

갑선

김광필

갑선 : 당신은 삼십팔도선을 넘어온 반동분자니까 우리 집에 그런 걸 살피는 사람이 있는가를 겁내는 것 아니예요?

김광필 : 향선이! 그런 소리를 함부로 하지 말아! 내가 왜 반동분자야.

갑선 : 김선생! 서울서 하신 일이 뭔데요?

김광필 : (더욱 긴장하며) 음! 향선이는 (누락) 선을 (누락) 나를 너무도 자세히 아니까 그러나 그래 나는 아무것도 모르고 덤볐어 …… 요새 와서 겨우 세상이 어떻게 되어야 바로 된다는 것을 알았어 ……

갑선 : 정말이예요. 당신 같은 우익이 좌익이 됐다구요. 곧이 들리지 않는데요.

김광필 : 향선이는 곧이 안 들을지 몰라 그러나 사람은 경우에 따라 변할 수도 있어 ……

최씨 닭 두 마리를 안고 돌아온다 김광필 긴장한다.

최씨 : 갑준인 어데갔니?

갑선 : 강첨지 아저씨댁에 갔어요

최씨 : 웬 손님이냐

갑선 : 김선생 우리 어머니예요 ……

김광필 : 실례합니다.

최씨 : (딸의 술집 (누락) 에 관계있는 사람인 줄 알고 좀 못마땅해 한다)

갑선 : 이분은 저 철원 사시는데 장사하러 서울 갔다가 지금 오시

는 길에 우연히 들리었어요. 아침을 못 자셔 시장하시다는 데 어머니 밥 좀 지세요.

최씨 : (닭을 집모퉁이에 맨다) 찬ㅅ거리가 있어야지 닭을 잡아야 할 텐데.

갑선 : (마루에서 최씨에게 가까이 가며) 닭은 내가 (누락)

갑선 : (부엌에서)---알뜰히 해주셨는데 밥 한끼쯤 안 해 드릴라구요.

김광필 : 향선. 이런 시골에 무처 살지 말고 나 따라 서울로 가자 …… 내 큼직한 집하나 살테이니 나하고 살자꾸나.

갑선 : 어데 김선생의 꼬임에 한번 빠져볼까요

김광필 : 꼬임이 뭐냐 나는 진정으로 향선이한테 반해서 그러는데 ……

갑선 : 진정이라도 첩이되기는 싫여요.

김광필 : 하하 …… 누가 첩으로 들어 오랬나

갑선 : 그럼 아들자식은 다 어떻게 하고.

김광필 : 그게 문제냐 게집은 쫓고 자식은 향선이가 맡아야지

갑선 : 게집을 꼬일 때는 다 그런 사탕발림 쏘리를 한답니다 (나온다) (누락)

김광필 : 향선이만 간다면.

갑선 : 또 김선생 덕택에 호광을 좀 해볼까.

김광필 : 이게 뭐냐. 향선이 같은 이쁜 여자가 무엇 모자라 이런 시골에 들어앉아 고생할게 뭐란 말가 서울살림을 해야 돼. 때때로 극장 출입도 하고 땐스 홀에도 다니고 …… 좋은 요리도 먹고 …… 여행도 하고 ……

갑선 : 그 소리를 들으니 서울생각이 불쑥 나는 군요 정말이지 칠팔년을 서울에서 살다가 갑자기 이런데 들어와 앉았으니 갑갑해서 못 살겠어요. 이게 도무지 사람 사는 덴 가요 차ㅅ집이 있나 전기가 있나 라디오를 들을 수 있나 …… (마루에 가 앉는다)

김광필 : (가까히 다가앉아 갑선의 어깨위에 손을 얹으며) 그렇고 말고 …… 우리 서울로 가기로 하자 …… 역시 내가 향선이를 늘 심중에 생각하고 있으니 하늘이 도운 모양이야! 배가 고파 우연히 이집엘 들어온 것도 그래서 향선이를 만난 것도 다 인연이지.

갑선 : 알다 김선생은 내가 아주 찌인줄 아나봐

김광필 : 그건 또 왜이래 남의 속을 태우라고!

갑선 : 그럼 진정 그길로 서울로 도루가시겠어요

김광필 : 응! 그런데 철원까지는 꼭 갔다 와야 해. 이틀이면 다녀올 테니까! 다녀와서 같이 가기로 하지.

갑선 : 잔뜩 남의 맘을 달게 해놓고 이틀이 뭐에요.

김광필 : 입때까지도 이런 곳에 들어앉았으려니 단 이틀을 못 기다려 ……

갑선 : 말이 철원이지 평양을 가는지 함흥을 가는지 누가 알아.

김광필 : (평양이란 말에 가슴이 뜨끔 해진다) 아직도 나를 못 믿어 그래.

이때에 진만이하 보안서원 三명이 집 뒤로 숨어든다. 진만이는 마루마당으로 들어선다. 김광필이 경계한다.

진만 : (김에게) 동무 어데서 왔소?

김광필 : (눈치를 채고) 철원서 왔소!

진만 : 신분증명서를 좀 보여주시오.

김광필은 호주머니에서 증명서를 끄내는 척하며 권총을 끄내서 진만을 쏘라하는 순간 갑선이가 몸으로 방패막으로 대신 맞아 쓰러진다.

다시 쓰라진 순간에 진만이 호주머니에 넣고 있던 손이 나오자 쥐었던 권총으로 김광필의 권총 든 손을 쏜다. 갑선이는 빼앗는 소리를 지르고 쓸어지고 김광필의 피스톨은 손에서 땅에로 떨어지는 순간 손을 움켜쥐고 □해한다. 또 다음 순간 집 뒤로 숨어들어 대기하고 있던 보안서원들이 확 뛰어들어 김광필을 묶는다. 진만은 갑선을 부축한다. 최씨 뛰어 들어온다.

김광필 : (□……하며) 이년 향선아 네가 네가…… 죽일년

보안서원 : ……

진만 : 여보 갑선씨 정신 차리시오.

최씨 : 갑선아 이게 웬일이냐 아이구 갑선아!

김광필 : 이 죽일 년 -같은 년!

갑선 : (신음하며)저놈은 저놈은 김구 이승만이가 보낸 놈이예요

진만 : 알았소 (□……) 동무들 그놈을 끌고 가시오 그리고 한 동무는 □… 빨리 보내시오.

보안서원 : 네!

보안서원들 김광필을 끌고나간다

김광필 : (끌려가며) 이놈들! 나를 끌고만 가면 그만일 줄 아나…… 내 뒤를 따르는 우리 동지가 수천수만이 기다리고 있다.

보안서원 : 임마 닥치지 못해 (끌고간다)

김광필 : 이년 향선아 이원수는 갚고야 말게다 (끌려간다)

이와 스쳐 갑준과 필순이 뒤따라 조장곤 강상히 동네사람들 뛰어 들어온다.

갑준 : 누님 정신 차리세요

필순 : 언니 이게 웬일이유

갑선 : (신음하며 대답을 못한다)

조장곤 : 갑선아! 네가 이게 웬일이냐

최씨 : (운다)

진만 : 갑선씨! 정신을 차리시오 상처가 대단하지는 않습니다.

갑선 : (다시 정신이 혼돈해진다)

필순 : 언니 언니 …… (운다)

최씨 : 아이고 우리 갑선아 (운다)

진만 : 갑선씨 갑선씨!

갑선 : (마지막 정신을 차리고 눈을 뜨고 한편 손이 쥐여진 진만의 손을 딴 손으로 만지며) 진만씨! 저는 갑니다. 부디 훌륭한 부인을 만나 잘 살아 주세요.

진만 : 갑선씨의 공로는 큽니다. 갑선씨는 우리 민주북조선을 파괴하려는 반동분자를 잡게 한 공로자입니다 이 공로는 영원히 우리조선에 남아 빛날 것입니다 ……

갑선 : (주의를 차례로 돌아보고) 갑준아 필순아 부모모시고 잘살아라 ……

필순 : 언니 …… (운다)

갑선 : 아버지 어머니 불효한 여식을 용서해주세요 …… 진만씨 저는 이렇게 당신의 품에 안기어 죽는 것을 저의 일생 가장 행복으로 생각해요 ……

갑선의 마지막 숨이 넘어간다. 여러 사람의 울음이 여기저기서 일어나고 최씨와 필순의 통곡 더욱 크다 진만이 갑선을 고요하게 눕히고 주먹으로 눈물을 씻을 때 고요히 막이 나린다.

『문화전선』, 1946.11

목화꽃 필 무렵 (전一막)

때 : 一九四九年 가을

곳 : 남포에서 가가운 과수원

사람

태식 (二八세)

태근 (二五세)

창순 (二三세)

어머니 (五八세)

이모 (六三세)

문식 (二七세)

주련 (二四세)

바바니 교수 (四八세)

기사 (四◇세)

무대

박태식이가 관리하는 과수원이다. 무대 정면 뒤로 광활한 사과밭이 펼쳐져 있어 지금 바야흐로 익어져가는 사과들이 혹은 새빨간 알맹이를 노내놓고 혹은 종이 봉지에 싸진 채로 주렁주렁 달려 보기에도 풍성하다.

사과밭의 전개는 좌편으로 극히 너그러운 경사를 지었고 그 편에 멀리 남포제련소의 높은 굴뚝이 맑고 높은 창공에 연기를 뿜고 있으며 먼 산들이 얕게 보인다.

이러한 사과밭을 배경으로 하니 무대 바른 편에는 만들어진 적은 정자가 세워져 있다.

이 정자는 새빨간 뺑기칠 한 지붕의 일부에 운치 좋게 줄장미의 넝쿨

이 기어올라가서 꽃이 피어있다.

정자 안에는 판자탁자, 판자의자들이 또한 멋있게 만들어서 놓여있다. (정자 대신으로 포도열린 넝쿨로 해도 좋다) 왼편에는 태식이가 정성을 기우리고 있는 조그마한 면화포(棉花圃)가 있다.

면화포 안에는 가지가 죽죽 뻗어나가고 키가 큰 륙지면(陸地棉)과 키가 낮은 재래종(在來種)과 그 중간에 처하는 개량종(改良種)의 세 가지 연구 재배의 표본밭이 구별되어 있다. 면화는 지금 꽃이 만발하였다.

막이 열리면 오후 한 시쯤 태식이는 면화포에서 지금 재래종과 류지면과의 교배(交拜)종을 만들기 위하여 화분(花粉)을 매개(媒介)를 하고 있다.

한 쪽의 작업이 끝나면 주머니에서 날자를 기록한 적은 패짝들을 꺼내서 면화줄기에 꽂아 놓는다. 태근이가 사과 궤짝 하나를 어깨에 지고 바른편 정자 뒤로 나온다.

태근 : 형님!

태식 : 왜 (하던 일을 멈추고 돌아온다)

태근 : 학교에 내일 운동회가 있다는데 사과를 좀 보내주기로 했어요.

태식 : 응 잘했다. 두어궤 보내주지.

태근 : 예. 세궤ㅅ작 보내겠어요.

태식 : 그래라 (다시 일을 한다)

태근 나간다. 뒤이어 창순이가 사과 궤작을 머리에 이고 태근이가 나간 뒤를 따라 나간다.

태근이와 창순이 도루 들어와서 안으로 퇴장하였다가 이번에는 태근이 혼자서 또 한 궤짝을 지고 나간다. 이윽고 태근이와 장문식이가 이야기하면서 들어온다.

문식 : (소리만) 형님 게시나.

태근 : (소리만) 예. 있어요.

문식 : (들어와서) 태식이 소문에 들으니 면화연구 한다드니 여전히 연구에 열심히로구나.

태식 : 아! 문식. 이거, 웬일인가 오랜만일세.

문식 : 지금 막 차에서 내리는 길일세.

태식 : (면화포에서 나와 정자에로 가면서) 좀 앉게.

문식 : (정자안 의자에 걸치며) 그래 연구사업은 무슨 성과를 얻을 상 싶으나.

태근 : (역시 의자에 앉는다)

태식 : (의자에 앉으며) 응 …… 성과는 날로 나타나고 있네.

문식 : 자네는 참 장하이 만사가 다 뜻대로 돼가니

태식 : 그래 자네집 과수원은 잘 돼가나?

문식 : (주머니에서 담배를 끄내 피우며) 이 사람 말 말게. 이제 자네 앞이라 탁 털어놓고 말하겠네 만은 내가 국가에서 과수원을 분여 받았는데 그게 내 힘에 겨웁고 거게다 사실 인즉 나는 과수원 관리에 대하여 깊이 연구하고 노력하지도 않고 노력부족이니 자재부족이니 하는 핑계만대고 삼(三)년동안 과수밭을 못쓰게 만들고 말았네. 이 모양으로 내버려두었다간 국가에서 분여 받은 과수원을 아주 못쓰게 만들런지도 모르겠네.

태식 : 아니, 자네 밭이 그렇게 됐단 말인가?

문식 : 자네는 이렇게 훌륭하게 밭을 만들어 놓고 있는데 나는 얼굴을 들 수 없어.

태근 : 그게 정말이라면 책임 중합니다. 지금 와서 노력부족이니 자재부족이니 하는 말이 통합니까?

문식 : 자네 말이 옳네 …… 나라에서 분여받은 사과밭을 그 모양으로 만들어 놓고 이제와서 할 말은 없지마는 그냥 두고 볼 수가 없고해서 오늘은 태식이 자네한테 상의도 하고 지도도

받을 겸 이렇게 찾아왔네.

태식 : 나라에서 망쳐 먹어서야 우리 농민의 면목이 서나 어떻게든지 살려야지.

문식 : 그렇지 그런데 어떻게 도루 살릴 방법을 대주게. 나도 자네 집 동네에서나 살았다면 밭이 그 모양이 되도록 가지는 안 됐을 텐데

태식 : 념려말게. 내 힘 자라는대로 봐줄테니 살려보세.

문식 : 고마워요.

이때 안에서 어머니가 나온다.

어머니 : 이게 문식이 아닌가.

문식 : 어머니 부끄러워요. 이제도 태식이하고 이야기했지만 과수원이 망태기가 됐어요.

어머니 : 웨?

문식 : 제가 밭을 가꿀 줄 몰라 그렇게 됐어요. 그래서 태식이의 힘을 빌러 왔어요.

어머니 : 왜 그렇게 되도록 내버려 두고 있었니. 진작 찾아올 거지.

문식 : 네 온다 온다하며 그렇게 됐어요.

태식 : 그럼 자네는 온 김에 며칠 나하고 가치 쉬면서 이야기도 하고 내가 연구하는 것을 보구 가게.

태근 : 그렇게 하세요. 바뿌지 않거든.

문식 : 바쁜 일은 없네. 그럼 그렇게 해 볼까?

어머니 : 그렇게 해라. 이 애 태근아. 이 사람 대리고 들어가서 세수나 하고 시장할텐데 점심이나 먹도록 해라.

태근 : 예. 그럼 안으로 들어갑시다.

태근이와 문식 안으로 들어간다.

어머니 : 태식아, 거기 좀 앉어라. 이제 남의 걱정들만 하고 있으니 우리 걱정은 하나도 없는 것 같구나.

태식 : 우리 집 무슨 걱정이 있나요.

어머니 : 이 녀석아. 왜 걱정이 없단 말이야. 나는 도모지 네가 하는 일이 남의 일 같지 않더라.

태식 : 뭐가 말이에요.

태근 안에서 나온다.

어머니 : 정신을 채려라. 과수원을 이만큼 만드러서 이 고장에서는 첫 손가락에 꼽는 모범 과수원이 됐는데 국으로 사과 재배나 더 잘하두록 애를 쓸 것이지 너는 아주 이제 사과 밭에는 정신을 돌리지 않고 터문이 없는 연구를 하고 있으니 말이다.

태근 : 하하하 …… 어머니는 아무것도 모르거든 잠잫고나 게세요. 형님이 하는 일에 헛된 일이 없어요.

어머니 : 누가 알아. 문식이네 이야기를 들으니 남의 일 같지 아니해서 하는 말이다. 이만큼 만들어 놓은 사과밭을 돌보지 않고 될지 안 될지도 모르는 연구에만 달라붙어 있으니 문식이네 꼴이 안되리라고 누가 장담을 하겠냐.

태근 : 어머니도 참 형님이 사과밭을 돌보지 아니 한다고 나는 아모 것도 못한 줄 압니까.

어머니 : 이 녀석아. 어데 너를 못한다고 그러냐? 걱정이 돼서 그런 게지.

태근 : 그래도 형님이 지금 연구하고 있는 면화변종 연구는 우리 국가에 절대로 필요한 일입니다.

어머니 : 그래도 동네에서는 모두들 걱정하고 있다. 태식이가 하는 일이 좀처럼 될 일이 아니라고 …… 어떤 사람들은 그 사람이 전날부터 과수 접목(椄木)에는 특재가 있었지만 요새 와

서 륙지면을 북조선에서 재배하두록 연구한다니 그건 안 될 일을 가지고 괜이 그런다고 비웃는 사람도 있단다. 그 사람들은 또 뭐라 그러든지 아니 태식이가 안될 연구에 골몰하다간 사과밭까지 망친다고까지 한단다.

태근 : 어머니 걱정 마세요. 형님의 연구는 아주 훌륭한 연구입니다. 육지면은 북조선에서는 재배가 안 되기 때문에 재배되도록 변화시키자는 것이 형님의 연구하는 거랍니다.

어머니 : 듣기 싫다. 되지도 않는 일을 가지고……

태식 : 어머니. 어머니가 걱정하시는 건 마땅합니다. 문식이 아저씨의 과수원이 좋은 표본이니까. 그렇지만 우리 사과밭은 어떤 일이 있드래도 지금보다 나빠지지 않습니다. 태근 이가 있으니까.

어머니 : 글세. 그걸 누가 모르나. 그렇지만 모두 안 될 일을 가지고 쓸데없는 노릇을 하고있다니까 말이다. 남이 하는 말이라고 아무렇게나 들을 일이 아니다. 그러니 제발 연군지 뭔지는 그만두고 이 가을에는 장가나 들두록 하자. 한 번 상처는 했지만은 오년이나 홀로 살았으니 이제는 살림살이에도 자미를 붙여야지. 그리구 우리 살림이 이만큼 펴이게 됐으면 뭘 더 바랄게 있니.

태식 : 그렇습니다. 왜놈 때 비해서 우리 살림이 참 말할 수 없이 나아졌습니다. 그렇지만 우리가 더 잘 살기에는 아직도 멀었습니다. 남북이 통일되고 완전독립을 해서 전체 인민 이다 잘살게 될 뿐아니라 세계 어느 나라에 비해서 못지않은 부강한 나라가 돼야 합니다. 그렇게 되기까지는 아직도 오랫동안 싸워야 합니다. 제가 연구하는 것이 성공만 하면 우리 조선에 부족한 면화를 더 많이 수확해 가지고 옷감을 넉넉하게 만드러 낼 수 있습니다.

태근 : 김일성 수상께서 공예작물을 많이 심어야 된다고 늘 말슴하

시는 것이 그것입니다.

어머니: 그래 그렇게 돼야 하는 줄은 나도 안다만 그 연구하는 것이 성취가 될까 하는 걱정이지.

태식: 어머니 념려마십시오. 제 연구는 터문이 없는 연구가 아닙니다. 이런 어려운 말을 해서 어머니는 모르시겠지만은 저의 연구는 쏘련의 미츄린 학설에 근거한 것입니다. 저의 연구는 저 혼자 얼토당토않은 생각으로 하는 것이 아니고 세계적으로 유명한 미츄린 학설에 따라하는 것입니다. 또 김일성 대학에서 와서 게시는 쏘련 박사의 지도도 받았고 농림성에서도 저의 연구에 관심을 크게 가지고 있습니다.

태근: 형님의 연구가 그렇게 훌륭한 거얘요. 어머니는 잠잫고 보고만 계서요.

어머니: 글세 박사들이 된다면 다 되는 건지 모르지만 세상 사람들은 그리 탐탁히 생각지 않는 것 같기에 그런단다.

태식: 어머니 꼭 성공합니다. 이삼년 뒤에는 우리 북조선에서도 륙지면과 같은 수확 많은 면화를 심게 될 겁니다.

어머니: 이삼년 뒤라니 그 연구가 그렇게 오래 걸린단 말야.

태식: 이년, 삼년에 안되면 오년, 십년 걸려서라도 연구해야지요.

어머니: 아니, 이 녀석아. 나는 금년이면 발판이 나는 줄 알았드니 이년, 삼년으로 안 되면 오년, 십년이라고. 그런 꿈같은 소리말고 그 연군지 뭔지 싹 거더 치워라.

태식: 어머니 그렇지 않습니다. 우리 조국을 위하고 인민을 위하는 일이라면 오년, 십년이 아니라 일생을 바처서라도 해야 되지 않겠어요.

어머니: 아이구 나는 모르겠다…… 나라를 위하고 인민을 위한다는 일을 내가 말리겠냐. 나는 더 말하지 않을테니 마음대로 해라. 그대신 이 에미의 청도 하나 들어줘야 하겠다.

태식: 장가 말이예요.

어머니 : 그래. 이 가을에는 꼭 장가를 들게 하자. 너의 이모가 말하는 갈내 사는 규수가 좋은 배필 같더라.

태식 : 어머니 저는 저 면화연구가 성공하기 전에는 장가는 들지 않겠어요.

어머니 : (펄펄뛰며) 아니, 이 녀석아. 뭐랬냐. 일평생 걸릴지도 모를 연구를 성공한 뒤에래야 장가를 든다고…… 그럼 평생 장가를 들지 않겠단 말이 아니냐.

태식 : (웃기만 한다)

어머니 : 이 녀석아. 에미 속을 그만 태워라.

태근 : 어머니 형님의 연구에는 벌써 절반이나 성공한 셈 안예요. 늦어도 내년에는 성공할 겝니다.

어머니 : 그런거 모르겠다. 성공, 불성공 간에 이 가을에는 장가를 들도록 해라. 너이들 고집만 세울 게 아니라 늙은 에미의 말도 들어 줘야지. 네 이모한테 일을 맺도록 말할테니 그리알고 있거라. (일어선다. 조금 전부터 안에서 창순이 나와 듣고 있다)

창순 : 어머니 점심 차비가 다 됐어요.

어머니 : 모두 들어가서 점심이나 먹자.

태식 : 어머니 먼저 가세요. 저는 하든 일을 마자 해야겠어요.

어머니 : 밥먹고 나서는 못하냐?

태식 : 곧 가겠어요. 먼저 가세요.

어머니 : (훌 들어가며) 밥먹는 것까지두 고집이로구나.

창순 : 아주버님 어머님하고 함께 가시지요.

태식 : 예. 곧 들어가겠어요.

창순 : (태근이한테) 그럼 당신이라두 어머니하고 함게 가세요.

태근 : 그럽시다. (어머니의 뒤를 따라 들어간다)

태식은 다시 면화포에 들어가서 작업을 계속한다.

창순 : (태근이를 따라 들어가려다가 태식의 작업하는 것을 보고 가까이 온다) 아주버님 어머님한테 단련을 단단히 받으셨군요.

태식 : 허 참 그 이모님은 무슨 주책을 떨고 다니시는지 멋 모르겠어.

창순 : 조카님 생각을 해서 그런 게지요. 호호호……

태식 : 늙은이들은 할 수 없어……

창순 : 아주바님 주련동무를 어떻게 생각하세요.

태식 : 주련 동무요. 참 좋은 동무든데요. 참 주련동무하고 소학교에 같이 다녔다지요.

창순 : 예. 동창이예요. 어제 밤 녀성동맹회의에서 돌아오는 길에서 주련 동무는 아주버니 이야기를 하드군요.

태식 : 뭐라구요.

창순 : 참 훌륭한 일을 한다구요. 아주버니가 지금 연구하는 일에 침이 마르도록 칭찬을 해요. 지난 봄 선거사업 때 같이 공작을 하셨다지요.

태식 : 예. 그때 군 선거위원회에서 한 달 동안 같이 공작을 했지요. 좋은 일꾼이든 걸요. 아주머니는 그 동무를 어떻게 생각하시나요.

창순 : 제가요. 저는 주련 동무와 아주버님과는 알맞은 배필이라고 생각했어요. 호호호.

태식 : 예 좋은 배필요?

창순 : 그렇지 않아요? 사업을 통해서 두 분이 다 가까워졌고 서로 리해를 가지고 있고…… 이만하면 훌륭한 조건이지요.

태식 : 그럴가요.

창순 : 제 보기에는 두 분 사이에는 벌써 약조가 있는 것 같은데요.

태식 : 글세요.

창순 : (왼편 밖을 쳐다보며) 아이구. 범이 제 말하면 나타난다드니 주련 동무가 오네. (그 쪽으로 간다)

이때에 주련이 들어온다. 창순과 주련 반다히 맞난다.

창순 : 네 말을 막하고 있었어.

주련 : 무슨 말?

창순 : 욕을 했지. 호호호……

주련 : 오늘은 태식 동무의 연구 사업을 구경하러 왔어요.

태식 : 고맙습니다. (밭에서 나와 정자로 가며) 자, 여기로 오십시오.

주련 : (정자로 가서 앉는다) 참 훌륭하군요.

태식 : 뭘요. 변변치 않어요.

창순 : 넌 우리 집에 선전 공작하려 왔니. 호호……

주련 : 오늘은 태식 동무의 선전을 들으려 왔어.

태식 : 어떄요? 여맹사업보다 군인민위원회 선전지도원 사업이 힘들지요.

주련 : 더 바빠졌어요.

태식 : 바뿐가운데 우리 집 구경을 오셔서 고맙습니다.

창순 : 아무리 바빠도 와야지. 호호호……

주련 : 이애야! 네 말의 의미가 깊군……

창순 : 네가 알 일이지.

태식 : 아주머니 주련 동무에게 잘 익은 포도와 사과를 따서 대접하시지요. 그 개량종을 따와 보십시오.

창순 : 예. 창순아. 앉아 이야기나 해. 내 굉장한 걸 대접할 테니까.

주련 : 어디 보자.

창순 : (들어간다)

주련 : 참 좋은 제수시를 맞았어요. 그 애는 어린 때부터 명랑하고 재주도 있었어요.

태식 : 내 동생을 위해서 행복한 일입니다.

주련 : (면화포를 가르치며) 저것이 시험중인 륙지면 변종 연구입니까?

태식 : 그렇습니다.

주련 : 공화국 전체가 동무의 이 사업에 큰 관심을 가지고 있습니다.

태식 : 절대로 불가능하다고 인정된 륙지면을 기온 찬 북조선에 적응시킬 수 있다는 확신을 얻었습니다.

주련 : 축하합니다.

태식 : 모두 미츄린 학설의 덕택입니다. 아시다시피 지금 북조선 지역에 재배되는 면화는 재래종으로서 옛날 중국에서 수입한 그대로 조금도 개량되지 않은 것입니다. 이것은 전 조선의 기질과 기후에 맞지 않는 꽃이 적고 수확이 적은 것입니다. 남조선 지역에 재배되는 륙지면은 미국 종류로 조선에 들어온 지 한 사, 오년 됐을까요. 이것은 키도 크고, 꽃도 크며 송이도 많아 수확이 대단 많습니다만은 기온관계로 개성 이북에는 잘 되지 않습니다. 북조선에 이 륙지면을 재배하면 성장은 잘됩니다만 꽃이 피기 전에 서리가 내리면 더는 살지 못합니다. 만약 이 륙지면에 미츄린 학설을 적용하면 수확이 많고 서리가 나리기 전에 꽃이 피는 좋은 품종을 얻을 것이라고 착안한 것이 저의 연구입니다. 작년에 연구를 착수한 뒤 금년에 계속 시험한 결과는 확신을 얻었습니다. 김대의 바바닌 교수에게 여러 번 가서 보고를 하고 지도를 받고 있는데 역시 성공을 확신한다고 합니다.

주련 : 축하합니다.

태식 : 우리 공화국 전 지역에 륙지면과 동등하게 수확이 나는 우수한 면화를 심게 될 때를 생각해 보십시오. 그때는 우리 조선도 면화 섬유의 부족이 극복되고 말 것입니다. (희망에 찬다)

주련 : 미츄린 학설은 참 위대합니다.

태식 : 위대하고 말고요. 부르죠아 생물학자들이 해결하지 못한 문제들을 미츄린은 해결했습니다. 그는 위대한 생물의 개조자입니다. 이것이 바루 쏘베트 과학의 우월성입니다.

이때에 창순이가 신종의 훌륭한 포도송이와 사과를 따서 쟁반에 담아 가지고 나온다.

창순 : 자! 이걸 봐 이게 아주바님이 새로 만드러낸 품종들이야.

주련 : (감탄하여 포도와 사과를 들고 본다) 아이고 어쩌면 …… 참 훌륭해요.

태식 : 이건 내가 만드러낸 것이 아니라 미츄린 학설을 실험해 본 결과입니다. 나는 해방된 뒤에 쏘련의 위대한 생물학자 미츄린의 이야기를 들었습니다. 나는 왜놈시대 이 과수 원에서 품파리를 할 때부터 과수접목을 잘 했고, 품종개량에 흥미를 가지고 있었습니 다. 미츄린 학설에 대한 이야기를 듣고 나는 그것을 사과와 포도에 재작년부터 시험을 해 봤습니다. 이 사과는 미국 종 데리샤스와 비슷합니다.

창순 : 두 분 이야기 하세요.

주련 : 얘, 너두 가치 이야기를 듣자구나.

창순 : 난 안에 일이 좀 있어. 둘이서만이 할 이야기도 있겠지. 호호호 …… (들어간다)

태식 : 미츄린의 사과 신종 연구에 의하면 알이 크고, 찬 지방에 잘 자라는 중국종 사과와 찬 기후에는 이기지 못하나 맛 좋고, 알이 크며 빛이 누런 미국종 베리푸렐종을 배합시켜 쏘련의 동한에도 견디며 풍미도 좋고 알도 빛도 누런 훌륭한 신종을 얻었다고 합니다. 즉, 미국종의 암꽃 수염에 중국종의 화분을 교배해서 만들었든 것입니다. 이 방법을 나는 우리 사과밭에서 시험해 봤습니다. 이것이 그것입니다. 이것은 데리샤스의 암꽃에 홍옥의 화분을 교배해 본 것입니다. 데리샤스와 홍옥이 반종입니다만은 앞으로 이 방법을 계속해서 기후에 적응시키어 새 묘목을 만들어낸다면 더 치운 지방에서도 이런 맛좋은 사과를 먹을 수 있을 것입니다. 이 포도도

그런 방법으로 기른 것입니다. 자! 잡수어 보세요. (제가 먼저 사과 한 개를 껍질 채로 먹는다)

주련 : (같이 사과를 먹으며) 참 맛이 훌륭하군요.

두 사람 행복에 잠겨 사과를 먹을 때 태식이의 이모 들어온다.

이모 : 태식아, 내가 왔다.

태식 : (이러서며) 이모님 오십시니까.

이모 : 오냐, 잘 있었다. 에미는 집에 있냐.

태식 : 에 어서 안에 들어가서 노세요.

이모 : 오냐. (드러가다가 다시 돌아서며) 이 애, 태식아. 너 에미한테서 이야기를 들었겠지. 너두 언제까지나 홀애비로 살 수 없을 테니 내가 갈내에 좋은 색씨감을 하나 구해 놓았다.

태식 : (어색해서) 이모님, 어서 안으로 들어 가세요.

이모 : 오냐. 하여튼 이번 자리는 노처서는 안되니까. 오늘 작정을 하고 말자! (안으로 들어 간다)

태식 : (역시 어쩔줄을 모르고) 늙은이들은 할 일이 없으니까 저래 주책을 떨고 단니거든……

주련 : (웃으며) 좋은 색씨감이 낫다지요.

태식 : 로인네들은 아직도 자기 시대줄만 아는 모양입니다. 자기들이 해오고 살아온 방법이 가장 행복한 것이고 옳은 일인줄만 알고 있지요.

주련 : 조카 며누리감을 손수 구해 보겠다는 생각 그것은 이모님되시는 로인이 가지는 가장 행복스럽고 훌륭한 행동이겠지요.

태식 : 주련동무 저렇게 늙은들이 주책을 떨고 있다고 불쾌히 생각 마십시오.

주련 : 호호호…… 태식동무도 참…… 우리는 늙은이들의 생각에 따르지는 아니할지언정 그것은 모욕하지는 맙시다.

태식 : 내 잘못하였습니다. 내가 주련동무와 약혼을 했다는 것을 늙은이들에게 진작 알려줄 것을 그랬지요.

이때에 안에서 어머니 이모 창준 태근 등 나온다. 늙은이를 떠들며 나온다.

이모 : 아니, 이 녀석아. 진작 그렇다고 말을 할 게지. 내가 망년을 했구나.

어머니 : 이 녀석이 에미를 속이다니

태식 : 뭘 말입니까.

이모 : 시침을 딸 것 있나. 적은 며누리한테 다 들었다. 이 처녀가 네 색씨감이라지.

어머니 : 너이들 세상이라 늙은 것들이야 소용없는 물건이지만은 약혼한 자리가 있다면 있다고 진작 말을 해 줄거지. 나는 괘니 속을 태웠구나.

이모 : 나는 그런 줄도 몰으고 둘이서 자미난 이야기를 하는데 덤벼들어 딴 색씨 이야기를 했지. 여보게 아직 성례는 않했지만 어차피 조카 며누리가 될 사람이니 아까 내가 멋모르고 망녕을 떤 것을 용서해라.

주련 : (얼골을 붉히고 고개를 숙인다)

어머니 : 태식아, 그래 정말 이 처녀와 약혼을 했냐.

태식 : 어머니 용서하십시오. 사실 그렇게 됐습니다.

창순 : 아주버니 제가 그만 비밀을 까나서 안됐어요.

이모 : 잘 됐어. 이런 훌륭한 색씨라문야 누가 좋아하지 않겠니. 괘니 나는 갈내고 어데고 쏘 돌아다녔지.

어머니 : 이 사람아. 요새 사람이 그렇게 숙스러워해서야 되겠니. 나는 벌써 자네가 연설을 하는 것을 여러 번 들었어. 참, 장하더이 …… 며누리 감으로는 아주 착하다고 생각했드니 일이

척척 맞아들어 나는 줄 모르고 늙은 게 수선을 피웠지.

이때 자동차의 정적 소리가 나고, 엔지이 멎는 소리 들린다.

태근 : 형님, 손님이 오신 모양입니다.

태식 : 아, 바바닌 선생이 오신다. (맞으러 나간다)

태근 : 어머님 평양서 오신 손님인 모양입니다. 이모를 모시고 안으로 들어가세요.

창순 : 어머니 들어가세요.

어머니 : 형님, 우리는 들어갑시다. (창순이는 두 늙은이를 데리고 안으로 들어간다)

밖에서 바바닌 교수와 농립성 기사가 태식에게 안내되어 들어온다.

태식 : 어서 오십시오.

바바닌 : 참 훌륭한 과수원입니다.

태식 : 먼 길을 찾아 주셔서 감사합니다.

바바닌 : 동무의 시험을 보려 가겠다고 동무한테 약속을 해놓고 바빠서 못나왔습니다. 오늘마침 틈이 있어서 나왔습니다.

기사 : 태식동무 성에서도 몇 동무 나오랴다가 내혼자 왔습니다.

태식 : 바뿌신데 감사합니다. (정자를 가르치며) 저기서 좀 쉬시지요.

바바닌 : (면화포를 보고) 아, 저것이 동무의 시험 면화포로구먼요. 먼저 저걸 구경시켜 주십시오.

모두 면화포로 간다. 태근이와 주련 그리고 안에서 나온 문식이로 간다.

태식 : (밭에 들어가) 이것이 재래종이고 이것이 륙지면입니다. 그리고 이것이 작년에 제가 재래종과 륙지면을 교배한 시종입니

다.

바바닌 : (감탄하며) 호호! 참 훌륭합니다. (만져본다)

태식 : 지금 매일 꽃이 피면 교배작업을 하고 있습니다.

바바닌 : 응! 지금 꽃이 핀 정도를 보니 재래종과 륙지면은 약 한 달의 차이는 있습니다. 그런데 이 가운데 있는 신종은 나무의 크기가 그반 륙지면과 비슷하여 가며 꽃은 륙지면에 비해서 적어도 십일은 빠릅니다.

기사 : 성공입니다. 성공이 확실합니다.

태식 : 아직 성공이라고는 할 수 없습니다만은 신종이 륙지면 보다 다못 몇날이라도 빠르다는 것은 성공을 확신케 해줍니다.

바바닌 : 그렇습니다. 꽃을 열흘 더 빨리 피도록 했습니다. 열흘동안 단축한 것은 앞으로 보름 스무날 한 달을 단축할 수 있다는 증명입니다. 태식동무! 축하합니다.

태식 : 선생님의 지도의 결과입니다.

바바닌 : 아닙니다. 나야 그저 참고 의견을 몇가지 말해드렸을 따름이지. 여기를 한 번인들 나와봤습니까…… 동무의 훌륭한 연구의 결과입니다.

태식 : 이게 모두 위대한 미츄린 학설의 성과입니다.

기사 : 그렇지요. 선진 쏘베트 과학자 미추린 선생의 힘입니다.

바바닌 : 나는 기쁩니다. 오늘 쏘베트 생물학자는 모두가 미츄린 학설의 제자들입니다. 나는 오늘 여기에 와서 동방의 훌륭한 민족의 나라 조선 민주주의 인민공화국에도 미츄린 학설의 학도가 있는 것을 그리고 미츄린 선생이 그러했든 것과 같이 그의 업적은 성공하고 있다는 것을 알았습니다.

기사 : 미츄린 학설은 우리 인류를 행복에로 이끄는 위대한 선진과학입니다.

바바닌 : 그렇습니다. 미츄린 학설은 오늘 쏘련에서 수확이 이십배나 더해지는 새로운 보리종자를 연구하였고, 쏘련의 방방곡곡

에서 포도를 익게 했으며 인류에게 필요한 모든 식물과 동물은 우수한 종류로 변하고 있습니다. 이는 쏘베트 과학의 승리입니다. 태식 동무의 면화신종 발견이 승리하면 조선 인민들은 자기의 생활에 가장 필요한 무명 옷감을 부족함 없이 입을 수 있게 될 것입니다. 태식 동무 래년부터 태식 동무의 연구를 대학에서도 전개할 것을 대학 당국에 건의하겠습니다. 그렇게 되면 그 연구안은 박태식 미츄린 연구반이라고 붙이어질 겁니다!

기사 : 나는 오늘 농림성에 돌아가서 태식 동무의 연구를 국가적으로 원조할 것을 건의하겠습니다. 동무의 연구를 위해서 새 새시험장을 내도록 하지요.

바바닌 : 그렇게 할 가치가 있는 훌륭한 사업입니다.

태식 : 저의 변별치 않는 사업을 위해서 그렇게들 생각해 주시니 감사합니다. 뭐 국가에서 특별히 딴 배려를 안해주셔도 좋습니다. 만약 꼭 원조를 주시게 된다면 여기 이 자리를 그대로 시험소로 하고, 래년에는 면화포를 훨신 확장하도록만 해주시면 좋겠습니다.

기사 : 동무의 의사를 충분히 반영시켜서 건의하겠습니다.

어머니, 이모, 창순이 나온다.

어머니 : 아나, 이 양반이 쏘련 박사냐?

창순 : 아주바님 연구가 꼭 성공할 수 있는지 쏘련 박사면 알게나 물어 보겟다고 나오셨어요.

태식 : (웃으며) 바바닌 선생님 우리 어머님입니다.

바바닌 : 안녕하십니까

어머니 : 먼 곳에 오시누라 수고하셨습니다. 그런데 박사님 당신이면 아실테니 좀 말씀해 주 십시오. 우리 아이의 연군지 뭔지가

성공할 수 있습니까?

바바닌: 어머님 걱정마십시오. 아드님 이 연구는 아주 훌륭한 연구입니다. 그리고 벌서 성공했다고 할 수 있습니다.

어머니: 정말입니까

바바닌: 정말 아니구요. 당신은 참 훌륭한 아드님을 두셨습니다.

어머니: 아니, 그럼 연구가 성공했다니 이 애, 태식아. 결혼식은 이 가을에 치르고말자!

태식: 이젠 어머님 말대로 하시지오.

어머니: 아이유! 이제야 속시원한 소리 한 번 하누나. 박사님 내 아들은 이 색시하고 이가을에 결혼하게 됐으니 잔칫날 박사님도 꼭 오십시오.

바바닌: 예. 오구말구요. 태식 동무 축하합니다. (바바닌과 태식 악수할 때 막이 나린다)

안함광 엮음, 『총합-전막극집』, 문화전선사, 1950

우리 마을 (四막 九장)

나오는 사람들

우순실—세포위원장
강씨—그의 시어머니
김광식—관리위원장
선희—그의 안해
조차선—검사위원장
리씨—그의 안해
순녀—그의 딸
한경춘—빈농
한내춘—경춘의 형
정씨—그의 안해
분옥—그의 딸
최소저—빈농
장로인—그의 시아버지
변창룡—제대군인 (뒤에 검사위원)
김신득—민청위원장 겸 제일작업반장
권기준—관리위원
함익군—제이 작업반장
필련—민청원
심심—민청원
최인동—이로반장
조성식—이로반원
강판식—이로반원

박치근—부기원
박인택—양수장 로인
봉영—그의 안해
박봉수—'새골'농업협동조합 관리위원장
그 외—두 조합의 다수 조합원들

제一막

제1장

나란이 서 있는 조차석과 한내춘의 집. 아무런 울타리도 없이 개방적이다.

강 건너 멀리로 대보산 만경대의 풍경이 보이며 강의 량안에 키 큰 사시나무가 많다.

바른편 차석의 집은 니은자로 꺾어져 뒤편의 외양간이 있으나 그 내부는 객석에서는 보이지 않은다. 정면(외양간 저 편) 헛간이 있고, 그 바른 편에 툇마루가 달린 방의 일부가 보인다. 왼편 내춘의 집은 부엌간과 역시 퇴무가 달린 방의 일부가 보이며 부엌 옆(차석의 집 편)에 수수깡으로 둘러싼 장독대가 있다.

장독대 앞에는 살구나무가 있다. 량집 사이로 행길이 강쪽으로 뻗었고 행길 편에 우물이 있으며, 우물가에는 수양버들이 섰다. 강이 풀린 지 얼마되지 않았고 나무들은 아직 잎이 피지 않는 三월 초다.

막이 오르면,

차석이네 헛간 앞에는 가마니를 놓고 리씨, 강씨, 소저 등이 부업 생산을 하던 중이다. 차석이가 사가지고 온 소를 구경하느라 조합원들이 외양간 앞에 모여 들었다. 외양간에서 황소가 뱃심있는 영각을 울린다.

기준: 어, 그 놈 뱃심 있게 우는구나! 앙가슴이 적 버러진 것이 힘개나 쓰게 생겼어.

차석: (외양간에서 만족스러운 얼굴로 나오며) 기준이 자네도 흡족한 모양이네. 그려.

기준: 왜 흡족하지 않겠나…… 국가에서 대여해 준 자금으로 조합에 소가 들어서지 않었나…… 이게 우리들이 조합을 만든 첫 보람일세.

차석: (리씨를 보고) 아니, 여보 당신은 뭘 하고 있는거요? 쇠물이나 끓이지 않고…… 새식구가 들어왔으면 대접부터 해야지.

리시: (자리를 뜨며) 아이구 갑자기 쇠물은 뭘로 끓인담.

차석: 아무렇게나 그걸 별통 못 해!

리시 부엌으로 들어간다. 한경춘 들어온다. 한경춘 신병으로 수척했다.

기준: 아, 경춘이 어떻게 나왔나……

차석: 그렇게 나다녀도 괜찮겠나?

경춘: (기침을 하며) 조합에 소가 들어왔다는 소리를 들으니 누워 있을 수가 있어야지요.

기준: 그러다가 바람 쏘이면 안 되네. 아직은 바람이 차서……

내춘: (말없이 쓴 표정이다)

경춘: (소를 들여다 보고) 어…… 소가 괜찮은데요!

기준: 차석이가 소 하나는 잘 본다니까.

차석: 이 사람 어레 얼 소리말게. 그래 내가 다른 건 못본단게 뭔가?

기준: 허허…… 이 사람 보게. 다른 것도 잘 보기에 검사위원장이지…….

경춘: 사실이지. 우리 동네에서 소 보는 데야 이 형님을 달을 사람이 없지요.

내춘: (이때까지 아무 소리 없이 저 편에 서 있다가) 잘 보지. 소 같은 게 소

속이나??

차석 : 동갑네. 그러나 자네 조합에 안들고 혼자서 잘 해 먹으랴는데 조합에서 소를 사들이니가 왜 배가 아픈가?

내춘 : 미친 소리 …… 언제 내가 조합이 잘되지 말라던가?

차석 : 그럼 남의 일에 참견 말어.

내춘 : 네가 하도 덜렁대니가 잘되는 조합 일 망칠까봐 그런다. (제 집으로 들어간다)

차석 : (내춘의 뒤를 대고) 흥 …… 조합원도 아닌게 걱정도 팔자로구나.

기준 : 소 한짝이 불었으니 우선 축력 문제는 발등의 불을 끈 셈이고 이제는 비료만 있으면 금년 농사는 념려 없겠는데.

삼득 : 우리가 겨우내 로력을 고공품 생산과 이로 준비에 돌리느라고 자급 비료 준비를 소홀히 했어요.

소저 : 가마니도 하고 자급비도 만들고 할걸 ……

삼득 : 세포위원장 말대로 자급비부터 마련하고 가마니는 부차적으로 해야 하는 건데 잘못했어요.

차석 : 다 념려말어. 관리위원장이 해결할 걸세. 그 사람도 생각이 있기에 자급비료 준비를 안 시켜겠지. 우리는 관리위원장만 든든히 믿고 농사나 잘 짓세 …… 우리가 그만큼 똑똑한 관리위원장을 만났기에 망정이지 그렇잖으면 무슨 재주로 외양간에 소를 사서 매 보겠나.

삼득 : 소야 국가에서 대여받은 자금으로 샀는걸요.

차석 : 흥. 그것도 가만히 앉아 있어 받았겠나. 그 사람이 제 때에 활동을 해서 타왔지. 그 분인가 그 사람 주장대로 우리가 분업 생산에서 올린 현금 수입으로 쉬 소 한짝을 또 사게 된다네.

기준 : 근로반이 고기만 잘 잡으면 소 한 짝 값이야 담방 벌지요.

차석 : 그렇고 말고 …… 그 미국놈들의 비행기 폭격에 내 소를 죽인 뒤는 소없는 설움인들 얼마나 당해왔나. 이제는 조합것이 내 것이요, 내 것이 조합 것이니 맘이 든든하이.

기준: 그렇기에 조합이 좋다지 ……

소저: 그런데 이런 조합에를 들지 않겠다는 사람들이 있으니 ……

익근: 그 사람들은 다 제 릿속을 다져서 그렇지요.

삼득: 들 날이 있을거예요.

차석: 그 자들은 개인 리기주의라서 그렇다니 …… 우리가 사회주의를 하고 다 잘 살자는데 반대라니까 ……

유순실 들어온다.

순실: 소를 사 왔다지요?

삼득: 세포위원장 동무 언제 오셨어요?

순실: 조금 전에 왔어요.

삼득: 인제 강습은 아주 끝났나요?

순실: 예 ……

차석: 그럼, 졸업을 했군.

순실: 예. 그런 셈이지요. (경춘에게) 아이구, 일어나셨군요.

경춘: 예. 인제 거의 다 나았어요.

순실: 다행이군요.

기준: 벌써 한 달이 됐나? 그래 도에 가서는 기숙을 하고 있었소?

순실: 합숙에 있었어요. 그런데 위원장 동무는 어데 갔나요?

익근: 오늘부터 우리 이로반이 작업을 시작했어요. 그래서 그리 나갔지요.

순실: 그래요. 잘 잡힌대요?

기준: 오전에 들은 소식에는 아주 많이 잡았다는군요. 오늘 잘 잡으면 한 오륙십 관은 잡히겠답니다.

순실: 그래요.

차석: 그렇게 잡다간 대동강 고기 씨 말리겠는데 ……

익근: 그렇게만 잡으면 소 한 짝 값은 담방 나겠군.

삼득: 해방 뒤니까 잡히지. 장철 그렇게 잡히라구 …… 세포위원장 동무! 아무래도 우리 조합 자급비 준비가 걱정돼요.

순실: 그동안 도무지 마련이 없었나요?

삼득: 통 안 했어요. 고공품 생산과 어로 작업 준비만 한 걸요.

순실: 가마니는 이월 말까지 짠 것으로도 수매 계획에는 넉넉히 맬 수 있지 않았나요?

삼득: 이월말 전으로 이미 완수했는 걸요.

순실: 그럼, 왜 로력을 자급비 준비에 돌리지 않았나요?

차석: 더 짠 것은 시장에 내다가 팔자는 것이지.

순실: 시장에요?

차석: 그래야 현금 수익이 더 많을 것 아닌가?

순실: 그건 잘못됐군요. 현금 수익도 중하지만 비료 준비없이 어떻게 농사를 짓겠나요?

차석: 허, 젊은 사람들은 저렇게 걱정이 많아 …… 관리위원장이 다 료량이 있어 그렇다니 ……

순실: 국가에서 주는 화학 비료만 믿고 있을 수는 없어요. 위원장 동무와 토의해서 대책을 세우도록 하지요.

삼득: 래일부터라도 우리 민청위들은 불린 강바닥에 들어가서 흙을 파고 전체 조합원들이 밤에라도 흙구이를 하면 많은 도움이 될 수 있어요.

순실: 예 …… 좋은 의견이군요. (소저를 보고) 참, 봉이 어머니한테 편지가 왔어요. (보자기에서 편지를 꺼내주며) 지금 사무실에 들리니까 ……

소저: 그래요. (받는다)

기준: 아니, 웬 편지요.

소저: (겉봉을 보며) 아들한테서 왔군요.

차석: 아니, 아들이라니? 봉길이야 전선에서 ……

소저: (편지 속을 꺼내 읽으며) 전사한 봉길이만 아들인가요 …… 또 있

지요.

차석 : 또 있다니?

순실 : 봉길 동무와 같이 싸우며 전우가 대신 아들이 되겠다고 그런대요.

차석 : 그래요! 그건 참 잘 됐소.

소저 : (편지를 읽고 나서 웃으면서) 이번에 제대돼 돌아오게 됐다는군요.

순실 : 그래요?

기준 : 난 무슨 소린지 도무지 모르겠는걸……

소저 : 이 사람이 죽을 번 했을 때 우리 아이가 목숨을 내놓고 구해 준 일이 있대요. 그런데 그후 우리 아이가 적탄에 맞아 쓰러지니 숨이 지기 전에 이 사람이 우리 아들에게 맹세를 했다는 군요. 제가 대신 아들 노릇을 하겠다구요……

기준 : 그 사람은 집도 부모도 없나?

소저 : 집은 남반분데 고향에는 어머니가 한 분 계시대요.

기준 : 그럼 얼굴도 모르겠군요?

소저 : 그렇지요. 말은 그렇지만 생판 남남끼린데 그렇게 되겠어요? 난 믿어지지가 않아요.

기준 : 그 참 잘됐군요. 아주먼네는 남자 로력을 못 가지고 많은 식구가 살기가 여간 힘들지 않던 참인데……

삼득 : 봉이 어머닌 셈평이 피게 됐는데 경춘아저씨가 큰 걱정이군요.

경춘 : 조합에는 들어놓고 로력도 못하고……

순실 : 념려 마세요. 조합이 누구를 위한 것인가요. 빈농들을 살리자는 건데…… 어떻게든지 조합이 살도록 해 주겠지요.

경춘 : 나도 요새는 몸이 아주 좋아졌어요. 그래 나도 래일부터는 일을 나갈 수 있어요.

기준 : 아직도 나다니지 말고 누워있게.

경춘 : 인젠 괜찮아요. 조금씩 움직여 봐야지요.

소저 : 일을 한댄도 아주번네야 수월한 작업에 돌리겠지요.

익근 : 그러니까 아예 로력에서 때서 아주 푹 쉬게 해야지. 조합에 어디 쉬운 일이 있나요……

삼득 : 익근이 자네는 자네반 작업 성적만 생각하고 로력이 약한 사람을 내대는 모양일세만 그래서야 쓰나.

익근 : 그럼 삼득이 너희 반에다 편일 하게나.

차석 : 익근아, 자네 이 사람을 내대는 건가.

기준 : 그럼 못 쓰네.

익근 : 아니예요. 작업과정에서 병든 조합원에게는 공동축적금에서 보조해 준다고 규약 35조에 밝혀 있는 걸요.

경춘 : 내가 당장 죽지는 않을 걸세 …… 나도 일할 수 있다니끼! 념려 말게.

익근 : (정색하며) 이거 소바람에 작업을 너무 쉬었소. 빨리들 한바탕 하고 오늘 작업을 끝냅시다.

사람들 흩어지려고 할 때, 강쪽에서 관리 위원장 김관식, 양수장 주인 박인택, 어로반장 최인동과 조성철, 강판석 그리고 평양에서 오는 박치근 등이 떠들썩하며 나타난다. 어로 반원다운 노, 삿대 등 어로 도구를 들었고, 박인택과 최인동은 각각 숭어 몇 마리를 들었다.

인택 : (사람들이 있는 곳에 들리지 않고 딴 길로 가며) 관식이 그럼 저녁에 기다리겠네.

관식 : 꼭 가겠네.

박인택은 가고 다른 사람들은 차석이 있는 데로 온다.

기준 : 얼마나 잡았나?

관식 : (대답하지 않고) 아니, 가마니는 짜지 않고 왜들 모여 있소?

차석 : 소를 사왔다고 모두 소구경 하는 판일세.

관식 : 소구경은 나중에 하면 안되오. 가마니 자는 게 중요한 줄 모르구. (경춘을 보고 언짢아 하며) 아니, 왜 나돌아 다닙니까. 모든 기운을 추세워 모두가 전아 작업을 시작한 때는 같이 나가는 수 해야지 …… (일동을 돌아보며) 모두들 작업을 하라요.

강씨와 소저는 가마니를 틀에 붙고 차석, 기준, 순실, 경춘 그리고 어로 반원들을 남긴 이외의 사람들은 모두 돌아간다.

순실 : 어로반이 오늘 첫 작업을 했다지요?

관식 : 아! 언제 돌아왔습니까. 강습은 끝났습니까?

순실 : 조금 전에 돌아왔어요.

차석 : 얼마나 잡았나?

인동 : 사십관 잡았습니다.

기준 : (놀라며) 아니 정말이냐?

인동 : 정말 아니고요. 조화는 조화에요. 그래서 조합이 좋다는 거지 …… 글쎄 지금이 해방 뒤라 고기가 잘 걸릴 때라 하지만 고기잡이를 해먹고 살다가 오늘같이 많이 잡힌 일은 한 번도 없었다니까요.

차석 : 조합의 수가 터졌구나.

기준 : 그래 고기는 어쨌냐?

관식 : 계약대로 소비조합에 넘겼지요.

차석 : 어로반이 필요 없다는 말도 있었지만 관리위원장 주장이 역시 딱 들어 맞는구나 ……

관식 : 이제 시작인 걸요. 두고 보세요.

차석 : 인동이 …… 어로반에서 고기를 많이 잡아 우리 현금분리를 흠벅 받아 보지.

인동 : 념려 마십시오.

기준 : 그런데 여보게, 인동이 그 손에 든 건 뭔가?

인동 : 숭어 아닙니까……

기준 : 이 사람 숭어를 몰라서 묻겠나…… 웬 숭어냐 말이지.

인동 : 오늘 첫 작업에서 많이 잡았으니 한 잔 안주감으로 몇 마리 가지고 갑니다.

기준 : 아니 안주감으로 막 먹어서야 되나.

인동 : 대동강 고기를 내 손으로 슬어 잡는 판인데…… 그래 숭어 두 마리쯤……

차석 : 옳으이 인동이 말이…… 사십관이나 그 사람이 잡았는데 좀 먹으면 대순가.

기준 : 차석이, 자넨 검사위원장의 립장에서 그런 소리를 하는가 …… 잡긴 인동이가 잡아도 인제는 총중의 고기지, 개인의 고기는 아니라네!

인동 : 에이, 참. 린색하게도 구시오. 내가 잡다가 두 마리쯤 놓친 셈 치면 될 것 아니요?

순실 : 어로반장 동무, 그건 동무의 생각이 틀린 것 같아요. 만일 우리 조합원으로서 자기가 가꾼 곡식이라고 해서 맘대로 베여 먹을 수 있어요?

관식 : (약간 신경질적으로) 그만들 둡시다. 그까짓 것 가지고…… 고기 잡는 사람이 고기 몇 마리 먹는 걸 가지고 뭣들 그러시오 …… 인동이 걱정말고 고기나 많이 잡게.

인동 등 어로반원 퇴장한다. 경춘은 돌아가려 하는데 내춘이 나와서 손짓으로 불러 데리고 들어간다.

관식 : 참, 소개가 늦었군요. (치근을 가리키며) 이 사람이 우리가 부기원으로 데려오려던 사람입니다. 자, 인사하시오.

치근 : 박치근입니다. (굽신한다)

관식 : (순실을 가리키며) 이 분은 세포위원장이고 ……

순실 : (인사한다)

치근 : 아, 세포위원장이시군요. 이분과는 구면입니다.

관식 : 아니, 어떻게?

치근 : 아까 차에서 같이 내렸어요.

관식 : 아, 그렇습니가. (차석과 기준을 가리키며)이 분은 검사위원장이고 이 분은 검사위원이시고 ……

차석 : 기다렸소.

기준 : 부기원이 없이 쩔절매던 판인데 수고를 하시게 됐소.

치근 : 천만에 ……

작업 끝냄을 알리는 종소리. 소저와 정씨 작업을 마치고 정돈한다. 리씨도 나와 돕는다.

순실 : 아주버니 아무래도 비료 때문에 걱정입니다. 왜, 그동안 자급 비료 준비는 안 했나요?

관식 : 고공품 생산을 추가했지요.

순실 : 가마니를 시장에 팔아서 현금 수익을 높이는 것보다 로력을 자급 비료 준비에 돌리는 것이 더 중요한 일인데요.

관식 : 화학 비료 배정이 나올 거 아닙니까.

순실 : 화학 비료만 믿고 자급 비료 준비는 소홀히 하면 나중에 랑패가 날 수 있어요.

차석 : 세포위원장! 관리위원장이 화학 비료를 쓰고도 남을 만치 떼온다고 하니 관리위원장의 수완만 믿고 우리는 하자는 대로 따라가 보기요.

순실 : 우리 나라에 아직 화학비료가 어디 넉넉하나요. 우리는 화학 비료에만 의거해서는 안돼요. 지금부터라도 로력을 자급비료 준비에 돌려서 개흙도 파고 흙도 굽고 분토도 만들어야 해요.

관식 : 계수님, 념려 마시고 나를 믿고 내가 하자는 대로만 따라 오시오.

차석 : (생각난듯이) 쇠물은 끓였나? (들어간다)

관식 : 계수님, 한 달이나 강습 받느라고 수고했습니다.

순실 : 강습은 받았는데 통 모르고 왔는 걸요!

관식 : 그럴 리 있나요? 큰도움이 되었겠지요.

순실 : 참 아주버님, 있다 저녁 잡숫지 말고 집에 좀 오세요.

관식 : 예, 무슨 날입니까?

순실 : 어머님 생신이예요.

관식 : 예! 작은 어머니 생신이라 참, 이 때로군 …… 계수님, 참 대단합니다. 남편도 없는 시어머니를 섬기느라고 고생 하시죠?

순실 : 아무 것도 차린 것 없어도 그저 식사나 같이 하자구 해서 …… 형님도 모시고 오세요.

관식 : 농량도 달릴텐데 ……

순실 : 괜찮아요.

관식 : 예. 그럼, 숭어나 몇 마리 가지고 가지요.

순실 : 형님도 모시고 오세요.

관식 : (나가며) 그까짓거야 가나마나 ……

순실이가 내춘의 집으로 가랴고 할 때 인동 들어온다.

인동 : 세포 위원장 동무 ……

순실 : ?

인동 : (좀 어색해서) 아까는 미안했어요. 사실은 그 숭어를 세포위원장에 댁에 보내려고 하던 건데 그렇게 원칙적으로 말씀하시니까 어델 보낼 수가 있나요.

순실 : 그건 왜 우리 집에 다요 …… 약주 취했군요?

인동 : 예. 찬물에서 첨벙거리자니까 추워서요. 순실동무 …… 좀 생

각해 보셨나요.

순실 : 그런 이야기 하지 마세요. 동무는 전사한 애 아버지의 친한 친구가 아니예요.

인동 : 그러니가 더 좋지요. 어머니도 내게 친어머니처럼 모시고 영숙이도……

순실 : 그런 말 다시는 말아요. (랭정히 가 버린다)

인동 한참 동안 말없이 순실이 간 쪽을 바라보다가 맥없이 반대편으로 나간다. 이윽고 경춘과 내춘 나온다.

내춘 : 그래, 그 성하지도 못한 몸으로 일을 해낼듯 싶으냐?

경춘 : 이제 기동을 하겠는 걸요.

내춘 : 그래, 그 병이 무슨 돌림 감긴 줄 아니? 폭격 때 든 골병인데 억지로 하다가 드러눕는 날이면 다지.

경춘 : 따라가는 데가지 따라가 보겠어요.

내춘 : 경춘아! 조합원은 뭐 의무적으로 백 오십일 로력일 이상을 해야 한다면서…… 그래 네가 그 몸을 가지고 무슨 재주로 백 오십일 로력을 해낼 테냐 말야?

경춘 : 해봐야지요.

내춘 : 난 형으로서 너를 생각해서 하는 말이다. 그러다가 너하나 삐긋하면 자식들을 어떡할래?

경춘 : ……

내춘 : 그 조합이란 게 너 죽은 담에 네 자식들 걱정해줄 줄 아니? 죽은 놈만 앵하지. 그러지 말고 지금이라도 탈퇴해라. 일백 오십일 로력일은 그만두고 일년에 단 삼사십일만 쓰럼 쓰럼 일해도 조합의 분배보다 낫지 않으랴. 무에 배가 아파서 알가난뱅이들 좋은 일 해주고 있겠니.

경춘 : 알 가난뱅이요? 형님, 우리 형제가 일제대 배주린던 생각을

잊었소. 그리고 토지 분여를 받아서 첫 추수를 해놓고 좋아서 울던 생각이 안 나시오. 그래 오늘 나라에서 우리를 위해서 사회주의로 가자는데……

내춘: 누가 사회주의로 가는 걸 반대하느냐. 나도 사회주의가 좋고 협동 경리가 좋다는 걸 잘 안다. (소리를 낮추며) 그렇지만 지금 들어가는 건 손해야…… 몇 해 지나가서 자리가 잡히고 경지 확장을 해서 수확고도 높아지고 할 때에 들어가도 될 거 아니냐…… 몸도 약 한 놈이 지금 들어가서 죽도록 고생할 게 있니?

차석은 부엌에서 나와 헛간에서 작두를 꺼내다 놓는다. 부엌에서 리씨 따라 나와 작두에 짚을 메긴다.

경춘: 나는 죽어도 여러 사람이 가는 길로 따라 갈래요.

경춘은 차석이 내외가 작두질을 하는 데로 가서 짚을 메겨주기 시작한다. 내춘은 그의 뒤를 바라보고 "참 청승이다" 하다가 그가 짚을 메기는 것을 보고 거기로 간다.

내춘: 비켜라. 내가 메길테니 어서 가서 눠라.

차석: 그러게. 어서 가서 눕게.

리씨: 내가 짚을 메기는 게 서툴러서 하도 보기 딱하니까…… 몸조리 하시우.

경춘: 다 낫어요. 괜찮아요. (나간다)

차석: (웃으며) 동갑네 웬일인가? 조합 소의 여물을 다 썰어줄 생각이 났으니.

내춘: 잔말말고 썰기나 하게.

리씨: 그럼 두 분이 썰어주슈. 나는 불을 좀 봐야겠소. (들어간다)

차석 : (한참만에) 이렇게 나는 작두질을 하고, 자네는 짚을 메기니 지난 일이 생각나네 …… 그 때는 한 집안같이 살았으니 ……

내춘 : 지금은 남인가?

내춘 : 사돈은 그만 둘 텐가?

차석 : 사돈이 문제가 아니야. 자네와 나와 가는 길이 다르니 말이지 …… 우리 둘 모두가 사회 주의로 갈려고 하는데 자네는 개인주의로 가고 있지 않나.

내춘 : 먼저 가게. 나도 차차 따라 가겠네.

차석 : 차차 따라 와? 자네가 말하지 않아도 릿속만 따지는 그 맘속을 모르는 줄 알아. 그래 조합에는 소도 없고 땅도 적고 로력도 적은 사람이 모였으니 아무리 생각해도 자네 릿속과는 맞지 않았겠지?

내춘 : 아무렇게나 생각하게.

차석 : 사람이 그러면 못써. 자네 동생 경춘이를 생각해서라도 지금도 늦지 않으니 들게.

내춘 : 차차 들지.

리씨 : (나오며) 그만하슈.

차석 : (작두질을 멈추며) 이만하면 래일까지 먹이겠네.

내춘은 말없이 제 집으로 들어가고 리씨는 살태기에 여물을 담아 부엌으로 가지고 들어간다. 순녀, 심심, 필련 등이 작업을 끝내고 돌아온다.

심심 : 필련아, 우리도 소구경 좀 하고 가자꾸나!

필련 : 그러자.

순녀 : 아버지, 쟤들도 소구경 하러 왔어요.

차석 : 엉 …… 모두 소가 들어 와서 야단이다. 너희들도 구경하려무나.

처녀들이 외양간 앞으로 가자, 소가 쩔렁쩔렁 방울소리를 내고 "음머" 하고 영각을 울리는 통에 처녀들 놀라서 한 발씩 물러서며 흥겨워한다.

심심 : (필련의 옆구리를 쿡 찌르며) 호호…… 얘가 놀래긴……

필련 : 나는 소하구는 못 사귀었어. (물러선다)

심심 : 보잡이를 하면서 소를 다루던 것은 언젠데. 소를 보고 겁을 내니?

필련 : 그 눈 깜짝지 좀 보렴. 우리가 언제 이런 황소를 다루어 봤나.

차석 : 소가 좋지.

심심 : 참 훌륭해요.

필련 : 암만 좋으면 뭘해요. 소가 또락또르만 해요.

차석 : 또락또로, 그게야 소처럼 내 말을 알아들어야지.

순녀 : 아버지, 필연이는 이 담에 또락또로 운전사가 되겠대요.

차석 : 뭐? 그 희떠운 생각 그만두고 시집갈 궁니나 해라.

들에 나갔던 정씨와 분옥 돌아온다.

심심 : 분옥아, 들에 갔다 오니?

분옥 : 응!

칠련 : 벌써 들 일을……

정씨 : 우리는 퇴비를 낸단다.

순녀 : 분옥아, 너희 퇴비 많이 장만해서 좋겠다.

분옥 : 조합에도 안들고 퇴비를 아무리 많이하면 좋을 게 뭐람.

순녀 : 조합에서는 겨우내 가마니만 짜고 퇴비 마련을 못했으니 걱정이야.

분옥 : 퇴비 마련을 못 했으면 무슨 걱정이야. 조합에서 뭔들 해결 못 하겠니?

차석 : 분옥이 말이 옳아. 너는 멋도 모르고 쓸데없는 걱정 말아. 조

합이 뭘 해결 못 하겠다고 그래 …… 그러니 협동경리가 좋다는 거지. 게다가 관리위원장의 수완이 있지 ……

정씨: (외양간을 들여다 보며) 소사러 가신다더니 이런 훌륭한 소를 사들였군요.

분옥: 소도 사고 조합 일이 척척 잘 되어가니 너희들은 참 기쁘겠다.

필련: 너의 집엔 소가 없어 그러니?

분옥: 소가 암만 있으면 락후한 개인농이 뭘 하겠니?

정씨: (집으로 들어간다.)

필련: 분옥아, 너 요새 너무 속을 태워서 그런지 얼굴이 볼 모양이 없구나. 너의 아버지가 고집이 새서 그렇지만 네가 알아 듣도록 설복을 해야지.

분옥: 암만 설복을 해도 알아 들어줘야지.

심심: 설복이 다 뭐야. 나 같으면 내가 죽든지 아버지가 죽든지 해 보지.

내춘: (나오며) 분옥아, 너 거기서 뭘 지껄이고 있니. 들어 와.

분옥이 초연히 들어간다.

—암전—

제二장

전 장과 같은 장소. 며칠 뒤. 차석의 집 헛간 앞마당에서 소저, 리씨, 장씨가 가마니를 구미고 있다.

리씨: 그 수양아들이 제대되여 온다니 손이 떨리나, 어째서 일손이 그리 뜨오?

소저 :　글쎄 오늘은 가슴이 설렁하고 일이 손에 안 잡히는 군요.

리씨 :　댁에선 아들이 생겨서 셈평이 피이게 됐구먼.

소저 :　처음에는 나도 믿어지지 않더니 막상 오늘 온다는 기별을 또 받고 보니 참말 아들이 돌아오는 것 같이 믿어지고 기다려져요. 봉이도 오늘은 오빠가 온다고 좋아하면서 할아버지보고 자구 새옷을 입으라고 야단이군요.

정씨 :　그래 봉이 할아버지도 좋아하시나?

소저 :　좋아하시고 말고요. 당신 손자가 죽을 때 마지막 눈 감긴 사람이니 손자 대신 보겠다고 하시면서 은근히 기다리세요. 그래서 나도 더 기다려져요.

심심이 급히 뛰여 들어온다.

심심 :　달구지 아직도 안 돌아왔나요?

리씨 :　안 왔다.

소저 :　왜 그러니?

심심 :　개흙파는 작업장에서 물어보고 오래요.

리씨 :　소가 걸음이 빠르다고 하면서 우리 집 령감이 신바람 나게 몰고 갔으니 거의 올 때가 됐다. 좀 기다려 보렴.

강씨 :　개흙은 강바닥에 들어가서 파니?

심심 :　그럼요. 밀물이 오기 전에 후닥 파야해요.

소저 :　그래. 몇 톤이나 팠대.

심심 :　내 눈이 저울눈이 나요…… 그걸 어떻게 알아요.

소저 :　망할년 수다도 스럽다.

심심 :　참, 봉이 엄마, 수양아들이 온다지요?

강시 :　그렇단다.

심심 :　몇 살이나 됐나요?

소저 :　처녀가 남의 총각의 나이는 알아서 뭐 하겠니……

심심: 호…… 또 몰아야 할 건 뭐 있어요. (웃으며 뛰여간다)

리씨: 왜 달구지를 기다리지 않고 가니?

심심: 오거든 빨리 보내 주세요. 물이 밀기 전에 어서 파야죠.

강시: (무엇을 생각하며 언짢아한다)

리씨: 하하…… 제대군인 하나가 오는 통에 봉이 엄마는 아들이 오니 좋고, 저 게집애는 공연히 좋고. (강씨를 보고) 왜 언짢아하세요. 전사한 아들 생각을 하고 그러슈.

강씨: 나라에 바친 자식 생각하면 뭘 하오.

리씨: 그래도 이 댁에선 훌륭한 며느님을 잘 두셔서 얼마나 든든하다고요. 농사도 잘 하고, 세포 사업도 잘 하고……

강씨: 남편 잃은 설움은 티끌만치도 나타내지 않고 자식 하나에 의지하고 사는 정경이 눈물 겨울 때도 있지요.

소저: 허리에 치마를 둘러서 여자지. 우리 세포 위원장은 어느 남자만 못하겠어요. 로력조직 문제만 해도 그렇지요. 세포 위원장은 로력을 고공품 생산에만 돌리지 말고 자급비 준비를 해야 한다고 수태 주장했는데 관리 위원장이 우겨서 가마니만 딜이 짜게 하더니 요진 총회 때 세포위원장이 옳은 주장을 해서 이제 겨우 흙구이야, 개흙파기야 하고 야단이 났지요.

강씨: 이제 개흙을 파고 흙구이를 해도 금년에 비료 곤난은 면하기 힘들게 됐지…… 아직 화학비료가 얼마나 나올지도 모르고 ……

소저: 내가 한 집에 살면서 관리위원장댁 살림을 잘 아는데 관리위원장 색시한테 쥐여 사는 것 같애요.

강씨: 글쎄, 그 사람이 말이 조카지. 오래동안 평양서 작년부터 돌아와 사는데 암만봐도 댁을 잘못 본 것 같애요. 상처를 한 뒤에 평양서 얻었다는데 그거 어데 이런 고장에는 어울립데까 ……

소저: 처갓집 식구까지 먹여 살린다는데 관리 위원장도 여간 무겁

지 않겠드군요.

내춘 들어온다.

내춘: 수고들 하십니다.
강씨: 예! 밭에서 오시나요?
내춘: 암요. 뭘 그렇게 바쁘게 서두르게 하나요. 경춘이한테 좀 갔다 옵니다.
소저: 참, 아우님이 성치 않으셔서 걱정이겠어요.
내춘: 암만해도 살아날 것 같지 않아요. 조합엔 로력수가 제일인데 혼자 로력이 저렇게 누워 있으니 가을에 무슨 분배가 돌아가겠어요. 어린 자식들하고 굶어 죽었지 ……
소저: 조합이 그냥두나요. 다 살아갈 도리를 해준대요.
내춘: 일 안한 사람을 누가 먹여주겠어 …… 관리 위원장 심보가 그런 사람을 먹여줄 사람이 아니요.
강씨: 왜, 그 사람 심보가 어떻기예요?
내춘: 말할 것 없어요. 그리 착한 사람은 못돼요! 그러나 저러나 조합에선 겨우내 가마니만 짜고 자급비 마련은 안 해왔으니 화학 비료가 그렇게 많이 나오나요?

관식이 들어와서 듣는다.

소저: 그러기에 걱정입니다.
내춘: 농사에야 비료가 첫쨴데. 비료마련 없이 어떻게.
관식: 왜요? 당신 댁으로 비료 꾸러갈까 걱정이시오?
내춘: 아, 위원장인가.
관식: 협동 경리가 싫어서 들지도 않고 돌아다니며 비방질이요.
내춘: 내가 무슨 비방을 해. 아주머니들게 물어 보게.

관식: 안 했다면 좋쉐다.

내춘: 그런데 위원장, 우리 경춘이는 어떡하면 좋은가?

관식: 뭘 어떡해요?

내춘: 홀아비가 자식은 많고 로력은 저 혼잔데 저렇게 누웠으니.

관식: 일 못하면 분배도 그마침 적지요.

내춘: 그러게 말이지. (집으로 들어간다)

강씨: 애야, 로인에게 그렇게 해서 쓰겠니.

관식: 일 없어요. 살살 자기 릿속만 차리고 국가적 립장에 설 줄 모르는 사람인데 상관없어요.

치근 들어온다.

치근: 위원장 동무, 불렀나요?

관식: 응! 빨리 강에 나가서 인동이 보고 처분하기 전에 손님 대접하는데 쓴다고 물좋은 놈 골라서 서너 관 가지고 오게.

치근: 예 …… 알았습니다. (나간다)

소저: 어데서 손님이 또 오셨나요? 관리위원장 댁에는 손님이 그저 그치지 않는군요.

관식: 군에서, 중앙에서 상부의 손님이 그칠 새 없지요. 오늘은 평양에서 친구 몇 사람이 생선 먹으러 일부러 나왔군요.

리씨: 저래 관리 위원장 댁은 씀씀이가 많지요 …… 웃사람 노릇을 할려면 힘드는 일이 많다니까 ……

강씨: 애야, 오는 손님을 다 대접하다간 살림이 뽕이 빠지겠다.

관식: 작은 어머니, 찾아오는 손님을 괄시는 할 수 없고 잘 대접 해두면 그게 그거지요. 가는 게 있으면 오는 것도 있다고요. 허허 ……

강씨: 모르겠다. 자네가 어련히 잘 처리하겠나. 그저 실수만 없도록 해라.

관식 : 념려 마세요.

차석과 기준 들어온다.

차석 : 어, 관리위원장 돌아왔나.

관식 : 가마니 운반은 어떻게 됐나요?

기준 : 이제 한 번 가면 달세. (녀인들에게) 여기도 다 꾸몄군요. 모두 달구지로 가져가시오.

녀인들 가마니를 이고 나간다.

차석 : 그래, 화학비료 배정은 나왔나?

관식 : 예. 나왔습니다.

기준 : 그래 …… (반기며)

차석 : 얼마나 나왔나? (흥분하며)

관식은 느적이 차리고 적당한 자리에 앉는다.

차석 : 그래, 얼마나 나왔나?

관식 : 넉근히 나왔어요.

기준 : 얼마나?

차석 : 이 사람 얼마나 나왔나 빨리 좀 말하게.

관식 : 허허 참, 아저씨도 지독히 서두네.

이때 순실, 삼득 개흙파던 현장에서 돌아온다.

기준 : 오, 세포위원장도 마침 오는군. 관리위원장이 화학비료 배정을 받아 가지고 왔다오.

순실 : 그래요. 수고하셨어요.

차석 : 그래, 이 사람아 빨리 말하게. 얼마나 받었나……

관식 : 자…… 들어 보세요. 놀라지 마시고…… 석질 두톤 칠백과 류안 한 톤 팔백키로 받았습니다.

기준 : 두 톤 칠백에 한 톤 팔백이니 합쳐서 넉 돈 오백이라

차석 : 넉 돈 오백이라. 야, 됐다. 그만하면 넉근하다. 과연 우리 관리위원장이로구나.

기준 : 넉돈 오백이라.

차석 : 기준이 왜 고추먹은 소리를 하는가? 적어서 그래?

기준 : 나는 좀더 받을 줄 알았는데.

차석 : 이 사람아, 욕심도 많다.

관식 : 이 숫자도 다른 조합에 비하면 삼십 프로는 더 받았습니다.

차석 : 그럴테지 자네 수완이는……

관식 : 우선 이 숫자를 받았는데 추후에 개별적으로 좀 더 받을 자신이 있습니다.

삼득 : 자급비 준비가 충분하지 못한 우리 조합 형편에서는 넉톤 오백이 넉넉하지 못해요.

관식 : (발끈해서) 뭐? 남이 바득바득 악을 써가면서 비료를 받아다 주는데 애썼다고 치하는 못할망정 첫말부터 불평이야?

삼득 : ……

순실 : 관리위원장 동무……

관식 : 비료를 대보산 더미만큼 갔다 안기면 불만이 없겠소?

차석 : 넉톤 오백이 적은 숫자가 아니요. 언제 우리가 그런 많은 비료를 넘두에나 비쳐본 일이 있나…… 그것도 다른 조합에 비해서 삼십 프로는 더 받은 셈이 될뿐 아니라 추후로 우리는 좀 더 받을 가망이 있다 하지 않소.

순실 : 관리위원장 동무가 그만큼 타게 하느라고 애를 많이 쓰신 줄은 저도 알아요. 그러나 그걸로는 실지 비료에 대한 불안이

완전히 해소된다고는 말하지 못하겠어요. 자급비 준비만 넉넉히 됐다면 그만한 수량으로 화학비료야 오늘 국가 형편으로는 아주 많이 받은 셈이지요.

차석 : 그러니까 추후로 우리는 좀 더 받아낼 가망이 있다지 않소.

순실 : 더 받으면 그건 다행이고, 하여튼 봄갈이를 시작하기 전 요며칠 동안이라도 개흙파기와 흙구이, 인분 신기를 돌격해야겠어요.

삼득 : (차석에게) 아저씨, 가마니는 다 실었나요?

차석 : 이제 한 번만 가면 되네.

삼득 : 저기서는 아까부터 달구지 오기를 기다리고 있어요.

차석 : 그런데 관식이, 양수장 문제는 인택이하고 좀 이야기 해봤나?

관식 : 진행 중입니다. (불쾌한 표정이 풀리지 않은 채 마루에 앉아 권연을 꺼낸다)

차석 : (신문지로 담배를 말다가) 그 체격 좋은 놈 한 대 맛보세.

관식 : (준다)

차석 : 아직도 인택이가 값을 퉁기고 있나?

관식 : 예 ……

순실 : 그러지 말고 우리 손으로 양수장을 따로 시설하도록 하지요.

관식 : 갑자기 어떻게 우리 손으로 시설이 되겠다고 그러시오.

순실 : 자금은 농민은행에서 대부 받을 수 있지 않아요.

관식 : 자금이 문젠게 아니라 이미 있는 시설이니 그걸 살려 쓰자는 거지요.

기준 : 값이 비싸니 그렇지.

순실 : 값도 값이지만 기계가 낡았어요. 어차피 금년 가을부터 관개공사를 할 판이면 양수장도 확장해야겠으니 미리 큰 것을 설치하지요.

관식 : 여러 가지로 타산해야 합니다. 양수기도 갑자기 살 데가 없지만 기술적 문제도 많이 고려해야 합니다.

순실 : 새로 조직된 우리 조합에 많은 부담이 되지 않도록 가격만 많지 않다면야……

관식 : 가격 문제는 내게 맡겨 두시오. 내가 인택이를 설복하겠습니다.

차석 : 그렇게 해 보게. 양수기 문제가 시급한 문젤세. 논에 물을 실어야 할 때가 됐으니까……

관식 : 예…… 금명 간으로 요정을 짓겠습니다.

심심 : (급히 뛰어 들어오며) 봉이네 아주머니…… 봉이네 아주머니.

순실 : 심심이 왜 그래?

심심 : 저…… 봉이 엄마 안 계셔요?

차석 : 봉이 엄마? 저 달구지에 가마니 실으러 갔다. 왜 그러니?

심심 : 왔어요. 왔어……

일돈 : ……

심심 : 제대군인이 왔어요.

기준 : 무슨 제대 군인 말이야?

심심 : 왜, 못 들었나요? 제대 군인 말을……

순실 : 오, 봉이 엄마 수양아들 말이야?

심심 : 예! 지금 막 이리로 오는 길에 만났는데 난 만나자마자 당장 알아왔어요.

순실 : 또 딴 사람을 가지고 그러잖어?

심심 : 안예요. 날 보고 물었는걸요. 최소저네 집이 어덴 가고……

기준 : 오! 온 게로구나. 그 과부가 은근히 기다리더니……

관식 : 그리 힘골이나 쓰게 생겼더냐?

심심 : (부끄러워하며) 아주 멋있게 생겼어요……(말을 해놓고 제가 부끄러워한다) 봉이네 아주머니! (달구지 있는데로 뛰어나간다)

순실 : 봉이네 아주머니가 참 좋아하시겠어요.

차석 : 좋아하다 분인가.

개흙 캐던 작업 반원들에게 둘러싸여 변창룡 들어온다.

익근 : 봉이네 아주머니, 어데 계셔요 …… 아 …… 위원장 동무도 마침 계시군. (변창룡에게) 우리 조합 관리위원장이십니다.

창룡 : (차렷 자세로) 안녕하십니까.

관식과 창룡 악수한다.

관식 : 예 …… 말씀은 들었습니다.

창룡 : 앞으로 많이 지도해 주십시오.

익근 : (세포위원장을 가리키며) 이 분이 세포위원장 동뭅니다.

창룡 : 그렇습니까. (례를 한다)

순실 : 오시느라고 수고하였어요.

삼득 : (창룡과 악수하며) 어서 오십시오. 나는 민청위원장입니다.

창룡 : 그렇습니까.

익근 : 민청위원장이자 제일 작업반장이지요.

관식 : 그럼 말씀들 하십시오. 난 좀 급한 볼일이 있어서 가봐야겠습니다.

관식 나간다.

차석 : 그래 얼마나 고생했소?

창룡 : 고생은 무슨 고생입니까.

차석 : 음 …… 훌륭한 젊은이로구나. 그래 용케 농촌으로 올 결심을 했군.

창룡 : 예. 첫째로는 전우의 유언대로 어머니를 찾아 와봐야겠고 둘째로는 제 자신 농사꾼이였으니까요. 국가에서 제 소원대로 보내 주셨습니다.

심심이 최소저를 끌고 들어온다. 일동 그 편으로 시선이 집중된다. 리씨, 강씨도 온다.

심심 : 저이가 아드님이예요.

소저 : 응 …… 그래 (창룡이 있는 편을 본다)

순실 : (소저를 가리키며) 저 분이 어머니예요.

창룡은 뚜벅뚜벅 소저가 오는 편으로 향해 걸어가고 소저는 반가우나 좀 수줍은 태도로 창룡을 향해 간다.

창룡 : (거수경례를 하며) 어머니, 돌아왔습니다.

소저 : (감격해서 얼굴을 쳐다보나 대답 할 말을 찾지 못한다)

창룡 : 전사한 봉길을 대신해서 제가 어머니를 모시겠습니다.

소저 : (눈물이 어린 눈으로 사람들을 보며) 뭐라고 말을 해야 할지 ……

창룡 : 얼마나 고생을 하셨나요. 어머니, 이제부터 안심하십시오. 제가 농사를 져서 할아버지, 어머니, 동생들을 편하게 하겠습니다.

소저 : (반가와 눈물을 흘릴 뿐이다)

순실 : 변동무, 우리는 동무한테 여러 가지 기대를 가지고 있어요. 새로 만든 우리 조합을 위해서 동무는 큰 힘이 될 줄 알아요.

창룡 : 들었습니다. …… 제 힘껏 노력하겠습니다.

차석 : 여보, 봉이 엄마, 모자 상봉을 똑똑히 해야지!

소저 : (눈물을 닦으며 수줍은 듯 주위를 보다가 창룡이 손목을 잡으며) 우리 집으로 가게나 ……

소저는 창룡을 끌고 쏜살같이 나간다. 일동 감격하여 그들의 나가는 뒤를 바라본다.

—막—

제二막
제一장

관리위원장 관식의 집. 바른 편에는 그리 크지 아니한 기와집의 일부가 객석에서 보이고, 보이지 않는 편에 소저의 가족이 살고 있다. 이 집은 관식이 자작농으로 살 때 지었는데 규모 있게 지은 자취들이 보인다.

그러나 그동안 잘 꾸리지 않아 퇴락했다. 왼편 마당은 새로 세운 수수깡 울바자가 둘러싸여 있다.

一막과 같은 원경. 살구꽃이 이미 만발하였다.

막이 열리면

치근 말쑥하게 차리고 마루에 앉아 선희와 이야기한다.

선희 : 말쑥하게 차리고 나왔으니 …… 평양 출입을 하려나?

치근 : 나루터에 좀 가볼가 하고요.

선희 : 또 술집에 가는 게지. 부기원 동무는 그 전부터 술 때문에 탈이야.

치근 : 술 맛밖에는 밧는 게 없으니 그렇지요.

선희 : 그게 무슨 소리요?

치근 : 암만 봐도 나는 괜히 왔나봐요?

선희 : 왜?

치근 : 부기 사업이라는 게 뭐 대단한 게 있어야지요. 협동조합이라고 첨 들을 때는 굉장한 줄 알았는데 와 보니 딴판이예요.

선희 : 첨 조직했으니까 그렇지.

치근 : 단 한가지 동네 처녀들만 괜찮드군요. 저녁에 옷 갈아 입고 동둑으로 다니는 걸 보니 허벅지던데요.

선희 : 쓸데없는 소리말고 나루터에 나가거든 인동이 보고 물고기 좀 들어오라고 그래요. 반찬거리가 뭬 있어야지 ……

치근 : 예 …… 왜 이제 잡은 것 좀 안 가져 왔어요?

선희: 요새는 통 안 가져와요.

봉임 들어온다. 손에는 종이에 싼 것을 들었다.

봉임: 안녕하세요. 아이구 손님이 계시군요.

선희: 어서 오세요.괜찮아요.

치근: 양수장댁 아주머니시죠.

봉임: 예……

치근: 일전에 실례했습니다.

봉임: 오라, 부기원님이시군요. 이런 정신 좀 봐요. 이런 촌에서는 볼 수 없는 신사차림이 돼서 평양서 오신 손님인가 했죠.

선희: 오기야 평양서 왔죠. 그런데 언제 벌써 만나셨던가요?

치근: 일전에 듯밖에 나루터에서 양수장 쥔님을 만나서 댁에까지 끌려 가서 한 턱 잘 먹었는 걸요.

봉임: 별 말씀을 다……

치근: 그럼 놀다 가십시오.

봉임: 예.

선희: 반찬거리 잊어 버리지 말아요.

치근: 예……(나간다)

봉임: (치근이 나간 편을 바라보다가) 저렇게 쪽 뽑고 다니다간 촌 처녀들 바람내겠는데……

선희: 때도 봄인데 바람도 날 때죠 호호……

봉임: 호……호……참 인제 아주 봄이예요! 오래 간만에 봄나들이 나온 것 같아요.

선희: (봉임의 옷감을 만져보고) 좋은 감이군요. 옛날 감이죠.

봉임: 아니예요. 평양 국백에서 끊었어요.

선희: 그래요! 중국 비비단인가요?

봉임: 안예요. 여기서 짠거라는데 괜찮아요.

선희 : 벌써 이런 게 다 나오나. 요새 통 평양엘 가보지 않아서 세상 형편을 알 수 있어야지 ……

봉임 : 한 번 가 보세요. 변해가는 게 아주 놀라와요. 국백에는 물건도 많고 …… 참 이거 변변치는 않지만 받으세요. (물건을 내민다) …… 엊그제 평양 갔던 길에 국백에서 이것하고 같이 끊었어요.

선희 : 아이고 온 천만에 …… 무슨 턱으로 이런 좋은 걸 ……

봉임 : 오죽잖지만 받으세요. 평양서 지낼 대는 잘 사셨다니까 이런 거야 눈에도 안 차시겠지만 ……

선희 : 원 …… 천만에 …… 이렇게 촌에 와서 들어 박힌 지가 이년이 됐군요. (감을 보고) 그 치마감하고 같은 게로군.

봉임 : 그래 먼저 퀀은 어쩌다 잃으셨나요?

선희 : 51년 팔월 십사일 폭격에 시체도 못 찾았지요.

봉임 : 아이 저런 ……

선희 : 그날부터 고생길에 들어섰지요.

봉임 : 그래도 좋은 주인을 이렇게 다시 만나 팔자를 고쳤으니!

선희 : 좋은 주인이요?

봉임 : 그래요. 그만한 자리가 어데 있겠소 …… 아이도 없고, 달린 식구도 없고 ……

선희 : 그래요. 그것 보고 결혼했지요. 사람도 좋고 내 말을 잘 들어주니가요. 그렇지만 생활이 이래서야 배급도 못타는 친정 식구는 여섯이나 잇지요.

봉임 : 그렇지만 이제는 살 길이 피였지. 뭐요. 농사만 잘 돼 봐요. 관리 위원장댁은 가만히 앉아서 분배를 톡톡히 받는대요 …… 더구나 댁의 주인은 수완있고 활동력이 있는 관리위원장이라 동네가 다 칭찬인데 ……

선희 : 글쎄 모르겠소만 두고봐야지요. 협동조직을 조직하고 농사만 잘되면 일 년에 쌀 오육십 가마니 분배는 념려 없고 영웅 칭

호도 받을 수 있다고 큰소리는 칩디다마는……

봉임: 이제 댁에선 성수가 났으니 걱정이 없지만 우리 집은 앞길이 꽉 맥혔어요.

선희: 댁에서야 무슨 걱정에요. 양수장만 가졌으면 평생 걱정 없이 살아갈텐데……

봉임: 그것도 이제는 다 틀렸다오. 여태까지는 양수장을 돌려주고 물세로 살을 받아먹고도 남았는데…… 협동조합에서는 개인한테 착취를 당하겠느냐 그러니 양수장을 팔아라. 안 팔면 따로 만든다고들 한다는군요…… 그러니 조합에서 따로 하나 만들어 버리면 우리 건 한 푼어치 값도 없거든요.

선희: 어떻든지 양수장을 붙들고 살아가도록 잘 이야기를 해 보라지요.

봉임: 그래서 요새두 두 분이 자주 만나기는 하는 모양예요.

선희: 우리 쥔이 어떻게든 할테지요. 어릴 때부터 친구라니까.

봉임: 친하기야 무척 친했지요. 친형제면 그만했겠소. 그래서 사실 오늘은 그 이야기도 할 겸 모시러 왔어요. 면면치는 못하나 국수도 뽑았으니 두 분이 같이 가세요.

선희: 글쎄요……

봉임: 위원장님은 점심 잡수시려 안 들어오나요?

선희: 이제 들어오실 거예요.

이때 허리 고부러진 장로인이 지팡이를 짚고 콜록거리며 안에서 나와 마당을 지나 밖으로 나간다.

봉임: (턱으로 가리키며) 저 사람은 언제 이사를 하나요?

선희: 저것들 때문에 우리 친정 식구를 못 데려오지 않아요. 내 참! 별꼴을 다 보지요. 제 집 가지고도 제 맘대로 못 쓰는 세상이니…… 리 당에선지 리 인민위원회에선지는 임자가 왔으면

집을 찾아줘야 할 거 안에요. 그 세포 위원장이라는 사람은 우리 쥔의 사촌 계수라면서 사촌 시아주버니 집 문제 하나를 해결 못 해 주는군요. 제 일이 아니니 아프지 않은지.

봉임: 그것도 다 남편이 살았을 때 말이지. 더군다나 요새야 맘까지 변했다는데.

선희: 맘이 변했다니요?

봉임: (소리를 낮추며) 왜 못 들으셨소? 등 넘어 새골 협동조합 관리위원장과 친하다는 풍설이 든다오.

선희: 그래요! 그렇겠지요. 젊은 게 어데 그냥 있겠다고 …… 전사한 남편을 위해 자식을 기릅네, 시어머니를 모십네, 세포위원장입네 하면서도 속으로는 호박씨를 까고 있는 게지 ……

봉임: 왜 아니겠소 …… 세상이란 다 그런 게지요.

관식, 인택 들어온다.

관식: 아주머니도 여기에 와 계시는군.

봉임: 모시라 왔어요. 서신 김에 우리 집으로 가시지요.

관식: 감사합니다. 그런데 ……

봉임: 왜요?

인택: 이 사람이 좀 바쁜 모양이야.

봉임: 그래도 잠깐만 다녀오시지요.

관식: 죄송합니다만 정 짬이 없습니다.

인택: 사실 짬이 없는 모양이요. 당신이나 아주머니를 모시고 가오.

봉임: 아이 심심해라 …… 그럼 우리끼리나 가서 먹자요.

관식: (선희에게) 그렇게 하오. 가서 내 몫까지 많이 얻어먹고 오우.

선희: (치마감을 내보이며) 여보 저 댁에서 이런 좋은 치마감을 사오셨군요.

관식: 뭐 …… 인택이 이건 왜 사왔나 ……

인택: 난 모르네. 저 사람이 아주머니에게 드린다고 끊어왔지.

관식: 이거 받기만 해서 됐나.

선희: 그리게 당신도 더러 녀편네 치마감이나 좀 끊어 오지.

관식: 여보, 당신도 오후에 작업장에 좀 나가 보라고. 내 체면도 있지 않소…… 나가서 일을 하는 척하란 말요. 반장이 다 적당히 해줄 게 아니요.

선희: 나는 싫어요…… 평양 살 때도 로력 동원 한 번 안 나가 봤소. (횡 나간다. 봉임도 나간다)

관식: (다소 무안해서) 저렇다니……

인택: 안 내보내면 그만이지. 왜 그러나.

관식: 조합원들이 리해를 해주나…… 로력이 모자라 쩔쩔매는 이때에 관리위원장의 녀편네가 핀둥핀둥 놀고 있어서야 체면이 서나.

인택: 자네 립장도 딱하겠네.

관식: 나가서 우물쭈물 눈치껏 하면 작업반장이 다 알아서 할텐데 아예 나가지부터 않으려 드네그려.

인택: 자네 바쁠텐데. 잠간 애기 좀 하고 가겠네. 그 이야기가 어떻게 됐나?

관식: 아직도 관리위원 중에 자네네 양수장을 조합에서 사는 걸 반대하는 사람이 있어……

인택: 그 사람들은 기어이 조합에서 신설하자는건가?

관식: 그렇다네.

인택: 누가 반대를 하나? 내가 개인적으로 교섭을 해 보게.

관식: 아예 건드리지 말게.

인택: 누군데?

관식: 누구긴 누구겠어……

인택: 세포위원장이겠지. 고게 가지가지로 눈에 가시로구나.

관식: 문제는 가격이거든. 세포 위원장은 조직한 지 얼마 되지 않는

조합에 부담이 과할 터이니 안 사는 것이 좋다는 주장이 아닌가.

인택 : 그 세포 위원장이 언제부터 그렇게 똑똑해졌어.

관식 : 글쎄. 문제는 가격이라니 ……

인택 : 한꺼번에 현금을 다 준다면야 나도 좀 양보하겠네만 ……

관식 : 현재로서는 현금도 없지만 조합 규약에 딱 박혀있는 노릇이니 어떻게 하나 ……

인택 : 그까짓 관리 위원장이 관료주의를 좀 ……

이때에 장 로인 밖에서 들어와 마당을 지나가는 것을 보고 눈짓하며 말을 멈춘다.

관식 : 그건 먹보라 듣지 못해.

인택 : (안심하고) 참 그렇지 …… 자네 관료주의를 좀 쓰란 말이야.

관식 : 방법이 없단 말야 …… 자네로선 어떻게 하든 금년 중으로 그걸 팔아 치우는 것이 유리하네. 금년 중으로 국가 공장에서 모타서껀 뽐프서껀 대량으로 생산 될터니 그 때는 개값이 되고 말아.

인택 : 그러기에 자네에게 부탁하지 않나. 어떻게든지 현금으로 시급히 좀 팔아 주게.

관식 : 그러니 가격을 오만원만 깎잔 말이야.

인택 : (펄쩍 뛰며) 그럼 현금도 아니면서 십오만원에 내 양수장 시설을 먹잔 말인가? 그러지 말고 가격은 내가 양보해서 십오만원에 계약하고 나를 양수장 동력 기사로 조합에 가입시켜 주게. 그러면 나도 가을에 가서 다른 조합원과 같이 분배도 받아 볼 게 아닌가? 그리고 금년치 년부금 오만원만 먼저 지불해 주게.

관식 : 글쎄 ……

인택 : 아무래도 기사는 있어야 할 게 아닌가.

관식 : 글쎄 ……

인택 : 자네, 그 세포위원장이 무서워 결정 못하나?

관식 : 미친 사람. 우선 계약하고 조합에 들어 놓고 기회봐서 돈이 좀 축척되면 현금을 자네 요구대로 미리 지불하지.

인택 : 나는 자네만 믿겠네 …… 그럼 그쯤 알고 나는 가겠네. (일어선다)

관식 : 오늘이라도 관리 위원들의 동의를 얻어 가지고 총회에서 결정할테니 그때는 자네도 총회 앞에서 토론이나 멋지게 한 번 하게.

치근과 인동 술이 취하여 비틀거리며 들어온다.

치근 : 아, 양수장 쥔님 오셨습니까. 오늘은 왜 나루터에 안 나오셨습니까?

인택 : 내가 무슨 돈에 날마다 술을 먹겠소.

치근 : 난 한 잔 먹었습니다.

관식 : 자네는 온 지도 얼마 되지않는 사람이 조심을 해야지. 내가 데려온 사람인데 내 체면 도 있고 농촌에서는 농량이 모자라고 일손이 모자라 눈이 시뻘건데 백주에 술이나 먹고 있을 때가 못 돼. 사람이 눈치를 챌 줄 알아야지 ……

치근 : 예 …… 미안합니다.

관식 : 가세. 가서 눕게. (끌고 안으로 들어간다)

인동 : 저 사람이 취했나?

인택 : 자넨 매일 잔췰세그려.

인동 : 술도 안 먹고 그럼 날더러 어쩌라오. 여보 어제 한 말이 틀림없지요?

인택 : 이 사람아. 자네는 미끄러졌네. 생각도 말게. 자네나 봉수나

홀애비는 일반이라도 계집들이야 눈이 높은데 관리 위원장한테까지 술망나니 자네한테 오겠나……

인동: 어이고……

인택: 어이고는 무슨 어이고. 사내자식이 뭘 그래. 룡 못된 이무기 심술만 남았다고 심술이나 한 번 부리게그려.

인동: 남의 일이라고 웃소?

관식이 나온다.

인택: 쉬…… 그럼 관식이 난 자네만 믿고 가네. (나간다)

관식: (인동이에게) 자네도 생각이 있지. 남은 바빠서 야단인데 부기원과 대낮에 술타령인가?

인동: 아니에요. 치근이는 술집에서 만났어요. 난 혼자 한 잔……

점심시간을 알리는 종소리 들린다.

관식: 잡은 고기는 어쨌나?

인동: 고기요? 요새는 고기도 안 잡혀요. 아침 나절 설물에 모래무지 좀 건진건 부기원하고 술안주 했죠. (별안간 한숨을 쉬면서) 어이구 고긴들 잡히겠어요. 사람의 가슴이 이렇게 아프니. (가슴을 쩟는다)

관식: 아프면 눕게. 가슴 아픈데 술이 아랑곳인가.

인동: 안예요. 그런 가슴이 아니라 이 마음이 아파요. 위원장 동무. 참 위원장 동무에게는 미안해요. 전사한 인식이가 위원장 동무의 사촌 동생이죠.

관식: 그 싱거운 소리 말고 사람들 오기 전에 가서 자게.

인동: 위원장 동무. 난 암만해도 이 동네에서는 못 살겠소. 세포위원장 때문에 못 살아요.

관식 : 뭐 그게 무슨 소린가?

인동 : 전 순실 동무가 인식이하고 결혼하기 전부터 내가 따라 다니던 걸 잘 알죠. 그러나 인식이 색시가 된 뒤론 싹 단념했습니다. 그렇지만 오늘 이왕 시집을 갈랴거든 이 인동이한테 오면 못 쓰나요?

관식 : 어서 가게. 인식이 죽었어도 그이는 내 계술세그려. 그런 소리를 내게다 하고 있나. 아무리 취했기로 ……

인동 : 그러기에 미안하다고 안 그래요 …… 나도 다 알아요. 새골 협동조합위원장 봉수하고 그런 줄 다 알아요.

관식 : 듣기 싫으이. 가게.

인동 : 가지요. 가라면 가죠. 어이구 관리위원장 못 된 게 한이로구나 (비슬거리고 나간다)

소저, 전야 작업에서 돌아온다.

소저 : (인동이 나가는 것을 보고) 저 사람은 날마다 술인가?

관식 : 한 집에 살아도 바쁘니 만나기가 드물군요 …… 아들 데리고 농사짓기가 어떻습니까?

소저 : 세상에 그런 사람이 어데 있겠어요. 관리 위원장님. 나는 흡족해서 도무지 할 말이 없어요. 그저 그의 식구가 저렇게 방을 차지하고 있어서 댁의 가족들이 다 이사를 못 오신다니 그게 죄송해서 ……

관식 : 괜잖습니다. 차차 옮기도록 하지요.

소저 : 그 놈의 폭격에 집을 없앤 뒤로는 어디 혼잣손에 장만하는 수가 있어야지요.

관식 : 그 대신 댁에서는 훌륭한 아들을 얻지 않았습니까. 또 우리 조합으로서는 참 귀중한 보배를 얻었어요. 정치 사상적으로 준비되고 농사에도 익숙하고 또 손재주도 있고 각 방면으로

그만한 일꾼이 어디 쉽습니까.

소저 : 그래요.

관식 : 그 동무가 온 후로 첫째 민주 선전실이 일신되고 민청사업이 활발하여지고 간단한 방법으로 개량된 보습이 상당한 능률을 내고 또 당 학습에 훌륭한 강사가 아닙니까?

소저 : 걔 말이 농촌 협동 경리에 대한 경험을 많이 얻어 가지고 있다가 통일이 되는 날에는 고향에 가서 고향 사람들에게 배워 주겠다고 그래요.

관식 : 예 …… 나는 그 동무를 내 한 팔처럼 믿고 있습니다. 그런데 변동무 안 돌아옵니까?

소저 : 지금도 민청원들하고 무슨 토의가 있다고 하면서 날더러 먼저 가라는군요. 그런데 참 위원장님 ……

관식 : 왜요?

소저 : 요새 우리 제이작업반에서는 반장에 대한 불평들이 많아요. 그 사람이 조합 규약은 꿰뚫고 있으면서도 하는 행동은 아주 불공평하고 관료주의거든요.

관식 : 불공평하다니요?

소저 : 작업 조직도 미리미리 잘 하지 않고 로력 접수 주는 것도 사를 두는 것 같아요.

관식 : 그 사람이 왜 그 모양이야.

익근 들어온다.

관식 : 응 …… 마침 오는군.

익근 : 왜요?

관식 : 익근이 자네 반장 사업을 잘못한다고 비난들이 많다는데.

익근 : 뭐가 말입니까?

관식 : 아주머니 말하시오.

익근: 아니, 봉이네 아주머니. 무슨 문젤가지고 위원장한테 와서 고자질했나요?

소저: 고자질 아니라 사실을 말했네……

익근: 뭘요?

소저: 총화 때 여러 말이 나왔는데 아직도 고쳐지지 않으니까 말이죠. 로력 점수에 대한 평가에 대한 불평도 그렇고……

익근: 아따 참 까다롭게도 구네. 그렇게 야단이 된 아주머니가 반장질을 해 보시오. 내 참 골치가 아파서 못 해 먹겠네.

소저: 역증만 내지말고 반원들의 의견을 접수할 건 해야지. 제일작업반장 삼득이 본을 좀 보라구. 그래 오늘 아침 작업 조직만 해도 그렇지. 미리 계획을 짜서 전날에 발표를 하든지 아니면 아침에라도 반원들이 혼란하지 않게 짜든지 해야지. 나가서 기다리기만 얼마나 기다렸냐. 그리고 정순이 로력 점수 평가는 아직도 반장이 사를 둔다고 말이 많은데……

익근: 아니, 누가 그럽니까? 왜 날 못 먹어서들 그래요. 내 참 속상해서……

소저: 그렇게 화만 낼 것이 아니라 잘 생각해 봐요. 관리 위원장님 정순이와 반장과는 팔촌 남매간이래서 점수에 사를 둔다고 말들이 있으니 차라리 정순이를 다른 반으로 옮겨 놓는 것이 좋겠어요.

관식: 팔촌 남매가지야 어떻게 반을 갈라 놓겠습니까.

익근: 위원장 동무. 이거 반장을 면해 주든지 정순이를 다른 반으로 옮겨 주든지 해야겠어요. 이건 정 못해 먹겠어요.

소저: (안으로 들어가며) 저 사람이 왜 저리 고집이 셀까?

소저 안으로 들어간다.

익근: 날 좀 갈아주세요.

관식 : 그런 소리하면 못써. 반원들이 옳은 의견을 제기하면 그것을 접수하는 것이 당연한 걸 ……

익근 : 백 사람의 입맛을 다 맞추는 재주야 있나요.

관식 : 제일작업반에서는 말이 없는데 왜 거기는 말이 많아.

익근 : 우리 반에는 왼통 말썽 많은 사람들만 모였으니까 그렇지요. 경춘 령감, 심심이, 순녀 ……

순실 들어온다.

익근 : (순실이 오는 것을 보고) 가겠어요. (나간다)

관식 : 그러게. (순실에게) 마침 잘 오셨군요 …… 상의할 일이 있었습니다.

순실 : 예 ……

관식 : 앉으십시오.

순실 : (마루에 걸터 앉는다)

관식 : 양수장 문제를 빨리 해결해야 하겠습니다. 논에 물을 실어야 할 때가 됐습니다.

순실 : 그렇지요.

관식 : 그러니 아무래도 양수시설을 사는 수밖에 도리가 없지 않습니까?

순실 : 그런데 앞으로 조합에서 양수기 인치수를 높이고 현재보다 양수장을 배만 더 늘인다면 백오십 반 보의 밭을 개답할 수 있겠는데 …… 아예 큰 양수시설을 하는 것이 좋지 않아요.

관식 : 래년 일 때문에 금년에 물 없어야 어떻게 농사 짓겠습니까. 박 인택이가 현금 아니라도 팔 듯합니다. 제가 수차 구슬러 놨더니 생각이 수태 개변됐습니다. 우리 조합으로서는 상당히 유리한 조건으로 락착된 것 같습니다.

순실 : 예?

선희 들어온다.

순실 : 어데 갔다 오셔요.

선희 : 예 …… (마루에 앉는다)

관식 : 가격은 십오만원으로 하고 삼년 년부로 년말에 물기로 하자는데 응할 듯합니다.

순실 : 십오만원요? 그래도 가격이 비싸지 않을까요?

관식 : 십오만이면 그 값은 있습니다. 그것도 현금도 아니고 삼년간 년부니 매년 말 결산 분배 때 오만원식만 물면 됩니다.

순실 : 그렇지만 수십 년 쓰던 양수긴데요?

관식 : 물은 대야 농사는 질게고 …… 십오만원이면 비싸지도 않습니다.

순실 : 좀 더 고려할 필요가 있다고 생각합니다.

관식 : 고려, 고려하고 시기를 늦출 수는 없습니다. 나도 여러 가지로 타산한 결과니 사기로 결정합시다.

순실 : 글쎄요 ……

관식 : 하 …… 참 …… 글쎄요 하고 있을 때가 아닙니다. 사기로 하고 이 문제를 총회에 제기하겠습니다.

순실 : ……

관식 : 그리고 양수시설을 삼과 동시에 양수장 기술자로 박인택을 조합에 받어야 하겠습니다.

순실 : 사기로만 결정되면 어차피 양수기를 돌려야 할테니가 기술자는 필요하지요.

관식 : 그렇지요.

순실 : 그런데 아주바님! 지금 민청원들이 토의하는 것을 들었는데 아주 좋은 의견이 나왔어요.

관식 : 민청원들이요?

순실 : 예 ……

관식 : 무슨 의견인데요?

순실 : 우리가 세운 농사 계획에서 일부 변경할 필요가 있다고 해요.

관식 : 밥먹고 할 일이 없으니까 별걸 다 가지고…… 그래 계수님은 그걸 그대로 듣고만 오셨소?

순실 : (선량하게) 저는 그것이 옳다고 생각되는 걸요.

관식 : 예? 그래 지금들 그걸 토의하고 있나요?

순실 : 예! 제가 듣고 좀 더 구체적 안을 세워 보라고 그랬어요.

관식 : (좀 불쾌하게) 어디 나중에 그 구체안을 좀 들어 봅시다.

순실 : (일어나며) 그리고 부기원 동무는 여기 온 지도 얼마 안되는데 술이 심하다고 말들이 많아요.

관식 : 그 사람에게는 내가 이미 주의를 주었습니다.

삼득, 창룡, 순녀, 심심, 필련 등 민청원들이 들어온다.

삼득 : 세포 위원장 동무. 위원장님께 말씀해 봤어요?

순실 : 예……

삼득 : 그래 찬성하세요?

순실 : ……

관식 : 그래 구체안을 짜가지고 왔나?

일동 : 예. (자신있는 소리)

관식 : (일동을 둘러본다)

차석, 기준 들어와서 이야기를 듣는다. 소저도 나온다.

삼득 : 파종 계획을 일부 변경하는 것이 좋다고 생각합니다.

관식 : 어떻게?

차석 : 뭐라고? 결정된 파종 계획을 왜 변경한단 말인가?

삼득 : 알곡 증산과 다수확 작물 배치에 대한 당의 방침을 저희들이

학습하는 과정에서 생각 된 것이예요. 창룡이 …… (말하라고 눈짓한다)

관식 : 어디 변동무가 주동인 모양인데 말해보오 ……

창룡 : 저, 주작 콩 파종 면적을 줄이고 옥수수 파종을 확대할 것과 참외 파종을 대부분 줄이든지 아니면 아주 없애고 거기에 일부는 역시 옥수수를 심고 일부는 담배를 심자는 의견입니다.

차석 : 우리 파종 계획은 조합 총회에서 결정한 것이다.

순녀 : 아버지! 그거야 또 총회를 열고 결정을 고치면 되잖아요.

차석 : 뭐라고?

관식 : 동무들! 그 의견을 충분히 연구하고 제기하는 것이요? 아니면 일시적 기분에서 나온 것이요.

삼득 : 우리들은 장난으로 이런 문제를 제기하는 것이 아니예요. 조합의 리익을 위해서 참 많이 생각했어요.

차석 : 자네는 모범 반장이 그런 소리 하나? 계획은 법이라 했는데 함부로 고쳐?

순녀 : 아버지, 계획이 잘못됐을 때는 고쳐야 해요.

관식 : 뭐, 계획이 잘못됐어?

심심 : 예 …… 잘못된 점이 있어요.

관식 : 참외는 우리 지대가 적지일 뿐 아니라 현금 수익을 위해여 절대로 필요한데 그만둘 필요가 뭐요?

창룡 : 우리는 무엇보다도 알곡을 많이 생산해내는 것이 필요하지 않습니까?

필련 : 그리고 참외는 동네 아이들이 다 따먹지 않아요.

차석 : 옥수수는 안 따가나?

일동 : (웃는다)

관식 : 그래 알곡 증산, 알곡 증산하면서 동무들은 무조건 옥수수 파종을 확대하자는데 옥수수는 비료를 많이 줘야 되는 곡식이란 걸 알고나 그러오? 비료 준비가 충분치 못한 우리로서 어

떻게 무작정 옥수수 파종을 확장할 수 있단 말이요! 생각도 없이 ……

심심 : 그러기에 우리가 자급비 준비를 많이 하자고 했지요.

기준 : 지나간 일을 말하면 뭘 해.

필련 : 비료를 많이 줘야하는 작물에는 비료를 많이 줘야지요.

차석 : 뭘로?

순녀 : 분토도 만들고 배정 받은 화학 비료도 적당히 나눠 주지요.

관식 : 국가에서는 이미 승인된 농사 계획에 근거해서 화학 비료 배정을 했소. 그런 것도 고려 없이 함부로 계획을 변경할 수는 없소.

차석 : 콩을 줄이면 장은 뭘로 말며 사료는 어떻게 하고 ……

순녀 : 장 말만큼 심지요.

심심 : 농우 사료는 될 수 있는 대로 청사료로 대치하라고 했어요.

관식 : 알곡 알곡하면서 담배는 왜 심자는 거요?

창룡 : 담배는 외국 수출품으로 수매국에서 고가로 살 뿐 아니라 국가에 막대한 리익을 줍니다.

관식 : 동무들. 동무들의 뜻은 고마운데 그러나 그렇게 경거망동하지 말고 이런 일은 나먹은 사람에게 맡겨 두시오. 담배라고 하는 건 지질이 맞아야 하는거요. 공연히 적지가 아닌데다가 다량으로 심었다가 만약 실패하면 그 책임은 누가 지겠소? 변동무, 변동무가 지겠소?

창룡 : 아닙니다. 여기는 옛날부터 담배 재배의 적지랍니다.

차석 : 뭐? 원, 나는 이 동리에서 륙십을 살았어도 여기가 담배 고장이란 말은 첨 들었다.

창룡 : 저희 할아버지 말씀이 옛날에는 이 땅이 담배가 썩 잘됐다고 말씀하십니다.

차석 : 봉이 할아버지가? (일동을 둘러보고) 그 령감이 이 동네에서 좌상이기는 하지마는 올 해에 몇이시던가?

창룡 : 여든 두 살이래요.

일동 : 아이고!

차석 : 여든 둘 망녕이다. 망녕이야. (기준에게 동의를 구하며) 원 우리가 모르는 담배를 글쎄 ……

기준 : 그리고 보니 나도 그전에 아버지한테 우리 텃밭에 담배를 심어 먹었다는 말을 들은상 싶어 ……

차석 : 이 사람은 당치 않을 소릴 가끔 ……

삼득 : 그럴 것 없이 봉이 할아버지한테 물어보면 되지 않아요.

차석 : 오냐. 어서 물어보자. (앞서 걷는다)

일동 봉이네 집으로 간다. 선희 방에서 나와본다. 장로인 방 앞에서 새기를 꼬고 있다.

심심 : (앞서 달려가서) 할아버지 …… (흔들면서) 옛날에 우리 동네에서 담배가 잘된다고 그랬었죠 ……

장로인 : 뭐라고?

차석 : 담배요. 담배 (소리친다)

장로인 : 오, 담배 없어. 나도 떨어졌어. (일동을 보고) 웬일들이요. 또 회의가?

차석 : 안예요. (썬 담배를 쌈지를 꺼내준다)

장로인 : 오, 주겠다고. (대에 담는다)

차석 : (옆에 앉으면서 귀에다 입을 대고) 아저씨, 우리 동네에 담배를 심어도 돼요?

장로인 : 되고 말고. (그제야 담배를 빨면서) 이 근처에서는 성천 땅이 담배 고장이고 그 담엔 여기라고들 했어. 황초. 황초, 담배 잎이 (두 손을 모아 보이며) 이런 게 한 발씩이나 됐지.

차석 : 언제 얘기예요?

장로인 : 언제 얘기냐고?

차석 : 예 ……

장로인 : 자네는 나기도 전일세.

일동 : 하하하.

차석 : (멀쑥해진다)

장로인 : 그런데 차차 세상이 야박해지고 또 평양 개명이 가까우니까 돈 생기는 바람에 푸성귀나 참외, 오이 같은 걸 심게 되더니 내가 스무나문 살 때는 담배 심던 사람들이 싹 없어졌어. 또 일인들이 온 뒤로는 그 놈의 전매국 바람에 …… (손을 흔든다) 피우랴고 터밭 구석에 조금 심어도 당장 …… (눈을 무섭게 뜨고 손목을 합쳐 보인다)

일동 : 하하.

차석 : 여보게 관리 위원장. 그렇더라도 계획이야 바꿀 수 있나 ……

기준 : 여보게 차석이 사람이 왜 그렇게 고집이 센가. 늙은이 말이든 젊은이 말이든 옳은 건 받아들여야지 ……

관식 : 세포 위원장 동무는 어떻게 생각하시오?

순실 : 저도 계획을 일부 변경하는 게 좋다고 생각해요. 알곡을 많이 생산한다는 것은 국가가 우리에게 준 기본 과업인데다가 ……

차석 : 그야 누가 모르나 ……

순실 : 또 알곡을 많이 내야 우리 조합 뿐 아니라 전체 인민들의 생활이 한결같이 향상될 게 아닙니까. (관식에게) 목전의 현금 수익만 생각하지 말고 국가의 인민 경제 전반적 면도 생각해야지요.

창룡 : 그렇습니다.

삼득 : 그러니 계획을 변경합시다.

심심 : 그래요. 지금도 시기는 늦지 않았으니까 오늘부터라도 준비를 해요.

필련 : 그럼 씨앗을 마련해야 할 게 안야.

관식 : (버럭 화를 내며) 그만들 두오. 관리 위원장은 나요. 누가 명령을 하는 게요. 이게 민주주의요? 응……

일동 : ……

순실 : 그만 다 돌아가십시오. 계획이라는 게 몇 사람이 쉽사리 세워지는 게 아니니 더 많이 생각해서 래일 다시 협의하기로 합시다. 위원장님도 더 생각하실 여유를 드리도록 합시다.

일동 물러간다. 관식 혼자 쓸쓸하게 자기 집으로 걷는다.

선희 : (노려보며) 관리 위원장 꼴 좋다.

—암전—

제二장

유순실의 가족이 사는 집. 왼편으로 치우쳐 초가 삼간 일부가 보인다. 집 뒤로 동둑이 있고 동둑에 련한 행길이 이 집 옆을 지나갔다. 사월의 달밤이다. 선희와 봉임 들어온다.

선희 : 작은 어머니, 진지 잡수셨나요?

강씨 : 오냐, 어서 오너라. 왠일이냐? 오늘은……

봉임 : 봄나들이 갔다 오는 길이예요.

강씨 : 봄나들이?

봉임 : (선희에게) 그럼 놀다 오세요.

강씨 : 왜?

봉임 : 저는 먼저 갈래요.

선희 : (마루에 앉으며 가지고 온 보자기를 끌러 치마를 꺼낸다) 작은 어머니, 이건 제가 입던 거지만 작은 어머니 입으세요.

강씨 : 그게 뭐냐?

선희 : 치마예요.

강씨 : 웬 그런 좋은 걸 가져 왔나?

선희 : 넉넉하면 새감으로라도 해 드릴텐데 ……

강씨 : 에이구, 이렇게 좋은 걸 ……

선희 : 가을에 가서 새감으로 한 벌 해 드릴게요.

강씨 : (받으며) 이것도 너무 훌륭하다 얘.

선희 : 작은 어머니 그래 아드님 생각 안 나셔요? 들으니까 그렇게 똑똑한 분이었다는데 ……

강씨 : 똑똑했기에 해방 후 동네에서 그 많은 일을 해냈지. 제 댁 공부시킨 걸 보려무나. 그 바쁜 틈에도 데리구 앉아서 가르쳤지 ……

선희 : 그래요. 그래 며느리가 작은 어머니에게 잘 해주나요?

강씨 : 잘해주고 말고 …… 동네 일, 세포 일, 농사일 그 많은 일을 보느라고 밤잠도 못 자는 걸 보면 측은한 맘이 들어 젊은 것이 딸자식 하나에 보람을 걸고 살고 있구나.

선희 : 작은 어머닌 며느릴 대단히 믿으시는군요 ……

강씨 : 그만하면 사람이야 미덥지 …… 동네 사람들이 다 알아 주지 않니 ……

선희 : 호 …… 호 …… 작은 어머니는 모르시는군요 ……

강씨 : 뭘 말이야?

선희 : (혼잣말처럼) 아이구 공연히 남의 일에 입방정을 노네 ……

강씨 : 아니, 무슨 소문이라도 들었니 ……

선희 : 사람이란 겉 다르고 속 달라요.

강씨 : 왜?

선희 : 작은 어머니만 모르시지 온동네가 대단할 걸요.

강씨 : 무슨 소문이?

선희 : (혼잣말처럼) 그렇지 그저 젊으나 젊은 게 그저 있을 리가 있나.

더군나 인물이 그만 해가지고……

강씨 : 아니 무슨 소리냐?

선희 : 그까짓 건 들어서 뭘 해요. 속만 상하시지?

강씨 : 뭐? 나도 좀 알자꾸나.

선희 : 새골 협동조합 위원장이라나 하는 사람하고 산보하는 걸 본 사람이 수두룩해요. 그리고 군에 회의가 있다고 자주 드나는데 그게 다 그 사람 만나려는 핑계래요.

강씨 : 뭐?

선희 : 지야 보지 못했으니 모를 일이지만 동네 사람들은 다들 알고 있으면서 쑤근덕거려요. 창피해 못 듣겠어요.

강씨 : 그런데 왜 내가 임때 모르고 있었을까?

선희 : 그걸 뭐 반가운 소식이라고 작은 어머니에게 알려 드리겠어요.

강씨 : 글쎄 젊은 게 언제가지나 혼자야 살겠나만……

선희 : 그렇지만 얄밉지 않아요. 겉으로는 세포 위원장입네 합시고 천하에 제가 제일 잘난 듯이 웃사람도 없이 우쭐대면서 서방질을 하고 다니지 않아요.

강씨 : 글쎄 나는 믿어지지 않는다.

선희 : 조금만 있으면 작은 어머니도 다 아실걸 뭐! 그러니 남편도 없는 시어머니를 얼마나 속으로 눈에 가시처럼 여겼을까. 제 혼자 정절을 지키는 척하더니!

강씨 : ……

선희 : 그렇게 맘이 들떴으니 조합 일인들 맘에 있겠어요. 갈 데가 다 정해졌으니까 그저 함부로 날뛰잖아요. 관리 위원장이고 뭐고도 없이, 글쎄 조합에선 관리 위원장이 어른이고…… 또 관리 위원장이 남인가요? 알장같은 시아주버니가 아니예요 …… 이런 관리 위원장에게 말마다 맞서고 주제넘께 비판까지 줍니다. 참 아니꼬와서…… 이러니 조합도 매사가 잘 안

될 밖에 …… 굿을 해도 장단이 맞아야지요.

강시 : 요새 그 사람하고 무슨 싸움이라도 했나?

선희 : 멱살을 쥐어야만 싸움인가요 …… 매사에 의견이 맞지 않아 그이가 사업하기에 여간 곤난하지 않대요.

강시 : 그래선 못 쓰지.

선희 : 작은 어머니, 속차림을 따로 가지시고 그걸랑 타일러서 빨리 제 갈 데로 가도록 하세요.

강씨 : 설마? 난 그래도 믿어지지 않는다.

선희 : 관리 위원장도 어제 밤새도록 작은 어머니 걱정을 하더니 작은 어머니와 영숙이는 내가 모셔야 해. 하고 말하던 걸요. 그러니 그 계집은 제 갈 데로 가게 하고 작은 어머니하고 영숙이는 우리 집에 와서 같이 삽시다.

강씨 : 글쎄?

선희 : 그렇게 하세요, 작은 어머니. 사실 작은 어머니야 그 며느리하고 살이 섞였나요, 뼈가 섞였나요. 생판 남남이 안예요. (일어나며) 그러니 래일이라도 작은 어머니는 우리 집으로 건너오세요. 하룬들 그런 계집하고 같이 있을 수 있어요?

강씨 : 글쎄?!

선희 : 전 가겠어요. 안녕히 주무세요.

강씨 : 오냐 ……

선희 돌아간 뒤 강씨는 한동안 혼자서 생각에 잠겨 있다.
인동, 성칠, 판석 동둑 길로 내려와 지나가며 이야기한다.

판석 : 내가 뭐랬나 조합에 들지 말고 우리끼리 해 먹자고 그러지 않았던가?

인동 : 이렇게 간섭이 심한 줄이야. 누가 알았나. (순실의 집에 와서) 세포 위원장 계셔요?

강씨 : 나갔소.

인동 : 나갔어요?

판석 : 이 사람아, 웃마을 봉수가 왔던데 집에 있겠나. 달까지 밝은데……

인동 : 시끄러워 이 놈아……

판석 : 이 사람아, 개똥참외도 먼저 달은 놈이 임자라고 자네는 떼웠네……

성칠 : 이 자식은 잘 알지도 못하고 무슨 소릴 해. 가자.

두 사람 지나간다. 강씨 무거운 걸음으로 밖으로 나간다. 사이.
이윽고 순실과 봉수 이야기하며 들어온다.

순실 : 우리 조합에서는 거기 조합 사업 경험에서 많이 배워야 한다고 생각해요. 특히 우리 관리 위원장은 사업조직 면에서나 작동에서도 동무한테서 많이 배워야 해요.

봉수 : 뭐 나나 관식이나 다른 게 있어요.

순실 : 아니예요. 우리 위원장은 관료주의가 좀 심하다고 생각해요.

봉수 : 그건 세포 위원장으로서 유동무가 많이 도와 줘야지요.

순실 : 제 힘이 약해서 그렇지요. 그리고 위원장이 저의 사촌 시아주버니가 되고 보니 여러 가지로 곤난한 점이 많아요. 그이는 저를 계수라 하고 제 말을 잘 들으려고 안해요.

봉수 : 그건 관식이가 잘못이군요.

순실 : 자 들어와서 좀 노시다가 가세요. (앞서 들어와 방안과 부엌 안을 살피며) 어머니, 어머니…… 영숙아, 모두 어데 갔을까. 자, 좀 앉으세요.

봉수 : (마루에 걸터앉는다) 이 조합에서 인택이네 양수기를 십오만원이나 주고 산 것은 생각할 여지가 있는데요. 그거 다 낡은 기계를 고가로 살 것 없이 새 기계를 놓지요.

순실: 저도 그걸 끝까지 주장했는데 관리 위원장이 우겨서 총회의 승인을 받았지요. 자급비료 문제도 그랬지요. 로력 조직에 있어서 자급비 생산과 고공품 생산에 절반식 나눠야 한다고 저는 몹시 주장했는데 그것도 관리 위원장이 우겨서 로력 전체를 고공품 생산에 집중하지 않았어요. 나중에야 싸우다싶이 해서 겨우 좀 만들었는데 우리는 금년에 비료가 큰 문제예요.

봉수: 국가에서 주는 화학비만 믿고 자급비 준비를 안했다간 큰일 나지요. 그저 뭐니뭐니해도 자급비료 준비가 든든해야 농사를 맘놓고 할 수 있는 건데요.

순실: 그렇고말고요. 그래서 우리 동무들의 새골 조합이 부럽다지 않아요. 그 뿐인가요. 그 조합에서는 목축, 과수, 양장 등을 다각적으로 해서 금년도 수익이 아주 많을 거라고 우리 조합원들은 모두 말해요.

봉수: 여기서도 목축에 좀 관심을 돌릴 필요가 있지요.

순실: 그런데 우리 두 조합이 애초에 둘로 조직된 것이 잘못이 아닐가요?

봉수: 그래요. 그러나 우리가 아직 협동 경리의 경험이 없었으니 장래를 좀더 세밀히 관망하고 조직하지 못했지요.

순실: 우리 조합원들은 요새 와서 그걸 많이 말해요. 우리 조합 밭이 대부분 새골에 있고 새골 논은 또 우리 농토 가운데 끼여 있지 않아요. 두 조합원들이 멀리 떨어져 있는 자기 전장에 작업하러 다니는 로력 랑비가 적지 않아요.

봉수: 금년 가을에 관개 수리 공사를 하게 되면 두 조합으로 분리된 불합리성을 더욱 절실히 알게 될 겁니다.

순실: 그렇지요.

봉수: 그런데 관식이, 그 사람 왜 그런지 모르겠어요?.

순실: 왜요?

봉수: 아까 잠간 만나서 우리 두 조합의 사업 경험도 호상 교환하

고 새로 경쟁도 하자고 상론했더니 아주 불쾌히 생각하더군요.

순실 : 그건 좋은 의견인데 왜 그럴가요?

봉수 : 글쎄, 나도 모르겠어요. 서로의 발전을 위해서 좋지 않아요. 군당에서도 늘 호상 경험 교환을 하라고 그러는데.

순실 : 더구나 우리 조합은 새골 조합에서 배워야 할 점이 많은데요.

봉수 : 이 문제는 유동무도 세포 위원장이자 관리 위원인 립장에서 관식이에게 좀 권고해 보시오.

순실 : 예 …… 그렇게 해 보겠어요.

봉수 : 죽은 인식이와 나는 우리 농촌의 앞날에 대해서 늘 같이 꿈을 꿨지요. 오늘 협동화로 우리의 꿈이 실현되기 시작했는데 …… 참! 가뜩이나 쓸쓸하실텐데 인식이 애기를 꺼내서 죄송합니다.

순실 : 안예요.

봉수 : 외로우시지요.

순실 : 일에 골몰하니까 외로운 줄을 모르겠어요.

봉수 : 참! 좋은 맘입니다. (일어나며) 그럼 전 실례하겠습니다.

순실 : 왜 더 노세요.

봉수 : 안요. 그럼, 그 문제는 관식이를 설복해 보세요.

순실 : 네 ……

강씨 들어오다가 주춤한다.

봉수 : (문밖에서) 그럼 전 좋은 대답이 있기만 기다리겠습니다.

순실 : 네 …… 안녕히 가세요.

강씨 피해나간다. 봉수 돌아가고 조금 있다가 관식 찾아온다.

관식: 계시오?

순실: (일어나며) 아주버님 오셨에요.

관식: (마루에 걸터앉아 다짜고짜로) 재수님은 세포 위원장이자 관리 위원인데 조합 사업을 하자는 거요, 방해를 놀자는 거요.

순실: (정색하며) 아주버님, 그건 무슨 말씀이세요?

관식: 내가 하는 일에 의견이 많은 뿐 아니라 철없는 민청원들을 부추겨 가지고 조합 계획에 대해서 이러니저러니 말을 하니 말이요.

순실: 그게 어디 조합 일을 방해하는 것이예요. 조합의 리익을 위해서 그러는 거지요.

관식: 조합의 리익이 된 게 뭐요. 철없는 젊은 아이들의 소견없는 소리를 가지고…… 어제그제 군대에서 돌아온 사람이 무슨 농사를 안다고!

순실: 그렇게 생각하실 게 아니에요. 그 동무는 농사꾼이고 연구도 많이 하는 동무예요. 그 동무들이 내세운 계획 변경은 당 정책에 부합될 뿐 아니라 과학적 의견이예요.

강씨 들어와서 울타리 밖에서 두 사람의 이야기를 듣는다.

관식: 그럼 우리가 세운 농사 계획이 당 정책과 위반되는게 뭐요?

순실: 물론 위반된 것은 없어요.

관식: 그렇다면……

순실: 민청원들의 계획이 더 좋으니까요.

관식: 우리 계획도 장난으로 세운 건 아니요. 철없는 젊은 아이들이 터무니없는 의견을 듣고 나와 조합 사업을 혼란케 해 놓지 않소.

순실: 조합원들의 민주주의적이고 창발적인 의견을 그렇게 취급하지 못해요.

관식: 그게 무슨 창발적 의견이요? 그리고 세포 위원장 하는 일이 내 맘에 들지 않소. 그런 의견이 있으면 나하고 충분히 토의해서 해결할 일이지 철없는 민청원들의 뒷공론을 뒤에서 도와주고 있으니……

순실: 그 의견은 민청원들이 먼저 내놓은 것이예요. 제가 듣자 곧 반영하지 않았어요. 그리고…… 우리들은 하루가 새롭게 발전해요.

관식: 여보, 내가 교양 받자고 여기에 온 게 아니요.

순실: (절실히) 아주버님, 진정 저를 친누이 같이 생각하시고 제 말을 들어주세요. …… 제가 왜 조합의 사업을 망치랴고 하겠어요. 그렇잖아도 아주버님, 아주버님께서 사업을 잘 조직하시고 또 수완도 좋으신 줄은 누구나 다 알고 있어요. 그러나 아주버님께서는 새로운 의견을 접수하시지 않는 결함이 잇어요. 오늘만 해도 새골 협동조합 관리 위원장 봉수 동무가 우리 두 조합의 경험을 호상 교환하자는 의견을 왜 거부했나요.

관식: 그건 누가 그럽디까?

순실: 제가 들었어요. 그리고 분옥이네 논에 물을 주지 말라고 그러셨다지요?

관식: 내춘이가 개인농인데 왜 조합 양수기로 푼 물을 주겠소.

순실: 우리가 개인농에 대한 태도를 그렇게 취해서는 안 돼요. 우리가 개인농을 교양하고 너그럽게 대해 줘야지요. 그 분은 공화국 공민이고 또 양수장이 개인 소유인 때도 농사를 졌는데 조합 소유가 된 오늘 물을 못 받는대서야 말이 되겠어요.

관식: 그만 하시오. 나도 생각이 있소.

순실: 아주버님, 제 소견에는 아주버니가 개인농에 대하는 태도가 너그럽지 못한 것 같아요.

관식: 듣기 싫소! 이건 민주주의, 민주주의 하니까 저마다 위원장 사업에 용타올라 한단 말이야. (나가 버린다)

강씨 : (돌아오며) 그게 무슨 행실머리냐? 시아주버니한테 말마디마디 맞서고……

순실 : 어머니.

강씨 : 그 사람은 조합에서도 어른이고 집안에서도 손윗사람인데 그런 법이 있나…… 아무리 네가 세포 위원장이지만 상하는 분별해야지. 계집이 그렇게 발가져서는 못써.

순실 : 어머니…… 그게 모두 아주버님 사업을 도와주자는 거예요.

강씨 : 제 앞도 똑바로 가누지 못하면서 남의 일에 용탁을 해……

순실 : 어머니, 제가 뭘 잘못한 일이 있나요?

강씨 : 생각해 보면 알 일이지……

순실 : 네?

강씨 : 삼동네 소문이 퍼졌단다.

순실 : 어머니 무슨 소문이요?

강시 : 숨길거야 있나. 내 눈으로 봤는데. 딴 생각을 가졌으면 뜻대로 하려무나. 청춘인데……

순실 : 어머니! (말문이 막힌다)

강씨 밖으로 나가 버린다. 순실 혼자서 괴로워한다.

—암전—

제三막
제一장

제一막 제一장과 같은 같이 나란이 선 두 집. 벌써 록음이 우거진 六월 중순의 밤.

막이 열리면 순녀, 심심, 필련 자지러지게 웃는다.

필련 : 그래 그게 누군데?

심심 : 그거 아마 평양서 수태 망나니 부린 모양야……

필련 : 누군데?

심심 : 누군 누구야, 싱검둥이 부기원이지.

순녀 : 부기원? 그래 널 따라 오데?

심심 : 그럼 동둑까지 따라 오더니 무얼 내 손에다 쥐여 주겠지.

필련 : 뭐네?

심심 : 달밤인데 무언지 똑똑히 보이니.

필련 : 그래. 널보고 련애하자고 그러데?

심심 : 말 말아. 얘. 기분 나쁘다.

필련 : 왜 좋잖으냐. 부기원한테 시집가서 날마다 양복이나 대려주고 구두나 닦아주렴.

순녀 : 술 심부름이나 하고……

심심 : 참. 그거 어데서 돈이 나서 날마다 술을 먹을가?

순녀 : 조합 돈을 축내는 거나 아닐가?

심심 : 설마 관리 위원장이 그만큼 똑똑한데 그렇기야 할라고……

순녀 : 순실 언니도 접때 부기원 때문에 걱정하더라. 술 많이 먹는다고…… 참 애들아, 순실언니가 련애한다는 소문은 어디서 난 말이야?

심심 : 인동 동무한테서 들었다는 사람도 있고, 양수장집 녀편네한테서 들었다는 사람도 있고, 또 관리 위원장 부인에게서 들었다는 사람도 있더라.

순녀 : 순실언니가 불쌍해서 못 보겠어! 그동안 몇차례나 관리 위원장 집으로 어머니를 모시러 갔었는데 그때마다 관리 위원장 색시한테 망신만 당하고 돌아왔어.

심심 : 그건 뭘 하러 찾어 갔누!

순녀 : 어머니가 오해를 하고 나갔으니까 그렇지. 그리고 영숙이가 자꾸 할머니를 찾는데 ……

심심 : 어떤 놈이 그런 소문을 처음 냈을가?

필련 : 젊은 녀자가 혼자 있으면 의례히 소문이 나는 게야. …… 에이 나는 시집 안 갈 테야.

심심 : 그럼 뭘 할래?

필련 : 뜨락또르! 뜨락또르 운전사가 될테야.

순녀 : 잰 뜨락또르에 미쳤어.

필련 : 뜨락또르 운전사! 얼마나 좋아. 다섯 개 보섭 날에선 김이 무럭무럭 나는 시꺼먼 흙이 희뜩희뜩 번져지지 않니 …… (걸상 우에 앉으며) 내가 이러거 앉으니까 똑 뜨락또르 운전대에 앉았는 것 같다.

심심 : 얘 떨어질라?

필련 : 쏘련화보에서 처녀 또락또르 운전사를 봤지?

심심 : 순녀야, 넌 뭐 될래?

순녀 : 난 돼지나 기를래!

심심 : 돼지? 얘 벌써 시집갈 밑천 장만하는구나.

순녀 : 망할 계집애, 그만 학습이나 가자.

심심 : 얘, 순녀야. 내 네게 꼭 할 말이 나 있다. 너 왜 학습 시간에 강사 선생 얼굴만 쳐다보니?

순녀 : 뭐야. 나 보기에는 네가 늘 넋을 잃고 쳐다 보더라 얘 ……

심심 : 잡아 떼지 말어! 다 알고 있으니. 그렇지 필련아?

필련 : 왜, 샘이 나서 그러니.

심심 : 뭐?

순녀 : 내 곧 댕겨 나올게. (안으로 들어간다)

필련 : 얘, 심심아. 순녀 생각도 좋지. 우리 동네엔 돼지 기르는 사람이 적어.

심심 : 그래. 우리도 저 새골조합처럼 돼지 새기를 많이 사다 길러야

겠어.

필련 : 우리도 목축을 더 많이 해야 하겠어!

심심 : 새골 관리 위원장이 우리 관리 위원장보다 훨씬 사업을 잘 해.

필련 : 우리 관리 위원장은 관료주의야……

순녀 : (새옷을 곱게 입고 나오며) 가자!

심심 : 필련아!

심심, 필련 약속이나 한듯이 뛰여 나간다.

순녀 : 얘들아, 학습장에 안갈래?

심심 : (나가며) 갔다 오께……

창룡이 들어온다.

창룡 : 순녀동무, 저녁 잡수셨나요?

순녀 : 네!

창룡 : 학습에 가시지요.

순녀 : 네. 동무들을 기다리고 있어요.

창룡 : 예…… 참, 순녀동무, 세포 위원장 동무와도 상의했는데 래일은 우리 민청원들이 일제히 동원되여 개인농들의 이앙사업을 협조하자는 의견입니다.

순녀 : 예! 좋아요. 그런데 관리 위원장 동무도 아시나요.

창룡 : 네. 승낙을 받았습니다. 처음에는 반대하시더니 세포 위원장이 재삼 말씀하시니까 승낙하고 말았습니다.

순녀 : 예!

창룡 : 세포 위원장 동무의 태도가 옳아요. 개인농에 대해서나 조합 발전을 위해서나 똑바로 보거든요.

순녀 : 그런데 어머니가 오해를 하시고 집을 나가신 후부터는 퍽 고민하는 것 같아요.

창룡 : 위로해 드려야죠. 또 해명되는 날이 있겠죠.

심심, 필련 새옷을 곱게 입고 같이 들어오다가 창룡과 마주쳐 당황한다.

창룡 : 저녁 잡수셨습니까?

심심·필련 : 예!

순녀 : (웃음을 참는다)

창룡 : 오늘은 무슨 날입니까?

순녀 : 왜요?

창룡 : 모두 새옷을 입으셨으니가요.

심심 : 안예요. 모 심느라고 옷을 적셔서 그렇죠 뭐 ……

창룡 : 자 …… 그럼 가실가요?

일동 나가려고 할 때 분옥 논에서 돌아온다.

순녀 : 왜 이렇게 늦었니?

분옥 : (힘이 없다)

순녀 : 너의 모 심기는 아직도 멀었니?

분옥 : 사흘은 더 해야 돼.

순녀 : 학습이나 가자.

분옥 : 저녁도 안 먹었어.

순녀 : 념려 말어. 래일은 우리 민청원들이 너의 집 모내기를 도와주기로 했어.

분옥 : 그만둬. 너희들도 바쁜데 개인농을 왜 도와 주니.

심심 : 분옥아, 그렇게 속상해 하지 말어.

순녀: 학습에 가자우.

분옥: 난 그만 둘테야.

창룡: 분옥 동무 용서하시오. 동무 사정을 고려 못하고 학습시간을 잘못 짰습니다. 다음부터 달리 짜겠습니다.

분옥: 아니예요. 괜찮아요.

순녀: 그럼 밥 지어놓고라도 와 응?

분옥: ……

일동 나간다. 분옥은 부엌에 들어가서 이남박에 쌀을 꺼내 우물가에 가서 씻는다. 치근이 주위를 살피며 나타난다.

치근: 이제 저녁을 지으세요?

분옥: 네……

치근: 댁에서 조합엔 안들었지만 농사를 잘 하드군요.

분옥: 조합에 들었으면 더 잘 하지요.

치근: 뭘요. 댁의 아버지는 잘 생각하셨지. 조합에 들면 뭘해요.

분옥: 조합 부기원이 그런 말을 해요?

치근: 조합이란 자유가 없고 불쌍해요. 어중이떠중이 모여서 일이 될 게 뭐요. 밤낮 옥신각신하기만 하고 개인농이 착실하지요.

분옥: 부기원 동무. 그게 무슨 말예요.

치근: 아, 참 내가 실수를 했군. 댁에서는 아버지하고 따님하고 사상이 다르다고 했지? 사실 늙은이들이야 낡었지요.

분옥: ……

치근: 그건 그렇고…… 동문 노래를 썩 잘 부르드군요. 나도 노래를 좋아해요. 그 전에 우리집에는 류행가 레코드 판이 한 삼백장 있었는데 전쟁바람에 다 깨졌어요.

분옥: (쌀을 다 싯고 일어난다)

치근: 분옥 동무!

분옥 : 왜 그러세요?

치근 : 나 동무를 사랑해요.

분옥 : 네?

치근 : (양복 주머니에서 신문지에 싼 것을 꺼낸다) 이걸 받으세요. 이걸 보시면 내 마음을 아실거예요.

분옥 : (못 들은 체하고 들어가련다)

치근 : 이걸 보면 내 마음을 알게요. (치근 신문 뭉치를 분옥의 옆구리에 끼워주고 뛰여간다. 분옥은 어이없이 바라보다가 가지고 들어와서 마루에 던져두고 부엌으로 간다. 아궁이의 불이 비친다)

정씨와 내춘 돌아온다. 내춘은 지고 온 지게를 벗어 놓고 마루에 앉아 담배를 피운다.

정씨 : (부엌에 대고) 밥 다 됐니?

분옥 : (나오며) 곧 넘을 거예요. 어머니 불 좀 봐 줘요.

정씨 : 왜 학습에 갈래 ……

분옥 : 아니요.

정씨 : 에이고 그렇게 열성을 내던 학습에도 인젠 빠지는구나!

분옥 : (아버지의 앞을 지나다가 멈추며) 아버지 인젠 정말 못 견디겠어요!

내춘 : 왜?

분옥 : 동무들이 활개를 치고 일들을 하는데 ……

내춘 : 별 생각말고 일이나 해.

분옥 : 아버지, 저는 정말 아버지 맘을 모르겠어요. 아버지 지금도 늦지 않았으니 조합에 들기로 하세요. 협동조합이 좋다는 건 벌써 모심기에서도 나타나지 않았어요.

내춘 : 너는 암말도 말고 내가 하는대로만 있어.

분옥 : 왜 자꾸만 암말도 말라고 하세요.

내춘 : (고함을 지르며) 닥쳐! 나도 생각이 있어.

분옥 : (나간다)

정씨 : 어데로 가니?

순실 들어온다.

순실 : 저녁 잡수셨어요?

정씨 : 아이구 영숙 엄마요. 어델 갔다가 이렇게 늦었소?

순실 : 군에 볼 일이 있어서 갔다가 오는 길이예요.

정시 : 아까 논에서 일하는 걸 봤는데 ……

순실 : 끝내고 갔다 왔지요. 분옥 동무는 학습 갔나요?

정씨 : 아니, 개가 요샌 아주 풀이 죽어서 …… 아, 저의 아버지가 ……

내춘 : 밥 아직 멀었어. (퉁명스럽다)

정씨 : 다 됐어요. 영숙 엄마 저녁 좀 같이 하지.

순실 : 안예요. 가봐야지요. 영숙이가 혼자 밥을 지을텐데. (내춘에게) 아저씨 래일은 우리 민청원들이 아저씨 논에 협조를 하기루 했어요.

내춘 : 그만 두. 우리해두 래일이면 다 될텐데 ……

정씨 : 저이가 정신이 있소. 아직도 사흘은 죽어나야 다 낼둥 말둥 한 걸 가지구. 영숙 엄마! 저이가 어데서 들었는지 관리 위원장이 우리 논에는 물을 주지 말랬다는 소문을 듣고 저런다오.

순실 : 그래요? 그건 공연한 뜬소문이예요. 우리 관리 위원장이 그런 말을 했을 리도 없고 또 했다면 댁의 논에 물을 드렸을 리가 있어요.

내춘 : 그 사람이 응당 그랬을 사람이요.

순실 : 그건 남의 말하기를 좋아하는 사람이 꾸몄을 거예요. 그 보다도 오늘 군에 갔다가 병원에 들려서 분옥의 삼촌 얘기를 했더니 원장 선생 말씀이 좋은 주사약이 들어오고 했으니 다시

입원을 시키도록 하라고 말씀합디나. 그러니 래일이라도 입원 시키도록 합시다.

내춘 : 예 ……

순실 : 그리고 분옥이가 요새 학습에두 잘 나오지 않구 민청회의에도 빠지는데 잘 달래서 내보내 주세요.

내춘 : 세포 위원장 고맙소.

정씨 : 령감 고집 때문에 분옥이는 저러다가 병들리다.

순실 : 아저씨 고집도 풀리는 날이 오겠죠. 그럼 안녕히 주무세요.

정씨 : 그 일 때문에 우정 군엘 갔다왔구려. 조심해 가시오.

순실 : 예. (나간다)

이 때 행길에서 관식과 차석 술이 얼근하여 들어온다.

차석 : (비실거리며) 만고강산 …… 유람할제 삼신산이 어데메뇨.

관식 : 아저씨, 자, 다 왔어요. 정신 차리세요.

차석 : 허 …… 이 사람이 내가 취한 줄 알어 …… (내춘의 집 쪽을 보더니) 그래도 이래도 조합이 나쁘다겠나? 개인농들은 여태 뭘 하고 있어. 우리는 모를 다 냈는데 아직은 저것들은 (턱으로 내춘의 집을 가리키며) 까마득하니 ……

관식 : 리기주의자들도 이제 알게 됐지요. 자, 들어가서 주무시지요. (방 쪽으로 끈다)

차석 : 엄 …… 걱정말고 가게.

관식 : 제가 방에까지 모셔다 드리지요.

차석 : 하하 …… 이거 미안해서 됐나.

두 사람 들어간다. 내춘 마당에 나와 관식이 나오기를 기다린다.

정씨 : (내다보며) 밥 달라더니 어델 가오?

내춘: 생각 없어.

관식 나오다가 내춘과 마주친다.

관식: (약간 멸시하며) 령감, 모는 다 내셨소?
내춘: 아직 다 못 냈네.
관식: 협동 경리의 우월성을 안제야 아셨지요?
내춘: 글쎄……
관식: 글쎄라니요. 우리 조합에서는 그 많은 량을 작년보다 두 닷새나 빨리 끝냈는데 개인 농은 뭘하고 있소?
내춘: 여보게 위원장. 자네가 개인농에게는 물을 주지 말라구 그랬다면서……
관식: 뭐요. (당황하는 태도를 감추며) 누가 그럽디까?
내춘: 글쎄……
관식: 아니, 그래 물을 안줘서 모를 못냈소? 어떻게 하는 말씀이오.
내춘: 심보를 바루 가지게.
관식: 내 심보가 어쨌단 말이요. 리기주의에 사로잡혀 당과 정부의 옳바른 시책을 따르지 않는 사람은……
내춘: 물을 안 주겠단 말인가?
관식: 물을 안 줄 수도 있지요. 내가 관리 위원장이니 내 마음에 달렸소.
내춘: 그래 나는 농사를 짓지 말란 말인가?
관식: 괄시를 받아 보시오.

정씨 쫓아 나온다.

정씨: 아니, 여보 왜 이러오……
내춘: 이건 왜 나와서 또 참견이야……

정씨 : 들어갑시다. 세포 위원장 말을 못 들었소. 뜬소문이라고.
내춘 : 흥, 뜬소문이라고? 바로 이 사람 입에서 물 안 주겠다는 소리가 나왔는데 ……

차석 저고리를 입으면 나온다. 리씨도 따라 나온다.

차석 : 왜 그래 위원장 왜 그러나?
관식 : 나도 모르겠습니다.
차석 : 동갑네 왜 또 기를 쓰고 이러나.
내춘 : 자칫하면 농사도 못 지어 먹게 됐는데 기를 안 쓰게 됐나?
관식 : 누가 농사를 못 짓게 합디까?
내춘 : 물 없이 무슨 농사를 짓나 글쎄 ……
관식 : 조합에 들어오지.
내춘 : (능쳐서 애원조로) 나는 비록 조합에는 안들었을망정 나도 다수확 농민이고, 또 내 아우는 열성 조합원일세. 그래 그걸 봐서라도 내 논에 물을 안 줄 수 있나?
차석 : 동갑네 들라는 조합에는 안들고 쏙 빠졌더니 왜 기를 쓰나?
내춘 : 뭐 쏙 빠져?
차석 : 그럼 미꾸라지처럼 쏙 빠졌지 뭐야?
내춘 : 이 놈의 두상이 죽어 볼테냐? 어디 한 번 더 말해 봐라.
차석 : (더 크게) 미꾸라지! 미꾸라지!
리씨 : (끌고 들어가며) 이게 무슨 짓이요.
정씨 : (내춘을 끌며) 사둔끼리 부끄럽소.
내춘 : 미꾸라지! (끌려 들어가며)
차석 : 미꾸라지! 미꾸라지! (끌려가며)
관식 : 엥이.

차석과 내춘 각각 안해에게 끌려간다.

―암전―

제二장

이 연극의 모든 장면과는 반대로 동둑에서 동네를 바라보는 풍경이다.

무대는 동둑이고 여기에서 아담한 동네의 풍경과 비옥한 전장들이 일별 띠인다. 동둑에는 기다란 수양버들이 우거졌다. 바른편 좀 떨어진 곳에 양수장이 있다.

七월 초의 밤이다. 버들가지 밑으로 이지러진 달이 뜬다. 양수장에서는 물 푸는 소리 들린다. 양수장 쪽에서 관식, 인택 온다.

관식: 날이 몹시 가무는 걸……

인택: 인제야 양수기 값을 알겠지?

관식: 사실이지 요새는 양수기가 생색을 내는 걸……

인택: 이래도 양수기가 비싸달 사람이 있을가?

관식: (나무 밑에 와서) 어, 시원하다!

인택: 지금도 세포 위원장이 말썽을 부리냐?

관식: 그럼. (앉는다)

인택: 고게 왜 그리 방정을 떠는 거야.

관식: 나도 속상해 죽겠네. 요새는 또 새골 협동조합하고 합치자고 나선다네.

인택: 그건 왜 합치자는 거야?

관식: 그러기에 말이지.

인택: 요새 봉수하고 좋아 지낸단 말이 있더니 아주 조합 채로 합치려나?

관식: 그러게 말일세 하하…… 참 집안이 망신을 하랴니까…… 변가는 양수장에 있나?

인택 : 응. 그런데도 그 변가는 왜 양수장에 붙여 놨나. 조수라고 붙였나. 날 감시하라고 붙였나?

관식 : 아무래도 자네 혼자야 돌리지 못할 것 아닌가? 교대가 필요하지.

인택 : 나는 싫으이. 내가 데리고 쓰던 내 조카 아이가 있지 않나?

관식 : 걔야 어디 조합원인가? ……

인택 : 그런데 관식이 어떻게 됐나? 내 형편을 생각해서 오만원만 선불해 달라니까?

관식 : 이 사람, 그게 간단한 일이 아닐세. 계약고 있고, 또 현금이 요새 통 없거든. 좀 더 기다리게. 내가 일간 곧 마련해서 슬쩍 돌려줄테니 ……

인택 : 자네만 믿네.

관식 : 참 인택이, 자네 화학비료 좀 구할 수 없겠나?

인택 : 왜?

관식 : 야단 났는 걸. 옥수수 밭에 개꼬리는 나오게 생겼는데 비료가 있어야지. 제기랄, 옥수수는 괜이 더 심어 가지구 이렇게 걱정을 시키지 ……

인택 : 저 넘어서 야채밭 하는 박문환이한테 가면 있을 걸 ……

관식 : 글쎄 그렇잖아도 순녀 아버질 그리 봬 보긴 했는데 없다면 큰일인데.

인택 : 걱정 그만하고 나루터에 가서 한 잔 하세 ……

관식 : 안돼. 차석 령감과 예서 만나기로 했는데 ……

인택 : 아, 돌아오면 기다릴테지 자, 가세.

관식 : 글쎄 …… 그럼 잠간 갔다 올가?

관식, 인택에게 끌려 나간다. 잠시 후에 순녀, 심심 들어와서 양수장 쪽으로 간다.

심심 : 창룡 동무! 창룡 동무 계세요?

순녀 : 안 계시나부다. 얘.

심심 : 그럴 리가 없어. (양수장으로 더 가까이 가며) 창룡 동무?

창룡 : (안에서) 네.

창룡 나온다.

심심 : 대답이 없기에 안 계시는 줄 알았어요.

창룡 : 기계 소리 때문에 …… 그런데 왠일들 입니까?

순녀 : 분옥이 문제 때문에 의논 좀 할려구요. 학술회에도 안나오지. 써클 책임자인 그 애 없이 써클 사업이 잘 되어야지요.

창룡 : 그래 분옥동무하구는 의논 좀 해봤는가요?

심심 : 필련이가 지금 분옥이 데리러 갔어요.

창룡 : 네. 난 동무들이 분옥 동무에게 좀 더 친절하게 대해 줘야된다고 생각합니다.

심심 : 우리가 뭘 그 전과 달리 대한다고 그래요.

순녀 : 우리는 조금도 달리 대하지 않아요. 그전이나 지금이나 마찬가지지요.

창룡 : 분옥 동무의 심정을 동무들이 잘 리해하고 보다 더 친절하게 해 줘야 합니다. 분옥 동무는 아버지가 조합에 들지 않은 것 때문에 속을 썩히고 있을 뿐 아니라 요새는 우리들이 활기 있게 집단 작업을 하는 걸 보고 외로운 감정으로 지내지 않습니가. 우리는 보통으로 생각하는 것도 분옥 동무는 고깝게 받아들일 수도 있거든요.

순녀 : 그래요 …… 나하고는 친형제 같이 자랐을 뿐 아니라 내 올케가 될 사람인데 요새는 나하고도 왜 그런지 서먹서먹하고 멀어지는 것 같애요.

창룡 : 그렇다니까요. 그리고 우리 동무가 힘을 합쳐 분옥 아버지를

계속 설복해서 조합에 들도록 노력합시다.

심심: 분옥 아버지가 너무 고집이 세서 들어 먹어야지요.

창룡: 내심하게 꾸준히 노력해야지요. 이제 필련 동무가 데리러 갔다니 오거든 우리들이 유쾌하게 노래도 같이 부르고 분옥 동무를 위로해 줍시다.

심심: 그럼 오늘 저녁에는 그 구해오신 기타를 한 번 들어 보겠군요.

창룡: 그러지요. 내 양수기를 좀 꺼놓고 기타를 가지고 올테니 기다리시오.

창룡, 양수장 쪽으로 퇴장하고 잠시 후에 필련 분옥을 데리고 둑 우에 나타난다.

심심: 분옥아, 너 인제 민청 학습에까지 레공이야?

필련: (심심을 제지하며) 아니야 저 앤!

순녀: (분옥에게로 가며) 분옥아, 안색이 말이 아니구나. 어디 아파서 그러니?

분옥: ……

필련: 글쎄. 아버지에게 협동 조합의 우월성에 대해서 말했다가 또 야단 맞았단다.

순녀: 그래!

분옥: (무겁게 나무 밑에 가서 앉으며) 난…… 이 이상 더 못 견디겠어. 정말 이젠 어디 멀리 가 버리고만 싶다.

순녀: (위로하며) 그래서야 쓰니. 마음을 잡고 금년 농사는 잘 지어야지. 가을에 가서야 아버지도 협동조합의 우월성을 아시게 될게 아니야 분옥아!

이 때 동둑에 치근 나타난다. 처녀들 그를 발견하고 웃음을 참는다.

심심: 부기원 동무. 웬일이예요.

치근: (둑에서 내려서며) 네! 저 …… 더워서 미역을 좀 감을가 하구요. (부채질하며) 아 동둑은 시원한데요.

분옥: (치근에게 가까이 가서 화장품 꾸러미를 그에게 내치며) 부기원 동무, 이건 돌려 보냈는데 왜 또 보냈어요. 다시는 이런 못난 짓 마세요!

처녀들 그것을 들여다본다. 치근 어찌할 바를 몰라한다.

심심: (그것을 유심히 들여다 본 후) 어머나, 이 사람이 이걸 나한테서 퇴짜를 맞더니 분옥이 한테루 가져갔구나.

처녀들 웃어댄다.
치근 톡톡이 망신을 당하고 그대로 뺑소니치려고 한다.

필련: (치근의 앞을 막으며) 저걸 집어가지고 가세요. 그렇지 않으면 또 다음엔 나한테 가져 올테죠!

심심: 평양서 하던 망나니 짓을 여게서 할려구.

순녀: 어서 다 가지고 가요!

치근 할 수 없이 꾸러미를 가져들고 황황히 달아난다. 일동 더 크게 웃는다.
창룡 잠시 후에 기타를 가지고 다시 나온다.

창룡: 분옥 동무 나오셨습니까. (기타를 들어 보이며) 이제야 내 소망을 풀었습니다……. 기타를 기어코 하나 구해냈습니다. 오늘 저녁에 내가 반주를 할테니 우리 유쾌하게 합창합시다.

심심: 변동무가 잘 하신다는 기타를 처음으로 듣게 되고……

창룡: 우리 마을 써클 책임자 분옥 동무의 독창을 나도 처음 듣게

되겠지요?

순녀 : 분옥아 …… 그 무거운 마음을 다 털어버리자. 아버지도 설마 금년 농사 해 본 댐에야 조합에 안 들겠니 ……

분옥 : ……

필련 : 변동무. 기타나 타 보세요.

창룡 : 줄이아 맞춰 볼가. (줄을 잠시 맞추다가 어느새 솜씨있게 선률을 뜯는다) 어때요? 기타소리가 괜찮지요?

처녀들 탄복한다.

순녀 : 아이고. 어쩌면 그렇게 잘 타요.

심심 : 형편없이 잘 타네.

창룡 : 이것이 이년 동안 고착된 전선의 방어 진지에서 배운 솜씨랍니다.

처녀들 : 그래요?

창룡 : 우리 전투원들은 불비가 내리는 화선에서 못 만드는 악기가 없었습니다. 그래서 우리들은 화선 악단을 조직했지요. 나도 화선에 있을 동안 바이올린, 기타, 만돌린, 첼로, 가야금과 같은 악기를 수십 개나 만들었습니다.

분옥 : (만족해 하며) 우리 마을 써클은 반주가 없어서 무척 곤난받았는데 인제는 참 잘됐군요.

순녀 : 분옥이가 담방 좋아하는군 ……

창룡 : 자, 강가로 갑시다.

창룡의 기타 반주에 처녀들 흥겹게 노래하며 나갈 때 멀리서 분옥이를 부르는 정씨의 소리가 들린다.

순녀 : (나가다 멈춰서며) 분옥아, 너 찾는 게 아니야.

분옥 : (주춤 선다)

소리 : 분옥아!

순녀 : 분옥아, 너다. 얘, 어서 갔다가 나와. 우리 노래 련습하며 기다릴게 응! (뛰여 나간다)

분옥 : (침울해진다)

소리 : 분옥아!

양수장 뒤쪽에서 처녀들의 노래 소리 명랑히 들린다. 깊이 생각에 잠겼던 분옥, 어머니가 부르는 반대쪽으로 결심한 듯 달려 나간다.

잠시 후에 정씨 둑에 나타나 두리번거리며 찾는다. 그러다가 긴 한숨을 짓고 되돌아가려고 할 때 반대쪽에서 차석 들어온다.

차석 : 누구요? 아니, 아주머니 웬일이시오?

정씨 : 아주버니요. (돌아서오며) 에유…… 글쎄 분옥이가 저의 아버지한테 조합 이야기를 하다가 또 욕을 먹고 나왔는데 여태 안 들어오는군요.

차석 : 그래요?

정씨 : (한숨지으며) 아주버니 이러단 우리 집에 무슨 일이 일어 날 것만 같군요.

차석 : 일이야 무슨 일이 있겠소. 그저 그 놈의 령감의 개인주의만 고치면 돼요.

정씨 : 글쎄요?

차석 : 념려 말고 어서 들어가 보슈.

정씨 : 그럼 전 먼저 갑니다.

차석 : 네!

정씨 퇴장한 후 차석 주의를 살핀다.

차석 : 하! 이 사람 여기서 만나자고 했는데 어떻게 된 거야?

차석 서성거릴 때 관식 약간 취기가 올라서 등장한다.

차석 : 누군가, 관식인가?
관식 : 예. 아저씨요. 늦었군요. 어떻게 됐어요?
차석 : 그 박문환이란 자가 대단한 자던데 …… 글쎄 이 통에 아직도 류안을 이십 가마니나 가지고 있어. 그게 다 전쟁 전 것이라네.
관식 : 그래 팔겠답니까?
차석 : 값이 문제야. 가마니에 다섯 장 반이라는군.
관식 : 그래서 어쨌나요?
차석 : 그 값으로야 어디 농사 수지가 맞겠다고 …… 오늘은 값만 알아보고 왔지 ……
관식 : 좀, 비싸도 농사는 져야지요.
차석 : 어떻게 힘을 써서 배정을 더 받도록 해야지. 우리가 화학 비료를 좀 헤피썼어 ……
관식 : 지금와서 그런 소리해도 죽은 자식이나 세기지요 …… 사고 봅시다.
차석 : 좋도록 하게나.
관식 : 누구 보고도 그런 말 마시고 래일 아침 일찌기 돈 가지고 가서 사오세요.
차석 : 그러세.

순실 동둑에 나타난다.

순실 : 아주버님 아니세요.
관식 : 예 ……

차석: 세포 위원장 동무요. 어델 갔다 이렇게 저물었소?

순실: 예. 새골에 좀 갔다 와요.

차석: 그럼 래일 만나세. 세포 위원장 그럼 먼저 가오. (나간다)

순실: 예 ……

관식: ……

순실: 아주버님, 반가운 소식이 있어요.

관식: 반가운 소식요?

순실: 새골 조합 봉수동무한테 비료 문젤 좀 상의해 봤는데.

관식: 봉수요?

순실: 예. 새골 조합에 마침 류안 비료가 몇 가마니 있는데 두어 달 내로 갚아 준다는 조건으로 한 댓 가마니 얻을 수 있을 것 같아요.

관식: ? ……

순실: 우리 조합의 딱한 사정을 말하니까 봉수 동무는 다섯 가마니 가량 빌려 줄 수 있다고 말했어요.

관식: 그 사람은 비료없이 농사를 짓나요?

순실: 안예요. 거기는 자급비가 넉넉하고 또 그 류안 비료는 가을 채소에 쓸거래요. 그러니까 한 두어 달 말미가 있지 않아요?

관식: 두 달 후에는 무엇으로 갚게요?

순실: 그 때쯤은 가능성이 있다고 하시지 않았어요? 이 시기를 놓치면 금년 수확에 큰 손해가 날 게 아닙니까?

관식: 그만 두시오. 새골 조합의 비료를 안 써도 비료는 내가 마련합니다.

순실: 마련이 된다면야 더할 나위가 없지요. 그렇지만 ……

관식: 계수님은 그런 일에 걱정 말고 세포사업이나 잘 하시오.

순실: 아주버니, 왜 그렇게 말씀하셔요.

관식: 그 봉순가 하는 사람의 속을 알 수 있소. 요새 뭐 가을에 가서 두 조합을 합치자느니, 개답공사를 같이 하자느니, 허튼

소리를 한다더니 류안 몇 가마니 돌려주고 수작을 부리자는 거로군요.

순실 : 합치자는 거야 무엇이 나쁩니까? 우리 두 조합이 애초에 둘로 조직된 것이 잘못됐다는 걸 날이 갈수록 똑똑히 알게 되는 걸요.

관식 : 좌우간 계수님은 그런 문제에는 나서지 않는 게 좋겠소.

순실 : 그럴 까닭이 어데 있어요. 아주버니 이제까지는 제가 자급비 문제, 양수장 매매문제, 그 외 여러 가지 문제에 대해서 적극적으로 주장하지 못했어요. 지금까지 저는 약했어요. 어렸어요. 그러나 이제부터는 조합을 위해서 유리하다고 생각되는 일은 끝까지 주장하겠어요!

관식 : 흥!

순실 : 우리 두 조합이 서로 다 유리한 일을 해야지요. 조합이 둘로 조직된 게 잘못이라는 조합원들의 목소리가 날이 갈수록 높아지고 있어요.

관식 : 세포 위원장이 왜, 그렇게 합치는데 매력을 느끼고 봉수에겐 왜 그리 자주 다니나요!

순실 : …… 예? …… (힘없이) 아주버니까지도 (눈물이 쏟아진다)

관식 : 왜, 눈물을 흘리시오? 그게 빈 말이라서 그렇습니까? 그게 빈 말이라서 작은 어머니를 두 달째 우리 집에 와서 사십니까?

순실 : 나는 어머니의 오해를 억지로 풀라고는 하지 않아요.

관식 : 흥, 오해라?

순실 : 나는 결백해요. 내가 결백하다는 것은 언제든지 어머니가 아시게 될 거예요. 그 날은 어머니가 다시 집으로 돌아 오실거예요.

관식 : 어머니는 벌써 과부된 며느리를 남으로 알고 있소!

순실 : 좋아요. 나는 어떠한 모함과 박해와도 겁내지 않고 싸워 가겠어요. 옳지 않은 것에는 양보도 타협도 안 하겠어요!

관식 : 맘대로 하시오. (간다)

순실 잔디밭에 주저앉아 괴로워한다.

창룡이 아까부터 양수장에서 나와 그들의 대화를 듣고 있다가 순실에게로 걸어 온다.

창룡 : 세포 위원장 동무!

순실 : 창룡 동무예요.

창룡 : 새골 조합에 갔다 오셨다지요.

순실 : 예. 순녀 동무는 갔어요?

창룡 : 안요. 양수장에 있어요.

순실 : 예 ……

창룡 : 괴로우시죠?

순실 : 왜요?

창룡 : 이리 나오다가 두 분이 하시는 말을 들었어요.

순실 : ……

창룡 : 우리 관리위원장 동무는 수완도 있고 참 좋은 분인데 좀 리해가 모자라요. 자기 딴은 조합을 위한다고 하는지 모르나 제가 보기에는 공명주의와 관료주의가 겹친 것 같애요.

순실 : (일어나며) 바로 잡아드려야죠.

창룡 : 아무렴요! 세포 위원장 동무, 누구나 없이 옳게 살기 위해서는 많은 고통을 견디어 냈습니다.

순실 : 알겠어요. 그러나 나는 고민하지 않아요. 나는 비록 약하지만 우리 당이 나에게 힘을 주고 있어요.

창룡 : 그럼요!

순실 : 그럼, 난 먼저 가겠어요. 수고하세요.

창룡 : 안녕히 가세요.

순실 나간다. 창룡 생각한다. 순녀 양수장에서 올라온다.

순녀 : 창룡 동무!

창룡 : 예!

순녀 : 거기서 뭘 하세요.

창룡 : 생각합니다.

순녀 : 뭘요?

창룡 : 우리 세포 위원장이 얼마나 좋은 분인가 하고요……

순녀 : 별안간 왜 그런 생각을 해요?

창룡 : 글쎄요.

순녀 : 참, 양수장을 비여 놔도 괜찮아요?

창룡 : 모타는 혼자서 도는 게니까요.

순녀 : 동무가 양수장에 붙은 뒤부터 고장이 덜 난다고 모두들 그래요.

창룡 : 그래요! 기계도 낡았지만 박인택의 룽간으로 난 고장도 많았던 것 같애요.

순녀 : 룽간이라뇨?

창룡 : 내가 오니까 한 번도 안나는 고장이 그때는 사흘들이로 났으니 말이죠. 그때마다 인택이는 조합 돈을 가지고 부속품 사러 평양엘 드나들지 않았어요.

순녀 : 예!

창룡 : 기계 속은 간단합니다. 전기가 모타를 돌리고 모타가 돌면 뽐프로 물이 올라오게 마련이니까요.

순녀 : 그럼 임때 조합에서 속은 게로군요?

창룡 : 모르면 속죠. 그러기에 아는 것이 힘이라고 하지 않아요. 동무의 아버지도 모르면서 알려고 하지 않으시니까 검사 위원장이면서 부기원에게 속을 수 있지요.

순녀 : 우리 아버지는 남을 너무 믿어서 그래요.

창룡 : 정작 믿어야 할 사람은 안 믿지요. 기준 아저씨 같이 모든 것을 옳게 보고 무한히 발견하는 분의 말은 들으려고 안 하거든요.

순녀 : 그게 탈이에요! (하늘을 쳐다보며) 달이 구름 속으로 들어갔어요.

창룡 : (바라보며) 또 나올테죠?

순녀 : 나는 요새 희망이 북받쳐 오르는 것 같애요.

창룡 : 무슨 희망이요.

순녀 : 글세요? 뭔진 몰라도 …… 우선 난 돼지를 기를래요.

창룡 : 돼질요?

순녀 : 예, 저 앞 언덕 밑에 축사를 짓고 큰 돼지, 새끼 돼지를 흠뻑 많이 길러 불려요. 그리고 써클조합처럼 여러 가지 가축도 차차 기를 수 있잖아요?

창룡 : 순녀 동무, 동문 참 좋은 동무요!

순녀 : (고개를 숙인다)

창룡 : 나는 여기 와서 참 많이 배웁니다. 그리고 날마다 발전하는 숫한 사람들을 봅니다. 세포 위원장, 기준 아저씨, 경춘 아저씨 또 민청원들 …… 이 사람들이 해방 전에는 글자도 모르던 무지몽매한 농군이었다고 생각하기에는 참말 거짓말 같은 일입니다. 그러나 내 고향 남반부에는 아직도 미제와 리승만 역도들에게 착취와 억압을 당하고 있는 동포들이 있습니다.

순녀 : 고향 생각이 나세요?

창룡 : 고향 생각요? 나지요, 이 고장이 내 고향 비슷합니다. 내 고향은 금강 하류데 우리 마을에는 저기 양수장 있는 데쯤 물레방아가 있습니다. 나는 어릴 때부터 그 핑글핑글 도는 물레방아를 바라보는 걸 무척 좋아했습니다.

순녀 : 빨리 통일이 돼야지요?

창룡 : 그럼요. 그걸 위해서 나는 전선에서 싸우던 그 결심으로 농사를 짓겠습니다. (일어나서 양수장 쪽으로 나간다)

순녀: 어디 가세요.

창룡: 양수장에 좀……

순녀: 모타는 혼자서 돌잖아요?

창룡: 참! 그렇지 (선다)

순녀: (두 사람 천천히 걷는다) 동무들이 우리에게 대해서 뭐라고들 하는지 아세요?

창룡: 뭐라고 합니까?

순녀: 막 놀려줘요…… 우리들이 가깝다고.

창룡: 동문 그게 싫어요?

순녀: 누가 싫대요.

창룡: 그럼 됐지요.

순녀: 그렇지만……

창룡: 그렇지만?

순녀: 나는 변동무한테서 한 번도 약속하는 말을 듣지 못했어요.

창룡: 무슨 약속요?

순녀: 참 재미 없어요!

창룡: 나는 참 재미없는 사람이죠. 나는 말주변이 없어서 "나는 동무를 사랑합니다." 이런 소리야 쑥스러워서 어떻게……

순녀: 누가 그런 소리 하래나요!

창룡: 그럼?

순녀: (고개를 들지 않으며) 결혼에 대한 이야기도 할 수 있지 않아요……

순녀 저쪽으로 달아난다. 창룡이 "순녀 동무" 하며 찾아간다. 순녀 다시 들어와 풀밭에 앉는다. 창룡이 따라 들어와서 옆에 앉는다.

―암전―

제三장

나란히 선 두 집. 전장에서 며칠 뒤.
연극은 주로 내춘의 집에서 진행된다. 비가 내린다.

무대

밝아지면 내춘이 혼자 마루에 앉아 담배만 빨고 있다. 한편, 행길에는 삼득, 순녀, 심심, 필련 등 우비를 하고 모여 있다.

삼득 : 그럼 분옥 어머니는 유포리 고모네 집에 갔나요?

심심 : 그 애가 어데로 갔을가?

필련 : 그 애는 왜 이런 짓을 했을가! 사람들이 이렇게 걱정을 하는데……

심심 : 개 맘이 돼 보지, 얼마나 속이 상해서 집을 다 나가겠나.

삼득 : 자…… 그럼 우리는 섬에 가서 찾아 볼테니 동무들은 새골로 가 보세요.

심심 : 예 그래요.

청년들 나간 뒤 차석 돌아와서 내춘에게로 간다.

차석 : 동갑네 상판이 말라빠진 쪽박같이 됐구나.

내춘 : (움직이지 않고 대답하지 않는다)

차석 : 뭘 생각하고 있어 응? (우비를접고 마주 앉는다)

내춘 : (외면하고 돌아 앉는다)

차석 : 뭘 생각하느냐 말이야. 글쎄, 이 맹추야 그만하면 철이 나야지. 분옥이가 왜 집을 나갔나. 애비의 좁은 속을 열어 주자고 나간 줄이나 알어.

내춘 : ……

차석 : 눈으로 보는 사실도 그 좁은 속을 열어 주지 못하니 분옥이가 그런 맹랑한 맘을 먹은 거지 뭐야. 그럴 리가 만무하겠지만 어린 생각에 만약에 맘을 잘못 먹는다면 생각만 해도 끔찍한 일이다. 무슨 놈의 속이 그 모양이냐? 자, 여러 말 말고 한 가지만 보자. 그래 우리가 개인농을 할 때 언제 논에 김을 네 번 다섯 번 맨 일이 있나. 조합 논의 벼가 왜 자네네 벼보다 더 잘 자라나? 조합원들이 왜 저렇게 열성이 치바치나 말이다. 왜 저렇게 단결이 되냐 말이다. 이게 사회주의다. 사회주의.

내춘 : (까딱하지 않고 앉았다)

차석 : 무슨 소리를 해도 자네에게야 쇠귀에 경 읽기겠지 …… 하나뿐인 딸자식이 집을 나가도 정신 못 차려! (한참 내춘을 들여다보다가 자기 집으로 간다)

내춘은 여전히 움직이지 않고 앉아 있다. 이윽고 비에 쫄딱 젖은 정씨가 돌아온다.

내춘 : (안해가 무슨 소식을 가져 왔는가 저으기 궁금하나 내색을 않고 앉았다)

정씨 : (마루에 주저 앉으며) 아이고, 이건 정녕 탈난 애지. 사흘동안 그렇게 찾아 돌아다녀 도 없으니 (반 울음으로) 이거 애가 바짝바짝라서 견디겠소 응!

내춘 : 그래 유포리 제 고모네 집에도 들리지 않았던가?

정씨 : 들릴게 뭐요.

내춘 : ?

정씨 : 글쎄, 세상에 무슨 놈의 성질머리가 돼서 …… 그만 암말도 말고 남들이 하는 대로 따라 갔으면 …… 모두가 남이 조밥 먹으면 우리도 조밥을 먹고 남이 이밥을 먹으면 우리도 이밥 먹으면 됐지. 당신 혼자서 고집을 부리면 나중에 금싸락밥을

먹게 되겠단 말요……

내춘 : ……

정씨 : 글, 잘된 게 뭐요. 조합은 도무지 안될 것 같지 말하더니 농사가 잘 되기만 하더군요. 나라에서 내세우는 일이고, 세상이 다 좋다는 일을 왜 당신 혼자서 중뿔나게 반대를 하오? 그래서 집안이 요모양이 돼도 심사가 편안하단 말이요? 금이야 옥이야 길러는 걸. 아이고…… 어데 가서 잘못되기나 하면 어쩐단 말이요 아이고…… 분옥아! 어데가 있느 냐? (소리를 내어 운다)

내춘은 심각한 충격을 받으나 나타내지 않고 앉았다. 밖에서 순실 들어온다.

순실 : (정씨의 우는 소리를 듣고 옆에 가서 앉으며) 아주머니, 분옥이 때문에 걱정이 돼서 우세요?

정씨 : (울며) 이거 정녕 무슨 변고라도 생겼기에 왼 사흘동안 갈 만한 데를 깡그리 수소문해 봐도 없지? 딸자식 하나 있는 것 만일 무슨 일이라도 생기면 이 일을 어떻게 한단 말이요. 아이고……

내춘 : 방정 그만 떨어라.

순실 : 아주머니 고정하세요. 무슨 변고가 있겠어요. 분옥 동무가 속이 상하니까 잠간 어데 간 거지요. 민청에서도 지금 갈 만한 데를 찾아 나갔으니 찾아올 거예요.

정씨 : (눈물을 닦으며) 제발 아무 일 없이 돌아와 줬으면……

순실 : 돌아오지 어델 가겠어요.

정씨 : 나는 애가 타서 미친 사람 같이 찾아 돌아다니는데 저이는 눈도 깜짝하지 않고 앉아 있구려……

순실 : 아저씬들 왜 걱정이 안 되겠어요. 아저씨, 순옥 아버지를 지

금 막 창룡 동무가 모시고 병원으로 갔어요.

내춘 : 그래요?

순실 : 오늘이야 겨우 입원을 하겠다고 승낙을 하는군요. 이번에도 원장 선생도 철저히 치료를 해보겠다고 하셨어요.

내춘 : 세포 위원장이 애를 써 주어서 고맙소.

정씨 : 그러나 아이들은 어떡하오?

순실 : 걔들은 걱정 마세요. 조합에서 책임지기로 결정했어요.

내춘 : 조합에서요?

순실 : 오늘 조합 총회에서 순옥 아버지의 건강이 회복될 때가지 애기들의 교육이나 생활에 대한 책임은 조합에서 지기로 결정했어요.

내춘 : 뭐라고요? 관식이가 그걸 승낙해요?

순실 : 조합이 어디 위원장 한 사람의 조합인가요. 조합원 전체의 조합이지요.

내춘 : 그래요. (충격을 받는다) 조합이 나서서 걔들에게도 나를 삼촌구실을 못하게 하는군요! 내가 아무리 락후했을지언정 제 조카들까지 돌아보지 않겠소.

순실 : 조합원들이야. 서로가 다 한 가족인 걸요. 만약 불행하게 순옥 아버지가 잘못되신다고 하더라도 애기들은 자립할 수 있을 때까지 조합에서 책임지고 공부시키기로 결정했어요.

내춘 : (놀래나 말을 하지 않는다)

정씨 : 세 아이를 다요?

순실 : 네! 순옥 아버지야 우리 조합 공로자 아니예요.

정씨 : 아이고. 그 아주버니는 죽어도 원이 없겠소. 분옥아, 너는 어데로 갔니?

내춘 : 아닌 밤 중에 녀편네가 왜 이리 울어!

정씨 : 안 울게 됐소!

분옥이 비를 맞고 들어선다.

순실 : 오, 분옥 동무! (달려간다)

정씨 : 엉 ……

내춘 : (잠시 놀라다가 곧 움직이지 않는다)

순실 : 아주머니, 분옥 동무가 돌아 왔어요. (분옥에게) 나는 동무가 돌아올 줄 알았어!

정씨 : (바라보다가 눈물을 씻으며) 빌어먹을 년 ……

순실 : 그래, 어델 가 있었어.

분옥 : ……

순실 : 분옥 아버지! 분옥 동무를 나무래지 마세요. 오죽해 집을 나갔겠어요.

내춘 : (사이를 두고) 네 작은 아버지는 병원으로 갔다.

분옥 : 오다가 만났어요.

정씨 : 어서 옷이나 갈아 입어라.

분옥 : 괜찮아요. 아버지! 삼촌은 병원으로 가면서 아버지 걱정을 해요.

내춘 : 뭐?

분옥 : 그리고 날더러 네가 불쌍하다고 하면서 울면서 갔어요.

내춘 : 뭐, 오죽잖은 놈!

분옥 : 그렇지 뭐예요. 아버지가 늘 못났다고 하던 삼촌은 죽어도 떳떳한 조합원예요. 순옥이 삼남매는 아버지를 잃어도 조합에서 대학까지 공부를 시켜준대요. 그런데 난 뭐예요. 약게만 살라는 아버지 고집 때문에 민청 학습에도 부끄러워 못 나가고, 동무들에게선 축에 빠지고 어깨가 쳐저서 외따로 빙빙 돌기만 하고 남들은 협동의 기쁨으로 노래 부르면서 신나게 일을 하는데도 우리 세식구만 외토리로 처량하게 따로 떨어졌으니 ……

내춘 : 시끄러!
분옥 : 난 죽어도 집에는 안 들어오려고 했어요.
내춘 : 그랬으면 그만이지 왜 와?
분옥 : (울면서) 난 그래도 아버지 어머니가 불쌍해서 왔어요.
정씨 : (울며) 분옥아!
분옥 : 아버진 내 맘을 몰라요. (방으로 들어간다)

정씨 따라 들어간다.
분옥의 울음소리.
내춘은 멀거니 앉는다.
비가 멎는다.

순실 : (하늘을 쳐다보고) 비가 멎었군요 …… 분옥 아버지, 래일 오겠어요.
내춘 : 세포 위원장!
순실 : 예?
내춘 : 내 나중에 조용히 좀 찾아가리다.
순실 : 예. (만족하게 웃는다)

—막—

제四막
제一장

민주 선전실의 내부다. 12월 중순 조합원 총회가 진행된다.

바른 편이 집행부로 되여 있고 집행부에는 관식, 순실, 차석 등 관리위원장이 앉아 있다. 실내의 벽에는 농산에 관한 도면, 포스타, 표어, 벽보들이 적당히 붙여 있다.

무대

밝아지면 관식이 보고를 하고 있다. 회의는 삼득이가 진행한다.

관식 : 그렇지 않습니까. 오늘 우리들의 금년도 결산 분배 총회를 앞두고 보고에 과업으로서 내세워야 할 문제는 관개공사, 즉 양수장 확장과 수로 개설, 개답 작업에 대한 문제입니다. 나는 우리 조합이 가진 아직도 수리가 불안전한 논 열다섯 반 보와 밭 60 반 보를 각각 옥답으로 만들기 위해서 현재의 양수시설을 확장하여 모타의 마력수를 높이고 뽐프의 인치수를 높여야 한다고 생각합니다.

한 구석에서 수근수근한다. 모두 머리가 수그러진다.

삼득 : 자, 그럼 관리 위원장 동무의 보고에 근거해서 토론해 주시기 바랍니다.

일동 더욱 머리가 수그러진다.

삼득 : 우리는 회의 때 토론에 참가하지 않는 습관이 있습니다. 누구든지 나오시오. (고요하다) 정, 토론할 분이 없습니까?

익근 : 모두들 회의 때는 꿀 먹은 벙어리처럼 앉았다가 돌아가서 뒷소리만 하지 말고 말들이 있으면 제때 여기서 다 하라요.

삼득 : 제 이 작업반장 동무!

익근 : 예?

삼득 : 동무부터 토론 하시오.

익근 : 요담에 합시다.

달식 : (손을 들고) 저 …… 제의가 하나 있습니다.

삼득 : 말씀하십시요.

달식 : 그것은 이 관개공사와 아울러서 반드시 해결해야 할 문제는 우리 조합과 새골 조합을 통합하는 문제입니다. 그러니 이 문제도 같이 토의하는 게 좋겠습니다.

차석 : 합치다니? 누구 맘대로 합친단 말이요. 오붓하게 해 나가는 우리 조합에다 왜 떼 식구를 끌어들이잔 말이요? 그런 건 이야기할 필요도 없소.

관식 : 옳습니다. 합칠 것 없이 가고 싶은 사람은 그 조합으로 다 가라지요.

몇사람 : 옳소!

순실 : 나 좀 말하겠습니다.

삼득 : 예.

순실 : 지금 두 조합이 합치자는 문제는 전체 조합원들의 일치된 목소리로 됐다고 해도 과언이 아닙니다. 그것은 합치는 것이 우리 두 조합에 다 유리하기 때문입니다. 만약 두 조합이 합쳐서 관개공사를 한다면 백오십 반 보의 밭이 논으로 됩니다. 그리고 삼십 반 보의 수리 불안전 답이 수리 안전 답으로 됩니다. 이렇게 하면 우리는 일 년에 오십 톤의 쌀을 더 수확할 수 있습니다.

차석 : 새골에 그 많은 밭을 논으로 푸는데 그 로력을 뭘로 당하겠소?

필련 : 그것은 불도저르라는 기계가 와서 해줄 수 있습니다.

차석 : 뭐 부르 …… 부르가 뭐요?

순녀 : 아버지는 가만히 계세요.

차석 : 좌우간 나는 합치자는 데 반대다.

순실 : 그래서 나는 합치자는 것을 주장합니다.

기준 : 나 좀 말합세다.

삼득 : 네, 말씀하십시오.

기준 : 저 …… 이자 …… 긴 말 말고 합칩시다. 합치는 게 피차 유리할 바야 왜 용수가 채반이 되도록 우길게 있소.

차석 : 저건 알지도 못하면서 공연히 나와서 ……

기준 : 차석이, 알지도 못하는 것은 자넬세. 자넨 어렸을 때부터 무슨 일에나 나를 욱박질러 왔지만 인제는 안 되네 ……

차석 : 뭐야. (일어난다)

관식 : (나오며) 나는 왜 이런 문제에 일부 우리 조합원들이 귀가 솔깃해 지는가를 도저히 리해할 수 없습니다. 속담에 인정에 겨워 동네 시아버지 아홉이란 말이 있는데 내 바지 저고리 팔아서 남에게 떡 사주자는 셈입니다. 자, 여러분 생각해 보십시오. 우리가 무엇 때문에 합치겠습니까. 우리는 대동 강가에 물줄이 좋은 옥답만 가지고 있습니다. 우리가 금년 동기간에 조금만 애쓰면 옥답이 더 많아집니다. 어로반이 있어 대동강 고기를 잡지요 …… 요렇게 아담하고 오붓한 살림살이가 또 어데 있겠습니가? 무엇이 답답해서 허황한 새골하고 합치잔 말씀입니까?

차석 : 옳소!

관식 : 보십시오. 새골 전장이 어떻습니까? 물줄이 제대로 달린 논을 몇 반보나 가졌습니까? 겨우 좀 가졌다는 것도 우리 조합 포전 가운데 끼여 있지 않습니까. 우리가 죽도록 농사 지어 새골 사람들 이밥 멕이자고 합치겠습니까? 우리가 대동강 고기를 건져 그 사람들 용돈 주자고 합치겠습니까? 새골 사람들은 릿속이 있으니까 합치자지마는 우리에게는 리로울 게 손톱만치도 없습니다.

차석, 판석 등 몇 사람 "옳소!" 하며 호응한다.

관식 : …… 그러니 릿속이 빠른 새골 사람들의 꼬임에 빠지지 말고 우리는 우리끼리 살림을 꾸려 갑시다.

차석 : 옳소. (벌떡 일어나며) 나 좀 말합시다. (나와서) 나는 관리 위원장의 의견을 절대로 지지 찬동하오. 글쎄, 새골 사람들이 나는 참 비위 좋고 뱃가죽 두터운 사람들이라고 생각하오. 자기들도 물이 필요하면 대동강 물을 맘대로 퍼다 쓸 것이지 왜, 남의 덕에 잘 살자는 거요? 나는 고놈의 심사가 얄밉단 말요! 그래서 나는 합치는 것을 절대로 반대하면서 토론을 끝내겠소. (자리로 돌아간다)

관석 : 옳습니다!

달식 : (자리에 앉은 채로) 아니 우리가 밭일 하러 등넘어 새골로 가는 힘이나 새골 사람들이 논일하러 왔다 갔다 하는 로력이 얼마나 랑비요? (일어나 앞으로 나가며) 나 좀 토론합시다. 에 …… 우리 조합과 새골 조합이 애초부터 분리 조직된 것부터 불합리 란 말요. 그리고 지금에 와서는 합치는 것이 좋다고 모두가 말하고 있소. 관개공사도 두 군데 힘을 합치면 얼마나 수월하겠소. 만약 우리가 합쳐 보시오. 벼농사, 목축, 어로, 양잠, 과수원 두 조합사람들이 모두가 그야말로 이밥 먹고, 고기와 생선 반찬에 명주옷 입고, 기왓집 짓고 잘 살게 된 것이 아니요? 그런 좋은 일이 또 있겠소. 그리고 모두가 이렇게 살자고 희망하는 것을 아무도 막을 수 없소. 그러니 합칩시다. (자리로 간다)

순실 : 제가 좀 토론하겠습니다. 저는 우리 관리 위원장 동무가 자기주장이 좀 센 줄도 잘 압니다. 그러나 자기주장을 내세우다가도 옳은 의견에는 결국 동의를 하는 현명한 분인 것도 잘 압니다. 그런데 이 문제에 대해서만은 이렇게 리해를 못하는 것을 이상하게 생각하지 않을 수 없습니다. 오십 톤의 쌀이 어뎁니까? 이것이 우리 조합원들에게 리익이 안 됩니까? 새골 조합은 과수원이 있고, 축산에 기초가 되어 있습니다. 지금

당에서 강하게 내세우는 목축업의 강화를 위해서 우리는 새골 조합에서 만들어 놓은 토대를 전 조합적으로 확대할 필요가 있습니다. 우리 동네 강둑, 섬들에 얼마나 많은 사료 원천이 있습니까? 새골 조합이 가진 목축의 경험과 토대와 그리고 종축들을 리용해서 우리는 큰 전망을 세울 수 있습니다. (옳소! 하는 소리 또 들린다) 다음은 우리 조합 소유의 밭이 얼마나 많이 새골에 있으며 새골 조합의 논이 또한 우리 동네에도 얼마나 많습니까? 이러한 모순과 불합리는 합치는 것으로만 해결되며 로력 랑비도 없어집니다. 합치는 것은 작업반 조직과 로력의 합리화에 적지 않게 유익하다고 생각합니다. 이렇게 합치는 것이 우리 두 조합 사람들이 모두가 더 잘 살게 된다는 것은 삼척동자라도 알 일입니다.

소저 : 옳습니다!

순녀 : 옳습니다!

심심 : 옳소!

요란한 박수소리와 웅성웅성하는 소리.

삼득 : 더 토론하실 분 없습니까?

소저 : 세포 위원장 동무가 분명하고 조리있게 말을 해 줘서 더는 할 말이 없습니다.

인택 : (벌떡 일어나며) 할 말이 있습니다!

삼득 : 그럼 나오시오.

인택 : 여기서 말합시다.

삼득 : 이리로 나오십시오.

인택 : 여기서 말하지요. 세포 위원장이 대단히 똑똑하게 말했습니다. 내 듣기에도 옳은 듯합니다! 그러나 그건 그렇다 하고 …… 합치는 데 그렇게 오래동안 애쓰는 진짜 목적을 말하지

않았습니다. 우리는 속지 않는단 말이요! 왜 우리 조합을 이고 새골 조합 봉수한테 시집을 간단 말은 못 하느냐 말이요?

장내가 소란해진다. 순실 얼굴이 창백해진다.

인택 : 오늘까지 우리 조합 관리 위원장이 제기한 허다한 문제들이 저 세포 위원장에게 무조건 거부 당해왔습니다. 논에 물을 실어야 할 때 양수기 사는 것을 반대했습니다. 또 비료가 모자라서 곤난할 때 가장 비료를 많이 주어야 할 옥수수를 다량으로 심게 했습니다. 또한 내춘이와 같은 개인 리기주의자를 극력 옹호했습니다. 왜 세포 위원장은 우리 조합 사업을 이렇듯 방해를 했습니까? 그걸 좀 대답해 보쇼?

순실 : ……

인택 : 대답이 없는 게 당연하지 하하!

인동 : 임마 왜 이래?

필련 : 한 가지 무릅시다. 새골 조합 위원장과 련애 문제는 누가 증명하나요?

봉임 : 증명은 누가 증명을 해 동네가 다 아는 걸……

선희 : 안 땐 굴뚝에서 연기 날가, 아모 일도 없다면 왜 시어머니를 내쫓았누? (강씨에게) 작은 어머니, 말씀을 좀 하세요. 보신 대로……

강씨 : 말은 무슨 말이야. 그 사람 원망할 게 있니. 내가 죄가 많아 그렇지.

선희 : 그래도 속 시원히 말씀을 하셔야죠.

삼득 : 조용하십쇼. 이렇게 문란해서는 회의 진행이 곤난합니다.

인택 : 삼득이는 왜 바른 제의를 자꾸 막나?

삼득 : 막지 않습니다. 막을 리유가 뭐요. 그럼 필련 동무의 질문을 누가 증명해서 대답해 보시오.

인택: 순서대로 합시다. 내 질문부터 대답하십시오.

순실: 예! 대답하지요! 나는 양수기가 사는 것을 반대한 일은 없습니다. 다만 가격이 많다고 생각했습니다. 또 옥수수·파종을 늘인 것은 지금도 옳다고 생각합니다. 그리고 봉수 동무와의 문제는 전혀 근거가 없기 때문에 해명할 필요가 없다고 생각합니다. 결산 분배 때 알 일이지만 옥수수와 담배를 심은 것으로 하여 알곡과 현금 수익이 예정보다 30%나 늘었습니다. 또 개인 농민 분옥 아버지에 대한 태도는 부족도 하나마 기본적으로 옳았다고 봅니다.

관식: 기본적으로는 옳았다. 지금 우리는 해명을 수행하고 있습니다. 혁명을! 농촌 경리의 집단화, 여기에는 심각한 계급투쟁을 동반한단 말이요. 지금 우리의 적은 한 내춘이와 같은 개인농이란 말입니다. 알겠습니까? 그런데 세포 위원장 동무는 누굴 옹호하시려는 겝니까? 그런 자들에게는 압력을 가해야 합니다. 계속 타격을 줘야 한단 말입니다.

창룡: 그렇지 않습니다. 개인농이 왜 우리의 적입니까? 우리는 개인농을 꾸준히 교양주고 설복해서 조합에 인입해야 합니다!

일동: 옳습니다.

소저: 분옥이 아버지는 세포 위원장의 덕택으로 깨달았다고 하면서 조합에 들겠다고 하지 않아요.

일동: 그렇습니다.

삼득: 그럼 순서대로 필련 동무가 질문한 세포 위원장과의 소문에 대해서 누가 증명해 말씀하시오.

수군수군한다.

삼득: 증명할 분이 없습니까? 아니 누가 이 문제를 제일 먼저 떠들고 다녔습니까?

인동이 일어서 나가려 한다.

삼득 : 인동 동무 어딜 가시오?

성칠 : 이 사람아, 그 말을 누구에게서 들었는가 똑똑히 말하게. 이 판에 우물쭈물할 때가 아니야.

삼득 : 인동 동무, 이 말은 인동 동무가 많이 떠들고 다닌 것 같은데요?

인동 : 네! 제가 술 먹은 게 죄입니다. 사실 세포 위원장 동무는 애매합니다. 저도 봉수 동무 와 같이 다니는 걸 몇 번 봤지만 의심하지 않았습니다. 저 인택 동무가 나루터 술집에서 몇 번 술을 사주며 그런 소리를 하는 바람에 술만 취하면 떠들고 다녔습니다. 술이 깬 뒤에는 후회를 했지만 난 이렇게 큰 문제가 생긴 줄은 몰랐어요. 세포 위원장 동무, 용서하십시오.

인택 : 아니, 네가 먼저 그랬지. 내가 언제 그러더냐?

인동 : 말은 바른 말을 하시오.

성칠 : 나도 같이 들었습니다. 자네가 안 그랬나? 저 인택이가 제 양수기 매매 문제에 세포 위원장이 반대를 한다고 욕을 하면서 저 나루터 술집에서 술을 사주며 그런 말을 했습니다. 저 인동이는 가뜩이나 두이 단데다 그런 말을 들으니 술만 취하면 떠들고 다녔지요. 사실 술을 마시지 않고는 그런 말을 하지 않았습니다. 여보게, 인동이 사실 자넨 그 술이 탈일세 ……

강씨 : (벌떡 일어나면서) 여보게, 인동이 자네가 우리와 무슨 원쑨가? 응 (나가려 한다)

순실 : 어머니! (강씨의 품에 안기어 운다)

강씨 : 악아, 이 애미가 노망을 했나 보다.

순실 : 아니예요, 어머니! 저는 어머니의 오해가 풀리실 걸 알고 있었어요. 어머니, 여기 계시다가 같이 집으로 가세요. 영숙이가 기다리고 있어요.

강씨 : 내가 무슨 낯으로 여기 있겠니. 내 먼저 가마. (나간다)

삼득 : 그럼, 회의를 계속하겠습니다. 창룡 동무, 토론하십시오.

달식 : 토론할 여지 없이 통합하는 것을 찬성합니다.

익근 : 여보시오. 밤을 세우겠소. 협동조합 규약에는 조합은 조합원들의 리익을 위한 것이라고 밝혀 있습니다. 쌀 오십 톤이 어데요. 합칩시다.

많은 동무들 "옳소" 호응한다.

차석 : 나는 죽어도 반대요!

관식 : 나도 반대요. 내 좀 토론합시다.

창룡 : 내게 언권이 있습니다.

삼득 : 가만 계십시오. 창룡 동무부터 토론하십시오.

창룡 : (앞으로 나가) 제가 제대되여 이 조합 식구로 벌써 반 년 남아 살았는데 우리 조합에는 옳지 않은 것이 공공연하게 행세를 하며 옳은 것이 짓눌려 있는 현상 적지 않게 보았습니다. 왜 이렇게 됩니까? 우리 두 조합이 합치면 유리하다는 걸 관리 위원장이 모를 분입니까? 알고도 남을 분인데 그것을 반대하는 것은 반드시 곡절이 있습니다. 최근 제가 검사위원으로 복건된 뒤 세포의 위원을 맡아 권기준 위원과 같이 조합 부기 사업 검열을 진행하고 있습니다. 검열은 아직 끝나지 않았고, 또 그것은 오늘 취급할 문제가 아니기 때문에 여기서는 자세한 말을 하지 않겠습니다. 그러나 우리 부기 사업에 엄중한 부정사건 즉 탐오 랑비 사건이 있음을 알았습니다. 검사 위원회는 오늘까지 전혀 사업을 안 했고 검사 위원장은 관리 위원장에게 맹종 맹동해서 무사태평으로 자기 임무를 래공하였습니다.

차석 : 아니, 내가 뭘 맹종 맹동했단 말인가?

기준 : 들어보면 알 일이지.

차석 : 오냐. 대라. 만약 못 대면 날엔 다리를 분질러 놀테니.

심심 : 탐오 랑비 한 돈이 얼마나 되나요!

창룡 : 부기원 박치근 동무는 조합 축적금에서 일만 삼천원이란 대금을 탐오해서 주로 음주 방탕으로 소비했습니다.

차석 : 아니 그게 정말이야!?

기준 : 놀랄 것 없어.

일동 분개하여 치근이를 노려보며 소란해진다.

심심 : 무슨 탈이 나도 날 줄 알았어!

익근 : 이거 개판이로구나.

달식 : 여보, 부기원 어쩌자고 그랬나. 말 좀 해 봐.

치근 : (고개를 숙이고 말이 없다)

삼득 : (장내의 소란을 저지한다) 조용하시오.

창룡 : 이러한 사실에 대해서 관리 위원장과 검사 위원장은 전혀 모르고 있었습니다.

소저 : 아니, 관리 위원장이 정말 몰랐나요?

관식 : 전혀 몰랐습니다.

차석 : 나도 통 몰랐단 말야.

창룡 : 그럼, 관리 위원장 동무한테 한 가지 물어 보겠습니다. 7월 22일부 박인택 동무에게 양수기 대금 년부금 오만원을 지불했는데 이것도 몰랐습니까?

관식 : 그건 내가 지불하라고 지시했소.

장내는 또 소란하다.

창룡 : 왜 협의도 없이 지불했습니까?

관식 : 그 돈이야 아무래도 지불할 돈이니 미리 지불했소.

창룡 : 이는 전연 관리 위원장이 박인택 동무와 개인적 친분 관계로 조합 계약을 위반하고 편의를 봐준 것이라고 봅니다. 뿐만 아니라 양수기 매매 문제에도 이러한 관계가 작용했다고 보기 때문에 양수기 가격을 재사정 할 것을 총회에서 제의합니다.

인택 : 양수기 값이 왜 비싸단 말이요? 아, 그럼 내 양수기를 거저먹었으면 시원하겠나?

삼득 : 그만 두시오. 남의 발언을 중단하지 마시오.

창룡 : 또 한 가지 놀라운 사실이 있는데 그것은 우리가 옥수수에 퇴비를 주지 못하고 대단히 곤난할 때 세포 위원장 동무가 새골 조합에서 류안 다섯 가마니를 빌려오게 했습니 다. 그런데 관리 위원장 동무는 새골 조합과 거래하는 것을 회피하면서 거저 빌려 주겠다는 새골조합의 류안을 거절하고 비싼 야미 값으로 개인 것을 사다 썼습니다.

익근 : 아니, 그건 또 인민위원회에서 특별히 받아 샀다고 하지 않았소?

창룡 : 그건 거짓말입니다. 장부에는 배정 가격으로 해놓고 초과액은 농약대라고 달아 놨습니다.

일동 소란해진다.

선희 : 아니, 야미로 샀으면 제 배를 채웠나. 그래 비료는 급한데 야미로 안 사 쓰구 무슨 용 빼는 재조가 있어. 이거 왜들 이 지랄들이야. 흥, 관리 위원장 자리가 탐나서 트집인가?

삼득 : 조용하시오. 이렇게 문란해서는 회의 진행이 곤난합니다.

선희 : 아니, 이게 어데 회의요? 생사람 잡자는 게지. (퇴장)

익근 : 아니, 우리 관리 위원장 동무가 어떻게 마음먹고 이런 짓을 했는지 또 이런 일이 조합 규약 몇 조에 있는지 모두들 물어

들 보시오.

창룡 : 순전히 관료주의고 공명심입니다. 마지막으로 한 가지 더 말할 것은 우리 관리 위원장이 활동력이 있고 교제가 많은 것은 사실이나 사업이라는 명목으로 교제비를 너무 많이 썼습니다. 아직 정확한 것은 모르겠으나 오만원 정도는 넘은 것 같습니다. 두 조합이 합치는 것을 절대 반대하는 원인은 바로 이런 탐오 랑비 현상이 탄로되는 것을 우려했고 또한 관리 위원장 자리가 위대하다고 생각했으리라 추측됩니다. 나는 관리 위원장 동무가 이 기회에 솔직히 자기 잘못을 조합원들 앞에 내놓고 자기비판하는 것이 좋다고 생각합니다. 저의 발언은 이상입니다.

소저 : 관리 위원장은 자급비 마련을 기를 쓰고 말리더니 오천 오백원 짜리 야미 비료를 믿고 그랬나요?

심심 : 일년 내 현금 수익, 현금 수익하더니 교제비 쓰려고 그랬군요!

성칠 : 어떻게 마음먹고 이런 일을 했는지 좀 들어 봅시다.

달식 : 먼저 부기원의 말을 들어 봅시다.

몇사람 : 그렇소!

삼득 : 그럼, 박치근 동무 발언하시오.

치근 : (고개를 숙이고 대답이 없다)

익근 : 빨리 말하시오!

삼득 : 치근 동무 말하시오.

치근 : (겨우 일어아 연단 앞에 나온다) 돈을 좀 썼습니다.

익근 : 무슨 맘을 먹고 썼소?

치근 : 무슨 맘이라뇨?

익근 : 아니, 우리가 땀을 흘려 벌어 놓은 돈을 썼으니 무슨 맘을 먹고 썼느냐 말이요?

치근 : 이제 분배를 받아서 물어내면 그만 아니요.

기준: 뭐 물어내면 그만이라?
창룡: 왜 승인도 안 받고 썼으며 장부에는 거짓말로 달아놨나 말이요?
치근: 하여튼 물어 넣으면 되지 않소.
심심: 이거 떨떨하게 구지말고 탐오를 했으면 솔직히 자기비판 하라요.
치근: ……

여러 사람이 재촉하나 치근 말없이 섰다.

삼득: 지금 부기원 동무의 태도로는 똑똑한 자기비판이 나올 것 같지 않습니다. 그러니 이 문제는 앞으로 따로 취급되겠으니 관리 위원장 동무의 발언을 듣는 것이 어떻습니까?

여러 사람이 동의한다.
치근 자기 자리에 앉는다.

삼득: 위원장 동무, 발언하십시오.
관식: (앉아서) 지금은 말 못하겠소. 다음에 하리다.
차석: (일어나며) 난 자기비판을 해야겠소! 야미 비료는 내가 사 왔소!
기준: 응! 똑똑히 하게.

차석 무거운 걸음으로 연단으로 나간다.

―암전―

제二장

三막 二장과 같은 양수장 근처. 12월 초순 날은 봄날같이 따뜻하나 나무들에 잎은 이미 다 졌고 산야의 푸른 빛은 황갈색으로 바뀌었다.

동둑에는 측량 표시인 붉은 기, 흰기가 꽂혀서 바람에 펄럭이고 "당의 호소를 받들고 알곡 증산을 위하여 관개 공사를 기한 전에 완수하자!" 등의 구호를 쓴 프랄카트가 강바람을 받고 흔들린다.

막이 오르면
정씨와 봉임이 물을 끓이고 있다. 관식은 제도판을 보고 있다.

경춘 : (사무실에서 나오며) 아주머니 물이 다 끓었나요?
정씨 : 네.
경춘 : 점심시간이 다 돼어 갑니다. (관식에게로 와서) 공사반장 동무! 난 언제나 공사장 로력에 돌려주겠소?
관식 : 글쎄, 두고 봅시다.
경춘 : 병원에서 다 고치고 나왔는데 뭘 또 두고 봅시다야.
관식 : 글쎄, 그러니까 생각해 보잔거요.
경춘 : 온 이거야 가만히 앉아서 로력이나 계산하구, 종이나 치구 있으라니 답답해서 온……
인택 : (좌편에 들어와서 슬그머니 사무실로 피한다)
봉임 : (그를 바라본다)
관식 : 옥순 아버지, 인택 동무 사무실에 없어요?
경춘 : 아니, 그런데 요새 그 사람이 또 무슨 궁리를 하는지 일엔 통 맘이 없는 모양이야.

이때 봉임 물동이를 이고 우편으로 나간다.

경춘 : 아주머니, 인젠 일에 재미가 나십니까? 하……
봉임 : 모르죠. (나간다)

경춘 : (문을 열어 보고) 인택이 여기 있군 그래. 공사반장 동무가 찾네.

인택 : (나온다)

관식 : 인택이 측량대에 좀 가봤나?

인택 : ……

관식 : 안 가봤나?

인택 : 오늘 중으로 수로 측량은 끝난대.

관식 : 그래 그럼 일은 예정대로 되는군.

정씨 : (물통을 이고 나간다)

관식 : 인택이, 자네 기분을 좀 내게. 왜 그러나? (사무실로 들어간다)

봉임 : (물통을 이고 들어온다) 참 부인에게선 아무 소식두 없나요?

관식 : 인제 올테죠.

봉임 : 바쁘셔두 한 번 찾아가 보세요. 그래두 녀자의 맘이란 그렇잖은 거예요.

관식 : 글쎄요.

봉임 : 홧김에 평양으루 가기는 했어두 어디 금실이 없어서 간 겐가요. 얼마나 후회가 나겠어요.

관식 : 후회를 하구 오면 좋죠. (들어간다)

봉임 : (인택에게) 여보, 왜 그러구 앉았소.

인택 : ……

봉임 : 아무래두 일해야 먹구사는 세상인데 뭘 그렇게 생각만 하우.

인택 : 누가 그걸 모른대.

봉임 : 한동안 그렇게 잘 하더니 요전에 평양 갔다가 무슨 딴 벌이 구멍이라도 뚫렀소.

인택 : 흥!

봉임 : 그 전과 달라요. 평양엘 간들 소용있소. 저 공사 반장의 색시두 아주 후회가 막급이랍디다.

인택 : ……

봉임 : 그러지 말구 맘을 잡구 일을 해요.

인택 : 시끄러. 이건 남의 속도 모르구……

봉임 : 에이구. (물통을 이고 다시 나간다)

관식 : (사무실에서 설계도면 가지고 나온다) 인택이, 자네 어데 아픈가?

인택 : ……

관식 : 자네 무슨 생각을 하나?

인택 : 관식이, 이 사람들은 나를 언제까지나 리용할 작정인가?

관식 : 리용?

인택 : 그래……

관식 : 리용이라니?

인택 : 리용이 아니구 뭔가! 회의 때는 마치 반동이니 암해분자처럼 취급을 하더니 슬그머니 나를 도루 붙들어 두는 리유가 뭔가?

관식 : 자네에게 무슨 리용할 만 특수한 기술이 있나. 자네와 나와 변동무와 셋이서 이 사업을 위해서 단기 강습을 받을 때 생각이 안 나나. 자네나, 내 머리로 변동무를 따르겠는가? 자네에게 무슨 리용가치가 있단 말인가?

인택 : 그런데 왜 나를 이대로 붙들어 두나?

관식 : 인택이, 비판은 자네만 받았나? 나두 받지 않았나.

인택 : 비판도 비판 나름이지. 나는 모르겠네. 날이 갈수록 모르겠네. 도깨비에게 홀린 것만 같구. (고민)

관식 : 자네가 무슨 오해를 한 모양인데 그럼 조합에서 자네를 잠시 리용만 하구 버린 줄로 생각하나. 그건 잘못일세. 만일 그렇다면 나도 큰 과오가 있었으니 나도 지금 리용을 당하는 겐가?

인택 : 그거네, 내가 모르겠다는 것은…… 자네두 과오가 있었지, 그러나 자네는 자기비판을 하지 않았나. 내가 들으니 자네는 눈물을 흘리면서 자네 과오를 뉘우쳤다면서? 그 후로 사람들은 그전보다 더 믿는 것이 사실일세. 그러나 나는 생각하면

자네보다 죄가 더 크잖은가. 요즘 와서 내가 인제는 조합을 의지하구 살자 하구 생각을 하니까, 내 죄를 내가 알겠네. 그런데 나는 자기비판두 안 했거든. 누가 나를 믿어 주겠나…… (고민) 낸들 날 믿겠나?

관식 : 그것이 자네 고민인가?

인택 : 이제 참말 조합을 위해서 일을 하려두 누가 나를 믿어 줄가 하는 생각이 나고 다른 사람들이 나를 바라볼 때마다 모두 의심하는 것 같이만 보이고 괴로워 못 견디겠네.

관식 : 인택이, 자네는 지금 훌륭히 자기비판을 하는구만…… 비판이라는 것은 군중들 앞에서만 하는 것이 아니라 진실로 자기의 과오를 깨닫고 시정할 결심이라면 혼자서라도 좋은 걸세! 인택이 언젠가 군당에서 나와서 하던 말을 기억하나! 사회주의란 사회제도만을 변혁시키는 것이 아니라 인간까지 훌륭하게 개변시키는 것이란 말을 말이야? 자네는 나보다 훌륭히 비판하였네. 이런 자네를 누가 의심하겠나. 자네나 나나 사업을 통해 그 전의 과오를 시정하세!

경춘 종을 친다.

관식 : 점심시간일세. 우리도 점심이나 먹고 보세! (인택이를 끌어 일으킨다)

순실과 봉수 나타난다.

순실 : 수고들 하세요.

봉수 : 수고들 하십니다.

관식 : 벌써 다녀 오십니까?

순실 : 예.

창룡: 관리 위원장 동무! 뭐라고 합디까?

봉수: 군당과 군 인민 위원회와 충분히 협의를 했습니다. 설계 자재 계산, 로력 계산은 도인민위원회의 충분한 지도를 받고 작성한 것이니까 더 의견이 없고 공사 일정에 대해서는 우리 계획이 전혀 합리적이라고 인정됐고, 12월, 1월, 2월의 건빙기의 석달 동안은 로력을 자재준비, 부업생산, 자급 비료 준비에 돌리고 2월 달부터 4월 달까지에 수로 굴설, 개답작업에 총돌격하도록 하는 것이 좋다고 그러데.

창룡: 그렇습니까?

관식: 그런데 관리 위원장! 로력 계획에 대해서 잘 설명하지! 우리 조합의 자체 로력만으로는 사월 말까지 개답이 완료될 수 없으니 임경소에서 부르도젤을 동원해 달라고.

순실: 예. 벌서 부르도젤 한 대가 여기를 향해 오고 있어요.

관식: 그럼 4월 말까지 완수하는 건 문제 없겠군.

인택: 관식이, 그게 무슨 기곈가?

관식: (손으로 형용하며) 왜, 그 보습날 같은 커다란 날이 달려서 그것이 땅을 막 깎고 달아나는 게 있잖아.

인택: 오라, 평양가면 건설장에 많이 있는 거.

관식: 그래.

인택: 그걸 벌써 우리 관개 공사에도 돌려주나?

관식: 그럼.

창룡: 기계 설비품과 자재는 어떻게 돼요?

봉수: 뽐프와 모타는 도에서 지도서만 나오면 내가 대안리 공장에서 개별 계약을 체결하려 가겠습니다. 어떻게든지 떼 내오겠습니다.

순실: 세멘트와 목재는 군으로 나오는 래년도 폰드 중에서 더 주기로 약속됐으니 공사에 늦지 않을 거예요.

관식: 게수님, 이렇게 잘 될 수 있는 일을 가지고 난 오래 동안 우

기기만 했군요. 하하.

순실 : 우리 힘만으로야 되나요. 당과 정부에서 적극 원조해 주니까 쉬운 것 같지요.

봉수 : (대동강을 바라보며) 동무들! 수상 동지께서는 평남도 당 열성자 대회에서 대동강 물을 바다로만 보내지 말고 더 많은 논에다 대라고 말씀하신 일이 있지요?

순실 : 예 그래요.

봉수 : 우리 관개 공사가 규모는 크지 못하다 할지라도 이걸 완수하면 우리 고장 사람들의 오랜 꿈이 실현되는 겁니다.

순실 : 그렇고 말고요.

관식 : (감개 깊이) 참! 우리 당이 고맙습니다. 나 같은 사람까지도 버리지 않고 이 풍요한 공사에 책임을 지워 주니. 세포 위원장 동무, 나는 이번 관개 공사를 통해서 나의 지난날 과오를 깨끗히 청산하겠습니다.

순실 : 지난 날을 탓할 건 없어요. 모두가 새 맘이고 새 살림인걸요.

익근 : (급히 들어온다) 세포 위원장 동무, 반가운 소식이 왔습니다.

순실 : 무슨 소식요?

익근 : 필련이가 신의주 뜨락또르 학교에 합격됐단 통지가 왔군요!

순실 : 그래요?

관식 : 합격이 됐군. 몹시 기다리더니.

익근 : 그런데 입학 날이 급해서 오늘 떠나야겠는걸요. 그리구 (관식에게) 평양에서 편지가 왔습니다.

관식 : (받아 보고) 우선 그 편지부터 누굴 시켜서 필련 동무에게 전해 주죠.

익근 : 아, 내가 가지고 가지요. (퇴장)

순실 : 아주버니, 무슨 편집니까?

관식 : 내 안해에게서 왔군요.

일동 : 네?!

봉임 : (달려오며) 편지가 왔어요?! 뭐라고 왔어요?

관식 : 곧 오겠다구 했군요.

봉수 : 관식이 축하하네.

관식 : 온다니, 나역시 반갑네.

기준, 차석, 내춘, 소저 등 네 사람 작업장에서 온다.

차석 : 관리 위원장이랑 세포 위원장이랑 다 여기에 있군.

봉수 : 수고들 하십니다! 오늘은 성적이 어떻습니까?

기준 : 오늘, 오전 작업에서도 차석이와 나는 내춘이에게 졌어! 저 사람이 다 늦게 열성이 나서 벌써 오늘 정량을 다 했어. 오후에는 초과 달성이야.

순실 : 너무 단꺼번에 성과를 올리시다가 탈나시겠어요.

내춘 : 세포 위원장, 념려 마시오. 내가 조합에 일 년은 늦게 들었으니 이 사람들보다는 갑절 더 일을 해야 할 것 아니겠소?

차석 : 동갑네, 며칠이나 그렇게 앞서 가는지 두고 보세.

내춘 : 두고 보라니. 일하는 데서야 소시적부터 내가 자네들에게 져 본 일이 없네.

차석 : 씨름은?

내춘 : 씨름과 술로써는 자네에게 졌지.

기준 : 장기는?

내춘 : 장기도 자네에게 졌고. 주색잡기 놀음 속은 다 내가 자네들에게 졌지만 농사 일에야 진 게 뭐 있나?

기준 : 에끼 사람, 주색잡기라니? 어폐있는 소리를 하는군.

차석 : 그 참, 듣고 보니 고현 소리로군. 우리가 술은 좋아했어도 온 평생!

내춘 : 허, 그 말은 내가 실술세. 하하.

차석 : 주색잡기에 미치기루야 도망간 부기원이 그런 놈이지.

내춘 :	그 놈이 훔쳐 먹은 돈은 다 받았나?

기준 :	아무렴 그 놈에게로 나가는 분배에서 제때에 다 떼냈지 하하.

일동 :	(웃는다)

소저 :	(차석에게) 아니, 정작 할 이야기는 하지 않고 롱담들만 하셔요.

차석 :	아, 참 그렇지. 우리가 좀 상론할 일이 있어서 왔는데.

순실 :	뭔데요.

차석 :	여보게 기준이, 자네가 좀 말해 주게.

기준 :	이왕 꺼낸 김이니 자네가 하게나.

차석 :	난 너무 덤비는 버릇이 있어서 일 망칠가봐 그러네.

내춘 :	자네가 너무 정신을 차렸네그려. 내 말해 줌세. 저 다른 게 아니라 (창룡을 보고) 여보게 창룡이 자넨 좀 빠지게.

창룡 :	네?

내춘 :	다른 데 좀 가 있다가 부르거든 오게.

창룡 :	제가 들으면 안 될 일입니까?

내춘 :	그래!

창룡 :	(나간다)

내춘 :	다른 게 아니라 저 사람과 순녀의 혼인 문젠데.

순실 :	네!

내춘 :	쇠뿔뽑듯이 단김에 래달에 해치우자고 해서 말야.

봉수 :	창룡 동무와 순녀 동무의 의견이 어떤지요.

차석 :	걔들은 래년 가을에 결혼한다고들 주장이지.

내춘 :	혼사는 말이 있으면 그저 다구쳐 성례를 해야 돼! 오래 두면 일이 트릴 수도 있고 젊은애들을 한 동네에서 그렇게 오래둘 건 없다.

순실 :	저도 본인들과 담화해 봤는데요. 그 동무들이 성례를 래년 가을에 하자는 리유가 있어요.

차석 :	뭔데?

순실 :	조합 기초가 더 튼튼해지고 두 집도 래년이면 더 잘살게 될

테니 그때 하자는 거지요.

소저: 로력 때문이지요.

순실: 말하자면 그렇지요……

소저: 그건 걱정 없어요. 창룡이야 결혼하면 순녀네 집에 가서 살아야죠.

차석: 왜요?

소저: 아, 댁에야 외아드님이 인민 군대에 나가고 따님 하나 남았는데 내놔서야 되겠어요.

차석: 온 별소리를 다 하오.

소저: 그래도 전 그렇게 작정했어요.

차석: 난, 딸을 시집을 못 보내면 못 보냈지 그렇게 안하겠소.

소저: 말이야 바른대로 수양어미보다야 처가가 더 가깝잖아요.

차석: 내 아들이 있구 장래 사돈까지 이렇게 있는데 데릴사위를 하겠소?

소저: 전 걱정 없어요. 봉이도 초중을 나왔으니 인제 로력도 하나 생기고.

차석: 그만 두슈. 혼인 얘기 막설합시다.

기준: 그래서야 쓰나. 그럼 차석이 자네 생각엔 어쨌으면 좋겠나?

차석: 출가외인인데 순녀가 봉이네 집으로 가야지. 그 집야 팔십이 넘은 로인에다가 봉이가 초중을 나왔기로 무슨 로력을 하겠나.

소저: 그래도 인제 걱정 없어요.

차석: 조선 법에는 옛날부터 딸을 시집으로 보내는 게지.

소저: 데릴사위 법도 있잖아요!

차석: 오죽한 놈이 데릴사위 하겠소.

기준: 허…… 이러다간 일이 안되겠는 걸.

내춘: 좋은 수가 있네. 데릴사위도 싫고 며느리 보기도 싫다니 아주 세간을 내세! 그럼 된 것 아닌가.

순실: 그게 좋겠군요.

차석: 글쎄, 세간을 내면 냈지. 봉이 엄마, 그래 진정 내 딸을 안 데려갈 작정이요?

소저: 영광에 겨웁죠. (운다)

봉수: 그럼 일단 세간을 내놓고 량쪽 집으로 왔다갔다 하면서 삽세다그려 하하……

순실: 두 분이 다 갸륵하십니다. 로력 떼우는 것은 생각지 않으시고 서로 양보를 하시다니……

인동: 잘 됐습니다. 그럼 래달로 정하시죠. 내가 술을 끊었지만 그날은 한잔 먹을랍니다.

일동: 하하.

이때 떠들썩하며 민청원들, 기타 조합원들 길 떠나는 필련을 배웅하며 나온다.

창룡도 같이 들어온다.

필련: (순실이 앞에 와서) 세포 위원장 동무, 다녀오겠습니다.

관식: 그래 강습 잘 받아서 훌륭한 뜨락또르 운전사가 돼 오라고.

필련: 세포 위원장 동무가 제 소원을 풀게 애를 써 주셔서 감사합니다.

순실: 최우등을 해 가지고 와야 해.

필련: 예.

삼득: (일동에게) 참 필련 동무가 소원이던 뜨락또르 학교에 입학돼서 오늘 떠납니다.

일동: 원 풀었구나! 그래 야! (웅성거린다)

봉수: 필련 동무, 잘 배워 오라고! 동무가 졸업을 하고 돌아오는 래년 봄에는 우리도 관개공사를 끝마칠 테야.

필련: 네. 수고 많이 하세요.

심심 : 필련아, 돌아올 땐 꼭 목수건을 하나 사 매구 오너라. 그래야 쏘련 화보에서 본 처녀 뜨락또르 운전사 같을 게 아니냐?

일동 : 호호!

순실 : 필련 동무, 강습소에 가게 돼서 소원 성취는 했는데 딱 한 가지 섭섭한 일이 있는데 ……

필련 : 뭐예요?

순실 : 우리 조합에서는 래달에 창룡 동무와 순녀 동무의 혼인식을 치르기로 했어.

필련 : 그래요?

창룡 : 아 …… 아니 그건 누가 정했나요?

순녀 : (거의 동시에) 아니?

창룡 : 우린 래년 가을에 혼인식을 하기로 약속했습니다!

순실 : 이 일에만 본인들의 민주주의적 의사를 무시하고 관리 위원회에서 관료주의를 좀 서야겠어요!

처녀들 : 그거 좋습니다!

다른 사람들 : 찬성이요.

창룡 : 그건 안됩니다.

필련 : (곁에 있던 순녀에게) 내가 못 보니 섭섭하지만 결혼식은 빨리 하는 게 좋아!

순녀 : (필련의 손을 끌며) 애, 너 차시간 늦을라 빨리 가자! (끌고 나룻가로 간다)

필련 : (끌려가며 손을 흔든다) 안녕히 계세요! 래년 봄가지 관개 공사를 꼭 끝내 주세요. 그럼 제가 와서 갈아 드릴게요.

일동 나룻가로 움직일 때 조합원 하나 뛰여 들어온다. 멀리서 부르도젤 오는 소리 들린다.

조합원 : 위원장 동무, 저기 흙 파먹는 기계가 옵니다.

봉수: 뭐?

조합원: 왜 (형용을 하며) 이렇게 생긴 거. 다른 조합원들 부르도젤이 옵니다.

군중들 모여 들어 "무슨 기계야" "흙 파 먹는 기계래" "야 대짜구나" 등 떠든다.

순실: 여러분 임경소에서 우리 조합에 흙 파는 기계를 보냈습니다.

일동 환성이 오를 때

—막—

1956.6

신고송 희곡집 『선구자들』, 조선작가동맹출판사, 1958

선구자들 (四막 七장)

우리 시대의 황해남도 농촌에서 일어난 일이다.

나오는 사람들(괄호 안의 숫자는 첫 등장 때의 나이를 표시함)

김원찬(三五)－선구자 농업협동 조합, 관리 위원장
김복순(二四)－그의 누이 유가족.
송해주(三◇)－유가족
일민(八)－그의 아들
리씨(六◇)－해주의 어머니
신영호(四五)－검사 위원장.
신정균(二四)－그의 아들, 제대군인
강익수(二)－관리부위원장
최성녀(四二)－유가족, 면화반장
김혜숙(二◇)－그의 딸
지동숙(二◇)－제대군인, 뒤에 진료소 책임자
지영관(五二)－그의 아버지
박상선(二八)－제대군인, 남반부 출신, 건설반장
리령감(五◇)－입주민
백찬화(五◇)－조합원
강원석(四五)－조합원
박선규(三三)－초급당 위원장
리동구(三二)－리 인민 위원회 위원장
백신자(二七)－그의 처
백찬서(四九)－정미소 주인

백영자(二二)－그의 작은 딸
홍성인(二七)－영자의 남편
기자
기타 남녀 농민 다수

제一막
제一장

1953년 10월. 무대 바른편에는 김원찬이 살던 기와집이 좌정하고 있다. 삼년간의 전쟁으로 황폐했고 문들은 뚫어졌고 벽과 지붕은 군데군데 퇴락했다. 문들이 완자로 빗장을 지른 것으로 일견 사람이 현재 기거하지 않음을 알 수 있다.

왼편에는 백년 묵은 들메나무가 이집과 행길의 경계로 서 잇다. 나무의 뿌리 턱을 축으로 싹이 움터 자고로 동네 사람들의 휴식터로 되여 있다.

왼편에는 정미소 주인 백찬서의 집 대문이 있고 울바자로 행길과 구획되어 있다. 행길 저편은 뽕밭이고 행길은 뽕밭을 애돌아 읍내로 간다. 넓은 전야와 멀리 구월산 린봉이 바라보인다.

막이 열리면
무대 잠시 비어 있다.
백찬서의 집 대문 안에서 리동구가 외출차림으로 나온다.

찬서 : 이 사람! 읍에 들어가면 군 위원장을 꼭 만나겠지?
동구 : 예. 군에서 회의를 하니까 꼭 만나게 될 겁니다.
찬서 : 잊어버리지 말고 조용히 찾아보고 아까 내가 부탁한 말을 전하고 오도록 하게.

동구: 예!

찬서: 전쟁 중에 모든 게 두서가 없어서 우리가 소원하게 지냈지만 이제는 전쟁도 끝나고 했 으니 여러 가지로 봐서 가까와져야 할 일이 많아……

동구: 장인어른 알 만 합니다.

찬서: 한 번 꼭 기약을 해서 집으로 모시도록 하게나.

동구: 예.

찬서: 그럼 다녀오게.

찬서는 들어가고, 신자는 동구의 뒤를 따른다.

신자: 바로 안 가요?

동구: 사무실에 좀 들여 서류를 가지고 가야 겠소.

신자: 여보!

동구: 왜?

신자: 요새 시장에 옷감이 많이 나온다는데 베르베드 치마 한 감 끊어다 줘요.

동구: 뭐! 베르베뜨는 있지 않소?

신자: 그거야 여름치 안요…… 이젠 손님도 많이 올 게고 나도 출입이 많을 텐데…… 입을 게 변변치 않아서……

동구: 에이 옷에 욕심이 웬 그리 많소…… 이거 당해 내겠소 어데 ……

신자: 정전 후에 잘난 거 한 벌 해 줬다고 그러오?

동구: 그 전에 한 건 다 어쩌고?

신자: (좀 뾰로통해서) 겨울 베르베드 치마가 없으니 그러지……

동구: 내게 무슨 돈이 있다고 자꾸 그러오?

신자: 좋아요. 거지같이 차리고 다니면 당신 망신이지 내 망신이겠소……

동구 나가는데 영자 급히 나온다.

영자 : 아저씨!

동구 : 왜?

영자 : (따라가며) 아저씨, 아버지가 우전에 들려서 소 금새 좀 보구 오시래요.

동구 : 응. 오늘이 장날인가?

동구, 나간다.

신자, 영자 들어가고 해주, 복순, 혜숙 등 들에서 돌아온다. 들메나무 아래와서 세사람 쉰다.

해주 : 여기서 좀 쉬자구.

복순 : 쉬긴 뭘. 가뜩이나 자리 옮기느라고 일을 밑졌는데 가노라면 쉬는 셈 되지.

해주 : 오늘 중으로 다 베였으면 되지 다른 일 할게 뭐 있나. 쉬자구.

혜숙 : 언니넨 논이 그렇게 동네 앞뒤에 떨어져 있어서 언제나 품자루가 더 들겠어요. 이제 협동조합이 되면 이런 로력 랑빈 없어지겠죠.

해주 : 아이구 협동조합이나 되면 농사가 잘 될는지. 금년 농사도 배불리 먹기는 틀렸어.

복순 : 협동조합이 된 들 로력자가 이렇게 적어서야……

해주 : 미국놈들에게 원쑤를 어떡허면 갚나…… 그놈들은 씨도 손도 없이 다 죽여 버리지 못하고……

이때 찬서네 집 뜰 안에서 신자, 영자 얼씬거린다.

복순 : 팔자들 좋구나. 손가락 하나 까딱두 안하구서 그 숫한 농살

벌써 남 먼저 다 꺼들이구.

혜숙 : 그 집이야 뭐 소품만 받아 들여도 자기네 농사짓고 남을 텐데 ……

복순 : 거기다 사위가 리 위원장까지 됐으니 더욱 놀아나지.

해주 : 리 위원장은 조합 조직을 반대한다나.

복순 : 그렇대요.

해주 : 동네에 사람이 없어지니 별개 다 활개를 치고 다니지 …… 건달이나 피우고 돌아다니던 당에 용케 들었어 ……

복순 : 누가 아니래 ……

혜숙 : 암만해도 그 사람은 불순해.

해주 : 신자네 아버지는 치안대 고문 하라는 걸 거절했다는 건 참 모를 일이야.

복순 : 큰 걸 바라노라고 사리원으로 평양으로 미국놈 찾아 다녔기에 그랬지 …… 안 그랬으면 치안대 고문했지. 락반있나.

혜숙 : 찾아다니면서는 뭘 했는지 누가 알어?

해주 : 어서 조합을 모아서 잘 살게나 돼야 부농과 치안대하던 놈들한테 눌려 살던 원풀이를 하겠는데 ……

복순 : 조합을 묶자니 일꾼이 있어야지. 익수 아저씨하구 바람 령감하구 애를 쓰구 다니긴 해도 첨하는 일이라 갈피를 못 잡구 뭉개구 있지. (찬서네 집을 가리키며) 리 위원장이 란 량반은 조합 조직에 대해선 왼고개만 틀구 있으니 될 게 뭐야?

혜숙 : 되겠죠 뭐. 당에서 버쩍 힘을 쓰고 있으니까 정균 동무두 돌아 왔구 이제 복순 언니네 오빠두 돌아온다니까 사람없어 못하진 않아요.

해주 : 아이 정, 복순네 오빠가 어서 돌아왔으면 좋겠어. 전쟁 전 그 아저씨가 세포 위원장 할 때엔 사업이 얼마나 잘 됐어.

복순 : 돌아오겠다는 대로 돌아오면 이젠 오늘 래일간 돌아옴직도 한데.

해주 : 그 아저시가 막상 돌아와서 (집을 가리키며) 이 모양을 보면 마음이 어떨가?

복순 : (원찬네 집 문 앞에 가서 안팎을 둘러보고) 우리 오빠가 돌아온대두 아주 못 돌아올 사람은 얼마나 많아.

모두 숙연해진다. (사이)

혜숙 : (낮게 구슬프게 노래 부른다. 민요조로)
황해도라 구월산에
온 단풍이 붉었네.
임 가실 적 그 빛대로
온 단풍이 붉었네.

임 가실 적 그 빛대로
온 단풍이 붉었건만
가신 임 오신 길에
소쩍새만 운다네.

해주 : 얘는 왜 또 그 노래를 불러서 사람들의 마음을 흔들어 놓니!? (한숨 쉬며 일어난다)

해주, 복순 앞장서고 혜숙 그 뒤를 따라 가려고 할 때 반대편으로부터 홍성인 들어온다.

성인 : 혜숙이! 나 좀.

혜숙 : (못마땅히 바라볼 뿐)

성인 : 나 좀 보자구.

혜숙 : (잠간 망서리다가 해주, 복순에게) 먼저 가세요. (해주, 복순 나간다)

혜숙: 왜 그러니?

성인: 내 말 좀 들어 봐.

혜숙: 들을 거 없어……

성인: 국가에서는 날 용서하는데 동문 왜 날 용서 못 하니?

혜숙: 나는 감정도 없고 배알도 없는 무골충인 줄 알아!

성인: 내가 삼년 동안 진 죄를 씻으려고 얼마나 애를 썼는지 너도 알게다! 난 용서하고 나와 결혼하자!

혜숙: 그렇게 치근치근하게 굴지 말아요. 난 동무하고 죽어두 결혼하지 않겠다고 귀가 닳도록 말하지 않았어.

혜숙 획 가버린다.

성인: 혜숙이!

성인 볏단을 가지고 오는 영호 령감과 마주친다.

영호: (아니꼽게) 뭘 도적놈 담 넘겨다보듯 노리구 섰어?

성인: (눈을 흘깃하며 나간다)

영호: (투덜투덜하며) 저걸 뭐 조합 부기원으로 써?

이때 익수 등장.

익수: 뭘 그리슈?

영호: 홍성인을 꼭 부기원으로 써야 되겠나? 난 반댈세.

익수: 결정된 건 아니지만 그런 이야기들을 하구 있죠. 자수까지 한 사람을 어떻게 합니까. 포섭해 써야지. 성인인 그 전에 상업학교에도 좀 다녔고 경리 사업에도 좀 경험이 있으니……

영호: 난 모르겠네. 그런데 조합 조직은 어떡 할라는가? 어붓애비

제삿날 미루듯 밤낮 차일 피일 미루기만 할라나!?

익수: 이제 마당질이나 해 놓고 합시다그려.

영호: 마당질? 쇠뿔도 단 김에 빼랬다니 이제 원찬이두 쉬 돌아 온다겠다 얼른 준비해서 제 깍 해 버리구 말아야지.

익수: 글쎄 아무리 바빠도 우물을 들구 마시겠나요? 지금 당에서도 우리 사업을 도와 줄 대책을 세우고 있으니까 어느 정도로 토대를 만들어 가지구 해야지요.

영호: 글쎄 당에서 도와주는 줄이야 누가 모르나?! 까놓구 로골적으로 말이지 사람 있구 땅 있으면 되지 토대가 무슨 토댄가? 이젠 그럭저럭 가입 신청자가 한 스무남 가호 되겠다. 그만하면 우선 됐지. 첫 술에 배부르겠나? 어서 하세. 괜히 우물쭈물 하다간 죽도 밥도 안 되네.

익수: 사람과 땅만 가지고 농살 짓나요? 소도 있고 농쟁기도 있어야지요. 그래도 소가 가진 가호가 하다못해 한 두 집이라도 들어와야지요.

영호: 지령감은 아직 응하지 않는가?

익수: 소 애끼기루 동네 소문난 령감인데 쉽게 들겠다고 하겠나요?

영호: 하긴 그 놈의 령감은 아들이 치안대 심부름하다가 따라 간 것 보다 소를 뺏기 잖은 걸 더 다행으로 여기는 두상이니까.

리령감 들어온다.

영호: 어떻게 오늘 한가하웨다그려.

리령감: 정미소 댁에 소를 좀 물어 볼까 해서요.

익수: 어떻게 가을은 다 하셨어요.

리령감: 네. 이젠 꺼들이기만 하면 되겠소.

익수: 그래 댁에선 어떻게 량도나 될 듯 한가요? 금년 농사가!

리령감: 네. 그럼 협동조합이나 된다면 우리 같은 농사꾼은 셈평이 좀

펠텐데.

영호 : 협동조합은 곧 하게 됩니다.

리령감 : 이거 당과 정부에서 잘살라구 신계 곡산에서 부대 파기에 등이 구부러진 놈을 이렇게 벌방에 데려다가 농살 짓게 해 줬는데 아직 그 보람 없이 이렇게 지내니 도무지 면목이 없구만요.

익수 : 미국놈들이 원수죠. 국가에선 대여 곡을 준다, 현물세를 면제한다, 농우자금을 준다 말 한 수 어받는 량초를 주었지만 워낙 전쟁 피해가 심한데다가 로력이 부족하구 보니 농사가 제대루 되겠습니까. 그래서 그걸 타게 하자고 우리가 조합을 만들자는 게요.

영호 : 이제 협동조합이 되면 다 멋있게 살게 될 게니 념려 말구 일이나 잘 합시다.

리령감 : 일이야 뭐 …… 어제 댁에 자제분이 와서 한참 선전을 하던데 젊은이 생각이 아주 엉뚱하더군요.

영호 : 우리 정균이가 갔습니까?

리령감 : 네. 뭐 이 앞 호룽겔 저 온천 앞까지 작대기처럼 꼿꼿이 잰다든 가요.

익수: (누락)

리령감 : 그러두만요.

익수: (누락)

영호: (누락)

리령감 : 그럼 일들 보시우.

리령감 찬서네 집으로 들어간다.
지영관 지게에 볏단을 지고 들어온다.

영호 : (영관에게) 소는 신주 모시듯 두고 등으로 져 날라?

영관: 소가 물을 먹지 않아서 그러네.

영호: 흥, 소님이 구미가 드시게 팔미라도 져다가 덜어 올리지.

영관: 자넨 왜 그래. 왜 윈 새기를 과!

영호: 자네 집에선 사람이 소덕에 사는 게 아니라 소가 사람 덕에 사니까 말일세!

영관: 남 걱정 말게. (가려고 한다)

익수: 형님, 저녁에 내 좀 찾아 가겠시다.

영관: (나가며) 조합 이야기면 아예 올 것 없네……

영호: (그의 뒤를 흘겨보며) 쯔즈…… 벽창호 같으니라고……

익수: 우리도 갑시다.

영호: 가세.

두 사람 지게를 지려고 하는데 동구 나타난다. 그걸 보고 두 사람 다시 지게를 세운다.

영호: 위원장, 어데 가시는 길인가?

동구: 예, 군에 회의가 있어 좀 갑니다.

영호: 인제 전쟁도 끝났으니 우리 동네도 다시 꾸려야지.

동구: 그렇게 해야지요.

영호: 그렇게 해야지요 하고만 있을 게 아니라 조합 조직 문제에 대해선 그렇게 소 닭 보듯 하긴가?

동무: 네. 바빠서 도무지……

영호: 그럼 협동조합은 한가한 사람이나 하는 일이구만? 입은 삐뚤어졌어두 주라는 바로 불게. 조합 조직을 반대하면 반대한다고……

동구: (불쾌히) 아니, 언제 내가 반댈 했단 말이요? 경험도 없이 너머 서둘지 말라구 했지.

영호: 둘러치나 메치나 그게 반대 아니고 뭔가?

동구: 나도 당원이요. 내가 어떻게 당이 내세운 협동조합을 반대한 단 말이요. 당신들 모양으 로 소두 농쟁기도 하나두 번번한 거 없이 맨주먹으로 덤비는 건 삼가란 말이지……

영호: 여보게, 그러니까 우리가 조합을 묶자는 게 아닌가, 가만히 앉아서 호박이 하늘에서 굴러 떨어지길 기다리잔 말인가?

동구: 그러기 맘대로 하란 말이요.

영호: 못할 줄 아는가?

익수: 그리구 이젠 전쟁도 끝났으니 리 위원장두 그만 처가 집에서 나와 따로 사는 게 어떻소? 그 집이 정미소를 가지고 또 농사를 하면서 빈농들을 얼마나 착취하는 집이요.

동구: (더욱 화를 내며) 내 일은 내가 알아서하니 쓸데없는 간참은 그만 두시오.

익수: 당원의 립장에서 충고요.

동구: 뭐라구요?

리 당 부위원장 박선규 들어온다.

선규: (동구에게) 안 가시겠습니까? 회의시간이 늦지 않도록 가야지요.

동구: 예. 갑시다. 나는 바로 가신 줄 알았지요.

선규: 같이 갈까 생각해서 건너 왔지요.

영호: 부위원장 동무도 회의에 가시오?

선규: 예.

읍에서 오는 뽕밭 저편 길에 제대군인 복색을 한 원찬과 지동숙 나타난다.

동네 개소리.

익수: 저거 원찬이가 아닌가?! 하나는 지령감 딸 동숙이고……

영호: 오라 원찬이군.

원찬과 동숙 가슴에 훈장, 메달들을 즐비하게 붙이고 등장한다.

영호: 원찬이 이 사람!

원찬: 아저씨 안녕하십니까?

동구: (마주 가며) 원찬 동무!

원찬: 이게 동구 동무 아닌가?!

각각 뜨겁게 인사를 바꾼다.

영호: (두 손으로 원찬의 손과 동숙의 손을 다 쥐고) 잘들 돌아 왔구나!

동숙: 아저씨 안녕하셨어요?

익수: 그래 용케 두 사람이 한 날에 제대 돼 왔구나.

원찬: 예. 오다가 평양에서 만났어요.

영호: 참 인사하게 (선규를 가리키며) 리당 부위원장 겸 선전실장일세.

원찬: (선규에게 손을 내밀며) 김원찬 입니다. 얼마나 수고하십니까?

선규: (악수하며) 박선규니다. 얼마나 고생하셨습니까?

동숙: 저는 지동숙이예요.

영호: 지영관 령감의 딸이요.

선규: (악수하며) 잘 돌아 오셨습니다! 마을에서는 동무들을 고대하고 있습니다.

동구: 접때 제대했다는 기별을 받구 얼마나 기다렸는지 모르네.

영호: 원찬이 …… 뭐 …… 뭐라고 말해야 좋을지 …… 저 …… 자네 집에는 지금 아무도 …… 아무도 임자가 없네!

원찬: (알아차리고 무겁게) 예?!

동숙: (원찬에게) 그럼 저는 집으로 가 보겠어요.

영호 : 빨리 가 보아라. 아버지가 기다리고 계신다.

동숙 나간다. 다른 쪽에서 복순이 허둥지둥 뛰여 나온다.

복순 : (원찬의 가슴에 거의 몸을 던지다 싶이 하며) 오빠! (말을 못하고 울기만 한다)

성녀, 해주 등도 나온다. 백찬서네 식구들이 울바자 사이로 내다보며 기웃거린다.

성녀 : 선희 애비!
해주 : 선희 아버지!
원찬 : 안녕 하셨나요!
복순 : 오빠! 아버지도 어머니도…… 형님도 선희 …… 선택이도 …… 다 …… 다 ……
원찬 : 복순아, 그만둬라. 다 알았다.
영호 : 복순이도 시아버지와 남편을 잃었다.
복순 : (더 운다)

성녀, 해주도 울먹거린다. 리씨 일만을 데리고 들어온다.

성녀 : (원찬을 잡으며) 우리 혜숙 아버지도 놈들의 손에 죽었네.
영호 : 원찬이! 여기에 모인 사람이 동네에서 살아남은 당원이고 당원의 가족 전불세! 아이라고는 이 해주네 일만이 하나 남았고 ……

일동 숙연해진다.

원찬 : (해주에게) 친정에 와 계시는군요?

해주 : 예. 어머니와 같이 ……

익수 : 동네에서 삼백여 명의 당원과 가족이 적들에게 학살됐네!

원찬 : ……

성녀 : 그 놈들이 사람을 쏘아 죽이고 묻어 죽이고 태워 죽이고 …… 어린 것들을 목을 매어 끌고 다니다 죽었네. 세상에 그런 아귀 같은 놈들이 어데 또 있겠나. 선희 애비, 이 원수를 좀 갚아주게.

영호 : 그만들 하라구 …… 그 사람의 분통에 불을 그만 질러라!

성녀 : 선희 애비, 이 원수를 갚아 다오!

원찬 : 참읍시다. 분하고 원통한 일을 당한 사람이 우리뿐이겠소.

영호 : 그 사람의 가슴을 보라구 …… 그 번쩍이는 훈장이 다 뭘 말하는가?

동구 : 원찬 동무, 이제 동무가 왔으니까 우리 힘을 합쳐서 동네를 위해서 일을 해 보세나.

원찬 : 해 보자구!

동구 : 그런 담에 조용히 이야기하세. 나는 읍에 회의에 가던 중이였네.

원찬 : 그래?

선규 : 우선 푹 쉬시고 마을의 형편을 좀 보십시오. 할 일이 여간 많지 않습니다. 리내에서도 이 마을이 피해가 제일 많았습니다. 빈농들이 지금 협동조합을 조직하려고 하는데 첨 하는 일이라 잘 안됩니다. 동무는 전쟁 전에도 모범 농민이였고 전투에서 단련되였으 니 농촌 개진에 기둥이 돼 주어야 하겠습니다.

원찬 : 예. 제 힘껏은 하겠습니다.

선규 : 나도 온 지 얼마 안 되고 해서 조합 조직을 잘 도와주지 못합니다. 우리 손을 잡고 한 번 해 봅시다.

원찬 : 앞으로 많이 지도해 주십시오.

선규 : 그럼 담에 다시 조용히 이야기 하지요.

원찬 : 다녀오십시오.

두 사람 나간다.

원찬 : 리당 부위원장은 언제 왔나요?

영호 : 이제 석달이 됐나 …… 그 사람도 군대 복무하던 사람이라네.

원찬 : 예. 그래요? 동구는 언제 동네에 돌아왔나요?

영호 : 적들이 물러간 뒤에 돌아와서 리 조직 위원으로 일하다가 리 위원장이 됐네. 후퇴 기간에는 평양에서 은신하고 있었다든가. 참 원찬이 우리 정균이는 며칠 전에 제대돼서 돌아왔다네.

원찬 : 예 그럼 정균이가 지금 와 있나요?

영호 : 원찬이, 정말 자네가 와서 우리는 한시름 놓게 됐네. 우리가 얼마나 자네 오기를 기다렸는지 ……

익수 : 협동조합을 해 보자는데 우리끼리 돼야지 생판 첨하는 일이고 보니 ……

영호 : 우리 유가족들과 빈농들이 잘 살길은 오직 협동조합뿐인데 …… 그러나 한심하기 짝이없다. 소는 한 짝도 없고 농기구라고는 깨진 쟁기에 날 없는 보습뿐이니 ……

이때 동숙, 영관, 혜숙 등 떠들썩하며 나온다.

영관 : 아니 너 이거 왜 이러니 오래간만에 와서 그래 이 애비도 안 보겠단 말야? 못 간다. 못가.

동숙 : (울며) 난 군대로 도로 갈래요 ……

성녀 : 아니, 오자마자 도루 간단 말이 웬 말이야?

영호 : 왜 그러냐?

동숙 : (원찬에게 매달려 울며) 아저씨, 나는 집에서는 살 수 없어요!

원찬 : ……

동숙 : 아버진 오빠가 적 기관에 복무하다가 적을 따라 간 걸 내겐 알려 주지 않았어요.

익수 : 그게 뭐 자랑이라고 알렸겠나.

동숙 : 오빠는 적들의 만행을 도와줬어요!

익수 : 동숙아, 동근이는 당원은 아니였지만 네가 인민군대에 나갔는 것만으로도 학살당할 뻔 했다. 그애가 겁이 나니까 심부름이나 하다가 끌려갔다.

동숙 : 심부름요? 사람 죽이는 심부름 말이죠? 어떤 사람들이 죽었나요? 원찬 아저씨의 가족이 죽었고, 해주 언니, 복순 언니의 남편이 죽었고, 혜숙 아버지가 죽었어요 …… 당원들이 죽었어요! 이런 사람들을 죽이는 데 심부름을 했단 말이죠!

원찬 : 동숙 동무 진정하오.

동숙 : 나는 여기서는 못 살겠어요. 내가 어떻게 이 동네에서 얼굴을 들고 살아요.

익수 : 동숙이한테 무슨 책임이 있나?

동숙 : 량심이 걸려서 어떻게 여기서 살아요! 아버진 부끄럽지도 않아요? 자식을 그런 짓을 시키고 ……

영관 : 얘야, 할 말이 없다.

익수 : 그때의 형편은 그리 간단치가 않았다. 까딱하면 모가지에 총구멍이 뚫리는 판인데 ……

동숙 : 그 따위 목숨 살면 뭐해요. 차라리 죽어 버리는 게 낫지 ……

영호 : 너 아버지는 오래비가 치안대 한 덕택으로 빼낸 소를 가졌다고 협동조합도 안 들겠다는 사람이다!

익수 : (영호에게) 형님! 그런 소린 ……

동숙 : 예?!

영관 : (영호를 흘겨본다)

동숙 : 나는 가겠어요…… 죽어도 여기에서는 못 살겠어요!

원찬 : 동숙이, 차마! 모든 것을 참아야 할 때다.

동숙 : 나는 다른 일이라면 다 참을 수 있어요. 그렇지만……

원찬 : (배낭에서 나무로 깍은 장난감 두 개를 꺼내며) 동숙이! 이걸 보라구 이건 나와 한 소대에 있던 남반부 출신 전사가 내게 손수 깎아준 장난감이다. 내가 제대되여 고향으로 돌아간다니까 집에 있는 아이들에게 주라고 하더라. 선희와 선택에게 말이야…… 사실 나는 전쟁 기간 가족이 모조리 희생됐다는 무서운 소식을 듣지 않으려고 오늘가지 편지 한 장하지 않았다…….
이 걸 가지고 돌아오는 길에 과연 이걸 받을 아이들이 살아 있을가? 그래도 행여나 살아 있기를 바라는 맘이 컸다! 그런데…… 여기 오자마자 나는 저 문에 댄 빗장을 한눈으로 보고 모든 것을 알 수 있었어. 이 장난감을 가지고 놀 애들은 이미 이 세상에는 없는 걸 말이야.(말끝이 흐려진다)

녀인들 모두 훌쩍 거린다.

원찬 : 동숙아, 이 시각에는 모두가 다 심장이 복잡하다. 모든 것을 꿀꺽 참는 인내성이 필요하단 말이야…… 우리가 오다가 고향 땅의 처참한 꼴…… 잡초가 우거져 발 들일 틈이 없는 논매미들을 봤지…… 우리 모두가 부대에서 육차 전원회의 결정을 학습하면서 고향에 돌아가서 농업협동조합을 만들어서 다시 아름다운 고향을 만들자고 맹세 했을 것이다!

해숙 : 동숙아, 우린 널 얼마나 기다린 줄 아니. 같이 고향을 위해서 일하자!

영관 : 그래라. 동숙아! 얼마나 옳은 말이냐!

원찬 : 동숙 동무! 지금은 이 장난감을 가지고 노는 아이들은 없지마는 우리 동네에는 앞으로 더 많은 장난감이 소용되리만큼 번

창해 질 거다. (해주에게 장난감을 주며) 이걸 일만 일 갖다 주시오

정균 뛰여 온다.

정균: 원찬 형님!

원찬: 정균아!

정균: (목이 메여) 형님!

원찬: 울지 말아 정균아, 우리에겐 할 일이 많다.

두 사람 서로 껴안는다.

―암전―

제二장

백찬서가 거처하는 사랑방이 왼편에 있고 바른편으로 마당을 지나 안채로 통한다.

정면으로 대문이 있고 울바자로 두러졌으며 들메나무가 울바자 밖으로 보인다. 전막에서 3~4개월 지난 어느 날 밤이다. 무대 밝아지면 아무도 없다. 홍성인 대문으로 들어와서 동정을 살핀다.

성인: (사랑방 앞에 가서) 계시나요?

영자: (안에서) 누구세요?

성인: 아버지 안 계셔?

영자: (나오며) 아이구 난 누구라구, 아니 부리 량반이 어떻게 우리 집엘 다……

성인: 왜 못 올 덴가, 아버지 계셔?

영자 : 어데 마실 나가셨나봐. 왜?

성인 : 좀 만나 뵈야 되겠는데 안 됐다.

영자 : 가진 지 오랬으니까 좀 있으면 돌아 오실거야. 바쁘잖으면 좀 앉아서 기다려 보지.

성인 : 안야. 회의 도중에 왔는데 기다리고 앉았다니?

영자 : 그럼 무슨 얘기인지 내가 전하지.

성인 : 전달이나 해선 안 될 일이야. 안 됐군. 꼭 만나 봐야 되겠는데. 갔다 또 오든지 해야겠군.

영자 : 무슨 일인데?

성인 : 갔다 또 오지. (돌아선다)

영자 : 조합 부기나 됐다구 빼기는데.

성인 : (돌아다본다)

영자 : 사람을 너무 무시하지 말어.

성인 : 내가 뭘!

영자 : 왜 사람의 말 대답두 안 해?

성인 : (웃으며) 응. 나는 바쁜 생각만 하구 잘못됐어.

영자 : 어데 두고 보자. (들어가려고 한다)

성인 : 영자!

영자 : (돌아다본다)

성인 : 영자, 날 많이 원망했지?

영자 : 흥. 원망할 거나 있나. 혜숙이가 더 좋아서 날 찼는데……

성인 : (한숨을 쉬며) 할 말이 없어…… 이젠 나도 다 틀렸어!

영자 : 왜?

성인 : 혜숙이는 내가 치안대 했다고 싫다는 구나.

영자 : 그래?

성인 : 그러니 난…… 영자를 찬 죄로 혜숙이한테 채웠지. 하기야 모두 내 잘못이지…… 나는 아무도 원망치 않아…… 이제 와서는 미국놈들이 미워 죽겠어. 치안대 해먹은 놈이라 딱지

는 붙었지 ……

영자 : 자수했는데 뭐 ……

성인 : 공화국 관대정책이 고맙지 …… 나는 죄값으로 남보다 더 일을 잘 할 결심을 하고 있는데 …… 계집한테 채워서야 기분이 나야지 ……

영자 : 혜숙일 잊지 못해 그렇지?

성인 : 이젠 아주 단념했어!

영자 : 정말?

성인 : 그럼 별 수 있나!

영자 : 그래 넌 …… 내 맘을 모를 거야. 나 같은 건 잊은 지 오랠테니까.

성인 : 영자, 난 널 찬 놈이 아니냐. 넌 죽을 때까지 날 원망할 거야.

영자 : 내 맘을 몰라 …… 나는 지금도 널 …… 널 잊지 못해 ……

성인 : 영자, 정말이냐?

영자 : 넌 내 맘을 몰라줘! (울먹거린다)

성인 : 영자, 날 용서해줘! 영자가 그렇게 까지 …… 그렇지만 난 치안대 해 먹은 놈이야! ……

영자 : 치안대를 했으면 뭐 사람을 죽였나. 자수까지 했는데!

성인 : 고마와! 영자가 나를 이렇게 생각해 주리라고는 나는 몰랐어!

영자 : 난 아버지가 정해주는 혼처를 거절하고 ……

성인 : (영자의 손을 쥐고) 알았어!

이때 신자 소리 없이 나와서 둘의 동정을 살핀다.

성인 : 영자, 오늘 밤은 회의 도중에 와서 바빠! 래일 밤 온천 길 동둑에서 만나.

영자 : 그래?

성인 : 아버진 나중에 또 만나러 오겠어 ……

영자 : 무슨 일이야 난 좀 알면 못써?

성인 : 다른 게 아니라 지금 조합에서 이 아래 개수공사를 시작하거든. 꾸불꾸불한 개곬을 꼿꼿이 말이야. 그런데 저 아래 집의 서마지기 논배미 한복판으로 그 골을 뚫어야 되게 됐어. 그것 때문에 논자릴 좀 바꿔 달라구 아버지에게 의논해 보라구 해서 왔댔어.

영자 : 아버지가 계셨드면 좋을 걸.

성인 : 자 그럼 갔다 또 오겠어.

영자 : (따라가 붙잡으며) 이봐.

성인 : (사면을 둘러보고 다가설 때)

신자 : (앙칼지게) 영자야!

후다닥 물러선다.

영자 : 뭐!

신자 : 게서 뭘 그러니.

성인 : (낮은 소리로) 그럼 난 가.

성인, 허둥지둥 퇴장.

신자 : (나오며) 넌 웬 그 따위 녀석과 실없이 지껄이고 있니?

영자 : 사람하구 말도 못 해.

신자 : 뭐 사람하구……

영자 : 참견하지 말어. (들어간다)

신자 : 어디 두고 보자.

영자 안으로 들어가고 동구 들어온다.

신자 : 이제 오세요?

동구 : 성인인 왜 왔댔소?

신자 : 알게 뭐요. 영자하고 쑥떡거리기에 내가 나와서 쫓았죠.

동구 : 왜 왔댔는 지 몰라?

신자 : 뭐 호룽개 개수공사 때문에 논을 바꾸어 달라구 아버질 만나러 왔댔다나……

동구 : 응 아버진?

신자 : 아가 낮에 어데 나가셨는데 아직 안 들어 오셨어요.

이때 찬서 들어온다.

신자 : 아버지 들어 오시누만.

동구 : 어데 가셨댔어요?

찬서 : 응. 찬화 형님 안 오셨든?

신자 : 안요? 못 만나셨어요?

찬서 : 응.

신자 : 홍성인이가 찾아 왔댔어요.

찬서 : 홍성인니? 그 자가 왜?

신자 : 영자가 만나 봤으니까 난 직접 듣진 못했지만 뭐 조합에서 호룽개 개수공사를 하는데 저 아래 우리 놈 서마지기를 바꿔 달라구 아버지에게 의논하러 왔댔다구 해요.

찬서 : 논을 바꿔? 원 어림도 없는 소리.

사이. 찬서 사랑으로 들어가려 한다.

신자 : 저녁 진지 안 잡수세요?

찬서 : 저녁은 먹었다. 찬화 형님 좀 만나뵐려꾸 갔다가 형님이 안 계셔서 앉아 기다리다 게서 먹었다.

신자 : 아버지!

찬서 : 왜?

신자 : 영잘 좀 단단히 일르셔야겠어요.

찬서 : 왜?

신자 : 홍성인이 왔을 때 그 녀석하구 하주 해괴망측스레 굴어요.

찬서 : 홍성인이 하구?

신자 : 내가 그걸 좀 탓했더니 도려 잘했누라고 길길이 뛰고 야단이예요. 아버지가 책망을 하셔야지 내 말 따윈 귓등으로도 안 듣는 걸요.

찬서 : 응. (앉아서 깊은 생각에 잠긴다)

신자 : 잘못 하다간 집안 망신시키겠어요.

동구 : 오면서 보니 정미소가 안돌아 가두만요. 왜 고장이 났나요?

찬서 : 고장이 나두 크게 났다. 찬화 형님하고 원식이가 조합에 들겠다구 오늘부터 일을 안 나와서 찬화 형님을 만나러 갔댔다.

동구 : 시방 한창 방아 일이 들여 밀리는 때에……

찬서 : 원찬이 놈의 충동질이야.

동구 : 요즘 하루 일 못하면 큰 손핸데 쯧즛……

찬서 : 원찬이 놈 때문에 큰 야단일세…… 그놈이 돌아와서 얼마 되지 않는 동안에 조합을 제깍 조직해 놓고는 부업을 시작한다, 호룽개 공사를 한다 큰 변 낼 듯이 날치구 있는데 사람들이 모두 멍해 있거든……

동구 : 어데 실컨들 덤벼 보라지요.

찬서 : 오늘 군에서 조합 비준이 나왔다면서?

동구 : 네 나왔습니다.

찬서 : 그래 자네 생각엔 어떻게 된 것 같은가?

동구 : 되긴 뭘 돼요. 떼거지들이 모여서 얼마동안 그러다가 나자빠지겠지요.

찬서 : 내 생각엔 그렇지두 않을 것 같아. 자넨 그런 경제 속이 나만

큼 빠르지 못해 사람 보는 눈도 그렇고, 조합은 결국 로동당과 국가에서 돌봐 주는데 왜 잘 안 될 턱이 있나. 원찬이란 놈만 말해두 원래 능한 농사꾼이고 게다가 동네 사람들이 그자를 신임하거든……

동구 : 그렇지도 않아요. 원찬이 생각은 지금 주로 피살자 가족과 입주민이 중심이 돼서 해보자는 건데 이제 앞으로 반드시 본바닥 사람과 모순이 생깁니다.

찬서 : 아니야. 그렇지도 않아. 남이 하는 일을 그렇게 얕잡아 볼 것도 안야. 조합이 잘 돼 나가는 날엔 거덜날 사람은 결국 우린데 군게도 발을 뜯고 먹으랬다니…… 보게 벌써 찬화 형님이 원식이와 같은 내 손발 같은 사람들이 떨어져 나갈려고 하잖나. (신자에게)그 래 영자가 성인이 하고 어떻다고?

신자 : 언제 그렇게 됐는지 찰떡같이 붙어서 야단인데요.

찬서 : 눈치가 다르드냐?

신자 : 달라도 이만저만이 아니예요.

찬서 : 얘야, 그럼 성인이만 좋다면 영잘 성인이에게 주고 말자.

신자 : 아버진 왜 또 갑자기 망녕이 드셨어요?

찬서 : 그런게 아니다. 치안대 좀 한거야 상관있나. 사람이 외모두 똑똑하고 식자도 있고 지금 조합 부기가지 됐겠다 그만하면 되지 더 바라겠냐? 참 전쟁 전엔 영자하고 한동안 혼담까지 있었지…… 됐다 저희끼리 좋아만 한다면 결혼시켜 주고 말자.

신자 : 그래도 안 돼요.

찬서 : 왜?

신자 : 그렇지 않아도 동리에서 우릴 주목하는데 우리 립장도 생각해야죠. 그래도 명색이 리 위원장이 치안대 찌꺼기와 동서가 된다서야 체면도 체면이고 앞으로 많은 지장이 되지 않겠어요.

찬서 : 성인이하고 동서가 되면 자네 립장이 곤난하겠나?

동구 : 글쎄요. 뭐 괜찮겠지요. 그 사람은 이미 깨끗이 자수하고 상

부에서도 인정돼서 조합 부기까지 된 사람이니까요.

신자 : 괜히 말 났을 적에 똑똑히 말해요. 아버지 말이 어려워서 잠자코 있다가 나중에 투덜거리지 말고. 아버지 속은 도무지 알 수가 없어요. 원 어데 시집보낼 데가 없어서 하필 고르고 골라서 치안대 떨거지에게 딸을 줄려고 하는지!

찬서 : 시방이야 빼젓한 조합 부기 아니냐.

신자 : 조합은 극력 반대하면서 조합 부기에게 딸을 줄려고 해요.

찬서 : 건 다 모르는 소리야. 세상살이가 그렇게 단순한 게 안야. 그런 조합의 중요한 자리에 앉은 사람을 집안으로 만들어 두면 후일 써 먹을 때가 있어 ……

이때 백찬화, 강원식이 술이 취하여 떠들고 노래 부르며 오는 소리 들린다.

찬서 : 저거 찬화 형님하고 원식이 아니냐?

동구 : 그런가 보군요.

신자 일어서는데 찬화, 원식 대문 안으로 들어선다.

찬화 : 사춘 있나?

신자 : 아이 큰아버지예요. 어서 들어오세요.

찬화 : 아버지 있니?

신자 : 계셔요.

찬서 : 들어들 오십시오. (두 사람 들어간다)

신자 : (동구에게) 들어가서 저녁 잡숫자요.

동구 : 어서 오세요. 앉아 말씀들 하세요. 저녁 좀 먹고 나오겠습니다.

신자, 동구 안으로 들어간다.

찬화 : (원식을 가리키며)이 사람이 한 잔 더 한 잔 더 하는 바람에 그만 잔뜩 취했네.

찬서 : 잘 하셨군요. 그렇지만 래일부터는 정미소도 돌려야 겠는데 이렇게들 취해 다니시면 되나요.

원식 : 래일부터 정미솔 그만 두겠으니 달리 일꾼을 변통해 보시오.

찬화 : 나도 그래서 왔네.

찬서 : 아니 갑자기 무슨 화수분들이라도 얻었나요?

원식 : 먼지도 하도 여러 핼 먹었으니 이젠 싫증이 나서 못 하겠소.

찬서 : 협동 조합에 들려구들 그러지요?

찬화 : ……

원식 : (찬화를 바라본다)

찬서 : 나도 형님이 조합에 드는 건 아주 찬성이외다. 다 당과 국가에서 시키는 일이고 어려 운 사람들이 다같이 잘 살자는 건데 취지야 좀 좋은가요?

원식 : 그래 우리도 좀 들어 가 볼가 하고요.

찬서 : 아…… 들어야지 더구나 원식이 같은 사람이야 아무런 간에 검불 한 대라도 불어오면 왔지 손해 날거야 뭐 있겠나 허……

원식 : 바람 령감이 하도 권하기에 어제 가입 원서를 냈수다. 그래서 이젠 정미소 일을 못 나가겠소.

찬서 : 왜? 정미소 일을 보면 조합에 안 넣어준다고 하든가요?

원식 : 한 몸뚱이로 두 다리 걸 수야 없지 않소. 그리고 동네 사람들이 나하고 이 찬화 령감 더러 뭐라고 빈정대는지 아오? 우리들더러 쪽제비네 고삐에 매달린 병신 소라고들 한다오.

찬서 : 뭐 쪽제비네 고삐에 맨 소라고! 그래 그게 어쨌단 말이야?

원식 : 그런 소릴 더는 듣기 싫단 말이요.

찬서 : 아니 그럼 전쟁기간에 뭘 먹고 살았으며 앞으로 또 뭘 먹고 살겠단 말이야? 그 농사로만 먹고 살상 싶어?

원식 : 내 농사가 왜 그렇게 됐소? 댁에 일에 매달렸으니 그렇게 됐지 ……

찬서 : (무엇을 말하려다가 꾹 참으며) 자네 거 난 오해 같은데 …… 정미소 일이라는 거야 무슨 농사철에 하는 일도 아니고 장마철이나 겨울 한 철하는 일인데 조합에 들어 가드래도 조합 일은 조합 일 대로 하면서 겨울동안만 정미소 일을 봐도 좋지 않은가. 조합에서 겨우내 농살 짓는 것도 아닐테니 …… 찬화 형님 그렇지요?

찬화 : 농살 뭐 겨울에야 짓겠나만.

찬서 : 원식이, 그럼 여름엔 조합에서 농사일 하고 겨울엔 우리 정미소에서 딴 버릴하면 누이 좋고 매부 좋고 피차에 좋은 일이 아닌가 조합에서도 형님이나 원식이 같은 어려운 사 람들을 일부러라도 그렇게 하는 게 내 소견엔 좋을 것 같은데 ……

원식 : 조합에서는 겨울에 부업도 하고 해서 겨울에도 놀질 않는다는데 ……

찬서 : 부업?

원식 : 가마니도 짜고

찬서 : 옳아. 그러니까 호롱개 공사도 부업으로 하는 셈이네그려.

찬화 : 거야 부업이 아니지.

찬서 : 그러다 보니 조합이 좋긴 좋은데 거일은 무척 힘들겠어. 농사꾼이 봄여름 가을 세철 피땀 흘리며 터덜거리다가 겨울 한 철에나 편안히 쉬어야 하는 건데 겨울에도 쉬질 못 한다니 거 쇠뼈다귄들 견디여 배기겠나.

원식 : (말이 없다)

찬서 : 형님, 그렇지 않아요?

찬화 : 글쎄 …… ?!

찬서 : 호롱개 공사도 난 거 왜 부리야부리야 시작 할려구 하나 했드니 조합원들을 겨울에 놀리지 않으려구 하는 일이 웨다그려. 하여간 일 많이 하면 먹을 것도 많이 생기겠지요.

찬화 : 일을 뭐 그렇게야 많이 하겠나.

찬서 : 아니 뭐 형님. 호롱개 공사 하나만이래도 얼마나 품이 많이 들겠나요. 농사일은 그만 두구 그것만 할래도 밤낮 몇 해 어깨 죽지에 멍이 백여야지요.

찬화 : ……

원식 : (찬화를 바라본다)

찬서 : 세상일이란 그저 언제나 좋은 면이 있는 반면에 틀린 면이 반드시 있는 법이거든 하 하……

원식 : 거 이 말 들으면 이렇듯 저 말 들으면 저렇 듯하니……

찬서 : 하여간 난 형님이나 저 사람이 조합에 드는 것은 찬성이니까. 조합에 가서 내 말 그대로 그렇게 의논해 보시오. 여름에 농사 일하고 겨울엔 정미소 일하겠다고……

찬화 : 그거야 조합에서 말을 듣겠나?

찬서 : 왜요?

찬화 : 한 사람이 두 다리 걸치구 하겠나?

찬서 : 그렇지 않으리다. 원찬이로 말하면 전에부터 어려운 사람들에겐 사정이 많은 사람이니까 사실 얘기를 잘 하면 안 된다고 안 할 겁니다.

찬화 : 글쎄!

찬서 : 말은 바른 대로 만일 조합에서 그런 사정을 못 알아준다면 어려운 사람을 구제하기 위해서라는 조합의 취지도 다 헛소리요.

찬화 : 나두 소 한 마리만 있다면 조합이고 뭐고 다 그만 두겠네. 난 그러면 사촌 말대로 여름엔 농사하구 겨울엔 정미소 일을 보고 했으면 좋겠는데.

찬서 : 소야 왜 우리 솔 맘대루 부리지 않습니까?
찬화 : 나도 내 소가지구 품도 좀 받아 부리고 했으면 좋겠단 말이네.

동구 나온다.

찬서 : (동구에게) 이 사람 요즘 농민은행에서 농우자금을 대준다지.
동구 : 네.
찬서 : 그럼 거 큰아버지네 한 짝 사주게 하게나. 되겠지.
동구 : 될 수 있겠지요.
찬화 : 되겠어?
동구 : 해 드리도록 하지요.
원식 : (주춤주춤하다가) 거 나도 한 마리 사게 해 주시오.
찬서 : 자네도?
원식 : 나도 소만 있으면 조합을 그만 두겠어요.
찬서 : 아 그래선 안 되네 그렇게 하면 우리가 마치 형님이나 원식을 조합에 못 들게 하기 위 해서 농우자금을 주선해 주는 것 같이 되지 않나.
원식 : 거야 뭐. 그럴 리가 있나요?
찬서 : 한 마리 값 더 주선해 보지?
동구 : 해 보지요.
찬서 : 하여간 나도 조합에 드는 건 반대는 아니니까 형님도 그렇고 오늘 생각해서 리로울 대로 하십시오. 조합에 들면 일은 정말 죽어 날 겝니다.
찬화 : 사촌 그럼 가보겠네.
찬서 : 그럼 인제 리로 보낼가?
동구 : 알려 드리지요.
원식 : 그럼 편안히 쉬시오.

두 사람 나간다.
찬서 따라 나와서

찬서 : 래일 일들 나오지?
원식 : 나옵니다.

찬화, 원식 퇴장.

동구 : 그런데 아버지 호룽개 공사하는데 논을 바꾸자고 하거든 다짜고짜 반대만 하지 말고 될듯 될 듯 좀 미루십시오. 내 립장을 생각해서요.
찬서 : 끝말에 가선 어떡하겠나?
동구 : 말이 그렇지 공사가 될게 뭡니까? 그러다 말건데 구태여 전부터 맞설 것 있습니까?
찬서 : 자네 말이 옳네.
동구 : 그럼 안녕히 주무십시오. (안으로 들어간다)
찬서 : (서성거리며) 하늘이 무너져도 솟아 날 구멍이 있다니 어데 누구의 뿔이 부러지나 겨누 어 보자.

—막—

제二막
제一장

1954년 2월. 제 일장과 같은 들메나무를 중심으로 한 곳. 원찬의 집을 수리하여 조합 관리 위원회로 쓰고 있다. "선구자 농업협동조합 관리 위원회"라고 쓴 간판이 달려 있다.

막이 열리면
마당에서 조합 총회가 진행되고 있다.

원찬 : 더 첨가할 문제가 있으면 말씀해 주십시오.

정균 : 없습니다.

원찬 : 없다면 순서에 의해 호룽개 개수공사에 관한 것부터 토의하겠습니다.

조합원 : 一 부업 총화에 대한 것부터 발표해 주었으면 좋겠소.

원찬 : 그래도 좋지만 검사위원장 신영호 아저씨가 읍에 비료 실러 가서 아직 안돌아 왔기 때문에 그 문제는 불가불 신영호 아저씨가 오신 다음에 마지막에 취급할 수밖에 없습니다.

영관 : 아 소는 낮 편에 또 갔소?

원찬 : 또 갔습니다.

영관 : 거 소 꼴 잘 되겠소. 요즘 짧은 해에 하루에 두 집씩 하고 ……

이때 찬화, 원식 들어온다.

찬화 : 시작들 했나?

영관 : (찬화 오는 걸 보고) 오늘은 회의엘 다오구 래일은 해가 서산에서 뜨겠다.

찬화 : 아 이따금 오기도 해야지 뭐.

원찬 : 이 앞으로 와 앉으십시오. 그럼 회의를 계속하겠습니다. 여러 분도 아시다 싶이 호룽개 개수공사 이 문제는 작년 조합 조직 직후부터 조합에서 계속 토의해온 문제입니다.

조합원 : 二 언제부터 시작하나요?

원찬 : 이제 말씀 드리겠습니다.

영관 : 호룽개 공산 꼭 하기로 작정인가?

동숙 : 아이 아버지!

영관 : 너 가만있어 말도 못 하겠냐.

원찬 : 글쎄 꼭 하자고 이렇게 토의하는 겁니다.

익수 : 관리 위원장이 얘기 다 한 다음에 질문을 하든지 하시오. 중간에서 그러시면 회의가 문란하지 않소?

영관 : (투덜거린다)

원찬 : 그래 이 호룽개 공사는 관리 위원회에서도 래달 초하루부터 공사를 해가지고 모내기를 시작할 때까지 즉 오월 그믐까지에 그 일계단 공사를 해 제끼자는 것입니다.

영관 : 래달 초라면 이제 닷새밖에 안 남았는데 그래 해토가 되나 원.

동숙 : 아이 아버지 그러지 말고 있다 관리 위원장님이 다 말씀한 다음에 그때 의견이 있으 면 말씀 하시라구요.

원찬 : 좋습니다. 뭐 그렇게 격식을 차릴 게 없이 자유롭게 좌담식으로 합시다.

복순 : 정미소 집과 논을 바꾸는 것은 확실히 약속을 했나요?

원찬 : 그 문제에 대해선 그동안 수차 부기동무가 절승한 결과 대개 승낙을 얻었습니다.

성녀 : 그 두상이 용히 말을 들었지?

뒷편에서 누가 "사위들의 체면을 봐서라두 승낙 안 할 수가 있나" 한다.

원찬 : 공사 기일은 이렇고 공사 구간은 전체 3,000메터 중에서 저 아래 지영관 아저씨네 논 배미까지 1,000메터 거리, 여기에 소용될 로력은 3,200명이외다. 그러므로 하루에 평 균 40명씩 로력이 동원돼야 공사를 제 기일에 완수 할 수 있습니다.

영관 : 조합원이 불과 60명밖에 안되는데 거기 매일 40명씩 주면 봄갈이는 누가 하고?

원찬 : 나머지 20명으로 해 제기지요.

영관 : 60명이 할 일을 20명이 어떻게 한 단 말이냐?

원찬 : 해낼 수 있습니다. 전에 개인 농사 때와 달라서 로력을 합리적으로 조직하고 작업 능률을 높이고 하면 그 인원으로 넉넉히 할 수 있습니다. 그러기 협동조합이 좋다고 하지 않습니까.

영관 : 난 거 잘 될 것 같지 않으이. 괜히 그러단 농사도 제대로 못하고 죽도 밥도 안돼.

뒤에서 "옳소" 하는 소리.

동숙 : 아버진 왜 자꾸 안 될 얘기만 하세요.

영관 : 별 따는 재주라도 자졌다드냐 안 될 일을 되게끔 하다니 ……

이때 밖에서 소방울 소리 왈랑절랑 들린다.

영관 : 소가 인제 오나? (일어나 소리 나는 편으로 나간다)

밖에서 영관과 영호의 떠드는 소리 들린다.

회의는 또 중단되여 사람들의 주의가 그 편에 쏠리자 원찬을 위시한 주석단 사람들 못마땅해 한다.

영호 앞서고 영관 투덜거리며 들어온다.

원찬 : 거기 뭣들 가지고 그러시오?

영관 : (영호를 흘겨보며) 아무리 제 소가 아니래도 그런 몸의 심보가 어데 있단 말이야? 관 리 위원장 저 소 꼴을 좀 보게! 오늘 같은 추운 날에 땀을 함빡 흘렸지 않았나…… 저 미련쟁이가 비료 서른 가마니를 실었단 말이야……

영호 : 두 바리 하긴 짐이 좀 모자라기에 남은 것 몽땅 한꺼번에 싣고 오느라고 그랬지……

영관 : 이거야 소를 잡자는 거지. 어데 소를 부리자는 거야! 관리 위원장 앞으로도 이럴라면 난 소 도루 가져가겠네……

동숙 : 아버지, 한 번 내놓은 소를 어떻게 가져 간다구 그러세요.

영관 : 그 소가 어떻게 장만한 소냐 내가 품팔이해서 모은 돈으로 강아지만한 걸 사다가 십 년 남아 손 때 먹여 기른 소다.

영호 : 조합 소를 임자가 그렇게 마음대로 가져가?

선규 : (영호에게) 그건 검사위원장 동무가 잘못 했습니다. 그렇게 소를 혹사해서야 되겠습니까? 이제 봄갈이 할 때가 멀지 않았는데 소를 그렇게 해놓으면 파종 때 지장이 생길 것이 아닙니까?

원찬 : 아저씨, 세포 위원장 말이 옳아요.

영관 : 앞으론 우리 소는 내가 부리겠소.

영호 : 부리게나. 제기 장한 놈의 소나 한 마리 내 놨다고서도 흠뻑 부린다.

영관 : 뭐가. 이미 잘못했으면 잘못 했다고 안하고 일 날 것만 그리 보겠나?

영호 : 그래, 어쩌겠나!

정균 : 아버지!

원찬 : 그만들 두십시오. 그럼 회의를 계속합시다. 그래 호룡개 공사 문제에 대해서 기탄없이 토론을 해 주십시오.

정균 : 제가 토론하겠습니다.

영관 : 거 누구 담배 좀 주게.

웃음소리.

익수 : 이거 왜 이리 문란스리 굽니까?

동숙 : 아버지 남부끄럽게 왜 자꾸 이러세요?

익수 : 정말 문란하군!

영관 : 제길 먹고 픈 담배도 못 먹는단 말이야?

정균 : 토론하겠습니다. 관리 위원장 동무의 제의를 절대 지지합니다. 이 공사의 필요성에 대해서는 이미 우리가 겨우내 논아기듯 받아기듯 론의한 일이기 대문에 구태여 말하지 않겠습니다. 다만 한 가지 이 공사를 하지 않고서는 우리가 앞으로 절대로 다수확을 낼 수 있나 없는 것만 말씀 드리고저 합니다.

혜숙 : 그게 필요한 것이라고. (툭 말하고 얼굴이 붉어진다)

정균 : (혜숙을 힐금 보고) 그래서 우리는 이 공사를 꼭 해야겠습니다. 리유 없습니다. 남에 밭을 도와서라도 해야 됩니다. 이것을 해놔야 우선 다수확도 낼 수 있겠지만 이와 아울러서 협동경리의 우월성을 절대적으로 과시할 수 있다고 생각합니다.

영관 : 과시라니?

원찬 : 자랑한다는 말이요.

영관 : 자랑은 또 해서 뭘 해!

정균 : 그래야만 우리 조합원들이 앞으로 어떠한 거창하고 곤난한 사업이라도 능히 우리 힘으 로 할 수 있다는 자신심을 가지게 되기 때문입니다. 여러분! 우리 조합원들 앞에는 광활한 전망의 길이 활짝 열렸습니다. 우리는 우리의 단합된 협동 로력을 가지고 누구보다도 먼저 휘황찬란한 사회주의 지상 락원을 건설해야 됩니다. 그러기 위하여 우리는 첫째 알곡을 많이 내야 되며 둘째 목축을 대내적으로 발전시켜야 되며 그밖

에 과수원 도 많이 만들어야 되겠습니다. 그래서 알곡을 많이 내기 위해서는 하천 제방 공사, 경지 정리 같은 토지 보호 사업을 대내적으로 해야 하며 목축도 발전시키기 위해서는 큰 목장을 건설해야 되며 과수원을 만들기 위해서는 (말이 막혀서 우물거린다) 큰 과수원 을 건설해야 되겠습니다!

웃음소리.

정규 : (엄숙하게) 이게 다 육자 전원회의 결정에 박혀 있습니다.

웃음소리 멎는다.

정규 : (도로 말을 계속하며) 그 뿐입니까. 우리는 앞으로 우리 동네 문화주택이 번지르한 문화 농촌으로 만들고 학교, 구락부, 유치원, 탁아소, 병원 같은 것들도 빠짐없이 건설해야겠습니다.

익수 : 호롱개 공사 호롱개 공사!

정규 : 물론 우리 힘은 아직 미약합니다, 우리는 아직 동네 농호의 삼분지 일도 못 됩니다. 그러나 우리에겐 당과 정부의 끊임없는 지도와 방조가 있습니다. 하자꾸나하면 못 할 일이 없습니다. 우리 민청원들은 누구보다도 앞장서서 이 공사에 적극적으로 참가해서 작업 능률을 250프로로 초과 실행 할 것을 맹세하면서 저의 토론을 마치겠습니다.

박수 소리, 여기저기서 난다.

원찬 : 좋습니다. 우리 60명 조합원이 전체 이렇게 굳은 결의만 가졌다면 호롱개 공사는 이미 다 해논 것이나 다름없습니다. 누구 다른 분 토론하십시오.

사이

찬화 : 질문해도 좋습니까?

원찬 : 하십시오.

찬화 : 호룽개 공사엔 전체 조합원이 다 참가해야 됩니까?

원찬 : 다 해야지요.

찬화 : 참가하지 못할 사람은 어떻게 합니까?

원찬 : 참가 못 하다니요?

찬화 : 그 어데 할 것 같습니까? 농사만 짓게도 힘이 드는데 그런 공사까지야……

원찬 : 물론 힘든 일입니다. 그러나 우리가 앞으로 잘 살기 위해서는 좀 힘이 들더라도 이 공사는 꼭 해야 됩니다.

원식 : 저도 한마디 하겠습니다. 저는 조합에서 그렇게 이일 저일 복잡하게 실행한다면 조합을 그만 두겠습니다.

사람들 수근 거린다.

찬화 : 지금 정윤이가 말한 대로 다 해가면 한 사람이 열 몸뚱아리가 데도 모자라겠습니다.

영호 : 그럼 조합에서 가만히 놀며 두고 밥 먹여 줄 줄 알았나?

성녀 : 당신네들은 조합에 들었다고 언제 한 번 벨벨히 조합 일을 해 봤소? 줄 곧 백찬서네 정미소에만 붙어 있었지!

선규 : 그렇게 한두 마디씩 말씀하실 것이 아니라 정식으로 토론하십시오.

찬화 : 토론을 할 줄 모릅니다.

선규 : 토론은 할 줄 알고 모르고가 없습니다. 말씀하고 싶은 대로 말씀하면 그게 토론이 됩니다.

장내가 웅성거린다.

원찬 : 조용들 하십시오.

선규 : 토론을 하십시오. 반대를 해도 좋습니다. 우린 지금 어려운 일을 앞에 놨으니만큼 모두 흉금을 다 털어 놓고 기탄없이 이야기를 해서 사상적 준비를 단단히 갖춰야 되겠습니다.

사이

원찬 : 토론하십시오.

찬화 : ……

원식 : ……

원찬 : 자, 찬화 아저씨?

찬화 : 내가 토론 할 줄 아나?!

영호 : 토론을 못 하겠으면 말을 하게나.

찬화 : (느리게) 말도 할 줄 모르네.

영호 : 건 "말"이 아니구 "손"가?

웃음 소리.

원찬 : 롱담들은 그만 두시고 말씀들 하십시오.

원식 : 난 반대요.

찬화 : 나두 반외다.

원찬 : 좋습니다. 누구 또 다른 분 토론하십시오.

성인 : 반대하는 사람은 반대하는 리유를 똑똑히 밝혀서 말해 보시오!

영호 : 호룽개 둑지기한테 고수래 떡 부스러기라도 한 쪼각 얻어먹은 게지.

영관 : 반대하는 걸 그렇게 탓하면 회읠 뭘 하러 열었나? 그냥 하고 말 게지.

선규 : 옳습니다. 반대하는 의견도 있을 수 있습니다. 반대한다고 당할 건 못 됩니다. 우리는 다만 반대하는 분들을 잘 해설 설복해야 합니다.

성녀 : 해설 설복도 분수가 있지. 그따위 작자들은 조합에서 내쫓고 말어.

영호 : 아주머닌 왜 걸핏하면 내쫓자는 말만 합니까?

성녀 : 그럼 저 따위들을 그냥 내버려 두잔 말요? 조합 체면 깎이게 ……

영호 : 그렇게 다 내쫓고 말면 조합에 남는 사람 많겠소.

성녀 : 다문 한두 사람끼리라도 똑똑한 사람끼리 해야지.

영호 : 그럼 조합 만들어 뭣 하게?

익수 : 야 원 정말 회의가 문란해서 안되겠습니다. 사담은 절대로 그만 둡시다.

성녀 : 아, 이게 사담이야? 조합 이야기지.

익수 : 그럼 정식으로 토론하셔야지 그렇게들이 옥신각신하면 회의가 됩니까?

성녀 : 관리 위원장이 좌담식으로 하자고 그러지 않았소? 괜히 그러고 있네.

웃음소리.

동숙 : 제가 토론하겠어요. 전 지금 혜숙 어머님 말씀을 듣고 누구보다도 가장 가슴이 찔렸습 니다. 정말 우리가 앞으로 잘 살 수 있는 기본 토대를 만드는 이 호룡개 개수 공사를 반대하는 사람은 조합원의 자격이 없는 사람이라고 저도 생각해요. 전 정말 조합원 여러분을 대하기가 부끄럽습니다. 저의 아버지

는 처음에 조합 조직 당시에도 적극 반대 하시다가 겨우 조합에 들어 가지고는 오늘 또 호룽개 공사를 반대하고 있습니다. 난 정말 창피스러워 못 견디겠어요. (울먹울먹 한다) 난 그때 정말 다른 데로 떠나구 말 았으면 좋을 뻔 했어요.

영관 : 누가 언제 조합에서 나가겠다고 했냐 거 괜히 쑹얼거리구 있구나.

원찬 : 좋소. 앉으시오. 동무 아버진 그러시다가도 막상 공살 시작하면 누구 보다두 열심히 일 하실 분이요. 지난 겨울에도 얼마나 더 열심히 조합 일을 했나, 자급 비료 수집에 동무 아버지가 조합원 중 일등이 아니었소.

해주 : (일어서며) 제가 좀 토론하겠습니다. 저는 오늘 호룽개 개수 공사를 토의하는 이 회의 에 참가해서 정말 감개무량합니다. 호룽개 량가역에 논을 부치는 사람은 누구나 다 겪은 일이지만 이 동네 농민들은 정말 지난 수천년 동안 이 조고만 개울 때문에 숫한 고난을 격고 눈물을 흘렸습니다. 저는 지금부터 한 열댓 해 전 일이 생각납니다. 그 해도 호룽개가 범람해서 이 삭받이 때 우리 논도 침수돼서 벼는 거의 거두지 못하고 말았 습니다. 그런데 경조기 때문에 가을에 가서 지주는 도지를 독촉하지요. 물것이 있어야지요. 결국은 가을에 가서 지주네 도지도 물지 못하고 엄동설한에 기어이 집행을 당하고 집을 쫓겨 나오고 말았습니다.

지금 여기 앉아 계시지만 신영호 아저씨가 그때 당신네 방을 빌려 주셨고 동네 분들의 도움을 받아서 겨우 목숨만은 붙여 왔습니다만은 …… (목이 메여 말을 못한다) 호룽개는 나에게 이렇듯 원한 많은 개울이었습니다. 그 뿐만 아니라 해방이 돼 가지고도 해마다 본바닥 사람으로서는 호룽개 성화를 안 받은 이들이 없을 줄 압니다. 지금 이 자리에 서 호룽개 공사를 반대하는 몇 분도 반드시 이 호룽개 때문에 많은 피해를 받았을 줄 압니다.

그런데 왜 이 호룡개 공사를 반대하십니까? 나는 진심으로 이분들에게 가슴에 손을 얹고 잘 생각해 보시라고 권하고 싶습니다. (앉는다)

장내 엄숙해진다.

혜숙 : (일어서며) 제가 토론하겠어요. 지금 해주 언니의 토론은 우리들의 맘을 몹시 흔들어 줍니다. 우리가 호룡개 성화를 다시 받지 않고 잘 살며 부농들에게 눌리지 않기 위해서 하자는 이 공사를 지금 몇 분이 반대하는데 그 분들이 반대하는 그 속심을 알 수 없어요! 우리 언제 로력이 남아돌아가길 기다려서 공살하겠어요. 없는 로력을 짜내 서라도 해야죠. 난 반대하는 분들이 이런 걸 좀 깊이 생각을 했으면 좋겠어요. 그러나 우리 어머니가 반대하는 분들을 자꾸 내쫓자고 말을 하시는 데 그건 잘못된 생각이라고 말하고 싶어요. 세포 위원장 해설과 같이 그런 사람일수록 다 교양을 줘야 된다고 생각해요. (앉는다)

영호 : 어머니보다 낫다니 ……

성녀 : 넌 뭘 안다고 지껄이고 있니? 좋은 일을 반대하는 사람은 적대분자다.

혜숙 : 그분들이 어데 적이나요.

성녀 : 조합 사업을 반대하는 게 적이지 그럼 뭐야?

선규 : 의식적으로 반대하는 건 적이지만 몰라서 반대하는 건 적이 아닙니다.

영호 : 아주머니 모양으로 조금만 잘못해도 다 내쫓는데서야 어디 조합이 부지해 내겠소 …… 나는 아주머니 같은 사람이 조합에서 나가야 할 것 같소.

성녀 : 아니, 뭐 어째! 저 놈의 두상이.

혜숙: 아이 어머니!

성녀: 다시 한 번 말해 봐!

영호: 몇 번인들 말 못하리.

원찬: 그만들 두시오. 무슨 일들이요.

성녀: 임자 같은 건 정말 내쫓아야 해. 조합에 귀중한 소를 얘기잖고 함부로 부리는 따위 …… 누가 바람이라고 이름을 잘 지었지 ……

웃음소리.

이때 동구 들어온다.

원찬: 어서 오게.

동구: 회의 시작한 지 오랬나?

원찬: 한참 됐네. 지금 막 호룡개 개수 공사 문제를 토의하던 중일세.

동구: 군에서 늦어서 이제야 나왔네.

선규: 그래 알아보았소?

동구: 예. 가서 알아보니 누구 다른 고자 바친 사람이 있습니다.

원찬: 뭔데요?

선규: 전번 가마니 독촉 문제 때문에 누가 군에 반영한 사람이 있어서 …… 리 위원장 동문 관리위원장 동무를 의심하기에 내가 그렇지 않다고 군에 가서 알아보라고 했댔습니다.

동구: 단단히 혼을 내서 버릇을 가르쳐 줘야지 안 되겠습니다.

리령감: 그 문제라면 내가 읍에 들어갔다가 얘기 했드랬소.

동구: 나도 알고 왔습니다. 령감 대체 그런 법이 어데 있소!

리령감: 리 위원장은 그런 법이 있어서 가보니 못했다고 아닌 밤중에 사람들을 밤새도록 벌을 세웠소?

영환: 나두 한 마디 해야겠소. 나중에 알아보니 가마니 수대 기일은

2월 말까지라는데 리 위 원장은 1월 말까지라고 하면서 1월 말 안으로 못하는 사람은 법적으로 처벌을 받아야 한다고 땅땅 울려댔소.

동구 : 그럼 령감은 잘했단 말이야? 왜 남 다하는 가마닐 못하고 있었나 말야.

복순 : 한 가지 묻겠어요. 저도 독촉하는 방법은 옳지 않다구 생각해요. 물론 독촉하는 거야 좋은 일이지요. 그런데 그날 저녁에 붙들려 가서 혼난 사람은 똑 우리 조합 사람들뿐인데 그건 웬일이나요? 이 동네 개인농 가운데서도 못한 사람들이 수리 많았는데 그 사람들은 왜 그냥 내버려 두었나요.

웅성거린다.

동구 : 조합원들은 모든 일에 모범이 되고 선봉이 되야겠기에 그랬소.

영호 : 과연 모범적 선봉적 역할하기가 저렇게 벌까지 선봉적으로 서야 되나요?

웃음소리.

선규 : 그 문제에 대해선 앞으로 나도 할 말이 좀 있습니다. 그리구 오늘 리 위원장동무의 태도는 옳지 않다고 봅니다. 군에서 상부에서 지적을 받았으면 자기 잘못을 뉘우치고 과오를 시정해야지 반영시킨 사람을 추궁하려는 것은 당적 태도가 아니라고 봅니다.

원찬 : 자, 회의를 계속하겠습니다. 누구 또 토론해 주십시오.

성인 : (일어서며) 간단하게 토론하겠습니다. 공사를 반대하는 사람들에 대해선 저는 최성녀 아주머니와 같은 의견입니다. 오늘 이

마당에서 공사 자체를 반대한다는 것은 조합 사업을 파괴하자는 것이라고 생각합니다. 우리는 피눈물 어린 과거로 돌아갈 수 없습니 다. 그러므로 나는 이런 분자를 단호하게 조합에서 제명해서 사상의지 통합을 보장하 구조합의 순결성을 백방으로 보장하는 것이 좋을 줄로 생각합니다.

선규: 동문 언제나 극단으로 흐르는 경향이 있소.

찬화: (일어서며) 그럼 내가 한 마디 합시다.

영호: 흥! 아까는 토론도 말도 못한다드니 ……

찬화: 호룽개 공사를 하든 말든 그 일에는 나는 상관하지 않겠소 …… 하여튼 나는 한 해 더 개 인 농사를 할 생각이기 때문에 조합에서 탈퇴하겠소.

사방에서 일어서며 웅성거린다.

선규: 여보시오. 앉아들 계시오.

찬화: 들고 나는 건 자원적 원칙이랬으니 그만두고 나가겠소.

원식: 갑시다.

두 사람 앉는다.

복순: 제가 한 마디 하겠습니다. 단 공사를 반대하고 찬성하는 건 각각의 자유이며 또 있을 수 있는 일이라고 생각합니다. 그러나 나는 두 분의 태도에 이상한 점이 있다고 생각 합니다. 여러분 이 보신 바와 같이 두 분은 오기도 함께 오시고 저렇게 앉기도 함께 앉으시고 반대하는 리유도 꼭 같습니다. 어느 누구보다 난 두 분이 무슨 속이 있는 것 같습니다.

성녀: 옳아. 꿍꿍이속이 있는 일이야. 뒤에서 누가 줄을 잡아당기는 놈이 있어 ……

몇 몇 사람들이 "나 좀 토론하겠어요" 하며 일어난다.

원찬 : 잠간 앉아들 계십시오. 공사를 계획대로 집행하는 데 반대하는 분들 생각이 어떻습니까?
정균 : 어데 동숙이 어르신네 말씀해 보세요.
영관 : 난 하자면 해. 리치가 그렇단 말이지.
원찬 : 그럼 호룽개 공사를 계획대로 진행하는데 대해서 찬성하는 조합원 거수해 주십시오.

찬화, 원식을 제외한 사람들 손을 든다.

원찬 : 내립시오. 반대하는 사람?

찬화, 원식 손을 들지 않는다.

원찬 : (그들에게) 거기는 반대한다면서 왜 손을 들지 않소?
원식 : 우리는 탈퇴한 사람이니 그거나 빨리 결정해 주시오!
원찬 : 그럼 호룽개 공사는 실행하기로 결정 됐습니다.

박수 소리.

원식 : 이제는 우리 문제를 해결해 주시오.
원찬 : 그래 두 분은 기어코 나가겠소?
찬화 : 한 해 더 개인 농살 더 할 생각이 있네.
원식 : 나두 한 해 더 혼자 농사를 지어 보겠소.
영호 : 저런 벽창호들 봐.
성녀 : 나가라 당장 나가라!
원찬 : 두 분께서 다시 한 번 내 말을 들어 보십시오. 두 분께서 조

합을 나가려는 것은 잘못입니다. 조합이 누구를 위한 조합입니까? 우리들 빈농민 …… 두 분과 같은 빈농들이 잘 살자는 조합이 아닙니까. 우리 같이 단합해서 농사를 져 봅시다.

찬화 : 여보게, 원찬이. 길게 말 할 것 없네. 나는 나가겠네.

원식 : 나도 나가겠소.

성녀 : 기어코 나가겠다는 사람 잡을 것 없어!

소리 : 그렇소!

원찬 : 아저씨들 어떻습니까? 내 말대로 그대로 조합에 남아서 ……

찬서 : (벌떡 일어나며) 어! 그 사람 추근추근히도 구는 구나 …… 나가는 드는 건 내 자유가 아닌가? 난 가겠네. (나가려고 한다)

원식도 따라 나간다. 원찬, 선규 다시 몇 사람이 잡고 만류하나 그들은 뿌리치고 나간다.

성녀 : 한 평생 백찬서네 방앗간 고지기나 해먹다 자빠져라!

장내 한동안 흥분으로 소란하다.

성인 : (일어나며) 제의가 있습니다. 저 두 삼이 퇴장을 한 데 대하여 총회는 조합에서 그 두 사람을 제명할 것을 제의합니다.

몇 사람 호응한다.

원찬 : 여러분 나는 그 사람들을 조합에서 내보내는 것을 서두를 필요 없다고 생각합니다. 아마 그 사람들이 지금은 잘못 생각하고 퇴장했지마는 멀지 않아 다시 조합에 돌아 올 때가 있을 것입니다. 우리는 그대를 참을성 있게 기다립시다. 그래서 나는 그 사람들 의 탈퇴 문제는 보루해 두자는 의견입니다!

여러 사람 호응한다.

복순: 그런데 저 정미소 집과 논끼리 바꾸기루 한 건 딱딱이 규정을 지었나요?

성인: 아까 관리 위원장 동무가 말씀하신 바와 같이 대강 승낙을 받았습니다.

복순: 어떻게요?

성인: 그저 주길 하나 바꾸기나 하는 게야 안 될게 뭐냐구 하셨으니까 문제없을 겁니다.

복순: 사람의 일이 어떨지 모르구 난 거 이제라두 어느 논자리와 꼭 바꾸기루 한다구 서두 계약을 했으면 좋을 것 같애요.

영호: 옳은 말이야. 만사는 불여튼튼히라고 막판에 가서 만약 안 바꿔 준다구 나오면 큰변 아닌가.

선규: 옳습니다. 그렇게 해야겠습니다.

원찬: 네. 내가 래일 중으로 규정을 짓겠습니다. 그러면 끝으로 제가 몇 말씀 하겠습니다. 오늘 저녁 우리 총회는 정말 교훈적인 회의라구 생각합니다. 여러분도 아시다싶이 오늘 저녁 두 명의 조합원이 탈퇴하려고 했습니다. 총회장에서 퇴장했습니다. 물론 이 두 사람은 동요 분자로 인해서 우리 사업이 지장이 될 수 는 없습니다. 그러나 여기서 우리가 알아야 할 것은 아직 우리 농민들 속에 낡은 개인 리기주의 사상과 노예근성이 완강히 자리 잡고 있으며 우리 조합을 음으로 양으로 파괴하려는 적들의 암해가 의연히 작용을 하고 있다는 것입니다. 다음으로 우리 조합 호룡개 공사는 우리 조합 발전의 기초 공사로서 이 공사를 하지 않고서는 우리는 당과 국가가 요구하는 많은 알곡을 도저히 생산 할 수 없습니다. 이 고장 사람들이 오래전부터 이 개울의 성화를 죽두룩 받으면서도 감히 이 개수 공사를 할 념도 하지 못한 것은 우리의 힘이 단

합되지 못한 개인 경리이었던 까닭입니다. 그런데 오늘 우리는 단합된 힘을 가지고 서로 우리 조상들이 꿈도 꾸지 못한 이 공사를 착수하려 하고 있습니다. 이것이 정말 협동 경리의 우월성이 아니고 무엇입니까. 여러분, 우리가 지금 살고 있는 이 고장은 우리 조상들 의 피땀이 뿌려진 땅이며 특히는 지난 후퇴시기에 우리들의 부모처자들의 피가 밴 귀 중한 땅입니다. 이 땅은 지금 우리에게 자기가 간직하고 있는 무진한 곡물 자원을 최대한으로 발굴해 가기를 바라고 기다리고 있는 것입니다! 자, 여러분 우리는 우리의 모든 힘을 다 바쳐 우리 조합이 국가의 한 개 대 곡물공장으로 되게 하기 위하여 호룡 개 공사 완수에로 한결 같이 나아갑시다.

제二장

1954년 5월. 호룡개 공사 현장. 무대 좌우로 둑이 지나갔고 한편에는 쉬는 막이 있고 벽보판, 구호판들이 있다. 버드나무 몇 그루.

밤이다. 조합원들 질통을 지고 왔다갔다 한다.

정균 : (앞선 혜숙을 다르며) 다궈라!
혜숙 : 아이 미끄러지겠어.
정균 : 철 아닌 비는 왜 와 가지고…… 주의하고. (빨리 간다)
혜숙 : 념려 말어. (서로 빨리 나간다)

최성녀, 지동숙 량편에서 나와 마주친다.

동숙 : 아주머닌 밤중에는 좀 쉬시지 않구요.

성녀 : 아직 멀었다. 아무려면 내가 일에야 너희 따위 풋내기들한테 지겠냐?

동숙과 성녀 퇴장. 영관과 영호 마주친다.

영관 : 담배를 좀 주게.
영호 : 담배 좀 가지고 다니게.
영관 : 오늘 저녁 안으루 비가 또 올 것 같지?
영호 : 금시 쏟아질가 보네.
영관 : (성냥을 그어 불을 붙이나 바람에 꺼진다) 앵이, 바람은 왜 지랄이야 ······ 비가 더 오면 어쩐다 가뜩이나 일이 엄청나게 뒤떨어진 판에 일이 될 게 뭐야.
영호 : 그래두 끝까지 해 봐야지?
영관 : 해 보나마나 뻔하지. 날자는 며칠 안 남았는데 계획은 절반도 못했으니 이거 야단인데.
영호 : 원 이렇게두 답답하다구야.
영관 : 이 통에 비까지 오면 더 탈이지.

두 사람 지나가고 해주가 얼굴이 창백해진 원찬을 부축해서 들어온다.

원찬 : 글쎄 괜찮대두요.
해주 : 동숙아! 동숙이 왔니?
동숙 : (소리) 예!
해주 : 얼른 좀 와!
동숙 : (나오며) 왜요?
해주 : 무슨 약 좀 가지고 나왔나?
동숙 : 아니 어디 다치셨어요?
해주 : 위원장 동무가 현기증이 일어나서 ······

원찬: 괜찮아, 좀 쉬면 낫겠지.

동숙: 너무 과로해서 그런 거예요. (막 안에서 손가방을 가지고 와서) 나 주사를 한 대 놔 드리지요.

원찬: 주사는 무슨 주사 그만 둬.

동숙: 캄파를 한 대 맞으시면 좋아요. (주사를 놓는다)

해주: 동숙이가 이럴 때는 참 요긴동이란 말야!

원찬: 가을엔 우리 조합에 진료소를 내고 동숙일 제창 소장으로 앉혀야 겠군……

해숙: 그렇지 않아도 동숙이는 의사 시험 칠 준비를 하고 있는 걸요.

동숙: (주사를 끝내고) 됐어요.

해주: 들어가 좀 쉬세요.

원찬: 일 없어요.

동숙: 들어가서 쉬시는 게 좋겠어요.

원찬: 글쎄 괜찮다니까……

동숙: 그럼 잠시 안정이라두 하세요.

해주: 동숙이, 수고했어! (원찬에게) 정말 좀 쉬셔야겠어요. 일이 몰려야단인데 무리하다가 아주 몸저 누시면 조합 일이 랑패가 아니예요.

원찬: 그럼 여기서 잠시 내 혼자 쉴테니.

해주: 가 보겠어요.

원찬 누워 담배 한 대를 붙인다.
해주 퇴장하고 혜숙과 정균 나온다.

정균: 다궈라!

혜숙: 아이 그러지 말어요. 우리 어머니가 보시면 꾸지람해요.

정균: 뭐?

혜숙: 오늘 낮에도 동무와 깡패했다고 욕먹었는데 ……

정균: 젠장 …… 혜숙이 엄마는 왜 날 못마땅해 그러나?

복순: (들어오며) 오빠 어디 계셔요?

원찬: 여기 있다. 왜?

두 사람 놀라서 급히 나간다.

복순: 좀 어떠세요?

원찬: 괜찮다.

복순: 오늘부터는 찬서네 논에다 둑을 쌓아야지요.

원찬: 벌써 쌓기 시작했다.

복순: 찬서하고 분명히 아귀를 졌나요?

원찬: 짓잖고 …… 왜?

복순: 글쎄 지금 나오다 보니까 찬서네 사랑에서 찬화 령감하고 원식 아저씨가 소를 내다 매고 연장을 통구리고 있잖아요! 그래 밤에 어딜 가시느냐고 물으니 리에서 봄갈이가 늦었다고 독촉이 와서 밤에 아랫들로 논갈러 간다고 하잖아요.

원찬: 아래들로?

복순: 찬서네야 여기에는 저 논자리 하나 밖에 더 있나요.

원찬: 네가 잘못 들은 게지 ……

복순: 아니예요. 내가 재우쳐 물어봤는데 분명 아래들 논이라고 그래요.

원찬: 그자들이 그럼 잘못 말했나?

복순: 요즘 찬설 다시 안 만났지요?

원찬: 안 만났다.

복순: 만났더면 좋을 뻔 했어요.

원찬: 만나 보나마나지 한 달 전에 성인일 시켜 바꿀 논까지 알려줬는데.

복순 : 그래요?

해주 : (들어오며) 여기에요. 관리 위원장 동무 중앙에서 한 번 오셨던 로동신문 기자 선생이 오셨어요.

기자 : (들어오며) 위원장 동무 안녕하셨습니까. 몸이 좀 편찮으시다드니.

원찬 : 아, 이거 기자 동무 어서 웝시오.

기자 : 저녁차에 내렸습니다. 밤에까지 수고를 하시누먼요?

복순, 해주 서로 보며 슬며시 나간다.

원찬 : 예. 공사가 예정대로 진척이 잘 안돼서 지금 애를 먹고 있습니다.

기자 : 중앙에서는 이 공사를 아주 주목하고 있습니다. 올해 조합을 시험적으로 운영하는 덴 많지만 이런 하천 정리 사업까지 하는 조합은 몇 군데 안 되니까요.

원찬 : 우리는 어떻게 해서든지 이 공사를 예정대로 해 재기자고 노력하고 있습니다.

기자 : 그런데 이 공사에 열성을 발휘하고 있는 조합원을 몇 사람 만나 봤으면 좋겠는데요.

원찬 : 글쎄 모두가 열성이니까 누굴 특별히 ……

기자 : 그중 특징적인 사람을 두어만 ……

원찬 : 지금 기자 동무를 안내하고 왔던 동무가 좀 특징적이라고 할 수 있지요. 공사가 시작 된 뒤 오늘까지 하루도 안 빠지고 또 언제나 남보다 반시간씩은 일찍 나오니까요.

기자 : 가정환경은?

원찬 : 유가족입니다.

기자 : 좋군요.

정균 지나간다.

원찬 : 그리고 저 청년요…… 이때까지 작업량을 그중 많이 한 것은 저 청년의 패거립니다. (한 편 작업장을 손으로 가리키며) 저기 삽질하는 처녀가 있지 않습니까. 저 처녀와 짝팬 데 지금까지 대체로 평균 수행량의 200프로 이상씩 하고 있습니다.

기자 : 이름이 무엇입니까?

원찬 : 신정균, 김혜숙입니다.

기자 : 그밖엔 또?

원찬 : 리 령감이라고 곡산에서 온 입주민인데 오십이 좀 넘는 이로서 여지껏 하루도 안 빠지고 나왔습니다.

기자 : 그 로인은 어데 있습니까?

원찬 : 어디서 일하고 있을 것입니다.

구름이 더욱 모여 들고 바람이 분다.

원찬 : 허이 날이 궂일 모양인가?

기자 : 아까 읍에서 일기예보를 들었는데 서해안 일대에 비가 좀 많이 올거라고 합디다.

원찬 : 그래요! 야단인데 공사 도중에 큰비가 더 내렸다간……

기자 : 그럼 나는 저기로 가서 그 동무들을 만나 보겠습니다.

원찬 : 같이 갑시다. (나간다)

성녀 : (들어오며) 리 위원장은 왜 코등도 볼 수 없소?

영호 : (따라 나오며 퉁명스럽게) 낸들 아오.

성녀 : 검사 위원장이 그걸 몰라. 무슨 애기들이 들고 있는데.

영호 : 왜 몰라 누굴 등신인 줄 아나?

성녀 : 뭐 탐오했다면서?

영호 : 왜 이리 주책없이 큰 소릴……

성녀 : 큰 소린 뭐가 큰 소리야. 그렇단 말이지 ……

두 사람 나간다. 혜숙, 정균 나온다.

혜숙 : 아이구 저 우리 어머니 아니야? 천천히 가.
정균 : 힘들지?
혜숙 : 아니 허지만 좀 걱정이야.
정균 : 걱정은 무슨 걱정 힘을 버쩍 내라구 래년엔 고사리 골에다 목장이랑 과수원이랑 더 벅 찬 일을 해야 할텐데.
혜숙 : 고사리 골에다 래년에?
정균 : 응.

이때 원찬 나온다.

원찬 : 정균이와 혜숙인 웃골 둑 쌓는 데로 가 보라고 ……
정균 : 네.

두 사람 나간다.

익수 : (나오며) 관리 위원장 예 있었나?
원찬 : 나오세요? 오늘은 어떻습니까 파종이 ……
익수 : (머리를 긁으며) 야단났어? 파종사업이 영 진척이 안돼서 춘경도 뒤떨어진데다가 이 공사까지 ……
원찬 : ……
익수 : 내 그러기 첨부터 이 공사를 달갑게 생각 안했지 …… 좋기야 좋은 일이지만 아직 우리 실력엔 부치는 일 아닌가. 그럼 이 공사에다가 잔뜩 로력을 처넣어서 춘경사업이 늘어지니 파종 사업도 지연 될 밖에.

원찬: 부위원장 동무가 지금 와서 그런 소리를 하면 어떡합니까?

익수: 일이 딱하니 그렇지. 로력 문제가 해결 안 되면 랑패야. ······ 우리가 암만해도 뱁새가 황새 걸음 할랴던 것 같애!

원찬: 세포 위원장이 해결해 가지고 올 겁니다. 뜨락또르 문제랑 ······

익수: 뜨락또르라도 와 줘야지 그것마저 안 오면 ······

원찬: 그런데 오늘 밤 비가 더 온다니 이게 야단입니다.

원식, 찬화, 리령감 등이 떠들며 온다.

원찬: 왜들 그러시오?

리령감: 이 사람들이 지금 우리가 둑을 쌓는 논을 일부러 갈러 오지 않았소.

원찬: 뭐요?

리령감: 내가 나오다 보니 이 사람들이 어둑시 그러한 데서 저 논 끝에다 보습을 대지 않겠소. 그래서 한참 힐난을 하다가 이리로 데리고 왔소.

영관: (들어온다) 무슨 일을 그렇게 얼떨떨하게 해가지고 말썽인가 ······ 내 그러기에 그만 두자고 하잖았나! 집에 들어가서 잠이라도 사야지 ······

원찬: 가만 좀 계시오. (찬화에게) 이거 무슨 짓이요?

찬화: 우리 사촌이 갈라고 해서 ······

원찬: 찬서가? 그냥 들어들 가시오. 내가 뒷처린 할 테니.

찬화: 허, 참 ······

영호: (오며) 뭐야?

원찬: 찬서가 바꾸기로 한 논을 사람시켜 갈러 보냈소.

영호: 뭐야?

원찬: 어서들 그냥 들어가시오.

찬화: 나는 우리 사촌의 논을 갈러 왔으니 사촌의 말을 듣기 전엘 못 들어가겠네……

영호: 사촌의 논? 조합 땅이지 사촌의 땅이야?

찬화: 이거 게시니 고기라도 먹었나 왜 이래 돼지 목 따는 소릴하고 야단인가?

영호: 뭐야 이 자식, 너도 이 논이 조합 논하고 바꾼 줄 알지!

찬화: ……

영호: 그래 알면서 우리하고 한 번 맞서 보자는 게지. 어데 한 번 맞서 보자.

원찬: 아저씨 그만 두시오. (찬화에게) 어서 그만 들어들 가시오.

원식: 들어갑시다. 괜히 고래싸움에 새우 등 터질 맛이야 있소?

원찬: 들어가서 찬서더러 앞으로는 다시 그 따위 짓은 하지 않는 게 좋겠다고 이르시오.

찬화: 거 참.

찬화, 원식 나간다.

영호: 어찌겠나!

원찬: 어쩔 것 있나요. 계획대로 그 논을 매야지요. 가뜩이나 로력이 부족한데 둑을 빙빙 돌 아 쌓을 수는 없습니다.

영호: 찬서란 놈이 죽일 놈이야. 저 논배미네 둑을 쌓는 날을 택해서 일부러 싸움을 걸고 들 거던……

익수: 그런데 그 자가 끝끝내 못하게 하면 결국 공사를 중지해야 하잖나?

원찬: 그 일은 내게 맡기시고 어서 일들을 계속하십시다. 참 익수 아저씬 빨리 가셔서 춘경에 동원된 조합원들을 나오도록 해 주십시오. 그리고 동구 동무한테 가서 비가 더 오면 지금까지의 공사가 허사가 될 우려가 있다고 잘 말씀하셔서 리민들을

좀 동원시키 도록 말씀해 보십시오. 비가 더 왔단 정말 큰일 나겠는데 ……

익수 : 동구 그 사람 말을 들을가. 하여간 그래 보지.

모두들 나간다. 기자온다.

원찬 : 만나 보았습니까?

기자 : 예. 만나봤습니다. 아주 좋은 청년들인데요. 내가 소설가라면 아주 재미있는 소설을 하나 쓰겠는데 ……

원찬 : 그들은 벌써 실제로 재미있는 소설을 쓰고 있을 겝니다. 그들은 서로 사랑하고 있는 사이니까요.

성녀 : (지나가다 듣고) 그건 누구 얘기요?

원찬 : 아니, 아무 것도 아닙니다.

성녀 : (나간다)

원찬 : 리 령감을 만나봤습니까?

기자 : 안요.

원찬 : 바로 저기 저 분입니다.

기자 : 예. 그럼 가서 만나보고 나는 먼저 들어가겠습니다.

원찬 : 예. 그럼 다시 만나십시다.

성녀 : (지나가며) 아까 거 무슨 얘기냐! 우리 혜숙이 이야기지?

원찬 : 아니요!

성녀 : 아니긴 뭐가 아니야. 어젠 정균이 놈과 짝패를 못 하게 해야지! 어데 신랑감이 없어서 그런 바람 령감의 아들 따위를 ……

영호 : (지나가다 듣고) 뭐요?

성녀 나간다.

영호: (그의 뒤에다 대고 큰소리로) 당신 딸 아니면 내 아들 총각으로 늙힐 줄 아시오 힝!

이때 바람이 세차게 불며 비가 내리기 시작한다.

영호: 앗, 비가 오기 시작하지 않나?

원찬: (말없이 하늘을 노려보고 섰다)

찬서의 소리: 이 사람들! 어째서 남의 논에 둑을 쌓나?

영호: 저놈이 기어이 싸움을 걸고 왔구나.

찬서: (들어오며) 원찬이 이게 대체 어쩌자는 일이야 응?

원찬: ……

찬서: 개인 소유권 침해가 공화국 법령에 위반이라는 걸 자네도 잘 알겠지.

원찬: ……

영호: 이 사람아, 자네네 논과 우리 조합 논과 바꾸기로 한 건 동네가 다 알고 있어.

찬서: 바꾸기로 한 일은 있었지. 그러나 실제 바꾸지는 않았어.

영호: 그게 무슨 말인가? 문서계약을 안 했단 말인가?

사람들 모여든다.

찬서: 문서계약도 계약이지마는 피차 소유권 이동이 끝난 댐에 일을 시작해야 할 거 아닌가?

영호: 소유권 이동! 그런 억지의 소리 말어! 괜히.

찬서: 오늘까지 소유권 이동 수속을 전혀 하지 않기에 나는 바꿀 필요가 없어진 줄 알고 내 큰딸 신자의 몫으로 넘겨주기로 했네…… 그러니까 정식으로 논을 바꿀 생각이면 우리 신자와 다시 상담을 한 다음에 째든지 말든지 하라고……

영호 : 뭣이 어째 …… 저희들끼리 원 내구 좌수내구 잘 들 한다. 무슨 되지 않는 소리야. 그게

"둑이 터지기 시작했다" "어디야, 어디야" "웃골이다" "모래가 흘러내린다" "관리 위원장에게 알려라" "빨리 흙을 가저 와 막아라. 막어" 하는 소리들.

리령감 : 비는 이렇게 오고 오늘 안으로 당장 하지 않으면 큰 변 날판인데 그게 무슨 소리요.

영호 : (둑으로 올라가서) 아니 저게 무슨 소리야.

찬서 : 여보게 원찬이, 자넨 수 백명 시솔을 거느리고 큰일을 하는 사람이니까 리치를 잘 알 사람이 이런 경솔한 짓을 하나.

원찬 : (생각에 잠긴다)

정균 : (뛰여 들어오며) 위원장 동무! 위원장 동무! (잠간 사이) 큰 일 났습니다. 저 웃골 개울 물을 돌린 골둑이 터져 나기 시작합니다. 그쪽에 사람을 좀 더 돌려주어야 하겠습니 다.

원찬 : 벌써 그렇게 물이 나기 시작했나! 알었네. 어서 가 보게.

정균 : (다시 뛰여 나간다)

원찬 : (거기 와 있는 복순 등을 돌아보며) 기름불 방망이를 돈구고 가마니들을 그리로 날러 가도록 하라구.

복순 : 네! (하고 몇몇 사람들 나간다)

"정균아, 빨리 오게." "흙을 흙을!" "가마니를 빨리 가져와요" "거기다 거기를 막으라" "가마니가 있어야 막을 거 아니야" "왜 이리 덤벼" "큰일났네. 큰일났어" "빨리 빨리 가마니가 모자란다. 가마니, 가마니" 하는 아우성 소리들.

영관 : (뛰여 들어오며) 여보게 위원장! 일을 저지르고 말았네그려. 웃골

이 터졌으니 공사도 공사지만 논들이 묻히게 됐네. 이 사람아.

원찬 : ……

영관 : 이 사람아, 이 일을 어쩐단 말이야? 아예 이런 일을 시작한 게 잘못이지.

원찬 : ……

혜숙 : (뛰여 오며) 위원장 아저씨! 가마니가 통 모자라요.

원찬 : 조합 창고에서 더 내오지……

혜숙 : 창고에도 없대요.

비가 억수로 내린다.

"한 군데 또 터졌다" "빨리 흙 가마니를 이쪽으로 날러 오너라." "빨리 막어라. 막어." "가마니, 가마니" "누가 물속으로 들어가거라." 등의 고함 소리.

원찬 : (결연히) 동무들! 이 논배미를 곧 바로 제끼시오.

사람들 찬서의 논으로 간다. 이때 신자가 뛰여 나온다.

신자 : 어느 놈이 내 논을 째. 못 짼다. 못 째. (그쪽으로 뛰여 간다)

성녀 : (따라가며) 이것아, 덤비지 말아.

신자 : 내 논을 째려거든 내 몸뚱이를 묻어라. (논으로 뛰여 간다)

성녀의 소리 : 썩 비키지 못해!

신자의 소리 : 묻어라! 날 묻어라!

성녀의 소리 : 원 이런 생떼를 부리네.

신자의 소리 : 묻어라.

찬서 : 이 사람 원찬이, 저래도 일을 하겠는가?

원찬 : ……

동네 사람들 오, 육 명이 삽, 가마니를 메고 뛰여 나온다.

동네 사람一 : 원찬이 큰수고 하네. 비가 와서 공사가 위태할 것 같내. 우리도 좀 도와 줄가 해서 왔네!

원찬 : 그래요 참 고맙습니다!

동네 사람一 : (같이 온 사람들에게) 자, 빨리 가서 일을 도와주자!

사람들 뛰여 나간다.
"물이 불어온다. 물이" 하는 고함소리.

찬서 : 이렇게 인권을 유린하고도 둑을 낼려면 내봐!

원찬 : ……

익수 : (뛰여 온다) 원찬이, 동구 그 사람은 술상을 턱 받고 앉아서 비가 쏟아지는데 리민을 어떻게 동원하겠는가고 딱 잡아떼고 움직이지 않는구나.

원찬 : ……

"물이 불어온다. 불어!" 하는 고함소리.

영호 : 정균아, 이쪽을 막아야겠다. 이쪽이 먼저 나온다.

정균 : 네. 알았어요.

선규 등장

선규 : 관리 위원장 동무! 지금 돌아옵니다.

원찬 : 수고했습니다. 갔던 일은?

선규 :　네, 임경소에서 봄갈이 도우러 모레부터 뜨락또르를 보내주기로 계약이 됐습니다.

원찬 :　그래요!

익수 :　이제야 돌아 왔구나……

선규 :　그리고 우리 조합이 이 공사를 당에서 중요시하고 직접 도와주라는 상급 당의 지시가 있어 군당에서는 오늘 회의를 열고 일기예보를 고려해서 오늘 밤중으로 정부원 50명 과 농전 학생 100명을 즉시 파견하여 공사를 원조하기로 결정했습니다.

원찬 :　네?

익수 :　게 정말입니까?

선규 :　응원 로력이 지금 오고 있습니다.

원찬 :　그렇습니까. (선규를 힘껏 껴안으며) 세포 위원장 동무, (익수의 손을 잡으며) 아저씨, (소리를 높이) 동무들 기뻐하시오. 군당에서 우리 공사를 도와주기 위해서 로력 협조 대 150명을 보내 주었습니다.

군중들의 환호소리 높다.
트럭소리.

원찬 :　협조대가 도착했습니다. 우리가 오래 동안 그렇게 애쓰던 이 공사는 당의 원조에 의해 서 오늘 밤 안으루 다 해 제끼게 된 것입니다. 동무들! 기름불을 더 많이 밝히시오. 당에서 보낸 협조대를 맞이합시다.

트럭이 도착하여 협조대가 쏟아져 들어온다.
군중들은 더욱 환호한다.
군중들 노래 높이 부른다.
찬서와 신자 군중들에게 위압되여 꽁무니를 뺀다.

협조대들이 합창을 부르며 타고 오는 화물차 소리 요란하다. 협조대의 합창과 조합원들이 부르는 노래 교차된다.

—막—

제三막

1956년 4월.

관리 위원회 앞마당에 정균, 혜숙, 동숙과 다른 청년 남녀가 앉아서 황해도 민요 "장산곶 나루"를 부르고 있다.

혜숙 : 이 노래 참 좋지!?

정균 : 정말 멋있는 노래야!

혜숙 : 나는 이 노래만 부르면 웨 그런지 가슴이 뭉클하군 해.

정균 : 그 속엔 우리 조상들의 감정이 담겨져 있으니까 그렇지! 슬픈 이야기도 기쁜 이야기도 …… 우리 조상들은 이 노래를 부르면서 밭갈이를 했고 …… 이 노래를 부르면서 외적을 무찌르고 …… 참 멋있는 노래야.

동숙 : 아이 오래간만에 이렇게들 앉아 있으니까 지난 일이 자꾸 생각나.

혜숙 : 나두 때때로 그놈의 지긋지긋한 전쟁 때문에 어려워졌던 살림이 좀 나아졌구나하고 생각할 때는 의례히 조합이 첨 조직돼 가지고 첫 사업으로 저 호룽개 공사를 하다가 여기서 조합 총회를 하던 일이랑 호룽개 공살하며 애쓰던 생각이 문뜩 문뜩 난다니까 그땐 정말 힘들었어!

동숙 : 그땐 네가 목고 대장이였었지! 정균동무 다귀라 생각나?

정균 : 고진감래거든 그때 우리가 그렇게 애를 써서 호룽개 공사를

해놨기에 오늘 이렇게 잘 살게 된 것 안야! 이제 올해 랭상몰 해서 배 정당한 10톤씩 내구 고사리골 방목장에 짐승이나 몇 천 마리 놀러 다니게 하면 얼마나 멋있겠어.

동숙 : (혜숙에게) 아이 나 시험치구 온 담에 같이 고사리골에 한 번 가 보자구 경치가 참 좋 다지.

정균 : 정말 멋있어! 질펀한 산비탈에 양떼가 구름같이 몰려다니고, 허지만 장차 우리 동네만 하겠나. 인제 우리 마을은 꽃에 파묻힌 향기로운 마을로 될 거야! 새로 지은 문화주택 에선 라지오 소리가 들리고 불빛이 휘황한 구락부에서 밤마다 노래와 춤이 버러질테니. 아름답지 않아.

동숙 : 아이 그만해 둬. 그건 꿈이야.

정균 : 꿈! 꿈일 수도 있지. 그렇지만 꼭 그렇게 되고 말거야.

동숙 : 전쟁 이얘기가 났으니 말이지 저 관리 위원장하고 같은 소대에 있던 박상선이란 동무도 불원간 온다지 않아……

정균 : 응. 그 동무까지 오면 일이 멋있게 된 거야.

혜숙 황홀해서 노래를 부른다. 모두 따라 부른다.
이때 해주 아름다운 무대 의상 몇 벌을 가지고 들어온다.

해주 : 아이 동무들은 여기서 노래만 부르고 있으면 어떻게 해. 오늘 관리 위원장 동무가 오면 총회 끝에 고사리골로 래일 아침에 떠나는 이동 작업반 동무들을 위한 써클 공연이 있는 줄 알면서……

동숙 : 지금 련습하러 가려던 참이에요.

혜숙 : 아이 언니 꾸지람 말아요. 오래간만에 노는 날이니까 그랬지 뭐.

해주 : 이 의상을 빨리 대려 입고 나오라고. (웃으며) 나이 먹은 사람을 이렇게 부려 먹어야 해!

해주에게서 혜숙, 동숙 의상을 받는다.

동숙: 미안해요. 언니……

혜숙: (의상을 받고) 아이 어쩌면 이렇게 색깔이 고와……

해주: 이건 영자거야. (남은 의상 하나를 주며) 영자가 선전실에 왔겠지.

혜숙: (받으며) 나왔을 거예요. 민청원 영자도 열성이 여간이 아니예요.

해주: 참 용해! 아이까지 있는데도 써클에도 나오고 학습에도 빠지지 않거든……

동숙: 성인 동무하고 결혼한 뒤에는 딴 사람이 됐어……

해주: 관리 위원장님 아직 안 오셨나?

정균: 글쎄 이제 오실 때가 지났는데!

혜숙: 아마 양떼를 몰아가지고 오시는 게지.

지영관 들어오다가 젊은이들이 명랑하게 물러가는 것을 물끄러미 바라보다가 월남한 아들 동근이 생각이 나서 눈물을 흘리며 쓸쓸하게 나간다. 동숙이 가다가 문득 아버지의 거동을 보고 도로 들어온다.

동숙: 아버지!

영관: (딸에게 눈물을 흘린 내색을 보이지 않으려 하며) 왜……

동숙: 아버지 왜 그러서요?

영관: 뭘?

동숙: 아버지가 지금 우시는 걸 봤어요.

영관: 동숙아! 내가 울긴 왜 울어!

동숙: 오빠 생각을 하셨지요?

영관: 아니! 그깐 놈 생각을 내가 왜 하겠니!

동숙: 오늘은 오빠 생일인 걸. 제가 잊었을 줄 알아요?

영관: 그런 놈 생일이 무슨 상관이냐.

동숙 : 아버지 심정을 제가 왜 모르겠어요. 전들 오빠가 밉기만 하겠어요. 그래도 친 동긴데 …… 지금 와서 우리 살림이 이만큼 피고 아버지가 속맘으로 늘 오빠 생각하시는 걸 보면 요새는 저도 오빠가 불쌍해져요 ……

영관 : 동숙아!

동숙 : 오빠가 그놈들한테 끌려 간 건 지옥으로 끌려 간 거 아니예요 …… 끌려나 안 갔으면 여기서 깨끗이 잘못을 씻고 아버지 모시고 편안하게 살 거 아니예요.

영관 : (동숙이 맘에 격동되여) 그렇구말구 …… 그 녀석 살아나 있는지! 젊은 것들이 활개를 치고 다니는 걸 볼 때마다 난 ……

동숙 : 아버지 제가 오빠 몫까지 일해서 아버질 모실테니 오빠 생각은 그만 하세요!

영관 : 오냐! 어서 가 봐라! (나간다)

동숙은 영관의 가는 뒷모양을 한참 보다가 한숨 쉬고 나간다.
신자가 집에서 나와 읍으로 가는 길에 서서 바라다본다.

신자 : 오늘도 안 오래나? 날 속상하는 줄 모르고 ……

해주 누에 거적을 들고 나온다.

해주 : 신자!

신자 : 응. 해주야.

영자 오다가 두 사람의 담화를 듣는다.

해주 : 가깝하게 집안에만 백혀 있지 말고 이젠 녀맹에도 좀 나오고 하라고. 녀맹적으로 내려 온 과업이 여간 많지 않아!

신자 : 기분이 나야 나가지 ……

해주 : 아니 녀맹사업을 기분으로 하나. 3차 당대회 문헌 학습은 해야지 않아. 학습시간만이라도 꼭 나와 줘.

신자 : 만사가 다 귀찮아. 사람하난 오구라져 뒹굴고 있는데 내가 무슨 기분에 같이 휩쓸려 다니겠어.

해주 : 요샌 통 보이질 않던데 어데 갔나?

신자 : 어데 좀 갔어.

해주 : 그래 그럼 나가! (나간다)

영자 : 언니!

신자 : (반갑게 않게) 응?

영자 : 해주언니 말 대로 집에만 들어앉았지 말고 녀맹 사업에도 좀 참가해요.

신자 : 흥 넌 내 마음을 다 몰라!

영자 : 언니까지 자꾸 빗나가면 그렇게 된 아저씨에게 좋을 건 뭐예요.

신자 : 넌들 서방이 그렇게 되 봐. 맘이 어떻겠나.

영자 : 아저씨도 괜히 도에 가서 신소니 뭐니 다니지 말고 조합에서 그저 죽었소 하고 일이나 할 게지 ……

신자 : 그래도 명색이 리 위원장하던 사람이 그 자리에서 떨어져서 어떻게 당장 수건 막 동이고 쌍일을 한단 말이야.

영자 : 형편 돌아가는 대로 해야지. 한생진 처가집 신세만 지겠어요?

신자 : 애, 그 장한 부기 노릇이나 한다고 뽐내지 말아?

영자 : 내 말이 뭐 나대요. 아저씨가 그런 큰 과오를 범하고도 철직 정도로 일이 무사히 됐으면 뼈아프게 느끼고 반성하지는 않고 락후한 아버지하고 배가 맞아서 꿍꿍이만 하고 다니니 말이지 ……

신자 : 옳지. 인젠 아버지까지 걸고 드는 구나 ……

영자 : 아버지도 그렇지요. 밤낮 조합하고 맞서 가지고 결국 잘된 게

뭐예요. 인심은 인심대로 나고 정미손 문 닫게 되고 난 아버지도 아저씨도 다 뵈기 싫어요.

신자: 흥. 이 계집애가 나중에는 막말이로구나. 그래 넌 백씨네 딸이 아니냐.

영자: 차라리 아니면 좋겠어.

신자: 뭐. 어째 이 년아.

찬서: (등장) 아 밖에서 왜 이리 야단이냐.

신자: 아니, 저년이 글쎄 우리가 이 모양이 됐다고 이젠 다 봤나봐요.

영자: 누가 뭐랬나요. 아저씨도 괜히 도엘 가네 어델 갑네 되지도 않을 일에 돈만 없애며 돌아다니지 말고 조합에 들어가서 일이라도 하라고 했지……

찬서: 닥쳐 뭐 안다고 참견이야.

신자: 백씨네 가문하고는 아주 인연을 끊겠대요.

찬서: 뭐라고 이년이!

영자: 아버진 괜히 장참 나만 구박이야.

영자 횡 가 버린다.

신자: 아이고 분해!

찬서: 그깐 일에 뭘 또 콜짝거리나…… 에잇 망할라니까 계집애들마저 방정이라니까.

원식, 찬화 등장.

찬화: (원식에게) 자넨 취했으니 그만 집으로 가게.

원식: 나도 좀 만나고 가겠소.

찬서: 밤낮 장취로군!

원식 : 오늘이야 내가 세상에 새로 태어난 것과 같은 날이니 한잔했지요!

찬서 : 뭐?

원식 : 오늘은 댁과는 작별하러 왔소. 나도 오늘로 조합에 들기로 했소.

찬서 : 흥. 기여코 날 배반하는 구나.

원식 : 내가 댁과 무슨 피를 나눈 연분이 있다고 조합에 드는 게 배반이 된단 말이요?

찬서 : 소는 누구 주선으로 샀나?

원식 : 흥! 지금까지 속아온 걸 생각하면 내가 벽창호였소! 당신 집 일 해주다가 아직 소 값이 은행에 그대로 빚으로 남아 있단 말요! 조합에 들었더라면 소 값은 벌써 갚았지요……

찬서 : 굶어 자빠질 걸 멕여서 살려준 건 모르고……

원식 : 여보시오. 그 운혜는 백골난망이요. 인제는 족제비네 고삐에 매달린 병신 소라는 핀잔은 면하니 활개죽지가 쭉 펴지는 것 같소. (찬화에게) 령감도 하직하오…… 오래 신세를 졌으니 조합에 들어도 하직 인사는 하고 들어야지 않소? 령감도 하직하오……

찬서 : 그럼 형님도?

찬화 : (좀 미안해하며) 어쩌겠나 사람구실을 하자니……

찬서 : 형님마저 날 배반할 줄은 몰랐소!

찬화 : 미안하이……

원식 : 우리도 눈알이 바로 배겼으니 조합이 저렇게 잘 되는 걸 안 볼 수 있소? 이댁에 매였다간 백년이 가야 그 모양인데 살길을 찾아야 할 거 안요?

찬서 : 이놈아! 남 부아 돋구지 말고 당장에 내 눈 앞에서 없어져.

원식 : 여기서 백년 살래도 있을 사람 없소! 그때 당신의 꼬임에 빠져 조합에서 나온 것이 한이 되오……

찬서 : 후회 말아!

원식 : 암만 을러대 봐야 거미줄 친 정미간이 다시 돌기는 틀렸소!

찬서 : (벌떡 일어나며) 이놈이 뭣이 어쩌고 어째!

원식 나간다. 찬서 씨근거린다.

찬서 : 배은망덕한 놈 같으니 …… 그래 형님도 들고 말 작정이요?

찬화 : 가입 신청서도 냈고 래일부터는 조합에 나가 일을 하게 됐네!

찬서 : 형님! 잘 생각하셔야 해요? 내가 왜 손목을 잡고 조합에 드는 걸 말리는지 아시오? 형님 같은 이는 조합에 들면 남 좋은 일 시킨단 말요! 형님은 몰라 그렇지만 그 조합에서 이번에 새로 결정한 방조 폰드라는 게 뭔 줄 압니까? 그게 형님 같은 이가 벌어 놓은 걸 앗아다 유가족이니 후방 가족이니 하는 것들을 잘 입히고 잘 멕이자는 겁니다. 유가족 아이들에게 춘추로 양복을 해 입히고 한 사람에게 매월 400원으로부터 900원 까지 장학금을 준답니다. 또 로력자 한 사람 뿐인 사람이 비로력자를 세 사람 이상 가졌을 때는 한 명에 대해서 60 로력 일을 원조로 준답니다. 형님 같은 이가 조합에 들어가면 죽도록 일해서 남 좋은 일시키는 거지요. 자, 례를 들어 보자요. 리령감은 아이 늙은이 모두 비로력자들을 7명을 가졌습니다. 형님은 세 사람이 벌어서 그 집에다 육 칠이 42이라 420 로력일을 그 사람에게 공자로 때운단 말입니다. 이 내막을 알고도 조합에 꾸역꾸역 기어 들어가요? 벽창호 아닌 담에야 ……

찬화 : 글쎄 리령감이야 아들을 군대에 보냈으니 그만큼 도와주는 것은 떳떳한 일이지 …… 그리고 애국자 가족도 응당 돌봐주어야 할 거고 ……

찬서 : 참 형님은 인심도 좋소! 그자들이야말로 착취를 하는 놈들이란 말이요.

찬화: 사촌 같이 령리한 사람이 세상 돌아가는 품도 알 만한데 왜 그런가. 이 정미소도 조합에서 좋은 값으로 사잘 때 팔고 말지.

찬서: 그만 두시오. 이제는 형님가지 남 타이르고 있소?

찬화: 사리가 그러잖은가?

찬서: 형님도 이제 내 집에 발을 들여 놓지 마시오.

찬화: 허 이 사람은…… 그렇다고 핏줄마저 끊자나?

찬서: 다 남이요!

찬화: 그렇게 막 말할 건 아니지……

찬서 울분에 차서 담배를 뻑뻑 빤다.
이때 동구 희색이 만발해서 들어온다.

동구: 이제 다녀왔습니다.

찬서: 아 이 사람아 왜 그렇게 늦었나. 온 집안이 눈이 빠지게 기다렸네. 그래 어떻게 됐나? 고 동지를 만나 봤나?

동구: 네. 만나 봤습니다. 일이 참 잘됐습니다. 저의 억울한 사정을 듣구 곧 주선해 주셔서 여기 군 농업부 지도원으루 배치 받고 군에까지 들려서 오는 길입니다.

찬서: 응 그래. 그것 참 잘 됐네. 과연 고동지가 소문과 틀림없는 명관이로군!

동구: 아버지 말씀도 자세히 여쭸습니다. 지금 온천에서 기다리고 계시니까 빨리 가서 만나 뵈입시다.

찬서: (찬화에게) 흥 묵어리 돌도 굴러가다가 걸릴 때가 있다니. 사람이 죽으면 다들 죽는 줄 아나. 새로 온 도당 위원장 고동지가 과연 사람을 잘 알아주는 량반이거든! (한편에 쭈크리고 앉아 있는 찬화에게) 자 형님 이래두요.

찬화: 거 모를 일인데……

찬서: 들어 가세.

찬화: 흥, 고동지? 고동지? 고동지란 사람이 암만해도 사람을 잘못 보는 걸. (나간다)

익수 들어온다.

익수: 뭘 그러십니까?

찬화: 아니 아무 것도 아닐세.

익수: 오늘 저녁 총회에서 취급하기로 했으니까 있다가 저녁에 원식이와 같이 관리위원회로 오도록 하시오.

찬화: 오늘 저녁? 알겠어. 그럼 난 그렇게 알고 가네!

익수: (사무실에서 나오는 성인을 보고) 관리 위원장 아직 안 돌아왔지?

성인: 아마 저녁 안으로는 돌아 오실 겁니다.

익수: 랭상모판 문짝은 몇 개나 짰나?

성인: 아직도 일주일은 더 걸려야 다 짤 것 같애요 …… 민청원들이 써클에 동원돼서 로력이 잘 돌지를 않습니다.

익수: 엥히 그 륙상모만 해도 일품이 들어 죽겠는데 다른 데서는 하지도 않는 랭상모는 왜 또 50 프로나 해서 이렇게 사람을 볶아 대는지 몰라!

성인: 부위원장님은 암만해도 보수주의로 좀 얻어 맞으셔야 하겠는데요 …… 작년에 시험적으로 해 본 게 얼마나 잘 됐나요. 정당 7톤이면 쌀더미를 깔고 잘 판인데 그걸 왜 안하겠어요.

익수: 시험은 시험이고 …… 우리 조합의 그 많은 논에다 50프로나 했다가 잘못되면 야단이 아닌가? 농사는 그저 불여튼튼하라니까 …… 또 자금과 로력도 그렇지 …… 그렇게 돈을 많이 멕이고 품 많이 들여 소를 많이 내면 뭘 해! 조금 먹고 작은 똥 싸지 ……

성인: 알곡 증산은 왜 하라는 건가요?

익수: 시좌에 돈이 얼마나 남았어?

성인:　10만원 남았을가요.

익수:　10만원? 자금이란 자금은 다 랭상모에다 털어 넣고 이제 다른 영농자금은 뭣으로 댈려는지 모르겠어……

성인:　자금이야 달리 변통 못할라구요! 부 위원장 동무, 말씀 좀 드릴 려고 하는데요……

익수:　무슨 말?

성인:　위원장 동무가 돌아오시면 상의 하셔서 저를 고사리골로 보내 주십시오.

익수:　별안간 고사리골은 왜?

성인:　요즈음 저는 생각하는 게 많습니다. 처자가 저렇게 되고 보니 저는 과거도 있을 뿐더러 우리가 호릉개 공사를 하자고 할 때 찬화 령감과 원식 령감이 조합에서 나가는 데 저도 숨은 역할을 했습니다. 그 뒤 저는 저의 발전을 위해서 처가와 관계를 끊으려구 애를 썼습니다마는 늘 양심의 가책을 면하지 못했습니다. 그래서 저는 고사리골에 가서 로력을 하면서 더 철저히 자기비판을 해 보고 싶습니다.

익수:　고사리골로 가는 거야 좋지. 그러나 자네 자신에게 백찬서와 맘을 쓸 필요는 없어……

성인:　꼭 제 소원을 말씀해 주세요. 저도 직접 위원장 동무에게 말씀 드리겠으니 부위원장 동무도 좀 말해 주세요.

익수:　그래 보세.

이때 최성녀 등장.

성녀:　부위원장! 이거 성가셔서 일 해 먹겠소!

익수:　왜 그러십니까?

성녀:　오늘 우리 반엔 나래 엮는 사람이 다섯 사람이나 안 나왔단 말이요. 이래 가지구야 어데 계획대로 일을 하겠소. 되지 않

은 일을 강하게 내 몰 수도 없고 (가며) 그 해설이 니 설복이니 우물쭈물하지 말고 반대하는 사람은 한 방망이씩 꽉 멕여서 입을 달싹 못 하게 해야지 무슨 못할 일을 하나, 좋은 일을 하는 데야 관리 위원회서도 제꺽제꺽 해 버리고 말거지 우물거릴 게 없어요.

성녀 퇴장.

익수 : 여보게 성인이! 난 작업 현장에 나가 있을테니 관리 위원장 돌아오거든 내게 좀 알려 주게.

성인 : 네. (밖으로 나간다)

익수가 나가려고 할 때 원찬 나들이 차림으로 들어온다. 영호도 같이 온다.

원찬 : 그간 안녕들 하셨습니까? 이번 신계까지 가서 양을 150마리 아주 인수하기로 하고 왔습니다. 부위원장 동무가 열 사람 데리고 가서 몰아와야 되겠습니다.

익수 : 양?

원찬 : 네.

익수 : 아니 지금 랭상모 준비도 잘 진척이 안돼서 골치 앓는 중인데 고사리골엔 시제있는 돼지나 그냥 기르구 송아지들이나 기르면 되지 별안간 양은 또 무슨 양인가?

원찬 : 할 수 있는 것은 해야죠. 그러니까 곧 고사리골에 양사 지을 로력을 보내게 하십시오. 벌목을 하고 집을 짓고 하려면 로력을 좀 많이 들어야 하겠습니다.

익수 : 아니 무슨 로력이 있어서 게까지 돌려? 자금도 문짝 대문에 다 써버렸는데 양값은 무엇으로 물어주고?

원찬: 돈은 은행에 가서 좀 해결합시다그려.

익수: 거 자네는 무턱대고 일을 자꾸 벌여 놓으려는 게 큰 탈이로군! 뱁새가 황새걸음은 좀 그만 두자고……

영호: 자넨 또 뱁새 황새 타령인가 호릉개 공사 적에도 또 그 그러시더니.

익수: 그럼, 지금 랭상모 문제로 골치 지긋지긋이 앓고 있는데 양이란 건 또 다 뭔가? 조합 원들의 사상적 기술적 수준도 고려하잖고……

영호: 글쎄 곤난하긴 곤난한 일이네만 그럼 언제 조합원들이 사상적으로 기술적으로 준비된 다음에 무슨 일을 하겠나. 사업을 해 나가는 동안에 배우면서 해야지.

익수: 그런 무계획적 얘긴 이전 그만 두라요. 조합 농사라는 건 개인 농사와 달라 그렇게 무턱대고 할 순 없단 말이야. 세밀한 계획을 짜 가지구 해도 이 귀가 나고 저 귀가 나고 해서 잘 안되는데.

영호: 계획을 짜게. 그럼 누가 계획을 세우지 말라나, 하여간 사업을 하고 보자는 거지.

익수: 하는 게 그렇게 만만할 줄 아세요.

사이.

원찬: 부위원장 동무! 부위원장 동무의 고충은 알만 합니다. 안팎으로 곤란한 일을 도맡아서 성가실 것은 짐작하겠습니다. 그러나 우리가 언제 안온하고 래평한 가운데서 사업하겠습니까. 언제나 곤난한 것과 성가신 것을 무릅쓰고 싸워 나가지요.

익수: 것도 정도 문제지. 재작년 이때 호릉개 공사로 조합원들이 고생을 죽도록 하구서 이제 좀 숨을 돌릴가 하는데 또 난데없이 랭상모 이동 작업반이다 해서 조합원들이 응할게 뭔가, 난

감당 못하겠네.

사이.

원찬 : 부원장 동무, 이럴 때 우리가 감당 못하면 누가 감당하겠습니까. 나도 물론 호룡개 공사로 인해 조합원들이 고생한 줄 압니다. 이젠 알곡 생산에 어느 정도 기초도 잡혔고 합원들의 생활도 어지간히 향상됐으니만치 한 해 미루는 것도 좋겠지요. 그런데 우리가 이 시기에 한 해 미룬다는 건 10년 뒤 늦어진다는 것을 알아야 합니다. 편안한 세상을 우리 자손들에게 보입시다. 오늘의 우리는 뒤떨어진 우리 시대를 선진 국가와 동 련에 세우기 위한 영예로운 투쟁에 잠시도 긴장을 늦추지 말고 일하고 또 일합시다. 그러면 우리 자손들이 과연 우리 아버지 어머니들이 일을 많이 했구나 하는 소리를 하게끔 합시다.

영호 : 하세. 공연히 도리질만 하지 말고 호룡개 공사 적에도 하느니 못하느니 말이 많았지만 우리 예산대로 해 제끼지 않았나!

익수 : 에이, 난 모르겠네. 이거야 원 …… 도무지 사람이 숨을 돌리지 못하게 몰아치고 있으니 해결할 재간이 있나.

원찬 : 초급당 위원장 동문 어데 갔습니까?

영호 : 어제 군당에서 불러서 읍에 갔는데 ……

원찬 : 저의 집으로 가서 좀 더 말씀하기로 합시다.

일동 나가려고 할 때 동구 들어온다.

동구 : 원찬이 잘 있었나?

원찬 : 언제 왔나?

동구 : 아까 왔네. 좀 만날 일이 있어서 ……

원찬 : 그래, 그럼 사무실로 들어가지. (억수, 영호에게) 그럼 먼저 가십

쇼. 곧 갈테니까. (익수, 영호 나간다)

동구 : 더운데 거길 들어 가? 여기가 시원한 게 좋군!

원찬 : 그럼 앉게. (앉는다)

동구 : (걸상에 앉으며) 참 인살 못했군. 내 철직 문제를 새로 온 도당 고위원장에게 신소했던 것이 원칙 대루 해결이 돼서 군 농산 지도원으로 복직됐네.

원찬 : 그래.

동구 : 그러니 이제부터는 지도하고 지도 받는 립장에서 다시 사업을 잘 해 보세. 고사리골 이동 작업반은 잘 되나?

원찬 : 잘 되고 있어!

동구 : 거기 또 개간을 한다면서?

원찬 : 응. 사료전도 모자라고 과목도 좀 심으려고……

동구 : 거 자꾸 벌리기만 하고 어쩔려나?

원찬 : 벌릴 수 있는 대로 벌려야지.

동구 : 이 사람 원찬이, 내 친구로서 충고하네. 도에서도 말이 많아 ……

원찬 : 뭐가?

동구 : 고동지 말씀이, 자네가 일을 너무 벌려놓고 떠들어 보이려는 공명주의라고……

원찬 : (흥분을 참으며) 글쎄 벌릴 필요가 있으면 벌려야지 …… 그런데 무턱대고 공명주의란 감투를 씌우면 되나?

해주 나오다가 한편에서 듣는다.

동구 : 그렇게 말하면 귀띔해 준 보람이 있나? 자네에게 대한 말이 많으면 나는 친구로서 거북하니까 말이지.

원찬 : 날 공명주의라고 하는게 누군지 나는 알겠네.

동구 : 누군가?

원찬: 동무겠지 누구겠나?

동구: 이 사람이? 그게 나라고 하자! 그럼 자네한테 공명주의가 없나? 로력도 고려 없이 목축이네 사료전이네 과수원이네 하고 벌리고 있는 건 공명주의가 아니고 뭔가.

원찬: 자네가 뭘 안다고 그래? (감정을 누르며) 고사리골이나 가보고 말해 ……

동구: 이 사람이 비판을 그만큼 받고도 아직 정신을 못 채리지 못하는 구나. 난 친구로서 하는 말일세. 자넨 도덕적 품성에 대해서도 말이 많아!

원찬: 뭐?

동구: 해주하고 말이야! 유가족을 돕네 하고 불순한 동기가 있다고 말이야.

원찬: 누가 그래?

동구: 자신이 생각해 보면 알 일이지. (들어간다)

해주, 원찬에게로 가까이 온다.

해주: 관리 위원장 동무, 언제 오셨어요?

원찬: ……좀 전에 왔습니다.

해주: 너무 괴로워 마셔요!

원찬: 괴롭긴요?

해주: 하긴 저희 따위들이 작업반장 같은 큰일을 맡아보니 사업하시기 힘드시구 괴로우실 거예요……

원찬: 그게 무슨 소리요. 난 동무들과 같은 믿음직한 사람들과 함께 일 하는 것을 여간 기쁘게 생각하고 있지 않은데요.

해주: 위원장 동무, 그러나 만일 저 때문에 위원장 동무에게 조그만치라도 무슨 지장이 있으시다면 전 그만……

원찬: 무슨 이야기를 들었소?

해주 : 네. 돌아 오셨다기에 이리로 오다가 이제 …… 안 될 일인 줄 알면서도 그만 ……

원찬 : (일어나며) 반장 동무! 아니 해주 동무! 우리 서로 좀 더 굳세어 집시다. 누가 뭐라고 하든지 우리의 행동이 당과 국가와 우리 조합 사업 발전에 조금치도 지장을 안 주고 량심에 꺼리끼는 일이 없다면 좋지 않습니까?

해주 : 네, 알겠어요. 위원장 동무, 앞으로 제 힘껏 정성껏 해 보겠어요.

선규 등장.

해주 : 지금 오세요.

선규 : 예.

해주 : 그럼 이야길 하세요. (나간다)

선규 : 언제 오셨습니까?

원찬 : 조금 전에 왔습니다. 뭐 군당에 들어 가셨댔어요.

선규 : 네.

원찬 : 무슨 일이던가요?

선규 : 도당 위원장이 와서 불렀더군요.

원찬 : 무슨 일루요?

선규 : 관리 위원장 동무는 래일 나하고 도당까지 가셔야겠습니다.

원찬 : 도당에요?

선규 : 우리가 실시한 유가족과 빈농에 대해 방조 폰드 문제가 용서할 수 없다는 좌경적 행동이라는 것입니다. 당장 취소하랍니다.

원찬 : 취소요?

선규 : 네. 그리고 호룡개 공사 적에 찬서네 논을 짼 문제로 눈에 불이 나게 단단히 얻어맞고 나왔습니다. 그것도 유지와의 사업을 잘못하는 것이며 당의 통일 전선 정책을 파괴하는 엄중한

행동이라구요……

원찬: ……

선규: 그리고 고사리골 방목장 문제도 실력을 고려하지 않은 행동이라고 당장 그만 두랍니다.

원찬: 군에서도 양까지 주선해 주기로 하지 않았습니까?

선규: 그 때문에 군당에서도 단단히 비판을 받았습니다. 다시 취소하랍니다.

원찬: 초급당 위원 동무! 아무래도 난 아무 것도 모르겠습니다. 그럼 피로 가신 애국자의 유가족을 도우고 식솔을 맡아서 생활이 곤난한 사람들을 돕는 것이 무엇이 나쁩니까? 조합 사업을 음으로 양으로 방해하는 분자들의 리익을 옹호해줘야 한단 말입니까. 산촌 지대의 협동조합으로써 산과 지대를 개간하고 목축업을 경영하는 것이 무엇이 잘못입니까.

선규: ……

원찬: 난 도무지 모르겠습니다. 정말 뜻밖입니다.

선규: 글쎄요.

원찬: 그래 초급당 위원장 동무는 어떻게 하면 좋겠습니까?

선규: 모든 것을 즉시 취솔하라니……

원찬: 그럼 모두 취솔 하고 말자는 말입니까?

선규: 참 이럴 수도 없고 저럴 수도 없고 어떻게 했으면 좋을는지……

원찬: 만약 우리가 취솔하지 않으면 어떻게 됩니까?

선규: 결과야 뻔하잖습니까? 더구나 동구 동무가 갑자기 군 농산지도원이 된 것도 리해 못 할 일입니다.

원찬: (침통히) 모르겠습니다. 이건 정말 뜻밖입니다.

선규: 관리 위원장 동무, 너무 그러지 말고 우리 이 난관을 타개해 나갈 방도를 갈구해 봅 시다.

이때 새 교복을 입은 일민을 앞세우고 리씨 등장.

리씨 : 일만아, 관리 위원장 아저씨에게 인사를 해라.
일민 : 아저씨, 새 양복을 해주셔서 고맙습니다.
원찬 : 몸에 꼭 맞는 구나.
선규 : 일민아, 어데 보자.
일민 : 당 위원장 아저씨, 안녕하셨어요.
선규 : 그렇게 새 옷을 입으니 일민이가 벌써 학생 꼴이 나는데.
원찬 : 참 빠르다. (일민을 추켜 안는다. 눈물이 흘러내린다)
리씨 : 관리 위원장네 선택이도 살았더라면……
원찬 : 그만 둡시다. (웃으며) 자 일민아 너 학교에서 배운 노래나 한 마디 해 봐라!
리씨 : 어데 한 마디 불러 봐라!
일민 : (노래 부른다) 동무들아 준비하자 손에다 든 무장
제국주의 침략자를 때려부시고
용진용진 나아가세 기술스럽게
억척만 번 죽더라도 원쑤를 치자
나가자 판가리 싸움에
나가자 유격전으로……

리씨 노래 부르는 일민을 데리고 퇴장.

원찬 : 저 애는 장차 우리 혁명 사업에 굳건한 기둥이 됩니다. 저런 애들에게 새 옷을 해주고 장학금을 주는 게 무엇이 나쁩니까?
선규 : 옳습니다.
원찬 : 지금까지 우리가 넉넉지 못해 얼리 돌봐주지 못한 것이 오히려 한이 됩니다.
선규 : ……

원찬 : 당 위원장 동무, 저 어린 것이 저렇게 기뻐한다는 것이 무엇을 의미합니까. (울먹울먹해 서) 우리가 저 애의 몸에서 양복을 벗겨 내고 헌 누더기를 감게 해야 한단 말입니까. 난 못 하겠습니다.

선규 : 나도 괴롭습니다. 관리 위원장 동무, 우리가 이 문제를 한 번 더 상급 당에 제기해 봅시다. 그래도 안 될 때는 김일성 동지가 계시는 당 중앙 위원회에 이 문제를 건의하기로 합시다.

원찬 : 그렇게 합시다.

선규 : 우리 더 심중하게 금후 행동을 취하도록 합시다.

이때 찬서 나들이 차림으로 나온다. 뒤따라 동구, 신자 나온다.

찬서 : (으시대며) 그래 고동지를 만날려면 어데로 방문해야 되겠나. 사무소로 찾아가야 되겠나?

동구 : 찾기 쉽게 바루 온천으로 가십시오. 제가 다 말씀 드렸으니까 명함만 통하면 곧 만나 주실 겝니다. 저도 곧 군으로 들어가긴 하겠습니다만……

찬서 : 알었네. (원찬들이 들으라는 듯이) 사람이 아주 죽으란 법은 없단 말이야. 우리 운이 트이노라고 고씨 같은 분이 도로 오셨거든……

신자 : 그럼 아버지 편안히 다녀오세요. 어서 들어갑시다. 할 이야기가 많으니……

동구, 신자 들어간다.
사이.

원찬 : (몹시 고민한다) 이렇게 돼야 옳단 말이야! 응!

사이.

제대군인 박상선 사무실 앞에 나타난다.

상선 : 여기가 선구자 협동조합 관리위원회입니까?

원찬 : (천천히 얼굴을 든다)

상선 : (원찬을 바라보고) 소대장 동지!

원찬 : 누, 누구요?

상선 : 박상선이 제대되여 왔습니다.

원찬 : (반기며) 상선이!

상선 : (손을 내밀며) 안녕하셨습니까?

원찬 : 기다렸네! 많이 기다렸네! 자 앉으라고 …… 자 인사하게. 우리 조합 초급당 위원장일세.

상선 : 안녕하셨습니까?

원찬 : 내가 늘 말하던 박상선 동뭅니다.

선규 : 예. 반갑습니다. 우리는 동무를 기다리고 있었습니다.

상선 : (앉으며) 그래 조합일은 잘 됩니까?

원찬 : 그래 잘 되기도 하고 안 되기도 하고 …… (쓸쓸히 웃는다)

상선 : 잘 되기도 하고 안 되기도 하고 …… 편지에는 조합 일이 잘 된다고 그렇게 신이 나서 자랑하시지 않았습니가? 그런데 어째 이리 기운이 없습니까?

원찬 : ……

상선 : 가족은?

원찬 : 그 이야긴 그만 두세.

상선 : 예! 알 만합니다. 그래서 달라졌나요?

원찬 : 아니야. 가족은 죽었어. 동무가 깎아준 그 장난감은 우리 애들 대신 다른 애가 간직하고 있네 …… 그러나 그렇다고 그런 건 아니야 ……

상선 : 그럼요?

원찬 : 여러 가지 일이 일이 뜻대로 안 되네……

상선 : 알 만합니다. 조합 일에 난관이 많은 모양이로군요?

원찬 : 나는 여러 가지로 지금 자신을 잃고 있네…… 나는 저 전투 마당에선 한 번도 이렇게 답답해 본 일이 없었는데……

상선 : 소대장 동지가 그런 약한 소리를 하실 줄은 몰랐습니다. 벤·프리드의 하기 공세를 막아 내던 때를 잊지 않으셨지요! 우리는 일주일이나 보급을 못 받고 하루에도 10여 자나 밀려오는 적의 공격을 막아낼 때 소대장 동지는 그렇게도 용감하게 전투를 지휘했고 우리 전투원들을 고무해서 끝까지 고지를 사수케 하지 않았습니까? 그런 일이 한 두 번이였습니까? 그때의 소대장 동지가 돼 주십시오!

선규 : 옳습니다! 상선 동무의 말이 옳습니다. 우리 모두가 그 간고하던 화선을 회상합시다. 조합 일이 아무리 힘든들 전투와 같겠습니까? 삼차 당 대회 결정은 우리를 전투에서 물러서라고 가르치지 않았습니다. 당 대회는 우리를 새로운 전투에서 더욱 용감하라고 가르쳤습니다!

상선 : 소대장 동지! 나도 힘이 돼 드리겠습니다. 우리 또 한 번 전투를 해 봅시다.

원찬 : 옳소! 동무들 말이 옳소! 나는 난관 앞에 굴복하려 했소! 우리 싸우며 일을 해 봅시다!

—막—

제四막
제一장

1958년 5월 초봄의 달이 중절에 걸린 밤이다. 무대 한편에 수직 막이 있고 그 뒤에 새로 쌓은 붉은 흙의 수로 둑이 있고 그 둑이 시작되는 편에 양수장과 변압기 등이 잇다.

막이 열리면
양수장에서 정균과 상선이 나와 변압기 있는 곳으로 온다.

상선 : 민청 돌격대 동무들이 돌격한 보람으로 밭관개 통수를 마침내 래일부터 하게 됐군!

정균 : 건설반에서 양수장 건설과 전기 가설들을 때 맞춰 해줬으니 통수가 보장 됐지 ……

상선 : 나는 동무들이 돌격 작업을 하는 걸 볼 때마다 전선에서 방어 진지 굴설하던 때가 생 각나더군 ……

정균 : 정말 바로 전투였지 …… 랭상모 100프로에 영양 단지 100프로로 로력은 여유가 없지, 공사 기일은 짧지 거게다 일부 보수주의자들은 밭 관개 체계설치를 리해 못하지 …… 이 걸 다 이겨내기위한 전투였으니까 전투라도 아주 가련한 전투였지 ……

원찬이 하단 양수장에서 나와 상단 양수장 앞에 선다.

원찬 : (양수장 안을 들여다보며) 준비 다 됐소?

찬화의 소리 : 다 됐소?

원찬 : (손을 들어 흔들며) 건설반장! 준비가 다 됐소! 전기를 보내 주오! 시운전을 해 봅시 다.

상선 : 예!

상선 변압기에 올라간다.

정균: 전기에 조심하게!

상선: 념려 말게! (소리를 높여) 위원장 동무! 스위치를 넣요! (다루마 스위치를 넣는다)

양수장에서 모타 돌아가는 소리 들린다.

찬화의 목소리 (하단 양수장에서) 관리 위원장! 물이 올라가네. 물이 온 다구!

상선과 정균 양수장 쪽으로 간다. 양수장 안에서 찬화 나온다. 모두 물 나오는 곳을 주시한다.

일동 "야!"하고 환성을 올린다. 물소리 세차게 들린다.

원찬: (상선과 정균의 손을 쥐고 흔들며) 됐어! 정말 동무들이 몇 달을 두고 수고한 보람이 있어. 래일부터 우리 조합 800정보 밭에 처음으로 관개가 시작되오! (찬화의 손을 흔 들며) 령감님 정말 수고 많이 했습니다.

찬화: 무슨 수고랄 게 있나요…… 민청원들이 몇 달 동안 주야로 굴포 작업을 하노라고 정말 수고했지.

원찬: 이만하면 모타와 양수기들이 다 괜찮게 도는 셈이지, 상선이.

상선: 예 썩 잘 돕니다.

정균: 백찬서네 정미소에서 가져온 모타는 낡아서 못 쓸 줄 알았더니 그래도 제구실은 하는 군요!

찬화: 관리 위원장! 오늘은 내 맘이 별라!

원찬: 왜요?

찬화: 이 사람 생각해 보게. 내 사촌 찬서의 주검을 내 손으로 묻은 것 같네……

원찬: 찬서야 살아 있지 않소?

찬화: 그게 산 놈이라고 할 수 있나. 다 죽은 놈이지. 찬서가 정미소

로 부농이 됐고 그걸 가지고 그렇게도 말썽을 피우지 않았나. 그렇던 모타를 내 손으로 떼다가 오늘은 저 양 수장에 놓았으니 말일세 ……

정균: 그래도 그때에 뿌리치고 나왔기에 다행이였지.

찬화: 그렇고말고 제 딴엔 약다던 찬서가 고동진지 뭔지 하는 자에게 걸려 가지고 패가 망신을 당하고 말았지 ……

정균: 흥. 리동구란 놈은 고가와 같은 반당종파로 떨어지잖었소.

상선: 그 자 때문에 정말 새로 온 리 위원장 동무가 고생했지.

정균: 그렇구말구 동구란 놈이 저질러 놓은 후과를 청산하고 리 사업을 바로 세우노라고 무척 애를 썼지 ……

영호의: 소리 위원장! 시운전을 더 하겠나?

원찬: 예 그만 합시다! 그 아래 양수장 모타는 멈추고 모두 이리로 올라들 오시오! (찬화에 게) 멈추십시오.

찬화 양수장으로 들어간다.

상선: 그럼 스위치를 빼겠습니다.

원찬: 그러시오.

상선 변압기의 스위치를 뺀다.
하단 양수장 쪽에서 선규, 익수, 영호가 올라온다. 찬화 나온다.

영호: 이 사람 익수, 어때 인제는 자네의 그 보수주의도 마지막 뿌리가 빠졌겠지?

익수: (화를 발끈 내며) 아, 내가 무슨 보수주의란 말요. 걸핏하면 보수주의 보수주의하고 야단이게!

영호: 허 사람이 제 똥 구린 줄을 몰라 ……

익수: 듣기 싫소!

영호 : 자네는 새로운 일을 시작할 때면 언필칭 뱁새가 황새를 따를 수 없다면서 진작 접수하지 않았지 뭐야. 그게 보수주의가 아니고 뭐야.

원찬 : 부위원장이 실한 농사꾼인 줄은 세상이 다 알지요. 그러나 호룽개 공사 때, 고사리 골 이동 작업반 설치할 때의 일은 다 그만 두라고도 랭상모 영양단지 10프로는 부위원장 동무가 얼마나 반대했으며 지난 우리 도 노동협동조합 일꾼 열성자 회의에서 밭 관개 체계 설치하라는 수령님의 교시를 실천하자고 조합 총회를 할 때도 좀 반대를 하셨나요.

영호 : 그렇지. 도당 위원장 동지가 그 뒤에 오셨을 때도 자네는 보수주의자라고 지적을 받지 않았나!

익수 : 아니, 내가 밭 관개를 반대했나? 밭 관개야 좋은 일인 줄 나도 알아. 그렇지만 이렇게 야단스럽게 일단 양수장을 설치한다, 30리나 되는 수로를 뚫는다 하니까 그랬지 ……

선규 : 그럼 바께즈나 물동이로 물을 퍼다 주는 걸 밭 관개 체계 줄 아셨나요? 하여튼 부위원 장 동무는 새 사업에는 의례히 한 번은 고개를 저어 보는 폐단이 있습니다. 그게 별게 아니라 보수주의자라는 거지요!

영호 : 익수, 자네는 그저 벌려 준 살림이나 지키고 앉아 있을 위인밖에는 더 못 돼!

익수 : 형님 같이 떠벌리고 다녔으면 좋겠군요.

영호 : 이 사람 그러지 말고 말 좀 듣게. 정월달에 수령께서 우리 조합에 오셔서 이 지대에서 부터 공산주의를 제일 먼저 건설하라고 하시지 않았나. 우리가 공산주의를 누구보다도 먼저 건설하자는데 자네 모양으로 그렇게 새 것에 굼떠서야 되겠나!

원찬 : 영호 아저씨 말씀이 옳습니다. 밭 관개는 우리 농사에서 일대 혁명입니다. 래일부터 300 정보의 우리 밀밭과 300 정보의 목화밭에 물이 갑니다. 금년 봄 가뭄에 그것이 생명수가 아닐

수 있습니까. 300정보의 영양단자 이식도 밭 관개로 원만하게 보장됩 니다!

찬화 : 참 옛날 사람이 꿈에도 못 생각한 일을 얼마나 많이 해 놓는지 몰라!

원찬 : 그렇게 되면 밀가을에 보십시오. 정당 넉 톤은 문제없습니다. 목화도 정당 3톤은 낼 수 있구요.

찬화 : 그 말만 들어도 흐뭇하이 ……

영호 : 거기에 랭상모에서 정당 벼가 7톤 이상이 나고 밀 후작에서 강랭이가 초 두 톤이 나!

정균 : 그때는 전체 조합원이부유한 중농 수준에 도달합니다.

영호 : 우리가 땀을 흘린 보람이 있어 ……

원찬 : 그럼 들어들 가실가요. 통수식은 래일 아침 7에 하기로 합시다.

정균 : 민청에서 그렇게 준비를 하고 있습니다.

원찬 : 오늘 저녁 숙직은 누가 하기로 했소?

상선 : 정균 동무와 제가 교대로 합니다.

원찬 : 그럼 부탁하오.

정균과 상선을 남기고 일동 나간다.

상선 : (숙직막에로 오며) 아! 달이 밝군!

정균 : (담배를 피우며) 남반부 고향 생각이 나나?

상선 : 고향! 한 시도 잊어지지 않는 고향이지. 이맘때면 거기는 들판에 밀보리가 키로 자라 황금 바다를 이루고 있지 …… 팔뚝만큼씩 굵은 참대가 자라고 주먹 만큼한 감이 붉는 그런 곳이 바로 내 고향이였어 …… 고향에서는 지난번 인민군대가 해방해준 그 한 달 동 안의 벅찬 기쁨을 잊지 않고 그런 세월이 다시 오기를 기다리고들 있겠지 ……

복순과 혜숙 나온다.

혜숙 : 정균 동무!

정균 : 혜숙 동무?

혜숙 : 놀러 와도 일없어?

정균 : 대환영이야!

상선 : 어서들 오십시오.

혜숙 : (종이에 싼 것을 내놓으며) 숙직하느라고 수고들 하시는데 이것들이나 좀……

상선 : 뭡니까?

혜숙 : 모란과자!

상선 : 허어. 그 고급인데……

혜숙 : 소비조합 상점에 새로 들어 왔다고 복순 언니가 샀어요.

정균 : 한턱 단단히 쓰는군.

혜숙 : 이건 사탕.

복순 : 그건 정균 동무 좋아하는 거라고 혜숙이가 사고……

혜숙 : 아이 언니는.

과자를 먹는다.

정균 : 이거 이렇게 새 설빌 처음 해놓고 앉았으니 어쩐지 다음이 설레이는데.

상선 : 그럼 바람도 쏘일 겸 하단 양수장가로 한 바퀴 들리울가?

정균 : 그러자구. 자 동무들! 미안하지만 우리 한 바퀴 보고 올 테니 좀 기다려줘!

복순 : 돌고 오리요!

정균과 상선 나간다.

혜숙 : 그런데 …… 언니 난 정 속상해 죽겠어!

복순 : 왜?

혜숙 : 우리 어머니 말야 …… 아직도 극력 반대 하거든 ……

복순 : 늙은이도 망녕이야!

혜숙 : 아직도 시집갈 데가 없어서 하필 바람 령감네 집으로 가. 글쎄 그러시잖아.

복순 : 그 아저씨는 해방 전에야 바람을 좀 폈다지만 지금은 얼마나 열성 있게 일을 하나. 검사 위원장으로 사업도 그러시고. 얼마나 일에 신이 나서 하면 사람들이 "신바람"이 신바람났다고들 하겠어.

혜숙 : 우리 어머니 속은 뻔해. 말로는 안 해도 ……

복순 : 어떻게?

혜숙 : 내가 정균 동무하고 결혼하면 결국 로력을 하나 때우니까 그게 엥해서 그렇지 뭐 ……

복순 : 오라 너 어머니로서는 그럴싸해!

혜숙 : 참 큰일이야 교양을 그렇게 받고도 욕심 보따리만은 때 버리지 못하니.

복순 : 호호 욕심 보따리 ……

혜숙 : 언니는 좋겠어!

복순 : 뭐가!

혜숙 : 상선 동무하고?

복순 : 애는?!

혜숙 : 빨리 결혼하지 뭘 하고 있어?

복순 : 나도 오빠가 결혼하고 난 뒤에 할 작정이야.

혜숙 : 참 그 아저씬 결혼두 안 하고 혼자 사시려나?

복순 : 우리 오빤 사업에만 맘이 있지 결혼 문제 같은 건 통 생각에도 없어 ……

혜숙 : 한동안 조합 일이 복잡할 때 무척 애를 쓰는 걸 옆에서 보면

안타까와 죽겠더라니 ……

복순: 나도 오빠가 외로워 보이고 가엾는 생각이 들 때가 많아 …… 결혼이나 하면 좀 위로가 될 듯해서 말을 꺼내면 조합의 5개년 계획이 완성되기 전에는 결혼 안 한다고 딱 잡아떼지 않아.

상선과 정균 돌아온다.

복순: 수고들 했어요.

상선: 녀성 동무들만 남겨둬서 미안합니다.

상선과 정균 앉는다.

정균: 참 좋은 밤이죠. 달은 밝고 풀벌레 소리 들려오구 래일부터 발관개란 더욱 보람 있는 일을 시작하구.

복순: 참 그래요. 정균 동무 달도 밝은데 그 잘 부는 단소나 한 곡조 들려주어요.

정균: 아, 참 그만 단소를 안 가지고 나왔는걸 …… 단소보다도 상선 동무 노래를 하나 들어 봅시다. 중대 써클에서 이름난 대장 선수였는데 ……

혜숙: 참 그래 하나 불러 주세요.

상선: 이거 밑천이 들은 게 돼서 공짜로 못 부르겠는데 ……

혜숙: 값은 드려요.

상선: 뭘 주겠소?

혜숙: 뭐든지 꼭 드려요. 외상 거래는 안 할 테니까. 호호 ……

상선: 정말이요?

혜숙: 정말 아이고 ……

상선: 이거 공노래 하나 부르는 거 아닌지. 애헴 …… 참 정균 동무 우리 같이 부르자.

상선 "어화 우리 농민들아"를 부른다. 다른 사람들도 따라 부른다.

혜숙 : (박수를 치며) 아이구 참 잘 해! (복순이의 옆구리를 찌르며) 언니 참 잘 하지?! 상선 동무 노래 값은 나중 꼭 드려요.

상선 : 뭘 주겠는지 ……

혜숙 : 꼭 맘에 들 거예요. 그 대신 상성 동무한테 부탁이 하나 있어요.

상선 : 뭔데요?

혜숙 : 내게도 복순 언니 집에 만들어 준 사진틀을 하나 깎아 주세요.

상선 : 사진 틀요? 그거야 어렵지 않아요. 금강산에 있는 봇나무가 있으면 아주 운치 있게 하나 만들 수 있는데 여기는 봇나무가 없고 …… 좋아요. 그 대신 아무 나무라도 멋지게 조각을 넣어 가지고 만들어 드리죠.

혜숙 : 아이 좋아!

상선 : 그것도 당장은 안 만들어 줘요.

상선 : 혜숙 동무하고 정균 동무하고 결혼식 할 때 선물로 만들어 드리지요!

혜숙 : 아이그 머니나!

정균 : 이 사람은!

복순 : 좋아서!

혜숙 : 상선 동무는 이제부터 건설 사업이 또 바쁘겠어요.

상선 : 동무들이 농사를 잘 지면 그만큼 우리 건설반 사업은 더욱 바빠집니다 …… 금년에는 주택도 60세대는 더 세워야 하고 학교도 더 증축해야지요.

혜숙 : 그 많은 건설을 다 어떻게 해요?

상선 : 그 뿐인가요. 구락부도 새로 짓자는 의견이고 창고도 몇 동 더 세워야 합니다.

혜숙 : 아이고 저런 ……

상선 : 다 념려 없습니다. 주택건설은 군에서 건설대를 조직해 줍니다.

혜숙: 우리 민청이 또 돌격대를 조직하지요.

상선: 5개년 계획안에는 문화주택 건설을 완성해야 합니다.

정균: 그때는 우리 마을이 도회지에 못지않게 아름다와지겠지.

상선: 도회지에 댈려고 …… 공기는 사철 깨끗하지 …… 아름답고 풍요한 전야가 눈앞에 펼쳐져 있지 …… 그야말로 지상락원이 되지요 …… 그땐 아마 혜숙 동무가 어린 것들의 손목을 잡구 ……

혜숙: 아이 망측해. 이제 그만 들어가지 않을래요? 우리 어머니가 날 찾아 올지 몰라!

복순: 들어 갈가?

혜숙과 복순 일어난다.

정균: 상선 동무, 같이 가서 저 동무들을 바래다주고 한 잠 자고 나오라고 ……

상선: 그럴가 …… 그럼 두 시에 교대하러 나오지 ……

정균: 그래 ……

복순: 정균 동무 수고해요.

혜숙: (나서며) 참 상선 동무!

상선: 예?

혜숙: 아까 약속한 노래 값을 드리지요.

상선: 아, 참 깜박 잊었댔군.

혜숙: (복순을 상선에게로 떠밀며) 이 언니를 드릴테니 업고 가요. 호호 ……

복순: 얘는 ……

상선: 예?!

정균: 하하 ……

세 사람 유쾌히 웃는다.

정균만 남기고 세 사람 나간다. 사이. 동네 개짓는 소리. 정균 혼자서 사위를 한번 살펴보고 막 안으로 들어가서 갈덴라 등을 밝혀 놓고 책을 읽는다. 사이. 혜숙 혼자서 소리 없이 와서 돌을 주워 던진다.

정균 : 누구야?

혜숙 : 놀라긴 …… 난데.

정균 : 왜 또 왔나?

혜숙 : 오면 안 돼?

정균 : 그럼 수째 가지 말지 ……

혜숙 : 가다가 암만 생각해 봐도 ……

정균 : 어머니한테 욕먹을 셈치고 ……

혜숙 : 그럼.

정균 : 여기로 와!

두 사람 잔디 우에 나란이 앉는다.

혜숙 : (품에서 수놓은 손수건을 꺼내주며) 이거 ……

정균 : 뭐야?

혜숙 : 손수건이야!

정균 : (받아보고) 에그 수를 다 놓았군! 언제 바쁜 틈에 이런 걸 만들었어.

혜숙 : 암만 바빠도 이것을 만들 잠이 없겠나 …… 잘 안 됐어.

정균 : 고마와.

혜숙 : 요새도 공부해?

정균 : 응.

혜숙 : 뭐 농산 기수가 된다면서?

정균 : 말이 그렇지 기순 무슨 기수, 하지만 공부하는 건 좋은 일이

야. 알아야 하니까.

혜숙 : 공부만 하다가 날 아주 잊어버리고 말겠지.

정균 : 잊어버리긴 왜?

서로 쳐다보고 웃는다.

정균 : 달이 참 밝군!

혜숙 : 저 별!

정균 : 나는 화선에서 저 삼태성을 따라 정찰을 떠나군 했어.

혜숙 : ……

정균 : 말 좀 하라구 왜 가만있어?

혜숙 : ……

정균 : 요새 조합 사업이 멋있지?

혜숙 : 그래 참 멋있어! 해주, 해성 간 철도 공사에 간다면서?

정균 : 그래.

혜숙 : 언제 가?

정균 : 한 닷새 있으면 갈 거야.

혜숙 : 일 많이 하고 와.

정균 : 응.

혜숙 : (일어나서 한편으로 가며) 암만해도 우리 둘이 결혼하기 틀렸나봐!

정균 : 왜?

혜숙 : 우리 어머니가 아직도 반대하니 말이지.

정균 : 난 또 무슨 소릴 한다고.

혜숙 : 참 속상해!

정균 : 혜숙이, 우리 맘을 든든히 먹고 장기전으루 싸워 보자.

혜숙 : 참 태평이야.

이때 여우가 캥캥 우는 소리 들린다. 혜숙 무서워 무심결에 정균의 품에 안긴다.

혜숙 : 저건 무슨 소리야?

정균 : 그거 여우 소리야.

혜숙 : 아이고 무서워.

정균 : 무섭긴 어린애 같이 ……

신자가 왼편에서 기어들어 동정을 살핀다.

정균 : 우리 저 아래 양수장까지 한 번 돌아보고 올가?

혜숙 : 응.

두 사람 팔을 끼고 천천히 걸어간다.

신자의 손짓에 따라 찬서가 기여든다. 신자는 바른 편에 엎드려 망을 보고 찬서는 손에 스파나를 빼들고 양수장 안으로 들어간다.

성녀가 왼편에서 온다.

성녀 : 우리 혜숙이가 여게 있나? (경비막 안을 살핀다)

신자 놀라서 "아!" 소리를 지르고 바른편으로 도망친다.

성녀, 신자가 뛰는 것을 발견하고 수상해하며 사방을 두리번거리다가 양수장 쪽으로 들어간다.

성녀의 소리 : 그 누구야? 도적이야, 도적이야!

찬서가 성녀의 입을 틀어막았는지 성녀가 련속 움츠러드는 소리로 "도적이야!" "정균아!" 하는 비명이 들린다.

입을 틀어 막히우고 목을 졸키운 성녀를 찬서가 끌고 나와 땅에 꺼꾸러뜨리고 계속 목을 누른다.

정균과 혜숙 뛰여 나온다.

정균 : 혜숙이 종을 빨리 쳐!

혜숙은 비상 종을 란타하고 정균은 도망치려는 찬서를 잡으려고 하여 란투가 버러진다. 꺼구러졌던 성녀가 겨우 일어나 고무신을 벗어 들고 정균에게 깔리운 찬서를 때린다.

자위대가 먼저 뛰여 오고 련달아 원찬을 위시한 조합원들이 뛰여 나온다.

성녀 : 이놈아, 우리 양수기를 깨뜨리느라고 거기를 들어갔지?

원찬 : 무슨 일이요?

성녀 : 이놈이!

원찬 : (찬서를 보며) 아니?!

영호 : 찬서가 아닌가?!

성녀 : 이놈이 양수기를 깨뜨리자고 했다! 이놈의 딸은 망을 보고 이놈은 그 안에 들어갔다.

원찬 : 아니, 그래. 양수기를 깨뜨렸나?

정균 : 아니 보지 못했습니다.

원찬 : 빨리 가보라구.

정균을 선두로 몇 사람 나간다.

원찬 : 흥. 이제 조합 양수기 시설까지 파괴하려고 하는구나!

성녀 : 이놈아, 무슨 앙심을 먹고 남의 양수장을 깨뜨리랴고 했나. 응? (또 갈기려고 한다)

영호 : (막으며)가만 좀 계시오.

찬서 : ……

성녀 : 그년도 잡아야 할 걸……

해주 : 그 년이 달아나면 어데로 가겠다고……

성녀 : 죽기 전에 이놈아 말해라!

양수장에 긴 사람들 나온다.

선규 : 깨뜨리지는 못했습니다.

원찬 : 그래요?

선규 : 이 자의 행동은 간악합니다. 집요한 게 우리 조합 사업 발전을 파괴하려는 용서 못할 적대 분자임에 틀림없습니다.

영호 : 좀 더 늦게 발견했더면 큰일날번 했구나. 글쎄 이놈아, 모타는 제 값 다 받고 조합에 팔아 먹구 무엇이 또 모자라 파괴하려고 했냐 응.

상선 : 여보 말하시오. 누구 지시 밑에서 이런 짓을 했소?

찬서 : ……

영호 : 이놈 찬서야. 결국 반동 파괴로 넘어 갔구나. 이 개같은 놈아!

성녀 : (덤비며) 그놈을 당장 죽여 버려라!

사람들 "그놈 죽여라."하고 죄여 든다.

원찬 : 동무들 좀 조용하시오.

일동 : ……

찬화 : 글쎄 네가 이게 무슨 짓이냐?

찬서 : 닦쳐요!

성녀 : (또 때리려고 덤비며) 아이구 이놈 봐. 이 멀쩡한 놈 봐!

사람들 : 이놈아 말해라!

찬서 : ……

사람들 : 그놈을 그냥 둬……

선규: 여보 누가 시켰소. 당신 배후에 누가 있소? 다 말하시오.

찬서: ……

선규: 솔직하게 다 말해 버리시오.

찬서: ……

선규: 위원장 동무, 할 수 없습니다. 분주소로 데리고 가지요.

원찬: 그럽시다. 동무들 이 자를 분주소로 데리고 가시오.

조합원 몇 사람 찬서를 끌고 나간다.

선규: 지금 생각하니 고봉기 같은 종과 도당들이오며 농촌에 끼친 해독이 끔찍합니다. 그 고 가와 같은 반당 종과 분자는 저따위 놈까지와도 련게를 가졌습니다. 우리가 만약 고가와 같은 반혁명 종파분자들과 타협했더라면 이렇게 됐겠습니까. 당 중앙에서도 종파도 당을 제때에 적발 폭로하지 않았더면 우리 혁명이 어떻게 됏겠습니까? 고사리골 이동 작업반에서 그 많은 목축과 과수도 못 했을 것이요 유가족 방조 폰드도 실시 못했을 겁니다.

원찬: 옳습니다. 랭상모 영양단지 100로면 실시됐겠으며 이렇게 밭관개 체계 설친들 할 수 있었겠습니까!

영호: 옳은 말이야…… 그런데 혜숙이네가 그놈을 어떻게 발견했을까?

익수: 글쎄 (성녀에게) 그 참 모르겠는데 …… 그 또 젊은 사람들 뒤를 밟고 다닌 거 아니요?

성녀: 바람 령감 아들이 우리 혜숙이를 꾀여 냈기에 그걸 말리려고 ……

정균과 혜숙은 부끄러워 고개를 떨어뜨린다.

영호: 아하, 그러니 우리 정균이가 련애를 효과적으로 했구나.

일동 웃는다.

—암전—

제二장

1958년 여름. 첫 목화가 필 무렵. 동네의 높은 지대에 주택지구를 설정하고 많은 문화주택들이 섰다.

무대 삼분의 일에 원찬이가 든 새집이 자리 잡고 있다. 그 뒤로 새집들과 건설도중에 있는 집들이 보인다. 배경에 관리 위원회 구락부, 기타 공공건물들과 전장이 바라보인다.

이른 아침이다. 조합원들은 작업에 부르는 종소리. 확성기에 들리는 음악소리.

복순 들어오며 "오빠" 하고 방으로 들어간다. 해주가 원찬의 옷 세탁한 것을 보자기에 사가지고 온다. 마루 앞에 이르자 방에서 나오는 복순과 만난다.

해주: 아이구, 깜짝이야. 빨래한 것 가지고 왔어.
복순: 아이구 언니 수고했어요. 내가 할 걸……
해주: 수고는 무슨 수고…… 복순아 오늘 우리 일민이가 온단다!
복순: 그래요! 참 일민인 훌륭한 학생이 됐겠군.
해주: 우리도 가서 혜숙이네 새집들이를 도와주자꾸나.
복순: 참 그렇지. 일 나가기 전에 식전 이사를 하고 말겠다더니 일

손이 모자랄 거야.

해주: 리령감 집도 오늘 이사를 한다면서?

복순: 그렇대요. 아마 령감님도 오늘은 고사리골에서 올 거예요.

두 사람 가려는데 혜숙이가 라지오를 안고 들어온다.

복순: 혜숙아, 우리도 이제 이사를 도와주러 가는 길이야.

혜숙: 벌써 다 날랐는걸……

해주: 그래? 안됐다. 도와주지도 못하고……

혜숙: 작업 나가기 전에 끝내 누라고 신새벽부터 했지……

복순: 깨질가봐 라지오는 단단히 모시고 가는 구나.

해주: 뭐나 도와줄 게 있겠지. 우리도 가보자.

복순: 그래요.

혜숙: 양잠 반장이 피마잠으로 한 몫 보실 땐데 오늘은 어째 한가해요?

해주: 사업 조직 다 해 놨기 때문에 괜찮아!

복순: 오늘은 이 언니네 일민이가 온단다.

혜숙: 아이구! 그래요! 반갑겠네!

세 사람 나간다.
작업 가는 조합원들 더러 지나간다.
영호가 웃길에서 내려오다가 다른 편에서 오는 영자와 만난다.

영자: 안녕히 주무셨어요?

영호: 영자냐, 어데 갔다 오냐?

영자: 잠실에서 와요.

영호: 양잠 일이 어떠냐?

영자: 재미있어요.

영호 : 애비 소리 들었지?

영자 : 들었어요.

영호 : 그런 자는 애비로 생각하지 말아.

영자 : 그런 집에 태여난 걸 슬프게 생각해요.

영호 : 원쑤들의 끄나불인 줄야 누가 알았나!

영자 : ……

영호 : 다 잊어버리고 일이나 잘 해라!

영자 : 예! (나간다)

영호 나가려는데 물 길러 오는 성녀와 만난다.

영호 : 이사한다고 수고하오!

성녀 : 뭘요.

영호 : 새집들이 하자 국수부터 뽑으려나?

성녀 : 국수도 뽑아야지만 걸레질부터 좀 해야겠소.

영호 : 그렇게 걸레질을 하고도 또 걸레질이요?

성녀 : 백 번이고 천 번이고 닦아야지요. 문화주택에 살자면 위생문화를 지켜야 합니다. 댁에도 새집에 들거든 제발 그 너저분하게 살지 말아요.

영호 : 허어 미리부터 콧방울 단단히 맞았는걸 …… 그런데 이사를 좀 도와 줄가해도 아주머니가 좋아할지 몰라서 ……

성녀 : 아주머니가요? 도와 주는데 누가 싫다겠나요?

영호 : 다른 사람 같으면 몰라도 아주머니가 싫어하는 바람 령감이니까 말이지 ……

성녀 : 아이구 그 옛날 이야기를 가지고 지금도 고깝게 생각하오? 남정네답지도 않게 ……

영호 : 흥. 마파람이 하늬바람으로 변했으니 날씨는 좋아지게 마련이군 ……

영관이 빈 지게를 지고 성녀의 집 편에서 나온다.

성녀: 아이구 동숙이 아버지, 식전에 큰 수고 했군요.

영관: 수고랄 것 있소.

성녀: 점심에는 집에 와서 국수나 자십시오.

영관: 예. 사양 없이 가겠소!

성녀: 댁에 동근이도 그놈들 따라 가지 않았으면 지금쯤 새집에서 얼마나 호강이겠소.

영관: 말 마오. 그걸 생각하면 기가 콱 막히오.

성녀: 그거 다 미국 놈 때문이지요.

영관: 그럼요…… 그렇다고 동근이 말을 입밖에 냈다간 동숙이한테 생야단을 듣겠고……

성녀: 대창 같이 맑은 개 성미에 그렇지 않겠어요……

영관 가고 성녀도 물을 길어간다.

손에 꽃과 꼬타리들이 5~60개 달린 면화 포기 하나를 뽑아 든 원찬 나온다.

익수, 영호, 선규, 상선 등이 따라 나온다.

영호: 관리 위원장은 첫새벽에 어디 갔나 했더니 면화밭을 한 바퀴 돌았구나!

원찬: 잘 된 놈 몇 포기 뽑아서 도당에 보낼려구요. (면화 포기를 들어 보이며) 자! 이걸 보 십시오. 우리가 영양단지를 하지 않고 밭갈이를 하지 않았으면 면화가 이렇게 잘 됐겠소!

선규: 우리가 지금 목화를 딴다면 중앙에서 놀랄 것입니다. 말하자면 우리 목화밭에서는 벌서 풍요한 가을이 온 셈이지요.

영호: 참 이 앞에서 보수주의자를 한 번 더 자기비판을 할라고……

익수: 형님 보수주의자로 날 그만 두드리시오. 보리가 정당 넉 톤

300이 쏟아졌을 때 다 청산하지 않았소!

영호: 사실 우리 부위원장이 면화비배 관리에는 으뜸이니까……

원찬: 이만하면 목화를 얼마나 딸 것 같소?

익수: 내 타산으로는 3톤 이상 딸 것 같은데……

영호: 3톤 이상! 작년 우리가 면화 농사를 잘했다고 했을 때도 1톤 900밖에 못 땄는데……

원찬: 나는 3톤 500은 딸 것 같습니다.

영호: 아이구 3톤 500이면 어떻게 되나, 현금 분배가 매호당 20만원은 넘겠구나. 조합에 돈 사태가 나게 됐다!

선규: 그러니까 밭관개는 농사에 혁명이라 하지 않습니까!

성녀, 해주, 복순 등이 나온다.

영호: 어이쿠 저기도 농사 선수들이 모여 오는군! (원찬이가 가진 면화 포기를 가리키며) 여보, 면화반장 이거 좀 보시오. 당신들의 로력 투쟁으로 현금 분배 20만원은 갈 데 없게 됐소!

성녀: 금년 같은 가물에 밭관개 하지 않았으면 그렇게 됐겠소……

익수: 현금 수익에는 면화반만 공적이 있나. (아이를 업고 나오는 영자를 가리키며) 저 양잠 반에도 공적이 크지……

선규: 옳습니다.

원찬: 허, 랭상모 100프로에 정당 7-8톤을 내게 된 농사 반원들의 공적도 크지요!

영호: 그만하면 부유한 중농 수준은 넘었지……

상선: 아저씨 아직도 돈이 모자랍니다. 건설은 얼마든지 할 것이 있으니까요……

익수: 트럭도 한 대는 더 있어야 하겠어! 고사리골 이동 작업반에 고정적으로 한 대 줘야 겠다니……

영호: 한 대 만 필요하겠나. 다다익선이지……

성녀: 아따 모두 꿈들을 어지간히 꾸고 있네 ……

선규: 왜 그것이 꿈이겠나요. 현실입니다.

성녀: 쇠뿔은 단 김에 빼랬다고 내 여럿이 있는 데서 말하고 말겠소 (영호에게) 여보 바람 령 감!

영호: 허 바람 령감이란 소리를 이제는 빼고 말하시지 ……

성녀: 참 그건 그만 입버릇이 돼서 …… 검사위원장 령감, 그만 토사리고 우리 딸을 댁으로 시집 보낼테니 맞아 주시구례!

영호: 아주머니 맘이 그만큼 돌았으니 그렇게 하고 맙시다마는 아직도 아주머닌 좀 사상 개변을 더 해야 할 것 같소 ……

성녀: 길사를 이야기 하자는데 뚱단지 같은 사상 개변은?

영호: 걔들이 서로 뜻이 맞은 바엔 벌써 혼인이 되는건데 괜이 당신이 억압을 해서 오늘까지 끌어 오지 않았소. 그게 봉건이란 말이요.

성녀: 사상 개변을 했기에 내 딸을 댁으로 시집보내자고 하는 거 아니요.

영호: 하하 …… 딴은 그렇지 ……

모두 웃는다.

선규: 참 두 댁에 경사가 났습니다. 훌륭한 사위에 훌륭한 며느립니다.

성녀: 사실 저 령감 보고야 딸 주나요. 정균이 보고 주지.

영호: 이야말로 내 할 말 사돈이 하네 ……

모두 웃는다.

원찬: 참 잘 됐습니다. 오늘 정균 동무가 돌아오거든 제깍 결혼을 시키고 맙시다.

익수: 그렇게 하지!

영호 :　그럼 내가 택일을 하지요……

성녀 :　그럼 모두 오늘 점심에는 우리 집에 국수 자시러 오십시오. (나간다)

화물차 소리 난다.

익수 :　고사리골에서 차가 돌아 왔구나!

일동 그 쪽을 바라본다. 리령감, 원식, 상인 들어온다.

영호 :　아이구 고기골 사람들 어서들 오게.

리령감 : 안녕하시오!

원찬 :　수고하십니다.

각각 인사한다.

리령감 : 세멘이나 건설자재가 딸려서 겸두겸두 해서 왔습니다.

원찬 :　잘 오셨습니다. 오신 김에 새집에 이사를 해놓고 가십시오.

리령감 : 건설반장 참 짓기에 얼마나 수고들 했소?

상선 :　아닙니다. 빨리 지어 드리지 못해 미안합니다.

리령감 : 아니요. 그렇게 빠를 수가 있소!

원찬 :　성인 동무는 돼지를 축산 반에 인계하고 가서 푹 쉬게.

성인 :　예. (나간다)

영자도 나간다.

원식 :　건설반장, 축사 증축에 쓸 세멘이 들어 왔나?

상선 :　예. 들어 왔습니다.

원식 : 돼지 실으러 오는 편에 보내 주게. 그리고 우리 이동 작업반에서 어제 결의 했는데 이 번에 신축할 축사와 축사는 건설반에서 지으러 올 걸 기다리지 말고 우리 이동 작업반 에서 자체 로력으로 짓자는 걸세 ……

상선 : 그래요. 할 만한가요?

리령감 : 그 하고 말고 좋은 일입니다. 로동자들의 생상과 건설 속도에 비하면 우리 농민들은 아무 것도 아닙니다. 해주 세멘트 공장에서는 3호 소성로를 기한 전에 불구하고 벌서 지난 7월 30일 첫 생산품을 수도 건설장에 보내지 않았습니까. 해주, 화성 광궤 공사는 불과 75일에 끝났습니다. 우리도 로동 계급의 기세에 따릅시다.

원식 : 아 그래 우리 고사리골에서도 일들을 잘 했는데 여기서 우리한테 견학을 보내라구.

영호 : 내가 한번 가봐야겠군. 원식이가 성수가 나서 야단인걸 보면 꽤 일이 잘 되는 모양이겠다 ……

까운을 입고 가방을 든 동숙 들어온다.

동숙 : 고사리골 아저씨들 안녕하셨어요.

원식 : 오냐. 동숙이 잘 있었나?

영호 : 그런데 원식이 그만 자랑하고 빨리 집에 가 봐. 아주머니가 순산을 했다.

원식 : 그래! 언제?

영호 : 간밤에.

원식 : 뭘 낳았나?

동숙 : 아들을 낳았어요.

원식 : (좋아하며) 어, 그럼 가봐야 하겠군! (뛰여 간다)

원찬 : 소장님은 아침 일찍부터 어데 갔다 오나?

동숙 : 원식 아저씨 댁 산모를 좀 봐드리고 이제부터 탁아소에 좀 가봐야 겠어요.

원찬 : 수고하네.

동숙 인사하고 간다.

리령감 : 나도 새집 좀 구경을 해야지.

원찬 : 예 어서 가 보십시오.

리령감 나간다. 상선, 선규만 남고 다른 사람들 흩어져 간다.

상선 : 관리 위원장 동무, 학교 잔공사에 아직 로력이 200명은 더 소용되는데 구동과 평리에 서 좀 동원시키도록 해 주시지요.

원찬 : 200명?

선규 : 200명이라 …… 리당에 제기해 보지요. 학교 건설은 리내 세 조합이 공동 출자로 짓자 해 놓고 그 조합들에서야 뭐 출자한 게 있나, 로력이나 더 내라지요 ……

원찬 : 어찌겠소. 우리가 좀 넉넉하니 도와 줘야지 …… 200명 로력이면 요새 덜 바쁠테니까 어떻게 우리 조합에서 하루에 40~50명 로력씩만 동원해 보도록 하지.

선규 : 나중에 리당 위원장 만나면 말해서 동원하도록 하겠습니다. (가며) 그럼 조반 후에 만납시다.

원찬 : 예!

선규 간다. 원찬과 상선 마루에 가서 앉는다. 복순 나온다.

복순 : 오빠 조반 안 잡숩겠어요?

원찬 : 상선인 먹었나?

상선: 난 먹었습니다.

원찬: 이제 먹지.

복순: 오빠, 해주 언니가 빨래한 거 방에 갖다 뒀어요 갈아입으세요

원찬: 왜 빨래는 네가 하지 않고 해주 동무한테 시키나?

상선: 위원장 동무, 오늘 아침에는 저도 할 말이 좀 있습니다.

원찬: 무슨 할 말?

상선: 위원장 동무! 우리 모두에게 생활을 생활답게 할 의무가 있지 않습니까?

원찬: 허어 이 사람이 갑자기 철학 문젠가? 문학 문젠가?

(114~115쪽 원본 누락)

상선: (일어나며) 건설장에 좀 둘러보고 오겠습니다.

복순: 와서 조반 잡수라요?

상선과 복순 나간다.

원찬: (마당을 거닐며) 생활! 생활! 생활이란 좋은 거고 또 좋아야지 ……

혜숙 뛰여 나온다.

혜숙: 관리 위원장 아저씨! 정균 동무가 돌아왔어요!

원찬: 응 그래!

꽃다발을 든 정균 선두로 조합원들 들어온다. 원찬 그들의 손을 잡고 환영한다.

원찬 : 동무들 정말 수고했어. 정말 동무들은 우리 조합의 영예를 걸고 잘 싸웠어!

정균 : 석 달 동안에 조합에서도 정말 큰일을 많이 했어요!

원찬 : 동무들이 참 큰일을 했어. 우리 나라 청년 건설자들이 75일간에 만들어 놓은 해주,화성 간 80키로의 철도는 우리 나라 도시와 농촌을 련결해주는 탄탄한 대로란 말이야! 년 간 70만톤의 해주 세멘트가 사회주의 건설을 위해서 우리 나라 농촌과 생산 직장 건설장으로 이 철도를 달린단 말야. 동무들은 이런 큰일을 했단 말야.

정균 : 참 이번 철도 개통식은 아주 감격적이었지요. 수상 동지께서 우리들의 손을 일일이 잡아 주시며 격려해 주셨어요.

일동 감격한다.

익수 : 정균이 수고하고 돌아온 동무에게 커다란 선물이 기다리고 있네. 혜숙이와 결혼문제가 해결됐단 말이야!

혜숙인 부끄러워하고 정균은 기뻐한다.

성녀 : 정균아, 자네 새집에 좀 가서 그 양복장을 바로 놔 주게!

정균 : 예!

선규 급히 나온다.

선규 : 위원장 동무!

원찬 : 예?

선규 : (정색하여) 수상 동지께서 오늘 우리 조합에 오신다는 기별이 왔습니다.

원찬 : 수상 동지께서요!

영호 : 아니 수령님께서 우리 조합에!

성녀 : 아! 이거 큰일났네. 이사하누라고 집을 어질러 놨는데……

조합원들 웅성거린다.

선규 : 영접할 준비를 해야지요.

원찬 : 작업은 예전대로 진행합시다.

선규, 리령감만 남고 사람들 흩어져 간다.

리령감 : 관리 위원장! 내 청이 하나 있습니다.

원찬 : 청이라뇨?

리령감 : 두 분이 다 아다 싶이 우리 일곱 식구는 신계 곡산 두메산골에서 부대를 파먹고 살 던 사람이 아니요. 그렇던 우리가 지금 어떻게 됐소. 당과 정부의 배려로 이밥에 고기반찬으로 비단 옷을 입고 살게 됐을 뿐 아니라 고대광실 기와집에 활개치며 살게 되지 않았소! 오늘 수령께서 만약 새집 진 걸 돌아보시거든 부디 내집에도 모셔 주오! 우리 식구가 잘 살게 된 치하를 그분에게 직접 드리고 싶소!

원찬 : 령감님 심정을 알 만합니다. 제가 안내를 하지요.

리령감 : (원찬의 손을 잡고 감격하며) 부탁하오! (일어나며) 그럼 나는 수령님을 영접할 준비를 하겠소……

원찬 : 그렇게 하십시오.

리령감 : (가다가 돌아와서) 위원장! 그런데 오늘 밤엔 우리 집에서 새집들이를 하겠소!

원찬 : 그래요. 단단히 한 잔 차리실 모양이군요.

리령감 : 돼지 다섯 마리 있는 거 한 마리 잡을 작정이요.

원찬 : 과히 쓰시지는 마십시오.

리령감 : 허허 살림꾼은 그저 저렇다니까 (나간다)

선규 : 그럼 전 먼저 관리 위원회로 가겠습니다. 조반 자시고 곧 나오십시오.

선규는 가고 원찬은 방에 들어가서 옷을 갈아입고 나온다. 해주 지나간다.

원찬 : 해주 동무!

해주 : 예?

원찬 : 어데 가십니까?

해주 : 일민이가 온다고 어머니가 마중 나갔기에 가 보려구요!

원찬 : 일민이가 벌써 혼자 기차를 타고 다니게 됐나!

해주 : 예!

원찬 : 해주 동무, 일민인 자라서 우리 나라 혁명에 굳건한 일꾼이 됩니다. 재는 해주 동무 혼자의 아들이 아니라 나라의 …… 우리 조합의 아들입니다!

해주 : (감격해 한다) 예 …… 댁에 선택이와 선희도 살았으면 ……

원찬 : 그 애긴 그만 둡시다!

해주 : ……

원찬 : (악양된 기운으로) 해주 동무! 오늘 수상 동지께서 우리 조합에 오십니다!

해주 : 예 들었어요!

원찬 : 목화가 필 때 한 번 더 오시겠다고 하신 말씀대로 오늘 오시는군요!

해주 : 우리는 참 행복한 시대에 살아요!

원찬 : 해주 동무, 우리는 오늘의 이 감격을 안고 더욱 보람찬 일을 해 봅시다.

일민의 "관리 위원장 아저씨!" 하는 소리 들려온다. 두 사람 그것을 바라본다. 만경대 단원 예복을 입은 일민 뛰여 온다!

일민 : (경례하며) 안녕하셨습니까!

원찬 : (거수경례하며) 잘 다녀왔소! (와락 달려들어 안으며) 일민아! 일민아!

리씨 나온다.

원찬 : 일민아, 수상 동지께서 오늘 우리 조합에 오신다!

일민 : 그래요!

원찬 : 우리 같이 수상 동지를 맞으러 가자!

일동 움직일 때

—막—

(1958.5)

신고송 희곡집 『선구자들』, 조선작가동맹출판사, 1958

창극

강 건너 마을에서 새 노래 들려온다 (4막 7장)

때 : 정전 직후 우리 나라에서 농업협동 조합이 시험적으로 조직되던 시기

곳 : 《기나리》《타령》 등의 아름다운 민요가 불리우는 평남도 어느 농촌. 여기에는 대동강 하류에 흘러들어 가는 자그마한 《극 문학》《봉상강》이 있고 그 강을 건너면 《섬말》이라고 하는 강으로 둘러싸인 동네가 있다.

나오는 사람들

림봉화(32세)－섬말 농업협동조합 관리위원장
강철(16세)－봉화의 아들
최씨(60세)－봉화의 시어머니
김복희(32세)－유가족 세포 이원장
양순실(28세)－유가족 조합원
송명옥(49세)－유가족 조합원
양화영(20세)－유가족 조합원
양태영(16세)－화영의 동생
홍봉옥(18세)－유가족 조합원
정분녀(33세)－빈농 조합원
권세준(26세)－제대 군인
신도균(25세)－제대 군인
학새골 아주머니(56세)－도균의 어머니

양달건(45세)－관리부위원장
김두출(43세)－조합원
리상호(38세)－조합원
강성집(31세)－철의 삼촌
김복만(35세)
봉춘 령감(60세)－나루지기
기타 조합원들 다수

제1막

때 : 1953년 7월 27일 정전 협정이 인정된 날 저녁

무대 : 수양버들이 늘어진 동'둑, 편에 《서악산》이 보이고 반달우에 걸려있다. 동'둑 저편으로 《상강》이 흐르고 여기 나루를 서 읍내로 간다.

막이 열리면 논에서 마지막 널-을 매는 품앗이반 녀인들이 부 《기나리》 소리가 구성지게 들려

녀인들 버드나무 아래로 모여

녀인들 : 바람새 좋다구 돛 달지 말구
몽금이 포구에 들렸다 가렴

조개는 잡아서 젓 절이구
가는 님 잡아서 정 들이자

봉춘 령감 노를 메고 나온다.

봉춘 령감 : 연분홍 저고리 남깃 소매
너 입기 좋구 나 보기 좋구나

아이공 아이공 성화로구나

또 녀인들 몇 사람 논에서 온다.

녀인들 : 명사십리에 해당화 피구
요내 가슴에 사랑 꽃 핀다.

아이공 아이공 성화로구나

갈밭에 뜬 달은 기러기 알지만
이내 맘 달뜬 건 그 누가 알가

아이공 아이공 성화로구나

2

봉화와 복희도 논에서 온다.

봉춘 령감 : (그들에게) 밤에 논'김 매기 욕들 노는군.
봉화 : 아저씬 밤늦게 왜 나오셨소.
밤에야 누가 나무를 건너겠기에 ……
봉춘 령감 : 읍에 간 사람들이 아직 안 왔어.
복희 : 아이구 누가 읍엘 갔나요.
봉춘 령감 : 순실이 삼촌 달건이하고
복만이 상호 두출이랑 네 댓이 갔지.

순실 : (걱정스러운듯) 아니 왜 아직두 안 오실가?

봉춘 령감 : 이제들 오지 않으리.

덕순 : 어데서 한잔 또 하는 게지
언제 올지 모르는 그 사람들
어느 세월에 기다려요
어서 들어 가 쉬기나 하셔요

봉춘 령감 : 내 걱정은 그만두고
임자들이나 들어 가 쉬지.

봉화 : 미국놈 개망나니 설레는 통에
품앗이반 작업이 닷새나 늦었는데
아무려나 오늘 밤엔 끝장을 내야지요.

일동 수긍한다.

명옥 : 그런데 오늘은 웬 일일가
자실들이 한 번도
날아 오지 않았으니 ……

봉옥 : 글쎄 말이야.

봉춘 령감 : (주머니를 이리저리 뒤지며)
아차 내 정신 봐라 깜박 잊었구나
아나 명옥아 편지 받아라
전선에서 편지가 또 왔구나 또 왔어.

명옥 : (반기며) 제게 온 편진가요?

화영 : 기다리던 님에게서
사랑 편지 또 왔구나
후방의 정성 어린
위문 편지 싹이 되어
인연 맺은 님에게서

사랑 편지 또 왔구나

봉춘 령감 : (주머니에서 겨우 찾아 내여 명옥에게 주며) 옜다 어서 읽어 봐라.

명옥은 편지를 받아 들고 한편으로 간다.
처녀들 명옥을 따라 가서 둘러 싼다.

화영 : 이번엔 몇 달 만인가.

봉옥 : 아 그게 언제더라 한 둬 달 됐던가

화영 : 명옥아 어서 읽어 보려무나
가슴만 들먹거리지 말구……

봉화 : 너희들이 렴치가 없지
소중한 그 편지를
아무데서나 읽겠느냐
저기 가서 혼자 읽게
내버려 두려무나

덕순 : 그 군대 동무 이름이 뭐드라

화영 : 세준 동무 권, 세, 준 동무
그렇지 명옥아

명옥 : 몰라

명옥은 한쪽으로 떨어져 편지 겉봉을 뗀다.

덕순 : 아니 화영인 남의 새 서방 이름까지 어쩌면 잘도 아나……
아마 부러운 게지?

화영 : 망칙해라 아주머니도 누가 부럽대요

모두 웃는다.

봉춘 령감 : 부러운 나이도 됐지
뭐 망칙할 게야 있나.

처녀들 : 부러워요 부러워요
우리들은 부러워요
전선에서 보내 온
소중한 편지를
누가 볼세라 가슴 설레며
혼자 읽는 명옥이가
부러워요 부러워요.
우리들은 부러워요.

봉춘 령감, 덕순 :
넘려말아 처녀들아
전쟁만 끝나며는
전선에서 총각 군대
한목 왈칵 밀려 와서 저마다 짝을 무어
혼례를 치를 텐데
너희들 처녀들야
걱정이 무슨 걱정.

덕순 : 아무렴 옳은 말씀
너희들야 무슨걱정
총각 군대 돌아 오는 날
좋은 신랑 배필 만나
칠보단장 성례하고
아들 낳고 딸을 낳아
고소한 살림 차릴 텐데
걱정이 무슨 걱정
우리 같은 과부들이나
명옥이가 부러웁지

화영 : 남포댁 아주머니
모르는 말씀 그만두슈
영용한 인민 군대 전선에서 돌아 오면
허구 많은 처녀 두구
어디에 짝이 없어
시굴뜨기 농촌 처녀
우릴 찾아 오겠나요.

3

명옥이 편지를 다 읽고 화영의 말을 듣다가 그에게로 온다.

봉화 : 화영아 너 그게 무슨
부질없는 생각이냐
우리 비록 총을 잡고
전선에 서지 못 했고
몸으로 화구를 막는
자랑찬 영예 몸소
지니진 못했을망정
고향 땅 지켜 당당히 싸웠고
후방 농민 우리 본분 떳떳이 지키지 않았더냐
처녀들 : 남정네 일'손이
모자라는 농사에
연약한 우리들의
가느다란 손으로
논 갈고 김 매는
백 가지 고된 일
우리들의 로력으로
열매 맺게 안 했더냐

날강도 미국놈의
악귀 같은 비행기가
우리 후방 분별 없이
샅샅이 폭격할 때
한 톨의 쌀이라도
전선에 더 보내자
우리가 흘린 땀은
귀중한 땀이여라

봉옥 : 명옥아 그 동무 편지에도
바루 그렇게 써 보냈지?

선주 : 아이구 애두 사실 그렇지 뭐야.

화영 : 정말 인민 군대가
우릴 그렇게 생각할가?

봉춘 령감 : 생각하구말구
너희들 같이 일 잘 하구
인물도 얌전하구
마음씨 고운 처녀들이
세상에 어데 또 있겠느냐.

화영 : 그렇다면 명옥아
이번엔 답장 쓸 땐
우리들 이야기두
좀 써 보내 주려무나
《우리 섬말 동네에는
봉옥이랑 순실이랑
말 같은 처녀들이
욱실욱실합니다》구.

처녀들이 모두 깔깔거리고 웃는다.

덕순 : 얘 그러지 말구 학재'골 도균 동무에게 화영이가 문안한다고 부탁이나 하렴.

화영 : 아이참 아주머닌 공연히 나보구만
야단이야 (작은 소리로) 자기는 홀아비나 하나 골라 달라지 ……

처녀들 또 깔깔거린다.

덕순 : 미친 것들……

강 저편에서 나루지기 찾는 소리 들려온다.

— 봉춘 령감
— 나루 건네 주

봉춘 령감 : (처녀들을 제지하며)
어 지금 가네……
인제들 오는군

봉춘 령감 동'둑 넘어로 간다.

덕순 : 자 그만침 웃었으면 또 매 보자요
이번엔 순실네 논 맬 차례지……

봉화와 복희만 남고 모두 노래 부르며 논으로 간다.

지는 달 잡아서 서산에 걸구
매던 김 다 마자 매여나 보자

강물에 비친 달그림자는
정든 님 눈'섭 같이 아름답구나

4
강 우에서 흥겨운 배'노래가 들려온다.

어기야 디야 어야 디야
어기야 디야 어야 디야

어서 가자 배를 저어라
고대하던 희소식이다

복희 : 무슨 일일가 저렇게도 신이 났으니 ……

강 우에 배'노래 더욱 신이 난다.

어기야 디야 어야 디야
어기야 디야 어야 디야

정든 님이 온다 한들
이다지도 반가울소냐

어기야 디야 어야 디야
어기야 디야 어야 디야

죽은 사람이 살아 온들
이다지도 반가울소냐

나루에서 달건을 선두로 읍에 갔던 상호, 두출, 복만, 성집 등이 올라 온다.

달건 : 정전이요 미국놈들이 드디어
우리 앞에 무릎을 꿇었소
봉화 : 아주바니 그게 정말인가요?
달건 : 정말 아니구
오늘 오전 열시에 도장을 쳤소.
복희 : 그럼 진작 알려 주실 거지
지금까지 뭘 했나요
복만 : 기뻐서 한잔 했수다!
봉화 : (논을 향하여)
동무들 정전이요 승리요
미국놈들이 항복을 했대요!
복희 : 동무들 일‘손 걷고 빨리들 와요

합창 : 정전이로세 정전이로세
승리 승리 승리로세
원쑤를 무찔러 조국을 지켜
천추에 빛나는 승리로세
에 에라 절씨구나
춤을 추고 노래하세
에 에라 절씨구나
우리 당에 영광 드리세
만세 만세

노래를 불러 찬양하세
천추에 빛나는 승리로세

처녀들 : 서악산 기슭에
도화가 만발하고
봉상강 굽이 따라
새 날은 오리라
십리'벌 앞 뒤'벌에
풍년가 울려 나고
섬마을 집집마다
행복은 오리라
잃어진 어제'날의 그 생활보다
깨여진 어제'날의 그 생활보다
보람차고 행복한 그 날을 위해
우리 모두 힘을 합해 일으켜 보자
달건 : (복희에게)
세포 위원장 동무
래일 군에서 전쟁 승리 경축하는
군중 대회가 있다 하오
모두 참가하게 하랍니다.
복희 : 예 알았어요
모두 들었지요

모두 대답한다.

명옥 : 야 이제는 대낮에도 신이 나게
농사를 짓게 됐구나!
상호 : 농사 뿐인가

발 펴고 낮잠도 자게 됐고
맘놓고 고기도 낚게 됐지
복만 : 불 켜 놓구 술도 마시구
봉춘 령감 : 허허 이 사람들은
먹구 자구 놀 궁리부터 하는군

군중들 흥분에 싸여 동네로 들어간다.
무대에는 봉화, 복희 기타 품앗이
반원들 몇몇 사람이 남는다.

봉화 : 이젠 정전도 됐는데
오늘 매던 논'김은
군중 대회에 갔다 와서
마자 매기로 합시다.

학재'골 아주머니 : (복희에게)
군대 나간 우리 도균이도
이젠 돌아 오겠지?
복희 : 암 돌아 오구말구요
아주머니가 더 기쁘시겠어요
학재'골 아주머니 :
임자네 바깥 사람도
지금 살아 있다면
얼마나 좋겠나!
복희 : 그러게 말이예요
봉화 : 아주머니
왜 그런 말을 하세요?
학재'골 아주머니 :

참 임자두 마찬가지지 (사람들을 둘러 보며)
그러고 보니 여기 있는
모두가 그런 사람이구먼
그 개 같은 원쑤놈들 때문에

복희는 나무 아래로 가서 앉는다

봉화 : 열 다섯 핵심 당원
적에게 학살되고
연약한 여자들인
우리가 남았지만
그럴수록 우리들이
손을 잡고 힘을 합해
동네 일 꾸리면서
농사도 잘 해야죠
유가족 빈농들이
힘은 비록 약하지만
서로 돕고 의지하면
못 할 일 없답니다.
학재'골 아주머니
암 그렇구말구
내가 괜히 안 할 소릴 했지
봉화 : 괜찮아요 아주머니 ……
모두들 래일 아침
일찍이들 군으로 나갑시다.

사람들 동네로 들어 간다.
봉화는 사람들을 보내고 복희에게로 간다.

5

봉화: 복희야 너 어찌
말 없이 앉았느냐
무슨 생각에 잠겼느냐

복희: (말이 없다.)

봉화: 네 비록 말이 없어도
네 마음 내가 알고
내 마음 네가 알지
행복한 우리 생활
빼어 간 원쑤들아

복희: 우리 살림 갈갈이
찢어 간 원쑤들아
원한은 골수에 사무치고
통분은 천추에 남는구나

봉화, 복희:
땅 치고 울부짖어도
간 사람 다시 올 리 없고
하늘에 호소해도
상처는 아물지 않는구나

봉화: 원쑤가 굴복하고
평화를 찾았으니
행복한 새 생활은
우리를 맞으리라

복희: 하지만
그 행복 누구와 나누며
그 생활 누구와 즐기랴

봉화: 복희야 진정해라
서러운 그 사정이

너 뿐이며 나 뿐인가
사랑하는 남편 잃은
사람이 한둘이며
부모 잃은 아이들은
그 얼마나 많단 말가
진정하고 힘을 내라

봉화, 복희 :

아 우리 이 날을 위해
모진 고통 얼마나 참았느냐
저기를 보아라
모두다 춤추누나
온 마을에 노래 소리
울려 퍼지누나
그러나 전쟁의
상처를 가시자면
더욱 큰 난관은
우리 앞에 있을 텐데 ……
행복한 살림을
새로 꾸리자면
힘든 고개 더 많이
넘어야 할 텐데 ……

(막)

제2막
제1장

때 : 1954년 이른 봄

무대 : 왼편에 좀 치우쳐 봉화의 삼간집이 자리잡고 있다. 바른편에는 복만의 집 대문이 보이며 울타리로 둘러져 있다. 이 두 집 사이로 행길이 지나갔으나 봉화의 집에는 울타리가 없다. 대문을 통해 복만의 집은 한번 보기에 부유한 살림살이라는 것이 알려진다. 봉화의 집 모퉁이에는 갓 꽃이 핀 크지 못 한 살구나무 한 그루가 외롭다.

저 멀리 공장 굴뚝이 보인다.

막이 열리면

복만의 집 대문 앞에 명옥, 봉옥, 선주 등이 서 있는데 복희와 순실이가 복만이와 이야기하며 대문 밖으로 나온다.

6

복희 : 아주바니 이 애들을 좀 보시라요
찬물에 개흙 파기 발이 부어서
흙짐 지고 걸어 가기 힘이 들어요
그 소 하루 조합일에 빌려 주시면
그 은혜는 잊지 않고 갚아 드리죠

복만 : 그래두 우리 소는
오늘 하루 쉐야 해
래일부턴 우리 논을 갈아얄 테니
남의 일에 빌려 줄 순 없단 말이야

순실 : 아주바니 너무해요
인심도 고약해요
사람이 더 중하지 소가 그리 중한가요
우리들 유가족의
처지를 생각해서
그 소 하루 빌려 준들

어느 하늘 벼락치리

복만 : 말끝마다 유가족
재세처럼 하지 말게
복만이가 소를 멕여
제 집 농사 짓기 전에
동네 과부 불쌍하다
선심이나 쓰다 말가
협동 조합 우월한데
소나 몇 짝 사다 매지

복만은 비웃으며 대문 안으로 들어 가료고 한다.

선주 : (발끈해서)
넘려 말라요
우리가 그렇게 못 될 줄 알아요!
에이 참 아니꼬와 죽겠네 ……

복만 : (돌아 서며)
뭐라?! 요년의 계집애가
식전부터 재수 없게

복만은 홱 들어 간다.
사이

순실 : (복희에게)
위원장 도움는
언제 오나요

복희 : 봉화 동무 오늘쯤은 오실듯 해요
어제까지 강습은 끝났다는데

아마 군당에 들려 오겠죠.

명옥 : 어서 작업을 계속합시다.

복희 : 동무들은 객토 운반 그만두라구.

명옥, 봉옥, 선주 :

반장 동무 괜찮아요
우리들은 하겠어요
소 가졌다 우쭐대며
우리들을 비방하는
옳지 못한 저 사람들
보란듯이 하겠어요

모두 작업장으로 나간다.
철이 방안에서 나온다.

철 : (부엌에 대고)
할머니!
나 어머니 오시나
동'둑에 나가 보겠어요.

철은 동'둑으로 간다.

7

최씨 : (부엌에서 나오며) 철아!

달건이 봉화의 집으로 오다가 최씨를 만난다.

달건 : 위원장 동무 군에 갔다 안 왔나요

최씨 : 위원장인지 뭔지 야단났쉐
집안 일은 통 젖혀 놓고
밤낮 나다니기만 하니 ……
달건 : 할머니가 고단하시겠수다.
동자 일까지 하실랴면 ……

최씨 탄식하며 부엌으로 퇴장.
달건 가려고 할 때 상호 온다.

상호 : 달건 형님
뭐 조합에 들었다면요?
달건 : (시치미를 떼며)
아 아니 ……
상호 : 여보 말 마우다
내가 다 들었수다.
달건 : 아니 누가 그런 소릴 해?
상호 : 뭐 누굴 속일려고 그러오
조합엔 안 들겠다
뒤에선 장담하고
이제 와서 나두 몰래
가입 신청 냈다구요
난 그래두 우리 사일
형제 같이 믿었는데 그게 무슨 도린가요
내 그럴 줄 몰랐쉐다!
달건 : (어색하게 웃으며)
이 사람 상호 내 말 듣게
사람의 말은 듣지두 않구
다짜고짜 골부터 내니

그게 어데 될 말인가……

상호:　뭐 형님은 부위원장으루
추대한단 소문이든데?

달건:　우리들이 지금까지
안 든다구 고집한 건
아무리 생각해두
타산 없는 일이였지
6차 전원 회의 후에
여자들이 한 일이지만
우리 동네 협동 조합
이왕 조직되였으니
임자나 내 체면에
안 든다구 버틸 순 없지……

상호:　외조 할머니 떡이래두
커야 사 먹는다구
내게 리속 없는 걸
뭣하러 든단 마료
농우 한 짝 없는데다 트럭이란 여자 뿐
농사가 안 될 것은
뻔한 노릇이 아니요
더구나 아니꼬운
봉화 복희가 판 치는데
들기는 고사하고
들었다두 빠지겠소

달건:　속 좁은 이 사람아
생각을 해 보라구
여자들이 판을 치면
며칠이나 치겠는가

한동안 떠들다가
때가 오면 물러앉지
이제라두 우리들이
들어만 간다면야
조합 사업 마음 대루
좌지우지할 것이니
임자두 오늘 저녁
가입 신청 당장 내구
들어 와서 나하구
손 잡구 일하자구

최씨가 부엌에서 나온다.
달건 상호에게 눈짓하고 나간다.

달건 : 아마 오늘도 안 오는 모양이군요.

8

최씨 : 아 아니 이 망할 것이
오늘도 아니 오나
구질구질 동자 일은
나한테다 떠맡기고
조합 일에 핑껴 좋아
군엘 간다 읍엘 간다
사흘씩 나가 자며
오늘도 아니 오나?

철이 애빈 왜 죽었노

미국놈이 원쑤로다.
아들이 죽은 다음
며느리가 무슨 소용
동서 팔방 좁다 하고
이리저리 싸다니다
그 마음 변코 보면
나와 철인 어찌 될고!

암탉이 홰를 치면
집안 망할 징조라드니
제가 무슨 잘난듯이
협동 조합 위원장?!
자식도 몰라 보구
이틀 사흘 싸다니며
하는 일은 무엇인구……

이 때 성집이 나타나 복만이네 집으로 가려다가 최씨를 보고 그 쪽으로 간다.

성집 : 어머니 왜 그러시우?
형순가 하는 그 사람은
아직도 안 왔나요?
최씨 : 애 성집아 이젠 무슨
마련을 바두 봐야지
난 정말 눈꼴이 시여서
이 집에 더 못 있겠다.
성집 : 글쎄 내가 애당초에
무어라 말합데까

벌써부터 우리 집에
옮기자구 안 합데까
어머니의 년세가
래년이면 환갑인데
이 집에서 무엇 때문에
식모살일 한단 말요

최씨 : 나야 글쎄 아무려나
의지가지 없으련만
나어린 철이 녀석
그 녀석이 가엾구나
그게 그래두 강씨 문중에 둘두 없는 종손인데
그걸 두고 혼자 가자니
내 심사가 불편하다……

성집 : 그 녀석도 앞으로야
데려다가 길러야죠
제 어미 나이 서른 둘
아직두 젊었는데
그저 그냥 과부 대루
수절할 것 같아요
어머니두 밤'중이야
정신을 좀 차려요

최씨 : (한숨 쉬며)
아이구 내 팔자야
왜 아직 죽지 않구
이 속을 썩이는구……
(방으로 들어 간다.)

성집 : 어서 가자구요
뭣하러 또 들어 가요

최씨 : (화를 내며)
가만 있거라 가두
옷가지나 가지구 가야지

그 동안 복만이 대문 밖으로 나와 섰다가 늦게야 작업장으로 나가는 분녀와 화영을 만난다.

9

분녀와 화영은 봉화의 집 모퉁이에 있는 질통을 손질한다.

복만 : 조합에선 객토 작업을 한답시고
새벽부터 질통을 지는데
아니 댁에서는 인제야 나가니
굉장한 고등관인걸……
분녀 : 남이야 아무러건
아주바닌 무슨 걱정
조합 일엔 무슨 참견?
복만 : 성미 사나운 위원장 앞에선
옴짝달싹을 못 한다는데
이제 나가면 늦게 나온다
호된 비판을 또 받겠구나.
화영 : 비판은 무슨 비판
어제'밤 늦게까지
작업반 회의하구
부지런히 나가는데
비판을 누가 해.
성집 : 그래두 하면 받았지

별수가 잇단 말가
요전번 회의서두 임자들이 뭐 자유주의라구
비판을 받았다면서?

화영 : 그까진 거 얼마든지 비판을 하라지요.

성집 : 어차피 매여 살면
여러 가지 말이 많고 시비가 낳은 법이지
더구나 여자들만
모였으니 오죽할라구……

복만 : 일두 아주 썩 잘 되지
물어 뜯구 쥐여 뜯구
임자들 꼴 잘 되겠어

분녀, 화영 : 정 그러면
그만두고 말지요
어지가서 할'일 없어
욕을 먹구 일하겠소

두 사람 나간다.

복만 : 잘 되었지 여보게 이 사람 조합에 안 든 건
천만 다행인 줄 알게
한집안 살림에도 의가 서루 맞지 않아
서루 싸우구 하는 법인데

복만, 성집 : 더구나 농사 일에 네 것 내 것 없이
둑을 떠쳐 놓구
말썽 많은 여자들이
한데 모여 고아 대니
무슨 일을 치르겠나
이제 제김에 모두 나가

자빠지구 살겠지 하하……

성집 : 그런데 복만 형님
우리두 래일부터
슬근슬근 논갈이를
시작해야 할 텐데
소는 념려 없겠지요?

복만 : 아따 이 사람 그건 념려 말라구

성집 : 아 형님만 믿습니다.

10

작업장 편에서 떠들썩한 말다툼 소리 들려 오더니 분녀와 화영이 성이 나서 돌아 온다.

봉화가 급한 걸음으로 그들을 부르며 나온다.

봉화 : 분녀 동무 화영 동무
동무들이 말 안 듣고
끝끝내 이럴 테야

그들을 붙잡는다.

분녀, 화영 : 나 싫으면 그만이지
시끄럽게 왜 이래요
오늘부터 조합 생활
안 하면 그만 와요

작업반원들도 온다.

봉화 : (성이 나서)
그게 다 말이라구
함부로 지껄이나
아무 말이라두 하면 다 말인가?

분, : 화영
왜 말이 아니란 말요
왜 말이 아니란 말요
그만두는 건 조합원의
자유 의사가 아니요

반원들 : 동무들은 옳지 않아 옳지 않아요
도대체 머리들이 옳지 않아요

철과 태영 등장한다.

분녀, 화영 : 무엇이 옳지 않아 무엇이 옳지 않아
우리들의 머리가 어째서 옳지 않아

반원들 : 동무들이 말해 주는
정당한 비판을 듣지 않고 탈퇴라니
그 사상이 옳지 않아

분녀, 화영 : 밤 늦게 회의하고
아침에 좀 늦었다고
군중 앞에 망신 준 건
그래 그건 잘했구나

반원들 : 망신은 무슨 망신
고치면 그만이지

분녀, 화영 : 왜들 이래 야단이야
패를 지어 몰아 대면
누가 어디 겁이 나서

찔찔맬 줄 알았나

봉화 : 동무들 접수하고
생각을 고치라요
회의가 늦었으면
동무들만 회의했나
일이 고되다면
동무들만 일을 했나
공연히 고집 말구
일하러 나가자요

분녀, 화영 : 나는 싫소 나는 싫어
조합 일이 나는 싫소
나는 조합 그만두고
(분녀)혼자 농사 지을테요
(화영) 평양으로 나갈 테요

봉화 : 분녀 동무 화영 동무
어찌 그리 부질없나
유가족과 빈농들이
협동 조합 조직할 때
그 당장에 배부르고
호강할 순 없으리니
백사가 곤난해도
참아 가자 다짐했지

우리 조합 터를 닦아
새살림을 꾸리자면
모두가 한맘 한뜻
뭉쳐야 할 터인데
조합 농사 시작한 지

사흘이 못 되어서
떨어져 나간다니
그게 무슨 소리인가?

화영은 돌연히 작업장 쪽으로 뛰여간다.
구경하던 복만은 대문 안으로 들어간다.
작업원들 화영을 따라 작업장으로 간다.
복희는 분녀를 설복하려 하나 분녀는 뿌리치고 집으로 간다.
복희도 할 수 없이 작업장으로 간다.
최씨가 복따리를 꾸려 방에서 나온다.

11

성집 : (나가려는 봉화를 부른다.)
형수님!
어머니는 오늘부터
제 집에서 모실테니
그런 줄 아시오

봉화 : (놀라 최씨의 치마'자락을 잡으며)
어머니!
어머니가 나가시단요!

최씨 : 위원장의 시어머니
자격이 없어 못 하겠다
허리가 아파서
식모 노릇도 못 하겠고……

봉화 : 어머니 념려 말고
조곰만 더 참으세요
조합 일이 바쁜 때라

이 모양이 아니예요

최씨 : 조합인지 무엇인지
한가할 때 있었더냐
새벽에 나가며는
어두워서 들어오고
들어오면 밤새도록
쓸어 모여 욱적대니
우리 집안 오순도순
잘 살기는 다 틀렸다.

봉화 : 협동 조합 조직한 건
잘 살자는 일이라구
몇 번이나 말했나요
지금은 좀 힘들어도
잘 사는 날 있으리니
어머니 조곰만 더
참고 이겨 나갑시다.

최씨 : 듣기 싫다 듣기 싫여
그런 소리 듣기 싫다
쓸데없는 이야기는
내 앞에서 하지 말아
치마로 앞을 가린
여자된 몸이어든
부모 봉양 자식 양육
살림살이 제격이지
남녀 없이 교제하며
야단 법석 하는 꼴은
나는 차마 못 보겠다.

철 : 할머니! 어데루 가신다고 그래요

최씨 : 철아 나는 네 삼촌 집으로 간다.
철 : 할머니 왜 그래요
무엇 때문에 나간대요
최씨 : 너두 철이 들면
나를 따라 오잖으리
(성집에게)가자!

최씨, 성집 간다.
철은 《할머니》하고 부르며 잡으러 간다.

봉화 : 이 집에 시집와서
이 날까지 지낼 적에
남편을 잃었어두
이다지는 안 섧었네
언약한 내 힘으로
조합을 일궈 보자
이리 뛰고 저리 뛰며
침식을 잊었건만
내 마음 몰라 주며
도리여 오해하여
정도 없이 떠나 가니
어머니도 야속해요

철이 뛰어 들어 와서 어머니 품에 안겨 운다.
봉화도 눈물 짓는다.

봉화 : 철아
어서 가서 할머니를 모셔 오자.

(암전)

제2장

때 : 그날 밤

무대 : 전장과 같은 곳

무대 밝아지면 작업반원들 부업 생산으로 노전 걷기 작업을 하고 있다.

12

봉옥 : 조합 농사 하는 법을
어느 누가 내였는지
한자리에 둘러 앉아
일하기도 신명난다.

일동 : 아아 아무렴
그 말 한 마디 잘 했군

명옥 : 낮에는 영농 준비
밤에는 부업 생산
일하구야 못 살겠나
잘 살두룩만 하잔다.

일동 : 아아 아무렴
잘 살두룩만 하잔다.

성주 : 이 노전을 곱게 엮어
농기구 많이 보내 주는
로동자 동무들 자는 방에
알뜰살뜰히 펴게 하자

일동 : 아아 아무렴

알뜰살뜰히 펴게 하자

덕순 : 부업 생산 어서 해서
농량도 사들이고
가을에 가서 현금 분배
한아름 잔뜩 받아 보자

일동 : 아아 아무렴
한아름 잔뜩 받아야지

순심, 선주 : 가을에 현금 분배
그것도 좋지마는
농사 일에 당장 급한
소부터 한 짝 사다 매자

일동 : 아아 아무렴
소부터 한 짝 사와야지

복희 : 우리 당의 부름 따라
협동 조합 무어 놓고
한데 모여 일을 하니
재미 있는 일도 많죠

일동 : 아아 아무렴
반장님 그 말이 옳쉐다.

덕순 : 남들은 신이 나서
소 사올 궁리만 하는데
학재'골 아주머닌
한잠 깊이 드셨군

일동 : 아 아니 아주머닌 졸아요?

학재'골 아주머니 : (놀라 정신 차리며)
응? 내가 언제 졸았나?
군대 나간 우리 도균이
제대됐다구 왔더니만

일동 : 아아 우스워라
한바탕 꿈까지 꾸셨네

이 때 화영이가 갈'단을 한짐 이고 들어 온다.

복희 : (일어 나서 맞으며)
화영아 수고했어!
화영 : (대답 없다)
학재'골 아주머니 :
내가 이제 여기 앉아
깐득하고 졸았는데
우리 도균이 그 녀석이
제대되어 왔다면서
날 보구는 본 체 만 체
첫 인사로 하는 말이
화영 동문 잘 있나요
아 그려질 않겠나!
일동 : 아이구나 아주머니
별꿈을 다 꾸셨네요
아이 원 망칙해라
어느새 그런 꿈을
처녀들 : (말 없는 화영에게)
화영이는 이상하네
좋으면 좋았지
시치미는 왜 떼나
화영 : (그냥 시뜻해서)
듣기 싫어 얘!
(그러나 그도 참지 못 하고 종시에는 웃고 만다.)

처녀들 : 야 야 웃었구나
화영이가 웃었어
아침엔 화가 나서
하루 종일 말도 않고
무섭게 흔들흔들
큰'일날 것 같더니
이제는 성이 풀려
웃음통이 터졌네
하하……

덕순 : 웃고들 일을 하니
일재미는 나지마는

일동 : 그렇지요 아주머니
일재미가 나구말구요

학재'골 아주머니 :
그러나 걱정'거리
한두 가지 남아 있나

순실 : 학재'골 아주머니께
무슨 걱정 남았나요
아드님 돌아 오면
며느리 볼 걱정인가요?

학재'골 아주머니 :
오늘까지 우리둘이
서루 서루 도와 가며
있는 것 있는 대루
없는 것 없는 대루
힘과 뜻을 서루 합쳐
살아 오긴 했지마는
닥쳐 오는 보리'고개

무얼 먹구 살아 가며
소 한 마리 없는 터에
봄갈이는 어찌 하나?

모두 엄숙해진다.

복희 : 학재'골 아주머닌
옳은 말씀 하시었소
우리 앞에 어려운 일
한두 가지 아니야요
그러나 모든 곤난
뚫고 이겨 나가면서
하자고 맹세한 일
기어코 해 내야죠

봉화 온다.

13

봉화 : 동무들 기뻐해요
우리 조합 잘 돼가요
동무들이 그다지도 걱정하던 일
농량도 앞으로 념려 없어요
지금 리당 위원장을 만났었는데
대여곡 내주기로 결정됐대요
오늘 군당에서 우리를 위해
소 네 짝도 알선해 두었으니까
래일 당장 임경소에서 몰고 가래요

모두 기뻐한다.

녀인들 : 과부들이 맨손으로
저 논을 언제 가나
소 가진 개인농들
모여 앉으면 비방터니

일동 : 아아 아무렴
인제야 비방을 못 하지

처녀들 : 래일 나가서 소 네 짝에 대여곡 싣고 돌아 올 땐
그 아주머니들 입 벌리고
히뜩 나자빠지겠네
아아 아무렴 히뜩 나자빠져야지

봉화 : 한 가지 기쁜 소식
더 알리지요.
두출 동무와 상호 동무
그 동안엔 사정 있어
조합에 들지 않고
이럭저럭 지냈지만
래일 아침 가입 신청
내기로 하겠다니
앞으로 우리 조합
잘 돼 갈 줄 믿어요

일동 (수군수군한다.)

봉화 : 일전에 신가입한
순실이 삼촌 달건 동문

여러 가지 사업에
경험도 많은 인데
우리 조합 부위원장
맡기는 게 어떨가요?

덕순 : 그 아주바니를 들겠다는 건
고맙기는 하지마는
조합 일에 발벗고 나서서
제 일처럼 해 줄는지

순실 : 들어 와서 일하는 걸
지나두 보지 않구
지금부터 새희망 없이
그런 말을 왜 하나요

덕순 : 아이구머니 무서워라
기갈이 대단쿠먼
제 삼촌 욕한다구
아마 되우 싫은 게지
조합에 들었으면
나와서 일할 게지
오늘도 복만이와
술추렴만 다니더군

복희 : 남포댁 아주머니
너무 그러지 마시라요
그 이들은 래일부터
작업하러 나온대요

덕순 : 아니 분녀는 왜 안 나와
종시 탈퇴하겠다면
내보내구 맙시다!

봉화 : 내보내기가 바쁜가요

더 설복을 해야지요
나두 이번 강습에 가서
많은 것을 배웠어요

사이

화영 : 지금까지 내가 한 일은
나두 잘 했다구 안 해요
봉화 : 그럼 왜 그랬어?
화영 : 아직 철이 없어 그랬지요 뭐!

모두 웃는다.

봉화 : 자 오늘 일은 그만 하구
돌아 가서 푹 쉬도록 해요
복희 동문 가는 길에
분녀한테 들려 봐요
봉옥이와 화영 동문
래일 아침 나와 같이
소 가지러 군에 나갈
차비하고 나오시오

모두 일'손을 걷고 흩어진다.
행길에서 복만, 성집, 달건 등의 술취하여 부르는 노래가 들려 온다.

에헤 에헤요
어렴마 둥둥 내 사랑아

간다 간다 나는 간다
떨떨거리고 나는 간다.

달건이 먼저 비틀거리고 나타나서 봉화를 만나자 어색하여 꽁무니를 뺀다.

뒤따라 복만, 성집 온다.

복만 : 여보 달건 형님
우리 집에서 한잔 더 하자구요
아 저 사람이 너절하게
꽁무니는 왜 빼?
여보게 성집이
저 녀석이 부위원장
한사리 바라보구
조합에 들었단 말야

성집은 봉화를 보고 그에게 온다.

성집 : 형수님 이제는
편안하게 됐수다.
시끄럽게 굴던
어머니까지 쫓아 냈으니
힝 ……

복만과 성집은 달건이 간 쪽으로 간다.

14

봉화는 한참 동안 울적하여 섰다.

봉화 : 내 가는 앞길에는
산도 많고 강도 많다
넘으면 또 산이요
건너면 또 강이라
꽃이 피고 열매 맺는
행복한 날 언제런가!

복희 맥없이 돌아 온다.

복희 : 분녀 동문 집에 없어
봉화 : 복희야 어이 할가
우리 살림 어렵고 힘들 때마다.
당에서는 우릴 도와 힘을 주건만
덕없고 능력 없는 나의 탓으로
조합 일 제대로 꾸려 못 가니
괴로운 이내 마음 한량 없구나
복희 : 봉화야 네 입에서
그런 소리 뜻밖이구나
너마저 약해지면
우리 일 어찌 하리
봉화 : 시어머니 완고하여
내 하는 일 믿지 않고
오늘 내 집 나간 일은
생각사롤 서글프다
복희 : 봉화야 울지 말아
울지 말구 힘을 내자

어머니가 알지 못 해
지금 집을 나갔어도
우리 일 리해하구
돌아 올 날 있으리라

두 사람 서로 껴안는다.

(막)

제3막

때 : 1954년 7월 중순 낮.

무대 : 제1막과 같은 곳. 조합의 첫 농사가 성과를 울려 들판이 푸르다.

15

막이 열리면 복만이 동'툭에서 누구를 기다리고 있다.

봉춘 령감 나온다.

봉춘 령감 : 안 된다구 떠들던 조합의 농사
저렇게 잘 됐으니 홍타령 난다
아이공 아이공 홍타령 난다.

자급 비료 화확 비료 륙상모에 소주 밀식
당의 방침 지키구야 안 될 리 없지

아이공 아이공 어깨춤 난다.

봉춘 령감 나루'가로 사라진다.
달건이 나타난다.

복만 : 형님 빨리 오소
두 시간이나 기다렸소
(복만은 돈 뭉치를 꺼내서 달건에게 준다.)
자 였소 약속대로 삼천 원요
세여 보소.

달건 : (주머니에 넣으며)
세여 보나마나 맞겠지
(복만에게 조심스럽게)
오늘 밤 자정 후에
사람들이 없는 틈에
비료를 한 가마니
창고에서 들어 내여
사무실 뒤'담벽에
멍석 씌워 둘 터이니
슬그머니 날라다가
쓰두룩 하려무나

복만 : 알았소 달건 형님
이제야 살았쉐다
(가려고 한다.)

달건 : 여보게 복만이
임자가 류안 비료
쓰는 걸 누가 보면
어디서 난 것인지

이상히 여길 테니
복만 : 아따 그건 념려 마오
그만 눈치 내 없겠소
복만, 달건 : 읍이나 평양에서
사 오는 줄 알도록
나루를 건너다가
쓰도록 하면 되지

저 쪽에서 인기척이 난다.

달건 : 그런데 복만이도
내 부탁을 들어 주게
우리 조합 두벌 논김
지금이 한창인데
물'길 좋은 임자네들
골몫을 타고 앉아
조합 논에 물 안 주니
그 인사 옳지 않네
복만 : 내 논에 물 말리고
남의 논에 물 주라오
달건 : 이 사람 복만이
그러면 못쓰느니
내 체면 생각도
해얄 게 아닌가
복만 : 형님 체면 봐서라도
물을 노나 씁시다레

16

봉화가 논에서 김매던 차림으로 나온다.

봉화 : (달건에게)
일'손이 모자라서
모두가 야단인데
한가히 모여 서서
이야기만 하지 말고
김매는 일이라도
도와 주면 어떤가요

달건 : (와락 성을 내며)
내가 어디 놀구 있소
말을 좀 삼가오
이 사람께 물 문제를
토의하던 참이요……

봉화 : 토의는 무슨 토윌
몇 번이나 해야 되오
그게 어디 그 사람이
돈 주고 사온 물요
밀려 드는 대동강물
노나 써야 마땅하지
구구하게 청대는 일
이제는 그만둬요
(복만에게)
복만 동무 말 좀 하오
무슨 일로 물 재세요
조합 농사 잘 될가봐
배가 아파 그러오

복만 : 우리 논에 물을 대고

남아야 물을 주지
봉화 : 물이 없어 걱정인가
쓸데없는 핑계지
밀물 때가 되었으니
물'고나 더 놓아요
복만 : 남의 물'고 트건말건
웬 참견이요
봉화 : 조합 논엔 물 못 돌게
무슨 놈의 심'보야
달건 : 아 이건 왜 이러오
조용 조용 얘길 하지
남이 애써 타일러서
물 주도록 해 놨는데
그렇게 쏘아 대면
그 사람은 배알 없소
복만 : 그 잘난 위원장이라고
너무 우쭐대지 말어 ……

복만은 화가 나서 간다.

봉화 : (달건에게)
아주머니
그 창고 쇠 이리 주오
달건 : 그건 뭘 하게요
봉화 : 정 말 안 들으면 우리 동무들 시켜 삽으로 물'고를 터쳐 놔야겠소
달건 : 그건 안 되오 그래서야 쓰나요
봉화 : 쓰건 말건 내 책임 질 테니

쇠나 어서 이리 주오

◇ 달건 열'쇠를 준다.
◇ 봉화 급히 나간다.

달건 : (봉화의 가는 쪽을 바라보다가)
저게 왜 저 모양이야……

◇ 복만이가 퇴장한 길에서 상호가 온다.

상호 : 부위원장 동무 저 복만이가
왜 저리 화가 났소?
달건 : 나 이거 부위원장 못 해 먹겠쉐
위신이 서야 사업을 해두 하지
상호 : 아니 누가 말이요?
달 건
아 누군 누구야 봉화 말이지
남이 애써 물 주도록
타일러 두고 나면
욕설로 비위 긎혀
다 된 일도 잡쳐 놓니
작풍이 고 모양에
조합 사업 될 리 없지
상호 : 글쎄 그 사람 말 마시오
사업 작풍 나날이
관료주의 심해지오
이 대로 두었다간
개판이 될 것 같소

달건 : 세포 위원장 복희하군
가족주의로 뭉쳐 가지고
조합 사업 제 맘 대로
독판을 친단 말야

상호 : 형님도 정신을 좀
똑똑히 차리구려.
여자들 틈에 끼여
옴짝달싹 못 할 바엔
부위원장 자리에서
아예 썩 물러앉소

달건 : 자네는 왜 외의에서
비판 한 마디 못 하나?

상호 : 나는 원래 입맛이 써서
맞서기가 싫단 말요

달건 : 요다음 결산 총회
그 때까지 기다리세

상호 : 그 여자가 만만찮소
가랑 치울 자신 있소?

달건 : 아 있구 말구
이번에야 여부있나
그 여자 반대하는
조합원이 얼마라구
우선 이 부위원장
달건이가 반대하구
겸사 위원 김 상호
임자가 반대하구
트럭 평가 문제루
두출이두 불만이지

그밖에두 분녀 화영이
덕순이 치삼이
모두가 위원장을
못 쓰겠다 반대라네

상호 : 하긴 그렇긴 해!
아무래두 형님이
조합 사업 말아야겠소

달건 : 사실 말이야 바른대루
여자들이 뭘 하겠나

두 사람 이야기하며 나간다.

17

봉춘 령감이 제대되어 돌아 오는 도균과 세준을 인도하고 나루에서 동둑으로 올라 선다.

봉춘 령감 : (큰 소리로)
자 여기서 좀 기다리게
내 저기 가서 사람들을 불러 오마

도균 : 자 여기가 바로 동무가 오고 싶어하던
섬말이요 어떻소

세준은 감격에 싸여 사방을 둘러본다.

도균 : 얼마나 그립던 고향이냐
얼마나 정다운 마을이냐
서악산 굽이 돌아

흐르는 봉상강
내 어린 시절의
잊지 못할 보금자리!

세준 : 얼마나 그립던 사람이냐
얼마나 정다운 이름이냐
내 비록 이 고장
와 본 일 없어도
고향처럼 반가운
설레는 마음이여

도균, 세준 : 아 정다운 고향
아 그립던 사람
우리 서로 이 고향 위해
내 마음의 고향 위해
원쑤를 무찌른 그 힘으로
행복한 새살림 꾸리세
뜨거운 우리의 심장을
복구와 건설 위해 바치세

18

멀리서 학재'골 아주머니가 《도균아!》 하고 부르며 뛰여 온다. 논 매던 조합원들 동네 사람들 모여 온다.

학재'골 아주머니 : (도균을 보고)
도균아! 도균아!

도균 : 어머니

두 사람 서로 껴안는다.

어머니는 반가움과 학살 당한 남편을 생각하여 운다.

도균 : (어머니의 마음을 알고)
어머니 진정하세요
아버지의 원쑤는
제가 갚고 왔어요

봉화 앞으로 나온다.

봉화 : 도균 동무 수고했소 (악수한다.)

모두들 도균에게 인사한다.

도균 : 여러 분 안녕들 하십니까
후방에서 얼마나
고생 많이 하셨습니까
학재'골 아주머니 : (뒤에 서 있는 화영에게)
얘 화영아
너는 그중 친한 재에
인사도 아니 한담.
처녀들 : 학재'골 아주머니
얌전을 빼누라구 그래요
너무 반가와서 그래요
도균 : (화영에게 가까이 가며)
아 화영 동무 잘 있었소?

화영은 무슨 말을 할듯 도균을 바라만 보다가 어색하게 인사하고 부끄러워 숨는다.

모두 유쾌하게 웃는다.

철, 태영을 따라 동네 사람들 또 모여 온다.

학재'골 아주머니 : (세준을 가리키며) 얘야 저 사람이 ……

도균 : (크게)

참 제가 잊었어요
저와 같이 제대되여
이 마을로 돌아 온
권 세준 동무를 소개합니다

세준 : (성큼 나와)

여러 분 안녕들 하십니까
제가 권 세준입니다.

학재'골 아주머니 귀'속말로 도균에게 무엇인가 물어 본다. 도균 그렇다고 대답한다.

학재'골 아주머니 : (사람들 속에 명옥을 찾는다.)

얘 명옥아 명옥아

명옥 물'고를 터치러 갔던 사람들과 같이 삽을 메고 들어오다가 제이름을 부르는 소리에 《예》하고 대답한다.

학재'골 아주머니 :

얘 명옥아 그 사람이 왔구나
우리 도균이 하구 ……

도균 : 명옥 동무 안녕하십니까

(군대식으로 인사한다.)

세준 : (명옥에게 가며)

명옥 동무 나 세준이요

명옥 : (세준이 손을 잡고 올굴을 붉히며)
얼마나 수고하셨어요

녀인들 : 슬기롭고 영용한 전선의 용사
일 잘 하고 믿음직한 후방의 처녀
어느새 맺었는가 사랑의 약속
전쟁의 불'길 속에 꽃을 피웠네

명옥 : 전선의 소식 실은 동무의 편지
후방을 지키는 우리들에게
얼마나 고무하는 힘을 주었고
승리의 신심을 주었던가요

세준 : 후방에서 보내 오는 동무의 부탁
초소를 지키는 우리들에게
그야말로 백 배의 용기를 줬고
필승의 신념을 주었답니다.

처녀들 : 십리'발 풍년 맞아 넘실거리는
우리 마을 동무 맘에 드시는지요

세준 : 제가 자란 고향은 남쪽이지만
내 마음의 고향은 이 곳입니다
미약한 힘이나마 있는 데까지
이 마을 번영 위해 바치렵니다

녀인들 : 전선과 후방의 편지로 맺은
동무들의 인연은 기이한 인연
명옥이는 손을 꼽고 기다렸지만
우리들도 어서 오라 기다렸다오

19

복만과 성집 노발대발해서 등'둑으로 뛰여 온다.

복만 : (팔과 삽을 내저으며)
아니 우리 논에 물'고를 누가 텄어.

성집 : (역시 성이 대단히 났다)
아니 우리 논에 물'고를 누가 텄어.

복만, 성집 : 주인에게 말도 없이
물'고 튼 게 누구냐

봉화 : 내가 터 놓도록
반원들에게 지시했소

성집 : 임자가 뒷이기에
남의 물'고 막 트는가

봉화 : 남이 그런데도
말려야 할 사람이
그런 소리 하는 것은
적은이가 옳지 않소
물이 남아 나도
조합 논에 줄 념 않고
뒤로 다니면서
조합 비방 무슨 일요

조합원들 : 혼자 먹고 혼자 살자
물목 좋게 재세 마오
농민들이 농사 지어
알곡 수확 많이 내면
우리 나라 부강하고
살림살이 넉넉하리
나라 위한 농사 일에
네 물 내 물 어데 있나

리기주의 개인주의
아직도 못 버리고
조합 일에 훼방 놓자
눈이 벌게 야단인가
옛날의 지주처럼
제 욕심만 채우려는
낡은 근성 버리고서
조합에나 들어 보소

◇ 복만과 성집은 조합원들의 기세 눌려 슬금슬름 꽁무니 뺀다.

(막)

제4막
제1장

때 : 탈곡이 한창 바쁜 11월 중순, 낮.

무대 : 조합 관리 위원의 사무실을 짓는 건축장이다. 집은 이미 락성에 기다. 기와를 덮는 작업과 마루를 까는 작업 등 일부 작업이 진행되는 중이다. 날씨가 음산하여 지금 곧 늦가을 비가 내릴 듯하다.

20

성집 무슨 일로 화가 나서 나온다.

성집 : 에이 더러운 자식
내가 어리석었지

내가 어리석었어
그 놈을 친구라고
그래도 믿은 내가
어리석은 놈이였어
제 집 탈곡 끝이 나면
탈곡기를 빌려 준다
큰소리 하는 통에
사흘 품일 해 줬더니
이제 와서 나도 몰래
조합에다 팔아 먹어

복만이 그 자식이
지나간 여름에도
달건이 술 멕이고
류안 비료 구하며는
나하고 노나 쓴다.
약속을 해 놓고서
나는 슬쩍 따돌리고
제 배'속만 채웠었지
(생각할수록 화가 난다는듯이)
앵히 고약한 놈아
네 녀석을 믿고 있다
나만 쫄딱 망했고나
십리'벌 둘러 봐도
내 논 제일 못 됐더라
둥치고 간 내 먹는
고약한 그 자식을
내가 그냥 둘 줄 알고

어림 없다 어림 없어

성집은 봄간이를 찾으러 서두르며 나간다.
한쪽에서 달건과 복만 이야기하며 나온다.

달건 : 탈곡기야 잘 내놨지
큰 거 한 장은 더 받을 테니까

복만 : 기계야 그만하면
아직도 새 기계죠
현금으로 산다기에
헐값으로 내놨으니
돈이나 어서 주소
용처 몰려 죽겠쉐다.

달건 : 글쎄 돈 걱정은 말래도

복만 : (은근히)
허 형님 그러면야 오늘 저녁
내 또 한잔 사잖으리
(소리를 낮추어)
이번에는 형님이
위원장으루 된다지요

달건 : 대세를 보아하니
아마 그쯤 될 것 같네

복만 : 그렇게 돼야지
진작 그렇게 돼야지
그런데 형님 내 말 듣소
삼강리 정미소는
거의 흥정되었는데
형님도 들겠으면

이 기회에 한몫 끼오

달건 : 이 사람아 내게
무슨 돈이 있을라구

복만 : 허어 형님에게
왜 돈이 없서단말요
조합에 돈 많으니
조합 돈이 형님 돈이지
들고 안 드는 건
소견 대루 하오마는
횡재 수를 놓지구서
후회랑은 하지 마소
(가려고 한다.)

달건 : (붙잡으며)
여보게 복만이
사람이 왜 그래 뚝뚝한가
내 저녁에 가겠네

성집이 뛰어 나온다.

성집 : 이 자식아 애 이 도적놈아
탈곡기를 팔아 먹었어?
날 시켜 제 집 탈곡
시킬 대루 시켜 먹구
우리 집 탈곡은
시작도 하기 전에 조합에다 팔아 먹는
뻔뻔한 도적놈아

성집은 목만을 잡아 나꾸어 땅에 뿌리친다.

복만 : (옷을 털고 일어 나며)
뭣이 어째 이 놈아
내것 가지고 내 파는데
어쨌다구 지랄이야
너의 일품 일품 대루
갚아 주면 그만 안야

성집 : (또 멱살을 틀어 쥐며)
이 놈아 도적놈아
뻔뻔한 도적놈아

복만 : (같이 대항하며)
야 이놈이 사람 친다.
뎀빌 테면 뎁벼 봐라

성집 : 비료도 평양서
사왔다고 날 속였지?

달건은 비료 문제가 나오자 당황해서 두 사람 사이에 들어 말린다.

달건 : 지난 일 가지구 뭘들 그래
여보게 복만이 집으루 가라구

복만 : 야 집에 가서 해결하자

성집 : 내가 여태까지
너한테 속았다만
나두 다 속이 있구
생각 있는 사람이야

복만은 두 사람을 떠밀고 나간다.

22

점심 시간이 지나고 조합원들 작업장으로 모여 온다.

봉옥: 조합에 첫농사 풍년 들구요
우리네 살림은 늘어만 가누나
일동: 에루와 좋네 데루와 좋구나
늘어만 가누나
조합원: 금년 가을엔 사무실 짓구
래년 가을엔 구락부 짓자
일동: 에루와 좋네 데루와 좋구나
구락부 짓자
도균, 세준: (조금 늦게 나타나며)
봉상강 허리에
큰 다리 놨더니
자동차 뜨락또르
쌩쌩 달려네
일동: 에루와 좋네 데루와 좋구나
씽씽 달리네
녀인들: 용사들 전선에서 돌아 온 뒤에
마을은 힘을 얻고 기둥이 섰소
일동: 에루와 좋네 데루와 좋구나
기둥이 섰소
덕순: 우리님 이 가을에 오신다며는
햅쌀 밥에 고기 반찬 대벗하련만……
일동: 에루와 좋네 데루와 좋구나
대접하련만
일동: 어재'날 헐벗던 이 마을에서
새 노래 울려 나니 듣기도 좋아라
에루와 좋네 데루와 좋구나

듣기도 좋아라

도균과 세준은 탈곡장으로 간다.

덕순 : 추수 탈곡 사업을 끝내 놓고선
명옥이 화영이 잔치나 하잔다.
일동 : 에루와 좋네 데루와 좋구나
잔치나 하잔다.

명옥과 화영은 부끄러워하며 탈곡장으로 간다.
분녀 건축장에 나타난다.
덕순과 또 몇 사람은 탈곡장으로 간다.
상호, 두출 등도 온다.
오후 작업을 알리는 종소리.

봉옥과 남은 녀인들 :
첫 농사 분배는 현금도 ㅁ낳고
알곡이 쉰 가마는 문제 없다지
에루와 좋네 데루와 좋구나
문제 없다네
두출, 분녀 : 금년 농사 잘 됐다구 기뻐했더니
알구 보니 그것두 다 틀렸드라
이럭저럭 로력 점수 박한 데다가
이것저것 떼구 나면 무얼 먹겠나

달건 돌아 온다.

조합원 : (달건을 보고)

아니 부위원장 동무
금년에 풍년 농사 지어 놓구도
분배 몫 돌아 갈 건 얼마 없다니
그게 사실인가요?

달건 : 아 아니 그럼 갑작부자 될 줄 알았나?

조합원 : 그래두 위원장 동무는
매호에 쉰 가마는
문제 없다던데요

달건 : 주먹구구 가지구
그 사람이 뭘 알겠소
그리구 또
공동 축적은 없나요?

봉옥, 특실 : 그래두 그럴 리 없어요

달건 : (고함을 꽥 지르며)
너희들이 뭘 안다구 그래!?

조합원 : 내 아무래두 좀 가서 물어 봐야지
(나간다.)

달건 : (나가는 뒤'모양을 쏘아 본 뒤 하늘을 쳐다보며)
쓸데없는 가을비가
한 줄금 오시려나
비 오기 전 서둘러서
빨리 일을 끝내자구
아주머니 둘이서는
흙을 빚어 주력하고
봉옥이와 특실이는
기와를 마자 덮고
두출이는 개울에서
물을 계속 져 나르고

나하구 상호 동문
문짝을 맡아 봅세
지지펑펑 잡담 말구
부리나케 답세자구

분공된 대로 움직이려고 한다.

23

세준 탈곡장에서 급히 온다.

세준 : 부위원장 동무
농기계 공장에서 로동자들이
귀중한 선물을 보내 왔어요
보기에도 훌륭한 동력 탈곡기
모터까지 합쳐서 보내 왔어요

세준 : 여기서도 오후 작업 그만두고서
가져 온 탈곡기를 메워 가지고
모두가 달려들어 작업 재우쳐
빨리 탈곡 끝내도록 해 보랍니다.

달건 : 아니 그건 누가 그래?

세준 : 위원장 동무의 지십니다.

달건 : 집 짓던 공사는
늦어져도 좋다든가?

세준 : 만일에 비가와서
탈곡을 못 끝내면
현물세 늦어지고
결산 분배 랑패지요

달건 : 짓던 집 비 맞으면
그게 바루 랑패라네
맹추 같은 소릴랑은
그만 작작 하라게

세준 : 뭐라구요 무슨 말을
그렇게 하시나요
우리가 탈곡을
제때에 못 끝내면
우리에게 귀중한
선물을 보내다 준
로동자 동무들게
면목도 없잖아요!

상호 : 탈곡이야 임자네가 맡지 않았나
자체루 해결해두 넉넉할 것을
무슨 일루 우리 분조 끌어 들여서
임자네 할 일까지 시키려 드나?

세준 : (강하게)
그런 게 아니지요

달건 : (강압적으로)
아니긴 뭐가 안야?
이미 분공된 대루
작업 계속 하자구
가서 알아 듣게끔
임자가 말 잘 하게

세준 : (격분하여)
좋아요 (가 버린다.)

달건 : 힝 참! 제 맘 대루야 이래라 저래라!

분녀 : 그 사람 성미야

본래부터 그렇지요
사람을 쥐락펴락
오죽 못 살게 굴어야죠

두출 : 그런데 그 사람이
사무실 짓는 것은 왜 한사코 반댄지
알구두 모르겠군

달건 : 그게 다 까닭 있지
사무실도 번뜻하게
조합 살림 커지면은
위원장이 과남한걸
자기두 왜 모르겠나
자기 집 아래'목에
조합 책상 들여 놓고
금점판에 덕대처럼
세력을 쓰잔 거지

학재'골 아주머니 :
그건 임자가
너무하는 소리웨
구차한 조합원들
생활을 걱정해서
현금 분배 더 주자고
생각해서 그런 거지
아무런들 그 사람이
그럴 수가 있겠나
나는 가서 탈곡이나 하겠다 (간다.)

달건 : (훔쳐 보며)
여보 아주머니!

학재'골 아주머니는 들은 체 만 체하고 가 버린다.

봉옥, 특실 : (나서며)
우리두 탈곡 작업 도우러 가자구

달건 : (완강하게 앞을 막으며)
어델 가? 못 간다 못 가!

달건 : 이건 란장판이야 질서도 없이
가기만 가봐 로력 점수도 없어!

두 사람 위압되여 못 간다.

24

이 때 봉화, 복희, 세준, 도균 기타 조합원들 온다.

봉화 : 여기서는 모여 서서
하는 일두 없으면서
탈곡 작업 재우쳐
빨리 끝을 내자는데
여러 가지 말이 많고
집짓는 여기 일이
그렇게도 중한가요

달건 : 짓던 집은 비를 맞아
무너져도 좋단 말요

봉화 : 그러기에 건축 사업
차츰 하자 내 안 했소

달건 : 중요한 결산 총회
눈 앞에 닥쳤는데

건축 사업 차츰하면
어떻게 하잔거요
그래두 우리 조합
체면도 있는 거지
당신네 집 곁방살이
이제는 더 못 하겠소

봉화 : 우리 형편 미약할 땐
곁방살이도 참아야죠
조합의 겉치레가
우리에게 중한가요
알곡 분배 현금 분배
많이 주란 당의 정책
받들고 모두 나선
이 사업을 반대하고
나서면 어떡하오?

달건 : 우리가 당 정책을
반대하구 나선다구
우리도 애국 열성
당신만 못지않소
저 혼자만 잘난 체
독판을랑 치지 마오
조합원들 불평 불만
이만저만 아니요

순실 : 삼촌은 옳잖아요
공연안 억지야요
위원장 동무의
정당한 사업 조직

어째서 그렇게
트집을 걸고 들어요?

달건 : 닥쳐!

상호 : 오늘두 사업 조직
호지부지 되는 건
대관절 누구에게
책임이 있는 거요

분녀 : 한 트럭당 알곡 분배
일곱 킬로 준다드니
그것도 아니라는
그 소문이 정말이요?

봉화 : 부위원장 동무는
허튼소린 왜 하나요

달건 : (발끈해서) 아니 누가 허튼소릴 해

봉화 : 결산을 해 봐두
금년에 분배 몫
돌아 갈 건 별반 없다
선전한다 하던데요

복희 : 부위원장 동무는
무슨 근거로 그런 말 하나요

달건 : 당신들 여자들의 주먹구구로
무엇을 안다고 야단들인가
말로만 많이 준다 큰소리 쳐 놓구서
나중에 뒷감당은
무엇으로 할 텐가

봉화 : 좋아요
지금은 이런 문젤
따질 순 없어요

탈곡 작업 집중해서
빨리 끝을 내야 해요

도균, 세준, 명옥, 화영 :
어서 빨리 가자구요
비가 오면 랑패야요
우리가 이러구들
있을 때가 아니야요

모두가 호응하고 간다.

달건 : 좋소 어데 당신들 맘 대루 해 보시오
나 이거 여자들 하군 치사해서
사업 못 하겠어! 여보게 상호 우리
리당에를 좀 다녀 오세

달건, 상호 씨근덕거리며 나간다.

도균 : 저 사람들을 그냥 둬요?

복희 : 일이 바로 될 날 있을 거요
참구 작업이나 하자구요

도균 : 저 사람들 이 이상은
묵과할 순 없어요
분배 몫이 적을 거라
떠드는 리면에는 반드시 무슨 곡절
숨어 있다 생각돼요
이 대루 두지 말구
결산 총회 하기 전에
부기 검열 해 보는 게

좋다구 생각해요!

세준 : 도균 동무의 제의를
나두 찬성합니다.

복희 : 동무들의 제의가
옳다구 생각해요

봉화 : 우리들을 여자라고
업수이여기면서
저 사람들 매사에 트집 걸고 방해하니
조합이 흔들리곤
해독이 막심해요
위원들 소집하고
검열을 해 보자요

봉화, 복희 : 도균 동무 세준 동무
동무들이 책임지고
검열을 해 주세요

(암전)

제2장

때 : 결산 총회를 하루 앞둔 날 낮.

곳 : 조합 탈곡장의 넓은 마당, 이미 탈곡이 끝나고 알곡 가마니들이 산 '더미 같이 쌓여 있어 분배 날을 기다린다. 한편에는 솔문이 세워져 있다.

25

무대 밝아지면 조합원들이 결산 분배장을 장식하고 있다.

봉화 : 동무들 래일은 분배 날이요
이 날을 얼마나 기다렸나요
일동 : 아 지화자 좋다 절씨구 좋네
이 날을 얼마나 기다렸나요
복희 : 오각별 국기를 창공에 날리고
수상님 초상을 높이 못시자
일동 : 아 지화자 좋다 절씨구 좋네
수상님 초상을 높이 모시자
남성들 : 솔문도 세우고 오색기 달아
우리의 명절을 맞이하세나
일동 : 아 지화자 좋다 절씨구 좋네
우리의 명절을 맞이하세나

봉화, 복희, 세준, 도균 등 나간다.

녀성들 : 알곡과 현금을 잔뜩 받으면
그것을 모두다 어데다 쓰나
처녀들. : 재봉틀 사오고 라지오 사고
옷장도 사오고 옷감도 사자
녀성들 : 쓰구만 보겠나 지금도 해야지
시집갈 밑천도 남겨 둬야지
선주 : (한편을 가리키며)
저거 봐라 저기 온다.
부위원장님 오신다.
특실 : 무엇하러 오시나
작업 지도 오시나
처녀들 : 아직도 뻔뻔스레
얼굴 들고 다니네

선주 :　　나 같으면 부끄러워
도망치고 말겠네
하하 우스워 죽겠네

달건 온다.

달건 :　　아직도 솔문이 안 됐소?
덕순 :　　부위원장 아주바니
날 좀 보자구요
결산 총회가 래일인데
여기 일은 걱정 말구
들어 가서 집에 앉아
토론 준비나 잘 하라요

두출, 봉춘 령감 들어 온다.

달건 :　　임자는 뭣이길래 쓸데없는 참견이야?
덕순 :　　아이구 이 아주바니
아직두 살았구나
조합 말아 먹자 하구
아직두 큰소리요
달건 :　　이건 왜 아침부터
남의 비윌 건드리나?
학재'골 아주머니 :
이 사람 달건이
그러면 못 쓴다네
잘못이 있으면
고개를 숙여야지

일동 : 우리들의 피땀 어린 로력의 열매
탐오하구도 뻔뻔스레 할 말이 있소
금 같이 소중한 화학 비료로
제 배속을 채우고도 할 말이 있소
충실한 위원장을 혼내여 쫓자고
갖은 음모 다하고도 할말이 있소
허울 좋게 공동 축적 빙자하면서 정미소를 차려 놓고 한몫 보겠지?

봉화, 복희, 도균, 세준, 순실, 명옥, 화영 등이 온다.

봉화, 복희 : 동무들 왜 이래요
이러면 못 써요
일동 : 조합 앞에 커다란 죄를 짓구도
뻔뻔스런 이 사람 참을 수 없소
이 사람 태도가 이러구서야
성시리한 자기 비판 바랄 수 없소
봉화, 복희 : 아니야요 동무들
그러면 못 써요
지금까지 잘못한 건 고치겠다 약속했소
덕순 : 다시 부위원장으로는 두지 못 하겠소
일동 : 다시 부위원장으로는 두지 못 하겠소
봉화 : 동무들 그만둬요
그건 총회가 결정해요
순실 : (울며) 몇 번이나 삼촌에게
내가 말을 했던가요
이게 무슨 꼴이야요
왜 정신을 못 차려요

모두가 알뜰하게
조합을 꾸리는데
왜 그래 삼촌만이
바람에 떠 산단 말요

봉화 : 순실아!

달건 : (고개를 수그리며 도균에게) 도균 동무 나 좀.
만나 볼 수 있을가?!

도균 : 예 그럼 사무실로 가시지요

두 사람 간다.

26

화영 : 오는 정월달에
평양에서 소집되는
농민 열성자 대회엔
위원장도 가신다죠?

명옥 : 아마 회의에는
수령님도 나오시겠지
일 년 동안 지난 경험
회의에서 토론할 때
위원장의 두뺨에는
눈물이 흐를 게야

처녀들 엄숙해지며 봉화를 바라본다.

처녀들 : 우리 조합 시작할 때
과부 협동 조합이라

어떤 사람 비방하며
욕도 하고 웃었지요

명옥 : 이른 봄 찬바람에
맨손으로 개흙 팔 땐
얼어 터진 손'등에서
피가 솟아 흘렀지요

일동 : 이제는 우리 조합
식구도 늘어 가고
부강한 살림살이
눈 앞에 보이는데
이게 다 생각하면
우리들을 이끌어 준
우리 당과 수령님의
하해 같은 덕이지요

봉화 : 동무들 말이 모두 옳아요
내가 가서 그렇게 토론하죠
수령님이 우리를
친히 돌봐 주시고
당 중앙 위원회가
우리 앞길 밝혔기에
신심을 가지고
싸워 이겼노라고……

일동 : 아 아무렴 이를 말이 있겠나요

복희 : 이게 다 생각하면
우리 당의 덕이지요
협동 조합 당의 정책
옳았기 때문에요

일동 : 아 아무렴 우리 당의 덕이지요

봉화, 복희 : 수수 탈곡 끝이 나고
현물세도 바쳤으니
이제 남은 일이라군
결산 총회 사업이죠
일동 : 아 아무렴 결산 총회 사업이죠
봉화 : 첫 해의 결산 총회
성과 있게 맞기 위해
이 자리에 분배 장소
알뜰하기 꾸립시다
일동 : 아 아무렴 알뜰하게 꾸려야죠

최씨가 성집, 철을 앞세우고 온다.

철 : 어머니 어머니!
할머니가 와요 삼촌도 같이 와요
성집 : 형수님!
최씨 : 애 철이 에미야!
봉화 : 어머니!
최씨 : 내가 알지 못 하구 공연히 망녕을 부렸니라
봉화 : 어머니 제가 불효했어요
최씨 : 아니다 아니다
녀인들 : 할머니가 잘 생각하셨수다!
성집 : 형수님 내가 나쁜 놈이였소
어머니를 탓하지 마시오
봉화 : 적은이 고마워요
나는 오늘 천하를
얻은듯이 기뻐요
철 : 어머니 삼촌두

조합에 들겠대요

봉화 : (복희에게)
그럼 내 어머닐 모시구
집에 잠간 다녀 올 테니
여기 작업을 부탁해요

복희 : 알겠어요

첫눈이 소리 없이 내린다.

명옥 : 야 눈이 온다.
립동 전에 눈이 오면
풍년이 든다는데

일동 : 립동 전에 눈이 오면
풍년이 든다는데
싸라기 같은 첫눈이
소리 없이 내려요
립동 전에 눈이 오면
풍년이 든다는데
행복을 약속하는 첫눈이 내려요

(암전)

제3장

때 : 결산 총회 날
곳 : 전장과 같다.

27

무대 밝아지면 조합원들이 모여 노래를 부른다.

일동: 경사가 났네 경사가 났네
우리 조합에 경사가 났네
우리 조합 첫 농사에
땀을 흘린 보람 있어
알곡 더미 현금 뭉치
태산 같이 쌓였네

경사가 났네 경사가 났네
우리 살림에 경사가 났네
집집마다 분배 듬뿍
가슴마다 자랑 듬뿍
협동의 새살림에
함박꽃이 피었네

자동차 엔징, 크락숀 소리.
도균 뛰여 들어 온다.

도균: 손님이 오십니다.

손님 들어 온다.

손님: 여러 분 기뻐들 하십시오
수상 동지께서 동무들에게
선물을 주셨습니다.

일동 흥성거린다.

봉화:　아니 수상 동지께서요?
손님:　그렇습니다. 수상 동지께서
친히 동무들의 로력을
높이 평가하시고 이 조합에
화물 자동차 한 대와 그 외에도
많은 선물을 보내 주셨습니다.

일동 환성을 울린다.

손님:　(밖을 가리키며)
자 보십시오!

조합원들 선물을 한아름씩 안고 들어 온다.

일동:　경사가 났네 경사가 났네
우리 조합에 경사가 났네
그 은혜 태산 같고
바다 같은 수령님이
우리들을 사랑하여
귀한 선물 주셨네

경사가 났네 경사가 났네
우리 조합에 경사가 났네
집집마다 분배 듬뿍
가슴마다 선물 듬뿍
협동의 새살림에
함박꽃이 피였네

경사가 났네 경사가 났네
우리 조합에 경사가 났네

봉화, 복희 : (전원 합창과 함께)
우리들의 해 논 일은
너무도 적사온대
수령께서 주신 선물
너무도 크고 무거워
감격과 흥분으로 벅찹니다.

일동 : 우리들을 행복에로
이끌어 주시고
우리들이 나갈 길을
밝혀 주시는
경애하는 수령이시여
당신께 감사와
영광을 드립니다.
영명한 우리 수령
김 일성 원수 만세!
도균 : 조선 로동당 만세!
일동 : 만세!
봉춘 령감 : 여러분 이 감격과 기쁨을
무슨 말로 다 하겠소!
달건 : 저 위원장 동무?!
봉화 : 예?
달건 : 말로 다 못 할 이 기쁨
농악으로나 한바탕
때려 보면 어떻소?

봉화 : 좋아요

달건 : 지난 날 나는 잘못이 많은 놈이지만
앞으로는 꼭 고치겠수다, 자!

봉춘 령감 : 앞으로 일을 더 잘 하자는 뜻으로!

28

조합원들의 화려한 농악무가 오래 계속된다.
농악이 끝날 무렵

일동 : 아 빛나라 뚜렷해라
우리 당의 농업 정책
아 저 앞에 보이누나
사회주의 높은 언덕
슬기로운 로동 계급
우리를 지원하니
그들과 손을 잡고
로동 동맹 강화하여
힘차게 전진하자
앞으로 나아가자
우리 당이 가리켜 준
새 생활의 새 노래
힘차게 부르며
앞으로 나아가자 나가자!

(막)

『극문학』, 1961, 창간호

달내벌에 동이 튼다 (3막 8장)

때 : 20년대부터 오늘까지
곳 : 서해에 가까운 어느 농촌

나오는 사람들(나이는 1945년 기준)

라기풍—51세
안씨(사월이)—48세
춘갑—23세, 그의 안해
춘옥—20세, 그의 딸
순단—22세
정씨—42세, 순단의 어머니
조양선—26세
부전—23세, 양선의 안해
경방단원들
테로단원들

김씨—61세, 그의 안해
지숙—41세, 그의 딸
필호—38세, 그의 아들
곽한익—48세, 지숙의 남편
윤맹구—52세
순사들
군 서무과장
측량 군

김성칠—56세
정우섭—31세
말개 령감—65세
학곤—48세, 학선의 아우
박제명—35세
영찬—18세, 병삼의 아들
보안대원—1, 2
윤장로—63세

형팔—21세, 성칠의 아들
정판도—우섭의 어머니
장학선—52세
최씨—40세, 학곤의 안해
고병삼—50세
또순이—20세
기타 남녀 농민, 청년들

제1막

제1장

1992년 가을

윤 장로의 집

평안도 식으로 된 다락이 있는 바깥채가 정면에 놓여져 있다. 가운데는 대문이고 바른편은 사랑이며 왼편은 광이다. 사랑 앞에는 퇴가 달려 있다. 광 앞 왼편으로 치우쳐 우물이 있고 우물'가 에는 대사를 앞두고 콩나물' 독, 떡쌀 담가 놓은 그릇들이 즐비하다. 대문 밖은 타작 마당으로 되어 있어 낟가리 쌓여 있는 것과 마당질 한 뒤의 사람들이 오락가락하는 것이 보인다. 해질 무렵이다. 떠꺼머리 로총각인 기풍이와 작인 한 사람이 지게에 갈비짝, 다리, 대가리, 살코기 등 소 잡은 것을 지고 대문으로 들어 와서 광 앞에 세운다. 안에서 작인의 안해 한 사람이 나물을 삶아 가지고 우물에 나온다.

녀인 : 아이구 한 마리 고기가 그렇게도 많아?

기풍 : 아직도 내포랑 선지랑 뒤에 온답니다.

작인 : 살코기 스무 근은 떼서 미국 선교사네 집에 보내고도 이렇다오.

녀인 : 여간만 큰 소가 아니던 모양이지?

기풍 : 말개 령감이 자식 같이 기르던 소라 여름내 잘 멕여서 살이 찔 대로 쪘지요.

녀인 : 아니 그 소를 이 댁에 팔았나?

기풍 : 팔게 뭔가요. 빚 값으로 그저께 끌어왔지요.

녀인 : 아이구 저런…… 그 령감이 얼마나 원통해 하겠나!

작인 : 그 령감은 소 뺏기고 나서 마치 실성한 사람 같다니까……

녀인 : 참 세상은 고르지 못 해.

작인 : 부자 량반은 작인들의 피땀을 짜 가지고 딸 잔치에 물 쓰듯

이 막 쓰지……

녀인 : 땅 부치는 죄로 끌려 와서 일을 죽도록 하는 것도 분한데 그 여우 같은 계집년한테 수모는 얼마나 당하겠소, 혹시 음식에 입이나 대지 않나 하고 눈깔을 헤집고 살피지를 않겠소. 일을 잘못한다고 욕질을 하지 않겠소. 일은 죽도록 시켜 놓고 점심 한끼 멕이는 것도 아까워 처먹다 남은 쉰밥 반 사발에 강된장 하고 준다오. 당장 걷어 치우고 가 버리고 싶은 생각이 문득 문득 나지마는 땅 떼을가 무서워서 꿈 참지요……

작인 : 나두 마찬가지요, 가을걷이도 다 못 했는데 이렇게 잡아다가 집일을 시킨단 말이외다.

안에서 윤 장로 나온다.

기풍 : 쉬!

녀인 안으로 들어간다.

윤장로 : 고기는 다 들어 왔나?

기풍 : 내포랑 선지는 작은 머슴이 지고 와요.

윤장로 : (안을 향하여) 거 광' 쇠 내보내라! (기풍에게) 안대선 선교사 댁에 보낼 건 보냈나?

기풍 : 살코기만 스무 근 윤 집사가 먼저 떼서 보냈쇠다.

안에서 김씨가 쇠를 가지고 나온다. 김씨 광문을 연다. 기풍이와 작인은 고기를 광 안에 나른다. 김씨 광문을 도로 잠근다. 이 때 말개 령감이 얼빠진 사람 모양으로 들어 온다.

말개령감 : (윤 장로를 보고) 소를 잡았다지요? 차라리 내 눈에 안 보이

는 게 잘…… 잘됐쇠다……

윤장로: 한 첨지 왜 그러나!

말개령감: 차라리 잘 했쇠다. 그 소 한 마리에 우리 집 식솔이 보람을 걸고 살아 왔쇠다. 배 내기 소를 길러서 그 놈이 금년에 첫 농사를 지었던 거웨다. 그런 걸 댁에서 빚값으루…… 잔치에 잡아 자시자구 끌어간 거로군요! 차라리 잘 잡았쇠다……

윤장로: 아니, 그럼 오늘 잡은 소가 한 첨지네 소던가?

말개령감: 예?

윤장로: 난 그런 걸 통 몰랐구나.

말개령감: (눈물이 글썽하여) 그 놈이 도수장으로 끌려 들어 갈 때 얼마나 발버둥을 쳤겠나! 엥히 그 놈두 임자를 잘못 만났지……

윤장로: (동정하는듯이) 거 마름이 처사를 잘 못했나보다. 그 사람이 소를 사랑하는 농사' 군 의 심정을 모르는군! 한 첨지, 기왕 그렇게 된 걸 도루 살릴 수는 없지 않나. 내 마름 한테 말해서 배내기 소 한 마리 주도록 할테니 새로 소를 장만해 보게나.

말개령감: 새로 소를 장만해 보라구요? 이젠 싫쇠다. 온갖 고생하며 길러서 겨우 부릴만 하면 또 누가 끌어가게요…… (간다.)

작인: 장로님, 전 이만하고 돌아가겠습니다. 래일부턴 가을걷이 하던 걸 끝내고 마당질할 차비를 해야겠습니다.

윤장로: 그건 임자 료량대로 하게.

김씨: 가을걷이고 뭐고 다 뒤로 미루고 일을 봐 줘야 할 게 아닌가? 대사가 모렌데……

작인 대답 없이 간다. 기풍이는 지게를 들고 광 옆으로 나간다.

윤장로: 여보, 저 고기가 연할 테니 오늘 저녁에 불고기를 좀 하라구.

김씨 : 그러지요.

장 학선이 광주리에 산 닭 4~5마리를 넣어 들고 동생 학곤과 함께 온다.

학선 : (공손히 절을 하며) 장로님 안녕하신가요?

윤장로 : 아, 자네들 왔는가?

학선 : 마나님 축복합니다. 이거 변변치 않습니다만 그저 성심으로 가져 왔습니다. 대사에 보태 쓰시기 바랍니다.

김씨 : 그건 뭔가?

학선 : 집에서 멕이던 닭입니다. 네 마리올시다.

학곤 : 장로님, 전 집안에 멕이는 닭도 없고 형편이 고약해서 빈손으로 형님 오는 데 따라 왔습니다요. 그저 댁에 복 많이 받으시기만 하나님께 빕니다요.

윤장로 : 학곤인 신앙심이 아직 모자라니까 살림이 피지 않아.

학곤 : 아닙니다요. 종일 하나님께 기도만 드리는데요.

윤장로 : 기도만 드리면 다 되나, 성심이 있어야 해!

학선 : 네, 이걸 어떻게나 사람 만들려고 제가 례배당에도 꼭꼭 데리고 가고 연보도 내도록 합니다.

김씨 : 작은 장 서방! 래일은 집에 와서 떡을 쳐줘야 하겠어.

학곤 : 저 래일은……

학선 : (학곤의 옆구리를 찌르며) 쳐 올려얍지요.

학곤 : 예, 쳐 올려얍지요.

윤장로 : 그럼 가서 일들을 보게나.

두 사람 인사하고 간다. 기풍이 나온다.

김씨 : 기풍아!

기풍 : 예.

김씨 : (학선이가 놓고 간 광주리를 가리키며) 이 닭을 비틀어 부엌으로 들여보내라. 걔들이 서울서 돌아오면 저녁상에 놓게.

기풍 : 이걸 다 비틀랍니까?

김씨 : 다 비틀어라. (안으로 들어간다.)

기풍이는 닭을 가지고 광 모퉁이를 돌아간다. 윤 장로는 대문 밖으로 나간다. 이어 닭을 비트는 소리 들린다. 부엌데기 사월이가 자배기를 들고 안에서 나와 물을 긷는다. 기풍이가 죽은 닭들을 들고 나온다.

사월이 : (반가운 기색으로) 닭은 누가 비틀랬나?

기풍 : 마나님이 …… 서울서 오는 사람들의 밥상에 놓는다나. (안으로 가지고 들어가려고 한다.)

사월이 : 인 줘, 내가 가지고 갈게 ……

기풍 : 물을 이고 이걸 또 어떻게 들겠다구 ……

사월이 : (품에서 염낭을 꺼내 주며) 이거 …… 가지라구 …… (부끄러워한다.)

기풍 : 그건 뭔가?

사월이 : 내가 만들어 봤어, 솜씨가 없어 이 꼴이야.

기풍 : (받으며)허허 이걸 내가 차구 다녀? 담배 쌈지 대신으로나 할가! (허리춤에 끼운다.) 사월아, 난 생각이 있어두 네게 댕기' 감 하나 사 주지 못 했어! 이제 두어 달만 참으라구. 금년 새경 맑히면 내 손에도 뭐 좀 쥐이는 게 있겠지 ……

사월이 : (고개를 떨구며) 나두 어서 이 댁에서 풀려나서 살림이라두 살구 싶어 ……

기풍 : 나두 그걸 생각하구 있어, 우리 둘이서 살면야 오붓하지. 이제부터 짬짬이 저 달래강 복새 바닥을 조금씩 일궈 보겠어. 거기서 다못, 얼마라도 땅 뙈기를 만들고 내 팔다리가 이렇게 남보다 억세니 부지런히만 일하면 남부럽지 않게 살아갈 수 있을 거다!

사월이 : 이 댁에서 날 놔 줄지 ……

기풍 : 나두 부지런히 머슴살이를 해 드렸구 사월이도 이렇게 과년이 되도록 부엌에서 일을 해줬는데 우리 둘이서 살겠다면야 장로어른이 승낙하실 거야.

사월이 : 난 걱정스러워 …… 그리구 …… 저 …… (얼굴을 붉히며 무엇을 말하려다가 말 못 한다.)

기풍 : 걱정할 거 없어, 장로 어른이 막간이라도 한 간 주실 거야. 그러면 이 댁 일두 봐드리면서 우리 살림을 꾸리자구 ……

사월이 : (불안해하며) 우리 둘이서 멀찌감치 가 버리면 안 돼?

기풍 : 뭐?

사월이 : 이 댁에서 찾지 못 할 데루 …… 마나님이 암만해두 ……

기풍 : 걱정 말래두 ……

이 때 안에서 사월이를 부르는 김씨의 표독스러운 소리 들린다. 사월이는 기겁을 할듯이 그 소리에 놀란다.

기풍 : (밖으로 나가며) 어서 가 봐!

사월이 안으로 들어간다. 윤 장로와 함께 치부책과 수판을 손에 든 마름 윤 맹구가 들어 와서 사랑 앞 퇴'마루에 앉는다.

윤장로 : 오늘 마당질한 것이 도합 얼마나 되나?

맹구 : (치부장을 들여다 보고 수판질을 해보며) 열한집에서 6백 예순 세 가마니 났군요.

윤장로 : 그 중에서 받아 들인 건?

맹구 : 소작료, 비료 값, 물세, 지세, 농우품 값, 탈곡기 사용료, 장리' 벼 회수 …… 모두 합쳐서 6백 마흔 일곱 가마닙니다.

윤장로 : 작인들 손에 그래도 열 여섯 가마니나 짙었구나?

맹구 : 두어 집 빚지지 않은 집이 있어 그렇지요.

윤장로 : 그 놈들도 어떻게 하든지 빚을 지게 만들어라, 작인 놈들은 빚에 얽매놔야 고분고분하게 되는 법이니라……

작인 정 판도 그의 안해 박씨와 아들 우섭이 풀이 죽어 온다. 사람들 보고 내심 못마땅하나 말은 하지 않는다.

맹구 : 저것들은 왜 안 가고 여기까지 따라 들어 와?

박씨 : 집사님한테 아무리 사정해 봐야 귀도 기울이지 않으니 장로 어른 앞에 사정을 해보려 구요.

맹구 : 장로 어른이 언제 그런 일에 상관하시더냐? 내가 안 된다면 안 되는 줄 알란 말야.

윤장로 : 거 무슨 사정인지 말해 보게나.

박씨 : (기운을 얻어) 장로 어른! 금년은 저이가 농사철에 석 달이나 앓다 보니 농사가 그 모양 됐군요. 오는 해는 농사를 잘 해서 묵은 빚까지 맑히겠으니 제발 덕분에 논 떼는 것만은 ……

맹구 : 달래' 벌 옥토를 얻어 부치지 못해서 안달을 하는 근농가가 얼마든지 있어, 여러 소리 말고 물러 가라구, 지불 명령 기한도 넘어 갔으니까 래일은 집달 리가 가서 집이고 살림이고 다 강제 집행할 거다.

박씨 : 장로 어른! 논을 떼우는 것만 해도 살'길이 막막한데 추위를 앞두고 집까지 내놓으 면 저희들 식구는 어떻게 되라는 거웨까?

정판도 : 장로 어른의 너그러우신 마음으로 이번 한 번만 더 봐 주십시오. 정상이 불쌍하지 않습네까? 한 번만 더 봐 주시면 그 은혜는 보답하겠습네다.

맹구 : 거 자꾸 쓸 데 없이 귀찮게 굴지 말고 물러가란 말이야!

정판도 : 장로 어른 이번 한 번만……

윤장로 : 거 늦었구나. 이미 지불 명령이 나갔지, 기한은 넘겼지 이제야 국가법이 하는 문젠 데 낸들 별수가 없어, 래후년에 봐서 우리 집 막간이라도 줄 테니 농사를 지어 봐라.

박씨 : (기가 막혀) 래후년에요?

정판도 : 우리 식구는 래일 당장 거리에서 굶어 죽습네다.

윤장로 : 산 사람 입에 간대로 거미줄 치겠나.

맹구 : (일어나서 정 서방네 식구를 몰아내며) 자, 물러가라구. 일이 바빠!

정 서방은 돌아 서서 말 없이 나간다. 박씨는 땅에 주저앉아 "아이구, 이 일을 어 쩌나!"하고 운다. 어린 우섭이도 어머니와 함께 운다. 이 때 안에서 김씨가 나온다.

김씨 : (앙칼지게) 저거 당장 끌어 내지 못해! 길사를 앞둔 집에 요망스런 계집의 곡성이 뭐야!

맹구는 박씨를 끌다 싶이 해서 대문 밖으로 내보낸다. 김씨는 투덜거리며 안으로 들어간다.

윤장로 : 거 왜 귀찮게스리 작인들은 나한테로 자꾸 오게 하는가? 아까도 성칠이란 놈이 마당질하고 빈손으로 못 돌아가겠으니 벼'가마니만 달라구 성화를 멕이구 갔어.

맹구 : 형님, 전들 어떻겁니까? 그 놈들의 다리갱이를 얽어 놓을 수도 없고…… 그저 형님은 선심 쓰는 척하고 좋도록만 이야기해 두십시오. 제가 다 처리할 테니까요……

이 때 필오가 뛰여 들어온다.

필호 : 아버지, 누나가 와요! (안으로 뛰어 들어가며) 어머니, 누나가 와요!

맹구는 먼저 대문 밖으로 나가고 안에서 김씨가 필호에게 끌려 나온다. 그들은 윤 장로와 함께 대문 어구에서 들어오는 곽 한익와 지숙을 만난다. 한익은 〈연희 전문학교〉 교복을 입었고 지숙은 〈리화 학교〉학생이다.

지숙 : (먼저 들어오며) 아버지, 어머니, 안녕하세요?

한익 : (모자를 벗고 절하며) 안녕하셨습니까?

윤장로 : (대견하여) 오냐!

김씨 : 어서 오너라, 왼 집안이 너희들을 기다리고 있다. 지숙아, 넌 얼굴이 축난 것 같구나. 어디를 앓았나?

지숙 : 앓긴 왜 앓아요!

맹구 : 결혼 날이 너무 기달려서 그랬겠지.

지숙 : 아이 아저씨도……

김씨 : 짐들은 어쨌니?

지숙 : 머슴이 걸음이 늦어서 뒤떨어졌어요.

김씨 : 굼벵이 녀석 같으니라고……

머슴이 지게 한 짐 잔뜩 지고 삐걱거리며 들어온다.

김씨 : 빨랑빨랑 걸으라고……

머슴 : 마님! 짐을 보고 그런 말씀하십시오…… 어디다 내리랍니까?

김씨 : 어디는 어디야? 안으로 들어 갈 거지!

머슴 안으로 들어간다.

김씨 : 얘들아, 기차에서 고단할 텐데 안에 들어가서 옷이나 갈아 입어라.

지숙 : 예.

윤장로 : 지숙인 들어가고 한익이 자넨 나중에 들어가게.

한익 : 네.

지숙, 필호, 김씨 등 안으로 들어간다. 한익은 마루에 올라 앉는다.

맹구 : 참 세월이 빠르군, 한익군이 벌써 래년 봄에 <연전>을 졸업하게 됐으니 ……

윤장로 : 그렇게 됐네 한익이가 내 손에서 성장하게 된 지가 벌써 20년이 가까와 오는군 …… 비록 비천한 작인의 자식이였지만 개천에 룡이 난다고 사람은 그저 공부를 해야 되는 법이니라.

맹구 : 천생으로 한익군은 천재거든요.

윤장로 : 암. 그 점을 내가 본 것 아닌가. 내 눈이 틀림없다니까. 그러나 옥도 갈지 않으면 빛이 나지 않고 사람도 배우지 않으면 그릇이 되지 않는다고 했는데 내가 한익군을 알아 보지 않았더면 지금 어떤 신세가 됐을지는 불문가지지 ……

한익 : 저 같은 걸 이렇게 사람을 만들어 주세서 그 은혜는 참으로 말할 수 없습니다.

맹구 : 한익군은 하늘에 별을 딴 셈일세, 전문 학교를 마치게 된 데다가 선녀 같은 지숙이를 안해로 삼게 됐으니 ……

윤장로 : 너희들이 서로 의합해서 행복한 가정을 이룬다면 나는 그으에 더할 나위 없네.

한익 : 제게는 참으로 과분한 ……

맹구 : 두 사람이 서로 사랑하고 리상이 같으니까 그 우에 더 없지 ……

윤장로 : 래년 봄 학교를 마치면 자넨 〈삼산 학교〉 사업을 아주 맡아

서 육영 사업에서 뜻을 이루도록 하게.

한익 : 예.

윤장로 : 오다가 봤겠지마는 학교는 이번에 벽돌 양옥으로 신축한다. 학교 신축하는 일에는 안 대선 선교사가 큰 힘을 서서 본국의 〈북미 감리교 전도 협회〉에서 막대한 회사금을 얻어냈다. 너희들은 래일 아침 곧 안 대선 선교사를 찾아 가서 인사를 드려라.

한익 : 예, 그렇게 하겠습니다.

윤장로 : 선교사님께서 너희들의 결혼을 각별히 축복하고 계신다. 모레 례식 때는 주례가지 서 주시기로 했다.

한익 : 그래요?

김씨 나온다.

김씨 : 먼 길 온 사람을 잡고 무슨 이야기가 그리 기오?

윤장로 : (한익에게) 들어 가 봐라

한익 들어간다. 맹구도 간다.

김씨 : (험악한 기세로) 이 더러운 것아, 숨기지 말고 바루 대라!

윤장로 : 이건 또 무슨 변덕이냐?

김씨 : 이것아, 사월인 어느새 건드렸어?

윤장로 : (펄쩍 뛰며) 이거 무슨 소리야?

김씨 : 흥, 시치미를 떼도 다 알구 있어, 바루 대라!

윤장로 : 이거 환장했나?

김씨 : 네 버릇 개 주겠나? 그 년의 배때기 속에 애 새끼가 꿈틀거리구 있어두 날 속여?

윤장로 : 야, 애들도 왔는데 큰 소리치지 말구 이야기하라구……정

말 그 년이 애를 뱄단 말이냐?

김씨 : 암만 아닌 보살을 해 봐라. 내가 속는가……

윤장로 : 이것 봐! 아무려면 내가 그 더러운 부엌데기를 건드렸겠냐? 애 밴 걸 어떻게 알았느냐?

김씨 : 그 년이 벌써부터 구토질을 하구 신걸 찾구 하는 것이 다르기에 잘 때 배를 만져 봤더니 너덧 달두 넘은 거로구나!

윤장로 : 그게 사실이라면 어느 놈의 종잔지 알아 내야 하지 않겠느냐?

김씨 : 정넌 네가 건드리지 않았단 말이냐?

윤장로 : 허 이건 참……

김씨 : 네가 그 년 자는 방 앞에서 얼씬거리다가 나한테 몇 번이나 들켰어?

윤장로 : 미친 것……

김씨 : 그럼 그 년을 불러다 물어 보자!

윤장로 : 이것 봐. 내 짐작이 가는 데가 있어. 그 년이 기풍이란 놈하구 배가 맞은 게 틀림 없어.

김씨 : (뜻밖이란 듯이) 뭐 기풍이하구?

윤장로 : 흥, 등잔 밑은 살피지 않구 괜히 날 가지구……

김씨 : (안에 대고) 사월아! 사월아!

윤장로 : 바깥 마당에 가서 기풍이도 불러 와.

이 때 마침 기풍이가 밖에서 들어 온다.

윤장로 : 이 놈 기풍아!

기풍 : 예?

윤장로 : 여기 좀 와!

기풍이 그들 앞으로 온다. 김씨는 또 사월이를 부른다. 기풍이 불안해진다. 사월이 안에서 나온다.

윤장로: (예상 외로 너그럽게) 이것들아, 너희들에게 내 물어 볼 일이 있다. 숨기지 말구 바루 말해라.

사월이: (벌써 짐작을 하고 얼굴을 즐겁지 못한다.)

김씨: (좀 알칼지게) 이 년! 네 배' 속에 든 것이 뉘 자식이냐?

사월이는 떨기 시작하고 기풍은 사월이가 애 뱄다는 소리에 저으기 당황한다.

윤장로: (김씨에게) 너무 소란스럽게 야단하지 말구 말을 들어 봅시다. 기풍아, 네가 언제부터 사월이하고 배가 맞았느냐?

기풍: ……

김씨: (사월이를 쏘아 보며) 이 년아! 비루 먹은 말이 한 번 더 뛴다더니 종년이 서방질까지 ……

사월이: (몸을 겨우 가눌 지경이다.)

윤장로: 기풍아, 사실 대루 말해라.

기풍: (용기를 내여) 장로 어른! 제가 진작 어르신께 말씀 여쭈고저 했쇠다. 제가 사월이를 데리구 사두룩 허락해 주십시오!

윤장로: 애는 네게 틀림없지?

기풍: (넌지시 사월이를 건너다보고) 전 아직 그렇게 된 줄은 몰랐쇠다. 그렇지만 ……

윤장로: (자신 애매한 것이 풀렸다는 듯이) 이 놈 점잖은 집안에서 이게 무슨 짓이냐?

기풍: (더욱 용기를 내여) 장로 어른! 저나 사월이나 일생 그대루 늙을 수야 없지 않아요? 저를 사월이와 살게 해 주시면 제가 부지런히 일을 해서 장로 어른께 보답하겠쇠다.

윤장로: 그래 사월이가 어떤 몸이라는 건 너도 알지? 제 애비 에미

때부터 우리 집 종이란 말야. 그러니 네 맘대루는 데려 내가지 못 한단 말이다.

기풍 : 장로님! 저희들에게 막간이라두 한 간 주시면 어떻게든지 댁의 은혜는 잊지 않겠쇠다.

윤장로 : 그건 네 할 탓이다. 부지런히 일만 하면 내가 생각을 해 주지.

기풍 : 장로님 고맙쇠다!

윤장로 : 그럼 가서들 일해라.

사월이는 안으로, 기풍은 밖으로 나간다.

김씨 : 아니 그 년놈들을 반 주검이 되도록 족쳐 놓지 않구 그대루 둘 작정이요?

윤장로 : 임잔 셈속이 좁아! 그 놈 말마따나 두 년놈이 그대루 늙을 수야 있나. 기풍이란 놈은 인젠 우리 집 종이나 마찬가지로 됐지, 한 10년 돈 들이지 않고 부려 먹게 됐단 말야!

이 때 맹구가 급히 온다.

맹구 : 형님! 이거 귀찮은 일이 생겼답니다.

윤장로 : 뭐?

맹구 : 그 놈 정 판도란 놈이 례배당 들메나무에 목을 매달고 죽었습니다.

윤장로 : 뭐라??

박씨가 통곡을 하며 온다. 우섭이도 울며 따라 온다. 기풍이가 밖에서 들어온다.

박씨 : 이 놈 윤 장로 놈아! 너희 하나님이 보란듯이 생때같은 사람이 목을 매달았다! 이 두 식구 마자 네 손으로 죽여라!

윤장로 : 저 년이!?

소란한 소리를 듣고 안에서 한익이가 나와 이 광경을 본다. 지숙과 필호도 나온다

박씨 : 이 년 놈들아, 두 식구마저 죽여라!

맹구 : (박씨의 따귀를 후려 갈기며) 이 년이 정말 죽고 싶어?

박씨 쓰러져 땅을 치며 통곡한다. 우섭이도 소리 높이 운다. 안과 밖에서 사람들이 모여 온다.

-암전-

제2장

1941년 여름

달래 강기슭

강'기슭에 한 그루의 버드나무가 있고 그 아래 잔디가 푸르러 농민들의 쉼터로 되어 있다. 해마다 홍수에 뒤덮이는 강' 바닥은 잡초가 우거졌는데 그 가운데 한 곳은 개간되여 수수'대가 탐스러운 이삭을 내밀었다. 한편으로는 달래' 벌이 바다 쪽으로 무연히 뻗어 갔고 다른 한편으로는 낮은 야산 줄기가 보이고 그것이 동네 근처에 이르러 언덕을 이룬 우에 붉은 벽돌로 지은 례배당이 서 있는 것이 멀리 보인다. 낮이다. 수수밭에서 춘옥이가 혼자 김을 매고 있다. 어데서 매미 우는 소리가 들린다. 이윽하여 춘갑이가 논' 길에서 나온다.

춘옥: (밭에서 춘갑을 발견하고) 오빠 어딜 가?

춘갑: 동우물고 땅딸보네 집에 간다.

춘옥: 거긴 뭐 하러 가?

춘갑: 그 집 송아지를 배내기로 멕이기로 아버지하구 말이 됐대. 그래서 지금 가서 몰구 오래여.

춘옥: 그래! 야 참 좋겠다. 그럼 얼마나 있으면 그 소가 우리 소루 되나?

춘갑: 그게 자라서 송아지를 낳으면 그 송아지가 진짜 우리 소가 되지. 그러자면 5~6년도 넘어 걸려.

춘옥: 5~6년이 걸려두 소가 생기게 되니 얼마나 좋아!

춘갑: 아버지 어머니두 여간 좋아하지 않아

춘옥: 그럼 빨리 몰구 와, 송아지가 얼마나 귀엽겠어, 어서 보구 싶어.

춘갑: 내 뛰여 가서 몰구 올게……

춘갑은 뛰여 간다. 춘옥은 김매기를 계속한다. 김 매는 농민들이 부르는 노래가 들려온다. 부전, 순단, 처녀 1 등이 온다.

부전: 춘옥아 넌 벌써 나왔구나.

춘옥: 너희들은 인제 나오니?

순단: 설거지 해 놓구 나오느라고 늦었어.

그들은 잔디에 앉는다. 춘옥도 밭에서 나온다.

처녀: 너흰 배내기 소가 생기게 됐다지?

춘옥: 들었니?

처녀: 저기서 너의 오빨 만났어.

부전: 춘옥이, 너흰 참 좋겠다. 너의 아버지가 기를 쓰구 짬짬이

저렇게 땅을 일구고 둑도 쌓구 하더니 금년 큰물에는 씻겨 내려가지두 않구 저렇게 수수가 잘 됐지, 게다가 송아지까지 얻어다가 배내기루 멕이게 되구……

처녀: 정말 춘옥이네 집엔 형편이 피게 됐어!

부전: 참 춘옥이네 고생두 많이 했어. 춘옥이 어머니 몸값을 치르느라구……

순단: 윤 장로 놈이 악착두스럽지! 그 집 막간에서 얼마나 고생을 했나. 그래두 꾹 참고 10년을 견디여 냈으니……

춘옥: 10년이 뭐야 13년인데……

처녀1: 춘옥아 요새 말루 하면 너의 아버지가 윤 장로네 머슴을 살면서 너의 어머니하구 련애를 했지 하하……

무두: 하하……

춘옥: 오빠와 난 종의 자식이라구 그 집 사람들한테서 수모두 많이 받았어……

례배당에서 종' 소리가 울려 온다.

부전: 오늘은 주일날이 댔구나.

순단: 그래서 예수쟁이 장학선이는 이 바쁜 철에 김두 안 매구 례배당에 갔지.

처녀1: 그런데 그 동생 학곤이는 논 매러 나왔던데……

순단: 동생은 그래서 돌예수' 군이라지 않아.

부전: 너희들 저 례배당 마당에 보이는 들메나무에 귀신 난다는 이야기 들었니?

춘옥: 뭐 귀신?!

부전: 비 오는 날 밤이면 둘메나무 가지에 목을 매단 귀신이 나와서 운다는구나.

모두 무서워하며 부전의 곁으로 바싹 죄여 든다.

처녀1 : 정말야?

부전 : 우리는 나기도 전 일인데 우리 동네에 판도 령감이란 사람이 윤 장로에게 농사 진거랑 집이랑 몽땅 뺏기구 분해서 저 들메나무에 목을 매여 죽었대.

춘옥 : 저런!

부전 : 그 사람은 목을 매 죽고 어린아이와 마누라는 어데론지 떠나 가구 말았대.

순단 : 윤 장로 놈이 참 악착스럽군!

부전 : 부자 하나에 삼 동네가 망한다는데 우리 동네 사람이 모두 윤 장로 때문에 이렇게 못 살지 않아!

처녀1 : 참, 부전이는 신랑 생각이 나겠구나?

부전 : 요새는 석 달째 편지두 없는데 어떻게 지내는지 ……

춘옥 : 로동판에 갔으니 돈 많이 벌어 가지고 돌아오겠지.

처녀1 : 그 땐 부전이 호강하게 되지.

부전 : 호강은 고사하구 몸이나 성해서 빨리 돌아 왔으면 좋겠다.

처녀1 : 보구 싶어서.

부전 : 미친 것! 자, 그만들 지껄이구 논이나 매자!

모두 : (일어난다.)

처녀1 : 춘옥아, 너 혼자 수수밭 매다가 목매 죽은 귀신 생각하지 말어!

춘옥 : (주저앉으며) 아이구 난 어쩌나, 무서워 ……

부전 : 귀신은 무슨 귀신, 말이 그렇지. 그 귀신을 아무도 본 사람이 없대.

춘옥 : (처녀1의 옆구리를 쥐여 박으며) 배라먹을 것, 괜히 그런 소리를 해서 난 무서워 수수밭에 못 들어 가겠어 ……

처녀1 : 애, 저거 귀신이 보여! 호호 …… (달아난다.)

그들은 간다. 춘옥은 수수밭에 들어가지 못하고 망설이고 있다. 그 때 동' 둑길로 또순이가 온다.

춘옥: (반기며) 또순아, 너 어디 갔다 오는 길이야.

또순이: 춘옥이냐? 나 읍내 갔다 오는 길이야.

춘옥: 읍내는 뭘하러?

또순이: 약 구하러 갔댔어

춘옥: 아버지는 좀 나으시냐?

또순이: 나으실 게 뭐야, 우린 참 큰' 일 났어. 아버지가 오래 앓고 누워 계시니 ……

춘옥: 참 걱정이다.

또순이: 돈이 없어 병원에도 못 가구 …… 이 약도 너의 어머니가 이야기를 해 줘서 구해 오는 길이야.

춘옥: 그럼 어서 가서 아버지에게 드려라.

또순이: 응.

또순이는 간다. 춘옥이는 용기를 내여 밭으로 들어가려다가 다시 귀신 생각이 나서 잔디 우에 주저앉고 만다. 형팔이가 <삼산학교>교복을 입은 영찬이를 데리고 온다.

형팔: 춘옥인 쉬랬나?

춘옥: 응 …… 안야 ……

형팔: 영찬아, 너 산술 책 좀 빌려 주겠니?

영찬: 야학에서 우리 학교 교과서 하고 같은 걸 배우니?

형팔: 안야, 그래두 난 학교 교과서를 내 혼자서라두 좀 공부해 보겠어.

영찬: 그래? 그럼 내 저녁에 가져다 주지.

이 때 김씨, 지숙, 한익 등이 례배당에서 돌아온다. 그들 뒤에 윤 장로네 머슴이 따라 온다.

김씨 : (머슴을 보고) 주일날 무슨 손님을 청해 와서 례배 보는 사람을 오라구 성화야?!

머슴 : 군에서 서무과장인지 일본 나리하고 주재소 부장님하고 또 칙량판을 가진 사람도 왔어요. 무슨 좋은 일이 있는지 장로님은 싱글벙글하시며 빨리 마나님을 오시래서 손님 대접을 잘 해야 한다고 하시든데요.

한익 : (지숙에게) 먼저 가시오. 난 다른 델 좀 들려 가겠소.

지숙 : 왜요?

머슴 : 교장님도 꼭 모셔 오라시든데요. 손님 접대를 꼭 같이 하셔야 한다고요.

한익 : 난 일본 사람들을 볼 때마다 내 어린 시절에 신작로 부역에 나갔다가 그 놈들한테 맞아 골병들어 돌아가신 아버지 생각이 나서 치가 떨리오.

지숙 : 참 당신두, 지금 세상에 그 사람들을 기이구 어떻게 살아요.

한익 : 먼저 가시오. 난 천천히 가겠소.

김씨 : 또 찾으실 텐데 빨리 다녀 오게. 이 사람!

한익은 딴 길로 간다.

김씨 : (춘옥을 보고) 춘옥아, 넌 왜 집에 좀 와 있으란데두 안 오냐?

춘옥 : 김두 매구 바빠서 그래요.

김씨와 지숙 간다.

형팔 : 영찬이, 너희 학교 <삼산 학교> 교장은 어때?

영찬: 참 좋아. 부자 집 사위라도 가난한 사람 사정도 잘 알아주고 ……

형팔: 하기야 곽 교장두 본디는 소작인의 아들이라니까 ……

춘옥: 소작인의 아들이 용케 부자 집 사위가 됐지?

형팔: 재주가 있다구 윤 장로가 데려다 공부를 시켰어 ……

영찬: 우리 교장 선생은 박 제명 선생의 병원에 자주 놀러 다니시는 것 같애 ……

평팔: 우리 동네선 지식있는 사람은 그 두 사람뿐이니까 서루 친한 모양야.

영찬: (가며) 책 나중에 갖다 줘.

형팔: 고마워.

춘옥: 영찬아, 우리 오빠가 너희 집 송아지를 몰러갔어.

영찬: 그래? 우리 아버지가 너희 집에 주신댔나?

춘옥: 응.

영찬 간다.

형팔: 아 난 학교 공부나 했으면 좋겠다!

춘옥: 가난뱅이가 그런 꿈을 암만 꿔 봐야 소용있니?

형팔: 나두 일본 말이나 좀 배워가지구 일본이나 가서 고학이라두 해볼가!

춘옥그럼: 넌 훌륭히 돼서 타관으로만 돌아다니겠지 ……

형팔: 난 뭐든지 많이 알고 싶어!

춘옥: 그렇게 되면 고향두 잊어버리구 말테지 ……

형팔: 그렇다구 고향이야 왜 잊겠니, 또 너두 ……

춘옥: 난 촌뜨기루 남아 있을테니 ……

형팔: 제길 어디루 갈 팔자가 되나. 아버지두 안놔줄테구 …… (기풍이와 안씨가 논에서 나오는 것을 보고) 저기 너의 아버지 어머니

가 나오셔. (일어난다.) 나두 가서 김을 좀 매 줘야지.

형팔은 논으로 가고 춘옥은 밭으로 들어간다. 기풍과 안씨 그늘 아래 와서 쉰다. 안씨는 사발로 랭수를 길어다 기풍에게 준다.

안씨 : (밭을 향하여) 옥아, 너두 더운데 좀 쉬구 매렴아?

춘옥 : 지금껏 쉬였어요.

기풍 : (밭의 수수가 대견해서) 저기 수수가 얼마나 날가?

안씨 : 모두 열 가마니는 나겠다 하는데……

기풍 : 못 나두 열 가마니는 날 거야.

안씨 : 춘갑이를 올 가을에 장가나 보내자요.

기풍 : 그럴가? 저 수수만 하면 한 식구 더 불어두 량도는 되겠으니까……

안씨 : 룡호리 또순이가 어때요?

기풍 : 또순이?

안씨 : 걔가 얌전하구……

기풍 : 임잔 눈이 무딘 게로구나. 갑이 녀석 순단이를 좋아하는 것 같던데.

안씨 : 그래요? 순단이두 참하기는 한데……

기풍 : 제 맘에 드는 게 좋지. 한 동네에 가깝기두 하구.

이때 춘갑이와 병삼이가 떠들며 온다. 영찬이도 따라 온다.

병삼 : 이 녀석 버르장머리가 고 모양이야?

춘갑 : 어른이 그래 한번 언약한 걸 뒤집는 수도 있나요?

기풍 : 갑아 왜 그러냐?

춘갑 : 아버지, 송아지를 못 몰구 오게 하지 않아요!

기풍 : 이 사람 병삼이, 어떻게 된 일인가?

병삼 : (투덜거리며) 기풍이, 임잔 자식 놈 버릇을 요렇게 가르쳐 놨단 말이냐?

춘갑 : 송아지를 우리 집에 준다구 언약을 했으면 언약대루 할 게 안예요. 그런데 몰러가니 딴 사람 주기루 했다는 게 그래 그게 경우가 발라요?

기풍 : 병삼이, 이 사람 그게 정말인가?

병삼 : 언약이 무슨 문서장에 도장을 찍은거냐? 내가 싫으면 파약도 할 수 있지.

기풍 : 그럼 송아질 우릴 안 주겠단 말인가?

밭에서 춘옥이도 나와 시비를 듣는다. 맹구가 지나 가다가 역시 이야기를 듣는다.

병삼 : 그렇게 됐네. 임자하고 약조는 했지마는 어제' 밤에 생각해 보니 임잔 동네도 따고 또 임자야 윤 장로네 작인이니까 그 집에서도 배내기 소는 얻을 수 있으니 우리 동우물 사람에게 주기로 작정했네.

기풍 : (씨근거리며) 에끼, 고현 사람! 그래 날 없는 사람이라구 수모하는 거냐?

병삼 : 수모는 무슨 수모…… 나는 내 편리한대로 했을 따름일세.

기풍 : 땅이나 몇 마지기 가지구 소나 가졌다구 재세하지 말아라. 이 땅딸보 놈아!

병삼 : (약이 올라 덤벼들며) 뭣이 어째?

영찬 : (병삼을 잡으며) 아버지, 왜 그러세요. 가시자요. (잡아 당긴다.)

기풍 : 좋아, 네 놈의 송아지가 아니래두 내가 소를 장만하구 말 테니 두구 보자!

영찬 : 아버진 첨부터 약속을 말아야지요. 한번 약속해놓고 시시하게시리……

병삼 : (가며) 이 녀석아, 모르면 잠자코 있어……

병삼과 영찬 간다.

맹구 : (나서며) 기풍이, 거 뭐 고리타분한 고 땅딸보네 소를 가지고 그래? 장로님 댁에도 송아지가 얼마든지 있는데…… 배내기소를 기르고 싶으면 나한테 오라고…… (간다.)

기풍이네 식구는 한참 동안 말이 없다. 가까운데서 소우는 소리 들린다.

기풍 : 윤 장로네 소라두 한 마리 얻어다 기르자.

춘갑 : 그 집에서 소를 줄가요?

기풍 : 마름이 저렇게 말했으니 주겠지.

춘옥 : 아버지, 아까 장로댁 마님이 여길 지나가면서 절 그 댁에 와서 좀 있으라구 그래요.

춘갑 : 그 놈의 집에 멀 하러?

안씨 : 종의 자식이라구 수모나 받게.

기풍 : 그래두 남보다야 다르겠지.

안씨 : 그렇게 속아 살구두 당신은 그 집을 바라봐요?

기풍 : 우리가 그 댁 논을 부치구 사는데 바라볼 덴 거기 밖에 없지.

논에서 성칠, 말개령감, 정씨, 학곤 등 김 매던 사람들이 쉬러 나온다.

농민1 : (안씨에게) 조카 며늘님 올해는 저 수수밭만 봐두 배가 부르겠소!

안씨 : 아이구 아주바님두 애들 있는데 무슨 그런 소릴……

농민1 : (기풍에게) 조카 그렇지 않나?
기풍 : 에끼 망할 놈 같으니 ……

춘갑과 춘옥 밭으로 나간다 ……

농민1 : 저 녀석들이 어른들 롱담에 자리를 비키는군 하하 ……
성칠 : 춘갑어멈, 금년엔 운수가 터져 저 복새 바닥에서 낟알이 쏟아지겠는데 가을하거든 노티나 죽신하게 좀 지져보지?
안씨 : 지지구 말구요. 추석 명절엔 대접을 하지요.
말개령감 : 기풍인 금년에 기를 좀 펴게 됐어! 벼 농사 한 건 윤 장로한테 다 앗긴다 손치더래도 저기서 난 것만으로도 량도는 될테니까 ……
기풍 : 그렇게 될는지.
정씨 : (안씨에게) 형님네는 올해 운수가 티였다니까 ……
말개령감 : 십년 적공이면 바위 틈에 솔이 난다고 짬짬이 일군 게 ……
안씨 : 큰물에 쌓았던 둑이 몇 번이나 흘러갔다구요! 흘려 보낸 씨만 해두 얼마나 많았구 ……
농민1 : 우리 모두 저 복새 바닥을 한 뙈기씩 일궈 먹지 않겠나?
농민2 : 나도 그럴 생각이 좀 있어 ……
말개령감 : 큰물을 막자면 먼저 저 얼 안에 둑을 막아야 해.
성칠 : 그 놈의 것 둑두 막지. 만리 장성두 쌓는데 달라붙어 해 보자구.
농민1 : 몇십년 걸리더라도 해내기만 하면 땅이 생기지 않나!

로동복에 보따리를 멘 양선이가 박 재명과 함께 온다. 제명은 손에 왕진 가방을 들었다.

기풍 : 저게 양선이 아닌가?

춘갑 : (밭에서 뛰여 나가며) 양선 형님!

모두 일어나 양선과 제명을 맞는다. 춘옥은 "부전언니, 아저씨가 왔어!"하며 논으로 뛰여 간다.

안씨 : 지금 오는 길인가? 자네 댁은 요새 편지 없다구 걱정을 하더니 ……

기풍 : 객지에서 얼마나 고생을 했겠나?

양선 : 고생이랄 건 없어두 ……

성칠 : 거 보따리 속에 번 돈이 그뜩하겠구나. 땅 마지기나 장만하게 됐나?

양선 : (쓰게 웃으며) 예, 아저씨네 논 팔 것 있으면 제가 삽시다요. 하하 ……

성칠 : 그래 몇 마지기나 사겠나 하하 ……

부전이 뛰여 온다. 순단, 춘옥 등 처녀들도 온다.

양선 : 잘 있었소?

부전 : 어쩌면 편지두 없이 ……

성칠 : 이 사람 양선이 댁! 거 보따리 받아 잘 건사하라구 돈이 그뜩 들었다니까 ……

양선 : (보따리를 주며) 내 헌 옷 뿐이요. 임자 저고리' 감 하나 못 사왔소!

부전 : 저고리가 다 뭐예요. 몸만 성했으면 됐지 ……

말개령감 : 사람 사는 덴 매한가지지. 로동판이라구 돈이 땅에 굴러다니겠나.

기풍 : 그래 광산에 있었느냐?

양선 : 광산에 있다가 한 두어 달 목재판에 있었는데 없는 놈은 아무데 가나 살 수가 없어 요. 로동판에는 마름 놈보다 더 고약한 십장놈이 있어 사람을 못 살게 굴어요.

제명 : 이 세상 리치는 어디나 마찬가집니다. 없는 사람은 못 살게 마련이니까요.

양선 : 고생은 했어두 좋은 이야기는 많이 들었어요.

말개령감 : 좋은 이야기라니?

양선 : 제가 마감에 가있던 목재판은 백두산 밑인데 거기는 조선독립대장 김 일성 장군 이야기가 많아요!

말개령감 : 그래 조선 독립이 된다더냐?

양선 : 거기는 김 장군 부대가 여러번 쳐들어 왔다더군요. 김 일성 장군을 만났다는 사람두 있구요.

제명 : 옳습니다. 년전에는 김 일성 장군이 거느리는 혁명군이 보천보를 쳤고 그 뒤에도 무산 방면에 여러 번 진격해 왔습니다.

양선 : 거기 사람들은 멀지않아 혁명군이 쳐들어와서 나라가 독립될 것이라구 해요.

제명 : 멀지 않아 그 날이 올 것입니다. 보천보에 쳐들어 왔을 때는 일본 놈들이 쫄딱 녹았습니다.

말개령감 : 왜놈들이 망해야 우리가 살아나지!

제명 : 옳습니다. 왜놈들을 몰아내고 가난한 사람들이 잘 살 수 있는 그런 세상이 멀지 않아 올 겁니다.

모두 정숙한다.

제명 : 그때까지 어떻게나 버티고 사셔야 합니다. 일본 놈들은 지금 중국을 먹으려구 전쟁을 일으켜 백성을 더 못 살게 하고 있습니다. 여러분은 고생 가운데도 힘을 합쳐 서로 돕고 살

아 가야합니다. 여러분들이 서로 돕고 힘을 합치자면 지금 김매는 일이나 봄 갈이, 가을걷이때에 품앗이 일을 하도록 하시는 게 좋을 듯 합니다, 〈품앗이 제〉를 부어서 공동으로 농사 일을 하면 일도 수월하고 힘도 날 겁니다.

성칠 : 그게 좋겠군!

제명 : 가을걷이 때부터 〈계〉를 부어 해보십시오.

말개령감 : 저기 기풍이가 일군 것 같이 모두가 저 복새 바닥을 일구고 등' 둑을 막아 보자는 데 어떻가요?

제명 : 그거 좋은 생각입니다. 그런 일도 <계>를 부어서 하면 좋을 겁니다.

양선 : 저 수수를 아저시네 댁에서 심었나요?

기풍 : 그래.

양선 : 제명 선생님 말씀대루 <계>를 부어 땅을 일궈 보자요. 제가 앞장서서 해보겠어요.

성칠 : 로동판에서 배운 일솜씨로 한번 해보세, 우리도 제 땅을 가져보게!

모두 기대가 크다.

제명 : 그런데 여러분, 억울한 소식을 한 가지 전해야 하겠습니다.

기풍 : 예 억울한 소식이란요?

제명 : 저는 지금 주재소에 불려갔다 오는 길입니다.

여러사람 : 주재소엘?

제명 : 오늘부터 우리 야학은 문을 닫으란 겁니다.

청년들 : 예?!

춘갑 : 선생님, 그게 정말인가요?

성칠 : 뭣 때문에 야학을 못 하게 하는 건가요?

제명 : 리유란 별다른 게 아닙니다. 야학에서 조선 말공부를 시키

니 그걸 못하게 하자는 거지요.

말개령감 : 조선 사람이 조선 말공부를 못하게 한단 말인가요?

성칠 : 정말 세상이 말세로군.

형팔 : (눈물이 글썽하여) 선생님, 그럼 저희들은 글' 공부도 못 하란 말인가요?

춘옥 : 월사금이 없어 학교두 못가는 저희들은 어떻거라는 거예요!

성칠 : 엥이 망할 놈들 같으니 …… 그래 박선생님이 없는 집 자식들을 배워주려구 그 병원일두 바쁜데 알뜰하게 가르쳐 주는 걸 무슨 심술이 나서 그것마저 못하게 한담!

형팔 : (울며) 선생님! 저희들은 어떻게 해요? 저희들을 버리지 말구 배워 주세요!

춘갑 : 자식들이 못 하게 한데두 우리들이 몰래하면 되잖아요, 선생님?

안씨 : 이 녀석아, 관청에 거역하면 콩밥 밖에 차례질 것 없다!

형팔 : (더욱 분해하며) 난 공부가 하고싶어요. 선생님, 어떻거면 좋아요!?

제명 : (침통히) 형팔아, 참아라. 내 어떠한 방법으로라도 너희들에게 글을 배워 주마!

맹구와 필호가 측량 군을 데리고 온다.

맹구 : 옳지, 마침 다들 여기 있군, 여보게 기풍이!

기풍 : ? ……

맹구 : 저 복새 바닥에 수수는 기풍이가 갈았다지?

기풍 : 내가 갈았소. 왜 그러오?

맹구 : 이 달래강 하천 부지는 이번에 장로님이 <총독부>로부터 불하 받게 되었어.

모두 놀란다.

맹구 : 왜들 놀라? 장로님이 이번에 수리조합장이 되심과 동시에 이 하천 부지를 불하받아 저기에 등' 둑을 막고 물'길을 터서 논으로 개간하게 됐단 말이야. 이제는 공땅이 아니라 장로님의 땅이니까 누구든지 저기 땅을 부치고 싶은 사람은 나한테 와서 소작계 약을 맺어야 해!

말개령감 : 어이구 날구 뛰는 놈이 있으니 우리는 허망한 꿈만 꿨구나!

맹구 : 기풍이는 저기서 나는 낟알은 가을해서 소작료 물 때 같이 물어야해.

기풍 : 뭐라구요? 저 땅은 내가 일군건데 낟알은 왜 내라는 거요?

필호 : 우리 집에서 불하 받았다고 하지 않았나.

춘갑 : 저 땅은 우리가 먼저 일궜으니 우리 땅이요.

맹구 : 이 놈아, 장로님이 땅값을 물고 불하 허가를 <총독부>에서 맡았으니까 장로님 땅이 란 말이야.

춘갑 : 빌어먹을! 그 따위 경우가 어디 있나요? 먼저 일군 사람이 임자지 허가가 무슨 소용이란 말이요?

필호 : 이 새끼가 털도 안 벗은 게 뭘 안다고 떠들어? 법이란 말야 법!

춘갑 : 땅두 낟알두 내놓을 수 없다. 이 도적놈들아!

필호 : 이 새끼가 맞아 죽고 싶어? (측량' 군에게) 칙량을 하고 말뚝을 칩시다.

이때 윤 장로와 군 서무과장이 이야기하며 온다.

윤장로 : (손으로 가리키며) 저 얼안이 모두 이번에 개간할 대상입니다. 스기모도상!

서무과장 : 참 훌륭한 데 착알을 했소. 이 비상시에 쌀을 많이 내는 것은 <국가>를 위해서 아주 좋은 일이요.

윤장로 : (필호에게) 칙량은 안 하고 뭘 하고 있느냐?

기풍 : (나서며) 장로님! 저기 수수를 심은 떼기는 제가 일군겁니다.

윤장로 : 그래? 그럼 그건 기풍이 네가 부치도록 해주지.

기풍 : 예? 저걸 제가 짬짬이 몇해 걸려 일궜습니다. 장로님께서 저를 생각해서 저 뙈기만은 제 것으로……

윤장로 : 어 이번에 내가 너희들 작인들을 위해서 많은 돈을 들려 저 땅을 부하 받았고 이제 또 더 많은 돈을 들여 동' 둑도 막아 개답을 해서 작인들에게 줄 작정이다.

기풍 : 장로님, 저희집을……

윤장로 : 허어 념려 말래두, 그 뙈기는 네가 부치도록 해 줄 테니 ……

기풍 : ……

안씨 : 장로님, 너무 하시와요!

윤장로 : 뭐?

안씨 : 쇤네한테 무슨 피문은 원쑤가 져서 저 땅 뙈기를 빼앗구 낟알까지 빼앗으려구 하나요!?

춘갑 : 저 땅고 낟알에는 어느 놈두 손 대지 못한다!

윤장로 : 이 놈 거 무슨 소린고!?

성친 : 장로님! 땅은 댁에서 불하를 받았다치구 그 전에 심은 낫알까지 내놓으랄 수야 없지 않아요?

필호 : 언제 너희들이 땅 임자한테 소작료 물지 않고 농사해 본 일이 있었어?

제명 : 장로 어른! 댁에선 이 하천 부지를 불하 받을 특권이 있을 겁니다. 그러나 그전에 심은 낟알까지 가져 갈 특권은 누가 줬나요?

서무과장 : 야 이것들아, 무슨 잔소리들을 하는 거야? <총독부>에

서는 윤 장로가 <산미증식>정책을 위해 애국적 발기를 한 데 대해서 가상히 생각하고 불하 허가를 내린것이 다. 모두 윤 장로의 이 애국 정신을 받들어 동‘ 둑을 막고 개답을 하는 데 부역이나 부지런히 나오란 말이야! (측량’ 군에게) 빨리 측량을 해.

필호, 맹구, 측량’군들은 강’바닥으로 간다.

윤장로 : 스기모도상, 우리는 집으로 들어갑시다. 그 동안 안주가 준비됐을 테니 오늘은 조용 히 한잔 합시다.

서무과장 : 예 감사합니다.

두 사람 간다.

기풍 : (한숨을 쉬고 땅에 주저앉으며) 후유, 십 년 공부가 나무아미타불이 될 줄이야……

춘갑 : (분해서 어쩔 줄을 모르며) 선생님! 저 놈들에겐 무슨 권리가 저렇게 많아요?

제명 : ……

-암전-

제3장

1944년 11월
기풍의 집
언덕에 기대여 나지막하게 지은 오두막이다. 마당에 벼짚과 북데기가 쌓여 있다. 일전 가난에 쪼들린 살림살이다. 마당 밖은 행길이라 오가는 사람들이 보인다. 저녁 때가 가깝다. 심화병으로 안씨는 방에 몸져 드러누웠다. 춘옥이가 마당에 북데기를 펴고 도리깨질을 하고 있다.

안씨 : (누운 채) 옥아!

춘옥 : 왜 그래요?

안씨 : 아버진 아직 소식이 없니?

춘옥 : 형팔이가 가보고 온다구 주재소루 갔어요.

안씨 : 그 놈들이 진종일 사람을 불러다 놓구 무슨 행패를 또 하는가. 사흘 걸이루 한 번씩 불러다 그 놈들이 사람을 못 견디게 하는구나.

순단이 온다.

춘옥 : 언니 오니?

순단 : 그래 어머닌 뭘 좀 잡수셨나?

춘옥 : 이걸 떨어서 낟알이 몇 알이라두 나오면 미음을 끓여 드리려구 ……

순단 : (방 앞에 가서) 어머님, 좀 어떠세요?

안씨 : 너 왔니? 그 애 소식이나 들으면 내 병이 좀 나을가 …… 그렇지 않구는 ……

순단 : 어머님, 맘을 놓으셔야 해요. 설마 어디 가선들 자기 몸 하나 못 챙기겠나요?

안씨 : 석달이나 됐는데 어디서 고생을 하는지 …… 추위는 닥치구 …… 에구, 망할 놈의 세상!

순단 : (춘옥에게 가서 거들으며) 이걸 떤들 낟알이 나올 게 있나. (한숨 쉰다.)

춘옥 : 달래강 복새 바닥만 뺏기지 않았어두 이 고생은 안 할걸

……

순단 : 거기서 나는 낟알은 그 놈들이 공출로 안 빼앗아 가겠다구.

춘옥 : 우선 먹구라두 보지 ……

순단 : 또순이는 오늘 떠나는 모양이더라.

춘옥 : 참 가엾어!

순단 : 아침에 그 동네를 지나다가 보니 울어서 얼굴이 퉁퉁 부었더라!

행길에 한익과 지숙이 나타난다. 지숙은 몸빼이에 <국방 부인회>란 쓴 다스끼를 걸었다.

한익 : 당신은 제발 그런 일에 앞장에 나서지 마시오! 그렇게 극성을 피울 필요가 어데있소?

지숙 : 당신이나 좀 정신을 차려요. 일본 사람들이 당신을 좋아하지 않는다고 아버지가걱정해요.

한익 : 내 걱정은 하실 것 없다고 하시오. (간다.)

지숙 : (춘옥을 보고) 어머니가 앓는다더니 좀 어떠냐?

춘옥 : 그냥 그래요.

지숙 : 네 오래비 녀석은 철없는 짓을 해가지고 괜히 집안 걱정을 시키지 않나. 넌 집에 먹을 것도 없는데 장로님 댁에 와서 시중이나 들지?

춘옥 : ……

지숙 간다. 사이, 정씨 온다.

정씨 : 어머닌 뭘 좀 잡수셨나?

춘옥 : 아무 것도 못 잡수셨어요.

정씨 : (방 앞에 가서 들고 온 약사발을 주며) 형님, 일어나서 이걸 좀 마셔

보세요, 화병에 좋다는 약이예요.

안씨 : 에이구 약이 무슨 소용이 있나……

정씨 : 통 아무것두 안 잡수면 되나요? 뭐든지 약이 된다는 건 잡숫고 어서 일어 나셔야지요. 자 일어 나요.

안씨 : (겨우 일어나서 받아 마신다.) 아이구 뭔데 이렇게 쓴가……

정씨 : 산에서 삽추를 캐다가 달였어요.

안씨 : (순단을 물끄러미 바라보며) 이럴 줄 알았드문 진작 혼사나 해 버릴걸…… 재두 얼마나 속이 타겠나.

이 때 얼굴이 터진 기풍과 함께 형팔이가 온다. 춘옥과 순단은 걱정스럽게 그들은 맞는다.

춘옥 : 아버지!

기풍 : ……

정씨 : 무슨 변을 당하셨나요? 얼굴이……

기풍 : (말 없이 로방에 가서 앉는다.)

안씨 : 또 매를 맞았소?

기풍 : ……

정씨 : 형팔아, 어떻게 됐니?

형팔 : 그 놈들이 아저씰 꿇어 앉혀 놓고 구두' 발로 차구 걱검' 대루 때리구 했어요.

춘옥 : 아버지, 어디 상한 데나 없었에요?

기풍 : 일 없다!

안씨 : 어찌자구 그 놈들이 사흘걸이루 사람을 불러다가 이렇게 매질을 하나! 어이유 죽일 놈들……

기풍 : 그 놈들이 어제까지는 춘갑이 숨은 대루 데리구 사람을 볶아 대더니 오늘은 징용장을 받구 도망치는 그런 <비국민>을 자식으로 기른 죄루 맞아야 한다구 다짜고짜루 때리는구

나! (분해한다.)

양선이가 지게에 나무' 단을 지고 손에는 자그만 보자기를 들고 온다.

양선 : (지게를 세워놓고) 아저씨, 주재소에 가서 또 봉변을 보셨다지요?

안씨 : 이 사람아, 이 원한을 어떻게 푼단 말이야!

양선 : 어머니 너무 상심마세요.

안씨 : 언제까지 그 녀석이 숨어 다녀야 하니?

양선 : 끝장 날 때가 있겠지요.

기풍 : 제명선생이나 있으면 이럴 때 속 시원히 이야기나 해주겠는데 ……

양선 : 어떻거나 이를 악물구 살아야 해요. 박선생이 잡혀 가실 때 좋은 세상이 멀지않아올테니 그때까지 죽지만 말구 살라구 했지요.

기풍 : 그런 날이 올가?

양선 : 오구 말구요.

기풍 : 너무 답답하구나!

모두 : (말이 없다.)

양선 : (한참만에) 춘옥아, (보자기를 내주며) 이거 좁쌀이다. 저 나무로 미음을 끓여어머니께 드려라.

춘옥 : (눈물이 글썽해서) 아저씨! (받아 들고 부엌으로 들어간다.)

기풍 : 양선이, 좁쌀이 어디서 났나?

양선 : 어디서 좀 얻어 왔어요.

기풍 : 고맙네.

양선은 나무를 부엌에 날라다 준다. 순단은 북데기 타작을 계속한다. 정씨는 안씨를 눕힌다. 윤 장로가 온다. 맹구가 그 뒤를 따라온다.

윤장로 : (마당을 둘러보며) 북데기 타작을 하는구나.

맹구 : (앞장에 나서며) 아니 왜 기별도 없이 북데기 타작을 하는거야? 북데기를 얼마나 떨어 먹었어?

기풍 : 얼마나 떨어 먹다니요?

맹구 : 북데기에서 나는 낟알도 반타작해야 할 거 아닌가?

기풍 : (불끈해서) 사람이 다 죽어 가길래 미음이라두 좀 끓여 먹이자는 거요!

맹구 : 미음이고 떡이고 경우는 경우대로 밝혀야 할 거 아닌가?

기풍 : (더 소리를 높여) 이거 좀 성화를 부리지 마오!

맹구 : 이 놈의 무상이 환장했나?

윤장로 : (맹구를 막으며) 아 그만하게, 사정이 딱해서 그런 거지. 거 좀 떨어 먹으면 어떤가……

맹구 : 예? 아니 형님은 선심을 쓰고 다니고 마름은 인심만 나고 …… 맘대로 하시오. (투덜거린다.)

윤장로 : 그만두고 자넨 볼 일이나 봐!

맹구는 투덜거리며 간다.

윤장로 : 이 사람 기풍이, 거 앓는 사람도 있는데 우리 집에서 쌀을 가져다 먹게, 이거 집안 꼴이 됐어? 그리고 춘옥이는 우리 집에 보내구……

기풍 : ……

윤장로 : 룡호리 또순이란 계집애가 <정신대>에 나간다 이야기는 들었지? 우리 집에 와있으면 그럴 념려도 없을 거다.

기풍 : ……

윤장로 : 왜 대답이 없어? 춘갑이 문제도 나한테 와서 이야기했으면 무사히 될 수도 있는 건데……

기풍 : ……

윤장로 : (반응이 없어 무료하다.) 생각들 해보고 춘옥일 집에 보내라. (간다.)

안씨 : (기동을 하며) 저게 다 사탕 발린 소리요. 콩으로 메주를 쑨대두 그 놈의 말은곧이듣지 마우!

기풍 : 정신이 나가서 그 놈 말을 듣겠나!?

<정신대>차림을 한 또순이 나온다.

또순이 : (토방에 가서 쓰러지며) 아주머니. (운다.)

안씨 : (측은해하며) 또순아!

춘옥 : (부엌에서 나오며) 또순아!

또순이는 춘옥에게 와락 달려들어 운다. 춘옥도 운다.

정씨 : 또순아, 진정해라!

또순이 : 춘옥아, 나는 가!

춘옥 : 앓으시는 아버지는 어쩌구 가니?

또순이 : 아버지 걱정만 없으면 나 같은 건 죽어두 상관없어!

안씨 : 하필 네가 뽑혔단 말이냐?

또순이 : 아저씨! 앓구 계시는 우리 아버질 자주 돌봐 주세요.

기풍 : 걱정 말어라.

안씨 : 모두가 아버질 돌봐 주지 않으리, 너나 몸 성히 다녀오너라.

또순이 : (설음이 북받쳐 오른다.) 전 이것이 마지막 길이예요, 전 살아서는 돌아 오지 못 할 거예요.

안씨 : 그럴 리 있나, 너만 맘을 단단히 먹으면……

또순이 : 춘옥아, 넌 어서 시집가서 부디 잘 살아라. (느껴운다.)

이때 맹구가 동네 사람을 <환송>에로 돌아온다. 이윽고 지숙을 위시

한 룡호리 <유지>들이 줄을 지어 나타난다.

맹구 : (마당에 들어 와서 또순이를 가리키며) 여러분! 또순이가 <황국신민>으로 용약해서 전선에 지원하게 된 감격을 참지 못해서 이렇게 눈물을 흘리고 있소! 모두 만세를부릅시다. 만세!

아무도 만세를 부르는 사람이 없다.

또순이 : 윤구장이 하는 소리는 모두 새빨간 거짓말이예요. <녀자 정신대>고,<황국신민>이고 우리에게 무슨 상관이예요? 춘옥아, <녀자 정신대>란 몸을 파는 데란다. 아무도 그럴 델 가지 말아야 해.

맹구 : (또순이 팔을 잡아끌며) 허어, 이거 무슨 소리야, 빨리 가자!

또순이가 행길에 끌려 나가자 지숙은 <녀자 정신대>라고 쓴 <다스끼>를 또순이 어깨에 걸어준다.

맹구 : (동네 사람들을 보고) 만세를 불러! 만세!!

아무도 만세 부르는 사람 없다. 또순 일행 떠나간다. 모두 충격에 잠겨 일행이 가는 것을 바라다보고 있다. 춘옥과 순단은 참다 못해 서로 끌어안고 운다. 마을사람들 한 사람 한 사람 사라지고 성칠, 말개 령감, 정씨, 학선, 학곤, 양선, 부전 등만 남았다. 날이 저문다. 멀리 기차가 달려간다. 춘옥 밖으로 빠져 나간다.

말개령감 : 이 사람 양선이, 박 제명 선생 소식은 못 들었느냐?

양선 : 네 들었어요.

말개령감 : 그래 어떻게 되었다더냐?

양선 : 저 달에 공판이 끝나고 징역 8년을 받았다고 하더군요.

말개령감 : 뭐 8년?

성칠 : 무슨 죄가 그리 중해서 8년 징역이나 받았나?

양선 : 그 선생은 김일성 장군이 파견한 조국 광복회 국내 공작원과 신의주에서 만나서 련락이 있었다구 해요. 의사를 해서 번 돈은 공작원들의 운동자금으로 내시군했답니다.

말개령감 : 참 훌륭한 분이시구나.

성칠 : 사람이 얼마나 분명하셨나. 그 선생이 지금 계셨으면 이놈의 세상이 어떻게 될 것인가를 속이 시원하게 이야기해 주겠지 ……

양선 : 그 선생님이 저희들에게 글을 배워 주시지 않았으면 우리는 판 무식군이 됐지요.

형팔 : 죽일 놈의 자식들, 그 선생이 무슨 죄가 있다구 ……

학선 : 그 사람 이야기는 그만들 하는 게 좋아. 난 그때 <품앗이계>에 들었다가 잡혀가서 거꾸로 매달려 묵 먹은 생각하면 지금도 소름이 끼친다.

성칠 : 이 하느님 아버지야, 그 때 엉엉 울던 꼴 참 뵈기 좋더니 ……

학선 : (일어나며) 모여서 이런 이야기하면 좋지 않아!

성칠 : 겁이 나는 모양이지?

학선 : 겁이 안나면 별 수가 있나. (학곤에게) 야! 가자.

두 사람 간다. 더욱 어두워진다.

말개령감 : (일어나며) 우리두 가지, 이 사람 기풍이 (안씨를 고개로 가리키며) 뭐 좀 멕였나?

기풍 : 양선이가 좁쌀을 갖다줘서 지금 미음을 끓이우.

말개령감 : 그래! 왜놈들이 빨리 망해야지. 이러다간 젊은 건 다 끌려

나가겠다.

모두 돌아간다.

농민1 : (방앞에 가서) 조카 며늘님! 너무 걱정말구 맘을 놓으슈, 춘갑이는 어데 가서두 탈없이 배겨 낼 놈이유. (간다.)

기풍 : 미친 것!

정씨 : 옥아! 옥아 (부엌을 들여다보며) 얘가 어디 갔나? (순단에게) 옥이 어디 갔니?

순단 : 나두 못 봤어요. (춘옥이 밖에서 들어오는 것을 보고) 저기 와요.

정씨 : 옥아 미음을 어서 어머니에게 드려라.

춘옥 : 예 (부엌으로 들어 간다.)

정씨 : 형님 그럼 미음을 좀 마시라구요, 난 가보겠어요.

안씨 : 어서 가 보아.

정씨는 순단을 데리고 간다. 춘옥은 부엌에서 미음 그릇을 들고 나와 방에 놓고 등에 불을 켠다. 기풍은 마당을 치운다. 행길 어둠 속에서 춘갑이가 사위를 살피며 나타나더니 마당으로 들어선다.

춘갑 : (낮은 소리로) 아버지!

기풍 : (놀라며) 엉? 네가 갭이 아니냐?

춘갑 : 저예요.

기풍 : (다가가서 팔을 잡아 토방 앞으로 끌고 가며) 여보, 갭이가 왔소.

춘옥 : 오빠!

춘갑 : 모두 별' 일 없으세요?

안씨 : 어데서 고생을 하다가 왔니, 이 녀석아?!

춘옥 : 오빠, 어머닌 오빠가 도망친 날부터 앓고 계세요!

춘갑 : 그래!?

기풍 : 이 녀석아, 달아난 놈이 이렇게 나타나두 괜치 않으냐?

안씨 : 방으로 들어오너라, 대관절 어디 가 있었니?

춘갑 : 산으로 돌아 다녔지요.

안씨 : 얼마나 고생을 했겠니?

춘갑 : 순사놈들이 지랄치는 걸 어떻게 말루 다 하겠지, 오늘두 이번 주재소에 불려가서 욕을 봤다. 그래 어찌자구 이렇게 왔니?

춘갑 : 겨울옷을 좀 갈아입으려구요. 이번에는 저 만주로나 뛰고 말겠어요.

안씨 : 또 가려니?

기풍 : 가긴 가야지, 그 놈들한테 잡힐 수야 없지.

안씨 : 아이구, 언제까지 그렇게 피해 다녀야한단 말이냐? 그러다가 널 영영 보지두 못하구 나는 죽을가보다.

춘옥 : (아까부터 말하려고 망설이고 있다가) 아버지, 제가 윤 장로 집으로 가겠어요.

기풍, : 안씨 (동시에) 뭐?

춘옥 : 제가 윤 장로 집에 가겠다고 벌써 말했어요, 윤 장로는 오빠 일을 무사하게 해주겠다고 그랬어요.

기풍 : 뭐라구?

춘옥 : 언제까지나 오빠를 이렇게 피해 다니게만 하겠어요? 제가 그 집에 가면 오빠를 무사히 할 수 있어요.

안씨 : 이것아, 너를 또 그 놈의 집에다 종으루 보내란 말이냐?

춘옥 : 종은 무슨 종이예요, 한동안 가 있으면 될 거예요. 오빠를 구해야 해요.

기풍 : (심각한 생각 끝에) 옥아, 오빠를 구하기 위해서 네가 그 집에 얼마 동안 가 주겠니?

춘옥 : 그래야 돼요.

기풍 : 고맙다! 그래다오, 그래다오!

춘갑 : 아버지, 안돼요, 제 걱정은 마세요, 얼마 동안만 숨어 다니

면 왜놈들이 망할거예요.

춘옥: 오빠, 난 벌써 승낙을 했어요. 래일부터 그 집에 가야해요.

안씨: 안된다. 안돼! 거기가 어디라구 네가 간단 말이냐, 안된다!

행길에 맹구가 머슴에게 쌀' 가마니를 지우고 나타난다. 방안 사람들 인기척에 놀래여 춘갑을 사이' 문으로 부엌에 숨긴다.

맹구: (마당에 들어서며) 기풍이 있나?

기풍: (방에서 나오며) 거 누구요?

맹구: 거 잘 생각을 했어, 자 이걸 장로님이 보냈다. 받아라.

기풍: 그게 뭐요?

맹구: 쌀이다.

기풍: 웬 쌀이요?

맹구: 춘옥이가 장로님 댁에 와 있기로 했다니 장로님이 보냈다.

안씨: 여보, 그 쌀을 도루……

맹구: (손에 든 보자기르 주며) 자, 이건 치마 저고리 감인데 우선 입을 걸 만들라는 구나, 참 춘옥인 인제 호강에 빠지게 됐지, 장로님이 나인 많아두 춘옥이를 애지중지 해줄거다. 허허……

기풍: (그때야 말 뜻을 알아채고) 여보, 윤집사 뭐라구요?

맹구: 장로님댁이야 나이도 많고 늘 앓고 누웠으니 춘옥이가 정실 노릇을 할 거 안야?

기풍: (소리를 높여) 당장 가져가오, 내 자식을 그 놈의 첩으론 줄 수 없소!

맹구: 왜 그러나, 당자인 춘옥이는 가겠다고 하는데 어디 춘옥아, 말해 봐라.

기풍: (일어나 맹구를 밀치며) 당장 못 가져가겠어?

맹구: 이게 미쳤어? (기풍의 팔을 확 뿌리친다.)

기풍: (마당에 넘어 떨어지며) 이야, 이 놈이 사람 친다.

춘옥이 마당으로 뛰여 나와 기풍을 부축한다. 안씨도 토방으로 기여 나온다. 부엌에 숨어있던 춘갑이가 뛰여 나와 맹구의 멱살을 잡아 나꾼다.

춘갑 : 이 새끼 누구를 쳐?

춘갑이는 맹구를 곤져서 땅에 메친다. 맹구 "아야"하며 나떨어진다. 춘갑이는 다시 땅에 쓰러져 신음하는 맹구를 발' 길로 지른다. 이때 어둠 속에서 형사와 순사가 뛰여들어 춘갑을 체포한다. 춘갑은 잡히지 않으려고 한동안 격투를 하나 할 수 없이 결박당한다. 기풍과 안씨는 부들부들 떨며 말을 못한다. 이 사이 춘옥은 밖으로 뛰여나간다.

형사 : (춘갑의 따귀를 때리며) 이 자식, 석달째 너를 잡으려고 노렸다. 네가 오늘에야내손에 걸려들었구나.

안씨 : 아이구 춘갑아!

순단, 춘옥, 정씨 뛰여 온다. 양선도 온다.

정씨 : 이 사람아!

순단 : ! ……

매달리는 춘옥과 정씨를 형사가 막는다.

양선 : 춘갑아!

형사 : 비켜, 이 녀석들! (춘갑을 밀며) 이 새끼 가자!

춘옥 : 오빠 순단 언니가……

춘갑 : (순단을 보고) 순단이 걱정 말어.

순단 : (말 못 하고 울기만 한다.)

안씨 : 춘갑아! 아이구 이 일을 어쩌나! (마당으로 따라 나온다.)

춘갑 : (안씨에게로 가며) 어머니!

형사 : (춘갑을 발' 길로 차며) 이 자식아, 어디로 가는 거야?

양선 : (나서며) 여보시오, 사람을 치지 말고 데리고 가시오.

형사 : 이 새끼가 뭐라?

양선 : 치지 말구 데리구 가란 말이요.

형사 : (양선의 따귀를 치며) 무슨 잔소리야!

형사가 안씨를 땅에 뿌리친다.

춘갑 : 어머니, 이 놈들이 망할 날까지 무슨 일이 있어두 살아 계셔요!

춘갑 끌려간다.

춘옥 : 오빠!

정시 : 아이구 이 사람아!

안씨 : 춘갑아.

기풍은 땅을 치고 주저앉는다. 순단은 울기만 한다. 춘옥, 정씨, 안씨 울며 따라 나선다.

맹구 : 이 놈의 새끼를 이번에는 저 북해도나 남양으로 보내 버리시오.

- 막 -

제2막
제1장

1945년 10월 말

탈곡장 근처

달래' 벌 한 어구에 있는 탈곡장과 정자나무 근처, 무대 왼편에 낟가리들이 높이 쌓였고 그 뒤편이 탈곡장이다. 바른편에 정자나무가 있고 그 아래로 행길이 지나 갔다. 원경으로 벌판과 재석산이 보인다. 막이 열리면 탈곡장에서 마당질하는 소리 요란하다. 탈곡기 소리, 사람들의 소리들이 해방된 농민의 기세를 말하는 듯 매우 흥성거린다.

정자나무 가지와 가로수에 걸쳐 <소작료는 3.7 제로>라는 플랑카드가 가을 바람에 흔들리고 있다. 오후.

소리 : (탈곡장에서) …… 일곱에 여덟 …… 아홉에 열이면 마흔 가마니요, 하나에 둘 셋 넷 …… 이건 두 말 가웃이댔지? 그러니 학선 령감의 수령배미에서는 마흔 네 가마니에 두 말가웃이 났소.

기풍의소리 : 나머지 마자 떨면 학선이 임잔 올해 아흔 가마니는 올 데 갈 데 없겠네!

말개령감의 소리 : 그걸 3.7 제로 물면 칠구에 63이라. 예순 세가마니가 차례지니 그만 하면 부잘세!

환성들이 오른다. 소방울 소리와 달구지무대가 맞는 소리.

"워 워"하고 소 모는 소리.

성칠 : (손에 회초리를 들고 들어오며 탈곡장을 향하여) 여보게, 위원장, 달구지 왔네!

기풍 : (탈곡장에서 나오며) 벌써 왔나?

성칠 : 소란 놈두 신명이 나는지 사람이 못 따를 만큼 걸음을 재우치지 않겠나 하하……

기풍 : (달구지를 세우고 들어오는 형팔에게) 평팔아, 학선 령감 벼' 가마니를 빨리 묶으라구 그래라. 곧 싫어 들여야 다음 걸 나르지.

형팔 : 예. (탈곡장으로 간다.)

성칠 : (담배를 꺼내며) 한 대 말게나.

두 사람 정자나무 아래 앉아 담배를 피운다.

성칠 : 위원장, 벼달구지를 끌구 가다가 윤 장로를 만나지 않았겠나……

기풍 : 그 놈의 눈깔이 뒤집혔겠구나.

성칠 : 제 고'간으루 실려 들어오던 낟알 가마니가 딴 데루 굴러가니 그 놈의 심사가 어떻겠나. 반미치광이가 됐어, 그 놈 말이 장관일세.

기풍 : 그래 뭐라든, 임자 보구?

성칠 : "이 화적놈들아, 광명 천지가 영 간 줄 아나? 제 명 대로 살겠으면 내 곡식을 고이 가지고 오너라" 이러고 야단이야, 그래서 내가 "여보 장로님, 부자 량반의 광명천지는 천당으로 올라 갔소, 인젠 가난뱅이들의 광명 천지가 도래했단 말이요.그러니 앉아서 구경이나 하오." 그랬지, 그랬더니 그 놈이 약이 올라 또 한바탕지랄을 치더군, 하하……

기풍 : 그 놈이 해방되던 날 한 번 밟혔는데두 기가 죽지 않았단 말이야.

양선 : (탈곡장에서 나오며) 위원장 아저씨, 지금 갑석이가 듣구 왔는데 갈전리에서는 너덧집이나 어제, 밤에 소작료를 종전대로 실어다 물었답니다.

기풍 : 저런 놈들이 어디 있나?

성칠: 그 동네 농민 조합은 잠을 자나?

기풍: 그런 집들이 자꾸 생기면 우리 조합원 가운데두 잘못될 놈이 날지두 모르겠네.

양선: 그럴 수 있지요.

기풍: 양선이, 자네가 오늘 밤에 거기 조합 위원장을 찾아가서 단속을 좀 하도록하게나.

양선: 하여튼 조합들이 서루 련계를 좀 취해야 하겠어요. 기출이 삼촌네 탈곡을 시작하지요?

기풍: (일어나며) 그렇게 하세.

세 사람 탈곡장으로 간다. 기풍은 가다가 행길로 걸어 오는 안씨를 발견하고 멎어 선다. 수척한 한씨가 지팽이를 짚고 온다.

기풍: 또 정거장엘 가나? 소용 없이 나다니지 말구 드러 누워나 있지?

안씨: (원망스럽게 쳐다보며) 당신은 무엇이 그리 신명이 나서 그러오? 자식 생각은 조금두 없구 ……

기풍: 그렇게 차 시간마다 나간다구 안 올 놈이 와? 올 때가 되면 올건데 ……

안씨: (눈물이 글썽하여 나무 아래 앉는다.) 당신은 야속두 하우 ……

순단 탈곡하다가 안씨를 보고 나온다. 순단 나오는 것을 보고 기풍은 탈곡장으로 간다.

순단: 어머님, 몸두 편치 않으신데 그만 누워계시지요.

안씨: 이 녀석은 어데 살아나 있으면서 이 애미가 애태우며 기다리는 줄이나 아는지 …… 오늘두 광발 사람은 북해도에 징용갔다가 돌아왔다더구나 …… 어제' 밤 꿈에는 너희들이

잔치를 했는데 네가 첫아들을 낳았다구 내가 미역국을 끓여 더라.

순단 : (얼굴을 붉힌다.)

안씨 : 진작 잔치나 했으면 지금쯤은 내가 손주를 봤지 ……

순단 : (한참만에) 어머님, 그러시지 말구 집에 들어 가서 누워 계세요.

안씨 : 네가 암만 그래두 내 심정만 못 하지는 않으리라. 어머니한테 들으니 네가 밤마다 이불 속에서 한숨을 짓는다두나.

춘옥 탈곡장에서 온다.

춘옥 : 혼자 가시겠어요?

안씨 : 쉬염 쉬염 가지. (일어나며) 외주 차 시간이 돼 가겠다.

춘옥 : 일이 끝나면 마중 가겠어요.

안씨 간다. 두 처녀 불안스럽게 안씨의 뒤'모양을 지켜보고 섰다. 형팔 탈곡장에서 온다.

형팔 : 참 춘갑 형님은 어째서 소식이 없는지. 지금 돌아 왔으면 얼마나 신명이 나겠나!

춘옥 : 정말 오빠가 있었으면 형팔 동무하구 얼려서 얼마나 재미나 하겠어.

형팔 : 이제야 우리 세상이니 못 할 일이 없지.

순단 : 아직두 지주 놈들이 소작료를 제대루 받아 처먹으려구 악을 써두?

형팔 : 그깐 놈들 일본 놈들이 망한 댐에야 뿔 빠진 황소지 뭐야.

춘옥 : 뿔은 빠져두 처먹을 건 다 처먹겠다구 발광이야.

형팔 : 누가 다 처먹게 둬 두나.

춘옥 : 소작료가 3.7제로 되기는 될가?

형팔 : 되지 않구, 우리 조합에서두 처음엔 4.6제니, 2.8제니, 전폐니, 어떤 자들은 종전대루니 하구 옥신각신했지마는 3.7제루 하자구 결정했구 상부에서두 그런 방침인 것 같으니 지주 놈들이 발악을 한들 별 수 있나.

순단 : 형팔네 집에선 일흔 다섯 가마니 났다지?

형팔 : 그래.

순단 : 그만 해두 부자다.

형팔 : 그렇구 말구, 그전 같으면 지주한테 다 뺏기구 비' 자루만 들구 돌아 가댔는데 …… 난 인제 해방두 됐구 형편두 폈으니 래년 봄에는 평양가서 공부나 할래 ……

춘옥 : 밤낮 공부 공부하면서두 못한 공부 이제 하게 됐구나.

형팔 : 우선 우리 동네 야학을 시작해야 하겠어.

순단 : 그래야 글 못 배운 우리들두 무식을 면하지.

형팔 : 이제는 해방됐는데 누구든지 배워야 해.

순단 : 탈곡이 시작됐나봐. 우리두 가서 일하자구.

그들 탈곡장으로 간다. 윤 장로가 피' 발선 눈을 휘둥그리며 탈곡장을 노리고 나타난다. 한편 읍에서 오는 길에 손' 가방을 든 한익이가 나타난다. 거기서 왔다갔다 하던 윤 장로는 한익을 보고 그한테로 마주 간다.

윤장로 : 어제두 좀 나오라구 사람을 두 번이나 보냈는데 이제야 나와?

한익 : (모자를 벗고 인사를 한다.) 회의 때문에 빠져 나올 수가 없었어요.

윤장로 : 회의? 그 놈의 나라 망칠려구 하는 회의?

한익 : 장인 어른, 무슨 말씀을 그렇게 하세요, 나라 망치는 회의가 어디 있어요?

윤장로 : 공산당하구 얼려서 하는 일이 나라 망치고 집안 망치자는

쪼지 뭐야?

한익 : 공산당이고 누구고 지금 모두가 발 벗고 나서서 나라르 세우자고 밤“ 잠을 안자고 애를 써요.

윤장로 : 네가 <건준> 위원으로 앉아 있으면서 어째서 저 불한당 같은 작인 놈들이 소작료를 3.7제로 한다고 떠들어 대도 그걸 바로잡지 못 한단 말이냐?

한익 : 일하는 사람들이 더 먹어야 하지 않겠습니까. 그게 공정한 것이고 대세가 그렇게 되고 있습니다.

윤장로 : 뭐 대세? 아니 정신이 바로 배겼냐? 서울에는 리 승만 박사가 귀국해서 통일정부를 수립할 준비를 하고 있는 줄은 너도 알지?

한익 : 장인 어른! 어떻게 생겼는지 보지도 못한 리 승만이 가지고 왜 그러세요?

윤장로 : 허 네가 정녕 마귀를 뒤집어 쓴 게로구나. (호주머니에서 종이 쪽지를 꺼내며) 야 눈 똑바로 뜨고 이걸 좀 봐라, 이거 서울서 온 정부 명단이다. 대통령에 리 승만 박사라고 딱 박혀 있어!

한익 : (웃으며) 장인 어른! 그런 허망한 장난을 믿지 마세요, 대세는 인민들이 결정하게 됩니다.

윤장로 : 넌 내가 망해도 그만이란 말이냐?

한익 : 저는 량심대로 하고 있을 뿐입니다. (탈곡장 쪽으로 간다.)

윤장로 : (그의 뒤를 바라보며) 저 놈이 정말 환장을 했구나!

맹구가 온다.

맹구 : 형님, 한익을 만났나요?

윤장로 : 그 놈이 환장을 했다.

맹구 : 형님, 한익이가 공산당의 꼬임에 넘어간 모양입니다. 오늘

회의에서 소작료를 3.7제 로 하는 데도 찬성을 했답니다.

윤장로 : 음 내가 아는 도끼에 제 발' 등을 찍히는 셈이 됐구나!

맹구 : 그 사람이 더 기울어지기 전에 단단히 잡도리를 해서 돌려 앉혀야 합니다.

윤장로 : 그 놈을 그냥 둬서는 안되지. (서둘러 돌아가려다가) 아, 저 학선이란 놈을 좀 만나야 하겠다. 자네 저기 가서 학선일 좀 불러 오너라.

맹구 : (주저하며) 내가요?

윤장로 : 그럼?

맹구 : 저 놈들 있는 데 나서기 싫어요.

윤장로 : (소리를 높여) 뭐라? 빨리 데리고 와!

맹구 할 수 없이 탈곡장으로 간다. 윤장로 혼자서 서성거린다. 이윽고 학선과 학곤이 온다.

윤장로 : 넌 소작료를 어떻게 할 작정이냐?

학선 : ……

윤장로 : 학곤인 어제' 밤에 종전대로 갖다 물었다.

학선 : (학곤을 쳐다본다.)

학곤 : 형님 속을 몰라 말 안하고 있었소.

윤장로 : 오늘 자네네 마당질이라니 내 긴말 안하겠다. 서울에 리 승만 박사가 대통령이 되고 통일 정부가 섰다. 3.7제고 뭐고 없으니 정신 똑똑히 차리고 살아야지 그렇지 않다간 뼈도 못 추려. 다른 말 사람들은 꼬박꼬박 중전 대로 갖다 문단 말이야.

학곤 : 형님 장로님 시키는대로 하오.

윤장로 : 학곤이가 복 받을 사람이다. 난 갈테니 알아해.

윤 장로와 맹구 간다. 탈곡장에서 학선이를 찾는 소리들린다. 학선과 학곤 급히 간다. 탈곡장에서 떠들썩하니 사람들이 벼' 가마니를 지고 나와 달구지에 가져다 싣는다. 이 작업이 한참 계속된다.

성칠 : (가마니를 져다 놓고 오며) 학선에게 30년 동안 하나님 곁에서 무슨 덕을 봤나? 이젠 하나님을 믿지 말구 3.7제를 믿으란 말이다. 3.7제가 너를 부자로 만들었어 ……

그들 지나간다. 양선과 형팔 한 가마니씩 지고 나온다.

형팔 : 오늘 저녁부터라두 야학을 시작하자요.
양선 : 가만있어. 마당질이나 해놓구 ……
형팔 : 기다릴 것 없어요. 선생은 영찬이로 하면 돼요.
양선 : 좀 생각해 보자구.
형팔 : 허 생각해 볼 거 있어요.

그들 지나간다. 기풍이가 쌀' 가마니 두 개를 등에 지고 온다.

농민1 : (지나가며) 위원장은 아직도 장살세 장사야!
기풍의 소리 : 다 날랐으면 달구지를 띄우지. (들어오며) 학선이! 어데 있나?
학선 : (지고 나오며) 왜?
기풍 : 달구지 하나는 누구를 몰게 하겠나?
학곤 : (지고 나오다가) 내가 몰고 가겠쇠다.
기풍 : 그럼 됐네. 임자들 형제 간에 몰구 가는 것이 좋지.

기풍은 학선, 학곤과 같이 달구지 편으로 따라가서 달구지 떠내 보내는 것을 지휘한다. 다른 사람들은 탈곡장으로 간다. 양선 이야기하며 들어온다.

양선 : 위원장 아저씨, 형팔이가 오늘 밤부터라도 야학을 시작하자는데 어떡 할가요?

기풍 : 선생이 있나?

양선 : 영찬일 시키면 돼요.

기풍 : 곧잘 할가, 개가?

양선 : 하구 말구요. 중등과 3학년인다……

기풍 : 그럼 우선 아이들이나 가르치라지. 어른들은 마당질이 한고비 넘으면 달래강 복새바 닥 개간을 시작해야겠으니……

양선 : 땅이 얼기 전에 그 일두 자리를 좀 내놔야 하겠지요.

기풍 : 윤 장로 놈이 그때 몇마지기 일구지 못 한 채 두었지만 이번에 우리 힘으로 해내구 말자.

양선 : 그렇게 합시다. 그런데 위원장 아저씨, 군에서 새로운 지시가 내려 왔어요.

기풍 : 뭔데?

양선 : 우리 동네에두 리 인민 위원회를 조직해야 하겠어요.

기풍 : 그건 또 뭐냐? 자꾸 어려운 말이 생겨 난 도무지 모르겠다.

양선 : <건국 준비 위원회>가 이번에 없어지고 <인민 위원회>로 되었답니다. 인민 위원회는 우리 인민들이 정치를 하는 데지요.

기풍 : 정치는 또 뭐냐? 너두 인젠 너무 유식한 말만 자꾸 쓰니……

양선 : 정치는 뭐라고 할가…… 우리 백성들이 정사를 하는 거지요.

기풍 : 그럼 동 사무소 같은 거냐?

양선 : 그렇지요.

기풍 : 뭐든지 해 보자. 당에서 하란 거면 해 가는 길에서 알게 되

겠지.

양선 : 그런데 누구를 위원장으로 뽑으면 좋겠어요?

기풍 : 자네가 하지!

양선 : 전 세포 사업을 맡아서 …… 성칠 아저씨가 어떨가요?

기풍 : 글쎄 나 같은 빈농이 농민 조합 위원장인데 그 사람이 그걸 못 하겠나 ……

이 때 정씨와 부전이 뛰여 온다.

부전 : 저 학선 령감의 달구지 어데 보냈나요?

양선 : 어데 보내긴 집으루 갔지.

정씨 : 그럴 줄 알았지 내 ……

기풍 : 왜?

부전 : 달구지를 몰구 윤 장로 고'간으로 갔어요.

기풍, : 양선 (동시에) 뭐?

정씨 : 지금 우리가 오다가 봤쇠다.

기풍 : 양선이, 빨리 가 보게.

양선 : 예 제가 먼저 가겠으니 누구 몇 사람 더 보내 주세요.

양선이 뛰여 간다. 기풍, 정씨, 부전 탈곡장으로 간다. 뒤미처 형팔, 춘옥, 영찬, 농민1 등이 뛰여 간다. 기풍, 성칠, 말개령감, 병삼 등이 나온다.

말개령감 : 저런 죽일 놈이 어데 있나!

성칠 : 예수 믿는 놈치구 벤벤한 놈은 하나도 없다니까 ……

기풍 : 허 참, 그렇게 단속을 했는데두 기어코 그 놈이 ……

성칠 : 그 놈 그 대루 두지 말구 따끈하게 맛을 좀 뵈여 놓아야 해.

병삼 : 난 소작료 하군 상관이 없는 사람이지만 그 사람들 교인들 사이에는 '의리'가 단단해서 ……

말개령감 : 의리는 무슨 말라 빠진 놈의 의린가?!
병삼 : 같이 하나님을 믿어 오니까 말이지.
말개령감 : (소리를 높여) 뭐? 그 놈이 쓸개가 빠진 놈이야!

이때 춘갑이 온다.

기풍 : (알아보고) 아니 저게 우리 춘갑이 아니냐?
춘갑 : 아버지!

모두 춘갑을 맞는다.

기풍 : 이 녀석아, 어디서 이제야 나타나느냐?
춘갑 : 아버지 그 동안 안녕하셨어요?
말개령감 : 춘갑이 얼마나 고생을 했나?
춘갑 : 아저씨들 무고하셨어요?
성칠 : (탈곡장에 대고) 얘 순단아, 춘갑이가 왔다!

정씨, 순단, 부전 등이 온다.

정씨 : 이 사람아! (춘갑을 그러안는다.)
춘갑 : 안녕하셨어요?
정씨 : 묶여 간 뒤로 통 소식을 알 길이 없어 얼마나 걱정들 하고 있는지 ……
춘갑 : 순단이 몸 성히 잘 있었군!? 날 얼마나 기다렸나?
순단 : (반가움에 눈물만 흘린다.)
춘갑 : 어머닌? 춘옥이두 잘 있구요?
정씨 : 정거장에서 어머닐 못 만났냐?
춘갑 : 저는 해방된 달래'벌 구경을 좀 하려구 한 정거장 앞에서 내

려 걸어 왔어요.

기풍 : 망할 녀석! 정거장에 나가 사는 에미 생각을 못 하구 그거부터 생각했어!

부전 : 춘갑 동무! 어머닌 앓는 몸으루 동무를 기다리느라구 차 시간마다 정거장에 나가시군 해!

정씨 : 그럼 형님한테 빨리 알려야지.

순단 : 제가 가겠어요.

정씨 : 어서 갔다 오너라!

순단 : 예 (급히 정거장 쪽으로 간다.)

성칠 : 대관절 어데 가 있었나? 이야기나 좀 해 봐라.

말개령감 : 남양에라두 끌려 갔댔나?

춘갑 : 안예요. 백두산 속에 있었지요.

말개령감 : 백두산 속에?

춘갑 : 그 놈들이 잡아다가 한 열흘 매를 때리더니 어데루 간단 말두 없이 기차에 싣지 않겠어요. 류치장에서 들으니 쏘만 국경에 싣구 가서 비밀 공사를 시키구는 다 죽여 버린단 말이 있어요. 그래서 이래두 죽구 저래두 죽는 판이니 뛰다가 죽자 하구 기차 속에서 밤'중에 뛰여 내렸지요. 그래서 산 속으로만 찾아 들어 갔는데 거기가 백두산 아래였어요.

기풍 : 그런데 해방된 지 두 달이 넘도록 뭘했나?

춘갑 : 산 속에 돌아 다니며 산'짐승두 잡아 먹구 풀뿌리두 캐 먹고 사는데 빌어 먹을! 해 방된 줄을 한 달 뒤에야 알지 않았어요. (웃는다.)

정씨 : 참 고생두 많이 했겠다. 쯧 쯧……

이 때 양선 일행이 학선과 학곤을 데리고 떠들며 들어 온다.

춘옥 : (춘갑을 발견하고 뛰여 오며) 오빠! (안겨 운다)

양선 : 춘갑이!

돌아 온 사람들 춘갑을 반가이 맞는다.

기풍 : (학선을 노려보고) 이 쓸개빠진 인간아, 어떻게 된 노릇이냐?

성칠 : (일어 나서 학선의 얼굴 앞에 삿대질을 하며) 이 놈아, 그래 더 먹으란 쌀을 싫어서 제 발루 지주 놈의 집에다 실어다 줘? ······ 엥이 더러운 놈!

학선 : ······

양선 : (학곤을 가리키며) 이 령감은 벌써 어제' 밤에 5대5루 물었대요.

기풍 : (펄쩍 뛰며) 뭐라? 에이 죽일 놈들 같으니라구. 그래 농민 조합에서 제 맘 대루 물지 말구 나중에 한꺼번에 3·7제로 같이 물어야 한다구 그렇게 다짐했는데 그걸 깨뜨리구······

성칠 : (노발대발해서) 이런 놈들은 그 대루 두지 말구 반동으루 몰아서 뭇매질을 해 놔야 해!

춘옥 : 지주가 제 할아버진가?

처녀1 : 윤 장로 놈의 발' 바닥을 핥아라!

사방에서 공격이 들어온다.

최씨 : (학곤을 쥐여 박으며) 꼴좋다. 내 그렇게 일렀는데두 기어코 실어다 주더니 ······ 당장더 물어 준 거 찾아 와! 못 찾아 왔다간 밥 구경 못 할 줄 알아.

이 때 윤 장로가 온다.

윤장로 : 이 화적 놈들아, 어째서 임자가 장승 같이 살아 있고 나라 법이 살아 있는데 내 곡식을 도적질해 처먹겠다느냐 엉?

양선 : 여보, 윤장로! 그 일본 놈이 망한 지가 언젠데 아직두 <나라 법>을 찾구 있소?

윤장로 : 이 놈들아, 서울에 리 승만 박사가 나와서 통일 정부가 선 줄 몰라? 리 승만 박사가 대통령이 됐다 말이다. 3.7제고 뭐고 화적 놈의 수작은 통일 정부 법에는 없다 없어!

양선 : 개소리 치지 말구 닥치시오.

윤장로 : 이 놈들아, 국법을 어기면 모가지가 달아 난다, 모가지가! 너희들도 조선 사람이면 통일 정부 법에 따라야지 안그러다간 없다 없어!

춘갑 : (윤장로 앞에 나서며) 여보, 윤 장로!

윤장로 : 오 춘갑이, 너 안 죽고 살아 왔구나, 그래 너 말 좀 해 봐라, 넌 똑똑한 놈이니 알 만 할 거다.

춘갑 : 통일 정부구 개 승만이구 그런 개소리를 걷어 치우시오, 왜놈들이 꺼꾸러지고 해방이 됐는데 소작료가 다 뭐 말라 죽은 거요, 여러분, 3.7제구 뭐구 다른 데서는 소작료는 탕감이란 말요. 지주한테 진 빚도 다 탕감이요. 아무두 물지 마시오!

윤장로 : 저 놈이 천지도 모르고! 나라에 통일 정부가 섰다는 걸 이놈들아, 똑똑히 알란 말 이다.

병삼 : 하기야 통일 정부가 수립됐으면 거기서 나오는 법 대루 해야지 ……

농민2 : 옳수다, 난 농민 조합 그만 두고 통일 정부 법에 따라 가겠소!

춘갑 : (병삼 앞에 가서) 령감은 뭐요?

병삼 : 왜 나두 농민 조합원이다.!

춘갑 : 뭐 농민 조합원? 여러 분, 이런 자두 (농민2를 가리키며) 저런 자두 다 반동이요!

병삼 : 뭐 반동이라구?

춘갑 : 반동 놈들은 지주나 마찬가지요. 당장 조합에서 내쫓아야 합니다.

병삼 : 뭐?

춘갑 : 애초에 이런 사람이 조합에 들 자격이 없소, 자작농이 ……

영찬 : 뭐요? 왜 우리가 반동이란 말이요? 우리가 뭐 지주라서 착취를 했소? 우리도 윤 장로 등쌀에 논 몇 마지기 있던 거 여러 번 알길 번 한 사람이요 ……

병삼 : (영찬을 끌며) 야 가자, 그깐놈의 조합에서 나오면 그만이지.

영찬 : 가자요. 반동으로 몰리면서까지 조합에 있을 필요는 없어요. (가려고 한다.)

양선 : 영찬 동무

병삼 : (강하게) 그만 둬! (그들 간다.)

농민2 : 나두 조합 그만 두겠소. (간다.)

학곤 : (나서며) 나두 조합에서 나가겠다. 그런다면 아무도 날 잡구 시비할 것 없겠지. (가려고 한다.)

농민들 속에 혼란이 일어난다.

윤장로 : 저 사람들이 똑똑한 사람들이다. 공산당 놈들에게 속지 말고 모두 정신 차려!

양선 : 여러분! 우리는 죽도록 농사했어두 일년내 피죽두 못 먹구 살던 농민들이요. 또다시 눌려서 착취당하고 살 수는 없소!

기풍 : 옳다. 이 돼지 같은 윤 장로 놈에게 눌려 살 수는 없다.

소리1 : 그 놈에게 속지 말라!

소리2 : 그 놈을 밟아 죽여라!

소리3 : 죽여라!

춘갑을 위시한 농민들이 흥분하여 윤 장로를 때리고 짓밟는다. 윤 장로 비명을 울린다. 이 때 김씨, 지숙, 맹구 등이 뛰여 와서 윤 장로를 군중 속에서 겨우 뜯어낸다. 김씨와 지숙은 발악을 하며 아무한테나 덤벼든다.

김씨 : 이놈들아, 어째서 생사람을 잡으려니 응? 이 화적 놈들아, 남의 곡식 잘라 먹구 모라자서 사람을 쳐?

춘옥 : (김씨 앞에 나서며) 너희 년놈들은 벌써 맞아 죽어야 해! 우리 어머닐 30년이나 종으루 부려 먹구 우리 아버질 10년 너머 공머슴을 살렸지? 우리가 일쿤 달래강 땅을 빼앗구 마지막에는 (땅에 앚아 헐떡거리고 있는 윤장로를 가리키며) 이 더러운 놈이 날 첩으루 앗아 가려구까지 했지? 이 년놈들아, 이제는 너희 년놈들에게 눌려 살지는 않겠다!

부전 : 우리 모두 이 놈한테 그런 수모를 받고 살았어요. 우리가 무성ㅅ이 모자라 왜놈들이 망한 오늘날에 또 이 놈들의 수모를 받아야해요!?

처녀1 : 안돼요, 안돼!

녀인1 : 안돼구말구!

녀인2 : 그 년놈들을 다 죽여 버려라!

사람들 떠들고 일어날 기세를 차리자 윤가네 패들은 겁을 먹는다. 맹구는 그들을 데리고 도망치듯 물러간다. 농민들의 흥분이 한동안 가라앉을 줄 모른다. 이 때 순단에게 부축된 안씨가 허둥지둥 걸어온다.

춘갑 : (마주 나가며) 어머니!

안씨 : 갑아!

안씨 춘갑을 그러안고 운다.

안씨 : 이 녀석아, 이 녀석아, 이렇게 돌아 올 걸 그렇게도 속을 태운단 말가! ㄲㄲㄲ……

춘갑 : 어머니 이제는 우리 세상이 됐어요, 맘 편히 잘 살아 보자요.

안씨 : 오냐 잘 살아 보구 말구! 그래 대관절 어데 갔다가 이렇게 늦어서 돌아 오느냐?

춘갑 : 돌아 오는 길에 평양에서 구경 좀 하구 왔어요.

안씨 : 이 녀석아 구경을!?

춘갑 : 평양서 김 일성 장군님을 뵈왔어요.

모두 : 뭐 김 일성 장군님을?!

기풍 : 네가 김 일성 장군님을 뵈았단 말이냐?

춘갑 : 며칠 전에 평양 기림리 운동장에서 김 일성 장군 조국개선 환영군중대회가 있었어요. 거기서 뵈왔지요.

기풍 : 동에 번쩍, 서에 번쩍 축지법으루 하루에 천리' 길을 래왕하시며 왜놈들을 족치시던 김 일성 장군님을 네가 뵈왔단 말이지……

말개령감 : 어제 장백에서 왜놈들을 몰살시키던이가 오늘 안동 거리의 리발소에서 리발을 하구 계셨다느니 종이 한 장이면 큰 강물도 건너 다닌다느니 참 이야기두 많으시더니……

성칠 : 그 분이 동북만 천지를 휩쓸구 다니신지가 오래 전부터니 나이두 많이 잡수셨겠구나?

말개령감 : 그럼, 아마 백발이 성성하실거야. 고생두 많이 하셨구……

춘갑 : 안여요 멀리서 봐두 아직 젊으셨어요, 40두 못 돼 보이든데요.

모두 : 그래?!

춘갑 : (흥분한다.) 나는 김 일성 장군님이 연설하러 높은 데 우에 올라 서실 때 막 눈물이 나와서…… 나 뿐 아니예요, 거기 모

인 수만명이 모두가 울었어요! <친애하는 동포 형 제들!> 하며 확성기에서 모란봉이 쩡쩡하는 소리가 울려 나왔을 때 군중들은 바루 왜 놈들의 간장을 서늘하게 하시던 그 음성을 들었어요. 모두…… 난 난 그 감격스러운 이 야기를 도저히 다 말할 수 없어요.

기풍 : 그래 무슨 말씀을 하시드냐?

춘갑 : 왜놈들 압제 아래 살던 조선 사람들이 인제는 자기 손으로 자기 나라를 꾸리구 행복 하게 살게 되었다. 돈 있는 사람은 돈을 내구 지식이 있는 사람은 지식을 내구 힘있는 사람은 힘을 내여 한 사람 같이 단결되여 나라를 꾸리자, 다시는 제국주의 침략자의 노예가 되지 않도록 하자…… 이런 뜻이었어요.

기풍 : 암 다시는 그렇게 살 수 없지.

모두 감동에 잠긴다.

-암전-

제2장

전장과 같은 날 밤.

윤 장로의 집.

안채에 있는 윤 장로의 방. 조선식, 일본식, 양식 등 잡동산이 식으로 꾸려졌는데 최근까지 일본 식의 가구 장식품들이 더 우세를 차지했던 흔적이 남아 있다. 윤 장로가 점등' 불 아래 보료를 깔고 앉아 렵총을 손질하고 있다. 오늘 낮에 당한 봉변으로 울분과 불안과 초조에 잠겼다. 김씨가 약그릇을 들고 안에서 나온다. 윤 장로는 집안 사람이 나오는 인기척을 듣고 만지던 렵총을 옆에 밀어 놓고 보료 우에 자빠져 "아이야"하고 엄살을 피운다.

윤장로 : 아이야…… 그 뭣들 하는 거냐? 지숙이는 어데 갔어? 허리를 좀 주물러 주지않고……

김씨 : 당신이 한익일 데리러 보내지 않았소?

윤장로 : 아이구 분하다, 그 무지막지한 놈들에게 봉변을 당하다니……

김씨 : 이걸 좀 마셔요.

윤장로 : 아무 것도 싫다.

김씨 : 삼계탕이예요. 이거라도 마시면 몸이 좀 풀릴 거요. (약그릇을 내민다.)

윤장로 : 싫다는데도…… 그깐놈의 약이 소용있나…… 어째서 의사는 좀 못 불러 온단 말이냐.

김씨 : 의사 놈들도 공산당 바람이 들어서 사람을 두 번이나 보냈는데도 안 오는 걸 어떻거우…… 자 이걸 마시고 좀 진정을 하세요.

윤장로 : 임잔 분하지도 않어 엉?

김씨 : 당신만 못 한 줄 아오? 난 치가 떨려 죽겠소!

윤장로 : 분하다는 게 그 꼴이야!?

김씨 : 왜 봉변은 그 놈들한테 당코 집안 사람들한테 역정이요.

윤장로 : 그 종알거리고 있을 테야, 보기 싫다. 들어 가!

김씨 : 이걸 마셔요.

윤장로 : (약그릇을 발' 길로 차며) 썩 못 들어 가겠어?

김씨 : (쏟아진 그릇을 주어 들고 일어 나며 울듯이) 엥이 망할 놈의 세상……

김씨 간다. 맹구가 학선 형제를 데리고 나타난다. 윤 장로 렵총을 들어 쥔다.

윤장로 : 거 누구냐?

맹구 : 저예요, 학선이가 학곤을 데리고 왔어요.

윤장로 : 그래! 가만 있어. (렵총을 장 뒤에 숨긴다.) 들어오너라.

세 사람이 방으로 들어온다.

학곤 : 장로님, 저녁 잡수셨나요?

학선 : (말없이 인사한다.)

윤장로 : 거기 앉아라.

두사람 : (앉는다.)

윤장로 : 그래 학선이는 어떻게 하겠느냐! 학곤이는 조합에서 나왔으니 썩 잘 했는데 그 대루 있을 작정이냐?

학선 : ……

윤장로 : 왜 대답이 없어? 그 대루 남아 그 놈들과 섭쓸려 있다가 모가지가 달아나겠느냐 응?

학선 : 저두 조합에서 나오구 짬 봐서 소작료도 댁으로 실어 오겠어요.

윤장로 : 그래야지!

맹구 : 형님, 학선이가 조합에서 나오는 건 좀 생각해 보아요.

윤장로 : 왜?

맹구 : 학곤이가 나온 건 이미 그렇게 됐으니 할 수 없고 학선이까지 나와 버리면 그 놈들의 동정을 알아 낼 길이 막히지 않아요?

윤장로 : 그래!

맹구 : 학선이는 조합에 남아 그 놈들의 말을 고분고분 듣는 척 하면서 그 놈들이 하는 일을 죄다 렴탐해 내도록 하는 것이 좋

을가 해요.

윤장로: 음! 따는 그래, 사위 놈도 이제는 곁을 줄 수 없고, 학선이 그렇게 하겠느냐?

학선: (우물쭈물) 예 ……

윤장로: 학선이 자네는 그 놈들 틈에 끼여서 그놈들의 동정을 빠짐없이 살펴서 나한테 알리고 학곤이 자네는 설설 찾아다니며 사이가 가까운 사람들을 깨우쳐 주란 말이야. 이제 며칠 안 가서 공산당 놈들이 다 몰려 나가면 자네들에게는 영광이 있을 걸세. 내가 그대로는 안 있을 테니까 …… 괜히 그 놈들에게 속아서 분별없이 날뛰다가 패가망신하지 않도록 친한 사람들에게 잘 타이르라고 …… (일어나서 문갑 문을 열고 지전 뭉치를 꺼내서 학곤이 앞에 밀어 놓으며) 우선 이걸 가지고 가서 둘이서 나눠 쓰게. 그리고 또 필요하면 언제든지 말을 하게.

학곤: ……

윤장로: (돈을 밀어 주며) 여기 오래 있지 말고 넣고 어서 가보게나.

학곤을 돈을 쥐고 나온다. 학선도 나온다. 학곤은 마당에 나와서 돈을 손가늠으로 쪼개서 학선에게 준다. 학선은 "네가 가지고 있거라."하며 받지 않고 간다.

윤장로: 거 두 놈은 틀림없겠지?

맹구: 그 놈들은 틀림없을 겁니다.

윤장로: 거 오 기춘이란 놈도 조합에서 나왔으니 그 놈도 들어 잡아야겠네.

맹구: 예 제가 찾아보고 그 놈한테도 좀 쥐여 주지요.

윤장로: 그래라. (문' 갑에서 돈을 꺼내 준다.) 그럼 자넨 곧 정거장으로 서울 갔던 필호를 마중 나가게. 평양서 오늘 떠난다는 기별이 왔으니 저녁차로 닿을 걸세 ……

맹구: 네. 지금 가겠어요.

윤장로: 간 김에 읍에서 세파르 몇 놈 구해 보게, 불한당 놈들이 또 언제 밀려 올지 모르니……

맹구: 예, 전일 부탁해 놓은 게 있어요.

맹구 밖으로 나간다. 윤 장로 혼자서 치부책에 무엇을 적어 넣는다. 지숙과 한익이 온다. 안에서 조금 늦게 김씨도 나온다. 그들 방안으로 들어가서 자리를 잡고 앉는다. 한참 서먹서먹한 공기가 돈다.

김씨: 이 사람아, 그래 자네가 우리 집을 배반할 작정이냐?

한익: ……

윤장로: 우리 집에도 배반이고 하나님 앞에도 거역이다.

한익: 저는 하나님의 도에 어긋나는 일을 하지 않고 있어요.

윤장로: 뭐라고? 너는 남조선에 미국 사람들이 있다는 걸 잊었어?

한익: 잊지 않었어요.

지숙: 잊지 않았으면 당신은 미국 사람들을 장차 어떻게 대하실 테요?

윤장로: 미국 사람들은 하나님의 사도다. 네가 무슨 얼굴로 하나님의 사도를 대한단 말이냐?

한익: 미국 사람들이 진정 하나님의 사도라면 제가 하는 일을 나쁘다고는 하지 않을겁니다.

윤장로: 무엇이 어쩌고 어째? 남의 걸 강탈하고 하나님이 점지해 준 제 직분도 잊고 상하도 인도도 없는 도적의 세상을 만들려는 공산당 놈들이 하는 일이 옳단 말이냐?

김씨: 글쎄 이 사람아, 자네가 아무리 천륜이 바뀐들 저 농사' 군 놈들이 우리 걸 그저 떨어 먹자는데 맞장구를 친단 말야?

윤장로: 배은 망덕도 유분수가 있지, 네가 어떻게 공부를 했다는 걸 잊지는 못 할 거다.

지숙 : 당신은 래일이라도 통일 정부가 수립되여 안대선 선교사님이 오신다면 무슨 면목으로 대하실 작정이예요?

한익 : 나는 내가 어떻게 공부했다는 것도 잘 알고 있습니다. 지금에 와서 나는 내가 어떤 사람의 자식이였으며 앞으로 어떻게 살아야 할 것인가를 생각하고 있습니다.

윤장로 : 뭐라?

한익 : 장인께서 바라시는 그런 통일 정부는 민족의 갈 길이라고는 할 수 없습니다. 지금은 눌렸던 민족의 힘이 마치 큰 강물과 같이 도도히 흘러내리는 그런 시대입니다. 민족은 이 강물을 따라 가야 합니다. 이 힘은 어떤 힘으로도 막을 수 없습니다.

윤장로 : 이 놈 그래 공산당이 하는 일이 옳단 말이냐?

한익 : 저는 공산당은 아닙니다. 저 같은 게 공산당원이 될 수는 없지요. 그러나 김 일성장군의 시정 방침이 옳다는 것은 저도 알고 있습니다.

윤장로 : (부들부들 떨며) 이놈은 완전히 이단자다!

김씨 : 흥! 개구리 올챙이 적 생각을 좀 해라!

지숙 : 당신은 량심이 없어요. 위선자예요. (울며) 아이고 분해!

한익 : 나도 몽매한 당신을 보니 슬프기 짝이 없소!

윤 장로와 지숙은 분해한다. 이 때 밖에서 필호와 맹구가 나타난다.

맹구 : (밖에서) 형님 필호가 왔어요.

김씨와 지숙 마루로 나온다. 필호는 아무 말 없이 방으로 들어간다. 그의 태도는 자못 분기에 찼다. 맹구, 김씨, 지숙 방으로 따라 들어간다.

필호 : (방에 앉아 있는 한익을 한 번 흘겨 본 뒤에) 아버지, 다녀왔어요.

윤장로 : 몹시 기다렸다.

필호 : 여기 형편은 아저씨한테서 다 들었어요. 다친 데는 없으세요?

윤장로 : 네가 반가운 소식만 가지구 오기를 고대하고 있다.

김씨 : 네 댁도 아이들도 잘 있드냐?

윤장로 : 사장 내외도 무탈하시고?

필호 : 다 잘 있어요. 그 이야기는 차차 하지요.

윤장로 : 그래 안대선 선교사님을 뵈왔느냐?

필호 : 이제 말씀 드리지요 자형! ……(흥분을 누른다.) 그동안 여러 가지 변동이 있었다면서요? 나는 자형이 그 동안 서울 소식을 모르시기 때문에 마음에 동요가 생겼다는 것을 알고 있어요. 자형을 그렇게 사랑하셨고 자형이 또한 그렇게 …… 존경하던 (한익은 <존경>이란 말을 듣고 비웃는 표정이다.) 선교사님의 전갈을들으시면 자형의 마음에 일시적으로 서리였던 마귀의 그림자도 사라질 줄 저는 믿어요. 서울에는 안 대선 선교사님의 아드님인 안더슨 소좌가 와 계셔요. 아드님은 선교사님이 자형에게 전하라는 간곡한 부탁을 가져 왔어요. 선교사님은 나이도 많으시고 몸도 쇠약하시기 때문에 다시 조선에 오지 못하는 것을 대단히 섭섭해하시며 자형께서 아름다운 우리 <삼산 학교>를 더욱 잘 경영하시고 하나님의 보살핌을 받아 독립된 나라의 새 일' 군을 많이 길러 내라고 아드님 편에 전갈하셨다고 해요……

지숙 : 그거 보세요. 우리가 그 이의 은혜와 사랑을 어떻게 잊겠어요?

한익 : (표정 없이 묵묵히 앉아만 있다.)

필호 : 선교사님은 자신을 대신해서 중요한 사명을 띠고 조선에 가는 아드님의 일을 정성껏 도와 주는 것이 거룩한 하나님의 은혜에 보답하는 것이라고 하셨답니다.

윤장로 : 선교사님은 참으로 복 많으신 분이구나!

필호: 안더슨 소좌는 미국 정부 정보부의 요직에 계시는데 중요한 임무를 띠고 조선에오셨어요.

윤장로: 참 고마우신 분들이다!

필호: 그래서 소좌님은 저에게 중요한 임무를 주셨습니다.

윤장로: 음!

필호: 이건 나라의 독립에 관계되는 문제이고 아버지나 자형이나 제가 나라를 위해서 또한 민족을 위해서 중대한 사명을 수행하는 일이라고 하였습니다.

윤장로: 그래서?

필호: 안더슨 소좌는 아버지와 자형께 이렇게 전하라고 했습니다 …… 멀지않아 리 승만박사가 대통령이 되고 통일 정부가 수립된다. 그렇게 되면 공산주의자들은 조선에서 물러간다. 그대까지 이북에서는 애국자들이 공산주의자들의 독재와 압박 아래 고통을 받을 것이다. 그러나 그것은 오랜 동안이 아니다. 곧 찾아 올 영광을 위해서 일을 잘 해야 한다. 통일 정부가 수립되는 날까지 신중히 행동하고 교묘하게 사업하여 조직을 확대하고 력량을 길러라. 적의 위협 앞에서 비굴치 말고 필요에 따라 테로를 사용하라. 그것은 적들을 전율케 할 것이며 경고로, 될 것이다. 삐라, 격문, 요언- 이것도 강력한 우리의 무기란 것을 잊지 말라. 주밀한 정보의 수집, 서울과의 긴밀한 련락은 우리의 사업성과를 크게 하는 필수적 조건이란 것을 명심하라. 대체로 이런 내용입니다.

윤장로: 음!

필호: 그리고 구체적인 몇 가지 임무도 주었습니다. 공산당이고 민주당이고 사회 단체고 정권기관이고 할 것 없이 들어 갈 수 있는 데는 어디든지 뿌리를 박으란 것이고 둘째는 <삼산 학교> 학생들을 가장 유력한 행동대로 훈련하라는 것입니다. 자형은 <건준>위원이라 했더니 아주 좋은 자리라고

하면서 그걸 통해서 뿌리를 박으랍니다. 인민 위원회 위원이라니 마찬가지지요. 소좌님의 자형한테 대한 기대가 여간 크지않아요. 통일되는 날 자형에게는 장관 자리 하나는 갈 데 없을 것입니다. 저는 민주당에 뿌리를 박을 작정입니다. 그리고 남북리 륙손이 송 부자, 곽산의 장부자들과 손을 잡으라고 하셨고 조직의 상부는 평양에 있는데 우리 사업이 진척되면 그 쪽에서 련락이 올거예요. 우리 조직은 강대할 뿐 아니라, 38이남에 있지마는 세계 최강을 자랑하는 미군이 언제든지 북쪽을 향하여 진격할 태세를 갖추고 있다고하셨어요!

윤장로 : 어 그러면 그렇지. 미국 사람들이 그대로는 있지 않을 줄 나는 알았어. (대단히 만족해하며) 이제야 백만 대군을 얻은 것 같다.

필호 : (품에서 보자기를 꺼내서 두 자루의 권총을 내놓는다.) 이것은 안더슨 소좌가 필요한 때에 사용하라고 자형에게 한 자루, 저에게 한 자루 주셨어요. (한 자루를 한익에게 준다.) 자 받으십시오.

한익 : (무거운 소리) 나는 그것을 받을 수 없다. 뿐만 아니라 <삼산학교> 학생은 한사람도 건드릴 수 없다. (일어나며) 그리고 나를 건드리지 말게 …… 나는 학생들이나 가르치고 아무데도 상관하지 않겠으니까 …… 장인님 안더슨 소좌가 하나님의 사도가 아니라는 걸 저는 똑똑히 알았습니다.

한익 가 버린다. 필호의 표정이 험해지고 손이 떨린다. 윤 장로도 격분한다. 지숙은 얼굴이 창백해져서 한익을 뒤따라 나간다. 김씨도 불안해서 그들을 따라나간다.

윤장로 : 그 놈은 벌써 배반한 놈이다. 이단자다.

필호 : 아버지, 저 자가 비밀을 다 알고 말았습니다.

윤장로: 네가 경솔했지 ……

필호: (증오에 떨며) 좋아요, 그냥 두지는 않을 걸요! (권총 한 자루를 맹구에게 주며) 아저씨, 이건 아저씨가 가지십시오.

이 때 밖에 춘갑이가 나타난다.

춘갑: 장로님, 계시오?

윤장로: 누구야?

춘갑: 춘갑이요. 좀 만납시다.

맹구가 권총을 들어 쥔다. 필호는 자기 권총을 품에 넣고 맹구에게도 권총을 숨기게 하고는 마루로 나간다.

필호: 춘갑 동무, 언제 왔소?

춘갑: 뭐 동무?

필호: 고생 많이 했겠소, 자, 올라오시오.

춘갑: 난 올라가지 않겠다. 여기서 장로를 좀 만나자.

필호: 무슨 일인데? 올라오시오. (터지는 분노를 억지로 참는다.)

춘갑: 한 마디로 대답해라. 달래강 복새 바닥땅 앗아 간 걸 도루 내놓겠느냐? 그것만 말해라!

윤장로: (방에서) 내 돈 주고 <총독부>에서 산 땅인데 어째서 준단 말이냐?

춘갑: 이 놈의 두상 아직 혼이 덜 났구나, 안내놓으면 이 놈의 집을 다 밀어 버리구말테다!

윤 장로는 분에 떨고 맹구는 권총에 자꾸 손이 간다.

필호: 춘갑 동무, 그까짓 손‘ 바닥만 한 땅이 대수요. 내가 아버지

에게 말해서 주도록 할테니 념려 마요!

춘갑 : 지금 이 자리에서 대답을 듣고 가겠다!

방에 앉아 있던 맹구가 참지 못하고 마루에 나온다.

맹구 : 야 이놈아, 여기가 어디라고 큰소리냐?

춘갑 : 이 개새끼 아직도 맞아 죽지 않고 살아서 거들거리나?

맹구 : (춘갑의 따귀를 갈기며) 뭣이 어째?!

춘갑은 맹구의 허리를 쥐고 배지기로 떠서 마당에 거꾸러뜨린 뒤에 발길로 단장으로 질러 준다. 맹구 비명을 울린다. 필호는 춘갑을 말린다.

필호 : 춘갑이, 참소. (맹구에게) 아저씬 왜 그 모양이요. 춘갑이, 날 믿고 가오.

춘갑 : (씨근 벌떡거리며) 못 되게만 굴면 너희놈들은 씨두 안 남겨 놓을 테다.

춘갑 간다. 윤 장로 방에서 나온다. 맹구 끙끙거리며 분해한다.

윤장로 : 아니 언제까지나 저 놈들의 행악을 당해야 하느냐 엉?

필호 : 아버지, 모든 일이 다 바로 될 거예요. 좀 참고 계셔요. (맹구에게) 아저씨, 방준모씨가 어떻게 됐나요?

맹구 : 방 준모? 아 그 사람이 이번에 군 보안서 부서장으로 됐지 …… 왜?

필호 : 그래요? 아버지도 그 사람을 아시지요?

윤장로 : 누구 말이냐?

필호 : 왜 저 농민 조합 사건으로 나와 읍에서 목재상 하던 사람 있지 않아요? 아버지한테서 돈 빌렸던 ……

윤장로 : 그 놈도 공산당이지.

필호 : 공산당이라도 좋아요. 그 사람은 우리에게 필요한 사람으로 될 수 있어요.

윤장로 : 이 사람 맹구, 세파트는 어쨌나? 거 놈들이 얼씬 못하게 개라도 갖다 놔야지 언제 또 와서 행패를 할지 모르겠다.

윤장로 불안해한다.

필호 : 그 놈들이 얼씬 못 하게 해 놀테니 념려마세요.

맹구 : (권총을 내두르며) 그저 짱 짱 쏴 죽였으면 속이 시원하겠다.

필호 : 아저씨 그걸 함부로 쓰라고 안더슨 소좌가 주신 건 아니예요! 큰' 일을 위해서심중히 해야 해요!

-암전-

제3장

전장으로부터 10여일 지난 뒤

마을 밖의 한 길목에서

마을로 들어가는 한 어구다. 달래' 벌이 보이고 이미 잎이 지기 시작한 아카시아 가로수가 이는 신작로가 무대 한켠에 굽이적와서 두 갈래로 갈라지면서 한 길이 무대에 자그마한 다리를 통과한다. 밤이다. 밝은 달이 하늘에 있으나 때때로 짙은 구름에 가리였다 내놓였다 한다. 달이 구름에 가리여 어두워지는 순간 필호 맹구와 괴한이 나타난다. 멀지 않은 곳에서 농민 조합 사람들이 달래강 복새 바닥을 개간하는 작업을 시작하여 기세를 울리는 소리가 들려온다.

필호 : (다리 밑에 있는 아카시아 밑에 와서 걸음을 멈추고) 저건 뭐하는 소리야?

맹구 : 그것은 농민 조합 놈들이 달래강 복새바닥을 일군다고 기승을 부리고 있는 거야.

필호 : 개새끼들, 암만 그래 봐, 그게 우리도 하려다가 못 한 건데 저희들 힘으로 되는가……

맹구 : 그 놈들이 땅에 기갈이 났으니까 결국 하고는 말 거야, 그때 우리가 <총독부>의 불하를 받았을 때 성공 못 한 건 결국 그 놈들이 부역에 나오지 않아서 그랬지…… 큰물이 지기도 했지만……

필호 : 일궈 놓으라고, 통일 정부만 서면 옛날 문서대로 우리가 찾아 낼테니…… 그런데 아저씨.

그들은 얼굴을 맞대고 무엇인가 밀의를 하더니 다리를 건너 어둠 속으로 사라진다. 달이 구름 밖에 나온다. 춘옥이가 야학을 필하고 온다. 저쪽 편에서 형팔이가 오는 것을 발견하고 다리 밑에 숨는다. 보총을 메고 야간 경비를 도는 형팔이 나타난다. 다리 밑에서 춘옥이가 돌을 던진다.

형팔 : (격발기를 재끼며) 누구야?

춘옥 : (호들갑스레 웃으며 다리 밑에서 나온다.)

형팔 : 뭐야, 춘옥 동무로군!

춘옥 : (웃음을 겨우 참고) 에구, 돌멩이에 그렇게 놀라는 사람이 경비를 똑똑히 서겠어?

형팔 : 장난꾸러기 같으니라구, 그런 장난 하다가 반동인 줄 알고 내가 총을 쏘았으면 어쩔번 했어?

춘옥 : 혼자서 경비 보기가 심심할 텐데 동무나 좀 해 줄가?

형팔 : 뭐 경비를 심심풀인 줄 알어?

춘옥 : 그래두 내가 와 주니 좋아하면서……

형팔 : 이렇게 이야기하고 노는 걸 자위대장 형님이 보면 야단할거야. 경비는 투쟁이다, 투쟁을 그 따위로 하면 안돼 …… 하고. 하하 ……

춘옥 : 오빠는 그저 입만 벌리면 투쟁, 투쟁 …… 이야.

형팔 : 하기는 투쟁을 단단히 해야지, 반동들이 머리를 추켜들기 시작했거든 ……

춘옥 : 그렇지만 오빠 때문에 걱정이야, 어머니 화' 병은 오빠가 돌아 온 뒤에 가신듯이 나았지만 ……

형팔 : 걱정은 무슨 걱정?

춘옥 : 저러고 지주 놈 숙청해야 한다. 땅을 뺏어야 한다 하구 떠들어 대지, 영찬이 아버지까지 반동이라구 욕질을 해서 조합에서 나가게 해 놨지 ……

형팔 : 그건 땅딸보가 틀린 짓을 했으니 그렇게 됐지 뭐.

춘옥 : 맹구를 때려서 문제를 일으켜 놨지 ……

형팔 : 난 춘갑 형님 말이 옳은 데가 많다고 생각해. 사실 해방되자마자 우리가 그 놈들을 다 죽여 버렸어야 하는데 ……

춘옥 : 오빠하구 꼭 같애 ……

형팔 : 춘옥 동무, 난 래년 봄엔 평양으루 공부하러 꼭 갈 테야.

춘옥 : 소원을 풀어야지 ……

형팔 : 그런데 말이야 ……

춘옥 : 그런데 뭐?

형팔 : 난 춘갑 형님 때문에 ……

춘옥 : 오빠 때문에 공부 못 갈 일이나 있어?

형팔 : 춘갑 형님은 투쟁이 끝나기 전에는 잔치를 안 하겠다고 버티고 있으니 말이야.

춘옥 : 그것하고 공부하구 무슨 상관이 있기에?

형팔 : 에 …… 참 그렇게 딴전만 부릴 작정이야?

춘옥 : 뭘 그래?

형팔 : 좋아, 그럼 나도 말 안 할 테니까. (걸어간다.)

춘옥 : (팔소매를 잡으며) 뭘 그래?

형팔 : 우리 아버지는 우리 잔치나 해 놓구 공불가도 가라니까 춘갑 형님 잔치를 해야 우리 차례두 올 게 안야?

춘옥 : 우리 잔치야 아무 때라두 오빠네 잔치를 한 댐이라야 하지 뭐 ……

이때 한 걸음 뒤떨어져 야학을 마친 여자들과 영찬이 노래를 부르며 온다.

처녀1 : 춘옥인 형팔 동무 찾느라고 먼저 도망쳐 왔군.

부전 : 형팔 동문 무슨 경비를 하고 있어.

처녀1 : 애인 경비를 하고 있다니까.

춘옥 : 우린 둘이서 두 몫 경비를 보는걸 ……

부전 : 잘 논다.

형팔 : (영찬에게) 선생님, 이거 난 오늘 경비 당번이 돼서 야학 공부 하루 밑졌는데 ……

영찬 : 형팔 동무야 안 배워도 다 아는데 뭘 그래요?

형팔 : 안야. 나나 춘갑 형님이나 다 학교 못 다녔으니까 야학에서라도 열심히 배워야 해.

영찬 : (비꼬는 어조로) 홍 춘갑 동문, 중농의 자식이고 <삼산 학교> 다니는 내가 야학을 가르친다구 야학엘 못 다니겠다면서 ……

춘옥 : 영찬 동무, 그런 게 아니야. 우리 오빤 일이 …… 투쟁이 바빠 그런 게야.

영찬 : 다 알아요! 춘갑 동무 본새를 봐서는 난 이 마을 야학을 가르치기 싫지만 양선동무랑 형팔 동무가 너무도 부탁을 하기에 ……

춘옥 : 영찬 동무, 너무 고깝게 생각 말아요. 우리 오빠두 알게 될 거야……

영찬 : 우리 아버지도 동무네 아버지 얼굴을 봐서 다시 조합에 나올 결심을 했지, 춘갑동무가 한 일을 봐서는……

춘옥 : 미안해요!

형팔 : (화제를 돌리며) 동무들, 참 박 제명 선생 이야기 들었어?

모두 : 박 제명 선생?

형팔 : 박 제명 선생이 말야 군당 비서루 오셨대!

모두 : (반기며) 그래!

형팔 : 어제 오셨다는데 우리 마을에두 한 번 오시겠다구 하셨대.

부전 : 정말 그 선생이 보구 싶어.

춘옥 : 해방이 안 됐으면 그 선생님은 아직도 감옥에서 고생하시겠지……

모두 : 그래!

형팔 : 해방! 참 해방이 얼마나 좋아! 해방이 됐으니까 자유가 있구 희망이 있구!

춘옥 : 제명 선생두 나오구!

처녀1 : 형팔 동무과 춘옥 동무의 련애두 짙어가구!

부전 : 춘갑 동무와 순단 동문 리 도령과 춘향이 만나듯이 다시 만나구.

순단 : 형팔 동문 공부를 하면 훌륭한 사람으로 되구……

형팔 : 모든 것이 우리 거루 되구, 저 달두 달래' 벌두 다 우리 거루 되구……

처녀1이 노래 부르기 시작하자 모두 같이 부른다.

달래' 벌 달래' 벌 나의 고향아
조상의 피땀이 서린 벌판아

착취의 멍에가 사납던 시절
설움도 한숨도 하많았어라

달래' 벌 달래' 벌 나의 고향아
해방의 기쁨이 넘친 벌판아
저 멀리 아득한 너의 품 같이
우리의 생활은 광활하구나.

이때 청년 두 사람이 술이 취하여 류행가를 부르며 온다.

청년1 : 어 야학생님들, 안녕들 하시오……

청년2 : 달이 아주 알맞게 숨었다 나왔다 하는데 누가 나하고 산보할 처녀는 없어?

부전 : (야무지게) 동무들 뭐야?

청년1 : 동무? 난 동무가 안야. 공청은 그만 뒀으니까……

형팔 : 뭣들 하는 거야? 이 바쁜 통에 술이나 마시구 돌아다니면서?

청년2 : 어렵시오, 호통이 대단한데……간섭 말어 우리는 자유야……

청년1 : 우린 공청 그만 뒀어, 거 어디 리 춘갑이 날뛰는 꼴 보기 싫어 공청에 다니겠드라고……

부전 : 동무들, 옳지 않어, 늙이이들까지 나와서 저렇게 땅 일군다고 야단인데 일두 안나가구 야학에두 안 나오니 동무들은 그래 가지구 망난이가 될랴는 거야?

청년2 : 상관 말어, 우리는 자유야.

두 청년 비틀거리며 지나간다. 처녀들 분개한다. 달래강 쪽에서 작업하는 소리 높아진다.

순단 : 우리두 빨리 가서 저 일을 도와주자구요.

처녀들 : 그래 그래!

영찬 : 그럼 수고들 하세요. 난 건너가겠어요.

부전 : 선생님, 수고했어요.

처녀들 : 잘 가세요.

영찬 간다.

형팔 : 나두 한 순 돌아야겠군. (간다.)

처녀1 : 춘옥아, 쌍보초루 형팔 동무 따라나가지.

춘옥 : (처녀1을 꼬집으며) 미쳤니?

처녀들 다리 우로 올라서는데 뒤편 길에서 달구지 소리 난다.

형팔 : (가다가 달구지 소리를 듣고 되돌아오며) 무슨 달구지야?

순단 : 벼' 가마니를 실은 것 같은데……

형팔 : (다리를 지나 뛰여 가며) 누구야!?

처녀들 그 편으로 사라진다. 무대 잠간 비였다가 그 쪽에서 떠들썩한 소리와 함께 청년들 이웃마을 농민 두 사람을 데리고 온다.

농민갑 : 너희들이 어째서 우릴 오라 가라 야단이냐?

형팔 : 이 밤에 벼' 가마니를 어데다 실어가는 거요?

농민갑 : 아니 네가 뭔데 남의 일에 간참하느냐?

형팔 : 당신들은 윤 장로 집에 소작료를 더 가져다주러 가는 거지요?

부전 : 덕포리 농민 조합헤서는 3.7제를 시행 안 해요?

농민갑 : 덕포리 사람들이야 제 것 가지고 구워 먹든 삶아 먹든 달래'

벌 아이들이 도대체무슨 상관야 엉?

춘옥 : 당신들은 량심이 없어요.

형팔 : 윤 장로 배때기를 더 늘려 주면 당신들한테 생길 게 뭔가요?

처녀1 : 더 먹으란 것도 싫다구 꾸역꾸역 지주놈에게 가져다주는 바보들이 세상에 어디 있어!

농민갑 : 아니 이것들이 두고 보자니 못하는 소리가 없군, 해방이 됐다니 주둥이부터 까가지고……

부전 : 뭐라구요? 좀 부끄러운 줄이나 알아요. 그렇게 지주 놈한테 착취를 당하구두 무엇이 모자라 제 손으로 더 실어다 줘요? 땅 떼을가봐 무서워 그래요? <통일 정부>가수립되면 그대로 안 둔다는 놈들의 으름' 장이 무서워 그래요? 못 살던 우리들을 조금이라두 더 잘 살게 해주자는 인민 위원회의 방침을 고맙게 생각하지는 않고 어째서 이런 비렬한 짓을 해요?

부전이 야무지고 되알지게 퍼붓는 비판에 그들은 찍 소리도 못한다.

부전 : 생각해 보아요, 해방이 되고 김 일성장군님께서 인민이 잘 살 수 있는 나라를 만들도록 하자고 말씀하셨는데두 당신들은 옛날 대루 지주 놈한테 눌려 살구 피땀을 빨리구 살구 싶어 하나요? 정말이지 지난날이 생각되거든 달구지를 몰구 돌아가세요. 돌아가서 조합이 단결되도록 하세요!

농민들 아무 소리 없이 간다. 청년들 그들의 거동을 아무 소리 없이 바라보고 있다. 달구지 떠나는 소리.

형팔 : 저것들 안 돌아가구 그대루 가는군! (총을 쏘려고 하며) 에이, 본때를 좀 보여줄가부다.

부전 : (형팔을 잡으며) 그만 둬요!
처녀들 : (그편을 향하여) 민충이 바보들아!
부전 : 가요, 어서 가서 일을 거들자.

모두 사라진다. 달이 구름 속에 들어간다. 한익이가 간판 두 개를 들고 다리를 지나 나타난다. 가로수 뒤에 검은 그림자 하나가 피뜩 보이더니 숨는다. 다른 편에서 이야기하며 기풍과 성칠이가 온다.

성칠 : 아이구 교장 선생, 어데 갔다 오시는 길이요?
한익 : 수고들 하십니다. 군에 좀 갔다가 …… (간판을 내밀면서) 누구의 소행인지 이걸 저기 개굴창에 처박아 놨군요.
기풍 : 그게 뭣이요?
한익 : 농민 조합 간판과 리인민 위원회 간판이더군요.
성칠 : 우리 거요?
한익 : 그래요.
기풍 : (받으며) 이게 어째서 거기에 처박혔소?
성칠 : 반동들의 짓이 틀림없어!
기풍 : 마을에 장난질하는 놈이 있군!
한익 : 있을 수 있지요.
성칠 : 오늘 밤엔 우리 애놈이 경비 당번인데 이런 것두 못 보구 뭘 하구 다니나 ……
한익 : 개간 사업이 잘 됩니까?
기풍 : 예, 아직 첫시작이라 제 본새루 안돼요, 마당질 뒤끝이구 3.7제도 채 굳어지지않았구 해서 일품두 많이 나오지 않아요.
한익 : 참 큰 일을 시작했습니다. 땅을 일쿠는 일도 품이 많이 들겠지마는 동' 둑을 쌓는일도 여간 일이 아니겠는데요.
성칠 : 래년 장마철 전으루 다 막구 말겠소.
한익 : 열의가 대단하니 성공하실 겁니다. 여러분께서 땅을 일쿠신

다고 열성을 내시는 걸보니 저는 저의 아버지가 땅을 가지고 싶어 애태우던 일이 생각납니다.

기풍 : 참 그 어른도 살아 계셨더라면 이런 좋은 세상을 구경하셨겠는데 ……

춘갑이와 형팔이가 학곤과 농민2(오기춘)를 결박해서 데리고 온다.

농민2 : 이 놈들아, 난 해방 전에두 묶여 본 일이 없다. 네 놈들이 날 이렇게 묶어?

춘갑 : 긴 소리 말구 가자! 반동 놈들 같으니라구 ……

성칠 : 거 왜 그러나?

춘갑 : 조합에서 나간 이 반동놈들이 이제는 모여서 노름을 하구 있어요.

성칠 : 학곤이 거 정말이냐?

학곤 : ……

농민2 : (한익을 보고) 아 교장 선생 …… 이런 법이 어디 있나요? 야가 도대체 뭔데 우릴이렇게 묶는단 말이요?

춘갑 : 난 자위대장이다. 왜 누가 노름을 하랬어?

농민2 : 네가 왜놈 순사냐? 어째서 해방된 오늘날 사람을 이렇게 결박을 하느냐?

성칠 : 이 놈들 묶일 짓을 했군 그래. 무슨 할 짓이 없어서 노름을 하구 있었어?

학곤 : 장난으로 했는데 ……

춘갑 : 장난이 뭐야? (주머니에서 지전 뭉치를 꺼내 보이며) 이렇게 시퍼런 돈뭉치가 판에 깔려 있어두 장난이야? 가자. 잔소리 말구.

양선이 온다.

한익 : 춘갑 동무, 어데루 데리고 가는 길이요?

춘갑 : 보안 분서에 데려다 줘야겠어요.

한익 : (학곤과 농민2에게) 당신들이 잘못을 저질렀습니다. 거 무슨 짓입니까. 춘갑 동무, 그 사람들이 나쁜일은 했지만 그렇게 결박까지 할 필요야 없다고 생각합니다. 분서에 련락하면 거기서 사람이 나와 조사를 할텐데……

학곤 : 누가 야한테 사람 결박하란 권한을 줬나요?

춘갑 : 교장님은 같은 교인이라구 이런 반동 놈들을 두둔하는거요?

한익 : 내가 두둔을 해……허. 참, 춘갑 동무!

춘갑 : 그럼 뭐요?

양선 : 춘갑 동무, 그걸 끌러.

춘갑 : 예?

양선 : 형팔 동무, 끌르라구.

춘갑 : 형님은 그래 동네가 개판이 돼가는데 이런 자들을 그대로 둘 작정이요? (주머니 속에서 삐라를 꺼내 보이며) 자, 이걸 좀 봐요. 반동 삐라요, 이것두 이런 반동 놈들이 뿌린게 틀림없어요!

양선 : (삐라를 받으며) 너무 그렇게 자기 짐작으루만 말하지 말자구.

춘갑 : (화를 내며) 맘대로 해요. 난 모르겠소……

양선과 형팔은 두 사람의 결박을 풀어준다.

양선 : 당신들두 어제' 날 처지를 좀 생각해 보세요. 해방이 됐으니 어떻게나 잘 살아보겠다는 생각은 하지 않구 술과 도박으로 세월을 보내고 있으니 어떻게 할작정이요?

성칠 : 빚에 쫄려서 자식들 고무신 한 켤레 사주지 못하던 것들이 돈이 어데서 나서 노름이야 엉?

춘갑 : 반동 심부름하구 생긴 돈이 뻔하지 무슨 돈이겠나요?

양선 : 집으로 돌아가세요. 래일 분서에서 오거든 자기비판을 잘 하

세요. 저 돈은 우리가 맡아 두었다가 분서에 넘기겠습니다.

성칠 : 정신 똑똑히 차리구 살라구!

두 사람 간다.

성칠 : (형팔에게) 경비를 건성으로 하지 말구 잘하라, 반동들이 회관 간판을 모조리 떼다가 팽개쳐도 모르구 있어?

형팔 : 간판요?

기풍 : (간판을 보이며) 이게 저 개굴창에 처박혀 있는 걸 한익 선생이 주어왔다.

춘갑 한익을 유심히 본다.

한익 : 그럼 전 들어가겠습니다.

인사를 하고 그를 보낸다.

성칠 : 그럼 가져가서 달자구.

기풍 : 그래. (가며) 우리두 인젠 남의 땅 부치는 신세를 면해야 되지 않겠나?

성칠 : 암 저 달래강 땅만 다 일쿠면 우리의 땅두 좀 생기게 되지 ……

기풍 : 이 사람 고것 가지구 소작인 신세를 면할수 있나. 해방이 됐는데 우리 춘갑이 녀석 말마따나 왜놈들이 망했을 때 땅두 우리 농사' 군의 땅이 돼야 할 게 아니야.

성칠 : 그렇구 말구, 해방된 오늘날 지주 놈들을 다 없애구 땅을 우리가 나눠 가져야지. 그 땅에 우리 농사' 군들의 피땀이 스며 있네.

기풍 : 땅을 나눠 달라는 청원을 김 장군님께 하지 않겠나?
성칠 : 좋은 생각일세, 장군님이 우리 소원을 풀어 주시겠지.

두 사람 사라진다.

춘갑 : (형팔에게) 우리두 가자 정신 좀 차려야겠어!
양선 : 춘갑 동무! 거기 좀 있어.
춘갑 : (형팔에게) 그럼 너 혼자 돌라구 내 곧 갈 테니까……

형팔 간다.

양선 : 춘갑 동무, 내 세포 위원장으로서 동무한테 좀 말해야겠네.
춘갑 : ? ……
양선 : 오늘 군당에 가니가 제명 선생두 동무 때문에 걱정하데 ……
춘갑 : 뭐?
양선 : 거 좀 덤비지 말구 차근차근 일을 못하겠나?
춘갑 : 어쨌단 말이요?
양선 : (길 둔덕에 앉으며) 여기 좀 앚아서 이야기하자.
춘갑 : (앉는다.)
양선 : (담배를 꺼내서 권한다.) 우린 동무가 돌아 오기를 몹시 기다렸구 동무가 오면 마을 일이 더 잘 될 것이라구 생각했다.
춘갑 : ……
양선 : 그런데 지금 마을 형편이 어떻게 돼 가는지 모르겠어!
춘갑 : 마을 형편이 어떻게 됐단 말이요. 반동들이 지랄치기 시작 했다구요?
양선 : 반동은 반동이구 마을 일이 뒤꼬이구 있어.
춘갑 : 어째서요?

양선 : 물론 네가 다 그렇게 만들었다고는 생각하지 않는다마는 네가 돌아 와서 덤벼쳐서 함부로 부닥치구 한 때문에 어떤 일이 벌어졌나? 넌 입만 떼면 모조리 반동으로 몰아대구 사람을 치구……

춘갑 : 빌어 먹을! 반동보구 반동이라 하지않구 그럼 뭐래야 하나요?

양선 : 고 병삼 령감은 겨우 달래서 조합에 잡기는 잡았지만, 그 사람이 왜 반동이겠나? 학곤이, 기춘이 같은 사람들두 다 우리와 같은 빈농인데 그런 사람을 한 몽둥이로 반동이라 치면 어떻게 되나?

춘갑 : 난 형님이 뭣 때문에 그 지주 놈의 앞잡이들을 감싸주자는 건지 알 수 없소!

양선 : 그 사람들이 자각이 모자란 건 사실이다. 그런 사람을 잘 알도록 가르쳐줘야 할게 아니냐? 군 보안서 방 부서장 동무는 동무가 맹구를 때린 걸 질서를 깨뜨리는 개인 복수라구 대단히 나무라드라, 일간 한번 나와서 담화를 하겠다구 하드군……

춘갑 : 뭐? 방 부서장? 거기두 반동 두둔하는 사람이 있구나, 모두 반동들을 신주 모시듯이 모셨다가 어디 써 먹자는 거야, 빌어 먹을!

순단이 오다가 두 사람의 이야기하는 것을 먼발치에서 듣고 있다.

양선 : 오늘 밤에 도박한 사람들 결박한 것두 아주 잘못했어.

춘갑 : 좋아요. 다들 맘대루 하라요. 난 다 집어치우구 어디루 가구 말테니까……(가려고 한다.)

양선 : (잡으며) 가만있어. 이야기 좀 더 하자구……(흥분을 억제하고 춘갑을 잡아 앉힌다.) 앉으라……

춘갑 : (씨근거린다.)

양선 : 제명 비서두 동무 걱정을 하더라.

춘갑 : 내 걱정은 그만 두라구 그래요.

양선 : 그만 둘 수 없는 일이야, 동문 언제 그렇게 됐는지 모르겠으나 전날에는 춘갑이나나나 제명 선생을 무척 존경했구 그 선생의 말이라면 콩을 팥이래두 곧이 들었다. 그런데 지금 넌 그 선생의 말두 안 듣겠니? 그 선생은 지금 우리 사업을 직접 지도하는 군 당비서야.

춘갑 : ……

양선 : 춘갑이, 내 말을 좀 들어 봐, 비서 동무는 지난번에 평양에서 열렸던 조선 공산당북조선 조직 위원회에 참가했을 때 김 일성 장군께서 하신 말씀을 꼭 너한테 들려주라고 하셨어, 김 일성 장군께서는 우리 나라를 민주주의 자주 독립 국가로 건설하고 일본 제국주의 잔재 세력을 청산하며 제반 민주개혁을 실시하며 민주기지를 튼튼히 꾸리기 위하여서는 당을 확대 강화하구 많은 대중을 당 주위에단결시켜야 한다고 말씀하셨단다. 그런데 만약 춘갑이처럼 고 병삼 농민을 반동으로 몰라 내쫓구 몰라서 그런 빈농들을 내몰구 하면 도대체 당 주위에 몇사람이나 남아 있겠느냐. 우리가 농민 조합, 청년 단체, 녀성 단체 같은 것을 조직하는 것은 광범한 대중을 한 사람두 빠짐 없이 당 주위에 묶어 가지구 다 같이 민주주의 국가를 건설하자는 것이라구 하시드군! 물론 반동들은 한 놈두 놓치지 말구 없애 치워야지, 그러나 누가 반동이구 누가 우리 편인가를 똑똑히 가려 내야하지.그렇지 않다간 우리 편을 다 잃어 버릴 수 있어, 간판을 떼다가 버린 놈은 우리 인민 정권을 반대하는 반동이니 그런 놈은 잡아 내야지, 그런데 네가 돌아 와서 너무두 덤비구 날치니까 청년들 중에는 겁을 먹구 공청에서 떨어져 나가려구 하구 있어, 다 떨어져 나가구

리 춘갑이 혼자서 무엇이 되겠어?

춘갑 : (돌아 앉으며) 난 모르겠소!

양선 : 정말 내가 모르겠다. 백두산에서 호랑이 열을 얻어 먹었는지 모르겠다만 왜 그리 덤비나. 네가 돌아 온 뒤에 마을이 얼마나 불안해졌나? 잘 생각해 보라구……

춘갑 : 나만 없어지면 편안하겠지, 좋아요, 난 갈 테니까……

양선 : (소리를 높여) 정 그렇게 빗나가기만 하겠어?

춘갑 : 맘 대루 하라구요……

순단이 두 사람 앞에 나선다.

순단 : 그만들 하세요.

양선 : 좀 생각해 보라구. 순단 동무, 춘갑 동물 데리고 들어 가오. (간다.)

사이. 달이 밝아졌다가 다시 어두워진다. 기러기가 울며 날아 간다.

순단 : 둘이서 이야기하는 걸 다 들었어요.

춘갑 : ……

순단 : 모두가 동물 걱정하구 있어요. 아버지두 박 제명 선생두 세포 위원장두 동물 걱정하구 있어요. 나두 걱정이 돼서……

춘갑 : (소리를 지르며) 순단이 까지 날 몰아 댈 작정이야?

순단 : 내가 왜 몰아 대겠어요.

춘갑 : 좋아, 걱정이 안 되게 난 가 버릴테니…… 순단이두 내가 없으면 걱정이 안 되겠지……

순단 : (울먹거리며) 어데루 가시겠어요? 일년동안이나 심화병으로 앓으시면서 기다리시던 어머닐 두고 어데루 가시겠어요? 동문 정말 무정해요, 나는 부모 앞에 내색두 못하구 한숨두 많

이 치었구 남몰래 울기두 많이 했어요. 동무가 돌아 왔을 때 …… 난 하늘의 별이라두 딴 것 같이 기뻐했어요. 그런데 …… 그런데 …… 동무는 …… (운다.) 나한테 따뜻한 말 한 마디 해주지 않았어요. 나는 동무가 돌아 오면 재미나게 행복하게 살아 갈 꿈두 많이 꿨어요. 동무 말 대루 투쟁두 해야 해요, 그렇지만 그렇게 하는 게 투쟁이라면 그런 투쟁은 난 싫어요. 사람을 불안케 하구 걱정스럽게 하구 …… 그렇게 친하던 양선 동무의 말두 안 듣구 제명 선생의 말두 귀에 들리지 않구 …… 동무 맘대루 하면 나라가 바로 될 것 같애요? 가시려면 가세요. (더 운다.) 부모두 생각에 없구 나같은 건이더구나 생각에 없고, 가요, 발이 떨어 지거든 가요!

달이 구름 속에 들어간다. 이 때 그리 멀지 않은 곳에 총 소리 두 방 들린다. 춘갑이도 순단이도 총 소리에 놀라 춘갑은 일어서서 총 소리 난 쪽을 살핀다.사람들이 뛰여오는 소리 들린다. 부전, 춘옥, 청년1,2 등이 먼저 뛰여 나온다.

춘옥 : (춘갑을 발견하고) 오빠, 무슨 총 소리예요?
청년1 : 총 소리가 어느 편에서 났어?

양선, 처녀1, 말개 령감, 학선 기타 농민들이 뛰여 온다.

양선 : 춘갑 동무, 총 소리가 이 근처에서 났는데?!

이 때 형팔이가 "사람이 죽었소."하고 뛰여 온다.

양선 : 형팔이 어데야?
형팔 : (헐떡거리며) 저기 논' 길에 한익 선생이 죽었어요.

양선 : 뭐 한익 선생이?

모두 놀랜다. 기풍, 성칠도 온다.

기풍 : 정말 사람이 죽었나?

형팔 : 총 소리 듣구 뛰여 가보니 곽 한익 선생이 총에 맞구 쓰러졌는데 벌써 숨이 지고 있어요.

춘갑 : 어디야 가 보자!

춘갑 뛰여 간다. 모두 따라 간다. 구름이 더욱 짙어 어두워진다.

- 막 -

제3막
제1장

1946년 3월 5일
기풍의 집
전날의 오두막이기는 하나 해방된 자유스러운 분위기가 깃들고 있고 또한 3.7제 투쟁의 승리로 어느 정도 생활상 향상의 자취가 엿보인다.

막이 열리면 아침이다. 안씨와 춘옥은 부엌에서 아침 설거지를 하고 있고 기풍은 마당에서 곡괭이, 삽 등 연장을 손질하고 있다. 춘갑은 벌써 지게를 지고 작업하러 떠난다.

춘옥 : (부엌에서 구정물 담긴 버치를 들고 나오다가 춘갑을 보고) 오빠!

춘갑 : (돌아보며) 왜?

춘옥 : (구정물을 쏟고) 세포 위원장이 오면 어떻게 해요?

춘갑: 뭘 어떡하란 말이야?

춘옥: 아침에 집에서 만나자구 꼭 기다리도록 하라구 나더러 신신당부했는데 ……

춘갑: 오거든 난 강습 가기두 싫구 자격두 없으니 다른 사람 보내라구 그래! (가 버린다.)

춘옥은 안타까이 춘갑의 뒤를 바라보고 섰다가 부엌으로 들어간다. 농민1 등장.

농민1: 아침 잡수셨나?

기풍: 어서 오게.

농민1: 달구지 품은 어떻게 짜 놨나?

기풍: 돌 싣는 데는 석대 돌렸으니 임자는 가다가 인출이네 소를 몰구 가게?

농민1: 그 소가 꽤 실어 낼가?

기풍: 괜찮을 걸세. 오늘 한 달구지가 여섯 왕복은 해야 하네.

농민1: 여섯 왕복이야 못 하겠나.

기풍: 길이 물러서 힘들 걸세.

농민1: 념려 없어. (간다.)

기풍은 연장 손질을 계속한다. 춘옥은 방에 들어가서 작업 나갈 차림으로 나온다.

기풍: 애 옥아, 너희들 민청에서는 오늘부터 넉을 캐겠지?

춘옥: 예, 지금 회관에 나가서 넉 캐는 반을 짜구 곧 시작하기루 했어요. 낮에는 넉을 캐구 밤에는 동' 둑 쌓는 데 동원되기루 했어요.

기풍: 넉을 많이 캐라, 그 놈 윤 장로 놈이 제 땅이라구 넉두 맘

대루 못 캐 때게 했지, 인제는 그 놈이 무슨 지랄을 쳐두 넉을 푼푼히 캐서 때기두 하고 썩여서 거름으루두 내기루 했다.

춘옥 나간다. 안씨도 일 나갈 차림으로 마당에 나온다.

안씨 : (걱정스럽게) 당신은 개를 좀 타이르시우.

기풍 : 뭘?

안씨 : 그 녀석이 세포 위원장 말두 마구 거역하니 말이우.

기풍 : 세포 위원장 말을 안 듣는 놈이 애비 말이면 듣나……

안씨 : 에구 그 녀석은 어쩌면 그렇게두 사람의 속을 썩이는지 쯔쯔…… 인제는 통 말두 안하구……

기풍 : 차라리 잘 됐어, 돌아 다니며 말썽 피우는 것보다는…… 그렇게 일만 죽자 하니 도루 속 편하게 됐지 뭐야.

안씨 : 잔치를 하자니 말을 듣나, 젊은것들이 그렇게 기승을 부리구 야단 법석을 치니거기에 휩쓸리기를 하나……

기풍 : 임잔 걱정 말구 가만 있으라구. 그 놈이 뭣 때문인지 속이 뒤틀려 그러지만 다 풀릴 날이 있을 거요. (안씨 나간다. 사이, 성칠 온다.)

성칠 : 뭘 그리 뚝딱거리구만 있나? 일터에 좀 나가 보게.

기풍 : 왜?

성칠 : 동' 쪽 성로를 맡은 말개 령감과 학선이가 아직두 일터에 나오지 않아 그 쪽에서는 일을 못 하구 있지 않나.

기풍 : 그 사람들 어데 갔기에?

성칠 : 어데루 갔는지 두 집에 다 가 봐두 없어.

기풍 : 하 그 사람들 정신 나갔구나. 그럼 그 쪽에서는 일을 시작하지두 않구 그대루 기다리구 있나?

성칠 : 우선 할 일은 내가 대충 일러 주구 오기는 했으나 책임진 사람이 하나두 없으니……

기풍: 래일부터 흙 나르기에 사람들이 와짝 달라붙겠는데 오늘 중으로 밑자리를 다 잡아놔야 할 것 아닌가?

이 때 말개 령감과 학선 온다.

성칠: 아니 형님은 일' 손이 놀구 있는데 뭘 하구 돌아다니는 거요?

말개령감: (퉁명스럽게) 이 사람에게 물어보게.

기풍: 왜 또 무슨 일이 있었나?

학선: ……

말개령감: 대답 좀 해 봐 이 맹추야?

학선: ……

말개령감: 글쎄 아침 일찍이 일터에 나갈 인간이 윤 장로 집 움안을 치우구 있지 않나!

기풍, : 성칠 뭐?

말개령감: 인간이 되자면 아직두 멀었다. 멀었어……

성칠: 이 하나님 아버지야. 우리 일은 두구 그놈의 집에 왜 갔어?

학선: 식전에 윤 장로가 와서 집 일을 좀 해달라고 그래서……

기풍: 뭐라구? 못간다면 그만이지 도대체 뭣 때문에 아직두 그 놈한테 매여서 옴짝달싹 못해? 하나님 아버지가 무서워 그러나? 땅 떼울가봐 그러나?

학선: ……

성칠: 해방된 오늘날 지주 놈이 맘 대루 땅을 떼지는 못 해!

말개령감: 그 놈의 하나님을 믿지 못 하게 례배당을 때려 엎어 버리든지 지주 놈을 이세상에서 없애 치우든지 해야겠어.

기풍: 학선이, 제발 정신 좀 차리게. 우리 농민 동맹에서는 어떻게나 임자를 사람 만들자구 끌구 나가는데 왜 자꾸 못난 짓만 하느냐 말야?

학선 : 잘못 됐네. 어서 일이나 가세.

학선과 말개 령감이 일터로 가려고 하는데 김씨와 지숙이 온다.

김씨 : (마당에 들어서며) 이것들이 보자 하니 나중에는 못 하는 짓이 없구나. 어째서 장로 집 일을 봐 주러 온 교인을 너희들이 맘 대루 데리고 가는 거냐, 엉?

성칠 : 아니 교인은 장로 집에서 부려 먹자는 교인이요?

지숙 : 제 발로 일 봐 주러 온 사람을 어째서 강제로 끌고 가는 거야?

기풍 : (소리를 지르며) 그 사람은 우리 농민 동맹 살인마이다!

김씨 : 흥 농민 동맹? 공산당 떨거지들이 모인 불한당 패들 말이지?

말개령감 : (학선을 끌며) 미친 개 소리 듣구 있을 게 아니라 우린 일하러 가세.

두 사람 간다.

김씨 : 이 화적놈들아, <총독부>문서에 딱 박혀 있는 알짱같은 우리 땅을 어째서 파고뒤지고 지랄들이냐, 엉?

성칠 : <총독부>가 망한 지가 언젠데 이것들은 아직두 <총독부> 문서를 찾구 있어?

지숙 : <총독부>는 망해도 경우는 경우 대로 남아 있어.

김씨 : 이 놈들아, 이 화적놈의 세상이 오래 견딜 줄 알어? 남의 사위를 죽이고 낟알을 떼먹고…… 천벌을 받을 거다. 이 놈들아!

기풍 : 사위를 누가 죽였단 말이야?

김씨 : 자위대장이라고 총 메고 거들거리던 네 자식놈한테 물어 봐라.

기풍 : (삽을 집어 들고) 이 년들을 당장 요정을 내놓을가 부다……

지숙 : (기풍이 앞에 나서며) 사람 죽이는 데 이골이 났으니 죽일 테면 죽여 봐.

두 여자 "죽여라 죽여!" 하고 기풍에게 접어 든다. 기풍은 약이 올라 씨근덕거린다.

성칠 : (두 여자를 밀어 마당 밖으로 몰아 내며) 제 명 대루 살구 싶거든 가라구……

김씨 : (밀려 가며) 이 놈들, 두고 보자. 이 놈들아, 학선이와 학곤이는 우리 사람들이다. 또 오라 가라 하기만 해 봐라……

최씨 : (행길로 지나 가다가 이 말을 듣고) 학곤이가 너희 사람이라? 어째서 너희 사람이냐?

김씨 : (진작 말을 못하며) 아니 이건……

최씨 : 이 주제넘은 것들아, 장 학곤이가 어째서 너희 사람이란 말이냐?

김씨 : 이 년이 요새 례배당에도 오지 않더니 마귀를 썼구나!

최씨 : 례배당? 례배당엔 뭣하러? 밥 멕여 준다고? 옷 입혀 준다고? 수십년 다니며 속히운 것만 해도 분하다.

지숙 : (김씨를 끌며) 어머니, 가자요. 이 배은 망덕한 것하고 말할 거 없어요.

김씨 : (가며) 아이구, 언제나 주님이 강림하시어 어지러운 세상을 구원하시겠나……

그들 간다.

성칠 : 미친 것들!

최씨 : 춘옥 아버지, 제발 우리 집 망나니를 사람 좀 만들어 주어요.

모두가 땅을 일군다고 야단을 하는데 저러고 돌아 다니니 ……

기풍: 학곤이 요새 집에 있소?

최씨: 있을 게 뭐요 한동안 노름판에 미쳐 다니다가 보안서에서 욕을 먹은 뒤에는 장사를 한다고 외주로 평양으로 돌아 다니지 않소.

성칠: 망할 녀석! 이번에 돌아 오면 나한테 기별 좀 하우. 잡아서 다리갱이를 분질러 놓구 말 테니까 ……

기풍: 장가 놈들은 모두가 쓸게가 빠졌어 ……

최씨: (울며) 아주반네들, 제발 그 인간을 잡아서 사람 만들어 주어요. 30년 동안 속아서 례배당으로 윤가네 집으로 끌려 다니다가 종당에는 저렇게 건달이 망나니로 되고 말 작정이니 …… 아이구 변변치 못 한 인간을 서방으로 얻어 가지고 속을 썩이니 ……

성칠: 아주머니 고정하구 돌아 가우. 이번에 내 그 녀석이 나타나면 아주 병신을 만들어 놓든지 사람을 만들어 놓든지 량단간에 요정을 내구 말 테니 ……

최씨: 제발 좀 그렇게 해 줘요!

병삼 온다.

병삼: (최씨에게) 왜 울고 있나요? 학곤이때메 그러오?

최씨: (가며) 그렇다오. 사람이 안 될려거든 어느 귀신이 물어나 가지 ……

병삼: 일터에 안 나가겠나?

기풍: 나가세, 아침부터 한 바탕 겪느라구 늦어졌다네.

병삼: 여보게, 리 인민 위원회 위원장!

성칠: 왜?

병삼 : 금년에 금비가 제대로 나올가?

성칠 : 나오겠지, 로동자들이 비료 공장을 복구했다니까……

병산 : 글쎄 그건 나도 들었는데…… 넉넉하게 못 나올 수도 있지.

기풍 : 형편 되는 대루 해야지.

병삼 : 만일을 생각해서도 그렇고 우리 금비 좀 사 놓지 않겠나?

기풍 : 살 데가 어디 있어?

병삼 : 윤 장로집 창고에 있다네.

성칠 : 뭐 윤장로네 창고에?

병삼 : 맹구가 날 찾아 와서 팔겠다고 그러네……

성칠 : 임자 비료 거간이 됐나?

병삼 : (화를 내며) 뭐라고?

성칠 : 하하…… 화내지 말게 롱담일세.

기풍 : 그 놈들이 인젠 비료를 가지구 소작인들 뽕빼기는 틀렸으니까 팔아먹자는 게로구나. 그래 모두 얼마나 있대?

병삼 : 종합이랑 류안이랑 모두 합쳐서 한 이백개 있는 모양이야.

성칠 : 탐은 나는데 돈이 있나…… 가을에 갚기루 하구 팔라지?

병삼 : 현금 아니면 안팔겠다는데……

기풍 : 그 놈들 창고에서 썩이게 내버려 두라구, 그 따위 거 탐내지 말구 국가에서 내주는 대루 쓰다 모자라는 건 퇴비를 만들어 농사하자구. 오늘부터 민청에서 넉을 캐기 시작했으니 그걸루 퇴비를 만들면 돼.

성칠 : 옳은 말이네.

병삼 : 거 탐은 나는데……

기풍 : 일이나 가자구.

세 사람 간다. 양선 온다.

양선 : (행길에서 기풍에게) 위원장 아저씨, 춘갑 동무 작업장에서 들어

오지 않았던가요?

기풍 : 안 들어 왔는데……

양선 : 춘옥 동물 데릴러 보냈는데요.

성칠 : 저기 춘옥이가 춘갑일 데리구 오는군.

로인들은 가고 춘갑, 춘옥 온다.

양선 : 춘옥 동문 가서 작업하라구.

춘옥 : 예. (간다.)

양선 : 어제' 밤에는 내가 읍에서 늦게 돌아왔구 식전에는 다른 사업 조직이 바빠서 오지못하구 춘옥이에게 부탁했더니……

춘갑 : ……

양선 : 강습 가는 문제두 있었지만 그보다두 더 기쁜 이야기를 들려 주려구 그랬어.

춘갑 : (퉁명스럽게) 내게 무슨 기쁜 이야기가 있겠소……

양선 : 들어나 봐, 거 군 보안서 부서장 방 준모 말이야, 그 놈은 아주 나쁜 놈이였구나.

춘갑 : 뭐?

양선 : 그 놈은 과거에 운동하다가 변절한 놈이구 종파 분자루 해방 후에 보안 사업에 끼여들어 계속 나쁜 짓을 해왔어. 그 놈은 밑구멍이 드러나게 되자 그저께 어디루 튀구 말았는데 서울하구두 련락이 있었던 모양이야. 보안서에 들어 앉아 우리 사업에 많이 해독을 끼쳤나 보더구나. 동무가 마을에 돌아와서 병삼령감 문제라든가 지나치게 개인 복수로 나가려고 한 거라든가 젊은 사람들이 너무 겁을 먹게 한거라든가, 몇가지 실수는 했지마는 그걸 구실로 널 우리 마을 자위대장 자리에서 물러앉게 한 것두 이제 알구 보니 그 놈의 작간이였어.

춘갑 : 정말야?

양선 : 어제 군당 비서 동무한테서 자세한 이야기를 들었어. 그 놈이 곽 한익 성생을 리 춘갑이가 죽였다구까지 비서 동무에게 말했드라는구나.

춘갑 : 저런 죽일 놈이!

양선 : 비서 동무는 춘갑이가 말썽은 좀 부리기두 했구 몰라서 날치기두 좀 했지마는 절대루 나쁜 일을 할 사람은 아니라구 생각했기 때문에 그 놈의 말을 곧이 듣지는않았다는구나.

춘갑 : 음!

양선 : 나더러 비서 동무는 동무에게 잘 이야기 해 주라구 부탁했어. 그 때 동무가 질서를 위반한 책임두 있구 해서 부득이 자위대장 자리에서 물러나게는 했지마는 방 준모란 놈이 고의루 너를 잡자구 한 것이라구 하시드라.

춘갑 : 그 놈을 왜 놓쳤나요?

양선 : 뛰면 그 놈이 어디루 가겠어. 곧 잡힐거야. 그리구 비서 동무는 춘갑 동무가 그동안 고민두 했구 자기 잘못두 깨달았을 테니까 도루 자위대장 사업을 시키라구 하드군!

춘갑 : (반기며) 정말예요?

양선 : 그래 비서 동무가 한 번 만나자구 널 군으로 보내 달라드라.

춘갑 : (울먹거리며) 양선 형님! 그 동안 내가 잘못한 일이 많아요. 부끄러워요!

양선 : 우리가 다 몰라 그랬지, 과거에 배운 건 없구…… 나두 잘못이 많아.

춘갑 : 형님에게 무슨 잘못이 있어요? 내가…… 천지두 모르는 자식이 혼자서 아는 척하구 덤비면서 말썽을 일으켰어요. 날 용서하라구요!

양선 : 새삼스리 용서는 뭐야.

춘갑 : 제명 선생을 뵐 낯이 없어요.

양선 : 안야, 비서 동문 정말 우리 사랑하시구 무리 마을 사업에 대

해서 걱정을 해주셔……

춘갑 : 내 래일이라두 찾아 뵙구 용서를 빌겠어요.

양선 : 그런데 그 방 준모란 놈이 여기 윤가네 패거리하구 무슨 상관이 있는 것 같애.

춘갑 : 해방 전에 그 집에 드나들었지요.

양선 : 해방 전에두 그렇구 해방 후에두 말이야. 한익 선생을 암살한 건 그 놈들의 소행이 분명한데 그걸 우리한테 뒤집어씌우자 한 건 확실히 그 놈들의 음모거든……

춘갑 : 그러기에 내가 답답하다구 하잖아요? 그놈들…… 필호나 맹구란 놈들을 잡아다 족치면 불 텐데 어째서 내버려 두냐 말이요!

양선 : 하하…… 또 시작했군! 우에서두 그 놈들한테 벌써부터 혐의는 걸구 있어두 확실한 증거가 없으니 어떻게 할 수가 없다는 거야. 그러나 계속 조사를 하구 있으니까 언제 잡혀두 잡히구 말거야.

춘갑 : 빌어 먹을! 민주주의란 게 답답해서 딱 내 맘에 안 들어……

양선 : 하하…… 이제부터 침착하게 우리 손을 잡구 일을 잘 해 보자꾸나…… 그건 그렇구 어떻게 하겠어? 인젠 민청 강습 가는 거 반대하지 않겠지?

춘갑 : 가겠어요.

이 때 형팔 뛰여 온다.

형팔 : 세포 위원장 동무!

양선 : 왜 그래?

형팔 : (흥분하여 말을 못한다.) 저 저……

양선 : 왜 이래?

형팔 : 토지 개혁 법령이 발표됐대요!

양선 : 정말이냐?!

형팔 : 군에서 사람이 나왔어요. 회관으루 빨리 가자요.

양선 : 그래! 형팔 동무, 동문 걸음이 빠르니 먼저 뛰여 가서 종을 쳐라. 사람들이 모이게 ……

형팔 : (뛰여 간다.)

양선 : 춘갑 동무는 작업장으로 뛰여 가서 농맹 위원장이랑 리 위원장이랑 빨리 오시래라.

춘갑 : 예. (뛰여간다.)

양선도 급히 간다. 사이, 윤 장로와 맹구가 행길에 나타난다. 종' 소리 요란히 울린다.

윤장로 : (걸음을 멈추고) 저건 무슨 종' 소리냐? 어디서 불이라도 났나?

맹구 : 글쎄요.

윤장로 : 불이라도 나서 공산당 놈들을 다 태워 죽여 버렸으면 좋겠다.

맹구 : (마을 쪽을 바라보며) 저건 회관에서 치는 종이요. 무슨 일인지 사람들이 회관으로 모여 들고 있소.

윤장로 : 죽일 놈들, 대낮에 또 무슨 지랄을 치려고 모여 들어.

필호가 헐레벌떡거리며 온다.

필호 : 아버지!

윤장로 : 왜?

필호 : 그 놈들이 …… 그 놈들이 기어코 일을 칩니다.

윤장로 : 이 놈아, 무슨 소린지 똑똑히 좀 말해라!

필호 : 지금 라지오를 들었는데 토지 개혁 법령이 발표됐습니다.

윤장로: 뭐? 토지 개혁 법령이 뭐야?

필호: 토지를 농민들에게 나눠 주는 법령말입니다.

윤장로: 그래? 엥이, 차라리 시원하게 잘됐다!

필호: 뭐라구요?

맹구: 예?

윤장로: 그 작인 놈들 꼴 뵈기 싫던 차에 잘 됐지 뭐야! 다 나눠 주고 우리는 땅값이나 받아 쥐고 도회지에나 가서 편히 살자.

필호: 아버지 땅값이 뭡니까?! 무상 몰수 무상 분배랍니다.!

윤장로: (펄쩍 뛰며) 뭐?!

필호: 공산당 날강도 놈들이 땅값을 내요?

윤장로: (땅에 펄썩 주저앉으며) 아이유 이제는 망했구나!!

윤 장로는 중풍 들린 사람 같이 떤다. 필호와 맹구도 분노에 치를 떤다. 회관에서 오르는 만세 소리와 환성이 들려온다. 그 소리에 윤 장로는 소스라치며 일어난다.

윤장로: 이놈들 …… 이놈들이 기어코 땅까지! 이렇게 되도록 서울에서는 뭣들 하고 있는거야? 미국 사람들과 리 승만 박사는 뭣들 하구 앉았느냐 말이다!

사람들의 환성이 이쪽으로 가까워 온다.

필호: 아버지, 어서 집으로 갑시다. 우리도 가만있을 수는 없습니다.

윤장로: 암 가만 있을 수는 없지. 앉아서 내 땅을 뺏길 수는 없지 ……

필호: 우리 조직이 움직일 겁니다.

윤장로: 평양에도 곽산에도 사람을 보내고 남북리 륜손이에게도 련

락을 해라.

필호 : 아버지 두고 보세요. 모든 일이 바로 될 겁니다.

환성이 밀려온다. 윤가네 패거리는 뺑소니를 친다. 회관 쪽 길에서 양선, 정우섭, 형팔, 부전, 순단 등 민청원들을 중심으로 마을 사람들이 떠들며 온다. 작업장 쪽에서 기풍, 성칠, 말개 령감, 안씨, 정씨 등을 중심한 마을 사람들이 온다.

양선 : (기풍 일행의 손을 쥐고) 아저씨, 땅을 달라던 우리들의 소원이 성취됐습니다!

기풍 : (거의 들뜬 사람 같이 흥분했다.) 알았네. 세포 위원장!

양선 : 지주의 땅은 땅값 주지 않는 몰수해서 농민들에게 나눠 준답니다.

기풍 : 음!

다시 한 번 감동의 물‘ 결이 농민들의 마음을 흔든다.

기풍 : (멀리 평양의 하늘을 바라다보며 울먹거리는 소리로) 김 일성 장군님! 우리들의 소원을 풀어 주셨군요!! 고맙습니다, 고맙습니다, 장군님!!!

모두가 같은 심정이다.

말개령감 : (울음 소리로) 이 사람, 성칠이! 이거 …… 어째서 내 어깨가 들먹거리나?!

성칠 : 말개 형님! 천지 개벽이요.

말개령감 : (어깨를 으쓱거리며) 으 으……

말개 령감과 성칠이가 춤을 추기 시작하자 춤판이 벌어진다. 성칠은 <홍타령>을 멋지게 부른다.

달래' 벌 백리에 홍……
재 법이 났구나 홍……
지주 놈 물러 가구
재 세상 왔구나 홍……

한동안 감격적인 장면이 벌어진다. 양선은 우섭의 옆에 서서 계속 무엇을 이야기하고 있다.

양선 : (농민들의 감동이 한 고개 넘어 가는 짬을 보고 기풍과 성칠에게) 참 아저씨, 너무 기뻐하는 통에 인사시키는 걸 깜박 잊었어요. (우섭을 가리키며) 이 동무는 이번 토지 개혁 법령 실시를 지도 방조하기 위해서 우리 마을에 파견된 로동자 대표동뭅니다.

기풍 : 수구레 오셨소. (악수하며) 나 농맹 위원장이요.

성칠 : (악수하며) 욕보시겠소. 많이 도와주시오. 난 리 위원장이요.

우섭 : 전 로동자로서 축하를 드립니다. 얼마나 기쁘십니까?

기풍 : 기쁘다마다요! 우리 가난뱅이들이 대대손손이 이루지 못 하던 소원을 김 일성장군님과 공산당이 풀어 주었소!

우섭 : 옳습니다! (성칠을 가리키며) 아까 저 리위원장 아저씨가 말씀하신 대로 우리 나라와 우리 농민들의 형편과 체지를 근본적으로 고쳐 주는 천지 개벽입니다. 저는 아무 것도 모르는 한 개 로동잡니다. 정 우섭이라 불러 주십시오. 힘껏 일하겠습니다.

기풍 : 고맙소.

성칠 : 부탁하오.

말개령감 : (아까부터 유심히 우섭의 얼굴을 보고 있다가) 아니 성함이 정 우

섭이라?

우섭 : 예,

말개령감 : 고향이 어디요?

우섭 : 제가 말씀 드릴려고 했는데 …… 제 고향이 바로 이 동네올시다.

모두 : 그래?

말개령감 : 임자가 바로 정영감의 아들이 아닌가?

우섭 : 그렇습니다.

말개령감 : (우섭의 두 손을 잡아 쥐며) 아이구 아버지 모색이 있구나!

어른들은 모두 옛' 일을 회상하고 우섭을 반긴다.

말개령감 : (감회가 깊다.) 임자가 이렇게 훌륭하게 됐구나! 윤 장로 놈한테 집을 뺏기구 임자 아버진 례배당 들메나무에 목을 매달아 세상을 떠나구 말았따 …… 그 때 여덟인가 아홉이던 임자가 어머니와 같이 땅을 치구 통곡하던 일이 지금두 네 눈에 선하구나. (눈물을 잇는다.)

안씨 : 그 해가 우리 춘갑이 나던 해지, 그 때 모자가 고향을 떠난 뒤루 소식이 끊어졌더니 이렇게 헌헌장부가 돼서 고향을 찾아 왔구나! 그래 어머님은 년세가 많으실 텐데 지금 어디서 사시나?

우섭 : 어머니도 그 이듬해 앓다가 세상을 떠났습니다.

안씨 : 아이구 저런! 그 윤 장로 놈이 죄악도 많이 했구나!

기풍 : 이 사람 우섭이! 아버지의 원수를 갚는 일두 생각하구 토지개혁을 본때 있게 잘 해보자!

우섭 : 예, 그렇게 하겠습니다. 저두 아버지의 원한을 풀기 전에는 고향 땅에 발을 들여 놓지 않겠다고 맹세했었습니다.

영찬 : 춘갑 형님! 지주한테서 땅을 뺏어야 한다던 소원이 이제야

풀렸지요?

춘갑 : 영찬 동무, (그의 손을 잡으며) 날 용서해라!

영찬 : 용서는 무슨 용서예요.

양선 : (기풍에게) 아저씨, 춘갑이가 오늘부터 도루 자위대장이 됐습니다.

기풍 : 그래?!

양선 : 투쟁두 이만하면 성공을 했으니 이제는 순단이와 잔치를 하구 말자요.

기풍 : 그래. (춘갑을 본다.)

양선 : 춘갑 동무 어때? 아직두 <투쟁>을 더 하구 잔치를 하겠나?

춘갑 : (웃으며) 어머니가 나보다두 더 바빠하시는걸 ……

양선 : (안씨에게) 아주머니 래일루 날을 정합시다.

안씨 : (좋아서) 아이구 저 녀석은 속두 어지간히 쎅이더니 ……

처녀1 : (춘옥의 옆구리를 찌르며 호들갑을 떤다.) 춘옥아, 이제는 너희 차례두 돌아 왔지?

춘옥 : 미친 것!

부전 : 춘갑 동무, 아주 잔치' 날을 정하구 말자요! 래일루 정하면 어때요?

춘갑 : 잔치' 날은 뒤에 정하구 윤 장로 집에 가서 땅 문서나 뺏어 봅시다.

형팔 : 그럽시다.

우섭 : 옳습니다. 그 놈들이 없애기 전에 가서 찾아 옵시다.

모두 나선다.

-암전-

제2장

전장에서 이틀 뒤
마을의 회관 마당

마을의 기관과 사회 단체들이 공동으로 쓰는 회관의 마당이다. 바른편에 전날 일본인이 살던 집을 개조한 회관의 일부가 보인다. 마당 두리에는 산 나무 울타리가 둘러졌는데 아직 싹이 트지 않았다. 왼편에 두 개의 대문 기둥이 서 있고 문은 없다. 늦은 밤이다. 마당에 전등을 밝혀 놓고 늙은이들이 밝은 날 토지 개혁 법령 발표 경축 군중 대회에 들고 갈 수기와 꽃을 만들고 있다. 마당의 기둥들에는 <북조선 토지 개혁 법령 만세!> <김 일성 장군 만세!> <민주주의 통일 전선 만세!> 등의 구호가 붙었다. 회관 안에는 우섭이가 젊은이들에게 노래를 가르치고 있다. 마당 한 구석에는 영찬이가 군중 대회에 들고 갈 플랑카드를 쓰고 있다.

우섭 : 그럼 한 번만 더 따라 불러 봅시다.

우섭의 선창에 따라 <김 일성 장군의 노래>를 한 줄 한 줄 부른다.

우섭 : 잘 됐습니다. 밤도 이슥한데 노래 연습은 그만 하겠습니다.
안씨 : (마당에서) 저 사람은 노래두 잘 불러!
정씨 : 이 촌 구석에서 농사나 짓구 살았으면 저렇게 개화를 했겠소
우섭 : 래일 군중 대회 마당에서나 행진 때는 이 <김 일성 장군의 노래>와 어제 배운 <농민 혁명가>를 부르겠습니다. 그럼 그만 둡시다. 세포 위원장 동무, 무슨 할 말 없소?
양선 : (일어나 앞으로 나오며) 그럼 군중 대회 준비 책임을 진 동무들만 남구 다른 동무들은 돌아 가서 눈을 좀 부이도록 하시오. 날새기 전에 ××× 출발하겠으니까 종' 소리 나거든 ×× 모여 와 주시오.

일부는 돌아가고 일부는 마당의 일을 도와준다.

말개령감 : 여보게 성칠이!

성칠 : 예?

말개령감 : 남북리 륙손이 송부자 이야기 들었나?

성칠 : 무슨 이야기요?

말개령감 : 첩한테 금시계 뺏길 뻔 한 이야기 말이야.

성칠 : 못 들었는데 ……

말개령감 : 참 요절 복통할 이야길세.

병삼 : 그 자가 사발 만한 금시계를 차고 다니지 ……

말개령감 : 그걸 첩한테 뺏길 뻔 했단 말이야.

기풍 : 어쩌다가요?

말개령감 : 그저께 토지 개혁이 발표됐다는 소식을 듣자 그 자는 뒤로 벌렁 자빠져서 한식경 중치가 막혔드래나.

기풍 : 그럴 법한 일이야.

성칠 : 그 놈이 남보다 손' 가락이 하나 더 많은 걸 <복손' 가락> 이라면서 부자가 된 것두 손' 가락 때문이겠지 ……

기풍 : 이제는 망하게 된 걸 륙손이 탓에 돌리겠구나.

말개령감 : 그 놈의 둘째 첩년이 해방되자 부터 볼장 다 봤다구 뺑소니 칠 궁리를 하구 있는데 그 놈이 나자빠지는 걸 보구 아주 죽은 줄 알구 호주머니에서 시계를 뽑으려구했대나. 그런데 그 놈이 워낙 물욕이 대단한 놈인지라 시계 뽑히는 바람에 막혔던 중치가 터져서 첩년의 손에 쥐여진 시계를 도루 빼앗았다는구나.

모두 : (웃는다.)

기풍 : 그런 지독한 놈한테서 남북리 사람들은 용케 땅 문서를 찾아 냈거든 ……

성칠 : 그 놈이 윤 장로 놈보다는 본디 좀 아둔한 놈이니까 미처 땅

문서를 숨길 생각을 못했던 모양이야.

말개려감 : 그런데 우리는 땅문서를 받아 내지 못했으니 토지 분배를 어떻게 하나?

기풍 : 그 놈을 똑 배알 대루 하면 꺼꾸루 달아매 놓구 내놀 때까지 주리' 대를 안겼으면좋겠는데 ……

성칠 : 그 놈이 그렇게 빨리 손을 쓸 줄은 몰랐구나.

말개령감 : 이 사람 우섭이, 땅문서 없이는 토지 분배 못 하나?

우섭 : 문서가 있어야 토지 세목도 만들고 분배 대장도 만들지요.

성칠 : 세목이야 (기풍을 가리키며) 저 농촌 위원장 머리 속에 다 있지.

우섭 : 그래요?

성칠 : 그 사람이 토지 (옥편)일세, 이리 달래' 벌 땅이라면 어느 배미는 몇 평이구, 토질과 물' 줄기는 어떻구 뉘 땅이던 것이 언제 윤가 손에 들어 갔구 또 어느 해는 몇섬 몇말이 났다는 것까지, 꿰뚫구 있지.

우섭 : 위원장 아저씨, 사실인가요?

기풍 : 면 사무소에 있던 토지 대장보다는 내가 더 자상할 걸 하하 ……

우섭 : 과연 농촌 위원회 위원장으로서 선출될 자격이 있군요. 그렇기 때문에 토지 개혁 법령에 실지 농사를 짓는 빈농, 고농들로 농촌 위원회를 구성하라고 했습니다.얼마나 법령이 정확합니까.

말개령감 : 그럼 한시름 놨구나.

우섭 : 그러나 땅 문서를 지주들 손에서 꼭 찾아 내야 합니다. 그 땅 문서 때문에 우리농민들이 얼마나 설음을 당했습니까? 놈들은 그걸 간직해 놓구 저희들의 세상이 다시 오면 땅을 도루 찾을 꿈을 버리지 않습니다.

말개령감 : 따는 그래!

기풍 : 형님 그 놈들의 세상이 다시는 안 될 테니 념려 마시오.

말개령감 : 어림 없어.

양선 : (녀자들에게) 거기 녀성 동무들은 그만 하구 들어 가서 좀 쉬세요.

안씨 : 다 돼 가는데 마저 만들구 들어 가겠네.

성칠 : 들어 가시우, 우리가 다 만들 테니 ……

안씨 : 하던 거야 끝을 내야지요.

농민1 술이 거나하게 취하여 온다.

농민1 : 늦도록 수고들 하네.

기풍 : 임잔 언제부터 그렇게 활량이 됐나? 이틀이나 일두 안 나오구 술만 마시구 돌아다니며 ……

농민1 : 그전에야 내가 술 먹구 돌아 다닐 팔자가 됐댔나, 이제야 내 땅이 생기구 심평이 필텐데 뭣이 걸려 술을 못 먹겠어 ……

성칠 : 잘두 거들거린다. 토지 개혁이라니 천석군이나 된 줄 아는구나?

농민1 : 아니면, 천석군 부럽지 않지 ……

양선 : 아직두 우리가 술이나 먹구 세월을 보낼 수는 없어요, 지주놈들이 발악을 하는데 정신을 차려야 해요.

기풍 : 땅을 분배 받을 테니 인젠 개간은 안 해두 좋단 말이지?

말개령감 : 멋에 치여 중서방질 한다더니 저게 그 모양일세.

농민1 : 왜들 이래? 땅 받을 일이 기뻐 술 한잔 마셨기로니 너무도 심하지 않는가.

말개려감 : 홍 똥 뀐년이 성내는구나, 이 주제넘은 작자야, 김 장군님이 술 마셔 치우라구 땅 주신 거 아니다, 아니야!

안씨 : 아이구 그 아주바님 기쁜 김에 술 자신 걸 너무 그러시지들 마소, 옛 처지를 생각한들 술에 몸을 빠뜨리겠소.

농민1 : 춘옥이 엄마 말이 기중 옳군! 내가 술에 빠져 패가 망신할 사람인 줄 아나? 념려 말어.

이 때 최씨가 학곤을 끌고 온다.

최씨 : 자 아주반네들, 이 덜된 인간을 끌고 왔으니 제발 사람 좀 만들어 줘요!

성칠 : 아주머니, 그대루 데리구 가시오. 우린 그런 사람은 상관하지 않기루 했으니가……

최씨 : 예? 왜요?

성칠 : 그 사람은 농사 안 하겠다구 장사치루 나섰으니 이번에 땅 분배에서두 빠지게될거요.

최씨 : (펄쩍 뛰며) 그게 정말요?

학곤 : (말은 안 하나 역시 놀란다.)

성칠 : 법령에 장사치에게 땅 주란 말은 한 마디두 없소.

최씨 : 그럼 우리 집은……

성칠 : 뭐 걱정할 게 있소? 장사루 돈 잘 벌면 호강으로 살 텐데……

최씨 : (남편을 흘겨 보며) 잘됐다, 잘됐어! (우는 소리로) 모두가 제 땅이 생겨서 활개를 펴고 살겠는데 우리는 어떻게 할 작정이야?

학곤 : 세포 위원장, 정말 나는 땅을 받을 수 없나?

양선 : 아저씨가 지금부터라두 들뜬 생각을 버리구 착실한 농사' 군이 되겠다면 땅을 드릴 수도 있어요.

성칠 : 착실한 농사' 군이 되기는 틀렸어.

학곤 : (양선의 손목을 쥐며) 세포 위원장! 틀림 없겠지?

양선 : 그럼요.

학곤 : 세포 위원장! 내 인제부터 정신 차리구 예수도 집어 치우고 농사 잘 할 테니 내게도 땅을 빼지 말고 나눠 주게.

말개령감 : 예수가 밥 안 먹여 주는 줄을 이제야 알았구나?

최씨 : 여보, 여러 분 앞에서 저지른 죄가 있으면 다 털어 놓고 용서를 빌어요.

학곤 : (고개를 숙인 채) 날 죽여 주시오! 어리석은 탓으로 윤가 놈한테 꾀여서 그 놈의 심부름질 해 주구 돈 2백원을 받아 썼습니다.

성칠 : 그 돈으루 노름 밑천, 장사 밑천을 했구나.

형팔 : 무슨 심부름을 했는지 그것부터 대요.

학곤 : 이제 다 말하겠소, 윤 장로 놈은 나에게 돈을 주며 허튼 소리를 퍼뜨리고 소작인들 속에 벌어지는 일을 꼬자 바치라고 했소.

형팔 : 무슨 반동 요언을 돌렸소?

학곤 : 사실 량심 대로 말하면 그 놈이 통일 정부가 서면 3.7제고 뭐고 다 없어진다고 퍼뜨리라기에 단 한 번 오 기춘이한테 말한 일 밖에는 없습니다. 이것만 해도 백번 죽어 마땅합니다. 그 밖에는 노름한 죄 밖에는 없습니다요.

기풍 : 정말이냐?

학곤 : 하나님 앞에 맹세하지요.

말개령감 : 또 하나님이야?

학곤 : 잘못했습니다. 그 놈의 하나님은 다시는 찾지 않겠습니다.

기풍 : (학선에게) 임자는 학곤이가 돈 받은 줄 몰랐어?

학선 : ……

학곤 : 그건 내가 말하겠습니다. 윤가가 돈을 줄 때는 형님과 나눠 쓰라구 한 건데 형님은 그런 돈은 쓰지 않겠다고 가지지 않았습니다.

말개령감 : 그럴 때는 형 값을 했군.

학선 : 사실 나도 면목이 없네, 윤가 놈이 나더러도 고자질을 하고 요언을 돌리라고 하긴했어. 그러나 난 내 량심으로는 그런 짓을 할 수 없었다네, 그런 사연을 진작 까밝히지 않은 것이

내 죌세.

양선 : 잘 알았습니다.

우섭 : 인제는 속지 맙시다. 부자 놈한테 눌려 살던 우리가 좋은 시대를 만났는데 더 잘 살아야 할 것 아닌가요.

학곤 : 할 말이 없습니다요.

최씨 : 믿을 건 공산당하구 김 일성 장군님 밖에 없어요. 세상에 언제 누가 우리 가난뱅이한테 잘 살라고 단돈 한 푼 그저 주는 걸 보았나요!

학곤 : 인제는 똑똑히 알았다니까……

양선 : 자 그럼 꽃과 수기는 다 됐으니 돌아가서 뒤도록 하지요.

기풍 : 농촌 위원들과 민청 위원들은 좀 남아야겠는데……

양선 : 그렇게 하지요.

말개령감 : (영찬이 글 쓰는 것을 보고) 영찬이가 재간' 덩이야 참 잘 썼군!

우섭 : 아주 보배' 덩입니다.

성칠 : 병삼이 자네 집안에 증시조 났네……

병삼 : 에끼, 고현 사람!

사람들 돌아가고 우섭, 양선, 기풍, 성칠, 말개 령감, 형팔, 영찬 등만 남는다.

기풍 : 그럼 군중 대회에 갈 준비는 다 됐나?

양선 : 영찬 동무, 플랑카드도 그게 마지막이지?

영찬 : 그래요.

양선 : 그럼 모두 좀 쉬지요.

우섭 : 한 눈 붙입시다.

성칠 : 눈 붙일 새가 있겠나?

말개령감 : 얼마 안있어 날이 새겠는데.

이 때 보총을 멘 춘갑과 청년1이 온다.

춘갑 : (삐라를 보이며) 세포 위원장 동무 이걸 좀 보아요.

양선 : 뭔가?

춘갑 : 반동 삐라요.

우섭 : 놈들이 최후 발악을 하는군.

양선 : 어디서 얻었어?

춘갑 : 가게' 방 앞 전선' 대와 학교 담' 벼락에 붙어 있었어요.

기풍 : 죽일 놈들, 뭐라구 썼나?

양선 : (읽는다.) "땅을 가졌다고 기뻐 말아. 땅을 잃었다고 슬퍼말아" 개새끼들!

우섭 : 이게 바로 놈들의 꿈입니다.

성칠 : 야 영찬아, "지주 놈들아, 땅 찾을 꿈꾸지 말아, 너희들 세상은 영영 갔다" 이렇게 하나 큼직하게 써다가 윤가 놈 집 앞에 붙여 놔라, 하하……

기풍 : 거 경비를 어떻게 하기에 반동 놈 삐라가 나 붙어두 잡지 못하구……

춘갑 : 조금 전에두 없었는데 어느 틈에……

기풍 : 정신 똑똑히 차려!

안씨 : 지키는 열이 훔치는 한 놈을 못 당한다는데 걘들 이 어둔 밤에 어떻게……

기풍 : (소리를 높여) 누가 임자더러 그 따위 역성들랬어?

안씨 : ……

우섭 : 세포 위원장 동무, 놈들의 발악이 심해지니 래일부터 경비 인원을 더 증원합시다.

양선 : 그렇게 해야겠군요.

우섭 : 춘갑 동무, 놈들은 이런 삐라나 붙이는 것으로 그치지 않을 겁니다. 악에 받친놈들은 폭행과 살인으로 나올 수도 있으

니 경각성을 바짝 높입시다. 윤가 놈들패거리의 동정을 놓치지 말구 살피시오.

춘갑 : 그런데 오늘 아침부터 윤 필호와 윤 맹구 두 놈이 어데 갔는지 없습니다.

양선 : 집안에 들어 앉아 있는 게지.

춘갑 : 집에 없어요.

우섭 : 그 놈들이 어디 비밀 장소를 만들어 놨을지도 모릅니다.

기풍 : 어서 가서 순을 돌아라.

춘갑 : (청년1에게) 가자! 이 놈의 새끼들 들키기만 해 봐라, 쏘아 죽이구 말테니……

그들 가려고 하는데 전기' 불이 꺼진다.

양선 : 정전인가?

이 때 권총을 빼든 필호와 맹구 등 5~6명의 테로단이 울타리에 붙어서 스며 든다. 필호의 손' 짓에 따라 일제히 마당에 뛰여 든다.

필호 : 이 놈들, 꼼짝 말고 손들어!

맹구 : 움직이면 쏜다!

로인들은 어쩔 바를 모르고 있다. 청년들은 움직이지 않는다. 필호가 춘갑의 보총을 빼앗으려 하고 다른 테로단이 그들을 묶으려고 할 때 우섭과 춘갑은 약속이나 한 듯이 필호와 맹구에게 덤벼 들어 격투가 벌어진다.

어둠 속에서 란투가 한동안 벌어지고 권총 소리, 비명 소리, 때리는 소리등이 뒤섞여 들린다. 어둠 가운데도 우섭과 춘갑이가 용감하게 싸우는 모습이 보인다. 그러나 결국은 테로단들에 의하여 농민들, 청년들은 결박 당한다. 우섭의 얼굴에서는 피가 흐르고 춘갑은 허벅다리에 총을 맞아 일어나지 못 한다. 테로단은 묶인 사람들에게 폭행을 가한다. 맹구는 테로단원을 지휘하여 만들어 놓은 플랑카드를 칼로 찢고 회관 간판들을 깨뜨리고 문짝, 집기 등을 란폭하게 파괴한다.

필호 : (우섭 앞에 와서) 이 자식이 뭐 로동자 대표로 파견된 놈이겠구나?

맹구 : 그 놈이 맞았어.

필호 : (권총으로 턱을 받아 올리며) 여보 로동자 대표님, 섭섭하게 됐구려.

우섭 : (필호의 낯짝에 침을 퀙 뱉으며) 이 놈아, 공산당과 인민 주권이 쉽사리 넘어질 줄 아니?

필호 : 이 놈의 자식이! (발‘ 길로 함부로 찬다. 다시 기풍이 앞에 와서) 이놈아, 머슴이나 살아 먹던 놈이 뭐 농맹 위원장?

기풍 : (이를 뿌드득 갈며) 이 원쑤 놈아!

맹구 : 여보게. 길게 끌 것 없이 빨리 쏘아 죽이고 마세.

필호 : 그럽시다.

묶인 사람들을 향하여 총 가진 놈들이 일제히 겨냥한다. 필호의 손‘ 가락이 격발기에 닿으려는 순간 어둠 속에서 나는 여러 방의 총’ 소리와 함게 필호의 손에서 권총이 떨어지고 그는 비명을 지르며 쓰러진다. 다른 총‘ 소리에 맹구와 테로단들이 쓰러진다. 울타리 밖에서 5~6명의 보안서원들이 뛰여든다. 손에 권총을 든 박제명이 천천히 마당 안으로 걸어 들어 온다. 보안 서원들의 일부는 테로단을 결박하고 일부는 농민들의 결박을 풀어 준다. 총’ 소리를 듣고 동네 사람들 모여온다.

양선 : 비서 동무!

기풍 : (제명의 손을 잡으며) 제명 선생!

제명 : 모두 놀라셨지요? 큰‘ 일 날 뻰 했습니다. 우리가 한 발’ 작

만 늦었어두……

기풍: (분을 참지 못하며) 저 놈들을 ……저 놈들을 당장……

안씨: (춘갑이를 발견하고) 갑아, 이 피!?

순단과 춘옥은 춘갑을 부축여 안는다.

춘옥: 오빠!

춘갑: 일 없어. (일어나려다가 쓰러진다.)

제명: 어디를 다쳤소?

춘갑: 다리를……

제명: (허벅다리를 벗겨보고) 총알이 관통했소. 뭐로 빨리 좀 처매시오.

안씨: (울며) 갑아!

제명: 일 없습니다. 걱정 마십시오. 세포 위원장 동무! 춘갑 동무를 빨리 병원으로 데려 가십시오.

젊은이 한 사람이 춘갑을 업고 나선다. 안씨, 순단 등 따라 나선다. 처녀들 우섭의 상처를 처매 준다.

학곤: (격동되여 필호와 맹구를 가리키며) 곽교장을 죽인 것도 바로 이 놈들입니다. 이 놈들이 모의를 하는 걸 내가 들었습니다!

사람들 웅성거린다.

학곤: (맹구의 얼굴을 주먹으로 치며) 이 놈 이 더러운 놈아, 잘난 돈 이백원 먹여 놓구 내가 정탐 안 한다고 얼마나 성화 먹였어? 내가 장사하러 떠난 것도 사실은 이놈들을 피해 간 겁니다! (단장으로 때린다.)

농민들도 학곤과 함께 때리려고 할 때 보안서원들이 제지한다.

기풍 : (분을 참지 못해 나무토막을 주어 들고) 이놈들을 내 손으로 처 죽이구 말겠다.

제명 : (기풍을 잡으며) 허 부자간이 꼭 같군요. 그 놈들과 회계할 일이 많습니다. 아직 죽여서는 안됩니다. 이놈들이 오늘 밤 거사한다는 정보를 받고 우리가 왔습니다만 좀 늦어서 모두 대단 놀랐겠습니다, 이놈들이 몇 군데서 거사를 했지마는 바다에 돌 던지기지 흔적이나 있습니까?

성칠 : 비서 동무, 윤 장로 놈은?

제명 : 거기도 보안 서원이 갔습니다.

보안 서원들 온다.

보안서원 : 비서 동무! 한 발" 작 늦었습니다, 윤 장로 놈은 벌써 뛰였습니다.

우섭 : 놓쳤구나!

기풍 : 아뿔사, 그 놈을 놓치다니 ……

제명 : 그 놈이 갈 데는 서울입니다. 참 치렬한 계급 투쟁입니다. 미국 군대가 남아 있고 지주, 자본가 정권을 꿈꾸는 자들이 남아있는 동안 이 계급투쟁은 계속 될 것입니다. 그러나 걱정 마십시오. 우리 손에 들어 쥔 인민 주권은 끝끝내 승리할 것입니다.

동이 트기 시작한다.

기풍 : 날이 밝습니다.

제명 : 군중 대회장으로 출발해야 하겠군요.

양선 : (형팔에게) 종을 울려라!

형팔 종을 울린다.

제명 : (서원들에게) 놈들을 호송하시오.

서원들 테로단을 끌고 간다. 농민들은 집합한다.

제명 : 세포 위원장, 떠날 준비 다 됐소?
양선 : 예.

동천에 붉은 빛이 더욱 짙어진다. 농민들 손에 기와 꽃들이 나눠져서 아름다움이 새롭다.

제명 : (동천을 바라보며) 아! 동이 트는군! 달래' 벌에 새 날이 오는군! 자, 준비됐으면 달래' 벌의 새 주인답게 씩씩한 기세로 대회장으로 갑시다!
농민들 : <혁명가>소리 높이 행진을 시작한다.

—막—

『조선문학』, 1964.1